Knights

IN HISTORY AND LEGEND

騎士道百科図鑑

KNIGHTS
in History and Legend

コンスタンス・B・ブシャード［監修］

堀越孝一［日本語版監修］

日本語版監修者序文

　イングランドのノルマン朝の王ヘンリー1世がアンジュー伯の息子のジェフレーをルーアンの都に来させて「アルマを与える」儀式を執り行なったという記事が『アンジュー伯ジェフレー伝』に見えて、1127年の事だが、これがおよそだれかある男を「騎士にする」儀式が史料に書き留められた最初である。

　下って16世紀の末に書かれたセルバンテスの『ドン・キホーテ』正篇の書き出しに「帯甲式」（永田寛定訳に訳語を借りた）の文言が見えて、なんでもドン・キホーテは、勇躍、武者修行に出立したまではよかったが、愛馬ロシナンテの背中に揺られて道を行くほどに、なんと、まあ、帯甲式がまだだったと気がついたというのだ。世に言う騎士にし、またされる儀式である。そこで、最初に出っくわした騎士に頼んで帯甲式をすます決心をかためた。

　この「甲」がつまり「アルマ」で、よろいかぶとと意味を取ってもよいが、1180年代のはじめごろ、作者の死によって中断したと見られているクレティエン・ド・トロワの騎士道物語『ペルスヴァル、または聖杯の物語』では、「ウェールズの若者」が親切な騎士の手で下着からはじまって拍車にいたるまで「衣料」を全部脱ぎ換えさせられて、それではじめて騎士になったという。

　14世紀に書かれたトルバドゥールの伝記集のベルトラン・ド・ボルンの伝記のひとつは「すると王は息子のことを思って泣き、ベルトランを許し、彼に着る物を着せた」と書いている。きれい事に訳すことはない。生硬な言いまわしだが、「リ・ヴェスティ」と書いていて、「着る物を着せた」は直訳である。衣料のシンボリズムというのであろうか、むしろだれか騎士が、だれかまだ騎士ではない者を騎士にするという手続きの、初源の形を示しているようで、興味深い。

　だから1160年代のマリー・ド・フランスの『ミルン』にラ・ダームが少年を「ツェヴァレにアドゥベした」と書いているからといっておどろくことはない。「ツェヴァレ」は近代フランス語の「シュヴァリエ」の時代読みで、「アドゥベ」は身なりを整えてやるということで、むしろラ・ダーム（ご婦人）ならばこその仕事であった。

　しかし、一方で、1220年代に書かれたと推定される『聖杯の探索』は、「聖杯の探索」におもむくことになる「待望の騎士」ガラアドは騎士ランスロットから肩に剣の平打ちを受けて騎士になったと書いている。マリー・ド・フランスからおよそ半世紀ほどで、「騎士になる」「騎士にする」儀礼の形式が定まったかの印象がある。

　マリーはこの本を予告したかの観がある。マリーは「ご婦人」が「アドゥベ」する可能性を示唆した。そのマリーを『聖杯の探索』の世界に招待すれば、この本の11頁の頁大のすばらしい絵が出現する。エドマンド・ブレア・レイトンが1901年に描いた「アコレイド」である。「ご婦人」が「ダビング」を執行している。この本の原本の「はじめに」を飾るすばらしい画幅である。

　「アコレイド」はフランス語の「クー（首）」からで、抱くという意味あいが普通だが、もう14世紀なかばには、剣の平打ち儀礼を指す言葉に使われている。

　下って本文最後の頁285頁に女王エリザベス2世がガース・モリソンに「ダビング」を執行するカラー写真が載っている。「ダビング」は「アドゥベ」からで、語源論はかしましいが、いずれにしても14世紀に入る頃合いには、「ダビング」は騎士叙任の剣の平打ち儀礼の意味あいで使われている。

　「ご婦人」が「アコレイド」し、また「ダビング」する絵をもって、本の起承転結の起と結を示す。この本の監修者コンスタンス・ブリッテン・ブシャードはみずからをマリー・ド・フランスに擬している。

マリー・ド・フランスはどうやらアンジュー家の一員らしい。ヘンリー・ダンジューの妻のアキテーヌ侯アリエノールが1160年代の後半に開いたポワチエの宮廷に彼女がいたことはたしかで、彼女はアリエノールの宮廷文士のひとりだった。それから10年もたたないうちに、アリエノールは夫のヘンリーといさかいをおこし、イングランドに拘禁される身の上となった。アリエノールが自由の身となるのは、やがて1189年、息子のリチャードがヘンリー王を継いでからである。マリーはおそらくアリエノールと行を共にし、イングランド王家の息がかかる尼僧院シャフツベリーに尼僧の誓願を立てた。やがて尼僧院長になった。1199年にリチャードを継いだ弟のジョンが、シャフツベリー尼僧院にあてた文書があって、そこに「わが叔母」と見える。

ちなみにマリー・ド・フランスの名乗りは彼女自身による。「おぼえてたもれ、わが名はマリー、フランスの生まれ」と紙に書き付けたのが残っているのである。どういうつもりで「フランス」といったのか、それは分からない。もうイングランドに住んでいて、それでフランス王国のつもりでそういったか。それともセーヌ中流のパリ盆地に、フランス家が代を重ねていた。10世紀後半に、当主ウーグがフランス王に選挙されて、フランス王家である。フランスはフランクから出ていて、だから土地のフランスと王国のフランスと、フランスには多義性がある。そこのところを、この遊び心のおうせいなフランス女は、ついているのか。

フランク王国が解体し、ノルマン（北の衆、彼ら自身の呼び名でヴァイキング）が侵入をくりかえす混乱の世相に、各地に新しい体質の領主が出現し、領主たちの国際関係がゆっくりと形成される。領主の子飼いの戦士が「ツェヴァレ」と呼ばれた。「ツェヴァレ」はもともと騎乗者をいう。マリーの『ギジュマール』に、「彼はたいそうぜいたくなこしらえでやってきた、百人をこす数のツェヴァレを引き連れて」と見える。「こしらえ」は服装とか持ち物とか、なにしろその人のその場でのありようをいう。それがぜいたくだという。ギジュマールも「ツェヴァレ」である。「百人をこす数のツェヴァレ」とちがう点はその「ぜいたくなこしらえ」にある。なにかそうマリーはいっているようで、だからマリーは「ツェヴァレ」といっても、あまり自信がなかったのではなかろうか。

ツェヴァレがもうひとつ「騎士」という遊びの形式を身につけていく、そういう時代にあたっていた。ツェヴァレが自分たちの文化をさがしはじめていた。なにしろ表現的なのが「バイユーのタペストリー」で、この本にも3点ほど、いくつかの場面を図版にとっているが、そこに登場するツェヴァレのこしらえがおもしろい。ノルマンディーの領主の家中のツェヴァレは、バイユーの教会堂の身廊の壁一面にはりめぐらされた刺繍帯壁掛の絵模様に自分を発見する。

あるいは、ちょうど鏡に映して自分を見るように、絵の中に自分をまねて、動作を作る。仲間のツェヴァレたちが、むかしからの型どおりに、槍を投げているのを、ひとりだけ、槍を腰に引きつけて、穂先を前に向け、トロットに馬を駆ける。そういう自分を演技する。そこに遊びの形式がみつかる。騎士はジャウストの形をきめる。

タペストリーに刺繍を刺す女たちが絵の形をまねているではないか。あるいは女たちに型見本をくばる男たちにしても、絵を現実に見なければ絵の描きようがなかろうではないか。ヘイスティングズからセンラックの丘へ、ツェヴァレの一行にくわわって、せっせと歩く絵師の姿が見える。矢立を腰に、紙束を尻のポケットにつっこんで。

堀越孝一

翻訳について

コンスタンス・ブリッテン・ブシャード監修『騎士道百科図鑑』の日本語版監修の任に当たった、私、堀越孝一は、2004年度をもって学習院大学文学部史学科の教授を辞した後、2005年度から日本大学文理学部史学科大学院で西洋史特殊講義を講じている。講義の要点は、マルク・ブロックの『封建社会』（堀米庸三監訳、岩波書店、1995年）を範型にとって、中世ヨーロッパの歴史を一体として理解する試みにある。2006年5月に、旧著『ヨーロッパ世界の成立』（講談社版「世界の歴史」第8巻、1977年）を講談社学術文庫に『中世ヨーロッパの歴史』の表題の下に収めたので、それの参照も院生たちに勧めている。講義を通じて、騎士的存在の痕跡を史料のなかに掘り起こすことの楽しさを、ある程度は学生たちに分かってもらえたのではないかと思っている。

そこに悠書館社長の長岡正博氏からこの本の監訳の依頼があった。一読して、即座に引き受けた。この本の魅力はなんといっても視点の多様性とカラー図版の豊富さにある。もともとのタイトルは

「騎士たち−歴史と伝説のなかに」というが、これを「騎士道百科図鑑」と改めたいという長岡氏の提案も素直に飲み込めた。

　長岡氏とは、もう20年も前、原書房から出版したグラント・オーデン『西洋騎士道事典』で一緒に仕事をしている。騎士道が好きで好きでたまらないオーデンのこの本は、ポーリン・ベインズがイラストを描いていて、これが、また、グラントに調子を合わせて、ステキなイラストで、グラントが書く、ちょっとした嘘も、ポーリンが絵に描くと、なるほどと感心させられてしまうのだ。たとえば「ポウラックス」だが、これは槍と斧を合わせた武器で、本書では91頁に「ポラックス」と書いて紹介している。なにしろポーリンの描く、すうっと背の伸びた長柄と、斧の反対側のギザギザの刃がおもしろい。ところが、これは嘘なのだ。

　絵と文章の突き合わせは、とてもおもしろい。うまくつながるところもあれば、一方が他方の嘘をあばくところもある。あるいは補い合う関係にもなっている。そのあたり、原本の監修者の腕前はなかなかに大したものだとは思うのだが、それが日本語版監修者の立場は、ある意味、批評家的なところがあって、翻訳という仕事がもともとそういうものだと思うのだが、本文にしても、絵のキャプションにしても、こういうことを言いたいのだったら、どうしてこういうふうに書かなかったのだと、つい注文をつけたくなる気持ちがはたらく。この気持ちの始末はなかなかにつけがたいものがあると、今回も、また、思い知った。

　翻訳は私の教室の常連となった日本大学大学院の院生たちに依頼した。学習院大学大学院の元院生たちにも応援を求めた。駒澤大学大学院の鈴木明日見にも頼んだ。彼女も、また、私の教室の常連である。文学、映画、演劇、とりわけ騎士道にかかわる現代のファンタスティック文学の状況にくわしい岩内史子も誘った。彼女は長岡さんの出版の仕事に従来から深くかかわっている。

　分担を決め、第一稿に私が筆を入れて、再稿を作ってもらう。その上で私が校閲する。この作業はとても楽しかった。それぞれに個性的な文体で、どうしてそれを活かして、それなりに、そのままに、まとめることができなかったのか。いまとなってみれば、悔いが残る。気がつけば、校閲者は、かなり自在に手を入れていて、全体通して、校閲者の文章になっていた。だから、この本は私たち共訳者全員の仕事である。私たちはこの本の共訳者の身分に共に与る。担当分について初出の順に、氏名と最終学歴、研究専門分野の一覧表を作った。表を作りながら思った、このしなやかなインティレクトの持ち主の若者たちの担ぐ御輿に載せてもらえて、なんと私は幸せ者か、と。

【共訳者一覧】
林　　　亮：日本大学大学院文学研究科外国史専攻博士後期課程満期退学　中世フランス史　日本大学文理学部人文科学研究所研究員
早川　　育：学習院大学大学院人文科学研究科史学専攻修士課程修了　中世スペイン史　流通経済大学講師
山本興一郎：日本大学大学院文学研究科外国史専攻博士後期課程在学　古代ローマ史
鈴木明日見：駒澤大学大学院人文科学研究科歴史学専攻博士後期課程在学　ゲルマン法制史
秋山由加：学習院大学大学院人文科学研究科史学専攻博士後期課程満期退学　古代ローマ史
梅澤英輔：日本大学大学院文学研究科史学専攻博士前期課程修了　ビザンツ史
岡田尚文：学習院大学大学院人文科学研究科表象文化専攻博士後期課程在学　中世フランス史
岩内史子：日本大学大学院芸術学研究科文芸学専攻修士課程修了（芸術学修士）　文学・映画・演劇

【備考】
　固有名詞の発音表記については、原則として慣行にしたがったが、史料から直接の引用に含まれるものについては、その限りではない。わたしが承知する当時の発音表記をとった場合もある。

　挿図の出所については、原本で明記されていないものが多い。分かる限り補ったが、十分とはいえない。図版クレジットに関しては、原本に従うということにさせていただく。

　レファレンスの「年表」については、原本に掲載のものよりも、より詳細なものを作った。『騎士道百科図鑑』の歴史的背景について、すこしでもくわしく、ご案内したいと思ったからである。

　レファレンスの『参考文献一覧』だが、これは原本掲載のままである。欧文文献について、なかなかに得難いレファレンスであって、珍重に値する。

　日本語の参考文献については、上にもわたし自身の仕事を三つほどあげたが、それよりもなによりも、まず挙げなければならないのがあって、ヨーハン・ホイジンガの『中世の秋』である。ホイジンガは騎士道とキリスト教が中世の秋のネーデルラントとフランスに物の考え方と感じ方の規範力として生き生きとはたらいていた様子を、当時の人びとが書きのこした文章、描いた絵のなかに見た。わたしの翻訳が1967年に出版された中央公論社「世界の名著」版にはじまって、その後、単行本、文庫本と版を重ね、2001年に「中公クラシックス」西洋篇の第1号と第4号ということでⅠ、Ⅱの2分冊で出版されている。

騎士道百科図鑑――もくじ

日本語版監修者序文（堀越孝一） ……… 4
はじめに（コンスタンス・B・ブシャード） ……… 10

第Ⅰ部
騎士の登場 … 12

- 第1章 　騎士の起源 ……… 14
- 第2章 　騎士道理想 ……… 18
- 第3章 　騎士の馬 ……… 22
- 第4章 　芸術にみる騎士 ……… 24

第Ⅱ部
騎士の生活 … 26

- 第1章 　騎士になる ……… 28
  - 騎士になる教育 30／騎士叙任 36
- 第2章 　騎士道 ……… 38
  - 名誉ある振る舞い 40／騎士とレディー 44／信仰の役割 46
- 第3章 　騎士の日常 ……… 50
  - 住まいと健康 52／狩猟と鷹狩り 56／宴会 58
- 第4章 　城 ……… 60
  - 築城 62／城の機能と権威 66／城と戦い 68
- 第5章 　よろいかぶと ……… 72
  - アクトンとタバード 74／よろい、かぶと 76／馬の鎧 82
- 第6章 　武 器 ……… 84
  - 楯 86／剣 88／スピア、ジャヴリン、パイク 90／ランスとスピア 92／短剣 94／斧 95／尖っていない武器 96／軍馬 98
- 第7章 　トーナメント ……… 100
  - トーナメントの戦闘 106／トーナメントに対する態度 110
- 第8章 　騎士と戦い ……… 112
  - 戦術 116／攻城戦 118／傭兵 120／英雄的行為 122
- 第9章 　紋 章 ……… 124
  - 紋章のデザインと色 126／紋章的エンブレムの発展 130
- 第10章 　十字軍騎士団 ……… 132
  - テンプル騎士団とホスピタル騎士団 134／1130年以降創設の軍事修道会 136／十字軍以後の軍事修道会 138
- 第11章 　アジアの騎士 ……… 140
  - 武士と侍 142／インドのクシャトリア 144／中国の遊俠 146

第Ⅲ部
歴史にみる騎士　*148*

第1章　**騎士のおこり**　150
フランク人の王国 152／軍事的エリートの出現 154／製鉄 156／中央集権 158／北方と東方の侵略者たち 160／城主と家臣団 162／神の平和と休戦 164

第2章　**ノルマンの時代**　166
ノルマン人のイングランド征服 168／ノルマンの継承 172／フランスのカペー朝 174／ヘンリーとアリエノール 176／アンジュー帝国 178／リチャードとジョン、仲のいい兄弟 182

第3章　**十字軍**　184
十字軍の行程（地図）188／十字軍に参加する 190／初期の十字軍 192／後期十字軍 196／オスマン帝国の拡大 198

第4章　**レコンキスタ**　200
イスラム教スペイン 202／宗教の共存 204／カスティーリャとアラゴン 206／フェルナンドとイサベル 208／ムスリムの最後の砦 210

第5章　**アルビジョワ十字軍**　212

第6章　**百年戦争**　218
四つの会戦 223／戦士王 226／女性騎士 228／フランスが勝った 230

第7章　**騎士道の衰退**　232
新しいテクノロジー 234／城郭から要塞へ 236／中世都市の台頭 238／騎士道が次の時代へ遺産をのこす 242

第Ⅳ部
文化遺産　*244*

第1章　**文学にみる騎士**　246
中世の歌と詩 248／騎士道物語の黄金時代 250／アーサー王伝説 252／モダーン・リテラチャー 256

第2章　**映画とテレビ**　260
映画のなかの騎士 262／TV番組の騎士 268／サイエンス・フィクションの騎士 270

第3章　**戦争ゲーム**　272
現代の中世体験 276／バトルの再演 278／チームとブランド名 280

第4章　**栄誉称号を授ける騎士団**　282

第Ⅴ部
レファレンス　*286*

歴史年表　288
参考文献一覧　291
用語解説　294
索　引　296
謝辞・図版クレジット　303
執筆者一覧　304

はじめに

騎士がヨーロッパの戦争でその役割を失ってから5世紀たつが、彼らは私たちの関心をかきたて続けている。世界中で、子どもたちは間に合わせの「お城」を作り、プラスチックの剣で戦争ごっこをして遊ぶ。大人は中世のバトルを再−演したり、物語に登場する騎士たちに扮装したりする。キリスト教の信仰に篤い勇敢な戦士、主君に対して忠誠をつくし、女性や弱者に対してやさしい、敵に対しては無慈悲といったさまざまなイメージが、いたるところに現われ、ビデオゲーム、小説、そしてスポーツのシンボルマークにさえ表現されている。このロマンチックなイメージに喚起されて、多くの人びとが中世について更なる発見をしている。

しかし、かつて騎士の時代は、現実のものとしてあったのであろうか？ 輝く鎧の騎士の物語は、なにしろロマンティックに仕上げられていて、騎士は、彼らがそれを相手に戦ったと信じられているドラゴンと同じくらいファンタスティックな存在だと、ついつい思いこんでしまうほどなのである。しかしながら、騎士は現実にいた。馬上の戦士たちである彼らは、11世紀のフランスに初めて現われ、14世紀までは戦場で優位を占めたが、その後、歩兵戦術の発達と火薬の進化が、彼らの有効性を減じる方向に作用した。

彼らは、なるほど、時には短気で暴力的、粗野で無作法に見えることがあったかもしれないが、敵でさえも彼らを素晴らしい戦士だと理解していたのである。彼らははじめ、領主の子飼いの戦士だったのだが、その主人の領主たちもまた戦闘に参加するようになって、馬上の戦士、すなわち騎士がひとつの身分を自覚するようになっていった。この身分の自覚が、名誉と礼節の理想、すなわち騎士道の理念を立てたのである。暴力と野蛮は矯められなければならない。契約によって主君に立てた存在や、貴婦人崇拝儀礼の宛先に選んだレディー、また、戦士の暴力と野蛮をキリスト教倫理によって縛ろうと図るキリスト教会、さまざまな方向から、騎士的生き方に規制がかかる。文学もまた、騎士に騎士らしく生きろとけしかける。実際、宮廷風騎士道物語を読んで、それに鼓舞されて、騎士としての生き方にいっそう励んだという騎士も大勢いたのである。この文学騎士の最後の砦こそが、いわずと知れた『ドン・キホーテ・デ・ラ・マンチャ』である。

本書は大勢の方々の共同執筆によって成った。カナダ、アメリカ合衆国、連合王国、また、オーストラリア、ニュージーランドで活躍中の研究者たちである。それぞれの専門分野にかかわる篤実な解説文のうちに、諸世紀を通じた騎士の姿が浮かび上がる。城がはじめて建てられたのと前後して、歴史に登場する騎士。イングランドのノルマン・コンクエストやイスラムに対する十字軍、また百年戦争で主役を演じる騎士。騎士になる訓練、騎士の馬、騎士の剣と鎧、騎士の身元をあかす紋章のシンボル、トーナメント、キリスト教信仰と暴力をどうすればすりあわせることができたか、その巧妙な仕掛け、そうしてまた、時代とともに変わる騎士の理想像、こういった事々について、叙述は微に入り細を穿つ。戦士は世界中、他の文明圏にも存在した。たとえば日本のサムライのように。ヨーロッパの騎士と似ているところもあれば、違っているところもある。騎士は、また、文学のレンズを通して観察される。それに、イラストレーションもぜいたくに残っている。中世の写本の飾り絵もあれば、19世紀の騎士道復興の絵画もある。まったく、もう、騎士道のロマンスと栄光も、ここまでくれば見事としかいいようがない。

この本は、最後のところで、騎士がゲームや映画に登場する理由とその次第(わけ)を書いている。そうして、大団円、最後の章は「栄誉称号を授ける騎士団」ということで、たとえば「コロンブス騎士団」のように、往時の騎士団とはなんの関係もない、宗教がらみ、政治的思惑がらみの「フラターニティー（兄弟団）」の設立がブームになったという話である。これが示すのは、歴史上の騎士が過去の彼方へ去ったとしても、彼らの伝説は生き続けているということである。

コンスタンス・ブリッテン・ブシャード

第 I 部
騎士の登場

第Ⅰ部第Ⅰ章
騎士の起源

騎士はヨーロッパ中世を象徴する戦士である。戦士というが、騎士は職業的戦士というにとどまるものではなかった。騎士的存在は社会的状態、政治的権力、また法的階級区分に対応していた。文化論的に見れば、勇敢、名誉、忠誠、そして女性奉仕といった一連の徳目こそ、騎士の騎士たるゆえんをつくるものであり、広く騎士道として知られた。

いちばん基本のところで、騎士はエリート戦士のヨーロッパ版である。

エリート戦士は、産業革命をいまだ経験しない、それでいて、すでにある程度の複雑性を備えるようになった伝統社会のどこにでも見られる。エリート戦士は、もっぱら戦闘に明け暮れるその職業、というよりは、むしろライフスタイルを、威信と権力を装備した社会的地位に結合した。

エリート戦士は、エリート聖職者、エリート役人とならんで、伝統的政治的社会的構造を支配する3種の男（まれだが、女もいた）の一種である。（注：「まれだが、女もいた」とわざわざ括弧書きで書いている。ここに「女騎士」という、たいへんおもしろい話題が提起されている。たまたま見つけたのだが、『ばら物語』に「ツェ・バリーヴ・ツェ・ツヴァレール」と出ていて、これは「女代官と女騎士」なのだが、近現代語のフランス語に書き換えたと称する本があって、それを見ると「代官夫人、騎士夫人」などと書き換えている。これは合理的説明にすぎない。「サストラーン・ド・ヴェルジ」という騎士物語があって、その「サストラーン」は近現代語で「シャトレーヌ」で、よく「ヴェルジの奥方」などと、いもしない〔いるかどうか、作品の文脈では読み取れない〕ヴェルジ城主の存在を仮定して訳している。やはりこれも合理的解釈で、さすがにこの件では、「サストラーン・ド・ヴェルジ」を「女城主」と読んでいけないわけはないという意見も提出されている。『トブラー－ロンマッチの古フランス語辞典』は「サストラーン」の項を立てて、「シュロッスヘルリン」〔「シュロッヘル」城主の女性形〕の解を示し、12世紀の武勲詩「グオーム・ドランジュ」ほか騎士物語から4つの用例を引いている。「トブラー－ロンマッチ」は「ツヴァレール」の項では「リッタースフラウ」騎士夫人と解を掲げていて、そのあたり首尾一貫しない観がある。）

ヨーロッパならヨーロッパ、近東なら近東の個々のエリート戦士集団の特徴は、その社会的状態、国家権力を作るメカニズムとの関係、戦闘、武器、武具のスタイル、とりわけてまた、彼らがどのような文化を作っていたか、その詳細によって異なる。

しかし、戦士が高い社会的ステイタスを

第Ⅰ部第1章 騎士の起源　15

左：12世紀のフランスで制作された花嫁道具の木箱。この面には合戦におもむく騎士の絵姿が描かれている。

右：『エドゥイン詩篇』写本の飾り絵。1150年頃の制作。この写本の制作者である修道士エドゥインの名をとってこう呼ばれている。写本を制作中の修道士が描かれている。騎士の本質である暴力には否定的であったが、教会は騎士文化に対して背中を向けているわけにはいかなかった。

有していたということもさることながら、戦士文化は、それぞれに異なる様相をみせながらも、勇気と名誉というふたつの観念に集約されるある特色を分け持つ傾向を見せたのである。勇気と名誉というこのふたつの観念が、実際面においてどう機能したかは様々であったろうけれども。

社会組織

文明論的に見れば、エリート戦士集団の文化には共通の核心がある。しかし、ヨーロッパの騎士文化の特異点を検証することには重要な意味がある。というのは、それを検証することによって、騎士文化という問題の複雑さがあきらかになるからである。騎士は単なる兵士ではない。中世ヨーロッパでは、多くの都市民や農民までもが、時には、武装集団に参加していた。しかも、騎士は、必ずしも軍隊のなかで、比較的しっかり武装し、訓練が行き届いていた兵士であったわけではない。中世の軍隊は、ふつう、歩兵、騎馬兵の両方で奉仕する、よく訓練された職業兵士を含んでいた。そして、戦闘のスタイルについていえば、騎士ではない多くの兵士たちは、戦術上、騎士と全く区別がつかなかったのである。

兵士と騎士の違いは社会的地位にあった。騎士は最終的に、ヨーロッパの支配階級の一部となった。彼らは「アリストクラートの一員」とみなされるようになり、その地位は、ただ単に周囲ににらみをきかせているといった体のものではなく、なにかはっきりした法的保証のついた特権と公的権威に裏打ちされたものとなったのである。あわせて、また、土地保有が騎士的存在と結合した。

細かく見ていけば、西ヨーロッパの中でも、土地によって違いがある。イングランドでは、騎士の身分が決して閉鎖的な社会階級にはならなかったという点で、大陸諸国の多くとは異なっていた。また、ドイツには隷属的な(法的に自由のない)騎士がいたことが、この一般論をいっそう複雑にしている。

13世紀の神学者トマス・アクィナスの『神学大全』の第2部の2（通算第24章）は「人間の職務と身分の分化」と題されていて、数世紀にわたって議論されてきた人間社会の身分別について書かれている。人間社会は「働く人」「祈る人」「戦う人」の3身分に区分さ

左：シエナの画家シモーネ・マルティーニが描いたフレスコ画「騎士グィドリッチオ・ダ・フォリアーノの騎行」額縁の下枠に1328年の年記が見える。シエナ、パラッツォ・ププリコ所蔵。

れるという考え方である。「祈る人」は聖職者であり、「戦う人」が領主や騎士に当たるというわけだが、「働く人」は農民であって、中世の社会観は町人や商人の立場を考えることはしなかった。町人の理想や習慣は、「戦う人」や「祈る人」のそれと衝突するものであった。

騎士階級

この社会身分はどのようにして中世に出現したのだろうか？　1000年以前、ヨーロッパは古代のローマ人の家系と、ローマ化されたゲルマン人の家系の通婚の結果、形成されたアリストクラシーを支配層としていた。このアリストクラシー支配は、ローマ帝国末期の5世紀からはじまった。1000年前後、アリストクラートの権力は、彼らの従者である武装した自由人によって強化された。領地が城のまわりに形成され、城の名が領主の一族の添え名となった。この城持ち領主の領地が、政治的社会的権力の基本単位となった。城持ち領主の家系が増えるにつれて、より多く武装従者が必要になった。この時点では、かれらは領主の家政に抱え込まれていた。後に形成される騎士という社会階級の基礎になったのが、

上：パリの北、サンドニ聖堂の王家御霊屋に眠る王と王妃たちの寝棺彫像。最高の存在である王と王妃に連なる騎士たちは、自分たちもまた、自分たちの記憶を、この王と王妃の寝棺彫像のように、後代に遺したいと願っていた。

この領主の武装従者である。

アリストクラシーと農民の中間に勃興した武装従者層は、紀元1100年の後の世紀に（12世紀のこと。原著者は1100asと舌足らずに書いている。asはAnno Salutisの略記。A.S.）に社会的、法的な規定を獲得し、領主層も騎士的なアトリビューツ（「属性」と訳す。ある状態に本来備わっている性質、あるいはそれを示す象徴物をいう）を自分たち自身のものとして受け容れた。アリストクラートの若者がダビング（関連章節をご参照）によって騎士的身分に参入する入門儀式が、この一連のプロセスを映している。

戦士は騎士としての自意識を強め、彼ら自身の社会的アイデンティティを構築しはじめる。彼らは主君への奉公に対する見返りとして、「フィーフ（封）」と呼ばれる一片の土地を下賜される。この慣行は「エンフィオフメント（綏封）」と呼ばれる。当初、これは、主君の家政に抱え込まれて、ある一定程度の期間、奉公して、はじめて下賜される性質のものであったが、しだいに、綏封が、軍事行動において功績をあげることに先行するようになった。綏封が、主君と家臣との紐帯を固めるのに有効であると分かったからである。

封の授受は、領主と家人のあいだだけではなく、領主たち相互間にも行なわれるようになり、結婚とならんで、アリストクラシーをひとつにまとめる相互契約として機能するよ

フューダリズムとはなにか

軍隊における騎士的存在と騎士としての働きは、フューダリズムと呼ばれる政治的システムと関わりをもっている。しかし、フューダリズムという言葉には問題があって、なにしろ歴史家の数ほどに、フューダリズムの定義はさまざまなのだ。そのこともあって、軍事史家のあいだには、この言葉は人気がない。軍事史家がフューダリズムを定義づけるとすれば、それはとても狭いものになって、実際の事例をいろいろ当てはめることなどできない相談になるのだ。逆に社会史家の定義付けは大変広く、歴史上の実例にまったく合わないことになる。中世史家のなかには、この言葉をまったく使わない人もいる。「イズム」という、これはほかの分野ではふつうに使われている語尾がうるさいというのである。「フューダル」という形容詞は使うが、それは「フィーフ（封）」についてなにかいうときに限っている。

うになった。

多くの騎士の封は小規模であったが、土地所有はその土地を耕す農民に対する支配権を伴った。ここに公的権力を獲得して、はじめて、騎士階層は、それまでアリストクラートに独占されていた分野へ入り、社会的上昇運動を開始することができたのである。1200年頃、騎士階層はアリストクラシーと肩を並べていた。イングランドだけはちがったが、騎士の身分は、アリストクラシーの場合をモデルとして、相続財産を基準として測られるのが趨勢となったのである。

騎士の没落

騎士階層の社会的上昇の趨勢は、アリストクラシーが騎士身分へ下降する動きと重なった。騎士階級が収めた成功は、戦士が自己認知する場を提供し、戦士の生活理想として騎士的振る舞いの型を定め、アリストクラシーも、また、自己を騎士として認知せよと誘導したところにあった。王たちでさえ自己を騎士と認知した。王たちは1300年以降、騎士団を設立することによって、騎士身分のさらなる発展を援助した。

この騎士からアリストクラシーへ、アリストクラシーから騎士へ、二重の趨勢は、騎士身分の威信を高めはしたが、それに伴う社会的、法的、軍事的な義務負担はともかくと

して、騎士身分に正式に加入するのに要する経費を引き上げた。小さな領地しか持っていない騎士の家は、その経費を負担するのは難しかった。そしてその結果、騎士候補者は、「ダビング」による騎士階級への正式な参加を遅らせ、遅らせるどころか、無期限に延期して、「スクワイヤー」（ラテン語の「スクートゥム」からで、騎士の楯などを運ぶ者という意味合いで、「楯持ち」などと訳されることがある。「従騎士」あるいは「准騎士」の訳語は、あたかも階級制度が確立されていたかの印象を与えるので、このましくない。）のままでいることを選ぶ者も出てきた。

その結果、社会集団としての、また、およそ軍隊の部分としての騎士の数は、1300年から1500年にかけて、騎士が社会的、政治的にもっとも重要であった時代に、ゆっくりと、しかし確実に減少した。後の時代になると、騎士的存在の性格そのものが、軍事的な役割と同様、政治、社会、軍隊制度の広範囲な展開により根本的に変化した。

要するに、社会階級としての騎士の出現は紀元1000年を過ぎてからのことであり、以後、時には相矛盾した仕方で発展し続けた。騎士は、それが存在した間、中世社会の合成的で複合的な部分であった。中世社会を、どこでもよい、スライスしてみれば、その模様が見える。

騎士の語源

騎士という、中世の社会階級の持っている合成的で複合的な性格は、騎士を特定するのに使われた用語に反映されている。英語のナイトは「ボーイ」とか「使用人」を意味するアングロサクソンのクニットに由来していて、それは古ドイツ語のクネヒトに関連する。このことは、いずれは騎士身分を獲得する領主の武装従者が、もともとは身分が低く、従属的な男たちであったことをはっきりと示している。この語が、軍事史的用語ではなく、むしろ社会史的用語であることが、また、意味がある。英語のナイトは、百年戦争の時代にいたるまで明確な軍事的な意味を持たなかった。それが14世紀後半になると、この語は、ラテン語で兵士を意味するミレスの英語の対応語として使われるようになった。

しかし、ラテン語のミレスは、本来十分訓練され、装備整った選良の兵士についていう。古代ローマの用例ではローマ軍団の兵士をいう。すなわち歩兵である。それが、ミレスは、1000年をゆうに超えて、選良兵士というもともとの意味合いをよく保持したが、古代から中世までの社会構造の変化が結果するところ、この語は歩兵ではなく、むしろ騎兵を指すようになった。「馬と人」を意味するミリテス・ペディテスクェという言い回しで使われるようになったのである。

軍務についている騎士が馬に乗っているという点が強調されているわけで、フランス語の方で騎士を意味する「シュヴァリエ」も、その点、同じである。これは中世語では「カヴァレ」「ツェヴァレ」「サヴァレ」「スヴァレ」というふうに変化してきたらしい。馬を意味するガリア・ラテン語の「カヴァルス」からの造語らしい。

騎士階級の起源と、騎士階級の社会的編成は、合成的で複合的な性格のものであったが、西ヨーロッパの全体にわたって、なにか騎士身分については、一貫しているものがあったようだ。この一貫性は、騎士の自己認知が文化史に遺した構造物、総合して騎士道として知られる諸特徴、勇気、名誉、忠誠、そして女性奉仕という一連の理想を創造したそれによってもたらされたのである。騎士たる存在は、この一連の理想によって定義され得る。

右：『ザクセン侯ハインリヒ・デア・レーヴェ（獅子侯）の福音書』写本飾り絵。神の手から冠をさずかるハインリヒとその妃マティルダ。1168年の戴冠式が想定されている。王は中世社会の社会的政治的階層秩序のトップに位置する。その王の存在を支えているのは騎士階級である。

第Ⅰ部第2章
騎士道理想

騎士道理想は、騎士が自分たちがどういう存在であると考えたかを示している。中世の騎士を理解するには、彼ら自身の視点に立ってこそ当然である。だから、騎士道に関して近代に入ってから作られた神話は、中世の現実をそのまま映したものではないと考えなければならない。

およそどのような社会にもエリート戦士集団は存在し、自分たちの理想を掲げていた。かれらの理想と自己認識は、さらにもっと大きな文化の母胎にはぐくまれた価値体系の写しであった。長い歴史を通じてつちかわれてきた宗教、慣習、制度、政治が、その土地特有の戦士文化を形成したのである。

しかし、その土地特有の戦士文化とはいっても、そこにはなにか、文化のちがいを越えて、共通のものがある。戦うという戦士の仕事が、戦士はこうふるまえと注文を出してくるのである。戦闘での勇敢さとか、主君に対する忠誠とか。しかし、この後者については、言行の言が先立ち、行は行なわれがたいところがあった。主君の側がもっぱら強調する観があったのは否めない。なにしろ、この家臣の忠誠なるものは、主君にとって、なんとも保証の限りにあらずというところがあったからである。戦闘での勇敢さというが、戦争に勝つことがなにしろ大事だった。どんな手で勝つかはさまざまで、負け方もいろいろだった。個人の名誉という観点を強調する。力づくでも名誉を守るという考え方、これもまたその土地固有の戦士文化という枠を越えて、共通のものであった。相対立する血族間の争い、フェーデ、あるいはまた社会的威信をかけた血まみれの競技会が、騎士文化を特徴づけた。これが騎士の理想にあっていたのである。要するに、ロマンチックな考えとは逆に、戦士の理想は暴力を栄光化して

右：濃いブルーの折れ線重ね模様のタバード（74〜75頁を参照）を着た騎士が、上段左ではなにやらより上位の身分の騎士に懇願している気配。上段右では、いましも司祭のミサに預かったばかりのところに、従者が声をかけている。中段左は、いざ戦場へ。右と下段左は戦闘中。そこで「身代わり聖母騎士の奇跡」が起きる。下段右は聖母子礼拝。13世紀スペインで制作された写本飾り絵。

いた。

暴力の文化

騎士階層として出現した西ヨーロッパのアリストクラシーの軍事力保持者の場合も、暴力については異論はなかった。自分たちについて自己認識を深め、理想像を作り上げていくようになる以前についてはなおのことそういえる。かれらの自己認識が深まり、理想像の確定が展開し始めるとなると、だいたい11世紀からのことだが、その結果は、なんとも矛盾をはらんで、後代に影響をのこすことになったのである。

この暴力主義をなんとかしようという呼びかけが、はじめ司教たちからあがった。戦士アリストクラシーの暴力を制御しようとする試みである。この試みは二通り見られた。戦争の影響が及ぶのを、時間、場所、住民で限って、戦争のインパクトを弱めようという方向がひとつ。もうひとつの方向というのは1095年からはじまった十字軍で、こちらの方が影響するところ多大だった。戦士集団のエネルギーを御して、キリスト教会が決めた目標に向かわせようというのである。

このふたつの方向で戦士集団の暴力の問題を解決しようとする動きは、もっと大きな改革プログラムが当時動いていて、その一端だったのである。聖と俗の関係を、つまりキリスト教会と俗世の政治権力との関係の在り方をめぐる学者たちの論争であり、たとえばドイツ王とドイツ諸侯がローマ法王と対決した現実の歴史である。教会改革論者は、キリスト教会のことに世俗の権力が干渉するのはまちがっている。教会関係の人事権、たとえば司教や修道院長の任命権は、キリスト教会の最高の長であるローマ法王にあると主張したのである。世俗の権力を教会の権威に従わせようという動きも同時に見られた。ドイツ王にローマ皇帝の冠を与えることができるのはローマ法王だというような主張である。これに対しては、王や諸侯、さらに領主層のあいだからも強い抵抗があった。当然、新興の社会層である戦士集団の場合、土地の司教(司教座教会の長)の指図通り、自分たちの、いわば職分である暴力行為を控えなければならないのはなぜかと疑問の声もあがったにちがいない。これがいわゆる「神の平和」であり「神の休戦」という、教会側の仕掛けだが、ローマ法王の十字軍唱導についても、領主とその子弟、また武装従者などの都合を考えず、法王の呼びかけで、みんなそろってゾロゾロついていったという類の解説が多すぎる。この件でも、法王の代表するキリスト教会側と、領主の武装従者集団とのあいだには、はげしい火花が散ったにちがいない。その火花を透かして、中世ヨーロッパの戦士集団のありようが見えて

上:パオロ・ウッチェロ画「サン・ロマーノの戦い」1452年から1457年までのあいだにメディチ家の依頼で描かれた連作3枚のうち、パリのルーヴル美術館に所蔵されているもの。120〜121頁に、ロンドンのナショナル・ギャラリーに所蔵されているものが掲載されている。もう1枚のはフィレンツェのウフィツィ美術館に所蔵されている。

下:鎖帷子鎧を着てタバードを羽織り、剣と楯を持つ騎士のイメージが、この象牙作りのチェスのコマに刻み込まれている。

くる。

騎士道の起源

領主とその武装従者集団は、キリスト教の理想そのものに反対しているのではなかった。ただ彼らは、彼ら自身についての教会の定義づけを受け容れることを拒んだのである。たとえ特定の状況で、よい目的のために使用される場合でも、暴力はそれ自体悪であるという考え方は、彼らにしてみれば、すでに久しく、戦争に参加することに栄光と名誉を見ていた彼らだっただけに、どうしても受け容れがたいものだったのである。

この信念は、『ロランの歌』をはじめ、武勲詩に表現されている。武勲詩は、カロ

リング朝時代から盛んに口承で伝えられ、11世紀末頃から文章化されて残った。武勲詩は、英雄が戦うという話のレベルでは、かつてエリート戦士集団が存在した様々な土地で歌われた叙事詩に通うところを多く持っている。ただ、中世ヨーロッパの叙事詩である武勲詩は、ただ戦争の栄光を歌うというものではなく、社会秩序を維持するには、宗教的権力と世俗の権力とがともに協力しあうことが大事だという考え方をも表現したのである。騎士的、あるいは騎士道的身の処し方という考え方がそこから出てきた。暴力と暴力をふるう者を聖化するという発想である。要するに、「戦う人」として、騎士たちは自身を神によって定められた社会秩序の正式な一部として捉えるようになった。つまり彼ら自身のうちにひとつの身分を見るということである。この身分の戦うという機能は、それ自体正当で必要な目的である。この考え方の変化は、「ダビング」（騎士叙任）の儀式の創造と美化に表現された。サクラメント（秘蹟）としてキリスト教会に認められてはいなかったが、「ダビング」は宗教的色彩を帯びた。

愛の重視

騎士道という、ひとつの理想体系が12世紀のフランスに出現したもうひとつ別の理想体系、愛の理想に巻き込まれたのは、文学を通じてであった。広義にとれば宮廷風な身の処し方、狭義にとらえれば女性に対する適切な対し方、フランス語でクールトゥエジー、英語でいえばコートゥリネスが、武勲詩よりすこしおくれて展開した騎士道物語に表現されて、騎士道的な、幅広い文化的コンテクストの一部となった。換言すれば、コートゥリネスは、とりわけ女性に関して、理想と身の処し方の幅広いフィールドを抱き込んだのであって、その点、騎士道は遠く及ばなかった。

それというのも、騎士道は、本音のところでは、戦争における戦士の理想体系にとどまったからである。騎士道は戦う者たちによって展開され、戦う者たちに適用されたのである。

名誉と忠誠

それでは騎士道理想は、どのような身の処し方をよしとしたのか？　騎士道の道理に立てば、騎士身分の捕虜の待遇は、なによりも名誉を重んじたものでなければならない。また、非武装の捕虜を殺すことは最低である。あまりにも残酷な監禁は批判された。もっとも、こういった、捕虜を殺すな、牢屋に収容しておくのもあまりに厳しすぎる扱いではだめだといった厳格主義には、裏に物質的動機があったのであって、なにしろ身分の高い捕虜だったら、身代金をたんまり稼げたのだから。

すこしレベルをあげて物をいえば、そもそも騎士の本分は、騎士的存在を社会的身分として定義した、その定義付けに明らかであった。すなわち、騎士が守るべく頼まれた、その人たちを守ることである。したがって、騎士たるにふさわしい騎士は、領地を放棄しない。とりわけ、教会と町を見捨てるようなことはしない。それは敵勢に面と向かって、かれが守るべきものなのである。軍事的に必要な状況であれば、退却も降伏も仕方がないであろう。ただし、その前に、可能な限り抗戦した上でのことだが。申し合いで決められた日数が経っても、救援の軍勢が来ない場合には、包囲された側は、降伏することを申し出るという、これは決まったシナリオで、だれもそれに文句をつける人はいなかった。

領民や教会や、あるいは町を守るという騎士の本分は、主君に従い、主君に助力するという、こちらも騎士の職分に重なる。重なって当然なのである。なにしろ領地、教会、町といっているのは、ある領主の所有するところなのであって、その領主を、騎士は主君に立てているのだから。主君に対する忠誠が、そのまま騎士道なのであった。

裏切りは許されなかった。しかし、これが裏切りといえるかどうか、グレーゾーンは存在していた。騎士は主君に対して抵抗できる。それどころか、騎士は主君と戦うこともできる。生死にかかわるところまでいってしまっては問題だが。このことは、封主であることと封臣であることの現実の事態に騎士道理想がどのようにかかわっていたかについて教えてくれる。封主の立場と封臣の立場は、相互の権利と義務との契約関係であった。とりわけ、騎士が複数の領主とのあいだに封臣として契約を結ぶ場合には、騎士道的であるということは、かなりこみいった状態をみせることになったであろう。

忠誠は、封臣の封主に対するものであ

上：1340年頃に制作された『ラットレル詩篇』飾り絵。リンカーンシャーの騎士ジェフリー・ラットレルがトーナメントへ出かけるところ。妻アグネス・サットンが兜を馬上の夫に手渡している。槍旗をつけた槍を左手に支えている。うしろにひかえる女性は、ラットレルの息子の妻ベアトリック・スクロープ。楯を渡そうと、手にぶら下げている。

下：モデナ、レッジォ、フェラーラの侯、エステ家のボルソ（1413〜71）のコレクションとして伝えられた聖書写本の飾り絵。宮廷風恋愛が騎士道の本質的な部分となっていたことをこの種の絵画表現は教えてくれる。

ると同時に、封臣集団に対するものでもあると考えられた。この点で騎士道は個人の栄光を求めることと集団の紀律の間の矛盾した関係を解決した。騎士は個人主義的で、紀律に欠けていて、ただ個人的栄光だけを求める者だと見るひとが多いが、実際は、戦闘中に仲間から離れることは、たとえどんな理由があろうとも、それは臆病からだとみなされ、許されることではないと考えられていたのである。戦闘における個々の騎士の身の処し方についてはいろいろいわれているが、つきつめたところ、自分の戦い方について仲間の騎士の賛成が得られるかどうか、この戦闘に勝とうではないかという訴えが全てだったのである。個々の騎士の暴走は許されない。戦闘の最中でも、ときには騎士たちは集まって、これからの戦い方について協議したのである。

戦争の現実

騎士道理想は、待ち伏せ作戦をとったり、ペテンにかけたりすることは間違った事だ

下：13世紀初頭の作とみられる武勲詩『ゴドフレー・ド・ブーロン』の14世紀の写本の飾り絵。第1回十字軍の英雄が、1世紀の後、古風な武勲詩のスタイルで、騎士道物語の全盛期に立ち現れた。

> その者は真の騎士ではない、
> もしや死ぬのではないか、
> なにか悪いことが
> 起こるのではないかと恐れひるんで、
> 主君の土地を守護することの
> できない者は。
> その者は裏切り者だ、
> 背誓者だ。
>
> オノレ・ボネ『戦争の木』（15世紀初めごろ）

とはみなしていなかった。そういう危険を察知したら、戦闘を避けることは分別のある行動だとされていた。戦場で身分の同等な者同士が、一対一で決着をつけるというのは、ある意味で、究極の理想であっただろう。模擬戦であるトーナメントで、よくこのことは見られた。しかし、戦争に関する常識に反してまで、この大将同士の一騎打ちを遂行することは勧められるべきことではなかった。騎士道が求めたのは通常の戦争のやり方だった。騎士的存在の実態と、騎士道の神話とは、戦場において、真っ正面から衝突する。

中世の戦争は、荒らし回って掠奪することも当然のように行なっていて、むしろそちらの方が、もともとの狙いだったかもしれない。騎士道理想はこれを別に悪いこととは考えていなかった。保護する義務の裏焼きだぐらいに見ていて、じっさい、軍事行動中の騎士には、味方を保護すると同様、敵に損害を与える義務があったのである。その義務に忠実に、敵方の村を焼き払い、作物を踏みにじり、農民を殺す。そこに栄光が存した。

結局、騎士道は、階級と性に縛られたワンセットの理想群であった。騎士道は、農民や町の住民に適用されなかった。教会人にも適用されなかった。教会人は、並び立つ社会階層として、しかるべく敬意を払われてはいた。しかし、教会人は彼ら自身の行動規範を保持していた。騎士道は女性を考慮しはしたが、それは接線を接するていどのことでしかなかった。女性がアリストクラートである場合だけ、相手にした。コートゥリネスは愛を理想化したかもしれない。しかし戦争では、騎士は、アリストクラートではあっても、女性を、よくて見当違いな存在だぐらいにしか見ていない。農民や商人の女性ともなると、扱いはまったくひどいものだった。

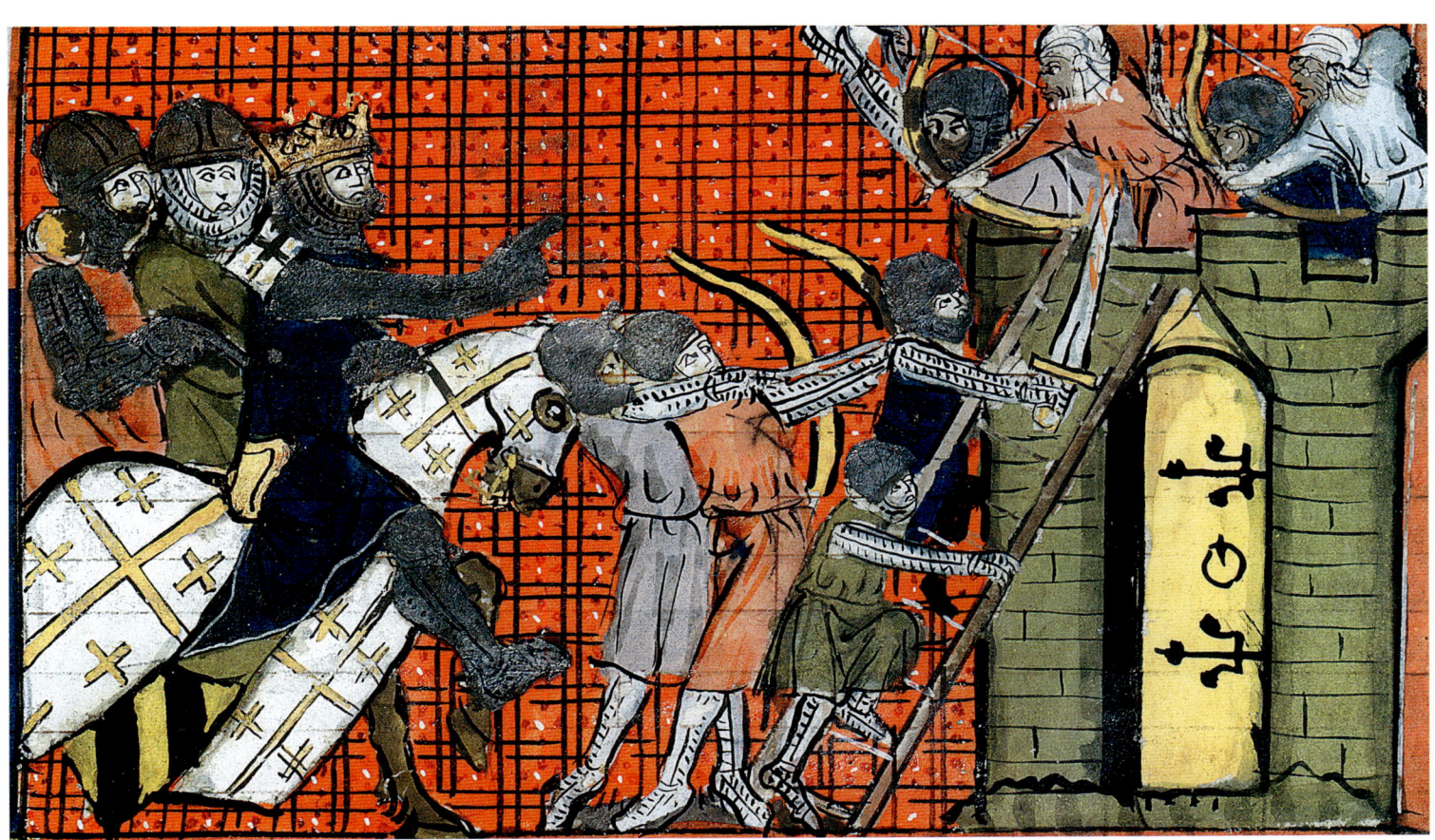

第1部第3章
騎士の馬

騎士の乗用の馬はスタッド（馬小屋）で飼育され、交配を重ねられて、よりすぐれた品種に改良されてきた。改良種の馬の総称が「スティード」である。原義は「スタッドで育てられた馬」である。

12世紀から13世紀の文献に、「リッチ・スティード・アンド・パルフレー」というふうに、「パルフレー」と対になって出る。「パルフレー」は巡行用の馬だから、この文脈では「スティード」を軍用馬という意味合いで使っているのかも知れない。（第2部第6章「武器」を参照）

はじめ、スティードはそれほど大型ではなかった。足もそれほど速くはなかった。しかし、アリストクラートのスタッド・ファームズ（馬の飼育場）で、丹念な飼育が代を重ねて、しだいに駿馬が生産されるようになった。足の速いアラビア種が導入されただろうが、そのあたりの詳細は分かっていない。中世も遅くなると、重い板金鎧を身に着けた完全武装の騎士を乗せるスティードが必要になって、太めで、大型の、馬力のある馬の人気が高まった。それが数をそろえることができなかったので、大型のスティードは値段が高くなった。それに乗っているかいないかが、騎士のなかにも経済的、政治的な格差があるということをはっきりと示したのである。

スティードは、戦場で、乗り手の命令に即座に応えるように、手綱と拍車の合図で、敵方に目くらましをかける、するどい身のこなしができるように、そして戦場の騒音と光景に慣れるように、幼馬の頃から訓練された。訓練には時間をかけた。軍馬は馬齢8歳から12歳までが、最高の乗りであったので、時間はたっぷりあったのだ。

同様に、将来の騎士も早めの乗馬の訓練

上：馬はスティードで、精悍さが鼻面に見える。よくよく見ると、きちんとなんば歩きをしていて、これは入城式などの折の儀式的な歩かせ方で、トーナメント会場での馬揃えを思わせる。楯や馬衣に紋章図案がいくつも見えるが、いずれも原初的なもので、特定の家系を割り出すことはむずかしい。14世紀の写本飾り絵。

が必要であった。カロリング朝期のある格言によれば、思春期に入るまでに乗馬を習っておかなければ、少年はついに乗馬を学ぶことがないであろう。

戦場での機動力

スティードを飼育するには時間がかかり、かねもいる。中世後期のミサイル型武器の使用がますます盛んになった。このことが馬の鎧をますます重く、より精巧な造りにしていった。だが、人も馬も重装甲した騎兵隊は、より軽く装甲されていた場合ほど、有用ではなかった。装甲することは機動力が低下するということで、結局、安全をとるか、機動力をとるか、そのどちらかを選ばなければならなかったのである。機動力こそは、戦闘と軍事行動において、騎兵隊が役に立つ証だったというのに。

軍事行動における機動力の重要性は明らかである。馬に乗った部隊はより多くの領域に進出し、より広範囲の略奪を担う能力があった。そして歩兵が対応するよりも迅速に脅威に対応する能力があった。したがって、アングロ・サクソンのイングランドにおけるセインのような、戦術としては伝統的に、ふだんは徒歩で戦った戦士たちも、作戦行動では馬に乗った。戦場で、騎兵は敵戦列の側面と背後を攻撃するために、あるいは逃亡中の敵を追跡するために、その機動力を使うことができた。逆にいえば、騎馬の兵士は、敗北した戦場からうまく脱出することについて、より多くの機会をもっていたということである。確かに逃走の容易さは、時おり、防衛において騎士たちがより頑強に戦うようにするために、指導者たちに彼らの騎士たちを下馬させるよう促した。また、機動力は騎兵に逃走のふりをすることを可能にさせた。逃走したと見て敵が追跡してくる。そこで、踏みとどまって、反

第Ⅰ部第3章　騎士の馬　23

左：弓射手がいないということが、これは実戦の描写ではないことを示す。しかし、槍の穂先がむきだしで、なまらせたり、被覆したりしていないことが、これはトーナメントではないことを示唆する。右手は三つユリ紋の旗幟でフランス王家方を示している。左手のイングランド王家の紋章旗は、なぜだか傾けられている。右手に猪の紋章図案の旗印。左手は犬の紋章図案のそれ。全体の雰囲気が「三十人の戦い」を暗示しているので、フランス方、イングランド方、双方について、もしやこの旗印を立てた騎士がいなかったかどうか、調べてみたが、いまのところ手応えはない。15世紀の写本飾り絵。

転し、敵が混乱したところを狙って、再攻撃をかける。そういう戦法をとることができた。

騎乗突撃（チャージ）

機動力はヨーロッパの騎士が用いた古典的戦術であるザ・チャージ、騎馬突撃のかなめであった。しかし、この騎馬突撃は、ふつう考えられているようなやり方ではなかったのである。馬と武装した騎士の重量で、突撃の速さを増しながら、横抱きにした槍の先端に力を集中させて、目標にぶつかってゆく。そういうふうに騎士は戦場で戦ったとふつうは考える。しかし、これはジャウストでの戦術で、戦場のものではない。前方には歩兵の集団が堅い壁を造っている。馬はたじろぐだろう。馬は、目標との衝突、ぎりぎりの寸前で、止まる。そういうケースが多く見られた。

チャージの成功例は、ギャロップ（駆歩）ではなくトロット（速足）で実行されたものだったのである。トロットは突撃隊形に、集団としてのまとまりを失わせないのに適した速度であった。また、トロットは、突撃の効果を高めるのに適した速度であった。効果とは、このばあい心理的なものであって、よいチャージとは、チャージをかけた相手方に、これはもう逃げられないぞというイメージを植え込み、敵の前衛隊を崩壊と逃走に誘い込む。そこに生じた隙間を騎士隊が駆ける。馬上の高さを存分に活かして、敵の歩兵隊を殲滅するというものであった。トロットで揃って進む騎士隊形が、敵に心理的圧迫を与える。これが肝要だったのである。

騎士と騎士の馬

もっとも大型で強壮で、もっとも高価な軍馬はデストラーと呼ばれた馬で、実戦にもトーナメントにも人気が高かった。しかし、騎士は、ふつう、より安価なコーサーに乗っていた。これはより軽量で、より足が速く、小回りがきいて、その意味で戦場で乗るのに適していた。14世紀末からスタリオンと呼ばれる馬が戦場に登場したが、これは去勢せずに、男性的性質をそのまま残した馬で、噛み、蹴る動作がはげしい攻撃性の強い馬である。この馬はもちろんのこと、軍馬を一般の用向きに使うことはなかった。騎行、狩猟、儀式に適した馬はパルフレーで、荷を運ぶ馬はロンシンといったが、この呼び名については多少問題がある。99頁をご参照ください。

右：馬はパルフレーで、きちんとなんば歩きをしている。それはよいのだが、なにか馬具の描き方がぞんざいで、気になる。書かれているのは14世紀からの書体であるテクストゥラ書体で書かれた詩である。14世紀の写本の飾り絵。

第1部第4章
芸術にみる騎士

中世ヨーロッパの支配的な社会階級として、騎士は芸術と深い関わりを持っていた。題材を提供し、芸術の制作者を保護し、その制作者として活動しさえもしたのである。中世の芸術、とりわけ文学は、騎士が自分自身について騎士道的イメージを作るのを助け、奨励した。中世文学は、今日、騎士文化の理想と現実の双方を我々に対して明かすのである。

中世ヨーロッパにおいて社会的な支配階級だった騎士は、芸術の題材にとりあげられ、パトロンとして、またプロデューサーとして活動し、芸術と密接に結びついていた。中世の芸術、とりわけ文学は、騎士自身も参加して、騎士道的イメージを大いに盛り上げた。こんにち騎士道的文化遺産は、騎士文化の理想と現実の双方をわたしたちに明らかにしてくれる。

ヨーロッパの騎士は、芸術との関係において幅広く活動した。かれらはすぐれた戦士であって、その生来の性である暴力を、かれら自身を表現する洗練された文化的所産に統合せしめたのである。騎馬の戦士という男の集団が生まれ育ったはじめの頃合いには、ヨーロッパの戦士は、おそらく、文字一つ読めず、教養のレベルは、世界の他の多くの地域の戦士集団と比べて、格段に低かった。この状況は、1100年から1500年の間に次第に変わっていった。

文学に描かれた騎士

12世紀から15世紀まで、騎士的存在にかかわる文学作品は、年代記、聖者伝、叙事詩、叙情詩、騎士道物語など広範囲にわたり、使用言語も、ラテン語からロマンス語、チュートン語など、世俗言語（教会用語としてのラテン語に対して）へ展開して、ヨーロッパ中世文学の世界を作っていった。

なにしろ文章を書くという行動は、教会や修道院の環境においてはじめて可能だった。すでに1100年以前に、ノルマンディー侯ウィリアムの伝記をラテン語で書いたグィオーム・ド・ポワチエや、おそらくヘンリー2世に依頼されて、アングロ・ノルマン語（英仏海峡の両岸にひろまっていたロマンス語）で『ブルート物語』などを書いたワアスは僧侶であった。ワアスは1100年頃に生まれ、パリで勉強して、ノルマンディーのカーンで僧職についた。グィオーム・ド・ポワチエは、もとは「ツェヴァレ（シュヴァリエ、日本語対応語は騎士）」であったと伝えられるが、ポワチエで勉強した後、僧籍に入って、ノルマンディー侯グィオーム（ウィリアム）の宮廷司祭になったという。ワアスの場合も、ただ知られていないだけで、もしかしたら前半生は戦士だったのかもしれない。

グィオーム・ド・ポワチエやワアスの著述活動と並行して、すでに「シャンソン・ド・ジェスト（武勲詩）」や「騎士道物語」の作家たちが、アングロ・ノルマン語の文学活動を始めていた。ヨーロッパの戦士文化は、ようやく文学表現の世界を開拓する段階に到達したのである。

一方、むしろ時期的には先んじて、ロワール川から南のオック語圏で「トルバドゥール」の叙情詩が花と咲いていた。オック語はロワール川以南のロマンス語で、これに対して、アングロ・ノルマン語を含む北フランスのロマンス語をオイル語という。これが後のフランス語である。オック

左：このエドワード・バーン＝ジョーンズが描いた「聖杯城外で昏睡状態のランスロット」は「ラファエル前派」の画家たちが中世の騎士という存在をどう見たかを示している。

レディーとユニコーン

中世のタペストリーで現存するものは少ない。ほぼ完全に残っている稀有のケースに、「バイユーの刺繍帯壁掛け（タペストリー）」と「レディーとユニコーン（一角獣）」がある。後者はパリのクルーニー美術館に伝わった6面の大織布（それぞれ3.7×4.6メートル）で、全体五感をテーマにとっていて、ここに掲載したのは味覚のテーマ。レディーは左手の拳に鷹をとまらせて餌を与えている。ユニコーンの押し立てる旗幟とライオンの掲げる旗印に銀色の昇る弦月が三つ織り出されている。この紋章から推して、レディーのモデルはル・ヴィスト家という領主の家の娘らしい。ユニコーンとライオンの組み合わせがおもしろい。17世紀に入って、イングランド王国とスコットランド王国は合体したが、スコットランド王家の紋章アチーヴメント（130頁を参照）は左右にユニコーンだった。ステュアート王家はそれの左側をライオンに変えた。つまり、このタペストリーの図柄と同じである。ライオンはノルマン朝以来イングランド王家伝統の紋章図案である。現在のイギリス王室のアチーヴメントに、その点、変更はない。すくなくとも19世紀のハノーヴァー朝ジョージ4世のアチーヴメントに変更のないことはたしかである。なお、ユニコーンは捕獲困難な海の動物で、生娘の助けがないと捕らえられないという俗信がひろまったらしい。そこからユニコーンを聖処女マリアのペットだと思い込むようになったらしい。このタペストリーがそういった俗信の証しだというのだが、わたしはまだその点よく考えていない。

語叙情詩は、大領主の屋敷で歌会が開かれ、近在の領主たちが集まって、歌作りを競う。「トルバドゥール」は「歌を作る人」の意味である。アリエノール・ダキテーヌの祖父、アキテーヌ侯ギィレム9世は「最初のトルバドゥール」とうたわれた。

「トルバドゥール」の詩歌の作法が「オイル語圏」に伝わって「オイル語叙情詩」が作られるようになり、また騎士道物語の作家たちに影響を与えた。ライン川流域のチュートン（ドイツ）語の詩人たちがこれに学んだ。「ミンネジンガー」と呼ばれている。「ミンネ（恋愛）」の歌い手たちである。イタリアのトスカナ地方も「オック語圏」に属し、後代、14世紀のダンテ・アリギエリの「清新詩体」はその流れである。

絵のなかの騎士

絵のなかの騎士は、ロワール川下流に南から入るヴィエンヌ河畔のタヴァン教会堂地下室の壁面に描かれたフレスコ画の「騎士とライオン」がおそらく最古のイメージであろう。それと同時期のものに、「バイユーの刺繍帯壁掛け」の「ノルマン・コンクェスト」の戦士の連続するイメージがある。たくさんの馬が登場する。それから2世代ほどあと、1130年前後に製作されたと見られる、アングーレームのサン・ピエール聖堂玄関のドア上部の横石に刻まれた騎士の騎馬突撃の浮き彫り彫刻の連続するイメージがある（42ページを参照）。それからおそらく30年ほどして製作された七宝板絵

上：15世紀のロンドンの出版人ウィリアム・カクストンが出版したジェフリー・チョーサーの『カンタベリー・テールズ』の「全体の序」のところに挿入された木版画。「騎士」を表現している。

「アンジュー伯ジョフレー・プランタジュネの肖像」がある。ル・マンの聖堂に伝承された（124ページを参照）。また、ステンドグラスでは、シャルトル聖堂の『ロランの歌』の一景。いろいろな材質の画面に描かれ、塗られ、刻まれた騎士の絵姿。13世紀からは、色感豊かな写本飾り絵が花開く。

騎士の文化の名残り

騎士の残像は、中世を過ぎて、なお消えず、ポピュラー・カルチャーの好んでとりあげる話題となった。騎士のイメージは、16世紀から18世紀にかけて、傷つけられたといえるかもしれない。なにしろ、ミゲル・デ・セルバンテス（1547～1616）の『ドン・キホーテ』は、騎士を笑い者にしてしまったのだから。もっとも、「ドン・キホーテ」は、初原の「騎士」に帰ったという見方もある。つまりこれは「エル・シド」の替え歌なのである。その「ドン・キホーテ」が19世紀によみがえった。アルフレッド・テニスン（1809～92）はじめ、ロマン主義の作家たちが、ドラゴン退治の英雄、礼儀正しい女性の守護者というイメージを作ったのである。近代の騎士のイメージを創造したといってもよいであろう。

「ラファエル前派」をはじめとする画家たちが後に続いた。ハワード・パイル（アメリカ人イラストレーター）の「アーサー王物」は、文学、音楽、とりわけ映画に、騎士のイメージがあふれかえることになる20世紀の先駆けとなった。ロマン主義のイメージは、ジョン・ブールマンのファンタジー映画「エクスカリバー」が役者たちに壮麗な衣装をつけさせるにあたってインスピレーションとして働き、これはその筋の古典として、よく引用される狂言物『モンティ・パイソンと聖杯（ホーリー・グレイル）』を飾り立てる金箔銀箔としてのご用をあいつとめている。中世の秋の鋼板鎧は、日本のマンガの未来戦士ロボットの中に生き続け、騎士の残像は、今後とも、急に色あせてしまうことはないだろうと保証している。

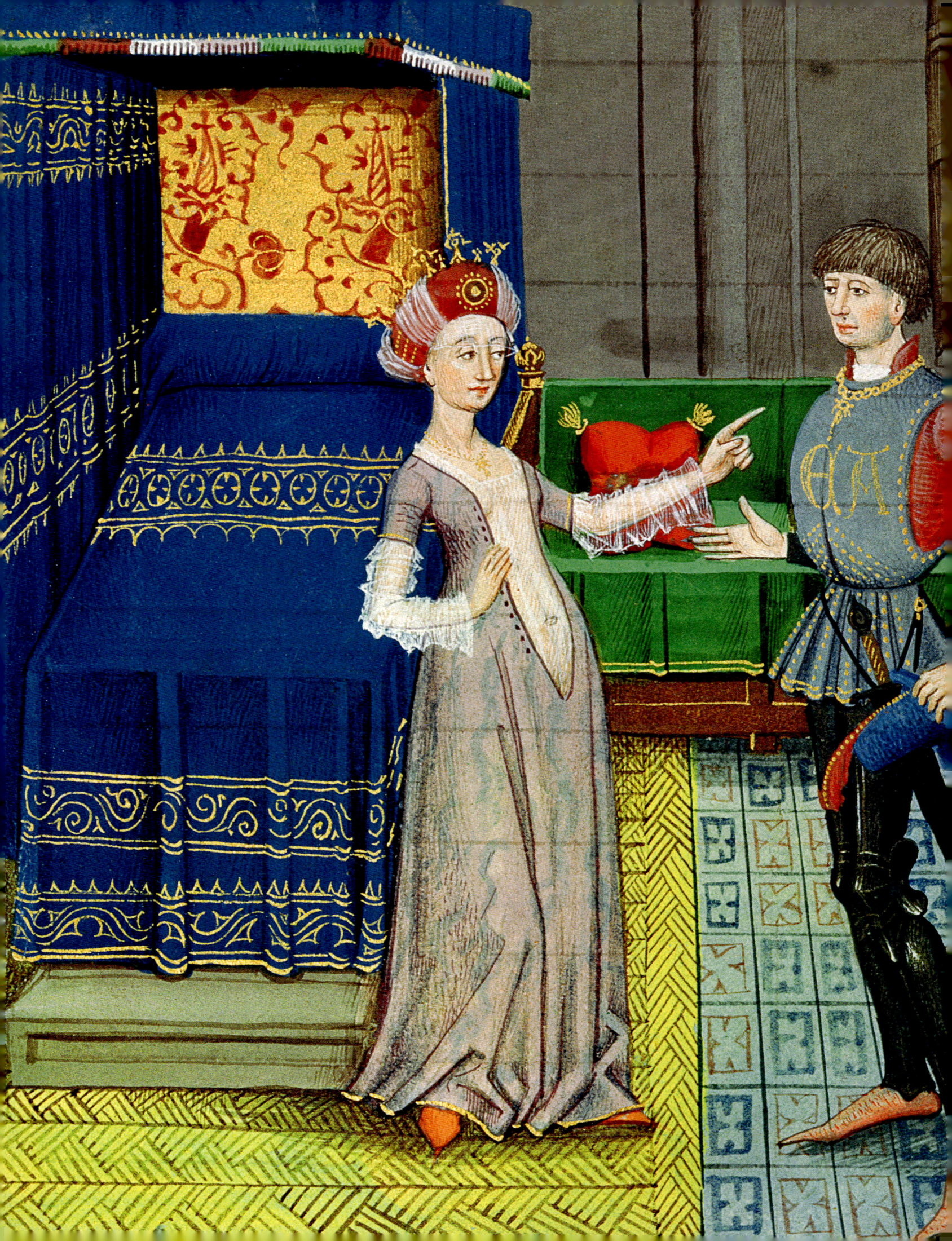

第Ⅱ部
騎士の生活

第Ⅱ部第1章
騎士になる

はじめ、戦士は、その戦士という身分と経験によって騎士になった。しかし、数世紀を経て、騎士になるための、ややこしい教育システムが発達した。戦士は、形を踏んで騎士になることになった。若者は、騎士の技能に磨きをかけるのに、およそ12年を要することになった。

騎士たちと呼べる戦士のグループは、ほかのどこでもない、まずフランスで出現したが、彼らは権力者に仕えて戦ったのであって、彼ら自身、社会的上層の出身ではなかった。城と騎士が同時に発展したということは、偶然の一致ではなかった。城持ち領主が、彼のまわりに、いつでも彼の命令を実行できる騎士たちを集めたのだったから。領主は城を建て、そこにいろいろな種類のスタッフを配置した。馬に乗って出かけ、戦い、すばやく、城壁の内側という安全圏に帰ってくることができる騎士たちは、城のスタッフの主要な部分を構成した。11世紀のはじめ頃に書かれた年代記は、騎士を暴力的で危険な存在とみなしている。2、3世紀後、騎士道の騎士たちに結び付けられたロマンチックな言葉遣いのようなものはまったくなかった。それどころか、騎士といえば、それは、長いものには巻かれろの言い回しがぴったりの、乱暴な戦士だったのである。

領主の子飼いの戦士たちは、それはたしかに効率的に戦い、騎乗する訓練は受けていたであろう。しかし、その訓練に当たって、なにか正式のセレモニーとか、訓練のメソッドといったものが決められていたわけではなかった。馬や武器は、領地と城を保有する彼らの領主から与えられていた。彼らの従属的な立場は、とりわけドイツにおいて著しかった。彼らは自由人ではなかった。資料上、彼らは「ミニステリアーレス」と呼ばれている。奉仕する者である。11世紀の最後の数十年までに、フランスとイングランドでは、領主と領主の家族は、それまで戦うことは子飼いの戦士集団にまかせていたのが、自分たち自身も、騎馬で戦う者に変身していった。騎士という呼び名もしだいに普及した。戦士集団の側も、自分たちが領主身分を取得することを望むようになった。二つの集団が、たがいに相手側の特質を身につけようと努め、また、両者間に婚姻関係も見られるようになったので、この二つの集団をはっきりと区別することはしだいに困難になっていった。

領主の子飼いの戦士集団は、従来、なんら特別のセレモニー、またその地位の目印もなしに、しだいに騎士の身分を獲得していった。しかし、領主とその若い子弟が騎士になるには、なにか特定の手続きがあってよいだろうとだれしもが考えるようになって、12世紀の間に、騎士叙任の儀式次第が工夫されるようになった。

騎士の訓練

領主の子弟が6歳か7歳になると、両親は、彼が聖職につくか、世俗に留まるかを決める。両親が後者を選べば、少年は、騎士になる訓練を受け始めることになる。騎士としてうまく戦えるようになるには、幾段もの長い課程を修めなければならなかった。騎士の訓練は、強くて機敏な者、すぐれた騎乗者をつくりだすように企画された。すぐれた騎乗者というのは、馬を操っ

左：ハイデルベルグに伝わったミンネジンガーの歌謡集マネッセ写本の一葉。13世紀に入ってからの制作と思われるが、この王がだれかは、ここに描かれた紋章図案などからは分からない。「ミンネジンガーの王」と見てもよい。左下に騎士のイメージ。

左：カスティーリャとレオンの王アルフォンソ10世（在位1252～84）がギャロッピングで駆けている。これはじつは彼に一番似合わないイメージで、彼は文治王である。公用語をラテン語からカスティーリャ語に切り替え、ありとあらゆる知識文献をカスティーリャ語に翻訳するという壮大なプロジェクトを実行した。

ている間に、槍と剣を軽々と扱うことができる者をいう。

しかし、騎士になる方法を学ぶということは、戦闘訓練だけのことではなかった。領主の若い子弟にとって、この戦闘技術の学習は、もっと全般的な学習の中に組み込まれていたのである。そのことは、どのようにして、12世紀中頃までに、軍事的特質が、領主階層の自己規定の一部になっていったかを指し示している。領主の若い子弟が受けることになっていた全般的な学習には、読み書きの基礎教育も含まれていて、宮廷で生活する場合に備えて、行儀作法の勉強も、また、学習課程に組み込まれていたのである。

マリー・ド・フランスの詩を見ると、「若者はその年頃になったので」騎士叙任を受けたという言いまわしがよく出る。これは、彼がある年齢に達したので、という意味ではない。学習の結果、若者が精神的に成長し、責任感を自覚するようになったので、という意味である。13世紀に入れば、騎士叙任の儀式は重層的なシンボリズム（象徴性）を帯びるようになる。これは「真の」騎士は、キリスト教的騎士道の諸価値をすべて体する者であるということを指し示している。

家から離れて

領主の幼い子弟は、騎士になる学習を受けるために、親の家から離れて、時に彼らの父の主君の宮廷へ、時におじの家へ行かされることがあった。母方のおじが、父方のおじよりも好まれた。なぜならば、相続権は男性へ優先的に与えられ、兄弟相続も常にあり得たので、父の兄弟は、彼の甥たちが自分の競争相手であると考えかねなかった。しかし母の兄弟ならば、自分たちの相続権が甥のものになりかねないなどと心配することなく、若い親族と親密につきあうことができたからである。

その上、母方のおじは、彼がその教育を引き受けた少年と、年齢の点で、父方のおじよりも近い場合が多かった。なぜならば、領主の家系の若い女性は、概して、彼女たちよりも年上、場合によっては、はるかに年上の男性と結婚したのだから。

他のケースでは、勢力ある伯あるいは侯が若い騎士候補者たちのグループをまとめて彼の宮廷に居させて訓練することがあった。13世紀のアドネ・ル・ルェの『レ・ザンファンス・オージェー』は、12世紀末のランベール・ド・パリの武勲詩『ラ・シュヴァルリー・オージェー』を元本にとっていて、「レ・ザンファンス」も「ラ・シュヴァルリー」も意味は同じ「武勲」だが、前者は「レ・ザンファンス」という語が示しているように、デンマークからシャルルマーニュの宮廷に人質として連れてこられたオージェーが、そこで仲間と一緒に騎士になる修行を積んで、ついに騎士になり、初の武勲をあげるという筋立てになっている。「レ・ザンファンス」は、字面からすると「少年の頃」だが、騎士物語ではよく「初の武勲」という意味合いで使われている。デンマーク人オージェーは歴史上にも登場する人物だが、その身元は分からない。だから、実際に、父親の領主から、忠誠の保証としてシャルルマーニュの宮廷に預けられた人質であったかどうかは分からない。ただ、後代の文学が、そのように描いたことはたしかである。

下：「ドーン・ド・マヤンスのジェスト」群に含まれるシャンソン・ド・ジェスト（武勲詩）「ルノー・ド・モントーバン」の15世紀に制作された写本飾り絵。騎士見習いは宴席で料理の皿をはこび、ワインを注ぐ。35頁をご参照。

騎士になる教育

騎士になる訓練は、戦争の仕方を習うだけではなかった。宮廷社会に通用する行儀作法を身につけた教養人になるように、若者は訓練されたのである。

若者たちがまず習ったのは、読み書き、算数だった。読み書きは、自国語と、初歩のラテン語と、両方だった。自国語の読み書きも、ラテン語のそれも、それに算数も、いずれ彼らが大人になってから必要な技能だった。契約書や証文を読んで理解する、収入や借金の額を自分で勘定するのに必要な技能だった。ラテン語についていえば、それは聖職につく道を選んだ仲間たちはラテン語の勉強は必須だったろうけれど、本当は彼らは勉強したくなかった。それでも、古代ローマ人のラテン語の著述を読まされた。引用文をまとめた教科書だけだったにせよ、ともかく彼ら騎士修行の若者は、ラテン語を習わされたのである。そういった古代の異教徒の書き物は、権勢ある者が、この俗世で、どう身を処すべきか教えている。節度、慎み、そして自制心を持てと教えていると考えられていて、いずれ騎士になり、立身出世する可能性のある修行中の若者たちにそのことを教えようということだったのだが、これはなかなかむずかしいことだった。それでも若者たちは、しっかりラテン語を習わさせられたのである。

ラテン語の勉強と一緒に、若者たちは宗教教育も受けさせられた。キリスト教神学の基礎を学び、教義の要点をしっかり覚えさせられた。城内礼拝堂付き司祭が、若者たちの教育を見た。12世紀に入ってシトー会派の修道院に入院を希望する歳を取った騎士が増えた。彼らは、たとえ新参者であっても、祈祷に加わるためにも、ラテン語が読めることが期待されたのである。この期待に応えるのに、なにか問題を抱えていた騎士はほとんどいなかったという。そのことの指摘は、騎士候補者たちの勉強の面倒を見てやった名もなき城内礼拝堂付き司祭に対する賛辞にほかならない。

馬の背の上での戦いを学ぶこと

若者たちは一日中教室で過ごしていたわけではない。馬に乗ること、戦い方を学ぶことに数時間は費やしていたことだったろう。馬上のファイターとしてのトレーニングを完遂することは、騎士候補生の少年にとって、もっとも重要なゴールと考えられていた。長大な槍と剣を扱うことができるようになるまで、とりわけギャロップで馬を走らせている（最速走行、四つ足が一度に地面を離れることがある）ときに、それができるようになるまでには数年の鍛錬を要した。少年たちはポニー（小型の馬）に乗ること、そして木剣で戦うことから始め、しだいにホースにまたがり、真剣をふるう段階へ進んだ。槍の穂先を的に当てる技を学ぶために、紐でつるした環を目がけて馬を走らせ、その輪に槍の穂先を突き入れる訓練を積み重ねたことであろう。彼らはキターンに向かって馬を走らせ、キターンに槍の穂先をあてるように訓練した。キターンは、杭の上端の横木に、鎖帷子鎧、冑、盾一式をぶら下げた仕掛けのことをいう。たぶん、アキテーヌという地名から、そう呼ばれるようになったのであろう。（quintaine キターンないしキテーン。原筆者はquintainと書いているが、歴史的用例はquintaineで、トブラー―ロンマッチがたくさん用例を集めてくれている。ヴァリアントにquitaine, kiteineなどが出る。リトレは語源未詳としていて、ロベールはラテン語のquintanaを示唆している。古典ラテン語ではメインストリートに沿った脇道をいい、商売の店が出ている。言葉の形から、5, 6歩、脇に入ったところをいうようだと、辞書の解説者はあいまいだ。中世ラテン語のニールマイヤーを引くと、格子とか橋の欄干などをいう。あるいは町のまわりの幅5マイル圏をいうと、やはり語の形にこだわっている。いずれにしても、ラテン語から出た言葉ではなさそうだ。わたしはこれはaquitaineの接頭辞のaが落ちた語形なのではないかと考えてい

上：ウェーゼル川最上流、ヘッセン、フリッツラール大修道院の教会堂の遺構から。3世紀のトゥール司教マルティヌスが伝説化されて、騎士サンマーティン（サン・マルタン）の貧者への施しを示す図柄が教会堂の浮彫や写本飾り絵を賑わすことになった。自分のマントを半分に裂いて貧者に与えようとしている。

右：修道院の写本制作室の情景。カーテンを引いた本棚に、仕上がった写本が整然とならべられている。右手に見える凸面鏡は、15世紀の絵画によく見られる小物である。

第Ⅱ部第1章　騎士になる　31

左：1515年のマリニャーノの戦いを描いている。フランス王フランソワ1世が、即位早々、ミラノ侯マッシリアーノ・スフォルツァのスイス同盟軍と戦った。中央の白馬の騎士がフランソワ王。ジャウスティングの構えで突撃している。左上の紅の旗印の紋様は、フランソワの紋章図案である「王冠とサラマンダー」。「火蛇(ひへび)」と訳す。いもりに似た伝説上の怪物である。

して、手強い戦士になった若者たちは、トーナメントや戦場で、彼ら自身の技量を試したいと願っていた。実際、十字軍の間、西方騎士の敵であるムスリムでさえ、騎士たちはレベルの高い技量を持ち、みごとに訓練されていると認めるのにやぶさかではなかったのである。

狩猟の技術

狩猟は、領主社会の成員にとって、生活の一部であった。騎士になるために受ける教育には、獲物を狩り、殺し、解体する仕方を学ぶ課程も含まれていた。狩猟は、戦争の仕方をいろいろと学ぶ機会だったのである。しかも狩猟は、それ自体が領主身分の者にとって、おのれの社会的威信を創出し、誇示する絶好の機会であり、また、自分の家族に動物性蛋白源を供給するという、狩猟本来の目的からいっても、おろそかにできない仕事であった。やがては騎士になり、領主にもなろうという騎士候補生の若者にとって、狩猟の勉強は必須科目であった。

戦士エリート集団と狩猟との関係は古く、洋の東西にわたって広く見られた。歴史家や文化人類学者のうちには、人類の先史時代の狩猟採集経済の社会に戦争の起源を見ている人たちがいる。しかし、これに異議を唱えている人たちもいる。狩猟、とりわけビッグ・ゲーム（ライオン、トラなど大型野獣の狩猟）と戦争は、いくつかの点で同じような技術を使うけれども、おそらく、戦争は、人類が定住生活を送るようになって、集団がいくつもの階級に分かれるようになってから工夫された行動様式であったと考えられる。

狩猟は、騎士の小規模なグループにとって、一緒になって馬に乗り、武器を操る経

勇敢で、礼儀正しく、
業に秀で、貴にして、
門地正しく、雄弁家、みごと、
狩猟と鷹狩りに通暁し、
チェスやすごろく、
さいころばくちをよくする。

オック語で「アルビジョワ十字軍」を歌った詩文があって、これは作者がふたりいて、1213年までをナバラのトゥデラ出身のギィレムという名の僧侶が書いた。十字軍に対してはそれほど批判的ではない。ここに紹介したのは、その文中、騎士の理想像をイメージしているところである。

る。アキテーヌこそは馬上槍試合の発祥の土地なのだ。）

訓練にあたっては、年寄りの騎士が指導役についた。まだ幼いうちは、訓練といっても、それはゲームのようなものだった。ある程度年長になると、訓練は、その年齢に応じて、本格的なものになっていった。彼らは上手に馬を駆り、馬の世話をすることを学んだ。彼らは、甲冑を着用することにしだいに慣れた。数時間、鎧を着たままでも、息が上がるようなことは段々となくなっていった。

12年後かそこらで、訓練が完了した時には、少年たちは手強い戦士になっている。そのようにプログラムされていたのである。そ

32　第Ⅱ部　騎士の生活

上：『マネッセ写本』飾り絵の一葉。楯の紋章図案と兜とクレスト（兜飾り）からブランデンブルク辺境伯であることが分かり、相手の女性がルークを手にしていることから、伯からルーク（ロックにひっかけて）を取った、つまり塔をもらった女性を相手にしていることからオットー４世と分かる。チェス遊戯と騎士道的恋愛遊戯のひっかけ。

右：オランダ語でゴルフのことをヘット・コルフェンというが、この言葉がはじめて書き記されたのは、ブルージュの写本職人シモン・ベニンクが1500年から1520年のあいだに制作したと伝えられる時祷書においてであった。そこでその時祷書は「ヘット・コルフェンの時祷書」と呼ばれる。「コルフェン」は「ゴルフ」の語源である。ここに掲載した飾り絵は、しかし、直接「コルフェン」に関係はない。なにやらこの家の主人夫妻は宴席についているものの、客人の気配は薄く、この家の娘であろうか、赤いビロードのドレスの女性が、照明係の若者のひとりに言い寄っているようだ。一緒に踊ってよ。

験を積むのに適した、重要な手段であった。小規模なグループというのは、領主とその従者の騎士たちという構成で、これが騎士の作る軍事組織の基本単位であった。

この点、中央アジアの草原の遊牧民の戦士たちの狩猟とは違っていて、たいへん興味深い。遊牧民の狩猟は、何百人もの馬の乗り手が草原を大きくとりかこんで、遮断線の内側へ、ありとあらゆる野生動物を追い込む。いわば追い込み猟であって、その点、ヨーロッパ中世の狩猟と様子がちがう。地形と動物相がちがっていたし、戦士たちの社会的構成が大きくちがっていた。だから、ヨーロッパ中世はヨーロッパ中世のやりかたで、狩猟のしかたを工夫したのである。おそらくより重要なことは、狩猟はグループのきずなを固めた。これが戦闘においてグループの連帯の強さに反映したのである。

礼儀の訓練

古典的教養の基礎のところを学び、軍事的訓練を受けるのに加えて、さらに少年たちは、礼儀作法の勉強もさせられた。彼らは上流社会で適切にふるまう方法を知っていることを期待されたのである。上品に話すこと。衣服を整えること。清潔を保つこと。爪をちゃんと切りなさい。ダンス、音楽、詩にしたしむこと。槍や剣を手に戦い、人を殺す。騎士は本来、暴力主義者である。それにもかかわらず、騎士たちは、洗練していると人に見られたいと望んでいた。

若者は、歌い、楽器を演奏することを学んだ。そうすれば、長い冬の夜を、音楽を楽しみながら、過ごすことができる。叙事詩や物語が声高に朗唱されるのを聞きながら過すのもよいだろう。叙事詩や物語は、プロのミンストレルが書いたものであったにちがいない。しかし、そのうちには騎士が書いたものもあったにちがいない。なにしろ、その書き物や詩文のなかに、かれら

第Ⅱ部第1章　騎士になる　33

城の女主人

城の女主人は若者たちに礼儀作法を教える先生であった。年齢の差をいえば、たいていの場合、夫とのあいだよりも、若者とのあいだのほうが近かったにちがいない。二人の間に深い感情的結合が形成されたとたくさんの物語や覚書が証言している。彼のレディーに対する愛は長く続いた、と。実際の情交はもちろん期待するところではなかった。若者は花を贈り、レディーを称える詩を作り、いつの日にか、レディーがこの自分の「遠い恋」を知るのではないか。「恋のお返し」にあずからせていただける日がくるのではないかと夢見るのだった。大人になって、結婚してからも、騎士たちは自分の「城の女主人」を回想し、敬愛するのだった。

自身、そういった作品をものする教養があり、そのわけがあったことを書き記しているものがあるのである。

若者は、また、ゲーム、とりわけチェスを学んだことだったろう。チェスはなにしろ、中世のゲームで、現在にいたるまで変更されたところはない。駒にビショップ、ナイト、キング、そしてキャッスルを使うチェスは、とりわけ騎士身分の者にふさわしいと考えられた。

また、もちろんのこと、若者はレディーと会話する仕方を勉強した。彼らがいずれなるであろう若い騎士というものは、下品な話し方をしたり、気後れして舌先がもつれたりすることがなく、適切にレディー方と会話できることが期待されていた。

衣装のぜいたく

礼儀作法の教育で、もうひとつ重要だったのが、服装についてである。その場に見合った服をきちんと着ることが要求された。服は手作りで、現在の相場からすれば、とても高価であった。また、絹や薄手毛織物のような高価な布地を、なかなか手に入らないような珍しい染料を使い、カラフルに染めた服地を使ってでも身分の高い者であると誇示しようとする、一部領主家のわがままもあって、さらにいっそう高価になる傾向があった。袖をゆったりとふくらませ、ひだを余分に、ふんだんにとり、裾を朝顔状に張り出させた衣装、このようなものは、ただもう、衣装にかねをかけるのを惜しんでいないということを誇示したいがための注文でしかない。マントは毛皮で縁を付けられ、また、裏打ちされた。とてものことに優雅な花嫁衣装一式は、極小真珠粒がびっしり飾り付けられていた。カッティングは、若い男のかっこよい脚の線がきれいに出るように工夫されていた。つま先が細長く尖った靴も、なんともぜいたくなものだった。若者は、最新のファッションを学び、身だしなみに気をつけるよう、教育された。

中世の衣服はまず毛織物であった。領主も村人も、騎士も、町人も、教会の僧侶も、修道士も、漁民も、船乗りも、みんな、羊毛で作った物を着ていた。羊毛は洗われ、梳かれ、紡がれ、織られた。染色してあるのも、してないのも、毛織物は、貿易の主要商品のひとつだった。亜麻を紡いで織った亜麻布は、軽量の衣料に好んで用いられた。綿布はインドから、12世紀の末にはじめて到来し、下着を作るのに用いられた。絹は中国からで、大変高価で、珍重された。というのも、絹布は輝くように染め上がり、衣蛾の幼虫に食われることがなかったからである（衣蛾は「いが」、英語でクロージズ・モス「衣料の蛾」というくらいで、その幼虫が、とくに羊毛製品に食害を及ぼす。幼虫は体長6ミリほど）。これを手に入れることができたの

右：毛織物を染色する工程の作業を描いている。1490年頃に制作された写本飾り絵だが、ちょうどそのころに死去したオランダのハーレムの画家ヘールトヘン・トート・シント・ヤーンスの絵に「ラザロのよみがえり」というのがあって、そこに黄色地のマントを着た人影が見える。じつにヨーロッパの絵画史上、およそ黄色が絵の具に使われた最初である。それまでは「黄色」は「黄金色」であった。この絵にいくつもの色が見えるが、黄色は見あたらない。

は、領主社会の成員だけであった。

ヘアーファッションも、若者たちの勉強の一課程だった。たとえば12世紀に好まれた若い騎士の髪型は、カーリングした長髪だった。戦場では獰猛な騎士が、宮廷にはこのような繊細な髪型で登場するのが当たり前だったというのだが、これはさぞや目立ったことだったろう。

教会人は、そのようなヘアーファッションは虚栄だとあざけったが、騎士たちにしてみれば、仲間内で自分を見せつけるためにも、また、これは当時の騎士物語がしきりに書いていることだが、レディーの関心をひきつけるためにも、髪を出来るだけ立派に見せる必要があると思ったのである。12世紀のある文章を見ると、女性たちが思わず見とれてしまうのは、やわらかくカールした髪と、ピンクの頬の若者だったという。当時、領主の子弟は、ふつう髭を生やしていなかったという。そのこともあって、若者たちは、今日から見れば、女性的とも見られかねない容貌をとっていたのである。このような見かけは、粗野な外見の農民たちと、領主身分の者たちを分ける表徴と見られていたのである。

宴会と席次

この見かけのふさわしさは、とりわけ宴会で期待された。また、相応のふるまいも。若い男性たちは、年上の者に敬意を表して、自制の気持ちを表してこそ当然だと考えられていた。不作法にも、大皿からひったくるようにして料理をとり、がつがつ食べるのは教養のない連中のやることだ。宮廷の作法通りに食事を取る仕方を、手取り足取り教えてくれるマニュアル本が、当時、出版されていたのである。

領主の館の宴会で供された料理は、宴会に列した人たちを、より低い身分の人たちから区別するあかしだった。低い身分の人たちは、ただパンとスープを食べるだけである。狩猟の獲物も、家禽も、白パンも、蜜のように甘いプディングも食べなかった。それは領主社会の成員だけのものであった。食事の作法を学び、ぜいたくな料理を正しく評価することを学ぶことを通じて、若者たちは、いずれ彼らが騎士になったときに、それから先、保持していくことになるであろう、ある標準的な物の考え方感じ方にだんだんと染まっていったのである。宴会はソーシアル・ヒエラルキー（社会的階級制度）を反映し、また、それを強化するはたらきをもった。なにしろ自分が座るシートは、自分のソーシアル・ステイタス（社会的地位、身分）によって決まっていたのである。だから、だれかが、自分はもっと上座につくべきだと考えて、それが原因で争いが起こった話がいろいろあるのである。騎士になる訓練中の若者は、社会的地位が客人の適切な配置を決める方法を、また、席次に関する見苦しい争いを起こさないようにするのに最もよい方法を学んだことでもあったろう。

左：『ベリー侯のいとも豪華なる時祷書』の「1月の暦絵」。背景の戦闘場面を図柄としたタペストリーと、正月の宴席のスペースとの区切りがあいまいで、かえっておもしろい。宴会は平和の場ということで、わざとバックに暴力主義を披露する。宴席で暴力の道具であるナイフは、宴席の主人が一番信頼を置く若者にあずける。ベリー侯には息子がいなかったから、背中を向けているふたりと左端の赤い胴着の若者は奥付きの小姓なのだろう。

> パンは大きなかたまりを
> 口の中に突っ込んで、
> パンくずが右に左に
> こぼれおちるような食べ方を
> してはならない。暴食者と
> 見られかねない。ワインは口の中が
> 空になってから飲むようにしなさい。
> 大酒飲みだととられかねない。
>
> 12世紀のペトルス・アルフォンシが書いた
> 『僧侶の教訓』から

ページからスクワイヤーへ

13世紀に入ると、若者が訓練を経て騎士になる過程が、段階ごとに決まってきた。少年はまずページになり、次にスクワイヤーになってから、ナイトに進む。

少年は、騎士になる学習を続けながら、ページ（小姓）として騎士に仕える。彼は領主の館で、正餐の食卓を整える、伝言を伝える、騎士の着替えを手伝うといった仕事を担当した。宴席では、名のある客人に対してさまざまなサーヴィスを提供した。テーブルクロスを掛けることからはじまって、指洗い用の湯を満たした鉢を運ぶ、厨房から料理の大皿を運ぶ、盃が空にならないように気を配る。なにか小間使い的な仕事に見えるものもあるが、これは、ひとつには領主の館でのページの仕事というものはどういうものであるかを徹底的に教える意図があり、それを通じて、服従ということに慣れさせるためのことであった。ページは、自分がお仕えする騎士を敬い、慕っていたにちがいない。そうであったからこそ、彼は、このハードな勤めに耐えることができたのだ。

ページは、こどもからおとなにかわる頃合いに、ある時点で、スクワイヤーになったことだったろう。スクワイヤーはもともとフランス語で、楯の意味のエクからの造語である。楯を持つ者というのが原義である。騎士は、スクワイヤーを一人か二人従えて、トーナメントや戦場に出かけた。その場合、スクワイヤーが騎士の楯、その他の武具を持ち運ぶ。だから「楯持ち」だが、騎士に従うということで、「従騎士」というふうに言いまわすこともある。いずれにしてもスクワイヤーは、騎士の鎧の着脱を手伝い、騎士の剣を研ぎ、馬の世話をした。騎士の槍が破損した時、別の槍を手渡した。

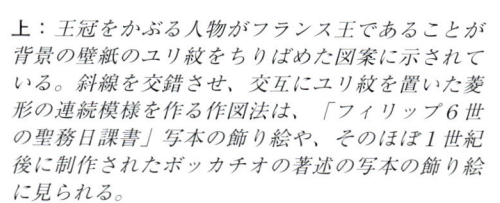

スクワイヤーのうちには、ページの頃からの学習で、騎士であるのに必要な知識や技能は、すでにほとんど習得していたのもいた。ただ、騎士（フランス語でシュヴァレ、英語でナイト）と名乗ることを可能にする騎士叙任の儀式をまだ受けていなかった。だから、まだスクワイヤーのままでいたというケースも多かったにちがいない。ひとつには、13世紀後半までに、騎士叙任の儀式はますます費用がかさみ、手の込んだものになってしまっていた。スクワイヤーのうちには、その儀式を無期限に延期するものも出てきた。そのまま、騎士は名乗らず、実質、騎士として活動する者も大勢いたのである。

上：王冠をかぶる人物がフランス王であることが背景の壁紙のユリ紋をちりばめた図案に示されている。斜線を交錯させ、交互にユリ紋を置いた菱形の連続模様を作る作図法は、「フィリップ6世の聖務日課書」写本の飾り絵や、そのほぼ1世紀後に制作されたボッカチオの著述の写本の飾り絵に見られる。

左：手前のふたりはフランス語で「ジュ・ド・ポーム」手のひらでボールを打ちあう競技に興じている。奥に「チェス」をさすふたり。このふたつの遊戯がひとつの画面に描かれるのはひじょうにめずらしい。中世に出版された「逸話集」は、ぜんぶ古代ローマの文人ウァレリウス・マキシムスの名をとった、つまり「ヴァレールの逸話集」ということにされたが、この絵は、その逸話集の写本飾り絵。

騎士叙任

騎士になる儀式について書いている一番古い史料は、ジャン・ド・マルムーテーの『ガウフレドゥス侯伝』というもので、ガウフレドゥスはアンジュー伯フルクの息子で、1128年に、イングランド王ヘンリーの娘マティルダと結婚した。その直前、「他方、王の命令によって、伯に対し、その息子、いまだミリテスではないその息子を、次のペンテコステまでに、ルーアンへ送るべき事、彼は、同年の者たちとともに、その地において、王の質として武具を受け取るであろう事などなど」とジャンは書いている。

おそらくジャン・ド・マルムーテーと同じ頃に詩文を制作していたマリー・ド・フランスも、『ギジュマール』に「そうして、やがて時が満ちて、その年頃となり、分別もついて、王は彼をぜいたくにアドゥベーし、のぞむがままに武具を与えた」と書いている。

「アドゥベー」という動詞は「衣服」を意味する、おそらくゲルマン語系の「ドブ」からで、だからマリー・ド・フランスはその動詞の意味を解説していることになる。「騎士にする」という意味合いでこう書いているのはあきらかで、13世紀に入れば、「アドゥベー」はそのまま「騎士にする」を意味することになる。なお、後出の「ダビング」も、その語源は「ドブ」である。

その1世紀近く前に制作された「バイユーの刺繍帯壁掛け（タペストリー）」に、ノルマンディー侯ウィリアムが、戦場で、アングロ・サクソン王国の使者ハロルドに、かぶとを与えている図柄が見られる。これは臣従を表現している。アンジュー家のガウフレドゥス（ジェフレー）のケースも、彼は「王の質物」としての「アルマ（武具）」を受けたのであって、彼は「ヘンリーの騎士」である。これが「騎士叙任」と呼ばれるものの正体であった。

騎士になる儀式の象徴的意味

騎士になる儀式の中心となるのは武具の授受である。武具を授ける者は、騎士であればだれでもよかった。武具を受けるものは、その騎士の騎士になるのであって、これは臣従儀礼と重なっていた。

武具のうちでも剣が大事だった。フランス語最古の叙事詩『ロランの歌』の勇士ロランは、戦友がすべて倒れ、残ったのは彼ひとり。これが最期だという時に、愛用の剣ドゥランダーに、おまえと一緒に戦ってきた幾山河と語りかけた後、これを敵の手にわたしてなるものかと、岩にたたきつけて打ち割ろうとする。マリー・ド・フランスの『ヨネック』では、姦計にあって死ぬ羽目になった騎士が、妻に自分の剣をわたし、まだ幼い息子が成長して騎士になったならば、この剣をわたしてやってくれ。息子はなにをすればよいか、わかるはずだと語る。「剣の相続」である。

マリー・ド・フランスでは、騎士といえば、それはむしろ騎兵で、何百、何千と存在する騎兵のなかで、選ばれたものが騎士である。まだ「シュヴァレ」という言葉が、そのもともとの意味合い「馬に乗る人」から進化していない。そこがおもしろいところだが、だからか、騎士といえば、剣よりは、むしろその乗馬である。騎士になる儀式の中心となる武具の授受で、剣とならんで登場するのが「拍車」である。

『西洋騎士道事典』のグラント・オーデン氏によれば、従騎士は銀製の拍車をつ

左：騎士になる儀式の要は「アルマ（武具）」の授受である。剣、槍、楯、甲冑など、「アルマ」はさまざまな部品から成り立っている。この絵は「アルマ」授受の儀式の「剣」の段を描いている。

下：1399年6月、リチャード2世は再度アイルランドに出兵した。お供についていったフランス人のエスクワイヤー、ジャン・クレトンは、後日物したリチャード王伝にこう書いている。「王はランカスター侯の息子、若い美男子のバチュラーを連れて来させて、ナイトに叙した。ブルーであれ、ただ勇敢だというのではなく、と言いながら。」けだし名言というべきか。「ブルー・ツェヴァレー」といえば、それは「真の騎士」である。

右：じつに奇妙な絵である。これから騎士叙任を受けようとしているエスクワイヤーは、右手の床にハルバードを置き、左腰にピストルを携帯している。槍ではなくハルバード（90ページ参照）、剣ではなくてピストル。オックスフォード・イングリッシュ・ディクショナリーは、ピストルの言葉としての初出を1570年頃としている。16世紀の騎士であって、中世の騎士にとっては反面教師か。

ける。騎士叙任にあたって、銀の拍車が黄金の、あるいは金メッキされた拍車にとりかえられるのだという。14世紀初頭、1302年7月11日、フランス王軍がフランドルの民衆軍に完敗した「クールトレの戦い」は、巷間「拍車の戦い」と呼ばれた。フランス方の騎士たちの乗用の黄金の拍車が戦場に多数散らばっていたからだという。その数700ともいう。

13世紀になると、騎士になる儀式は、騎士叙任式と呼んでもよいくらい十分に発達して、複合的象徴的意味を帯びるようになっていた。ただ剣と拍車を授けられるだけのことではなくなって、2日、あるいはそれ以上の日程を要する一連の行程を踏まなければならなかったのである。宗教的シンボリズムが重くのしかかっていた。

騎士候補者は前夜を礼拝堂内で、祈りで過ごすことが求められた。礼拝堂の祭壇に剣を置き、その前にひざまづいて祈祷するのである。剣は柄（つか）と刀身の間に横木状の鍔（つば）を張り渡している。その形状が十字架を連想させるところから、剣の聖化が考えられたのであろう。

戦うことは必ずしも罪になるわけではないと、騎士の側は考えていたということである。教会を守護し、弱者、貧者を保護することに献身する若い騎士こそは、真の「ミレス・クリスティ」、「キリストの兵士」だと若い騎士たちは考えたがっていたということである。たとえ修道院に入らなくても、たとえ十字軍に参加しなくても。

徹宵の祈祷をすませた朝、騎士候補者は儀式的に入浴する。この儀式は、まぎれもなく洗礼に類似していた。古い罪深い己は洗い流された、そしてキリストのために戦う騎士が現れた。彼らは、もう、いつでも鎧を身に着けて、勇敢な役目の象徴として、拍車と剣を執ることができる。

いよいよ、騎士候補者は、「ダビングの儀礼」を受ける。これは、騎士にする方の騎士が、剣の刀身を横に倒して、騎士候補者の肩口をたたく儀礼である。

だれにダビングを頼むか

騎士について言えば、私はお前を（騎士に）しよう……良き騎士であれ。私はお前がそうなるように神に祈ろう。ヴァイアン（勇敢であること）であり、かつまたプルー（騎士として適正であること）であるならば、お前は円卓の騎士になろう。

サー・トマス・マロリー『アーサー王の死』から

騎士になる儀式が無事に終わった。さあ、お祝いだ、というわけで、宴会は4日も5日も続いたものだったという。何人かの同年の仲間がいて、もし一緒にダビングをすますことができていたということだったとしたら、さぞや、にぎやかなことだったろう。その後、トーナメントが続く。

もし、地位の高い人の手でダビングを受け、この者が騎士になったと公けに宣言されるということになったならば、それはすばらしく名誉なことだった。現実問題としては、トレーニングを引き受けてくれた地元の伯とか領主とか、親戚の者に頼むことになるのだったが、じつはダビングの執行者は、騎士でありさえすればだれでもよかったのである。

なにしろ、騎士になる一連の儀式はともかくとして、その後に続く宴会やトーナメントにかかるコストが問題であった。これが、息子を騎士にしたくても、かねのかからないやり方では気が済まない多くの両親たちをためらわせていた。騎士になる資格があった多くの人たちが、スクワイヤーの肩書きのままでいたことの理由のひとつがここにある。

第Ⅱ部第2章
騎士道

12世紀のフランスで、騎士向けの理想化された一連のビヘイヴィアー（身の処し方、振る舞い方）が進化した。総じて騎士道と呼ばれる。これはアリストクラティックな（自分は特権身分だと思いこんでいる、というほどの意味。「貴族の」という訳語はあたらない）騎士が自分に印されていると信じることを好んだアトリビューツであった（アトリビューツは属性、あるいは事物本来の性質、また付き物をいう）。騎士道は、すくなくとも時には、彼らの日常生活における挙止挙動、仲間内の交際、戦場での働きに影響を及ぼした。

中世の著述家たちは、騎士が身につけて当然の身の処し方があるとしきりに書いているが、騎士道を理解する上で鍵となる要素はどれかということになると、著述家たちの意見は必ずしも一致しない。騎士道がなにかある法的な区分であったなら、シヴァルリー（騎士道）というふうな俗語ではなく、ラテン語で書き表わされていただろう。だから、騎士道は「コード（法典）」ではなかったのである。コードであったとするならば、現実にそれに従うかどうかはともかく、騎士全員がそれがあることは認めるワンセットの規則や規定があったはずである。実際のところ、騎士道は本来的に自己矛盾したものであった。一個の騎士が、騎士にはこれこれこういうことが要求されている、これこれこういうことが非難されていると、著述家たちが言挙げするところに従おうと試みることは、とうていできない相談だったのである。

勇武と礼節

11世紀、騎士道は単に戦場での徳目として理解されていた。勇気、忍耐力、戦友への誠実さ、そして戦闘技術。しかし、12世紀の間に、若いアリストクラトが自身を馬上の戦士として示そうとし始めたので、騎士道の理念は、いくつか、別の要素を取り込むことになった。騎士的であるということは賞賛に値することであるとしても、どのような働きが賞賛に値し、また最も重要であるかについては、幅広い論争があった。また、騎士になる儀式を通じて、騎士は、騎士道には本来、宗教的な側面があると主張した。これについてのキリスト教会のリーダーたちの態度は、まことに疑わしげなものでしかなかったのだが。

コートゥジー（宮廷風礼節）は、ツィヴァルリー（騎士道）の基本の意味合いが「馬上で戦うこと」であったのに対して（chivalryの発音は「シヴァルリー」がいまは多数派で「ツィヴァルリー」は少数派だとオックスフォード・イングリッシュ・ディクショナリーは説明しているが、いずれにしても中世では古フランス語もふくめて発音は「ツィヴァルリー」。俗化ラテン語とロマンス語の「馬」からの造語）付加された、もっとも意味深い概念である。12世

上：クレティエン・ド・トロワの『ペルスヴァル、または聖杯の物語』や、そのドイツ語版のヴォルフラム・フォン・エッシェンバッハの『パルツィヴァール』の4,000行前後のところに、この挿図がまことにふさわしい詩行が見られる。

第Ⅱ部第2章　騎士道　39

左：アーサー王はモルドレ軍との最後の戦いに際して、全軍を10バトル（117ページ参照）に編成した。そのうち王はアーサーをふくめて5人であった。この絵は最後の戦いに臨むいくさ評定の場面である。アーサー王だけがいない。絵師は「アーサー王の死」を予告している。作者不詳『アーサー王の死』第180段に書かれている。

文学における騎士道

　中世人が騎士道にどう対していたかは、その時代の文学を通じて私たちの知るところとなる。

　テーマは騎士の冒険と恋愛、闘争である。アリストクラシーに属する人たちを、多数、登場させている。超自然の要素を強度にはらんでいる。騎士道の理解が、当時、相矛盾するところがあったことを思えば、この俗語で書かれた叙事詩や騎士物語の筋書きのほとんどが、なにか騎士道にかかわる緊張関係へ向けられたのはおどろくにあたいしない。たとえば、愛か、名誉か、とか、また闘争をとるか、レディーに対する奉仕を先に立てるか、といった問題である。作者は、騎士道的な騎士の理想を描いて、読み手がそれを模倣するように期待したのではない。むしろ、作者はこの理想を批判していたのである。騎士に期待されたものすべてを一騎士が満たすということはかなりむずかしいのではないか。そう作者はいいたがっているのである。

紀のマリー・ド・フランスの連作物語詩「レ」のひとつ『エクィタン』は、ブルターンのブルトン人の領主は、「プルエッスとクルテジーの心から」昔の冒険の話を歌に作ると「武勇」と「礼節」を連語的に言い回している。騎士的であるものは、また、礼節にかなうものである。礼節にかなうというのは、宮廷で巧みに振る舞うことができるという意味である。洗練された作法で会話し、優雅に踊り歌い、立派に着飾り、そして自身を清廉に保つことが、騎士に求められた。この宮廷作法は、レディー（日本語の対応語は貴婦人）が騎士となるべき若者に手引したのである。司祭も、また、彼ら若者を教育する立場にあった。司祭は、キケロにまでさかのぼる古典古代ローマ文化に通じていた。司祭は若者に、名誉ある振る舞いと自制心というストア派の思想を教えたのである。

　学者は、戦場での勇敢さの理想が、どのようにして、高潔で力強く、また礼儀正しい作法で振る舞うという理想へ発展していくことができたのかを説明しようとしている。しかし、なにかひとつの解釈にまとめようとすることはない。騎士道は、馬上の戦いとは別筋の、多くの根源を持つのだから。むしろ、当時の様々な分野の著述家たちが騎士道はこういうものだと書いているところを見ると、なんともそれが様々で、男、女、教会人など、社会的グループの違いによってもまた様々で、各人各様に騎士道に期待するものがあったようで、それのなんとも奇妙に混ざり合っている景色がそこに見える。

　そういうわけで、13世紀の初め頃、騎士道がどのように見られていたかを総括すると、騎士はまず無数の敵を屠る残忍な戦士であり、また、弱者や困窮者の福祉を常に気にかける信心深いキリスト教徒であり、ダンス好きで、レディーと浮気する伊達男であり、自分の名誉が汚されるのは断固として許さない誇り高く厳格な男などなど。騎士はかくあれと期待されているのだが、当然のことながら、こういった期待に、同時に全部応えることができる者などいなかった。

右：6世紀末のローマ司教グレゴリウスの著述「ヨブ記の教訓」の12世紀の写本の飾り絵。全知全能の神を剣をふりあげる騎士の姿に表し、おそらくグレゴリウスの名前にひっかけて「ゲオルギウス（セント・ジョージ）の竜退治」のイメージ画を添えている。

名誉ある振る舞い

左：リチャード2世の御前での決闘。短剣の格闘技がよく描かれている。全体円形でA、あるいはブルーの線でS、ないし円形に中央の横断線でEの装飾大文字。リチャードの王杖(おうじょう)の頭はエニシダの花飾り。

中世の著述家は、きまって同じようように、なにか「騎士的な」振る舞いを「真の騎士」のしるしと呼んでいる。そして、確実な仕方でそのように振る舞う騎士たちから成る「騎士団」についてまで論じている。問題なのは、どの著述家も、それぞれがそれぞれに、自分自身の騎士道定義集を持って登場することである。叙事詩や騎士物語で、登場人物たちは、真の騎士がすべきことはなにかについて確信を持って話すのだが、その同じ人物たちが、異なる作品の中では、正しく名誉ある身の処し方とはどうあるべきか、前とはちがった話を持ち出してくるのである。だから、あいまいに言うにせよ、はっきりと言うにせよ、著述家は、自分自身の「騎士道」を守ろうと、他の著述家の見解を認めなかった。そのせいで、共通の規則を語ることが不可能だったのである。ユニフォーム・コードについて語れないわけはここにあった。

クレティエン・ド・トロワ（1165～80年に活躍）の作品で、最初期の「聖杯探索」の物語に『ペルスヴァル、または荷車の騎士』というのがあるが、主人公ペルスヴァルの母親は、ペルスヴァルがアーサー王の宮廷へ出発するに際して、レディーに礼を尽くすようなことはするな、キスを超えた関係は持つな、生まれの良い人たちとはつきあうな、祈りすぎるなと教訓を与えた。後にペルスヴァルはある騎士に出逢い、まったく逆の忠告を受ける。その騎士は、「騎士団」について語り、その一員となるためには、打ち負かした敵に対して慈悲の心をもて、人前での愚かなお喋りを控え、慎みある沈黙を守れ、レディーに必要とする慰めと支持をあたえよ、欠かさず神に祈れと説諭したという。優れた騎士は一流の馬上の戦士であるべきだということについてはまったく触れていないところがおもしろいが、これはクレティアンが、騎士たるもののあり方の楯の両面を描いているのだと見てよいであろう。

神のために生きる

ある全く異なった一連の理想が、『ポリクラティクス』のなかに現われる。これはジョン・オブ・ソールズベリ（1115/20～80）の著述で、古代ローマ軍団の兵士について書いているが、これは明らかにジョン自身の時代の騎士の理想的ヴァージョンを意図したものと思われる。兵士が「ミリタリ・ベルト（兵士のベルト）」を受けることは、彼らが騎士の身分へ加わることを象徴している。その際、彼らは神とローマ共和国に対する忠誠を誓い、続いて祭司に礼を尽くし、貧者を害することを避けることを誓う。

下：倒れているのはどうも馬には見えない。天幕が張ってあるし、王がふたりもそろっているから、どうやら正規のジャウストが行なわれ、双方落馬したので、こんどは剣で戦っている図柄と見た。折れた槍が描かれていてもよかったのに。

第Ⅱ部第2章　騎士道　41

左：15世紀の画家ジャン・フーケが『サンドニ修道院の修道士の年代記（フランス大年代記）』の写本に入れた挿し絵。シャルルマーニュがロンスヴォーの戦場へ戻ってきて、ロランの屍を発見する。ロランの剣はささら状になっている。敵と戦ってか、それとも物語に描写されているように、この大事な剣を敵の手に渡してなるものかと、岩に打ち付けて剣を折ろうとした、その跡か。

のような制約を法に定め、制度化しようとすることの困難さを暗示するものでしかなかった。なにしろ、このとても尊敬されていた王でさえも、さすがにこの件を法制化することはできなかった。宮廷の建物の内でしか通用しない規範を騎士に受け容れさせるのがせいぜいだったのである。王はそこまでゆずったのだが、王の死後、この規範は消滅した。

騎士にふさわしい名誉は、常に戦闘での勝利によって得られた。『ロランの歌』の無名の作者は、登場人物たちを、彼らの「騎士道」ゆえに、惜しみなく褒め称えている。彼らは非常に力強い戦士なので、その剣の一撃は敵の兜と頭蓋のみならず、しばしば体全体、鞍、そして馬さえも切断することができた。この作者は、この作品の英雄たちが戦う相手であるイスラム教徒に対してでさえ、この類の技を持つものなら誰であれ高く評価しようとする構えを見せている。彼らがキリスト教徒でさえあったなら賞賛に値する騎士であっただろうに、と彼は何度も言っている。この例が示すように、たとえどんな場所であれ戦闘の技量は常に賞賛に値するものであり、中世人の記録するところ、暴力は常に栄光化されている。

主君に対するロイヤリティー（この場合は忠誠）もまた賞賛に値した。中世のアリストクラートの社会はロイヤリティーによって互いに結び付けられていた。ロイヤリティーは、身分差によって段々を作って機能していた。力ある者が仕える者にとってロイヤル（忠実である、と、忠誠をつくすの両義がある）であり、ヘルプフル（助けになる）である、その逆も又いえる、という関係である。伯たちは自領内の城主たちを管理する方法を、彼らの宣誓を通じる以外、他にほとんど持たなかった。城主たちもまた、配下の騎士たちからの忠誠の誓いを当てにしなければならなかった。したがって、騎

ここにはレディーについての記述はないが、よいキリスト教徒であることと自制心が強調されている。俗語で書かれた『ペルスヴァル』と同様、ラテン語で書かれたこの書き物でも、同じ徳目が兵士-騎士の徳目として語られている。

騎士道のアトリビューツ

中世人の書き物を見ると、騎士道について、いくつかのテーマがくり返し現われる。まずはじめに、どの書き物も取り上げるのが戦場での技量である。それが戦場での実戦であろうと、トーナメントの模擬戦であろうと、それは問わない。この中心のテーマのすぐ近くに、11世紀に初めて馬上の戦士が現われて以来、司教たちが騎士に熱心に教え込もうと心がけてきた理想が現われる。戦士たるものは弱者や無力な者を攻撃するべきでなく、むしろ彼らを守護するべきであるという理想である。これはもちろん、ファイターズになるための訓練を受けてきた男たちに、そもそものはじめから与えられてきたメッセージであった。ファイターズたるものは暴力的であれ、短気であれ、常に戦いに備えよと教えられてきたのではあったが。

ゆっくりと、時間をかけて、もう一層、騎士に期待するところが塗り重ねられ

> 女性たちに関してなにかいうのに、
> 私の発言よりももっと
> よいものがあるというのなら、
> よろこんでご意見を拝聴しよう。
> ただ、私は不誠実な女性には
> 誠実な奉仕は保留したい。
> 誠実ではない女性に対する
> 怒りに変わるところはない。
>
> ヴォルフラム・フォン・エッシェンバッハ
> 『パルツィヴァール』から

た。真の騎士は警告なしに他の騎士を攻撃すべきでなく、たとえ敵であろうとも無力な男を殺すべきでなく、そして自分が誓った忠誠や約束事は、すべて、いかなる代償を支払うことになろうとも、断固として守り続けるべきである、と。13世紀、フランス王ルイ9世（在位 1226〜70）は、そのような牢固たる騎士の信念に、あるていど制約をくわえようと、王宮内での帯剣を禁止するところまでいった。もちろん、ルイ王には、騎士が持つ戦士の象徴物である剣を奪うつもりはなかった。王は十字軍のために、彼らの熱意と技量を必要としていたのである。だから、このエピソードは、むしろこ

士的な人物の記述が常に、賞賛に値する特質として、彼の主君への献身を挙げていることはおどろくに値しない。

同輩の騎士に対するロイヤリティーも、また、重要であった。測ったようにそうだったとまではいえないが、敵方の騎士であったり、トーナメントの相手側の騎士であったりしても、騎士は騎士であった。真の騎士は落馬した敵に剣で切りつけたりはしない。起き上がる機会を与え、もし鎧がずれていたならば、鎧を整えるまで攻撃をひかえる。馬を狙って攻撃して、相手方の騎士を落馬させるようなことはしない。負けた相手の降伏を受け容れる。かさにかかって攻撃するようなことはしない。相手の弱さに乗じることは不名誉なことと見なされていた。それは強さではなく卑怯者のしるしであった。だから、真の騎士ならば、教会人や商人、農民を攻撃することは避けると思われていたのである。なにしろこの人たちは反撃する立場になかったからである。

暴力の世界で名誉を保つ

ところが、実際には、騎士は、厳密にいえば名誉あることとは見なされない事柄を日常的に行なっていたのである。たとえば、時に彼らは、行動を共にする長槍兵や弓兵の集団の活動に気づかないふりをした。槍隊や弓隊が戦果をあげても、それを無視するような行動に出たのである。実際には、彼らは、やる気になれば、騎士道の規則などそっちのけで、騎士をやっつけただろうに。戦争する時とか、トーナメントに参加する時などに、騎士は、しばしば在地の農民とその資産に、何がしか被害を及ぼした。ふらちにも隊商を襲う騎士もいた。商人は、そうした襲撃から身を守るために、彼ら自身の騎士を雇わねばならなかった。襲撃者は「真の」騎士ではなかったということにされていた。それがそうではない、盗賊騎士の多くが、アリストクラートの血縁につながる男たちだったのである。

人を殺傷する目的で作られた武器を用いて戦うということは、すなわち暴力をふるうということで、教会人や叙事詩の作者が

左：ナポリ王フェルディナント1世（在位1458〜94）がある騎士と親しく会話している。騎士であることは紋章図案を縫い付けたタバードを着用していることから分かる。臣従礼を立てているようには見えない。ユニアーノ・マホ『君主について』（1492）の写本飾り絵。

下：アキテーヌのアングーレームのサン・ピエール聖堂西玄関の一角に刻まれた浮彫。マルク・ブロックは『封建社会』に挿入した挿絵の一つにこれを取り、「ランスの新エスクリーム」と解説している。「エスクリーム」は「フェンシング」。

左：14世紀の「詩篇」写本飾り絵の一葉。Cの装飾大文字の中枠で司祭がミサをあげる場面。Cは、その右にantareと続いてcantare「歌へ」で、これは「詩篇」第96篇の書き出しである。下欄余白に天幕が描かれ、王が座っている。これは「詩篇」の歌人ダヴィデ王である。天幕の外では騎馬の騎士が突撃して、棍棒を振り上げているだけで、ほとんど無抵抗の兵士に槍を突き刺している。これが騎士道だろうか。

騎士に勧める穏健で名誉ある抑制の徳などというものは、そもそもカウントされていない。どんな社会においても、なにか名誉にかなっていると見なされるものと、自分は名誉にかなった存在だと考えたがっている者が実際に行なうこととの間には、完全な相関関係は存在しない。そして、もとより、多くの騎士は、自分の名誉を保ちたいと望んでいたので、キリキリしていた。だから、騎士は、侮辱を受けたと感じると、脅迫と暴力で応じたのである。騎士の仕返しを受けたくなかったならば、その侮辱を受けたと感じている騎士の友人が、間に立って彼をなだめなければならなかった。

後期中世における騎士道

騎士道を解説した本は、いかにして騎士道をきわめるか、そのマニュアルも含めて、13世紀の後半に出現した。カタルーニャ人のラモン・ルル（1232/33～1315/16）の著作『騎士道の書』がそれである。この作品はおそらく1263年から1276年の間に書かれた。騎士を男の中の男として賞賛したこの著述で、ルルは騎士道にかなう騎士が行なうであろうと想定される事柄のすべての包括的なリストを作成した。教会と弱者を守護すること。トーナメントに参加して戦い続けること。王に仕えること。悪人を捕らえること。そして虚言や色欲、高慢を避けること。これらの理想は新たなものではないが、ひとつの手引き書のなかにこうして並べられているのは、初めてのことである。

騎士道的名誉は、14世紀から15世紀にかけて、英仏百年戦争の間にフルに展開した。百年戦争の初めには、ロングボウ（長弓）部隊が騎士隊のチャージを阻止したが、やがて大砲の発達が、それに取って代わった。だが、この戦争は、騎士が過度の騎士道意識を見せた戦争でもあった。これは、おそらく、騎士が騎士ではない兵士の手にかかって負けたことに対する反動であった。包囲された城の守備隊を指揮していたある騎士は、自分たちを攻めているのが、とある名のある領主だと気づくと、ただちに城を明け渡した。騎士は、この戦いには名誉がかかっていると考えたのである。

そうした騎士道的なふるまいの際立った事例がフランス王ジャン（在位1350～64）のケースである。ジャン王は、1356年のポワチエの戦いでイングランド側に捕らえられ、身代金を掛けられたが、4年後に一旦フランスへ帰っている。その際、ジャン王は、「騎士として」、もし一定期間内に必要な資金を用意できなかったばあいには、補囚の身として、ふたたびロンドンへ帰ると声明を発したという。実際に彼はそれを実行した。（1360年にブレティニー条約が成立して、ジャン王は、エドワード3世と一緒に、カレー〔当時イングランド領〕へおもむき、条約に調印した。ジャン王は仮釈放されて、パリへ帰った。しかし、その後、身代金の支払いの交渉が難航し、1364年の1月にロンドンへ帰り、みずから人質となったが、3か月後、4月に病死した。なお、自分の身代わりにロンドンに残してきた息子のルイ・ダンジューが、誓言を破って勝手に帰国してしまったと聞いて、という伝えもある。）

このような極端な意思表示は、黄金時代は終わった、アリストクラシーの栄光の時は過ぎたという、次第に増幅しつつあった確信を反映していた。アリストクラシーの立場を立てるものがあれば、それがなんでもよい、それに拠りたいという気持ちが、しみじみとそこから伝わってくる。中世後期、アーサー王伝説のシーンを、そっくりそのまま再現しようとする集会が数を増した。「アーサー王の円卓」まできちんと用意して、お互い、ランスロット、ゴーヴァンなどと呼び合う。ヨーロッパ中で騎士団が設立されたのも、この時代である。

騎士のヴィジョン

『騎士道の書』の著者ラモン・ルルは、マジョルカ島の首府パルマの出であった。青年時はアラゴン王ハイメの次男で、父親と同名のハイメ（英語でジェームズ、フランス語でジャック）に近侍した騎士であったらしく、1262年にハイメ王が遺言で次男のハイメにバレアレス諸島（マジョルカ、ミノルカ）とルシオン（ピレネー東南麓、ペルピナンを首府とする）ほかを遺したことによって、マジョルカ王国の建造が予定された。ラモン・ルルにマジョルカ王国の上級役人の椅子が約束されたも同然であった。ところが、その翌年、1263年、ラモン・ルルは十字架にかけられたイエスを幻視する体験をして、出家し、1265年、バルセロナ司教から僧衣を受けた。比喩的に言えば、彼は、僧衣の授受の儀式を介して、ハーミット（隠修士）に叙任されたのである。ハーミットといいながら、彼はマジョルカにとどまってはいなかった。マジョルカの首府パルマに「ミラマール学院」を建てて、アラビア語やギリシア語を勉学する場を若い僧たちに提供したのは、北アフリカのイスラム教徒にキリスト教を宣教しようという壮大な意図にもとづいてのことだったのである。「ミラマール」は「ミラ・マール」であって、「海の見張り」という意味を隠している。彼の膨大な著述は、十分、同時代人のトマス・アクィナスの『神学大全』に匹敵すると評価されている。

騎士とレディー

12世紀、騎士道の理想が発展したのと同時期に、ロマンティックな恋愛という新たな関心事が見られた。男と女は、石器時代から恋愛をしてきたが、ロマンティックな恋愛というものが文学の中心に位置したのは、これはかつてなかったことであり、その後、20世紀まで、そうなることはないであろうことであった。

この時代の詩歌や物語は、恋愛への関心をはらんでいる。この文学では、恋愛するということは、一組の男女が結婚する理由として扱われている。これは当時の社会秩序に対して反逆的な態度であった。なぜなら、この時代、アリストクラートの家族は、規範に従って、こどもたちの結婚を取り決めたからである。騎士道理想について書いた著述家たちは、恋愛についても書いている。だからこのふたつは結合していたと、後代が誤解したということなのであろう。

ある時期、学者たちはしきりに「コートゥリ・ラヴ」という言葉を使った。宮廷風恋愛という意味で、なにか中世の恋人たちは、あらかじめ振る舞い方が決められていたかのようなのだ。実際のところは、恋愛は、多くの矛盾を抱えていたし、お互い期待して裏切られることが多かったのである。学者たちのあいだでは、恋愛が強い力だったという点については意見の一致がある。しかし、彼らは恋愛をそれぞれの立場から説明して、それをグローリファイ（グローリーを与える、栄光に輝くものと賞賛する）している。中世の著述家たちが、それぞれに、騎士道的騎士のイメージを作り上げたように、現代の学者たちも、また、恋愛者はこう振る舞ったことだったろうと、それぞれが勝手に、恋愛をするものたちの行動形態のリストアップにいそしんでいる。

「コートゥリ・ラブ」なるものについても、そもそも中世の著述家たちのあいだにも意見の違いがあったというのに、現代の学者たちは、なにかきちんと整理された説明ができないものかどうか、苦労している。そのくせ、この恋愛は姦通にあたるのか、

下：パオロ・ウッチェロ（1397～1475）の「セント・ジョージと竜」が画題の絵だが、ほかにも構図取りのちがう絵があって、そちらではレディーは首輪の綱を手にしてはいない。だから、この構図でレディーが首輪で竜をつないでいるのは、なにか画家に意図があったのだろうと思うが、よく分からない。

第Ⅱ部第2章 騎士道　45

左：『ばら物語』の15世紀の写本の飾り絵。詩はまだはじまったばかりで、朝早く、散歩に出た詩人は、なにやら秘密めかして壁で囲んだ屋敷にさしかかった。すると鍵を手にした女性が現れて、扉を開けて、詩人を屋敷内に招じ入れる。この絵は時間の経過を空間の移動に変えて表現している。

右：身分のある女性は寝室で客を応接した。また、ベッドと安楽椅子のふたつが裕福な暮らしを表わすに必要物件であった。1475年と年記が入っている写本の飾り絵。

夫婦間の愛情なのか、遠くからそっと憧れる慎み深い恋心なのか、そのことについてすら、彼らの意見は一致していない。かくして、中世文学に表現された恋愛感情の強さをよりよく理解するには、恋愛に、なにか決まった法典があったかのように考えないにしくはない。

レディーへの奉仕

不倫の恋愛か、それとも結婚を控えた男女の間の恋愛かはともかくとして、騎士物語に描かれた恋愛は、まず騎士が彼のレディーに奉仕するイメージを立てている。騎士が彼のレディーの前にひざまずく、その仕方は、彼がその主君から封を受けるときに主君の前にひざまずく、その仕方と同じである。騎士は、彼のレディーにいいつけられれば、いつでも、そのいいつけを実行した。

レディーの要求をかなえることに失敗した騎士や、とりわけ、レディーにその気がないにもかかわらず、自分の愛情を押し付けようとした騎士は、不名誉者と見なされた。ダメな騎士の事例だが、対するに、レディーの方にも問題がないではなかった。騎士の男らしい姿に性的興奮を呼び起こされた、美しくうら若き乙女が、出会ったすぐ後に彼の寝床に忍び込んだという話がまことしやかに伝えられている。

文学に描かれた、理想化された男性の女性への服従は、現実の中世世界では、女性が支配と政治の舞台で、男性と対等にわたりあうという機会がめったになかっただけに、なにか衝撃的である。相続と権威は、常に男性を優先した。女性の言いなりになっている男は、中世社会が期待する標準的なイメージからはずれて行動する男とみなされた。男性の友人は彼を笑い者にする。女性には慕われても、これではいたしかたない。

献身

なにか人を不当に苦しめる、苦渋に満ちた風潮が中世の詩歌や物語の多くに広がっていた。騎士はレディーを愛し、惜しみなく奉仕するが、彼女は彼を欺く。別の物語では、好色な女性が騎士の忠誠と貞節を試そうと、あけっ広げに自分の身体を彼にさらけ出す。しかし、彼は名誉に縛られ、女性の誘いに乗らない。あるいは、ある男が恋に狂って、うつけ者になる。最初期のランスロット物語では、ランスロットは、彼の最愛の王妃の櫛に絡みついた黄金の髪にキスをし、まるでそれが聖遺物であるかのように扱う。彼は別の騎士に決闘を挑まれても、それに気づかない。自分の馬から打ちおとされてようやく気づく始末だ。なぜなら、彼は彼女の薔薇色の唇を思い浮かべることに夢中になり過ぎていたからである。そして、トーナメントで手際よくも不名誉なまでに下手に戦うのだが、それは彼女が彼にそうするように命じていたからである。まさに彼の献身を試すために。

宮廷風恋愛の理想と現実

騎士はむかし若者の彼がお仕えした「城のレディー」の記憶を、いつまでも心に暖めている。妻を得た後でも心の片隅に火はともっている。いつまでも彼女を敬愛してやまない。騎士＝詩人とも呼ぶべきリヒテンシュタインのウルリッヒ（1200～78）は、その著述『女性への奉仕』に、年来、中央ヨーロッパを旅して、彼のレディーのためにジャウストすること無数。事が成就すれば、レディーの愛のおこぼれに預かり、この身もお目におとめいただけるのではあるまいか、と。ところがである、とウルリッヒ本人が言っている、レディーと侍女たちは、儀式もなにもあったものかわ、さっさと彼をバルコニーから突き落としてしまう始末。名誉ねえ。

信仰の役割

　司教など教会人の発言は当然として、13世紀後半のラモン・ルルをはじめとして、騎士とか騎士道とかについて書いた著述家は、真に騎士道にかなう騎士は、よいキリスト教徒でなければならないと信じていた。ミレス・クリスティ、すなわち「キリストの戦士」を僭称した騎士も多い。僭称というのは、この言葉は、長年の間、修道士を指すものであって、修道士は、神の大義のために、剣よりも彼らの祈りを通じて戦うという意味で用いられてきた。騎士は、祈りを剣に換えて、修道士の戦いを、自分たちも戦うことができると信じたのである。問題だったのは、騎士道のアトリビューツの多くが、信仰の教えと衝突することだった。しかし、ともかく、騎士は、自身、すぐれたキリスト教徒であり、あるいはそれになり得る存在であると信じて、自分たちの役割は、教会を守護し、寡婦と貧者を保護することにあると考えた。騎士叙任の儀式が、また、宗教的なイメージに満ちたものであった。

　実際、教会は騎士たちに依存していた。教会の富は信徒からの寄進によって形成されたものだったが、その富を守るため、教会は騎士を雇っていた。しかし、もしも潜在的な敵としてほかの騎士がいなかったならば、教会は騎士たちに守護を依頼する必要はなかったであろう。敵としての騎士たちは、教会の祭壇を飾る品々や、教会の土地に産する生産物を盗み取る誘惑に駆られていた。また、自分たちの親族が行なった寄進を、必要ならば力ずくでも、取り返そうとする気構えでいた。（このことは「騎士」というよりは「領主」についていえることであり、重要な指摘だが、なんにせよ、この章全体について、「騎士」と「領主」の言葉遣いの使い分けがはっきりしていない。そのあたり、残念なことである。）

　キリスト教会は、その宗教の創始以来、アリストクラートのアトリビューツである権力と富は悪と圧制とイコールであると考えてきた。12世紀の聖者伝に、心根の悪い、貪欲な騎士が、教会の財産を強奪して、教会の守護聖者を嘲る話がよく出てくる。話の流れとして、悪人どもは、敬虔なキリスト教徒の騎士によって罰せられるケースよりも、怒った聖人によって打倒されることの方が多い。

信仰上の慣行

　中世の日常生活があらかた全部そうだったように、ヨーロッパの騎士のキリスト教信心は、なんとも多様性に満ちていた。騎士の大方は並の信心で、信心凝りがはっきりしているのがいくらか、それに後はどうみても信徒ではない。この話題は、騎士は敬虔なキリスト教徒だった。この表の顔と、騎士の個人的な信心のありようは、じつに様々であった。この裏の事情とが、複雑に交錯するところに私たちをみちびく。

　信心の多面性において、騎士が中世社会の他の諸部分と根本的に違っているようには見えない。教会人についてもそういえる。教会人についてさえ、この信心の3区分はあてはまるのである。しかし、その信心の程度はどうであれ、騎士には騎士らしい信心の表現というものがあったわけで、それは、結局、彼らの社会的状態と、騎士階級としての役割に影響されていたのである。

　騎士向けの倫理模範として騎士道があらわれたのも、あるいはこれを、選良戦士層の世俗的宗教とみなすことができるかもしれない。しかし、宗教表現に他にどのようなものがあるかを色々考えていくと、あまりにも単純化しすぎた因果関係の線引きは危険であるということに気がつく。すなわち、戦闘の危険は、ある者の信心をより強いものにもするが、一方で別の者をすね者にするかもしれないというたぐいの因果関係の線引きは止めた方がよい。

神のために戦うこと

　もちろん、戦闘は宗教的価値観の対極にあった。中世キリスト教

> 騎士は戦闘に強く
> 獰猛でなければならぬ。
> そうでないと、
> ……修道院の修道士のようで
> あることになる。
> 我らが罪のために
> 日夜祈って過ごす。
>
> 『ロランの歌』から

左：ロマネスクの石の浮彫は幻想的だ。打つ小さな人も打たれる甲冑騎士も静かなまどろみの中にある。ブルゴーニュ地方ヴェズレーの古い教会堂で。

第Ⅱ部第2章　騎士道　47

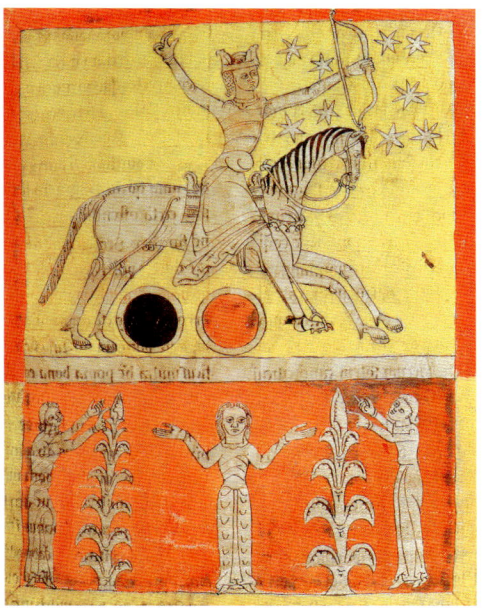

上：12世紀のポルトガルで制作された「ヨハネ黙示録」写本飾り絵。第6章に、第2の封印が解かれると、白い馬が出てきた。馬にまたがっている人は弓を持ち、王冠をかぶっていた。第3の封印が解かれると赤い馬、第4のそれが解かれると黒い馬が出てきたと見えて、すこし先に、天の星々は、いちじくが強い風にあおられてばらばら落ちるように、落ちたと書いている。

戦闘中に突然死ぬことがないように、あらかじめ告解を聞いてまわるのである。告解することなく死ぬことは、単に肉体の死だけではなく、魂の永遠の破滅を意味すると考えられていたのである。もちろん、全ての遭遇戦が予測できたわけではなかったし、多くの騎士が不意打ちを受けたり、不測の遭遇戦で、告解の慰撫を受けることなく死に相対した。

戦闘、騎士の名誉、キリスト教信心、この3者が交差するポイントに、大変興味深い話題がひとつある。それは、ヨーロッパの騎士は、まず「自分の剣の上に倒れる」ことはしなかったということである。捕虜になることを避け、敗北を認めることを拒否して自殺するケースである。もちろん、はるかに強大な敵軍への自殺的な攻撃は知られていないわけではないが、それはまた別の現象である。これは、彼らの古代ローマの祖先、あるいは中世日本の、他の諸点ではヨーロッパの騎士と非常に良く似た相似物である武士と、この点では大いに異なる特徴である。これには、キリスト教会の自殺に対する禁止の命令が、あるいはここに作用しているのではないかと思わせるところなのだが、考えてみれば、仏教もまた

上：騎士のアトリビューツは何もない。床に置いてある帽子から見て、男はたぶん町人である。聖体拝領の画面にしては道具立てがとぼしい。司祭が制服を身につけていない。この絵は何が何だか分からない。壁面に大判のガラス板の窓。この斜め交差模様のガラス板の描写は、15世紀ネーデルラント画派のばあい、ブルージュの画家ペトルス・クリストゥスが一番古い。かれは1470年代のはじめに世を去った

会は正戦の理念と、弱者を護るための戦いを支持したが、騎士の戦いのほとんどは正戦には見えなかった。

十字軍は、騎士に、その攻撃性を不信心者（イスラム教徒）に向ける機会として提供された。騎士は、それまで訓練してきた戦士の技の全てを戦いに投入し、その戦いの過程で自分たちの魂が救われることを約束されて戦った。テンプル騎士団やホスピタル騎士団といった聖地の修道騎士団は、騎士的な生活における最良の部分たるその戦士の技と、修道院の生活における最良の部分たる天国への歩みとの結合として結団された。大勢の若い騎士が十字軍へ参加するよう鼓舞されたが、大部分は、家に留まった。聖地での戦死よりも、むしろその途上での病死や溺死の方が多いこと、この魂の救済の旅は金銭的に非常に高くつくことが明らかになると、十字軍参加の忌避は一層明白になった。

生と死における名誉

両軍が対面し、会戦が差し迫ってくると、それぞれの側の司祭たちが活動をはじめる。騎士が、一人たりとも、告解することなく、

自殺を思いとどまらせようとしているではないか。より妥当な解釈は、騎士と武士の活動における政治的、そして社会的な背景の違いが、この点についてより重要であるということではあるまいか。（日本中世の武士が仏教的メンタリティーで行動していたかどうかは、たいへんクリティカルな問題である。原著者はかなり踏み込んで議論している。）

騎士と教会は、レディーへの奉仕の問題についても争った。教会は、レディーへの奉仕は、最悪の場合は姦通、良くて好色な戯れの恋であり、これが騎士の信心の義務を混乱させると考えた。騎士物語の作者たちは、この問題を乗り越えようとして、愛はほとんどもう一つの信仰になり得るのであり、それ自身の典礼と教理を持つのだと言い逃れようとした。

この言い逃れの難点は、キリスト教と異なる信仰というのは、教会の考え方からすれば異端になるということだった。このことは物語作者たちも十分承知していた。ランスロットの物語が語られ、形を変えて再び語られてゆくうちに、だんだんとそれは信仰の罪の物語となった。騎士は聖杯に到達できなかったことによって罰せられただけでなく、王妃との不義の愛によって、キャメロットの王国の崩壊を目撃せねばならないという筋書になっていったのである。

信仰と建築物

文学に描かれた騎士階層のキリスト教信心は、建築用語を使って表現されることが多かった。城には、かならずといってよいほど、規模の大小はともかく、礼拝堂が設置されていた。そこには礼拝堂付き司祭が居住し、ミサを執り行なっていた。礼拝堂付き司祭は、領主の家政では並の役人で、領主が城を離れる時は行をともにした。この時代、特に初期の数世紀は、多くの騎士がまだ文字を読み書きできず、礼拝堂付き司祭は、領主の家人の書記として、手紙やその他の文書類を書く役割も果たした。

領主は、自分の家に司祭を雇っていただけではなく、一族の所有地の一部をわけて教会に寄進し、教会堂や修道院を建ててやった。領地内の新設の教会堂や修道院の建物が、すべて領主の寄進によったというケースさえもあったのである。そうした場合、寄進者が一般に期待したのは、寄進した修道院の修道士たちが、寄進者である領主自身とその家族の魂の救いのために、未来永劫、絶えることのない祈祷を執り行な

上：ポルトガルの北の都ポルト（オポルト）から東に入ったアマランテ近在のトゥラヴァンカ修道院遺構。この修道院の教会堂はロマネスク建築の貴重な遺産である。

君が十字架をよろこんで運ぶならば、
十字架は君を背負うであろう。

トマス・ア・ケンピス
『キリストにならいて』から。
執筆年代は不詳

左：ベルナール・ド・クレルヴォーは1115年、25歳の若さでクレルヴォー修道院を預かり、以後、積極的にシトー会の修道院を各地に設置せしめ、あるいはシトー会に参加せしめた。クレルヴォー修道院の子修道院だけで65を超えたという。この絵はかなりの年配に描かれているので、たとえば1149年にフランドルのテル・ドゥイン大修道院をシトー会に参入せしめた折の図柄と見ることもできる。

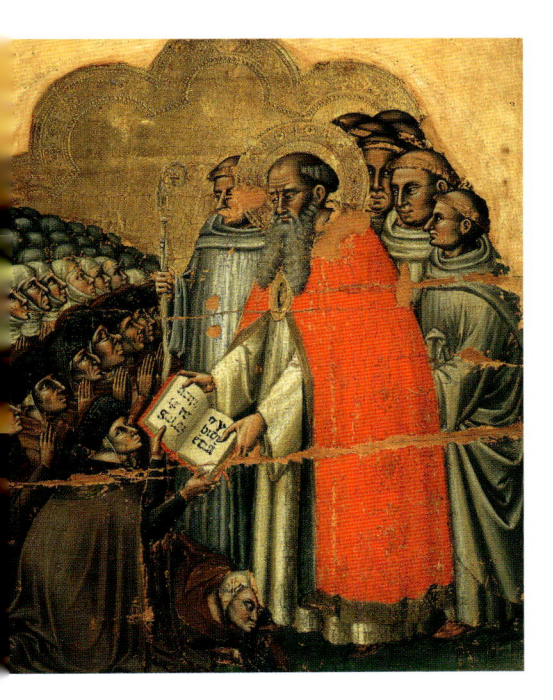

うことであった。

信仰生活への目覚め

もし騎士たちが自分自身の魂の救済と永遠の救いの達成について真剣に考えたなら、その現実的な唯一の方法は、通常は修道士になって信仰の生活へと転身することだった。騎士たち自身、これを理解していた。12世紀には、若い騎士が、教会へ参加することを選ぶのがますます一般的になった。彼らはキリスト教の価値観を教育された結果、騎士による暴力は非難されるべきだと考えたのである。そうした転身のうちで有名なのが、クレルヴォーのベルナールである。彼はシトー派修道会（1098年創設）の最重要人物である。当時の新しい信仰組織の多くのように、シトー会はその修道士の大多数を、若い騎士たちから得た。

騎士たちの大部分は、老年に至るまで騎士的な生活を続けていたが、数多くある信仰の家の一員となるために騎士の世界を離れる若い騎士も十分いた。そうした転身は、その騎士の両親に止められることが多かった。親は息子たちに自分の後を継ぐことを期待していたのである。しかし、この若い騎士たちは、ほんのすこし前まで、トーナメントの大混戦めがけて突進していったり、戦争に出かけたりした時に経験した決意と大胆さを、今度は信仰生活に入る方向へ振り向けたのである。

年をとった貴族が、俗世の生活から引退して修道院に入ることは、よくあることになっていた。妻を亡くし、戦闘へ積極的に参加できる年を過ぎたときが、その機会であった。11世紀のある領主は、「軍務に疲れ、世俗の楽しみに飽きた後には」、修道士になろうと計画していたと語ったという話が伝えられている。この場合、修道院は主に引退後の住処として考えられている。しかし、良心に大いなる罪の意識を持っていた領主たちも、また、引退して、信仰の生活に入ろうと考えたにちがいない。その場合、修道院は、かつて彼ら自身が建立し、あるいは多大な寄進を行なった修道院であることが多かった。

修道院に隠退した騎士たちは、数日か、何年にもわたるか、それはそれぞれの運命だが、修道院の生活リズムに合わせて、修道生活を送った。この生活スタイルは、古くからの伝統に従うものであって、ローマ帝国末期から、フランク王国の時代にかけて、聖者に列せられた男たちの多くも、もともと戦士として、その経歴を歩み始め、転身して初めて「キリストの兵士」、すなわち修道士になったのである。著名な聖者の多くが、こうした生涯の経歴のモデルを示している。死の床の告解によって罪の赦しを受けるというのでは足りない。より完璧に自分の魂を清めたいという戦士の敬虔な思いがそこに感じとれる。ランスロットの物語の多くで、主人公は、自分の姦通がアーサー王の死とキャメロットの王国の崩壊を招いたのだと悟って、人生の最後に、隠者に

右：ポルトガルのヌーノ・ゴンサルヴェス（1450～70年代に仕事をした、アルフォンソ5世の宮廷画家）の「聖ビセンテ」（フランス語ふうにサン・ヴァンサン、ドミニコ会の説教僧）を中心に、騎士から農夫、漁夫にいたるまで、ポルトガルの全身分の人間群像を15世紀ネーデルラント画派ふうのタッチで描いた2組の3連衝立画の部分。リスボン、国立古美術館蔵。

なっている。

興味深いことに、そのような晩年の転身は、また、中世日本の戦士たちの間にも見られた。もちろん、彼らはキリスト教の修道院ではなく、仏教の僧院に入ったのだが。

最後の儀式

騎士階層が、その敬虔な思いを表現したと見られる、さらに一層適切な事例がある。死亡した騎士たちをキリスト教の葬式の手順に従って埋葬することである。墓は、その騎士が、あるいは彼の先祖が建立寄進した教会堂か修道院の建物の地下室、あるいは堂内のどこかに設けられた。

資産のある騎士の場合には、墓碑が建てられた。それに刻まれた彫像は、騎士の容姿をしのばせ、騎士が身につけた装具類についての、ふたつとない証拠を提供してくれる。

第Ⅱ部第3章
騎士の日常

騎士は、「戦う人」のあいだにあって常に中心的役割を担ってきたが、日常生活におけるそのあり方は、じつにさまざまなものがあった。彼らは、なにか正式に委託され、あるいは受け継がされた任務につくというよりは、むしろ個人的な好みで、たまたまそういう仕事を引き受けたというふうだったのである。

上：イタリアのボローニャのラヴェンナ門界隈の市場のにぎわい。服地商人組合規約集写本の表紙絵から。ボローニャ市立中世博物館所蔵。

「騎士」という言葉は、何百年にもわたる期間の、幅広いヨーロッパのエリート層を一括りにしている。11世紀後半のイングランドで、領主の家に住みこんでいた騎士が負っていた社会的責任と、その日常の暮らしぶりは、15世紀のフランスのアリストクラートのそれとは著しく異なっていた。騎士をひとつの社会層と考えると、なにかそこに基本的な社会的責務というものがあったはずだと考えられがちだが、じつは個々の騎士の日常生活は、時代によって、また地域によって変わるさまざまなファクターに影響されるところが大であったのである。

一個の騎士が、どんな時代に生きていたかが問題であったのである。一般的にいえば西ヨーロッパは、1000年から1500年にかけて成長経済を維持した。もっとも、その過程で、14世紀のなかば、1347年以降にヨーロッパを襲った黒死病により人口が激減して、プラス成長の波形は下降線をたどる。一時的ではあったが、ヨーロッパ経済は不調の時期を迎えたわけで、とりわけそのほとんどが「ナイト」身分の領主たちにとって、これは痛手だった。なにしろ地代を払う小作人たちがいなくなってしまうわ、畑の耕作や家事に雇っていた雇い人の賃金はあがるわで、大変だったのである。

さらに東地中海ルートの贅沢品貿易が、ヨーロッパとアジアを結んで、ますます盛んになってきて、領主たちの家政は舶来品であふれかえり、何を買ったらよいのやら、選ぶのに困るほどだった。これが領主の家の収支決算を赤字にしたのである。

季節と場所における多様さ

季節の移り行きが騎士の日常生活に影響を与えていた。現在ほどには自然のリズムから隔絶されていない中世の生活においては、気温が四季によって変化する、日が短くなったり長くなったりする、こういった自然の変化が、敏感に感じとれたのである。農業のサイクルは、この自然の変化に合わせて組まれていた。それが、晩春から初秋にかけてのサイクルは、軍人でもある領主にとって戦闘の季節でもある。主君から召集がかかれば、彼は戦陣にある。秋は収穫の季節である。領主は自分の領地にいたかったにちがいない。それが、場合によっては、彼は他人の領地を襲って収穫物を略奪したりなんかする羽目になる。

文化や地の利における地理的もしくは地域的な差異もまた重要である。ヨーロッパは多くの気候帯、言語、文化を包含している。たとえばヨーロッパの地中海沿岸は北ヨーロッパよりも町が発達していて、騎士層まで含むアリストクラシーは、在所にいないで町に住んでいた。騎士といっても、虹の七色のようなもので、経済的に、社会的にヴァリエーションがあった。史料に「ミリテス・ルスティキ」と出る貧乏騎士

第Ⅱ部第3章　騎士の日常　51

> 騎士の乗馬は立派だったが、彼自身はみすぼらしかった、／厚地の胴着を着ていたが、それが、／鎧の錆ですっかり汚れてしまっていた、／最近、旅から帰ってきたばかりだったのに、／すぐに、巡礼に行きたいと思ったのだ。
>
> ジェフリー・チョーサーの『カンタベリー・テールズ』の「全体の序文」から

上：上段に城が描かれ、城壁の上に王とその家臣団が見える。その下段は使徒ペテロ。その下段は左端に司教。円光を被る聖者が3人。右手は僧侶たち。10世紀にトレドで製作された法律大綱書の写本飾り絵。

もいた。「ルスティキ」は「いなかの」というほどの意味合いである。ひとつの「カウンティー」にも匹敵するような広大な領地を構えている上級騎士と好対照を作っている。（「カウンティー」については、「第Ⅲ部第1章　騎士のおこり」を参照）。

騎士は、騎士身分としては同じ程度ではあっても、暮らし方によって、ずいぶん違った。社会的環境の違いがそこに反映されていた。戦争に召集されて、城で暮らしている騎士と、平時にその領地の屋敷で暮らしている騎士とのあいだには、ずいぶんと違いがあった。このふたつの騎士のタイプが、また、「タウン（町）」や「シティー（市）」（フランス語だと「ヴィル」と「シテ」）の瀟洒な住まいで暮らす騎士とは、はっきりと違っていたのである。

また、アングロ・ノルマン王朝の「ファミリア・レギス（王の家政）」に所属していた騎士は、日常の勤めの他に特別の仕事もこなさなければならず、いなかの屋敷に住んで、領地経営に専念することができる騎士とは、およそ暮らし向きが違っていたのである。

私生活？

しかし、公職についているかいないかの問題は、騎士の日常生活を考えるにあたって、矛盾点を浮き彫りにする。近代人の目には、日常生活は「私」生活と重なって見える。「いったい、騎士は、騎士としての仕事のない時には何をしていたのか？」だれしもがこう疑問に思うにちがいない。この疑問に対しては、答えは出てこようにもない。中世的世界では、およそ「私」生活というものは意味をなさなかったのである。このことは、ヨーロッパに限らず、他の多くの伝統的社会についてもいえるし、またこのことは、騎士に限らず、他のエリート集団についてもそういえるし、庶民一般についても、そういえる。

とりわけ社会的地位が高いエリート騎士のばあい、生活はほとんど絶え間なく人の目にさらされていた。彼らは常時、家来、廷臣、客人に取り囲まれていた。だから、騎士的存在のパーフォーマンスに終わりはなかった。衣食住全般にわたって、騎士たるものにふさわしい生活を演じなければならなかった。外見は実物と一致すると考えられていたからである。外見が実物を作ると考えられていたといってもよい。中世ヨーロッパとは、そういう時代であった。この外見と実物の作る力学は、なぜ、名誉と恥が騎士の強い気持ちのあらわれとなったかをいくぶんなりとも説明している。

右：あるロマネスク教会堂の壁絵から。季節の暦絵。上は9月。ぶどうの収穫。下は10月。豚を森に連れて行って、「かし」あるいは「なら」の実（どんぐり）を食べさせる。絵師は「ぶどう」だろうが「なら」だろうが、同じように描いているところがおもしろい。時代が下がると10月は秋まき小麦の播種。豚と「どんぐり」は11月である。

住まいと健康

騎士は危険な環境で生活していた。医療はまだプリミティヴな段階にあり、住む家はろくに暖房もきかない。なにしろヨーロッパの冬は寒い。社会的エリートでありながら、彼らの日々の暮らしはきびしかった。病気や傷害にあったらどうしようか。心配事はつきなかった。

騎士の家

騎士の出現は、城の普及と分かちがたく結びついている。騎士はまず城持ち領主の手勢として、城で給養され、馬、武具、武器を貸与されて戦う者というふうに出現したのである。騎士がひとつの身分集団として自己確立したのは、いつごろで、どのようにしてであったかについては、「騎士のおこり」ほか、関連する章節をご参照。

城は、まず土と木材で作られた「モット・アンド・ベイリー」式のもので、濠と柵で囲まれた築山と、それより低く広い平地の区画とからなる、全体がだるま型の城郭であった。築山（モット）の上に、木組みの建物が建てられた。これは城全体の防衛能力を表示する建物であり、かつまた、城主とその家族、また家人の住居であった。城で給養される「騎士」も、また、そこに住んでいたのである。建物の上階には広間があり、私室（寝室といいまわされる）がならんだコーナーがあった。衛生設備とインテリア・デザインは、なんとも貧弱なものであった。

時が流れて1000年前後から、ようやく城は石作りの城に建て替えられるようになった。「ベイリー」が石壁で囲われ、石造りの「キープ」が建造された。「キープ」（フランス語で「ドンジョン」）は、ロワール川中流のランジェーに、アンジュー伯フルク・ネッラが建てた城の遺構からも知られるように、はじめは石壁を四角に組んだ角塔だったのが、円塔に変わっていった。「キープ」塔は築山の上に建てられることはあまりなく、「ベイリー」の一角に建てられたようである。なにしろ築山では土台としてもろいからである。（「キープ」のほか、「ベイリー」に建てられた建造物などについては、「城」ほか、関連する章節をご参照）。

ここで、「住まいと健康」に関連して指摘しておきたいことは、石材を使うことにより寝室の区画を改造し、下水設備を備え付けることが可能になったことである。便所が外壁に組み込まれて、水洗の仕掛けを取り付けることによって、排泄物を城外の汚水溜まり、あるいは濠に落とすことができるようになった。

しかし石造りの「キープ」は、暖房の問題にはほとんど配慮していない。大広間の大暖炉の暖気を配管してまわすというような工夫はされていない。内証がよい城主は石壁にタペストリーをかけ、床には敷物を敷いていた。これにはインテリア・デザインのほかに、保温の目的があったのである。

より質素な家の特徴

領主の屋敷は、石造りの城と同様、本来防衛の手段としての機能もあわせもっていたが、イングランドのほとんどの地域がそうであったように、もはやめったに戦争が起こらなくなったような土地では、しだいに軍事的な性格を弱めていった。そこに登場するのがカントリー・エステート・モデル、垣根で広く地所を囲った中に建てられた屋敷である。あるいは、かつてオクス

下：暖炉の火で女性が煮炊きしている。家の主人は長椅子でうたた寝をしている。1470年に製作された『絵入り歴史的聖書』の挿絵。

第Ⅱ部第3章　騎士の日常　53

> 医学のドクターも一緒にいた、／
> 世界中、彼に匹敵するのはいない、／
> 内科だろうが、外科だろうが、／
> なんせ彼は占星術を修めたのだから。
>
> ジェフリー・チョーサーの
> 『カンタベリー・テールズ』
> の「全体の序文」から。

上：馬上の騎士が供の者を連れて町の通りを行く。ルーカ・シニョレルリが1496年に描いた「サン・セバスティアンの殉教」の一情景。これを描いたころ、ルーカはオルヴィエート大聖堂の壁画を製作していた。

フォード近郊のウッドストックの森にヘンリー1世（在位1100～35）が持っていたような狩猟小屋タイプの住宅である。

領主たちのうちには、本屋敷の管理は執事たちにまかせて、自分は町の邸宅に住むことにしたのもいた。しかし町の生活は、さまざまな文化活動に接触する機会を増やすと同時に、交際を広げて、政治的にそれを利用するネットワーク作りを可能にするが、他方ではまた、さまざまな点で問題があった。公衆向けの上水道設備や下水道設備がなかった。町は常に非衛生的であり、町の人口の死亡率は出生率を上回っていた。町は多産な周辺の郷村からの人の移住によって、その人口を維持し、繁栄したのである。

中世の平均寿命

それでは、騎士と呼ばれる男たちの平均寿命はどのくらいだったのであろうか。これは答えるに難しい質問である。というのは我々には十分な統計がないからである。中世ヨーロッパの平均寿命は、14世紀半ばの「黒死病」の蔓延までに、40歳代半ばにまで延びていたと考えられている。しかしこの考え方は、小作農を含めたほとんどの人が40歳代で亡くなったことを意味しているわけではない。一番高い死亡率である幼児の死亡率と、それに続いて高い思春期初期の死亡率が平均寿命を下げていたのである。20歳代まで生き残った人たちは、たいてい50歳代か60歳代初めまで生きた。

騎士たちの場合も、おそらく一般的な人々の平均寿命とほとんど異なっていなかったであろう。彼らは、その身分柄、栄養や住宅の質において有利な立場を確保しえたであろうが、その有利さも、彼らの職業固有の高い危険性によって相殺されたからである。

皮肉なことに騎士の社会的身分の上昇は（王侯伯、領主、騎士の三つの社会集団が、13世紀以降、ひとつの社会的身分のそれぞれの顔であるということになった。このあたりの筆者の筆遣いは、そのことを大前提に置いている）、特に騎士社会の最高位の階層において、別のリスク要因を生み出していたと思われる。騎士の食事の種類と量が肥満のいくつかのケースに関わっていただろう逸話的な証拠がある。征服者ウィリアムは晩年にはかなり太っており、そして彼の息子で、ヤツメウナギの食べすぎで死んだと評判のヘンリーも、また、恰幅がいいと描写されている。彼らの同時代のフランスのカペー家のルイ6世は、「ル・グロ」と通り名されていた。「でぶのルイ」である。

イングランドのヘンリー2世を含めて、この時代、王侯の体重が年代記家の注目を引いた例がある。ヘンリー2世について、ウェールズのジェラルドはこんなふうに書いている。「この性癖と欠点を補い正そうと、過度な運動を心がけることによって、

いわば自分のお腹との絶え間ない戦いを遂行した。」ヘンリーの解決策は一般的なものであったにちがいない。戦争で活躍する騎士は乗馬、狩猟、武器の練習を日常的に行なっていたのだろう。従軍中は、食べ物は、家でいつもたらふく食べているほどには期待できなかっただろう。それは当然のことで、その方が身体にもよかったのである。

清潔さの維持

衛生のことがどのていど配慮されていたかは、時代もあるし、地域性もあって、一口にはいえない。よく中世人は風呂に入らなかったといわれるが、そんなことはない。入浴が不健康な習慣だなどとは、だれも考えていなかったのである。ただ限界があって、とりわけ冬に問題になる。熱い湯である。湯は鍋でわかして、部屋まで運び、浴槽に注ぎ入れた。天気のよい日には戸外で風呂を使った。

町住まいの騎士たちには、公共浴場に行くという手もあった。写本の飾り絵に、大きな浴槽に、男女混みで、みんなで入浴している光景が描かれているものがある。ただ、どうやら中世も末に近づくと、入浴の習慣がすたれてきたようなのである。公共浴場も閉鎖されるところが増えてきた。地域によって薪の不足とか、宗教道徳観念の変化とか、いろいろ原因が考えられるが、黒死病の流行もその一因であったのではなかろうか。病原菌についてはよく分かってはいなかったが、ただ、これが伝染性の病気だと理解して、公共浴場は病気が伝染する場所だとおそれたのである。

戦闘による負傷とそれらの合併症

騎士たちの生活におけるふたつの大きな脅威は、戦闘による負傷と疾病である。前者は明らかに騎士のライフスタイルにともなう危険であり、ベテランの騎士ともなれば、身体中、傷跡だらけなのはむしろ当たり前。あるいは指を何本も失い、肢体を損傷する。戦場で勇敢に働いた証というべきか。年代記のたぐいは、至近距離での戦いによって生じた、身の毛もよだつような種類の傷についての悲惨な話をいくつも伝えている。鼻を切り落とされたとか、首筋に一撃を受けて、血が噴水のように盛り上がって流れ出たとか。

傷が致命的なものでなかったとしても、特に感染症が負傷から引き起こされたと思われる。「抗生物質」と呼ばれる、いまでは当たり前の医薬品がなかったものだから、感染症はほとんどまず死を招いた。せいぜい切り傷をきれいにすることぐらいしかできなかった。槍や大弓のようなものによる刺し傷は、とりわけ四肢よりも胴体に負ったものがより危険であった。腸を刺された場合には腹膜炎を起こすだけではなく、刺

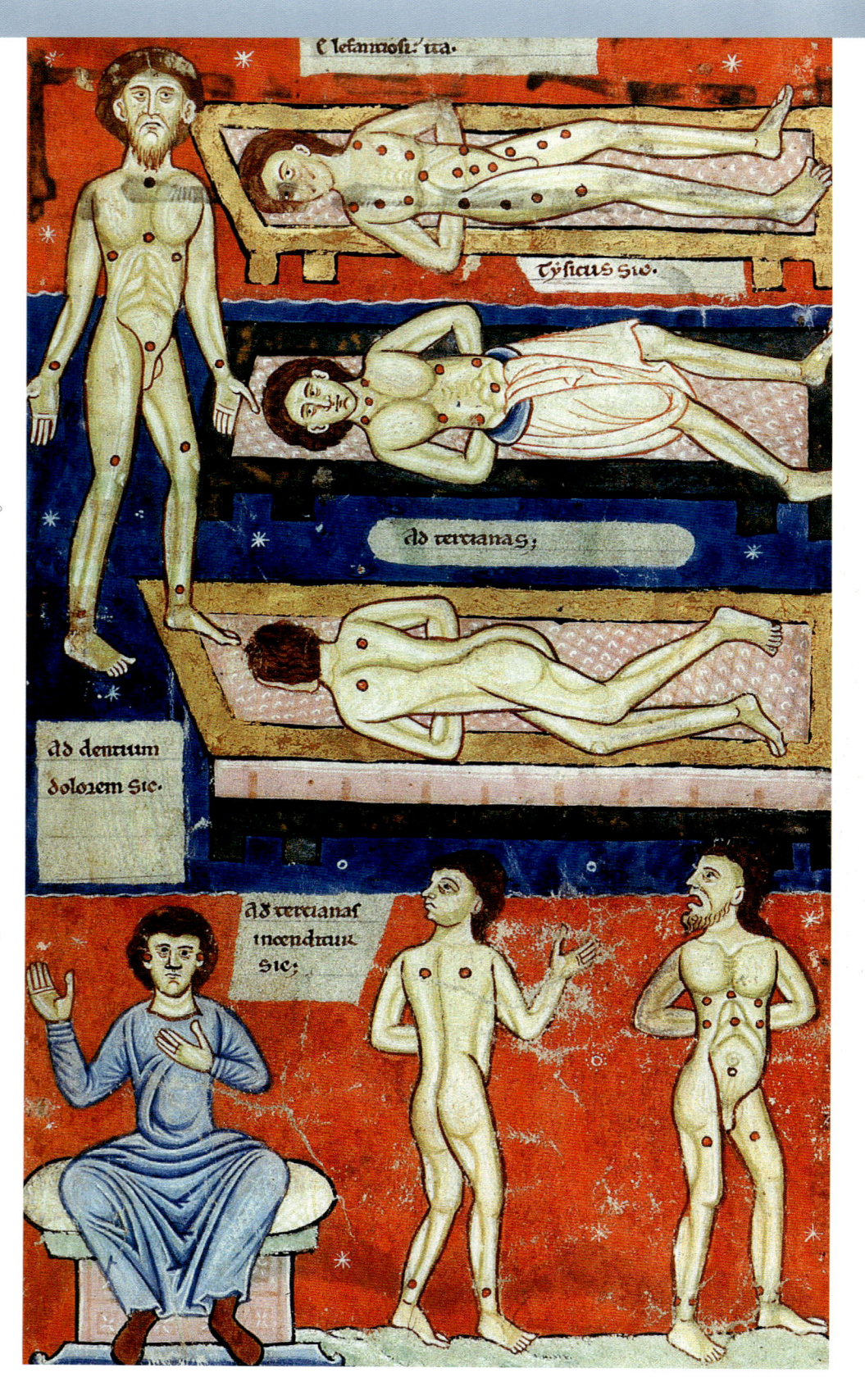

上：13世紀はじめに製作されたラテン語で書かれた医学書の挿図。医学の知識は、紀元2世紀のペルガモンの医師ガレノスの著述が、イスラム教徒の学者を介して、12世紀後半に知られるようになって、急速に進歩した。ガレノスの著述はギリシア語で書かれていたのを、イスラム教徒がアラビア語に翻訳し、それをラテン語にさらに訳すという手順で伝わったのである。

ヘンリー5世、赤痢で死す

1421年、ヘンリー5世は、パリの東のモーを包囲している間に、はげしい下痢をともなう、遠征中の軍隊によく蔓延する病気にかかった。大方の歴史家はそれを赤痢だと信じている。彼は次第に衰弱し、1422年8月に死亡した。アジンコートの英雄は病原菌によって墓へ追いやられた。13世紀のフランス王ルイ9世の軍隊も、エジプトへ遠征して、ダミエッタへ向かう途上、ナイル川の支流タニス川南岸で滞陣中にこれにやられた。ジャン・ド・ジョアンヴィルは「マラディー・ド・オスト（軍隊病）」と呼んでいる。ルイ王もこれにかかった。

し傷が深い場合には、確実に感染症がもたらされた。リチャード獅子心は、アキテーヌのさる領主の出城を包囲していたときに大弓の太矢で撃たれ、その太矢を抜くことができなかった。傷は壊疽を起こし、彼はその後間もなく死んだ。

乗馬もまた危険であった。騎士たちは、馬から投げ出されて、骨折や脳震盪を起こす可能性があった。ウィリアム征服王は、鞍の鞍頭越しに前方に投げ出された時に、体内に傷を負ったことから死亡した。

医術はまだまだプリミティーヴな段階であった。外科医術は知られておらず、深い切り傷を処置する一般的な方法は、熱した油を用いた焼灼術であった。感染症は常に危険なものであった。薬草治療が傷や病気に用いられた。ほとんどの修道院は薬草庭園を備えていたが、薬草による治療には限界があった。それでも医療は改善されていって、いくつかの分野については、スペインや南イタリアで、イスラム教徒の医術に学んで、信用されるものになっていった。

中世における疾病

疾病は戦闘による死にも増して、遠征中の騎士たちのもう一つの大きな死因であった。2種類の疾病が最も影響力をもっていた。すなわち風土病と伝染病である。

風土病は、ハイレベルとはいえないまでも、死に至る病であって、なかでも赤痢はもっとも一般的なものであったろう。なぜならば赤痢は攻囲戦の状況下で容易に発生するからである。しかし他に、水痘、寄生虫の体内寄生、肺結核などもまた絶え間なく発生していた。イングランド王エドワード3世の長男で、跡継ぎに予定されていたエドワード黒太子は父親よりも先に死んだのだが、ある歴史家たちはスペインへの遠征中に肺結核にかかって死んだと考えている。風土病は当時、また現在でも、大人数の人の死の原因としては、見過ごされている傾向がある。風土病はあまりにも一般的なため、常に存在する危険とはみられていないからである。

黒死病の流行

大人口を急速に死に至らしめる伝染病は、風土病よりもまれではあるが、しかしより注目に値する。中世ヨーロッパにおいて最も有名な例は黒死病である。これは1347年に最初にヨーロッパを襲い、その後1720年まで不規則な間隔で再発した。腺ペストがこの伝染病の主なタイプであったと考えられているが、肺ペストを含む他のタイプのペストも伝播したにちがいない。

「大量死は7か月間続いた。流行にはふたつの型があった。第1のものは2か月間続き、絶えざる発熱と吐血が見られた。この型の患者は3日のうちに死ぬ。第2の型は残余の期間続き、絶えざる発熱をともなうが、吐血は見られず、斑点と腫瘍が身体の外面に、とくに脇の下と股の付け根に現れる。この手の患者は5日の間に死んだ。」

アヴィニョンの法王庁付医師グィ・ド・ショーリアックの『大外科学』の1節である。ここで第1の型といっているのが「肺ペスト」、第2の型が「腺ペスト」である。

「ラウラ、徳の美に輝き、わが誉め歌のうちに長く生きるラウラ、かの女はわが若年のみぎり、1327年4月の6日、アヴィノンにおいて、はじめてわが視線をとらえた。そして、その同じ町において、同じ4月6日の同じ刻、だが年は1348年、世を去った。わたしは、ヴェローナにあって、わが喪失を知らなかった。」

詩人ペトラルカは、かれの「遠い恋」ラウラの死を悼んで、ウェルギリウスの写本の余白に、こう、書き付けた。

最初に大発生したときには、金持ちも庶民も、町でも郷村部でも、無差別に人が死に、ヨーロッパの人口の3分の1が失われたと推定されている。とはいえ、ネーデルランドやポーランドのように、ほとんどペストが伝播しなかったところもあった。騎士たちも、農民たちと同様、この病気にかかった。最初の蔓延のあと、繰り返し発生したペストは、町に集中する傾向を示しており、町に住んでいた騎士たちは、町を出て、自分の領地に帰ろうとしたという。

下：紀元1世紀の、おそらく小アジア半島のキリキア出身の医学者ペダニオス・ディオスコリデースの、本草学（薬草についての知識）の著述の、15世紀末に活版印刷で出版されたギリシア語版の木版画の挿絵。この刊本は、いまでは大変な貴重本になっている。

狩猟と鷹狩り

騎士階級の最も特徴的な余暇活動は、おそらく鷹狩りを含む狩猟であろう。余人の持たない特権、身体技術、危険、高額な経費の組み合わせは、戦士階層の職分のイメージにぴったりなのである。狩猟はスポーツであり、また食肉を手に入れる手段でもあった。アリストクラシーとしては、農民に狩の獲物を取られないよう、自分たちの特権をがっちり守っていこうとしたのである。いつまでも、そうそううまくいくわけではなかったが。

獲物の種類

獲物には、鹿、熊、猪がいた。猪は最も名誉ある獲物と考えられていた。なぜならば、猪を狩るのは最も危険な行為だったからである。猪狩りは一般的に動物がドングリを食べて肥える秋に行なわれた。猪は槍で狩った。騎士たちは馬に乗って猪を追った。時には徒歩で槍を投げた。こうして猪を追いつめて、最後の見せ場は、突進してくる猪に対するに、槍を構えた馬上の騎士というのが一番絵になっているといえるかもしれない。

鹿、その中でも特に成年に達した雄鹿は、猟犬を使って追う。リーダーの騎士は、参会した騎士たちや従者たちの一団を引き連れて、猟犬が狩りだした鹿を、最低でも20匹の猟犬の群れに追わせる。どこまでも追い詰めて、鹿が疲れ果てて倒れれば、狩は終わる。それまで、リーダーの騎士は、鹿が別の鹿にすり替わって逃げようとするのを、そうはさせないように、きちんと見分けて、目指す鹿を犬たちに追わせるよう、

右：15世紀のフランスの狩猟本の挿絵。つい、気になるのは、馬が「なんば歩き」（同じ側の前脚と後脚を同時に進ませる歩き方）をしていない。女性の乗っている馬は、そのように見えなくはないが。同じ15世紀の『ベリー侯のいとも豪華なる時祷書』の「8月の暦絵」の馬はちゃんと「なんば歩き」をしているというのに。
下：11世紀にギリシア語で書かれた狩猟本の挿絵。投げ槍でライオンに立ち向かう。網を張って、ライオンをつかまえる。

犬たちをリードしなければならない。鹿狩りは、まさに騎士の仕事なのである。

鷹を使って鳥を狩る鷹狩りも、また、アリストクラートのスポーツであった。騎士もレディーも、手首にはめた厚い手袋に覆いをかけた鷹をとまらせて、馬で行く。獲物が現われると鷹の覆いは外され、鷹は空に舞い上がった。鷹は獲物を取り、持ち帰るように特別に訓練されていた。

アリストクラートのディスプレイ

騎士階級の間に狩猟が人気があったのは、ひとつには、それが社会的地位と特権を示す理想的な方法だったからである。狩猟には、特別に訓練された猟犬や鷹などの猛禽類が必要であり、訓練にはかなりの費用がかかった。狩猟は、その費用を負担するだけの資力があるということを誇示する機会だったのである。

狩猟は、また、社会的ステイタスのちがいを示し、強調する方法としても効果をあげた。時代を異にし、場所を違えて、狩猟の特権は、王とその随行者に限定されることがあった。狩猟の供をすることができるということの名誉を強調する意図がそこに見え隠れしている。

さらにまた狩猟は、エリート戦士としての騎士の社会的役割の一端を示す機会であった。農民や農場に脅威をもたらしかねない野生動物を殺すことは、社会の防衛者としての騎士の仕事ではあるまいか。しかし、これは理屈でしかなく、実際には、狩猟者としての騎士が獲物を追うのに夢中になって、穀物畑を踏み荒らすのをやめさせることはだれにもできなかったのである。

古フランス語で「フォーレスト」という語がある。英語の「フォーレスト」はこれの借用だが、アンジュー家関係の史料を見ると、森は「ブェ（近代語でボワ）」だが、その森の一角にアンジュー家の管理権を設定したものを「フォーレスト」と呼んでいる。近代語では「フォーレ」で、なんと、いまでは立場が逆転して、「フォーレ」の一角に「ボワ」がある。12世紀は開墾の時代だから、農民は森や原野を開墾して耕地を広げたい。ところがアンジュー伯とその配下の城持ち領主たちは、かってに森をかこいこんで、開墾を阻害する。狩猟地に指定するということである。だから、12世紀前半のアンジュー伯ジェフレーは「プランタジュネ」とあだなされた。原野に生える「ジュネ（エニシダ）」を「プランテ」する者、つまり、荒野の原生植物であるエニシダを「植える者」、ということは「はびこらせておく者」だという、領主の都合に対する農民の側からの批判である。「プランタジュネ」、すなわちイングランドのアンジュー朝の呼び換え「プランタジネット」の名前の由来である。

前ページの狩猟本からとった図版に、狩猟場のまわりのあちこちに見える灌木の茂みがエニシダである。狩猟地の中の雑草ふうの描写は、まさに雑草であって、ヒース、すなわちヘザーである。

上：15世紀中頃に製作された、鷹狩りと猟犬狩りについて書かれた文章の写本飾り絵。白馬の騎士は、後ろを振り返り見ている。追っている鹿をしっかり見ていないと、逃げられてしまうというのに。

獲物の解体

猪も鹿も、その場で皮をはがし、解体する。騎士は、騎士になるための教育の課程で、動物のさばき方を習う。とくに雄鹿の解体は儀式張っていて、まず高々とホルンが吹き鳴らされて、皮はぎがはじまる。皮はぎが終わると、一塊の肉が、その鹿を狩りだした猟犬に与えられる。右脚の膝から下は、リーダーの騎士のものである。もっとも、騎士はその獲物を、同行した女性たちのうち、一番早く猟場に着いた女性に捧げる。一同、獲物の分配を受けて、儀式は完了する。

宴会

　宴会がまた、騎士の生活の大きな節目だった。これは世界中のどの社会でも、エリート戦士に共通する特徴で、領主身分の騎士ともなると、自分の館での宴会は、それまで自分がつちかってきた交友関係をたしかめ、また、初めての客に対して自分の度量の大きさを披露する絶好の機会だったのである。我が家の食糧倉庫がいかに充実しているか、ふんだんにふるまわれる料理の皿の数で、領主は、客に対して自己ピーアールする。

　宴会は、通常、城の大広間で行なわれ、戦争や狩猟など、男性優位の活動とはちがって、騎士の親族の女性たちが宴席につらなっていた。騎士の妻とか姪とか、なにしろアリストクラートの女性たちも列席しているのだから、宴会はさぞや上品に進行したであろうと思うと、それが期待はずれ。無礼講もいいところの、なんとも騒々しい会席になることもしばしばだったのである。

　「シャンソン・ド・ジェスト（武勲詩）」『カンブレーのラウール』は、はじめに「音を立てずに歌を聴くように」と書いている。朗唱するに際して、聴衆に要請しているということである。「シャンソン・ド・ジェスト」は、現実の合戦の様子や、宴会のにぎやかさなどを詩に歌ったものだから、この要請は、実際の宴席が私語が多く、歌人が朗唱する歌が聴き取りにくい状況になっていたことを示唆する。

　もっとも、これは「シャンソン・ド・ジェスト」ではなく、「騎士道物語」に分類されるマリー・ド・フランスの『ギジュマール』（12篇の『レ』というタイトルで編纂されている詩文集の最初の篇だから、12篇全体の序的性質をもっている）は、「どうぞ、殿方輩、マリーの語るをお聴き下さい」と、やはり聴いてくれと要請を発している。これは、だから、中世の物語詩の書き出しの常套句的表現になっていたのである。

　叙事詩『ベーオウルフ』は、デネ（デンマーク）の王フローズガルのヘーオロトの城の大広間に、12年間にわたって怪物グレンデルが襲来して、人をさらっていくのに困っているという話を聞いた、スウェーデン南部にあったというゲーアタス国の若者ベーオウルフが、14人のなかまと一緒にやってきて怪物を退治するという話が第1部になっている。フローズガル王は、大広間で宴会をひらいてベーオウルフの一行を歓迎し、盛大に贈り物をする。王はベーオウルフに大広間の防衛を依頼する。はたせるかな、その夜、グレンデルが襲ってきた。なかまのひとりが怪物に食われてしまう。ベーオウルフは、素手で怪物に立ち向かい、怪物の片腕をひきちぎって、瀕死の重傷を負わせる。

　宴会の場が修羅の場に変貌するわけで、いつもいつも宴会は平和の場だというわけにはいかなかった。

富と権力のシンボル

　宴会は単にテーブルを囲んで一緒に食事するということだけではなかった。社交の場であって、大領主、領主、城住みの騎士、あるいは領主夫人をはじめ、アリストクラートの女性たち、それぞれがその役割を演じる。食事そのものがまず贈り物であって、くわえて豪勢な贈り物が用意されている。中世の領主社会は、互恵制の上に成り立っていたから、贈り物は大きな意味があったのである。すなわち贈り物を与えることは受取り手を贈り手に契約で縛ることを意味したのである。これは、中世ヨーロッパにかぎらず、およそ伝統的社会に共通に見られることだが、王侯伯の肩書を有するほどの大領主は、持てるものを気前よくくれてやることによって、その富を誇示したのである。富の分配は権力関係の維持における投資であり、そのことを通して更なる富と権力を獲得することができたので

左：手前に猟犬と鷹が描かれている。領主に供されたご馳走の皿は、鳥肉と鹿肉であろうか。しかし、大皿の肉は骨付きで、なにか鶏の脚かなんぞのようだ。右手奥に、蓋をかぶせた大皿を持った召使いが待機している。

上：セビーリャのプラーザ・エスパーニャの建物の壁のタイル画から。1220年にレオン王アルフォンソ9世が催した宴会の場面。豆や青物が載っている皿に注目。

左：豚の屠殺。13世紀のオック語で書かれた時祷書の挿絵。斧の刃を返して、斧頭で豚の後頭部を狙っている。これは牛の屠殺の仕方である。

ある。この社会は、市場経済の上に成り立っているというよりは、権力の相互関係に依存するものであったから、宴会は、そういう社会の性格を示すひとつのサインであった。中世の宴会が、権力と身分をむきだしに誇示する機会だったことは、酒を飲む、自慢話をする、あるいは叙事詩を朗唱するといった宴会の進行の節々にはっきりと見える。また、時には、食事の後に予定が組まれた武芸試合がその絶好の機会となった。

食物と飲み物

11世紀のロマネスク教会堂の建築ラッシュは、そら豆栽培の普及と関係があるという説がある。これ自体はこじつけが過ぎるというものだが、そら豆をふくめてえんどう豆など、豆類の栽培と食用が、ようやく成長経済の段階に入ろうとするヨーロッパ世界の住人に、石材など、重い材質の素材を扱うに耐える身体の力をつけるのに寄与したと考えるのは無理がない。植物性蛋白質は、動物性のそれと同様、人間の筋力を作るのに必要な材料なのである。

そら豆は、12世紀から13世紀になっても、まだまだ貴重で、高価なものだったらしく、『ランスのメネストレル』と呼ばれる小話（韻文の短編小説）に、包囲された城の兵士には「一日、12粒のそら豆の配給しかなく」と、粒で数えている。ジャン・ド・ジョアンヴィルの『ルイ王の事績（サン・ルイ伝）』に、これはナイル川の話だが、川の水は濁っているから、夕方にくみ上げて、アーモンド4粒か、そら豆4粒をつぶして入れておく。そうすると翌朝は飲めると書いている。やはり粒で数えている。

しかし、そういった豆類や野菜類は、騎士の宴会の主役ではない（上の挿図を参照）。主役はなんといっても肉類で、動物性蛋白質の摂取は、とりわけ精力的に肉体を使う戦士の健康と体力の維持と増強に欠かせないものであった。肉類のなかでも狩の獲物は騎士身分の特権がかかっていた。現在のフランス語で狩猟の獲物の肉類を一般に「ジビエ」と呼んで、家畜を屠殺して調達した肉類と区別するが、中世フランス語では「ジベー」というと、それは狩猟、とりわけ鷹狩を意味する。獲物の肉を意味する用法は、14世紀のフランス王家の礼拝堂付き司祭ガース・ド・ラ・ブーインの著した『狩の興宴』にようやく登場する。狩猟と狩猟の獲物は、領主社会にとりこまれていたのである。

上掲の挿図の料理の皿には、豆類や青物も見えるが、領主社会の宴会の献立で幅をきかせるのは肉とチーズと乾燥果実、それにエキゾチックな香辛料であって、現代の目から見ると、なんとも奇妙なコンビネーションであった。シナモン、クローヴ、そしてとりわけインド洋貿易がもたらす胡椒など、香辛料は、領主社会のシェフ（料理長）に、料理の味を高めるだけではなく、彼らの保護者の裕福さを示す機会をも与えた。すなわち香辛料は身分を宣伝したのである。

ヤツメウナギの食べ過ぎによる死

イングランドのヘンリー1世（在位1100～1135）は、兄のウィリアム・ルフスが狩の最中に事故で死亡したのを継いで王位についたが、こちらはいわば宴会で死んだ。ノルマンディーで、長い一日を狩に過ごした後、彼は宴会のテーブルについて、獲れたての淡水ウナギのヤツメウナギをたふらく食べた。彼は、なにしろ、食欲や性欲の方では限度を知らなかったのである。その夜、具合が悪くなり、翌日に死んだ。「ヤツメウナギの食べ過ぎ」として知られる故事である。彼の死後、内乱が起きた。

第Ⅱ部第4章
城

城は、中世の騎士の存在を示す最大のモニュメントであった。いまもかわらずそうである。その重要性は、それが単に木材と石の構造物であるということ以上のものがある。要塞と住居として、城は中世の領主のものならではの生産物であった。城の持つこのふたつの機能は、城を騎士と分かちがたく結びつけた。

騎士は、戦士として、戦争の期間中、城で守備隊の配置についた。平和な時期には、彼らは領主の城に居住することが多かった。富裕な騎士は彼ら自身の城を所有することを望んだが、いずれにしても騎士は城を拠点に生活していたのである。そびえたつ城は、人々の心をつかみ、想像力を掻き立てずにはおかないものがあった。年代記作家であるダラムのロレンスは「キープは女王、高くそびえ、見渡すかぎりを支配する女主人」と記した。

城塞施設として、城は以前からある同種の建築物とは根本的に異なった性質のものであった。古代ローマ帝国の終焉の後に、ヨーロッパの至る所での防御施設は、土手と濠でかこわれた囲い地の形式をとっていた。濠のまわりにさらにパリセード（さかもぎとか矢来とかの日本語対応語が当てられる）をまわして防備をかためる。このような砦がいくつも建造されて、広い領域にわたって、そこに住む住人たちに安全を保証した。

9世紀にヴァイキングがイングランドやフランス、ドイツ、デンマークなどの町々を襲撃し、十分防備をほどこした町の壁でさえも、襲撃に対して無能であることが分かった。ヴァイキングの襲来が一段落した10世紀、各地のコーメス（フランク王国の地方役人がコーメスと呼ばれ、これが各地に根を下ろした家筋の者もいたし、強者でコーメスを称しただけの者もいた）が公権力を把握し、新しい種類の城塞施設が出現した。10世紀後半から11世紀初頭にかけて、まずコーメスが、続いてその家臣団を構成する有力領主たちが、彼ら自身の城塞を建設することを始めた。これらの建造物のいくつかは町の中にあるか、町に隣接していた。やがて、町から離れて、道路や川の渡し場を監視できるところや、丘の上から見渡すことができるところなどに城が建てられるようになった。

最初期の城

城は領主個人のものであった。領地を確保し、土地の領主として権力を行使し、彼自身と彼の家政に属する者たちに避難所を与えるのが城を建築する理由であった。焦点が合っていたのは地域社会にではなく、選良戦士層の都合だったのである。領主は、

下：ヨークのクリフォード・タワー。もとウィリアム征服王の時代に築いたモット（土盛り）の一角に14世紀に入ってから建てられた塔。四つの半円柱が四つ葉型に組み合わされている。これは12世紀中頃に建造されたフランスの、パリ─オルレアン街道沿いのエタンプ城と同型である。

彼自身と彼の家族、また家人たちのための安全な場所を求めた。

10世紀から11世紀の北フランスやイングランドで現われた最も初期の城の様式は、モット・アンド・ベイリー型であった。モットは盛り土であって、それを土台に木造のタワー（塔）が建てられる。モットの頂上部は木造の防柵によって取り囲まれていて、階段か架け橋が設けてあって、上に登るようになっていた。

モットはベイリーと呼ばれる囲い地の一端に位置していた。ベイリーは後の石造の城では通常ワード（中庭）と呼ばれた。ベイリーの周囲は濠と木造の防柵によって守られていた。タワーに付属する建物がいくつかベイリーに建てられている。緊急の際に住民はベイリーのなかに避難する。城は住民保護の役割も果たしたのである。しかし、城の最も強固な防御施設はモットの上に据えられた城主のタワーであり、そしてそれは有事の時、領主と彼の家政に属する者たちが避難所として用いる場所であった。

初期の城の築城者

このような城塞は、よほど腹の据わった敵でなければ、これを落とすことはできなかったであろう。それほどに、これは重要な砦としての役割を果たしたのだが、同時に、また、この種の比較的単純な土と木の建造物は、建てるのが容易であった。初期の築城者のうちで、一番たくさん城を建てたのはアンジュー伯のフルク・ネッラ（970?～1040）であったが、フルクによるとされる27の城塞施設のいくつかはモット・アンド・ベイリー形式の城であった。

「ノルマン・コンクェスト」を機会に、イングランドに本格的な築城技術が入った。ウィリアム・ザ・コンカラー（征服者の意味、イングランド王として在位1066～87）は、『アングロ・サクソン年代記』で「城を建て、貧しい者たちをしいたげた」と書かれた。ウィリアムは、1066年に、ピベンジーとヘイスティングズに、いくつものモット・アンド・ベイリー形式の城を建てた。イングランドに上陸してからヘイスティングズの戦いにいたる、わずか2週間の間のことであった。1100年頃、アングロ－ノルマン王国には500もの数の城があったという。

ノルマンディーの領主と騎士は、新しく手に入れた支配地に、自分たちの権威を確立しようと、新しい建築技術をノルマンディーから導入して城を建てたのである。この頃のドイツのシュウァーベン（スワビア）のフリートリッヒ（侯として在位1079～1105）は、なにしろ領土征服が好きだったものだから、「彼は馬の尻尾で城を引きずっていく」と噂されたという。征服した土地にかたっぱしから城を建てていったという評判である。

こちらもやはりノルマンディーの領主家の子弟が、11世紀半ば以降、南イタリアからシチリア島で征服活動をくり広げ、ついには1130年にシチリア王国を建てた。この南イタリアからシチリアにかけての情勢と、ほぼ同時期に進行した聖地十字軍とが、城造りを促進した。反乱や戦争ということになると、領主たちは、大急ぎで城を建てた。スティーブン王（在位1135～54）の治世に起きた内乱について、あるイングランド人年代記作者は「諸侯は全員自前の城を建て、王に対抗した。諸侯は王国全土をそういった城で満たした」と、ドラマティックに書いている。

騎士と同様、城はアリストクラシー（アリストクラシーは社会的政治的上位者をいう。フランク王国の領分についていえばコーメスとその親族のグループを中核とする概念である。王国の公的機構が崩壊した10世紀以降、かれらは戦士団を養い、城を建て、みずから戦士団に加わって「騎士」という身分集団を作り始めた。そういう大きな動きを筆者は「騎士と同様」とか、「軍事化」とかと、短い言葉でいおうとしている。）の軍事化の所産であった。それはもっとも重要な世俗の建造物であり、戦争の道具であり、権威の中心と象徴であり、中世の生活の顔であった。その起源が軍事的であったにもかかわらず、時を経て、城は、ますます複合的な性格を見せる施設へ、中世の政治と社会を全体として映す鏡へと発展していった。城の重要性と機能が増大したため、築城は、以前にも増して洗練され、手の込んだものとなった。

上：『ベリー侯のいとも豪華なる時祷書』の「4月の暦絵」。背景に見える城はドゥルダン城（エタンプ城の北西20キロメートル）。ベリー侯の持ち城のひとつで、この時祷書写本は、ベリー侯が写本装飾職人のリンブルフ（フランス語読みでランブール）兄弟に命じて1413年から1416年の間に制作せしめたもので、12か月の暦絵は、12枚のうち9枚までが、背景に城を描いている。いずれもベリー侯の持ち城か、あるいは深く関係していた城で、ベリー侯の権勢がそこに見える。原図はシャンティイのコンデ美術館所蔵。

下：ラ・ツィサ離宮。シチリア島のパレルモの近郊のラ・クーバ、ラ・ファヴァラといった王家離宮のひとつ。屋上に天辺をのぞかせている、これは色大理石なのだろうか、彩色漆喰壁なのか、紅壁の長方形の塔が内側に立っていて、そのまわりにアーケードをめぐらした、すばらしいアラブ風中庭を想像させる。

築城

そ れぞれの城が確保した地形が特有なものだったにもかかわらず、城の構造とデザインにおける一般的な傾向は明白であり、中世期を通じて、新しい技術は絶えず試行され実行された。

城の最初の大きな変化は木造の構造物が石造に取って代わられたことであった。木造の城塞施設は炎に弱く、腐りやすいので定期的な補修をしなければならなかった。石の城塞施設はより長持ちし、そして強靭であった。

しかしながら、石の塔は重量がはなはだしかったので、盛り土のモットが土台では安定しなかったので、ベイリーのどこかに建てられることが多かった。ラテン語の史料で「マグナ・トゥリス」、フランス語で「ドンジョン」、英語で「キープ」と呼ばれるこの大きな塔(天守とか、主塔と訳語を当てる人もいる。主塔は、この中心の塔のほか、何本もの小塔が建てられるようになって、それを側塔と呼ぶのに対応している)は、城の主要な防御施設であり、住居であった。その強度は壁の厚さと高さによった。

石の塔は、11世紀後半から12世紀初頭に建設が始まった。もっとも、すでに11世紀初頭の事例で、フランスの中央のトゥーレーヌのロッシュにフルク・ネッラが築いた、見事な長方形の「ドンジョン」があるが。

ウィリアム征服王は1078年にロンドンでホワイト・タワーの建設を命じた。50年の後、1120年代にヘンリー1世(在位1100〜35)がノルマンディーのファレーズに同様の「キープ」を築いた。両者とも巨大な石造りの構造であり、王と王の家政に所属する者たちのための大広間といくつもの寝室を含んでいた。このような長方形の形をしたキープは封建時代のヨーロッパの至るところで建てられた。

城の形態と発達

だが、キープは石造りの城の歴史のはじまりを示す、ひとつの形態でしかなかった。城主の多くは、モットを取り囲む木製の防柵を石の壁に取って代えた。そのようにした城を「シェル・キープ・キャッスル」(この呼称の起源ははっきりしない。たぶんこんもり盛り上がったモットが貝殻を伏せた形を連

上:マルセイユの城門の塔の修繕。後背に教会堂がいくつか描かれていて、その位置取りから東門か。なんということもない、一番手前の教会堂が後陣をこちらへ向けているように見えるから。町の門だということで、一番右端に狐かなんかののびているのをひっかついで、門を出て行く男がいる。かれは食肉業者で、クレーンを使ったり、板の張り出しにあぶなっかしげに乗ったりして石を積んでいる石工たちとは仕事がちがうのだ。15世紀の写本飾り絵。

想させるからだろう)と呼ぶが、このばあい、城は、ふたつの異なった形態をとった。城主とその家族が生活する建物が、イングランドのコーンウォールのレストルメル城のように、石の壁で囲まれたスペースの平らな地面に建てられる。あるいは、もしモットが十分な強度を持っていたならば、12世紀に建造された城であるノルマンディーのジゾールのように、キープがモットの上に建てられた。

シェル・キープ・キャッスルよりも普及したデザインは、ベイリー周囲の防柵を円周状の石の壁に取って代えることであり、これは「カーテン・ウォールズ」(帳壁と

いう日本語対応語が工夫されている）と呼ばれた。イングランドのヨークシャーのリッチモンド城（およそ1071年に築城）のケースのような、「ミューラル・タワーズ（壁状の塔）」と呼ばれるデザインも、そのひとつと見てよいであろう。理論上は、塔は城壁の前方に張り出していて、弓射手に、城壁にとりついた敵勢の側面攻撃を可能にするようにデザインされているものであった。それが「カーテン・ウォールズ」とか「ミューラル・タワーズ」という具合に、塔ではなく壁が強調されたデザインが一般的になるということになると、12世紀末から13世紀初めにかけて、このタイプのデザインが普及したあと、「キープレス・キャッスルズ」（キープのない城）が登場することになるのは避けられない情勢であった。イングランドのサフォークのフラムリンガム城や、フランスのアンジューのアン

下：サフォークの北海沿岸、深い入り江に面したオルフォード城。18面から成る多角的な城である。1160年代に建造。海からの侵入者に対する備えだったという。

右：ノルマンディーのファレーズ城。とりわけ矢狭間にご注目。短い裂け目だが、内側は壁をえぐりとるように大きく開いていて、弓兵が狙いをつけやすい。城壁に裂け目が入っている、それも長いのがたくさんということだけで攻め手は脅威を感じたのである。

ジェー城のケースがそうであった。フラムリンガム城の場合は、城壁が、13の長方形の側塔によって防御される形態をとっている。

この間、塔のデザインは、キープの場合も、ミューラル・タワーズの場合も、さらなる試行錯誤を経験した。初期の石の塔は、ほとんどが長方形もしくは正方形の構造物であり、塔の角の部分は攻城兵器の飛び道具や坑道掘削によって攻撃されやすかった。ヘンリー2世（在位1154～89）は、1160年代に、イングランドのサフォークのオルフォード城で、異常なほど角数の多い多角形のキープの建築を監督した。

円形のキープの熱心な支持者はフィリップ・オーガスト（在位1179～1223）であった。このフランス王は、たくさんの丸塔を建設することによって、ノルマンディーの征服を確定した。かれが建設したファレーズの丸いキープは、かつてヘンリー1世が建てた角塔の側に建てられていて、対照的な姿を見せている。アンジューのアンジェー城は、堅固な石の城壁が、17個の丸塔で防備されている景色である。12世紀初頭に建造された、イングランドのロチェスター城の正方形のキープは、四個の四角い側塔を備えていた。それが、南東の側塔は、1215年の長期の包囲戦の際に、坑道掘削によって崩壊して、丸塔に取って代わられた。しかし、丸塔の形態の明確な利点も、長方形のキープやタワーの終焉を意味しなかった。どうして角型のキープが残ったかといえば、それは軍事的実用性ではなく、居住生活の必要からくるものであり、長方形もしくは正方形のキープは、領主が生活する大広間や寝室の設計に、丸塔にくらべて、はるかに適していたからである。

黄金時代

13世紀の間に、城はその壮麗な到達点へたどりついた。最も注目すべきところは「ゲートハウス（城の正門、門楼などの日本語対応語が工夫されている）」であって、それまでの正門がもっていた潜在的な弱点が、ふたつの「ミューラル・タワーズ」が相対して建造されることによって解消し

上：ウェールズから狭い海峡が隔てるアングルジー島の、渡ってすぐの島の北東海岸にあるボーマリス城。エドワード1世の築城で、相対する二つのゲートハウスの偉容が攻撃者を跳ね返す。

たということである。出入り口を側面から防衛する「ミューラル・タワーズ」の構築が物をいった。

ゲートハウスは要塞化されて、しだいに堅牢なものとなっていった。「バービカン（物見櫓）」を備えた壁にかこまれたゲートハウスの城の入り口は、さらに外側にも砦状の構築物が設けられたこともあって、容易に殺戮の場と化することにもなったのである。

堅固な守りのゲートハウスは、イングランド王エドワード1世（在位1272～1307）がウェールズ征服で併合した地域に13世紀後半に建てたいくつかの壮大な城の主たる特徴である。ボーマリス城とリュッドラン城は、まっすぐ向かい合う位置のふたつの堅固なゲートハウスを備えていた。側塔をそなえたカーテン・ウォールズは対称的に作られていて、それよりは低く外側に壁がまわされていて、ベイリーをインナー・ワード（内側のワード）とアウター・ワード（外側のワード）に分けている。全体として、同心円状の防御の態勢が整えられたわけで、

城造りはこの方向に発展し、みごとな均衡と技術的洗練をともなってデザインされた城が築かれていくことになった。

しかしながら、居住と防衛という城の二元的な機能、城が築かれる場所の地形的条件は、なにかあるデザインが排他的に優位を占めたわけではないことを教える。1283年から1323年の間に建てられたカーナーヴォン城は、エドワード1世がウェールズに建てた城のなかで最も壮麗な城であったが、その地形は、およそ同心円状の防御には適さなかった。だから、カーナーヴォン城は、囲い地を横に引き伸ばした形の城になった。カーテン・ウォールは一枚で、ミューラル・タワーズをいくつか張り出している。かなり大きなサイズの横断壁が、ベイリーをインナー・ワードとアウター・ワードに分けていて、前者はふたつの造作の手の込んだゲートハウスで守られている。キープは築かれていなかった。もっともイーグル・タワーと呼ばれる塔は、その規模からいって、ドンジョン、あるいは大塔を思わせる。

シリアのクラク・デ・ツェヴァレー（シュヴァリエ）城は、13世紀に、同心円状の防御機能をもたせるために、12世紀の角塔をそなえたカーテン・ウォールの外側に、丸塔をいくつか備えた堅牢なアウター・ウォール（外側の壁）が付加されて、改築された。

1240年代にドイツ人のローマ皇帝フリートリヒ2世（在位1215～50）によって建てられた、イタリアのアプリアにある壮麗なカステル・デル・モンテは、城塞というよりもむしろ豪華な邸宅であり、八角形のキープの角のひとつひとつに、やはり八角形の側塔が接している。

邸宅と壮麗さ

城は防御の施設であり、また、アリストクラートの住宅であった。アリストクラートは、城を公的な場として利用し、また快適にそこで暮らしていた。ロンドンのホワイト・タワーは3階建だった。地上階は食糧と飲料水の備蓄で、そのほとんどのスペースが占められていた。1階にコンスターブル（王の城の番人、城代）のホールとチェンバー（寝室、私室）、それに礼拝堂があった。2階に福音記者聖ヨハネ礼拝堂、王の大ホール、王のチェンバー、それにガード・ローブ（狭義には衣装類の納戸、広義には私室、寝室）が二つあった。

エドワード1世のボーマリス城のデザインを見ると（左手の写真を参照）、五つに分けられた宿泊スペースがあって、それぞれにホールとチェンバーがあった。キープやゲートハウスのない城には、よく、ワードに大きな石造りのホールが建てられていた。

> おれは城を守ることができる、
> よしんばバターで
> できているとしてもだ。
>
> リチャード1世が、難攻不落と考えられていた
> シャトー・ガイヤールを頭に置いて、
> こう言ったという。

「完璧な」デザイン

1196年、イングランド王リチャード1世（在位1189～99）は、ノルマンディーで注目すべき城の建造に着手した。セーヌ川にのぞむ90メートルの石灰岩の絶壁に築かれたシャトー・ガイヤールである。シャトーは城、ガイヤールは勢い盛んな、若くて元気なというのがもともとの意味である。城はちょうど2年で成った。リチャード王は、この防塞複合体の構築に、1万2千ポンドをつかった。平面プランが楕円形のキープを、カーヴの連続する城壁で囲い込み、さらにもう一枚のカーテン・ウォールズをまわす。これはもう防禦の傑作である。じっさいリチャードは、シャトー・ガイヤールは完璧にデザインされているから、難攻不落だと信じていた。ところが、彼の死後まもなく、1204年、シャトー・ガイヤールはフランス方の手に落ちた。だれにも登れないと考えられていた断崖をある兵士が登って、夜、礼拝堂の窓から城内に入り込んで、城門を開いたのである。シャトー・ガイヤールの城の形は、聖地に十字軍が建てた城の影響を示している。

右：フランス国家は、城遺跡を完全に復元するか、現状のまま保存するか、どちらかに仕分けることにした。リチャード1世が、セーヌ河畔レ・ザンドリに建てたシャトー・ガイヤールは、後者の部類に入れられた。

右：シリアのクラク・デ・ツェヴァレー（シュヴァリエ）城は、もともと、1031年に、アレッポのアミールの城として建てられた。1100年に十字軍に占領され、以後、ホスピタル騎士団の手で、実質的に建て直され、十字軍の城として、中東において最大のものとなった。

11世紀の終わり頃に築かれたヨークシャーのリッチモンドのスコールランド城がその例である。

城のワードには、台所、パン焼小屋、穀物倉、納屋、馬小屋など、家事向けの建物がいろいろ建っていた。住居としての城は家事に従事するスタッフを必要とした。だからして村の生活が城に焦点を結ぶことになった。城を維持する収入や食料は、城の周辺の、城の支配に属する畑地で生産された。村人はその畑地を耕し、領主の城が村人の生活を支配した。請願や訴訟は城で聴取された。村人が地代や科料を支払いに行くのも城であった。村人は緊急時に城壁の陰に避難所を求めることができた。

権力の象徴

城は王や領主の権力の象徴であった。城の設計と防御施設の規模壮大が、築城する領主の富と力を反映している。フィリップ・オーグストが、ファレーズ城の、ヘンリー1世が建てた四角いキープのすぐ近くに丸塔を建設したのは、イギリス側に対するフランス側の優位についての明確な政治的表明だった。エドワード1世はカーナーヴォン城から帝国主義のエコーを響かせた。カーナーヴォン城の石組みは、古代ローマ帝国のコンスタンティノープルの城壁の模倣であった。

城の機能と権威

領主支配が焦点を結ぶところ、城は行政センターとして機能した。王の城について、とりわけ、そういえる。王城は「王国の骨」であって、武器庫、宝物庫、牢獄、アーカイヴズ（文書収蔵所）、また、地方に派遣された王家役人の本部であった。

王国の要所要所に置いた城は、支配し、権威を及ぼすのに欠かせなかった。昔からいわれていることには、ルーアン城のキープに居住する者はだれであれ、ノルマンディーの正統な支配者である、と。じつにフランス人がイギリス人をノルマンディーから最終的に追い出したのは、1449年になってからのことであった。イングランド支配のハブ（車輪のこしき、活動の中心）はロンドンのホワイト・タワーであった。

町の城

行政の中心として、城は町中に位置していなければならなかった。支配者たちは、ともかくも町の住人に権威を及ぼさなければならないと認識していたのである。フランスのカーンの威圧的な城壁は、ロンドンの堅固なホワイト・タワーと同様、その原型はウィリアム征服王の仕事であった。これらの城のほとんどは、その時点ですでに形成されていた町のなかに、いわば押し入るように、建造された。1100年より前のイングランドに建造された37の王家の城のうち、20は、町の周壁のなかか、あるいは周壁に向かい合って建てられた。

町の城は、また、統治者が彼の領地の最も人口の多い地域において、権力を行使するための枠組みを提供した。城はまず町の住人を威圧する建造物であり、防備施設は、外部の敵と、町の住人を脅かす内部の敵から町の住人を防衛するよう設計された。もし城が町の周辺に位置していたならば、田園地帯の住人との直接の接触を享受した。そのため、城はタウンやシティのなか、あるいは脇にありながら、タウンやシティから自立した、それだけでひとつの存在であり、一般の法的支配はなじまないとする、慣例としての城の特権を享受することができた。

騒乱と謀反

しかしながら、私的な領主の城は、王の権威に対する重大な障害となり得た。逆心の領主に安全な避難所を提供したのである。たとえば、イングランドのスティーブン王（1135～54）の治世時の騒乱の間、領主たちは城を建て、「悪魔と悪人どもでそれを満たした。」支配者にとって、ほぼすべての城を統制することができるかどうかは、生存を脅かしかねないほどの重大事であったが、現実にそれを達成するのは困難であった。

アンジュー伯フルク3世による11世紀初頭の城のネットワークの構築の時に、彼

下：前ページのコラム欄にフランス国家の遺跡保存に関する基本方針を紹介したが、ヴィエンヌ河畔シノン城も、また、シャトー・ガイヤールと同じ扱いの現状保存ということになった。城は12世紀以降、アンジュー家の王たちによって、フランス方の領地になってからは、カペー家、ヴァロワ家の王たちが、築き加え、築き直してきた。やがて、1429年、春まだ浅いこの町に、はるばる遠く、ロートリンゲンの地から、ひとりの女性がやってきた。村ではジャネットと呼ばれていた、と、彼女は後に証言する。

第Ⅱ部第4章　城　67

左：ロンドンの「ホワイト・タワー」、いわゆるロンドン塔。15世紀末に制作されたシャルル・ドルレアンの詩集の写本飾り絵。シャルルはアジンコートの会戦で捕虜になり、25年間、ここに監禁されていた。塔内の一室でシャルルは詩作にふけっている。ふと、外の様子が気になり、窓からのぞくと、どうやら吉報がフランス方からとどいたらしい。シャルルは塔の外に出て、使者の男とは会話する。身代金が、ブルゴーニュ侯妃イザベル・ド・ポルトガルの世話で諸侯から集まったとのこと。いざ、帰国だと、シャルル・ドルレアンは、4分の1世紀をそこで過ごしたホワイト・タワーから立ち去っていく。以上、4景が、時間の経過を空間の移動に移して、絵師は描いている。

イングランド王は王国全土について、それをした。1154年にイングランドにおける領主と王家の持ち城の比率は5対1であったが、1189年にはその比率はほぼ等しくなった。ヘンリー2世は、たとえば、オクスフォードの王城がノーフォーク伯の地域権力をそぐために建てられたように、数多くの築城計画によってこれを達成し、1170年代の反乱に際しては、40を超える王城が戦争のために準備された。ヘンリーは、反抗した領主の城をつぎつぎに没収し、イングランドやノルマンディー、アンジューにおいて、その多くが組織的に破壊された。同時代人は「この世の栄光はもはや過ぎ去った」と嘆いた。

内乱は反逆した城の包囲を王に強いた。ジョン王（在位1199～1216）は、1215年に50日の包囲の後にロチェスターを占領し、ケニルワース城は、1266年に、ヘンリー3世（在位1216～72）による6か月の辛く厳しい包囲の後に降伏した。ロチェスターやケニルワースのような城をとれば、莫大な資産が王のものになる。王の富が増大し、第一級の城を維持するコストは、多くの領主の財力を超えてしまった。王は、ながらく待ち望んでいた王国統制を実現したのである。

は領主の独立状態を抑制するために、忠誠義務の誓約を誓わせた彼らに、城のネットワーク管理を任せるようにした。

1091年にウィリアム征服王は規定以上の規模の城の建設を禁止し、より重要なことに、彼は諸侯に対して、王はノルマンディーの全ての城へ立ち入ることができる。もし拒否されたら、城の引き渡しを求めることができると宣言した。これは、領主はその上級領主の要請によって、城を明け渡さなければならないという、すでに慣行となっていた権利であった。この権利を立てて、王は、城の統制を行なおうとしたのである。

1190年代の戦争において、フィリップ・オーギュストはノルマンディー周辺のフランス人城主たちと、城の引き渡しについて明記した証書について同意を結び、かれらの城に立ち入ったり、占領したりする権利を行使したのである。

フランス王は「フランス」（後代「イール・ド・フランス」と呼ばれることになる、セーヌ中流盆地の王家支配地。「イール・ド・フランス」の呼称は15世紀の『パリの住人の日記』にはじめて出る。1430年代に入って、フランスとイングランドの王家の勢力がパリから撤収してノルマンディーに収斂していく。王太子シャルル・ド・ヴァレが1436年に、18年ぶりにパリに帰る。それに歩調を合わせるかのように、日記の筆者は、1439年の記事に、セーヌ中流マントから東の土地をはじめて「イール・ド・フランス」と呼んでいる。）における領主の城の数を制限した。

騎士は城を建てる者である

11世紀後半から、王を称するほどの支配者は、城を建てることを許可する権限は自分にあると主張したが、だれかある支配者が、じっさいにその権限を行使できるレベルにまで到達したかどうかは疑問である。たしかに13世紀や14世紀の資料には、城を建てる、あるいは矢狭間付きの胸壁を設けることについての請願がよく見られ、それを許可する令状も見られないわけではない。しかし、それらの請願書や許可状は、なにも全てが全て城にかかわるものではなかった。領主の私邸にバトルメントをまわしたいといったものがほとんどだったのである。許可は下りても実行されなかったものがいくつもあった。ただ許可状をもらったということ自体が、領主の野心を十分満足させたのである。あえて城を建てようとする者はいなかった。王の許可状は騎士の身分を公報したのである。

城と戦い

上：ラグラン城遺跡。ウェールズの東南部、モンマス近くのラグラン城は、16世紀に建造された、ご覧のように深い濠をまわした堅牢な城だったが、17世紀の内乱に際して、王党派の拠るところとなったことから、13週間ものあいだ包囲され、ついに徹底的に破壊し尽くされた。

さまざまな機能が付け加えられたにもかかわらず、城は結局のところ武力の表現だった。軍事的に、それは戦いの道具の中でもっとも重要なものであった。支配者たちは、食料や守備隊を供給して、戦争のために彼らの城を準備した。軍事行動は、しばしば城の周辺で展開し、城の普及は中世の戦争の特色に大いに影響した。

防御上の特徴

城それ自体はしばしば攻撃に持ちこたえる能力を増すために、よりいっそうの防御施設の付加によって改築された。とりわけカーテン・ウォールズと塔の上部が考慮された。ホーディング（板囲い）もしくはブラティス（木造胸壁）として知られた木造のプラットフォームが塔やカーテン・ウォールの頂上の外側に、横材もしくは石材を張り出して設置され、守備兵を防護し、防御上有利な位置を与えることになった。プラットフォームは、通常は木板の胸壁と傾斜した木造の屋根で囲まれており、火に対する脆弱性を軽減させるために、湿らせた動物の皮で覆われていた。マチコレーション（横材もしくは石材のあいだの隙間）と呼ばれる細長い隙間か穴が、飛び道具や、なにか液体を攻撃側の頭上に落とすため、プラットフォームの床面に設けられた。ホーディングとマチコレーションは、非常に重要なものであったがために、後に石造構造物と一体化し、城の恒久的な構造の一部となった。

木造の障壁が、しばしば城壁、特にゲートハウスの前方に建てられた。さらに、木造の防柵が、城全体のまわりに編まれ、外側の防御線を作った。また、これは、守備兵を収容し、資材を蓄えるために、城のキャパシティを増大させることにつながった。1298年、スコットランド勢の攻撃からニューキャッスル城を守るのに、イングランド側の守備隊は、インブレイジャー（内側を広くとって、城壁にあけた穴、朝顔型矢眼などと日本語対応語があてられる）のところに、板を吊るし、また、丸太を城壁にあてがうことによって城を守った。プラットフォームは、また、「スプリンガル」と呼ばれる、超大型の弩砲の足場に使われた。ほとんどの城が攻城兵器を持っており、塔の平屋根は、そういった攻城兵器を設置する足場に使われた。

13世紀に、塔と城壁にアロウ・スリッツ（矢狭間）が出現したことで、防御側の飛び道具の射撃能力が増大した。比較的小さく防御しやすい門であるポスターン・ゲイト（裏門）は、包囲部隊に対して守備隊を奇襲攻撃に送り出すことを可能にした。裏門は不可欠の防御の特色であり、跳ね橋やポートカリス（落とし格子、城門の上に吊るされた鉄製の可動格子）、矢狭間付きの城壁などもそうであった。

守備隊と備蓄品

戦時の守備隊は、かなりの部分、騎士をふくむ騎馬の戦士からなりたっていて、城

壁を越えて積極的に行動しようとする傾向を見せた。城それ自体は防御的なものであったにもかかわらず、守備隊はたいてい積極的であり、城塞施設である城を、城の周囲を制圧するための、厳重に防御された前進基地として利用したのである。そのような守備隊の存在によって、城は戦争の道具としての潜在能力を完全に実現した。

守備隊としての部隊の数は、城の規模、または領主の財力によって左右された。シャトー・ガイヤールが1204年にフランスのフィリップ・オーグストの手に落ちた時に、籠城していたイングランドの守備隊の数は156名であった。元々の兵員は、40人の騎士を含んで、300はあったろうと思われる。アングロ・ノルマン朝とアンジュー朝の時代における、平均的な守備隊の規模は約140人と算定されており、14世紀の戦いの間にスコットランドに配置されたイングランドの守備隊も同様な規模であった（1400年に、ロクスバラー城の守備隊は300人をかぞえたが）。1260年に、聖地のサフェ城は430名の部隊を収容していた（1240年に建設がはじまった「サフェ城」については『サフェ城の建設』と題された記述が残っていて、それによると「平時には1700人、戦時には2200人の兵士」と見える。時期が違うにしても、数字にひらきがありすぎる。ジャン・メスキ『レ・シャトー・フォール』）。1266年に、イングランドのケニルワース城で包囲された反乱軍は、700の武装兵をかぞえた。

城の守備隊に十分な食料を供給するということは、基本的な重要事であった。魚、特に保存のきく干物、あるいは塩漬けにされたものは、肉類や家畜に加えて、必要な食糧備蓄であった。小麦、小麦粉、カラス麦、そして大麦は、パンを焼いたり、馬を飼うために必要とされた。飲料物はワインかビールで賄った。真水の井戸は、籠城に不可欠だった。同様に、石炭と鉄、これがなければ城の造作を修繕したり甲冑や武器を修理したりすることができなかった。

こういった備蓄品や補給品は、それを利用するのに手慣れた人の手をかりなければならなかった。戦時下の城は、大勢の支援スタッフのサービスを必要としていたのである。1260年のサフェ城には、820人の労務者と400人の奴隷がいた。1300年にイングランドの守備隊が占領していたエディンバラ城では193人の非戦闘員が支援にあたっていた。戦時の守備隊を維持することは、支配者にとって莫大な経済的負担であった。

戦争の道具としての城

城、もしくは城のネット

右：槍を打ち出す攻城用投石機。イタリア語でバリスタ・フルミナリスと呼ばれた。バリスタは投石機や大弓をいう。フルミナリスはフルミネ、雷光のような。

下：城町カルカッソンヌの鳥瞰写真。カメラはほぼ東の方からとらえている。左手隅のサンナゼール聖堂の建物が後陣をこちらへ向けていることからも分かる。右下の門はナルボンヌ門。門はその門を出るとどこへ行くかで名付けられたのが多い。上辺中央の長方形の区画が伯の居城の跡。

ワークの存在を前提にして立てた戦術的また戦略的目的は、かならずしも一定ではなかった。アンジュー伯であり、中世において最も初期の多作な築城者であったフルク3世は、当初は広範囲に分かれていた彼の領土である、北フランスと中部フランスの間、特にロワール川沿いにおける防衛線の連絡手段として、一連の城塞施設を構築した。フルクの領域が拡大することによって、アンジュー地方は彼の権力基盤の中心地域となり、新たに獲得した領域における安全保障上の利用のために設計された一連の城は、アンジュー地方を、深々と取り囲んで守る防衛線になった。この城塞拠点によって、アンジュー伯は12世紀において勢力を拡大したのであった。

同様に、12世紀中頃、十字軍は、聖地のイスラム教徒の町アシュケロンの近くに4つの城を建てた。城の守備隊は、もし町から出てくる者がいれば、それがだれであれ攻撃することになっていた。これらの城は、征服と領土拡張の手段として建てられたのだったが、イスラム教徒の指導者サラディン（1137/38～93）が攻勢に出た1180年代には、そこが聖地において十字軍を防衛するキーポイントとなったのである。

ジョン王の治世のときに、シャトー・ガイヤールは、イギリス側のノルマンディーにおける防衛上重要な一角であり、フィリップ・オーグストがそれを占領したことは、いずれノルマンディー侯領がフランス側に奪われるであろうことの先触れとなったのである。

もともとシャトー・ガイヤールはリチャード獅子心がヴェクシン領（ノルマンディーとフランスのあいだにある領地。ここの支配をめぐってイングランド王家とフランス王家は長い間争ってきた）を守ろうとして建設した城だった。ジョンの代に入って、イングランド王家は守勢に転じ、シャトー・ガイヤールはフランス王家の攻勢からノルマンディーを守る防衛拠点という性格が強くなったのである。

リチャードは、この城の城壁直下のセーヌ河畔にレ・ザンドリという新しい町を作って、それをイングランドのポーツマスに新たに建設する海軍基地と結ぶという、複合的な攻撃的ネットワークの一環に、シャトー・ガイヤールを位置づけるという構想を立てていた。もしこの構想が実れば、ノルマンディー防衛のためにも役立ったことだろう。しかしフィリップ・オーグストの打つ手は早かった。1204年3月6日、シャトー・ガイヤールは陥落した。リチャードの構想はついに実らなかった。

金メッキしたかぶと

14世紀初頭、ノーサンバーランドの北の外れ、トゥイード川東岸、つまりイングランド側にノルハム城があって、そこにウィリアム・マルミオンという名のイングランド人騎士ががやってきた。彼のレディーから金メッキしたかぶとをもらったので、なにしろ一番危険な場所へ出かけて、武勇をひけらかそうとしたのだった。当時トゥイード川以北のスコットランドは、イングランド王エドワードの支配に抵抗して、全土に反逆ののろしがあがっていた。スコットランドの独立を標榜したリーダー、ウィリアム・ウォーレスが処刑されたのが1305年、その志を継いで、スコットランド王家の相続権者の一人でもあったロバート・ブルースが独立軍を立ち上げたのが1306年のことだった。こういったクロノロジー（時代経過）のどのあたりにこの話が載っかるのかどうかは分からないが、なにしろノルハム城にスコットランド方が押し寄せてきた。そこで騎士ウィリアムは、ただ一騎、勇躍、打って出たのだったが、ただの一撃で落馬の憂き目にあった。追いかけてきたウィリアム配下の兵士たちが、なんとかスコットランド勢を撃退して、親分をまた馬に乗せてやったのだという。ともかくも騎士は自分の勇気を試そうと、やることだけはやったのだ。

城、あるいは城のネットワークは、軍事力による侵攻作戦の際に積極的に利用した時に、最も効果的となった。防御にまわると、城とその守備隊はもっとも攻撃されやすかった。もし守備隊が長期にわたって孤立したならば、最も強力で大兵力を持った城ですら、いつかは陥落するであろう。イングランドがスコットランドに保有していた城の大部分は、受け身にまわったからこそ、スコットランド王ロバート・ブルース（在位1306～26）によって、1310年から1314年までの間に征服されたのである。彼は、イギリス人が「その土地で領主面していばりちらす」能力などないことをみせしめるために、取り返したそれらの強力な城塞を破壊した。

味方の城との連携による野戦軍の作戦は、城の攻撃的な潜在的能力を引き出した。城は野戦軍に食料、避難所、情報、そして増援部隊を提供した。エルサレム王国の防衛は野戦軍によって実行された。ただし、敵勢に向かって進軍するときには、国境の城のほとんどが、計り知れないほどの支援を行ない、守備隊を野戦軍に参加させたのである。1187年のヒッティンの戦いに際しては、城は守備隊を野戦軍へ増派して、ほとんど裸になってしまった。

ウェールズのエドワード1世の城は、攻撃作戦が必要だと判断された場合に、野戦軍を全員城内に宿泊させることができる規模で築かれた。エドワードの城は、そのどれもが沿岸に建てられていて、補給を受けるのは、敵地を通って陸路、運ばれるより

左：アイルランド北東の一角、アイルランド海に海岸線を延ばすアントリム州のダンリュース城遺構。このように海岸の断崖に屹立する城は、内陸側から攻めるしかなかっただろう。とりわけこの城の場合、攻め口は左下の峡谷の道しかない。

第Ⅱ部第4章　城　71

> もう一度、あの破れ口へ、
> 突撃だ、諸君、
> もう一度、突破できなければ
> イギリス兵の死体で
> 壁を埋めてしまえ。
>
> シェイクスピア『ヘンリー5世』
> 第3幕第1場

囲戦のありようは、城の周辺の郷村を略奪して、城の生活の資源を供給している城主の支配地を破壊することであった。包囲している軍隊は、城方の救援部隊との対決の危険を冒していた。結果として、会戦になる可能性があった。

1187年にサラディンがパレスティナのティベリアスの町（ガリレア湖西岸、現在イスラエル領）を包囲した時に、キリスト教徒たちが大規模な救援軍を立ち上げたため、彼はヒッティンで戦わなければならなかった。サラディンはその戦いに大勝し、その後すぐにエルサレムを手に入れた。

1314年、イングランド側が取っていたスターリング城を、スコットランド側が包囲した。この包囲戦は、ロバート・ブルース王と彼の軍隊のその後の作戦行動を決めた。バンノックバーンの会戦である。この会戦で、イングランド軍はスコットランド軍に、完膚無きまでに負けた。

城の終焉

城の凋落は、ゆっくりとだが、止めようもない流れだった。それは城を築いた社会にあって、なにか土台をゆるがす変化があって、それがもたらした動きであった。中世後期、城のネットワークを所有するかどうかは、きわめて重要な課題になっていて、支配者個人の手へ城が集中するという事態は、城が私的な所有物であるという考え方から、城は公的な施設であるという見方への移行を特徴づけるものであった。

城のネットワークの維持は高価なものとなり、城に守備隊を配備したり、食料を供給することが、ほとんどの城主の財力を超えたものとなってしまった。そして火砲が登場し、高い城壁もその集中砲火を食い止めることが出来なくなった。そして、生活の安楽を求める願望が、要塞を兼ねた住居のニーズに取って代わられた。城の建造は、大邸宅の建築へとシフトしていった。

は、海路による方が容易だと、エドワードは考えたのだという。

城の攻略

たとえ孤立していたとしても、城は戦争に重要な役割を演じた。城は城主の支配地を保持し、城主の権威の下に避難所になる。もし征服戦争が行なわれたならば、敵の城は取られるか、破壊されるか、どちらかである。1190年代にリチャード1世とフィリップ・オーグストの間で行なわれた軍事衝突は、パリとルーアンの間での領域支配をめぐってのことだった。内実はその土地の城の取ったり取られたりであった。1415年のアジンコートの勝利の後、イングランド王ヘンリー5世（在位1413～22）は、ノルマンディーの征服にとりかかったが、その戦いは、侯領の、どこかひとつ城を取り、

上：エスカレイド作戦で城を攻撃する。はしごを使う作戦ということで、右から2本目のはしごは途中で折れてしまっているが、騎士はともかく登ることに成功して、左脚を城壁の内側へおろしている。側塔の根方では突破口をひらこうと城壁を突き崩している兵士が見える。15世紀の写本から。

そこに守備隊を置くというパターンの連続であった。

城を攻略することは非常に困難な作戦になる可能性があった。だから、どういう城がどこにあるかが、作戦行動の全体の方向性を決定したのである。大砲の発達まで、防御技術が常に攻撃技術よりも優位であったため、多くの城は何世代にもわたって深刻な攻撃を経験しなかった。しかしそういった城も、常に攻城戦への備えだけはしなければならなかった。パターン化した包

第Ⅱ部第5章
よろいかぶと

輝く鎧(よろい)の騎士は、現在でも中世の不朽の象徴である。しかし、全面的に防備した、古典的な、完全な板金で覆われた騎士が登場するのは、後期中世に入ってからである。後期中世では、新しい技術が、職人に、人と馬に、より合った、より軽い、より効果的な保護物を設計することを可能にした。

左：十字軍途上、1270年8月15日、テュニスで死去したフランス王ルイ9世の遺骸に敬礼する騎士たち。王冠をかぶっているのは十字軍行にも同行した長子フィリップで、絵師はルイ王を継いだフランス王と想定して描いている。『サンドニ修道院の大年代記』の14世紀の写本の飾り絵。なお197ページをご参照。

もし騎士が社会においてリーダーであり、戦場においては流れを決定する立役者であるというのなら、見る者に感銘を与え、また、防御に効果的な鎧が不可欠であった。騎士には、自分自身についてはもちろん、配下の者たちに、適切に、甲冑、武器、そして馬を装備させるようにする義務があった。そのような戦闘能力を入手し、維持する費用は高くついた。その費用の大部分は、騎士個人が賄わなければならなかった。それが、騎士が上級領主に対して負う軍役負担の一部になっていたからである。

甲冑は、ベーシックなセットだと、ある程度資産のある騎士にとって、それほど高いものではなかったが、なにしろ鎧の質は社会的地位や財産の多寡をそのまま暴露する可視的な印であった。その上、重大なことは、鎧の質の善し悪しは、戦場での生存の機会を増やしもし、減らしもしたのである。

騎士たちは、戦場で非常に多くの脅威に直面した。突き刺す武器や切りつける武器で傷つけられる。雨のように矢が降ってくる。大弓の太矢がうなりをあげて飛んでくる。重い鎚矛で、圧倒的な一撃をくらう。そしてまた、騎士道時代が終わりを告げるその頃合いに、ようやく発達した初期の鉄砲の玉。それは、騎士たちは突撃隊の要員として軍隊に編成されていたのであったから、自分たちが突撃していくその前に、飛び道具で戦端が開かれるだろうということぐらい、承知はしていたが。

ささいな傷害が生命にかかわる感染症を引き起こす可能性があったこの時代、ちょっとした軽い傷でさえも、できれば避けた方がよかった。それが、騎士は、もし傷ついたとしても、戦い続けることを要求されたのである。だいたいが、戦場に到着すること自体、困難なことがよくあった。厳しい気候条件の中、起伏の多い地形を越えて、長い行軍を必要とする場合があった。

鎧の技術

したがって、中世の鎧師には3重の課題が課されていた。ひとつには、騎士が戦闘の前線で遭遇する幅のあるさまざまな武器から守られることを必要とした。ふたつには、鎧には、騎士が馬にまたがった状態で、あるいは歩行する状態で、武器を巧みに扱うために、十分な動作の自由を与えなければならなかった。最後に、装備の重量は、機動力を増し、疲労を軽減するために、最低限に押さえなければならなかった。この3重の課題を達成するには、手仕事の職人技と、鍛冶の技術と、一日の製造工程と、この3者をにらみ合わせながら仕事を進めなければならなかった。

鎧師は、この3重の課題を克服した。兵器の進化に合わせて、しだいに改良を加え、ほとんど全身を覆って、体にぴったり合う、しなやかな鎧を開発したのである。実戦用のもので、23から27キログラムの見当で、これは、現代の兵士の装備品の総重量の平均値よりも軽い。クレーンが馬の上に騎士を持ち上げる必要などはなかった。もっとも、中世も末になると、トーナメントにクレーンが登場している。これは、トーナメント用の鎧は、なにしろ重量級のものが多かったからである。馬上の騎士が、数百年もの間、戦闘で優位を占めたという事実は、騎士の武勇の証拠ではあるけれども、中世の鎧師の高度な技能の証拠でもあった。

下：剣が鎧武者の腹にぐさりと突き刺さる。ほとばしる血。この騎士はホーバークの下にアクトンを着込まなかったのだろうか。ホーバークにジャックを重ね着していれば、こうまでぐさっとくることはなかったろうに。（以下の諸ページをご参照）

より重く、より精巧に

平時の活動が、戦時にはない危険に騎士をさらした。トーナメントやジャウスト、ティルティングなど、参加者それぞれが腕前と勇気を披露する機会になる馬上槍試合のことである。トーナメントは集団騎馬戦、ジャウストは古フランス語のジュスト（近代語形でジュート）からで、一対一の馬上槍試合。ティルティングはアングロ・サクソン語からで、ジュストの対応語。

トーナメントは、本物の武器を使い、なんの制約もない模擬戦闘で、14世紀のブルターン戦争に際して、イギリス方とフランス方とで「30人の戦い」というトーナメントが行なわれ、何人もの死者が出たことがよく知られている。ジャウストでは、槍の先の尖りをなくして、安全を図ったが、それでも槍に突かれて怪我をすることもある。突き落とされる危険もある。そこで騎士は、ジャウスト用に特別に設計された重量級の鎧を着るようになった。

時がたつにつれて、騎士の鎧は地位と富の象徴にもなっていった。ますます精巧に作られ、装飾された鎧が、上流階層に流行した。鎧師たちは、流行のファッションを鎧造りに取り込んで、立派な仕事をした。鎧がより精巧に、より着心地よくなるにつれて製作コストがあがった。それを買える騎士と一般の兵士とのあいだの社会的格差がますます広がった。

帯甲式

この本は10ページの「はじめに」の対向ページにレディーによる「ダビング」のおもしろい絵を載せている。また、本文の終わりの285ページに、エリザベス女王が、やはり「ダビング」の儀式でナイト爵位を与えている写真を載せている。「ダビング」はふつう「騎士叙任」と訳される。フランス語で「アドゥブマン」といって、ロマンス語に「ドゥブ」という、なにか着る物をいう語があって、そこから派生した語形である。軍装についていう場合、ラテン語の対応語は「アルマ」である。もともと「アドゥブマン」ないし「ダビング」は「武具の授与」をいったのである。

12世紀のマリー・ド・フランスの『ミールン』を見ると、あるツェヴァレーの息子を赤子のときから預かった女性が、その子もやがて年頃になったので、「少年をツェヴァレーにアドゥベした」と書いている。なんとこの本のはじめの絵と終わりの写真がここにダブる。ただし、マリーの場合は「肩打ち儀礼」などではない。しかるべく服装を整え、よろいかぶとも持たせて、武者修行に送り出してやったということである。

時代は下がって16世紀も末のころ、セルバンテスは『ドン・キホーテ』を書いて、いわゆる「騎士叙任」の話のところで「帯甲式」という言葉を使っている。これはわたしは永田寛定氏の翻訳でしか見ていないので、いささか頼りない気分だが、言い得て妙ではないか。

> いかなるよろいも
> 運命にはさからえない
>
> ジェームズ・シャーリー
> 『アイアスとオデュッセイウスの争い』
> （1695年）

下：カンタベリーのクライストチャーチ・カシードラル（キリスト教会聖堂、これがいわゆるカンタベリー大聖堂の正式の呼称）堂内のトリニティ・チャペル（三位一体礼拝堂）に安置されているトマス・ベケットの墓の横に設けられたエドワード、プリンス・オブ・ウェールズの墓の寝棺彫像（部分）。ホーバークの上に重ねられた胸甲が興味深い。全体に銅メッキをかけているので材質は確認できないが、おそらく銅板。死去の年と同年の作というが、彼は6月8日に死んでいるので、同年中に製作するのはかなりの芸当ではないのか。なお、続く諸ページをご参照。

アクトンとタバード

ホーバーク（鎖帷子）やボディ・アーマー（全身板金鎧）の下に着られた刺し子縫いされた衣服であるアクトンは、摩擦を低減することと、ある程度の快適さを提供することを意図された。中世が進むにつれてサーコート、むしろタバードと呼ばれる陣中着が、鎖帷子や板金鎧の上に着られるようになった。

アクトン

パッドが入っているアクトンは着用者に更なる防護を提供した。その防護とは、鎖帷子と板金鎧が敵の武器によってこうむった衝撃を分散させること、さらに剣、槍、矢の先端の食い込む力をにぶらせることである。歩兵の多くもアクトンを着た。そのばあい、アクトンはいわば鎧代わりであって、肩口とか胸とか、重要な部分に革あるいは金属片をあてて補強した。アクトンはフランス語の「オークトン」から来ていて、これはアラビア語の「アル・クートゥン（綿）」がそのまま入った語形である。アクトンはもともと綿布だったわけで、それが兵士も全員ということになると、綿布あるいは綿花の輸入量が問題になる。ここの説明も、かなり時代的落差が大きいということをわきまえておかなければならない。

アクトンはガンビズンとも呼ばれたとよく説明されるが、後者は14世紀からの用語で、鎖帷子の下ではなく、むしろ上に着用するようになっていったようである。だから、ガンビズンは、より精巧なデザインになっている。ちなみに「ガンビズン」は、ゲルマン語がラテン語に入ったのがロマンス語としてフランス語に進化し、それから英語に入った。アクトンやガンビズンは綿布や麻布で作られ、ぼろ布、馬の毛、あるいは、兵士の着用する分については、藁、草など、その辺にあるなにか適当なものを詰め込んだ。

なにしろ現物はほとんど残っておらず、写本飾り絵などを見ても、鎧を着ているものだから、アクトンの正体はよくわからない。まあ、色もデザインもシンプルなものであったにちがいない。長さと幅は、どんなホーバークを着るかによって決められた。襟刳（えりぐり）は広くとっているが、これは首と腕に最大限の動作の自由を許すための工夫だった。もっとも、写本飾り絵を見ると、首筋に高い襟を立てているのもある。これは首の防御をはかってのことだったと考えられる。アクトンやガンビズンの多くは、前開きで、紐あるいはボタンで留めていたと思われる。

タバード

タバードは鎧の上に羽織るコートで、丈はふくらはぎのあたりまで。袖なしで、脇はあいている。タバードは農民も外衣として着用した。騎士にとって、タバードは、ある程度の断熱効果を提供してくれるだけでなく、湿気による腐食作用から鎧を守ってくれる効果も期待できた。タバードは、なにしろ鎧の外側に着用されて、目立つところだったからであろう、意匠デザインが頻繁に改良された。タバードはフランス語からの借用だが、フランス語の語形で

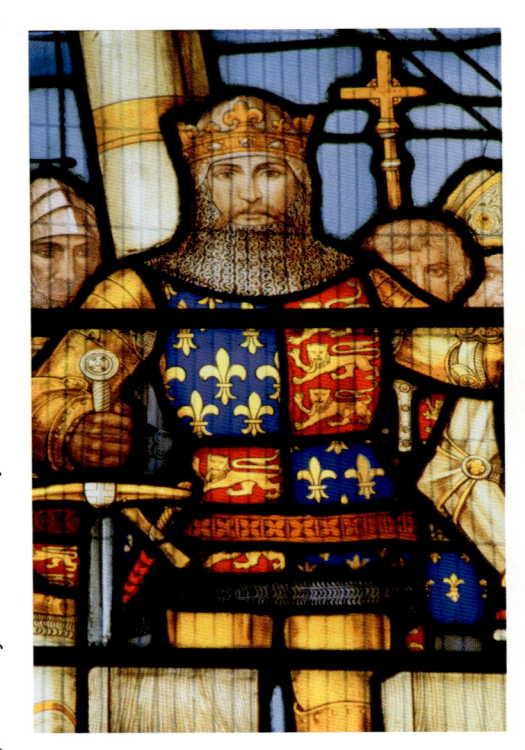

上：バーミンガムの北東、レスターシャーのアシュビー・ド・ラ・ズーシュ（後半の添え名は12世紀のマナーの領主の名から）のセント・ヘレン教会堂のステンド・グラス。かなり後代のもので、リチャード1世は14世紀半ばからイングランド王家が使用することになった組み合わせ紋章のタバードをつけさせられている。

左：右手の騎士は白地のタバードに赤の十字紋を大きくひとつ縫い取っている。同じ十字紋の小楯を左肩口に当て、左手に腰に履いた剣の柄をにぎり、右手は槍旗を突いている。幅狭の槍旗も赤の十字紋である。左手の騎士は赤の地のタバードにガルダント・ライオン紋を三つ重ねて縫い取り、右手の騎士同様、同じライオン紋の小楯を左の肩口に当てている。右手はやはり槍旗を突いていて、槍旗の文様は同じライオン紋である。おもしろいのは左手の騎士の左手がどこかに行ってしまっている。このナゾを解くには、この絵のもうひとつ別のヴァージョンを見なければならない。その別の版では、まず第一に槍旗が消えている。左手の騎士は左手に槍を突いている。右手は、なにか相手に話しかけているかのように、掌をあげて、相手を指している。右手の騎士は、両手で楯を持っている。ふつうの大きさの楯で、ライオン三重ね紋である。なにか、その楯を左手の騎士にあげようとしている風なのである。隠れている左手は、その楯を受け取ったということなのであろうか。なお、こちらのヴァージョンでは、両者とも、両の肩口に、さらに小型の四角い小楯を当てている。これは20頁に掲載した『ラットレル詩篇』飾り絵をご覧下さい。馬上の騎士は両の肩口に四角い小楯を当てている。こちらの方は制作は1340年の頃と推定されている。ファッションのタイミングを考えると、問題の二人の騎士図も、その頃の制作と考えてよいのであろうか。ところが白地に赤の十字紋の騎士はテンプル騎士団の騎士であって、テンプル騎士団は1314年にむりやり解団させられた。どうもタイミングが合わない。

第Ⅱ部第5章　よろいかぶと　75

は、語末のdがない用例がいくつも見える。だから「タバー」である。やがてタバードは、紋章あるいはその他、着用者の印を身につけることによって、戦場で身元確認の役割を担わされるようになった。

　タバードは、11世紀後半からの十字軍において、騎士たちの間で着用の習慣が広まった。タバードは風雨から鎧を守る、簡単で費用のかからない方法であったからである。タバードは、キリスト教徒の騎士が敵のムスリムから学んだ知恵であったかもしれない。なにしろイスラム教徒は、聖地の荒々しい気象条件のもとでの活動に慣れていたのだから。十字軍にはヨーロッパ各地から騎士たちが集まっていたのだから、彼らが故郷にもどって、このファッションを広めたということだったのであろう。

　時代が下がると、タバードはますます装飾的になって、丈も短くなった。鎧の上に羽織る陣中着としてのタバードが、社会的エリート層の衣装として幅をきかせることになったのである。タバードには家紋が縫い取りされ、その家の家中が着用する制服としての機能も発揮するようになった。写本飾り絵などを見ると、タバードが、中世のファッション・デザイナーの才能を発揮

上：右の二人は、鎧の上にタバードを着用している。左の騎士は彼の鎧の下にパッドを入れたアクトンを着ている。鎖帷子の下着と頭巾（フード）、胸当て、篭手、兜、楯、槍、その他の武器が描かれている。

する作品になっていたことがわかる。彩色と意匠の豪華さ、絹と毛皮裏地の精巧な感触、贅を尽くした刺繍刺し。

　時代が下がって15世紀、ジャンヌ・ダルクが着用したタバードは、丈は腰のあたりまで。脇にさらに裂け目が4本入って、全体で8枚の細長い扇状の、ぜいたくな金糸銀糸織りの帯の集合に見える。

よろい、かぶと

武器の製作技術の進化は、現代の目から見るとまどろっこしいほどにスロー・テンポだったが、武器に対抗する鎧の方も、それに似たようなものだった。15世紀にいたるまで、鎧の主要な構成要素は、「メイル・シャート」あるいは「ホーバーク」であった。日本語の対応語は「鎖帷子」である。詰め物をしたアクトンの上に着用された中世の鎖帷子は、古代ローマの「ロリカ・ハマタ」型鎖帷子や、それより値が張るが、より頑丈な「クラス」を改良したものであった。

「ロリカ・ハマタ」型鎖帷子というのは、3世紀から4世紀にかけて、ローマ軍団の兵士たちが着用した防具のことをいう。「ロリカ」はコルセットあるいはキュイラッスで、「ハマタ」は「ハムス」を備えたということで、「ホック留めの革製の武具」という意味である。「クラス」は、「キュイラッス」の中世フランス語読みで、結局、じつは両者は同じ物を指している。

基本は革製の防具で、青銅あるいは鉄の大きな金属片を革の紐で繋いだのを要所要所にあてたのも使われていたということである。古代ローマ人は、さらに「スケール・アーマー」、うろこ状の金属片をつなぎ合わせて作った防具も使用していた。

中世の「チェイン・メイル（鎖帷子）」は、おそらくこういった古代ローマ軍団の兵士が使用した武具にくらべて、はるかに効率がよかった。中世のホーバークは、剣のような鋭い刃の武器の一撃に対して、かなりの防護を提供していただろう。そして逆に鋭い刃に損害を与えたかもしれない。その上ホーバークは、鎚矛とハンマーのような、先の尖っていない武器からこうむった衝撃を、局所的に受け止めるのではなく、周囲に分散させて、衝撃力を弱めることを可能にしたのである。

鎖帷子の作成

鎖帷子は、何千もの数の鉄のリングで作られる。リングそれぞれが4つのリングに繋げられる。リングは、打ちのばした鉄の針金を必要な長さで切って、その両端を重ねて、リヴェット止めする。金台にのせて叩きつぶすのである。リングは直径6から12ミリメートルの間。この工程は、ヨーロッパでは、中世を通じて本質的に変わらなかった。

薄鉄板から打ち出した、穴あき銭のようなリングを使って作ったというのは、たしかに可能性としてはありえた。しかし、まだその証拠は見つかっていない。それに、それを使ったとしても、ただ布地に糸で結びつけでもしないかぎり、針金を叩きのばして作ったリングを使って繋ぎ合わせなければならないわけで、話がナンセンスである。

ホーバークは中世を通じて改良が重ねら

下：シャルルマーニュとその軍隊。なにしろ14世紀の写本の飾り絵なのだから、甲冑の風俗が中世盛期風であるのはしかたがないことか。

第Ⅱ部第5章　よろいかぶと　77

れた。袖が長くなった。メイル・ストッキングズが追加された。脚部を被う鎖造りのレッグウォーマーである。敵兵が剣やパイク（矛）で攻撃するのにちょうどよい高さに脚があったからである。脚を攻撃されて怪我でもしようものなら、馬から下りて戦おうにも、それができないことになる。だから、馬上の騎士の脚を守る必要があった。鞍にまたがるのに都合がよいように、ホーバークの前後に裂け目が入れられた。ヘルメットその他、甲冑のホーバーク以外の部分とホーバーグをしっかり連結させるのに、輪と紐が使われた。

ホーバークの良い点と悪い点

ホーバークはその構造が比較的単純で、それも利点のひとつだが、さらに、ホーバークは、リングの増減という、これも分かりやすい方法によって、着用する人の体に合わせることが容易だという利点をもっていた。そして野外での修繕が簡単であった。これらの利点は、騎士たちに重要視されていたであろう。なぜならば、騎士たちはずいぶんと多くのかねを、彼ら自身と従者の鎧に使っていた。だから、もう新調する余裕はないし、できれば、彼ら自身の鎧は、彼らの息子たちと、その他、親族のメンバーに譲りたいと思っていたからである。

ホーバークの欠点は、それはいろいろあるが、なかでも、それがやはり重いということ、また、矢とか槍とか、突き刺す武器に対して弱いということがあった。けれども、ともかく数世紀にわたってホーバークが使われていたという事実は、ホーバークは、それに替わるいかなる防具よりも優れていると考えられてきたということを強く示唆するのである。

板金鎧

13世紀の鋼板鎧の出現はテクノロジーの大躍進であった。製作工程の進化で、まずドライブがかかった。大弓の進化、火器の出現、これがまたドライブをかけた。戦場における武器複合体が、甲冑の進化を促した。

適正に成形された板金は、剣や矛の刃先をそらすことができた。矢などの飛び道具についても、鏃の向きを変えさせることができた。その点、ホーバークよりも優れていた。今日のケヴラー繊維（引っ張りに強く、堅い合成繊維の商標。ロープやケーブルにも合成

上：15世紀のホーバークは、鎧というよりも、鋼板鎧の下に着る、防護用の下着と考えられたにちがいない。

素材として使われる。OEDによれば、この特許権の最初の使用例は1973年4月だという）と鋼鉄合成のボディ・アーマー（防弾チョッキ）と同様、板金鎧は、これを着用できるほどに資力のある者にとっては、大きな利点になったのである。

しかし、板金鎧の発展の過程はゆっくりとしたものであった。初め板金は、肘や膝のような、体の要所要所を守ることに使用された。やがて、両手（肘から下）、両脚（膝から下）、両腕（肩から肘まで）、そして頭部を被うためにも使われるようになった。一般的に見られたことではないのだが、レザー・コートの内側に板金を張って、い

わばその「板金のコート」をホーバークの上に着るということも行なわれたのである。この方法はかなり効果的で、13世紀の終わりから14世紀のはじめにかけて、個々の板金をうまく連結させて、ホーバークに載せる技術が改良されるまで、けっこう重宝されたのである。

鎧のアートとファッション

板金鎧は、騎士の服装において、アートとファッションを組み合わせる機会を提供した。ファッション、すなわち衣装のモードは、それ自体アートではないという考え方があるが、板金鎧は、時代のファッションをアートに表現したといってもよいのである。畝状の隆起が盛り上げられ、溝状の沈下が彫り込まれた。縁に、波形とか、花形とか、そういった模様細工がほどこされた。裏側から打ち出して模様を浮き彫りにする工夫もそうだが、そういった細工は、結果として板金の効力を弱めることにつながったであろう。だから装飾板金鎧は、戦場でも、それは使用されたであろうけれども、装飾の度合いを強めた華麗な作例は、儀式用に取っておかれたのである。

板金鎧を着る

これから戦場へ出掛けようとする騎士は、アクトンとホーバークを、全部ではないにせよ、着込んでいる。加えて、ひとそろいの甲冑を身にまとおうというのだから、大変だ。時間は掛かるし、いろいろ細かい部品がある。物語のたぐいがおおげさに書きたてているほど、やっかいな仕事ではなかったが、それでも、完全に着込んで、行動を起こすには、やはり助っ人が必要だった。

装具は、ヨーロッパ中世、どこへ行っても同じ、というわけにはいかなかった。しかし、主だったものについては、ほぼ、同じだった。もっとも、それが買えない貧乏領主の場合は、話が別だが。スタイルは、かなり早足で、国境を越えたと思われる。パリで新型が出て、当たれば、ミュンヘンやプラーハで、そのコピーが出回るというわけだった。

足と脚の防護

鎧を着用するにあたって、まず両足に「サバトン」を着けた。「サバトン」は語源不明。ロマンス語の「サボ」は木靴をい

78　第Ⅱ部　騎士の生活

> よろい師たちが騎士たちを武装させている、
> ハンマーで忙しく鋲を留め、
> 準備の物音を鳴り響かせている。
>
> シェイクスピア『ヘンリー5世』第4幕の入りのセリフ

上：精緻に飾りつけられた鎧かぶとを身につけた、神聖ローマ皇帝マキシミリアン1世（在位1493～1519年）。ペーター・パウル・ルーベンスによる1618年の肖像画。

うが、これと類縁語であろう。鋼板で作った靴である。だから、「サバトン」はいくつかの部分に分けて、足が自由に動くように作ってあった。つま先は四角に作ってある。細長く、とがったつま先のもあったようだが、それはトーナメントや入城式などに際して着用したようで、「サバトン」の形と文数は、戦闘に使う鐙の形と大きさによって決まったと思われる。「サバトン」が普及するまでは、鎖を張った布靴とか、硬くした革靴を履いていたわけで、「サバトン」をあつらえる余裕のなかった騎士たちは、いぜんとして、そういう靴を履いていたにちがいない。

グリーヴズ（脛当）は、騎士の膝下の脚の前後を守るように成形された板金である。一方はちょうつがいでつなぎ、もう一方を留め金でしめる。脛当は普通、サバトンに直接接していた。

ホーバークの裾は、股を被うほどに下げられてはいたが、下方からする剣や矛の攻撃にあえば、かなりのダメージを受ける危険があった。そこでクッス（ロマンス語の股から）あるいはサイ・ピース（股の板金）と呼ばれる板金が工夫されて、太股の前部に当てられ、太股の裏側にかけて、革帯で留められた。膝はプーレンと呼ばれる（語源未詳、いずれにしてもロマンス語から）アーティキュリットに（関節構造的に）仕組んだ何枚かの板金で被った。このクッスとプーレンの組み合わせは、騎士が馬上にあるあいだ、脚部と股部を保護するのに十分であり、騎士が馬から下りて徒歩で戦うとき、適度な膝の屈伸を可能にした。

肩、腕、手を防御すること
脚部を守ることにも増して重要だったのが、腕部の防護である。敵の攻撃から腕を防護し、運動の自由を保証しなければならない。騎士は接近戦でさまざまな武器を操る。

右：イングランド南西部、グロスターシャーのテュークスベリー修道院の教会堂は、1123年に聖処女マリアに献堂されて以来、16世紀の修道院解散令の荒波もくぐり抜けて、現在にその初期ノルマン様式の美的表現をよく遺している。身廊と後陣の高窓のステンドグラスは14世紀のものだが、1924年から翌年にかけて大がかりに修復されたので、14世紀そのままではない。この図版はそのステンドグラスの一枚で、第6代グロスター伯ギルバート・ド・クレアの肖像である。クレア家はケントの出自で、代々グロスター領を継ぎ、テュークスベリー修道院はクレア家の墓所であった。ギルバートは1243年の生まれで、1262年に父親のリチャードが死去し、家督を継いだときはまだ19歳で、レスター伯シモン・ド・モンフォールの反逆がまだ進行中。ウェールズ辺境が不穏な情勢で、若いギルバートは、なんとも綱渡りの日々だった。だから、騎士になる儀式を受けたその日に出陣したという噂も立ったのだという。

第Ⅱ部第5章　よろいかぶと　79

パウルドラン（この形で出るのは16世紀に用例がひとつ出るだけ。あとは、パストン家の書簡集その他、むしろ「ポルロン」で、いずれにしても中世の用語というのは、少々きつい）と呼ばれる板金の肩当てが工夫された。ヴァンブレイス（ロマンス語の「ブラス（腕）」から）と呼ばれる腕当ては、脚部が股当てによって守られたように、肩口から肘までの腕を守った。コウターと呼ばれる肘当は、これもまた、プーレンと同じようにアーティキュリットな構造をしていて、騎士の肘を守り、腕を曲げる動作にも対応する柔軟性をもっていた。

　手を守ることは、戦闘において重要であった。ゴートゥリットと呼ばれる、手の甲の部分から腕にかけて、板金を張った革手袋が工夫された。「籠手」という対応語がよく使われるが、日本の剣道で使うそれとはかなり造りがちがうので、適当ではないようだ。ゴートゥリットは、高い水準の防御力と、すぐれた柔軟性をあわせ持っていた。板金が広範囲に利用できるようになる前は、チェイン・メイルが手の甲を被うように工夫されていた。ホーバークの袖を長めに、直接革手袋につなげて、手の甲にもチェイン・メイルを張るように作ったのである。袖から手の甲にかかる部分をマフラーと呼ぶ。後代のボクシングのマフラーと、イメージが交錯している。というのは、そういうような武具の一部を、マフラーと呼ぶようになったのは、どうやら19世紀に入ってからのことだったからである。

胴体の板金鎧

　いまではおなじみのブレストプレートは、14世紀の終り頃、はじめて現れた。「胸当」と日本語では呼んでいる。胸当は、胸と胴の両方を覆うために、しだいに長めに作られるようになり、紐でタセットにつながれるようになった。タセットは、股部から両股にかけて、薄金を、下見状に、一部重なるように張り重ねていく甲冑部品である。日本の鎧用語にいう「草摺」である。タセットは股を保護し、腰部の可動性を保証した。

　胸当とセットになって背中を保護するのがバックプレートである。日本語の対応語に「背甲」という字があてられることがあるが、これは亀などの甲羅を意味するようで、適当ではない。

　胸当は、改良に改良が続けられた。画期的だったのが、右手側に「アレ」を設けたことだった。「アレ」は、中世フランス語

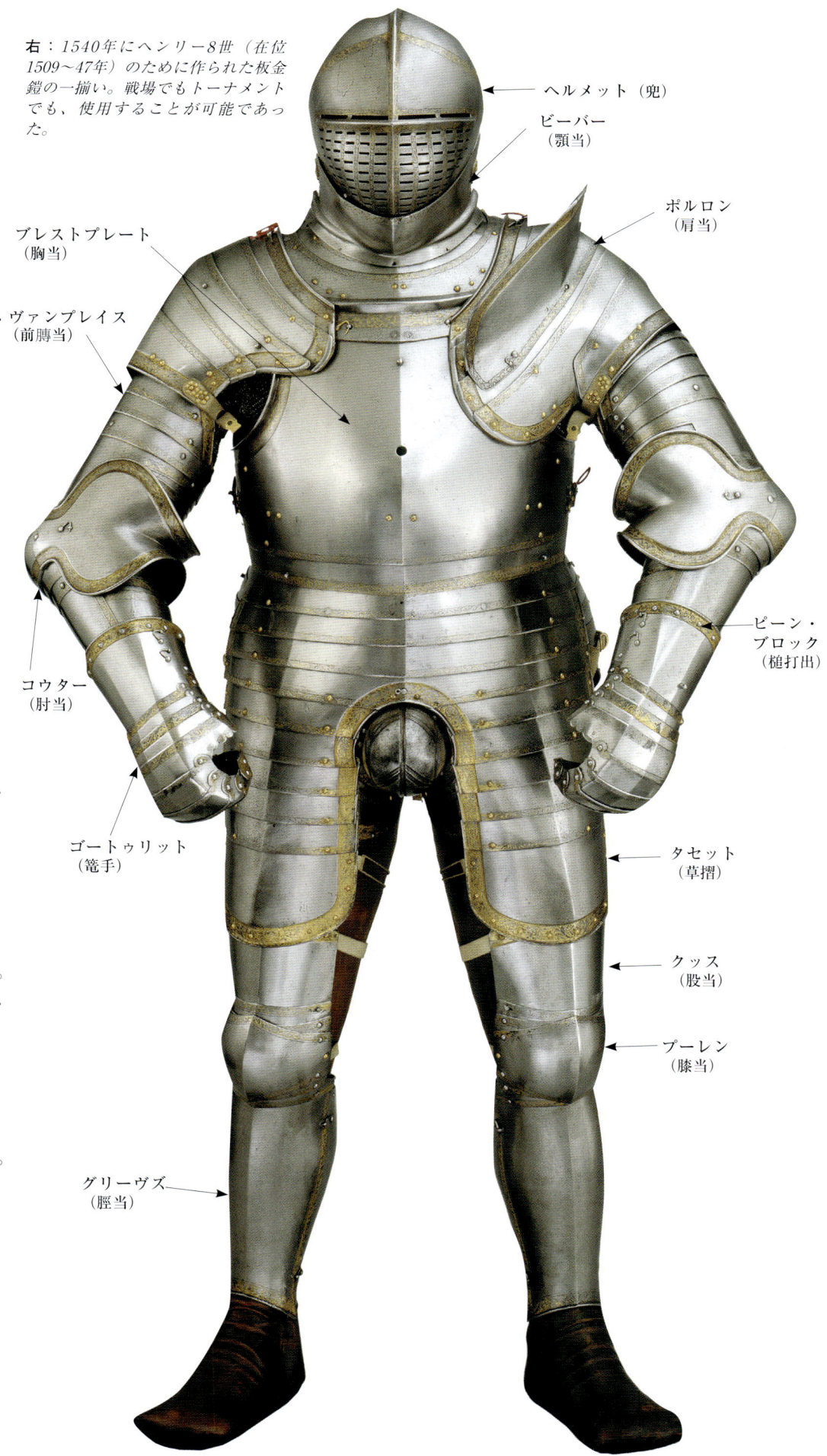

右：1540年にヘンリー8世（在位1509〜47年）のために作られた板金鎧の一揃い。戦場でもトーナメントでも、使用することが可能であった。

- ヘルメット（兜）
- ビーバー（顎当）
- ポルロン（肩当）
- ブレストプレート（胸当）
- ヴァンブレイス（前膊当）
- コウター（肘当）
- ゴートゥリット（篭手）
- ピーン・ブロック（槌打出）
- タセット（草摺）
- クッス（股当）
- プーレン（膝当）
- グリーヴズ（脛当）

80　第Ⅱ部　騎士の生活

左：股の前面を覆うようにデザインされたタセットが、帯革でブレストプレートにつながれている。タセットは、この作品では7枚ずつの薄板を下見に重ねた構造をとっていて、可動性の鋲で留められている。

の「アレスト」からで、これは近代フランス語には「アレト」の語形で残っている。構造物の角あるいは稜をいう。右脇腹にひきつけた槍（ランス）を支える突起物である。だからトーナメントやジャウストの時に必要なもので、実戦にあたっては、かならずしも必要ではない。だから、必要ではないときには、突起物をたたみ込めるように、蝶番で留めるように工夫されているのもあった。

兜

騎士の頭部を守ることが、中世の鎧師が直面した、さらに難しい課題の一つであった。鎧師は、防護と、まずまずの視界を提供することと、このふたつを釣り合わせなくてはならなかった。かぶと前面の格子の透き間を狭くすれば、それは矢から両眼を守ることになったであろう。しかし、もしもその結果、視界が限定されるということになったならば、左右からの不意の攻撃に対して弱いということになったならば、なんのために格子の透き間を狭くしたのかということになる。

「バイユーのタペストリー」を見ると、ノルマンディーから乗り込んできた騎士たちは円錐形の兜をかぶっていて、この、ドイツ語でいうスパンゲンヘルム、すなわち留め金付き胄は、およそ兜の一番の基本の形を示していて、タペストリーの画題になった歴史的事件、1066年のヘイスティングズの戦いよりずっと以前、古代ローマ時代から使用されていた。タペストリーに描かれた兜の特徴的なところは、まず顔の正面を守るノーズガード、鼻当がある。首は、兜の下に着用され、前後で兜の基部の下に及んでいる鎖頭巾によって守られていた。

兜は顔面を十分に保護するために、徐々に改良された。そして連結した板金鎧の出現以前に、兜は、大きく重く、円錐形胄のように頭頂部が尖っていないデザインをとるようになった。兜はさらに進化し、必要な時に開け閉めできる精巧なヴァイザー（面頬。フランス語の「ヴィス（顔）」からで、両側を蝶番でとめてあって、ピンを抜けば簡単にはずすことができる。）付きのものが現れた。ヴァイザーを開けることは、騎士の間で友好的な意思の表示であったと考える歴史家がいる。またこれが、今日、多くの軍隊で使われている敬礼の起源であるという。けれども、この推測に有利な同時代の証拠はほとんどない。「バイユーのタペストリー」に、ノルマンディー侯ウィリアムが混戦の中で一時生死不明になり、やがて現れて、ノーズガードをつかんで兜をあげて顔面をさらし、本人だということを周囲に確認させたという描写がある。ヴァイザーを開けるということも、同じような意図で行なわれていた可能性がある。

出陣するフランス人騎士は何をどう着た

左：職人芸の粋、黒と金の芸術ともいうべきこのポルロンは、1590年頃のドイツ人職人の仕事で、実戦、トーナメント、どちらでもござれの逸品である。

第Ⅱ部第5章　よろいかぶと

か

ジッポンを着て、ボタンで留めて、
オーベルジョンをその上に着て、
オーベルジョンの上に大判ジャックを着る

『ドゥ・ゲスクリン年代記』と呼ばれる詩文の一節である。ジッポンは胴衣。オーベルジョンはコット・ド・マーイ、つまり鎖帷子である。英語でホーバーク。ジャックは英語のアクトン、綿の詰め物をした、いまふうにいえばキルティングのようなもの。14世紀末、シャルル5世の登用した武将ベルトラン・ドゥ・ゲスクリン（デュ・ゲクラン）は、こういう順序で出陣の身なりを整えた。

ところが、そのすぐあと、ブルターンの領主ペール・ド・トゥールヌミーンは、ロベー・ド・ボーマノウェーとの果たし合いに出場するに当たり、「ツェミーズとペレの上に、絹の詰物をした亜麻、麻、絹、綿地のコッタルメ」をつけた。次に「亜麻、麻、綿あるいは絹の詰物に裏打ちされたブラコンリー・ド・マーイ」をはく。腰から下のオーベルジョンである。続いて上体につけるのが「胴と腕にあった長さの鉄、鋼、あるいは真鍮のオーベルジョン・ド・マーイ」である。

ツェミーズとペレは上下の下着であり、コッタルメ、すなわち戦闘用胴衣がドゥ・ゲスクリンの着込んだジッポンであることはたしかだ。おもしろいのはこれに続く着付けの記述である。

「次にフォー・カマイと呼ばれる鉄あるいは鋼の首当てをつける。次にわがオーベルジョンとその付属の物の上に、適当な長さのプラトをつける。それから鎖網付きの鉄と鋼の肩甲と腕甲をつける。次に掌の部分に鎖網を張った鉄、鋼あるいは真鍮の籠手をはめる。次に亜麻ないし麻の布地で裏打ちされ、綿あるいは絹の詰物をした、わが武具をおおう絹地の上衣を着る。」

あとは靴を履いて、それで終わりなのだが、この「絹地の上衣」なるものが、ドゥ・ゲスクリンの着たジャック別名ガンベゾンであることは明白で、さて、それでは鎖帷子とこのキルティングとのあいだにブルターンの騎士がつけたプラトとは何か。プラトは鋼板の意味で、じつにこれこそが中世の騎士の絵姿に見る「甲冑」の祖型なのである。

ブラン・アルヌェ（白い甲冑）

ブルターンの騎士ペールのプラトは、鋼板を要所要所にあてたということだったのであろう。1400年以前「板金鎧」といえるようなものは作られていなかった。ジャンヌ・ダルクが登場する時代に入っても、まだ板金鎧は何枚にもわかれていた。かの女は、ルーアンで開かれた裁判の席上、パリを攻撃したあと、サンドニ修道院に、自分の「ブラン・アルヌェ一式」を寄進したと証言している。かの女はヴォークールールを出立した折、「オーベール一着」をつけていた。これは町の人たちの贈り物だったという。だから「ブラン・アルヌェ一式」は王太子から与えられた武具だった。胸甲、背甲、腹甲、腰甲の4枚にわかれていた。鋼造りなので白く輝いた。「白い甲冑」と呼ばれたゆえんである。

左：サフォークの「サットン・フー船塚」で発見されたヘルメット。アングロ・サクソン7王国のひとつイースト・アングリアの王の墓と思われる。同所で発見されたメロヴィング王家発行の銀貨などから、650〜70年頃の造成と分かる。ノルウェーのオスロ・フィヨルドのオーセベルクで発見された「オーサの船塚」は、それから200年ばかり後のヴァイキング・シップの遺産である。それからさらに200年後、ノルマンディーからアングロ・サクソン王国のイングランドへ渡ったノルマン船団の船も、構造上「サットン・フー」「オーセベルク」と変わりはしない。7世紀から11世紀にかけて北海に開けた文明の質の高さがしのばれる。

上：北イタリアで制作されたバシネット（金盥型かぶと）。頭頂部とヴァイザー（面頬）は、それぞれ一枚鋼板から作られている。カーメイル（鎖編みの首巻き）付きなので14世紀以前の作と見られる。15世紀に入るとカーメイルが鋼板の造りになる。

よろいかぶとの製造業が盛んになる

高品質の板金のよろいかぶとの製造は、すぐれた職人の腕前を、大量に売るにはどうしたらよいか、いろいろな工夫に結びつけて、メジャー産業に成長した。最初のうちは北イタリアと南ドイツに限られていたが、やがてヨーロッパ全域に広まった。具足屋稼業はだいたい家族経営で、金持ちの騎士たちに、注文仕立ての値段の張るよろいかぶとを売り、兵士たちに胴鎧や鉄かぶとを並の値段で提供した。その土地独特のデザインとデコレーションが発達し、それがまた、ヨーロッパ全土のよろいかぶとのテクノロジーとファッションに影響を与えていったである。

馬の鎧

騎士が戦場で有能なはたらきを見せるためには、力のある軍馬が不可欠であった。また、デストラーやコーサーのようなサラブレッド（比喩的に）に乗ることは、騎士の社会的地位と富を明示した。軍馬は購入と維持に費用がかかった。装備のよく整った騎士は、任務を果たしうる何頭かの馬を必要とした。3頭が損傷や極度の疲労を考慮に入れた最低限の数であったように思われる。しかし、騎士本人の用に4頭、ないしそれ以上、騎士の従者たちの用に同様の頭数が必要と計算している史料もいくつかある。結果として、馬の飼料をどう手当てするかは、乗る側の食扶持についてよりも、はるかにむずかしい計算問題であった。

馬は経費が高くつくこと、落馬する羽目になれば、騎士は手も足も出ないこと、敵の弓射手や、その他、ミサイル攻撃兵は、まっ先に騎兵を狙う可能性が大であること、そういったことを考え合わせると、馬の鎧が12世紀後半まで出現しなかったということは驚くべきことである。武器や戦術が進化すれば、それに対応して、馬の鎧が、その段階ごとに改良されてきたかどうかははっきりしない。戦場での必要に応じてというよりは、むしろ、トーナメントに出場する都合上、改良が進んだということだったであろう。とりわけデザインについて、そのことはいえる。ますます精巧なものになっていく騎士の甲冑姿を引き立たせるためにも、馬の鎧は、ますます装飾的で、重厚なデザインのものに進化していった。

はっきりしない歴史

馬の鎧は「バード」と呼ばれるという。「バルド」というフランス語の借用だというのだが、古フランス語には「大工の使う斧」の意味しかない。文字史料としては、15世紀末から出るとオックスフォード・イングリッシュ・ディクショナリーは用例をあげているが、だいたい16世紀から用語として固まったものらしい。17世紀のチェンバーズの『百科事典』に「バルドは鉄製あるいは革製のアーマーであって、馬の首、胸、肩をカヴァーする」と見える。早い時期のを見てみれば、12世紀の「バイユーのタペストリー」には、どこにも描き出されていない。

13世紀の騎士道物語『クール・ド・リオン（獅子心）』に、「リチャード王は、1,000頭のスティードにトラプールを装備させて、並ばせた」と見える。トラプールは、16世紀にはトラッパーという語形をとる。板金ないし皮革で、馬の顔面、首から胸にかけて、また両サイドを被う仕掛けである。キルティングのパッドを、騎乗者の着る「アクトン」のように、馬にも着せたにちがいない。チェイン・メイルを全身に着せた馬の絵がのこっているが、もし、実際の様子をこの絵が描いたのであったなら、

左：フランス王ルイ12世は1499年、ミラノ侯国の制圧をめざして、モン・スニ峠越えでイタリアへ兵を入れた。この絵はポー川支流タナロ河畔の城町アレッサンドリアを占領した直後のルイ王を描いている。蜂の巣に蜂の群れの紋章図案は彼の個人的な紋章。1507年制作のジャン・マロ『ジェノヴァ征服』の写本飾り絵。

王にふさわしい、皇帝からの贈り物

バード（馬鎧）は中世末期になるとますます精巧な造りのものになっていった。戦場で着用させるというよりも、儀式用にもっぱら用いられたようである。これはドイツ王マキシミリアン1世から、イングランド王ヘンリー8世がアラゴン王女カテリーナと結婚するに際して贈られたもので、大変な費用をかけて、金銀箔が押され、豪奢に飾り立てられた逸物である。洗っては使い、また洗っては使いしているうちに、どこか元々の輝きが失われていったようで、その点、残念である。

左：バードにはチューダー家とアラゴン家のバッジが象眼されている。騎乗者の鋼板のスカートの裾には、ヘンリーとカテリーナの頭文字の組み合わせ図案が象眼されている。

どんな大馬であったとしても、これは重いと悲鳴を上げたことだったろう。

13世紀中頃には、もう板金が使われていたと思われる。板金は、騎乗者にとってそうであったように、馬の防護に力を発揮した。たくみなデザインと一流の職人技術がサポートした。しかし、ここでもまた、進化はスローテンポであった。このページの挿図のバードは1500年頃に製作されたものであり、また、「コラム」の挿図は、ドイツ王マキシミリアンからイングランド王ヘンリー8世に贈られたバードである。このふたつの挿図に見られるように、板金の馬鎧がフル展開するのは16世紀に入ってからのことである。

中世の戦車

「バード」は、馬の前額にあてる「シャフロン」、首の背部をカヴァーする「クラネト」、胸部を被う「ペイトラル」、胴体を保護する一対の「フランカード」、それに尻当、全部でワンセットの概念である。114ページの、19世紀の画家による「戦場のヘンリー5世」のなんとも雰囲気たっぷりの絵が、「バード」を活写している。もっとも、一番手前の一頭だけがフル装備で、他の馬は「シャフロン」さえも付けていないが、他のページに散見するトーナメントの絵などでは、「シャフロン」だけはシンボリックに描かれているのに。

もしも「バード」をフル装備した馬を正面から見たらどうなるかをはなはだ表現的に描いたのが、このページの挿図である。またがる騎士も重装備で、これはもう、人馬一体となって、重量級の戦闘機械であった。

この人馬一体の環境を作るのにもうひとつ役に立ったのがサドル（鞍）である。サドルは前方のポンメル（りんごを意味するラテン語のポンムムからで、鞍頭という対応語が工夫されている）と後方のカントゥル（かどを意味するラテン語のカントゥスからで、さしずめ鞍尻であろうか）で、行動中の騎乗者を安定させる。加えてスティラップ（あぶみ）が、騎士が行動中、脚をふんばることを可能にし、突撃に際して足場を提供して、軽々と身を浮かせて行動できるような感覚をもたらしたのである。これぞまさに、可動性のある人馬一体というべきか。騎士一人一人が現代の戦争におけるタンク（1916年から実戦に供された戦車）一台に匹敵したといっても過言ではない。ウィリアム・H・マクニールは、その著『ヴェネツィア』で、こういう騎士が数十人もそろえば戦闘の流れを変えることができたと批評している。

左：1500年頃にオーストリアのインスブルックで製作された人馬一対の鎧で、イェルク・ゾイセンホーファーという職人親方の名前まで記録に残されている。

第Ⅱ部第6章
武器

中世の武器といえば、まず槍と剣だが、騎士になろうとするほどの男たちは、幼い頃から、種々様々、他の武器の使い方も、訓練を受けていた。短剣や斧、棍棒などの使い方も、騎士の教育のなかに組み込まれていたのである。

中世騎士の戦闘能力が話題になると、どうしても神話に流れてしまう。やたらめったら棍棒で殴り合ったり、斧で叩ききったり、剣で切りつけたりする。テクニックもスキルもあったものではない。そんなふうに想像されている。しかし、そんなことはない。騎士の戦闘能力は、トレーニングによって培われたものであって、使われる武器によって要求されるトレーニングが種々工夫されていたことがファイティング・マニュアル類を見るとよくわかる。特に15世紀の物がよく残っていて、それぞれの場合に応じて要求される複雑な身体の動きの詳細を証言してくれている。

挿絵が多数入っていて、ファイティングのブルータルな性質を描き出している。お互い敵同士が生と死の抱擁の中で、ロックされている。どちらか一人しか生きて出られない。そもそも中世社会の性格が暴力的なものだったから、戦争画といっても、普通の暮らしが描かれていようが、戦争場面を描こうが、そこに違いはなかった。

格闘技の重要性

レスリングの技量を獲得するのは騎士にとってとても大切なことだった。レスリングは位置取りの感覚と防御の技量を教えたからである。また、レスリングを学ぶことによって身につけた身体の動きが、さまざまな種類の武器を手にして戦う上での基礎になったからである。トーナメントのメレで、ふたりの戦士が相まみえたとする。その場合、格闘の技量は、安定した姿勢で相手方の武器を奪い、相手を地面にたたきつけることを可能にする。メレのような、戦士が密集している試合場においては、これは欠かすことができない技量である。武器を奪われた場合においてさえも、レスリングの知識は、武器を持つ敵から自分の命を救うのに役立つのである。

槍と剣

槍は英語で「スピア」というが、これは手に握って突くか、または投げて使う武器だった。スピアは語源はゲルマン語にあったらしいが、一方、ラテン語に「ランケア」というのがあって、タキトゥスの『ゲルマニア』に出てくる。これがロマンス語になまっていって、フランス語で「ランス」である。これも槍で、4世紀はじめ

左：13世紀末の「タワー・ファイトブック」と呼ばれる写本の挿絵。それぞれスウォードとバックラーを武器に戦っている。この写本はどの頁にもこのように2欄に組んで、いろいろな武器のアタックとガードの技量を描いている。

のアフリカのキリスト教会の学者ラクタンティウスの著述にも出ていて、そのこともあって、ランケアという言葉のもともとの起源は、ヒスパニア（後のスペイン）の住人たちの言語にあったのではないかという説が立てられている。

12世紀の「シャンソン・ド・ジェスト（武勲詩）」に、ランスもスピアも出る。スピアはフランス語に入って「エスペ」と語形も発音も変化した。この親子関係はよく分からない。スピアはエスペの接頭辞「エ」が落ちたかたちと関係があるという説もあれば、ラテン語に「スピクルム」という語形があって、これが槍を意味した。スピアはこれのなまりだという説もある。

もっとややこしいのは、エスペはじつは剣を意味する「エスペ」と、音のかたちは同じである。剣を意味するエスペは、ラテン語の「スパトゥム」から出た。ここでは、スパトゥムに接頭辞の「エ」がついて、なまった語形と分かる。「シャンソン・ド・ジェスト」のひとつ『グィオームの歌』というのに、「エスペとエスク」とか「ランスとエスペとエスク」という連語的表現がある。エスクは後代のエキュ、楯である。エスペがやはり槍であるとすると「ランス槍とエスペ槍と楯」ということになる。これは不自然である。どうしてそんなに「エスペ槍」にこだわるのか。「ランスとエスペと楯」でよい。この文脈では、エスペは剣である。「槍と剣と楯」と、詩人は騎士の「三種の神器」を表現している。

そのエスペは騎士の武器であった。英

上：騎士道物語は、なにかというと武勇をひけらかし、突拍子もなくロマンスを語るようなところがあるが、中世の戦争はそんなものではない。血まみれで、残酷で、混乱したものだった。この絵は15世紀の接近戦を描いている。剣で戦う馬上のふたりの脇を槍を構えた騎士が駆け抜ける。かたわらで、歩兵が死闘を演じている。

語で「スウォード」だが、これは「スウァド」というような音の形とつづりで、10世紀のアングロ・サクソン語の文献に出る。『ロランの歌』では、剣は勇士ロランの伴侶であり、ロランは、「ドゥランダー（ドゥレンダー）」と名付けたその剣を、いよいよこれで最期というときに、敵の手に渡してなるものかと打ち砕く。その時ロランは、わたしはこのドゥランダーで、王のために、アンジューを、ブルターンを、プェトゥーを、ル・メーンを、ノルマンディーを、プルーヴァンスを（以下、土地の名11個略）征服してきた、シャルル王が支配する国という国、土地という土地を征服してきたと、ドゥランダーに語りかけている。剣はリーダーシップを象徴する武器であり、征服者の武器であり、死命を制する道具であった。「ダガー（短剣）」が盗みと無法者のシンボルだったように、剣は法と命令のシンボルだった。

楯と軍馬

英語で「シールド」は、盾あるいは楯という日本語対応語が与えられ、一般に防御用武具と見られているが、その形態によっては、攻撃的性格が強調されているものもあった。だから、ここに「バトル・ウェポンズ（戦闘武器）」の一種として指摘しておくが、いずれにしても、「シールド」の項目は、これに続いて立てるので、そちらをご覧ねがいたい。このことは、槍や剣についても、じつは同様で、なお、それぞれの項目をご覧いただきたい。

「ウォー・ホース（いくさ馬）」も、また、ただ騎士を運搬する道具としてだけではなく、戦闘武器と見ることができる。馬については、第Ⅰ部第3章の「騎士の馬」に多少解説した。また、後出の「ウォー・ホース」の項目をご覧いただきたい。

86　第Ⅱ部　騎士の生活

左：バイユーの刺繍帯壁掛の一景。ヘイスティングズの戦いで、馬上のノルマンディーの騎士は、凧型の楯を左手に、右手の長剣で、長柄の斧を武器に抵抗するアングロ・サクソンの歩兵に襲いかかっている。

楯

中世において最も有効的な防御武具は楯であった。楯は、他の武器と結合することによって、また場合によっては、それ自体で攻撃に使うことができた。戦士のしるしの一つである楯は、使用者と共に埋葬されることがよくあった。怪我をした、あるいは死亡した騎士を、戦場から運ぶのに使われることもあった。

楯のデザイン

カロリング朝の時代の楯は木製で、たいてい大きくて、丸く、内側に浅く凹面を作っていた。革などで被われていたようである。11世紀までに、楯は、細長い凧型というか、水滴型をとるようになった。パリの国立図書館が所蔵する「黙示録」の11世紀の写本の一葉に、カロリング朝の兵士たちを描いた絵図があるが、兵士たちは水滴型の楯を装備している。細長い楯は馬上で操作しやすい。それに長いので、身体の脇につけて脚をガードすることができる。歩兵もこのタイプの楯を使った。

この凧型というか、水滴型というか、上辺が広く、下に向かって尻つぼみに狭くなっていく形の楯は、13世紀に入るまで、ヨーロッパ各地に流行した。それが、13世紀に入ると、楯は丈がより短く、より幅広の三角形の形に進化し始めた。それは「レッグ・アーマー」の進化に伴った変化だった。脚部をガードするのに楯は要らなくなったということである。

15世紀に入ると、騎士は、先祖伝来の楯を物置に放り込んでしまった。騎士は全身重厚によろおって、出陣となれば、常時鞍の上という状態になったからである。楯はいらない。ただ、ジャウストではあいかわらず楯が使われた。ただし、板金造りに進化している。かなり後になってからと思われるが、この楯に「ブーシュ」の設けられているのがあった。右上部に切れ込みを入れるのである。フランス語の原語のまま発音したらしい。馬上で楯を構えた騎士の、右手の槍を支えるということらしい。しかし、101ページの図版を見ると、第一、競技者は左手に手綱をつかんでいる。左胸にあてた楯状のものに相手側の槍があたっている。楯はこの場合、競技者の武具と一体化しているのではないか。「ブーシュ」は見られない。

15世紀に入ると、歩兵の楯は多様化した。その一つは「パヴィス」で、この呼び名はイタリアのパヴィアからきた。1400年頃の史料に出るので、15世紀も比較的初期から使われ始めたらしい。長い長方形の大楯で、大弓兵が用いた。木製の腕木で立てておく工夫も払われ、大弓兵は、その陰で弓を装填することができる。

小型の丸楯

歩兵が使用する小型の丸楯に「バックラー」と呼ばれるものが従来からあって、オックスフォード・イングリッシュ・ディクショナリーは1300年頃の史料を引いている。中心から伏せた椀のような突起（ボス）が突き出ている。バックラーはサイズが小さいから、矢や投げ槍などの攻撃に対しては弱い。けれども、もし適切に使用するならば、剣や鎚矛などに対しては役に立った。なにしろ小さくて軽いのが取り柄だった。

バックラーは、「クイル・ブーリー」で

致命傷をもたらす武器としての楯

楯は単に防御用ではなかった。15世紀の物で、一番普及した、図版がふんだんに入ったハンス・タルホファーの『フェヒトブッフ（戦闘の手引き）』（1467年）を見ると、いろいろな武器に組み合わせて楯を用いる技量に、かなりの頁が割かれている。特別に調達された戦闘用楯も紹介されていて、その楯は長さほぼ2メートルの長方形で、くぼみは浅く、長方形のボスが突起している。裏側に縦に柱が通っていて、使用者は、ボスの裏側に当たる柱の真ん中を握る。柱の両端に鋭いスパイクが仕掛けられている。

第Ⅱ部第6章　武　器　87

ふたりの戦士が、フランク法の定めに従って、
楯と木造のクラブで防御を固めて相対している。神よ、両名ともに幸運を。

ハンス・タルホファー『フェヒトブッフ（戦闘の手引き）』から

上：15世紀中頃の製作と見られるドイツ渡りのパヴィス（大楯）。木製で、ジェッソウ（絵画用のしっくい）仕立て。ザクセンのツウィッカウの町の紋章が描かれている。
下：11世紀後半のビザンティン帝国の近衛軍団長ヨハンネス・スキリッチェスが書いた歴史（811～1057年）の写本の飾り絵。皇帝バシレイオス1世（在位867～86年）の兵士は凧型の長楯を装備している。対するにバックラーのアラブ人兵士。ビザンティンの兵士は、指揮官をひとり残して、敗走に移っている。

作られた。これはフランス語そのままで、「煮られた革」を意味する。板を成形して、縁を金属で捲き、金属製のボスを取り付けたのもあった。ボスの内側に握り手をつけて、利き手と反対側の手でそれを握って使った。その点、エナームを腕でかかえこむ式の構え方とはちがった。

この小さい楯はとても用途が広かった。剣を持つ方の手を保護し、相手方の剣の攻撃をそらし、自分の方の剣の構え方を相手側に対して隠し、ボスを、握りこぶしよろしく、突き出したり、金属を捲いてある縁でなぐりつけたり、敵の武器を押さえつけて、奪い取る。剣とバックラーの組み合わせは、12世紀以降、ヨーロッパ中いたるところに普及した。

このバックラーから「スウォッシュバックラー」という言葉が16世紀後半に作られた。字義通りには、バックラーを剣で叩いて騒ぐこと、歓声をあげることを意味するが、それを比喩的に使うのである。17世紀には、これが動詞形でも使われるようになった。「スォッシュバックリング」という動詞の現在分詞形で使われた用例は17世紀末である。19世紀中頃の用例文に「ハンガリーのワインは強い。スォッシュバックリングな香りがする。」

タージとタルジュ

14世紀末のジェフリー・チョーサーの『カンタベリー・テールズ』の「全体の序文」に「バースのグッド・ワイフ（「おかみさん」「女房」などの日本語対応語が工夫されている）」を紹介して、「バックラーだかタージだかほどにも幅広の帽子を頭に乗っけていた」と見える。小型の楯をいうのに「タージ」もあったことがここからも分かるが、「タージ」はフランク語に「タルガ」と出て、フランク王国の時代からあったことが分かるが、叙事詩の『ロランの歌』を見ると、合戦の描写に、「エスク（英語のシールドに対応する古フランス語。これのラテン語型はスクートゥムで、おそらく語源は共通と思われる）」の言い換えとして、「タルジュ」がいくつか見られる。だから、とりたてて小型ではなかった。四角楯だったらしく、歴戦の果てに角がとれて「丸くなった」ということらしく、「丸いタルジュ」とわざわざ言い回している用例も、騎士道物語によく見られる。「タルジュ・ルーエ」と、車輪型を思わせるような書き方をしているケースもいくつかあって、「丸楯のタルジュ」も開発されたのかもしれない。

剣

騎士の武器といえば、まず、剣である。剣のシンボリズムは強力であった。剣は、家の財産として、幾世代にもわたって受け継がれた。剣は騎士の伴侶であった。

マリー・ド・フランスの『ヨネック』に、さる領主の妻との情事をあばかれ、加害された騎士が、自分の子をはらんでいるその女性に自分の剣をたくし、いずれ息子が騎士になったならこの剣をわたしてくれと、剣を遺贈する場面がある。騎士はじつは大きな領地の領主で、大鷹に変身して、その女性のもとへ通っていたのだった。「剣の相続」を象徴的に描いている。

剣作り

はじめに、剣鍛冶は、鉄と鋼、あるいは鉄あるいは鋼のストリップス（複数のひも）が捻合わされてできている一本の棒を用意する。それを、硬度と張力が正確な割合で釣り合うまで鍛錬する。一本の棒は、真っ赤になるまで熱せられて、くりかえし、くりかえし、ハンマー打ちされて、厚みを減らされる。その強度を保ちながら、その重量を軽減するために、刀身の真ん中に溝を彫る工程が次にくる。

この長い時間かかるハンマー打ちの工程が完了すると、刃が、望ましい鋭さに到達するまで、砥石で研がれ、やすりをかけられる。刀身の、刃先と反対側に、刀身と同じこしらえの細身の棒が突き出ている。そこに「クィオン（鍔）」、「グリップ（柄）」、「ポンメル（柄頭）」がはめこまれた。最後の最後で、刀身が磨かれた。剣鍛冶は、よく、自分の名前を剣に彫り込んでいる。なにしろその時代の職人気質を彷彿とさせて、剣を復元製作しようとする試みは、大変困難なことになるのである。

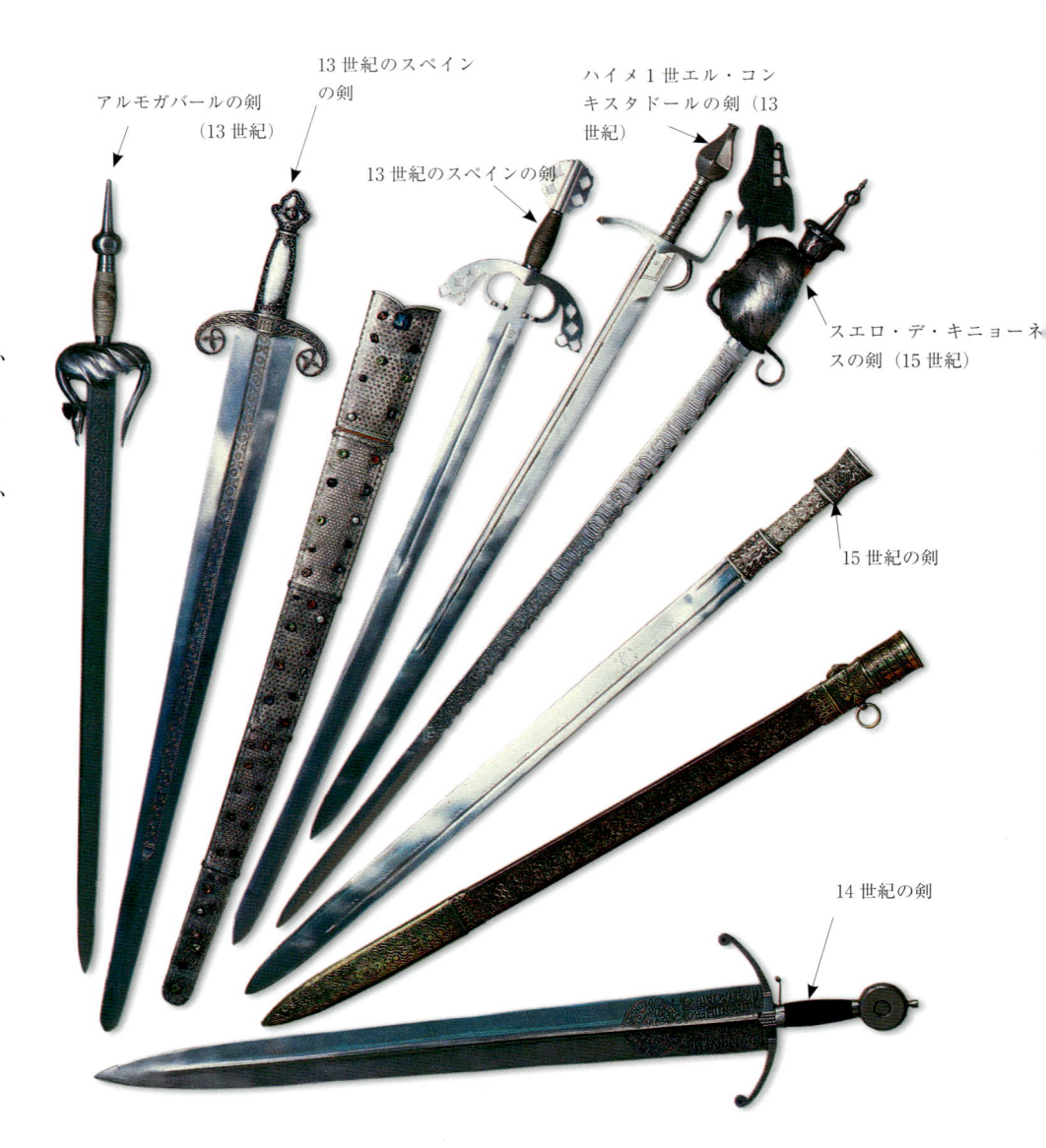

剣の使用

高価なこともあって、剣は一般の兵士のあいだには普及せず、12世紀から、もっぱら騎士、ということは騎乗の兵の武器として使われた。だから、馬上から敵に切りつける運動量を運ぶのに適した、重い刃の剣が必要とされた。中世盛期の剣は、分厚い、諸刃の、甲冑をも断ち切ることができるほどに鋭い刃先をつけた剣である。鎧の進化に対応してというところもあって、刃は、ますます刃先を鋭くし、ますます細く作られるようになっていった。これの結果するところ、刀身のバランス・ポイントが柄の方に移動して、使い勝手がよくなった。だから剣の使い方も変わった。それまでは、ただもうぶったぎるだけという感じだったのが、洗練された、繊細な動きで剣を振るい、突くことができるようになったのである。剣の後期モデルのより鋭い刃は、板金鎧を貫くためにより効果的であった。

剣の種類

武具と一体となって用いられる武器を「アーミング・スウォード」とか「アーミング・ダッガー」というふうに呼ぶが、中世全期を通じて普及した、騎士が片手で

アルモガバールの剣（13世紀）
13世紀のスペインの剣
13世紀のスペインの剣
ハイメ1世エル・コンキスタドールの剣（13世紀）
スエロ・デ・キニョーネスの剣（15世紀）
15世紀の剣
14世紀の剣

上：13世紀から15世紀にかけて製造され使用されたスペインの剣。左上の「アルモガバールの剣」は、13世紀の末、「シチリアの夕べの祈り」事件のあと、シャルル・ダンジューと戦うアラゴン軍の主力となった軍団アルモガバーレスの兵が使用した短かめの剣。アルモガバーレスの名前はアラビア語のアル・ムガヴィール（侵入者）から。彼らはピレネー東南麓から徴用された。

左：左手のユリ紋を散らした馬衣の騎士はフランス王らしい。対するは「インペリアル・イーグル（皇帝の鷲）」のドイツ王。王らしいが王冠はかぶっていない。馬もろとも倒れ伏している騎士が王冠をかぶっている。一つ場面のなかでの時間の経過を示すか。フランス王がドイツ王を倒すか。14世紀半ばの作図だという。

剣の神話

アーサー王の宮廷で、まだだれも引き抜いたことがない岩に突き刺さった剣を引き抜いたのはランスロットではなく、その息子ガラアドであった。アーサー王伝説にはいろいろなヴァージョンがあって、このエピソードでも、なんでも引き抜いた時、松明30基ほどの明るさで、敵の目をくらましたなどと脚色しているのもある。しかし『聖杯の探索』の冒頭に語られるこのエピソードでは不思議なことはなにも起こらず、剣の名前も紹介されていない。大作『アーサー王の死』もそろそろ終わりに近い頃、192段でようやくアーサ王の剣の名前が「エスツァリボール」と出る。ところがクレティエン・ド・トロワの『ペルスヴァルまたは聖杯の物語』では、「エスツァリボール」はアーサーの甥のゴーヴァン卿のものだということになっている。『ロランの歌』のロランの剣ドゥランダーは、なかなか折れない剣と描写されているが、『聖杯の探索』では、モルドラン王の義弟ナシァンが、巨人相手に戦おうと一振りくれたら剣がポッキリ折れてしまった。その剣を義兄のモルドラン王は、破片をピタリと合わせて上手に継いだ。そうしてこれはイエス・キリストの力だと言う。同じ物語のなかで、ガラアドは「あの折れた剣」をみごとにつなぎ合わせて、「剣の試練を成就した」と評判される。伝説のなかでの超自然力が、物語の世界が「聖杯の探索」におもむくにつれて、信仰の奇蹟になじんでいく。

ジークフリートが彼の剣ノートゥンクで竜ファフニールを倒す。剣は折れない。

操作する剣が「アーミング・スウォード」である。そのほかに、「ロング・スウォード」とか、「グレート・スウォード」、あるいは「トゥー・ハンデッド・スウォード」があった。

「ロング・スウォード」は、「バスタード」とか「ハンド・アンド・ア・ハーフ」というふうにも呼ばれた。「バスタード」は「庶子」という意味合いでふつう使われるが、武器などについていうばあいは、異様な形のとか、規格外のサイズの、とりわけ、並外れて大きなという意味で使われる。「ハーフ・アンド・ア・ハーフ」は「一倍半」ということだから、「ロング・スウォード」は規格外に大きなサイズの剣ということである。この本に掲載された図版をさがすと、結構、74ページのステンド・グラスの模様絵のがあたっている。

1266年のベネヴェントの戦いのことを書いている文章があって、シチリア王マンフレートの雇ったドイツ人の騎士たちは、当時ドイツで流行し始めていた板金鎧を着込んでいて、対するシャルル・ダンジューのフランス人騎士たちは、これに手を焼いた。なにしろ板金が、フランス方の振るう剣をことごとく跳ね返してしまうからだ。ようやく、ドイツ人がその「グラン・エスペ（大剣）」を振り上げた、そこを狙って胴に打ち込めばいいと気づいたのがいた。それでみんなそれにならって、ドイツ人たち

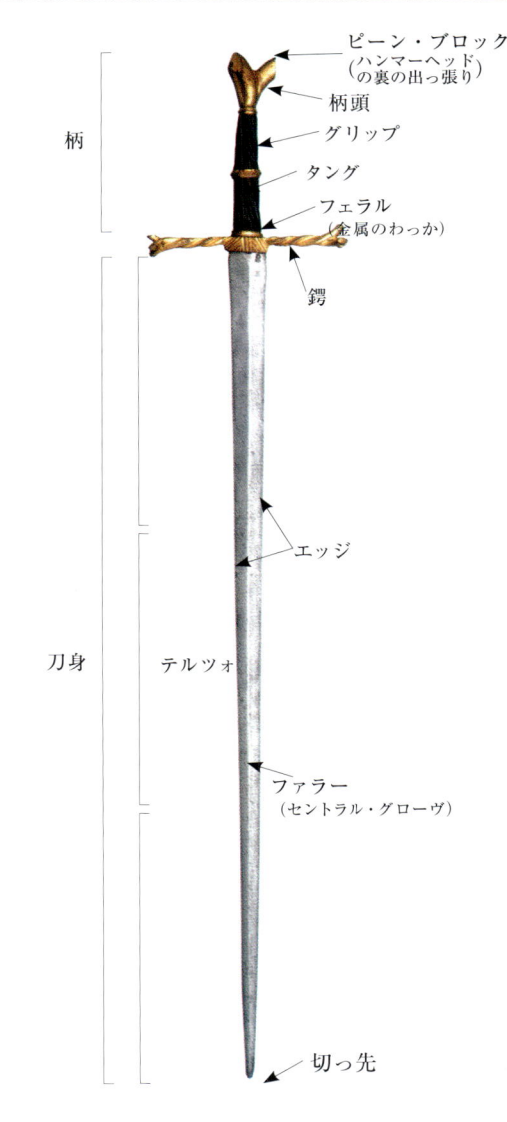

左：15世紀のドイツ渡りの剣。ポンメル（柄頭）とクィオン（鍔）は金メッキした銅製、木製の握りには彫刻がほどこされている。図中の部分呼称については、日本語対応語が一定しないことから、物によっては原語のカタカナ表記にとどめる。

をやっつけたという。

「グラン・エスペ」が「ロング・スウォード（長剣）」である。この文章自体、少々史料として甘いところがあるのだが、まあ、13世紀末には、「グレート・スウォード」が出現していたということです。寸法については、ある本（エヴァート・オークショット著『騎士道の時代の剣』ボイデル・プレス、1998年）に、長さ37〜40インチ、柄6.5〜9.0インチと案内があった。1メートル20から30、これは長剣である。柄の長さ22から30センチメートル。このうち、柄の部分は何パーセントか。いずれにしても、場合によっては、両手でにぎっても余るほどだ。

しかし、オークショットは、「グレート・スウォード」と「トゥー・ハンデッド・スウォード」を同一視することに警戒信号をおくる。「トゥー・ハンデッド・スウォード」、すなわち両手で握って使う剣は、それ自体の呼び名で、すでに14世紀から現れる。『ドゥ・ゲスクリン年代記』に、「ドゥヌ・エスペ・ア・ドゥ・マン」と見える。ふたつの手の剣で、である。

スピア、ジャヴリン、パイク

「スピア」は古代ローマ人の槍であり、中世でもふつうに使われた。スピアは奴隷身分ではないことの証であった。「ジャヴリン」は軽量の投槍であり、これも古代ローマ起源である。ジャヴルの語形がふつうで、ジャヴリンは15世紀以降である。中世末期に、「ハルバード」、「ポラックス」、「パイク」など、おそるべき槍が現れた。

スピアとジャヴリン

スピアはいろいろなことができた。歩兵の隊列はスピアで武装する。規律さえ守れば、スピアの集団戦で、突撃してくる敵の騎士隊をかわすことができた。こちらも馬上にあれば、すれちがいざま、敵の騎兵を突くことができたし、あるいは、飛び道具に使って、投げつけることもできた。

槍の穂先は、尖っているもの、三角形のもの、葉の形のもの、ひし形のもの、そしてスパイクがあるものなど、いろいろな形をとっていた。サイズもさまざまであった。投げるよりも突き刺すためにデザインされた穂先は、あまり深く突き刺さるのを防ぐために、「ウィング」を持たされていた。穂先を、それが突き刺さった敵兵の身体から引き抜くのを容易にするためである。「ウィング」とは、つまり金属の張り出しのことである。

ジャヴリンは、投げることを目的とした槍である。古代ローマ軍団では「ピルム」と呼んでいた。四角い柱を意味する「ピラ」からで、工事用の杭を意味する現在のパイルの語源である。ジャヴリンの語源はケルト語らしい。ピルムは射程を長くし、貫通力を増大させるために、頭部を重くしていた。もし当たれば、ピルムは、楯を突き通すことができた。そして、その穂先のデザインからして、それを引き抜くことはむずかしい。だから、ピルムが刺さったら、もうその楯は使うことができない。もしピルムが人に当たったら、その長く薄い穂先は、鎧を貫通した。当たり損なった場合でも、その穂先は曲がってしまっていて、それを敵方に向かって投げ返すことはできなかった。古代ローマ帝国の時代が終わった後、ピルムはそれほど一般的ではなくなった。それでも、ジャヴリンという呼び名で残り、槍を投げて使うことも、戦法として後代に伝わったのである。

ハルバードとポラックス

ハルバードは槍と斧が組み合わさった武器である。16世紀に盛んに使われた。おそらく「鉈鎌」のような農耕具にインスピレーションを汲んだのであろう。斧部の反対側にスパイクも張り出している。なにか、それは巨大な缶切のようで、デザインの狙いは、まさにそこにあったのである。この槍の槍兵は、敵の騎兵を、そのスパイクで引っかけて、馬から引きずり下ろし、それからおもむろに槍と斧で料理したのである。「ヘルメットを打ち砕く斧」という意味合いが、この語形から推理されるという説がある。「アラバルド」という語形で、14世紀の半ばにはもう使われていたという説があるが、根拠ははっきりしない。15世紀末のヘンリー7世の王令に「ボウズ（弓）、ビルズ（鈎矛）、ホーバーツ」というふうに

下：死をもたらす槍や矛の先端部は、投げるか、刺すか、その使い方によって、じつにさまざまな形をしている。左から2番目がハルバードである。

左：左がイスラム教徒の歩兵隊。右がキリスト教徒の歩兵隊。同じようにパイク（長槍）を装備している。『マリー・ド・ブルゴーニュの時禱書』を製作した職人の作。ムーア人とか、スペイン人とかは、絵の内容からは特定できない。

下：ニッコロ・ダ・ボローニャが1380年頃に描いたバトル・シーンだというが、絵は、それぞれハルバードや槍を担ぎ、長弓や大弓を手にぶら下げ、あるいは肩に担ぎ、あるいは長刀を担いだのがのそのそと歩いている。なにやら指揮棒を手に騎馬の将官が指図しようとしている。将官の母衣のユリ紋は、旗のそれに同じ。

連語で見える。発音も「ハルバード」よりは「ホーバート」の方がよいようだ。

ポラックスは、もともと「ポル（頭）」と「アックス（斧）」の連語で、「敵の頭をはねる斧」という意味であった。だから、綴りも現在のとはちがう。「ポール-アックス」、すなわち「棒の斧」という綴りは17世紀からである。14世紀の80年代の作であるチョーサーの『カンタベリー・テールズ』の「騎士のテール（語り）」に「いかなる飛び道具もポラックスも短刀も」、この試合場に持って入ることは許さぬという紋章官の発言が見える。ハルバードに似ているが、斧は一回り小さく、反対側のスパイクはハンマーに変わっている。

パイク

パイクは14世紀のはじめに、フランドルで開発された長槍である。1302年、フランドルの町衆が、ナムール伯や、フランドル、フリースラントの領主たちの支援を受けて、フランス王軍の騎士隊と戦った「拍車の戦い」に際して、フランドルの町衆が武器にした槍は、長さ6メートルはあろうかというほどの長槍で、当時フランドルで、これを「ピケ」と呼んだ。14世紀中頃に書かれた『3代目エルサレム王ボードゥイン・ドゥ・スブール物語』に「町衆はいそいでピケとダールを取りに行った」と見える。「ダール」は投げ槍である。

これがパイクである。6メートルは大げさとしても、4.5メートルから5.5メートルはあったという数字が残っている。フランス語の「ピック」からだが、この「ピック」の語源をめぐっては、長い間、論争がつづいている。なにか尖った物をいうとか、キツツキのように連続的に叩く音からだとか。英語のピークも類縁語で、だから、やたら長くて尖っているものがパイクである。パイク兵は、ひとりひとりでは弱い存在である。槍が長くて重いから小回りがきかないからである。それが、数人がチームを組んで、それぞれパイクの根本を地面に突きさすようにして、足で押さえ、パイクを敵に向けて、穂先を重ね合わせる。これが、破るのがなかなかむずかしい防御のフォーメーションとなった。

これを「ヤマアラシ・フォーメーション」といおうか、パイク兵がびっしり横列を組み、それが全体で四角い、あるいは丸い壁を作る。壁からパイクが外側に突き出ている。だから「ヤマアラシ」だが、これがそのまま、指図のままに前後左右に移動する。この組織的な動きの効率と規律が、15世紀後半以降、スイス軍団の名声を生んだ。

ブルゴーニュ侯シャルル・ル・テメレール（1433～77）は、兵の教練に当たって、パイク隊と弓隊を組み合わせた。弓勢が矢を射るとき、パイク兵はひざまづいて、矢の通り道を開ける。「ヤマアラシ・フォーメーション」が、弓隊に、次の矢をつがえる間、安全な避難所を作ったのである。火器の使用がはじまると、銃が「ヤマアラシ・フォーメーション」に参加した。この戦法が評価されてか、はたまた他にわけがあってか、パイク槍は、18世紀まで歩兵隊の武器として盛んに使われたのである。

ランスとスピア

馬上の騎士といえば、まず騎馬突撃である。騎士が槍を脇の下にしっかりかかえて突撃すると、槍と騎士と馬と、この三つの物体が前進するエネルギーが槍の穂先に込められて、ただ片手で突き刺す場合よりも、はるかに強大な効果がもたらされた。

鐙（あぶみ）の使用は、西ヨーロッパの場合11世紀に普及し、騎士は馬に乗ったまま戦うことができるようになった。「馬の鎧」の節（82〜83頁）で説明した鞍の改良も、同じような効果をもたらした。深い鞍は騎士を馬上に引き留める碇だった。槍を構えた騎士が、単身、突撃するのも、それは見物だった。しかし、決定的なダメージを敵に与えるには、集団で突撃することが必要だった。

しかし、脇の下にかいこんで槍を構える騎士が集団で戦場に登場するのは13世紀以降のことのようである。「バイユーの刺繍帯壁掛（タペストリー）」を見ると、脇の下に槍をかいこんでいるように見えるのは、全図中、ほんの数例しか認められない。しかも、槍の構え方はあいまいで、槍も、他の騎兵たちの槍と描写は変わらない。他にも戦闘場面ではないものは、脇の下にかいこんでいるように見えても、槍は旗を付けている。突撃の構えではない。集団戦に見られる騎兵は、ことごとく槍を投げ槍として使っている。

歴史的発展

ここで確認しておくべきことは、「槍」はロマンス語系（フランス語やスペイン語）では「ランス」で、アングロ・サクソン語系では「スピア」で、おたがい乗り入れ関係があって、ロマンス語系で「エスペ」は「スピア」の借用である。ただ、騎馬槍試合は、どうやらロマンス語圏ではじまったらしく、使用される槍を「ランス」と呼ぶ慣行がかたまったと思われる。

およそ1300年まで、騎士のランスは実際にはシンプルな棒だった。イトスギかトネリコがよく使われた。たしかに、13世紀初めの「シャンソン・ド・ジェスト」『ルノー・ド・モントーバン』に「オーブー

上：トーナメント（ジャウスト）の情景。中世の写本飾り絵を手本にとって、20世紀初め頃に製作されたというイラスト。左右の介添え者が槍を持って控えている（豪奢な天幕の横手に待機している闘技者と介添人の4組の様子をご覧あれ）というのに、闘技者はすでに槍を構えて馬を走らせている。それどころか、なにか描き方が下手だからか、左手の闘技者の槍は、右手の一角獣のクレストをいただいた騎士の胸元に突き刺さって、あろうことかあるまいことか、穂先が背中に突き抜けている。「トーナメント」の章節をご参照。どうやらアキテーヌのどこか、大きな町の郊外らしい。それというのも、見物のレディーたちの背後に描かれた木立はサンザシで、サンザシはアキテーヌの樹木である。ちょうどエニシダが北フランスの花木だったと同様。アキテーヌ侯家はサンザシの家門である。ちょうどアンジュー家がエニシダの家門であったと同様。ドルドーンとカルート、あるいはガロンのような大きな川縁のサンザシの木立を絵師が描いている。川向こうの山辺の大樹は、樹高7〜8メートルはあろうか。これなら槍を作ることができる。

第Ⅱ部第6章　武　器

「ル」作りのと見えて、これはトネリコだが、ただ、サンザシという読みもある。じっさい、サンザシは堅い木で、12世紀から13世紀にかけて、盛んに書かれた「シャンソン・ド・ジェスト」や「ロマン・クルトゥエ（騎士道物語）」に、しきりに「グロな」と形容されている業物のランスの原材料にふさわしい。ただ、サンザシは樹高が高くないので、実際にサンザシのランスの業物があったかどうかは知らない。

この「グロな」という形容が、ランスといえばよくそうイメージされる、手のひらに余るような太い槍をいっているのかどうかは疑わしい。これは『アイオール』という、やはり13世紀はじめの「シャンソン・ド・ジェスト」に、「年代物で黒ずんでいるグロなランス」と見えるが、グロはたしかになにか分厚い、太いをいう。『ロランの歌』でカール王の軍勢を迎え撃つイスラムの将バリジャンの軍装を叙して、その剣の柄はマスーのようにグロで、と書く。マスーについては後述するが、つまりは棍棒で、棍棒のように太いといっている。それがマリー・ド・フランスの『グィジュマー』には、「衣服掛けに使っているグロなもみの木の棒」を得物に戦うという。

トネリコの棍棒にも、もみの木の衣紋掛けの棒にもグロをいう。だから、太さよりは、その棒の丈夫さをいうようで、「グロなランス」は、つまりは「頑丈な槍」をいっている。

棍棒や衣紋掛けならば、長さはそれほどでもないからよいが、トネリコやもみの木で作った頑丈な棒は、なにしろトーナメントで使うのは3メートルから3メートル半はあったというから、とても重い。それにその道具の性質上、重心点を選んで持つわけにはいかない。だから、腰溜めに構えた姿勢をそのまま維持するのは、ほんのわずかな間でも、むずかしかった。なにしろ腕がくたびれてしまうのである。そこで、鞍にとりつけた、フェルトで内張りしたソケット（物をはめ込む穴）にランスを立てて休むことが普通に行なわれるようになった。そのソケットは「ヒューター」といったが、これは古フランス語のフートゥルからで、意味は「フェルト」で

上：ジョン・デリックの『アイルランドのイメージ』という本が1581年に出版されたが、これはその本の銅版画挿絵の一葉だという。ヘンリー8世の槍隊だという。左から右手へ、ギャロップで馬をとばしているにしては整然とならんでいる。なにか、右手に槍、左手に楯を構えているようだが、手綱をとらずに馬をギャロップに駆けさせることができたのか。何百人もが、一斉に。

ある。

狙いを定めて突進し、ランスを的に当てる。そのためにはランスを安定させなければならなかった。だから、休んでいる時のヒューターに相応する、突進するときのランスの支えが、こちらは鞍ではなく、騎士の甲冑にとりつけられた。「アレスト」がそれだが、これについては前章「よろいかぶと」の「胴体の板金鎧」（79頁）に書いているので、ご参照ください。

この見開き左側ページのジャウストの図版の競技者は、右腕に構えた槍を馬の首越しに、左前方に向けている。ところが、右側ページの、これはなんの絵だか、解説者は「バトル」だと、これが実戦だといいたがっているようだが、たしかに弓兵も登場して、これはトーナメントではない。だからか、騎馬の兵士は馬の首の右側に、そのまま槍を突き出している。

ジャウストで乗馬を駆るとき、騎乗者自身の体重、槍の重量、馬の体重、この三つの重量が複合的に槍の先端部にかかる。これは大変なベクトルである。それが、馬は右にそれようとする。槍は左手に向く。この両方向へのベクトルの分散が、かろうじて騎士の身体のバランスをとる。

左：なんとも稚拙な絵で、というよりも稚拙をよそおった絵で、1500年頃のイングランドで製作された写本飾り絵だという。たしかに樹木が「イギリス庭園風」に刈り込まれていて、それが右肩の近間の山の端という想定で描かれたそれは、なにやらエニシダを思わせる。それが丸く刈り込まれた方はヒイラギ系を想像させる。だからサンザシ属だ。英語でホーソーンである。

短剣

戦場で実際に使用される機会は少なかったが、「ダガー（短剣）」は、最後の頼みの綱となる武器であった。シンプルこの上ない武器であり、戦場でも、戦場の外でも、持ち運ぶことがすこぶる簡単であった。

短剣術をマスターするには、とっくみあいとつかみあいの練習を積み重ねなければならなかった。くわえて、短剣の使い方を勉強する。片手で敵の武器を封じ込めながら、もう一方の手で短剣を操る。楯を相手に、短剣を使う。突いても、突いても、楯に跳ね返される。そこをどう工夫するか。手で払いのけ、腕で押して、相手側のアタックをかわす。こういった短剣術の習得は、他の武器にも、十分通用したのである。

短剣の型

ダガーは「ミゼリコード」とも呼ばれたが、これは「アクト・オブ・マーシー（情けの一撃）」から来たという説がある。瀕死の重傷を負った敵に、止めを刺してやることからだという。しかし、これはフランス語からだが、リトレの『フランス語辞典』は、「ミゼリコルド！」と叫ばなかったば殺すと、微妙な言い回しで解説している。

右：この短剣はロンドン市長ウィリアム・ウォルワースのものだった。彼は1381年の農民一揆の指導者ワット・タイラーをこれで殺した。

下：短剣で戦う。15世紀の『良き道徳の書』の写本飾り絵。

命乞いを強要する「ポワニャール（19世紀以後のフランス語で「懐中刀」）」だというのである。リトレ以後、フランス人はこちらの説をとっている。

「ロンデル」は「ミゼリコード」の変種で、断面が三角形あるいはダイアモンド状の鋭い刀身に、チューブ状の丸い握りがついている。そこから「ラウンデル（ラウンド状の）」と呼ばれ、「ロンデル」になまったらしい。握りの両端に輪縁（わぶち）がはまっている。握った手を保護するためらしい。このモデルが一般に出回ったのは15世紀からのことで、剣と反対側の腰のベルトに、鎖でつないでそれを吊り下げるのが、ファッションになった。ロンデルの刃先はスパイクのようなものだったから、チェーン・メイルの鎧にぐさっと突きさすことができたし、板金鎧に穴を開けることさえできた。

「ロンデル」のなかまに「バズラード」があるが、これは俗化ラテン語の「鉈鎌（なたがま）」を意味する語からで、スイスで普及した。「バロック・ナイフ」とか「ボロック・ダガー」などと呼ばれるのがあって、イングランド、スコットランド、フランドルで流行した。ボロックはバロックの異形で、バロックは「睾丸」のことである。刀身の付け根に、睾丸のように卵形のガードがついている。ちなみに「バロック」は、語形としては「ボール」から来ている。

この種の短剣は、ナイトだけではなく、一般人も持ち歩いた。チョーサーの『カンタベリー・テールズ』にそれが描写されている。ヨーマン、船乗り、粉屋。修道士はもとより。ただし、「司祭のテール」に「ミゼリコード」が出てくるが、これは武器ではなく、その語源がらみの「慈悲」の意味合いである。

> さあ、我等は短剣を取った。
> 神よ、
> 我等を守り給え！
>
> ハンス・タルホファー
> 『フェヒトブッフ（戦闘の手引き）』から

斧

「アクス（斧）」は様々な長さ、形、重さがあり、恐ろしい武器であるのと同様に、有益な道具としての長所がある。おそらくヴァイキングによって普及した「バトル・アクス（戦闘斧）」は、アングロ・サクソン戦士のよく使うところとなった。1066年のヘイスティングズの戦いにおいて、斧はアングロ・サクソンの「ハウスカールス」や「セイン」（領主とその手勢）、「ファードないしフィアド」と呼ばれる一般の徴募兵にとって主要な武器であった。それはまたノルマンの騎士にもよく知られていると思われる。しかし、「バイユーの刺繍帯壁掛」を見ると、斧を持っているのは多くはアングロ・サクソン側で、たとえばハロルドである。ノルマン側の唯一例外はポンチュー伯グーイだけである。「ノルマン・コンクェスト」の時代、斧はノルマン人騎士に好まれる武器ではなかったと思われる。

短かろうと長かろうと、斧はトーナメントでは使われなかった。おそらくその破壊的な性質のためであったのであろう。しかし斧は、中世全期を通じて人気を維持した。とりわけ北ヨーロッパと東ヨーロッパで人気が高かった。もっとも、斧をとばす戦法はすたれたけれども。

技術の進化

鎧の改良に応じて、アクスの刃は、鎧を貫通させることを狙って、分厚くなっていった。14世紀中に、「ハルバード」と「ポラックス」が、「バトル・アクス」にとってかわった。ハルバードもポラックスも、そのデザインの中にアクスを組み入れている。だから、アクスが戦場から姿を消すことはなかったわけである。

歩兵の武器としての「バトル・アクス」は、そういうわけで姿を変えていったわけだが、一方で騎士は、接近戦で使うことができる、より小さく、より軽い斧に目をつけていった。「騎乗者のアクス」と呼ばれるこの武器は、一方に刃が付き、もう一方にハンマーが付いたもので、「メイス」や「ウォー・ハンマー」と同じぐらいの長さだった。

上：スコットランドのリーダー、ロバート・ブルースの銅像。1314年のバノックバーンの戦いを記念して、戦い斧を手にした姿で刻まれている。

下：ロンドン・ブリッジのほとりのテムズ河畔で発掘されたヴァイキングの斧。9世紀のもの。柄は後でつけた。合戦の後にそこに置いていったか。もうひとつ考えられるのは、神への奉献に川に投げ込んだか。

ゴーヴァンが斧でグリーン・ナイトの首をはねる

14世紀に英語で書かれた散文に、『モルト・ダルトゥール（アーサー王の死）』や『ザ・ヴィジョン・オブ・ピアーズ・プロウマン（農夫ピアズの夢）』とならんで、『ゴーヴァンとグリーン・ナイト』というのがある。アーサー王伝説を素材にした13世紀までのアーサー王伝物語を受け継いだ物で、アーサー王の甥に当たるゴーヴァンは、ミステリアスな騎士グリーン・ナイトの挑戦を受ける。まずは斧の一撃を加えよ。さすれば1年と1日後に、予は汝に同じその武器をもって報復の一撃を加えるであろう、というのである。ゴーヴァンは即座に斧でその騎士の首をはねた。すると騎士は、1年と1日以後に、また会おうと言い置いて、自分の首を抱いて立ち去ったという。ちなみに、13世紀の20年代に書かれたと推測されている『アーサー王の死』には、ランスロットが「真っ白なよろいかぶとを身につけて、シノープルの斜め帯が一本描かれた楯」を持って登場する。「シノープル」は紋章用語で「緑色」を意味する。緑色のよろいかぶとを身につけた騎士の絵姿は見あたらない。

尖っていない武器

「クラブ（棍棒）」は、打撃をくわえるためだけに作られた単純そのものの武器である。どんなものからでも作られたが、木材が、焼きをいれてより硬くしているかどうかは問わず、よく使われた。

クラブ

「バイユーの刺繍帯壁掛」の55景に、ノルマンディー侯ウィリアムが、混戦のなかで一時、行方不明になり、やがて現れて、兜の「ノーズガード（鼻当て）」を上げて、我、ここにありと、全軍に知らせる場面がある。そのウィリアムは、左手に「クラブ」を持っている。他にも2景、ウィリアムが「クラブ」を持って騎乗している場面がある。49景と50景だが、それにくらべて55景のは、棍棒が2か所で枝分かれしているふうに描いているので、古来議論を呼んでいる。しかし、3景とも「クラブ」の描写であるらしく、これは「指揮権」のシンボルではないかと議論する人がいる。

メイス

「メイス」には「鎚矛（つちほこ）」という日本語対応語が工夫されているが、クラブの先端に鉄製のノブ（ドアの取っ手のような球状の塊）をつけた武器である。そのノブがただの鉄塊である場合もあり、また、そのノブの周囲に、鍔（つば）のようなフランジ（車輪や線路の出縁（でべり）のような張り出し）をつけたのもある。フランジは7本までつけた例が知られている。このフランジは、鎖帷子鎧に十分食い込むほどの鋭さを持っていた。ただの鉄塊のものは、楯や板金鎧に対して十分効果を発揮した。より殺傷効果を発揮させるために、スパイク（釘状の突起物）を植え込むことも行なわれた。

「メイス」はフランス語の「マス」の借用で、「マス」はラテン語からと思われるが、よくわかっていない。「シャンソン・ド・ジェスト（武勲詩）」のひとつに『ルイの戴冠』というのがある。12世紀後半の作と見られている。それに「マス・ド・フェー（鉄のマス）」と見える。同じ頃の『エーエ・ダヴィノン』に「銅と真鍮（銅と亜鉛の合金）のマス」と見える。13世紀の『王の統治』という書き物に「マスー・プロメー」と見える。「マスー」は、「マス」の変種で、先端に向かってふくらんでいる棍棒で、それが「プロメーである」ということは、「鉛を捲いてある」ことをいっている。

「バイユーの刺繍帯壁掛」の注文主であり、「ヘイスティングズの戦い」にも参加し、最初の十字軍にも出掛けたバイユー司教でケント伯ウードは、「メイス」を武器にすることを好んだという。メイスはただ押しつぶしたり、砕いたりするだけの武器だから、主に禁じられた剣で血を流失させる罪を犯さなくてすむからだというのであ

下：「コルトライク（クールトレー）の木箱」の浮彫装飾の一部。1302年の「コルトライクの戦い」に際して、フランドルの町衆は、オランダ語で「フーデンダハ」と呼ばれる武器を操って、フランス王家方の騎士隊を迎え撃ったという。結果はフランドル方の大勝で、戦場にはフランス人騎士の乗用の銀の拍車が散らばっていたという。「フーデンダハ」は「こんにちは」に対応する挨拶語で、フランス語では「ボンジュー」がそれにあたる。英語では「グッドモーニング」ですか。

第Ⅱ部第6章　武　器　97

左：ギュイゼッペ・サバテッリという19世紀のイタリアの画家が1840年頃に描いた絵で、13世紀後半、イタリアではギベリンとゲルフの党派抗争が激しかった。イタリアの支配者はドイツ王か、ローマ法王かという意見の対立からで、ダンテが強硬なギベリン（ドイツ王派）だったことはよく知られている。この絵はやはりギベリンだったフィレンツェのファリナータ・デッリ・ウベルティというのがゲルフ党員をメイス（槌矛）で攻撃している様子を描いている。

ナップルのように棘をいっぱい植えこんだ先端の鉄塊は、高く掲げると、星形にも見えたので、そう呼ばれたのであろう。

　もうひとつ、けしからぬ話だが、これを「聖水スプリンクラー」と呼ぶ輩がいた「フレイル（穀物脱穀用の殻竿を模したマス）」があった。これは下の図版の右手ふたつがその類例である。なんとも残忍な武器だというが、残忍さの度合いでは、その左手の「メイス」や「スパイクを植えこんだクラブ」とくらべて、どっちがどっちともいえなかろう。

る。
　1214年の「ブーヴィーンの戦い」で、ボーヴェ司教フィリップ・ド・ドゥルーは、「たまたま手に棍棒を持っていて、天職を忘れて、イングランド人の隊長ほか大勢を打ち倒し、かれらの四肢を砕いたが、血は一滴も流すことがなかった。」
　戦う聖職者のイメージは、『ロランの歌』の、ついにロランとただふたりになるほどまでに奮闘した、ランス大司教テュルピンの描写によく刻まれている。かれは騎乗して矛で戦い、4本の投げ槍を身に受けながら、徒足で「玉散る剣アルマス」を振るう。

メイス（マス）の変種

　「フーデンダハ（こんにちは）」は、前ページの板彫りの図案「クールトレーの戦い」に、「ピケ」とともに大活躍したフランドルの町衆の武器として活写されているというが、どうもよくわからない。なにかローソクの芯のように上方に突きだしているのが「スピア（槍）」で、原著者は、「フーデンダハ」は「スピアとメイス」の組み合わせだといっている。その「スピア」の先端がこれだということなのであろうか。
　「こんにちは」のほかにも、メイスの変種として、「明けの明星」が知られているが、これはゲルマン語から入ったらしく、「モーガンスターン（近代英語でモーニング・スター）」と呼ばれていた。長い柄付きメイスだといえばそれまでだが、ただ、パイ

右：左から「スパイクを植え込んだメイス」「ノブのまわりに鍔のようなフランジを張り出したメイス」「フレイル2種」

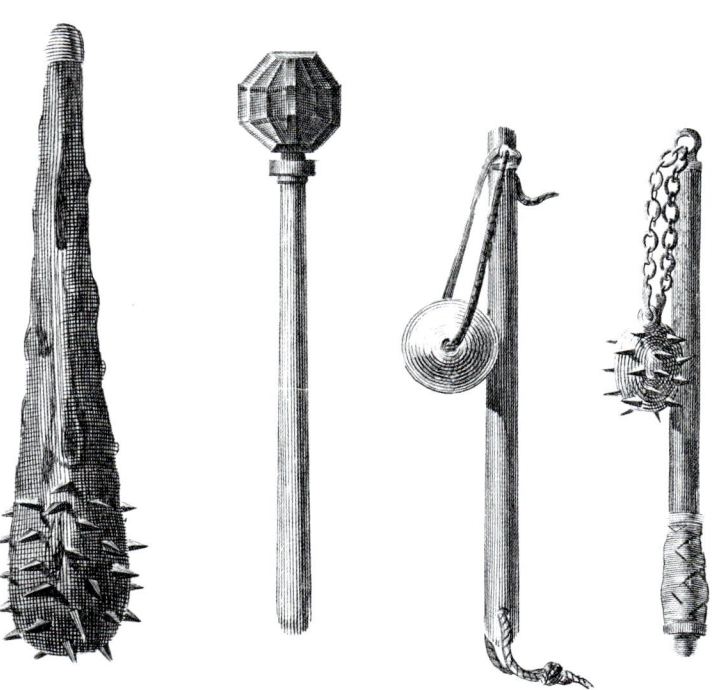

ウィリアム・マーシャルの凸凹かぶと

ヘンリー2世、リチャード、ジョンのアンジュー家3代に仕えた武人、「マーシャル」というその通り名に示されているように、アンジュー家の軍隊の幹部だった「ウィリアム・マーシャル」は、なにしろ逸話の多い人物で、トーナメントのからみで、こんな逸話が伝えられている。あるトーナメントでウィリアムは優勝した。褒美を出そうという話になったが、肝心の本人がいなくなった。探しに行かせたところ、彼は鍛冶屋にいて、かぶとをかぶったまんま、鉄敷（金敷、かなしき。鍛冶に際して加工する素材を置く鉄の台）の上に頭を載せていた。なにしろ試合中、さんざん叩かれたものだから、凸凹になってしまって、鍛冶屋に叩いてもらわなければ脱げなくなっていたというのである。〔この逸話を「尖っていない武器」のところで紹介するのは筋が通らない。メイスだのフレイルだのは、騎士の武器ではない。試合場に持って入ってはならぬということになっていたはずなのだから。〔監訳者の注記〕〕

軍馬

騎士は、軍務に備えて、馬を養うことを期待された。そのうえジャウストとトーナメント用には別の馬が用意された。馬は、購入と飼育に高額の費用がかかった。騎士の所有する馬は、中世社会における騎士の地位を反映していたのである。

技術上の刷新

ヨーロッパ世界に騎兵隊が出現したのは、フランク王国が分解し、ヴァイキングなど、周辺の諸勢力が王国内に侵入をくりかえすようになった10世紀の混乱の時代ののち、各地にしっかりした新しい政治権力が根付くようになった11世紀に入ってからのことである。

騎兵隊の出現は、馬に関する技術の革新が大いに関係している。鞍と鐙と蹄鉄の3点がポイントとなった。鐙は11世紀に入ってから急速に普及した。「バイユーの刺繍帯壁掛(タペストリ)」の騎乗者は、全員鐙をつけている。英語で「スティラップ」、フランス語で「エストリウ(近代語でエトリエ)」だが、両者とも「革紐」が語源になっている。

鐙は、以前よりも巧みに馬をコントロールすることを可能にした。また、乗り手に安定性を提供した。乗り手が馬の上で武器を操作して戦うには、この安定性がなによりだった。11世紀後半に鞍が改良されて、より深く、高い鞍が使われるようになったことも、この安定性と機動性を高めた。高く、深く、背中を包み込むようなキャントル(鞍尾)と前方のポンメル(鞍頭)が騎乗者を鞍の上に安定させた。鞍と鐙は、騎士が脇の下に槍を抱えて突撃する戦法を可能にした。両足をふんばり、腰を据えて、槍、騎士、馬の三体の重量の前進するベクトルが、目標物に衝突した、その衝撃に耐える

上:1529年、オスマン帝国軍のウィーン包囲を描いたジューリオ・クロヴィオの細密画から。クロアチア出身のイタリアの装飾写本職人で、本名はジョルジオ・クロヴィチッチ。イタリア人画家ジューリオ・ロマーノにあやかってジューリオと改名した。アレッサンドロ・ファルネーゼ(法王パウルス3世)に仕え、代表作は『ファルネーゼの時祷書』(1537〜46年)。この細密画は、オスマン帝国軍をウィーン前面から撤退させようと奮戦するカール5世の勇姿を描いている。

ことを可能にしたのである。

ローマ人が後のヨーロッパの土地に入ってから10世紀、馬はアルプス以北の「ガリア」になじまなかった。土がしめっていて、大気がぬれている。そういうところでは、馬の蹄(ひづめ)は剛性を失って、くさってしまう。だから、わら靴をはかせたり、布でしばったりして、保護していたのだろうが、9世紀の終わり頃から10世紀に入った頃合いに、

馬のタイプ

軍馬で一番よく知られているのが「デストラー」だが、これは世代を重ねたブリーディングの結果、誕生した、太く、たくましく、アグレッシーヴで、動作の機敏な軍馬をいう。なによりも、フル装備の騎士を乗せて戦場を駆ける能力が問われていた。呼び名の由来は、ラテン語の「デクストラ」からで、これは「右側」を意味し、従者が右手で、馬の手綱をとって導いていくところからの命名である。

「デストラー」の呼び名は1400年頃の文書から出ると「オックスフォード・イングリッシュ・ディクショナリー」は引例しているが、それ以前、1380年頃の「ウィクリフの著述集」に「ハイ・オース」と書かれていて、これは「デストラー」を指すらしい。さらに1466年の日付の「パストン家の書簡」に「王のグレート・ホースが死にそうだ」と書いている。デストラーの呼び換えに「ハイ・ホース」あるいは「グレート・ホース」が、それもまさしくハイで、グレートな社会階層に通用していた。

王侯、大領主ではあるまいし、平騎士や楯持ち分際では、グレート・ホースなんて、だいいち高くて、高くて、とうてい手に入らない。よくて、コーサーズとかロンシーズとか呼ばれた馬どまり。

「コーサー」は1300年頃の文献から出ていて、走るを意味するラテン語からの転と思われる。15世紀末の史料に、「騎士は戦うとき、またトーナメントに赴くとき、コーサーにまたがらなければならい」と見える。「ロンシー」は、ロマンス語の「ルッス」ないし「ルンシン」の借用で、これはやはりラテン語の「耕す」を意味する「ルンコー」から来ているという説がある。だから、畑を耕す馬だとか、荷駄を運ぶ馬だとか読みたがる人が多い、たしかに『ロランの歌』では、パルフレー、デストレーに続いてラバ、牝ラバをあげていて、その後にルンシン、スメーとかぞえているので、ラバにも劣る耕馬、馬車馬のイメージが強いのかもしれない。ところが、『ロランの歌』とそんなに製作年代は変わらない『テーベ物語』では、「ルッス」が「レ・ボン・シュヴォー（駿馬）」の言い換えとして出る。

14世紀の終わり頃から、「スタリオン」と呼ばれる雄馬が騎士たちの人気を博したようだが、これはロマンス語で「エスタロン」からの借用である。去勢されていない馬で、種馬としての能力を持っている。男性的性格を保持したアグレッシーヴな馬で、噛み、蹴る動作がはげしい。痛みを感じると、それが刺激になって、生来の性向がますます強まる。だから、戦場で攻撃を受けると、不具になってしまえば話は別だが、ますますアグレッシーヴになる。

馬の訓練

軍馬は、まっすぐ歩くことをまず訓練された。左右にぶれるような歩き方をされると、戦闘中に馬を御することができない。騎手が御するがままに、即座に反応するように訓練することも大事だった。もうひとつ大事なポイントは、騎手が馬に乗るあいだ、おとなしく待つ癖をつけることだった。騎手が落馬したばあい、また騎手が乗るまで待つことができるように訓練することが大事だった。これができなければ、馬を戦場で使うことはできない。

馬の歩調の訓練が、また、欠かせなかった。ギャロップ（疾走）ではなく、カンター（駆け足）でもない。スピードの出すぎを抑え、手綱で制御できるイージー・ギャロップに慣れさせるのが大事だった。ジャウスティングの要求するスピードである。

蹄に重ねて鉄の蹄を釘で打ちつけて、蹄を保護しようと考えついた人がいた。世紀の大発明である。

「バイユーの刺繍帯壁掛」に数十頭の馬が、いろいろな姿態で描かれている。並足で行く馬、なんば歩きで進む馬、だく足で駆ける馬、つんのめって後脚を真上に倒れ込む馬。それがたいていどの馬も蹄鉄をつけている。蹄鉄を描いたとおぼしき刺繍刺しの跡を残している。どこかに蹄鉄を打つ光景が描かれているのではないかと、目を皿のようにして見張るのだが、それはない。刺繍帯には上下に10センチメートルほどの幅の飾り欄がついていて、鳥やけだもの、農耕風景などの生活風俗が描きだされているのだが、そこにも蹄鉄を打つ光景はない。11世紀の後半には、蹄鉄も鐙も、十分普及していて、なにも刺繍刺しの原図の制作者の関心を刺激するがほどのことでもなくなっていたということか。

右：15世紀の写本飾り絵から。馬の脚の描き方がなんとも納得しかねる。

第Ⅱ部第7章
トーナメント

トーナメントは12世紀中頃、ブルターンではじまり、以後、騎士たちの心を引きつける催事となった。じつに中世の秋を過ぎて、16世紀に入っても、盛んに催されていたのである。トーナメントは、騎士そのものであった。

「トーナメント」が、11世紀以前の暴力是認の風潮をただす目的で工夫された「模擬戦」であるという考え方には問題がある。「十字軍」は、キリスト教徒同士の殺しあいをやめさせて、キリスト教徒の敵であるイスラム教徒の方へ、暴力発散の方向を変えさせようとしてキリスト教会がたくらんだイヴェントであったとする説明と同じくらい、「トーナメント」に関するそういう考え方は、近代主義的合理主義的なものである。

「トーナメント」がどういうきっかけで考えつかれた企画であったかはわからないが、わかっていることは、12世紀中頃のシャンパーンのランスやイタリアのローマで開かれたキリスト教会の会議の席上、「かのおぞましい、九日市の祭りの仕儀、トルネアメンタと呼んでいる」が話題にのぼったということであり、また、その直後、おそらく1160年代に執筆されたと見られているマリー・ド・フランスの『レ』(中篇、小篇の韻文物語)に、「ブルターンのモン・サンミッシェルで催されると聞くトゥルネエマンに」、なんとはるばる北イングランドのノーサンバーランドから、若者が勇んでやってくるという話が聞こえるということである。

スポーツとスペクタクル

トーナメントはスポーツであり、見世物であった。馬上の騎士が、その持てるかぎりの技倆を駆使して闘い合う。それは競技の相手方の武器を無力化し、負けを認めさせることが目的で、殺すことではなかった。それはそうなのだが、はやくもマリー・ド・フランスの『レ』の『囚われ人』は、ブルターンのナントの町の城壁の外と、場所まで特定して、トーナメントで起きた死傷事故のことを書いている。槍は抜き身の

上：12世紀末のミンネジンガー、ハルトマン・フォン・アウェが、クレスト、コート、馬衣から旗指物にいたるまで、ぜんぶ鷲の頭の紋章図版に統一して、いざ、トーナメントだと馬を駆る。『マネッセ写本』(1305〜40年)から。

スピアである。

13世紀のミンストレル(歌芸人)ヴァトリクェ・ド・クーヴィン(エノー近郷のクーヴィンの出らしく、おそらくエノー伯家に出仕していたミンストレル)の「ディ(小話)」に、「そこでね、考えてしまうんだよ、一個のダームがだよ、なにもやっちゃあいないのに、こんな偉丈夫の騎士をだよ、死ぬか生きるかの決闘に追い込むんだよ。おまけに、やられちまう。」

「死ぬか生きるかの決闘に追い込む」と訳したところの原文は「メットル・ア・ウートランス」である。「おまけに、やられちまう」と訳したところは「デスコンフィー」とただ1語。「殺されちまう」と訳してもよいところだ。なお、「ダーム」とただ音をカタカナで書いただけなのの日本語対応語とされるのは「貴婦人」だが、これはよくないと思う。この本では英語の言い回しで「レディー」をそのままカタカナ書きにしているところが多い。

トーナメントが流行ってくると、「ヘラルド」がいそがしくなる。ヘラルドには「紋章官」と「使者」のふたつの顔があるが、このケースでは「紋章官」。出場者の紋章をぜんぶ記録する。次回にすぐ見分けられるように。なにしろ紋章官はスペシャリストで、どの地域にどういう騎士がいるか、ぜんぶメモリーに収めている。紋章の諸規則を整え、ブレイズン(紋章を言葉で言い表わすこと)を工夫する。

ポピュラー・アピール

13世紀前半、おそらく1220年代に書かれた騎士道物語『聖杯の探索』は、アーサー王の円卓の騎士の面々が円卓につこうとしていた、その矢先、全身汗まみれの馬に乗った「ダメゼル」がやってきたという描写から書き始められている。円卓の騎士ランスロットを迎えにきたのだが、「ダメゼル」は、近代語の形と音で「ドゥモワゼル」となまるが、年若の娘をいう。乙女と訳してもよい。

その少し後に、ダメゼルが白いパルフレーにまたがって、ものすごいスピードで駆けてくるという描写もある。パルフレー

右：トーナメントは光と影の交錯する行事だった。華麗で儀式的なところと、戦闘の暴力と混乱とがコントラストを作っているのである。隊長ジャン・ド・ブイユの伝記風物語『ル・ジュヴァンセル』の写本飾り絵。観覧席の王と王妃はシャルル7世夫妻。

101

102　第Ⅱ部　騎士の生活

は軍馬とはちがい、騎行用の馬をいったらしい。チョーサーの『カンタベリー・テールズ』の「序文」に、托鉢修道士が「ベリーのように褐色のパールフリに乗っていた」という描写がある。チョーサーまで下がらなくても、12世紀末のベルールの『トリスタン物語』に、佞臣ドノアランが黒毛のパルフレーに乗っている。ちなみに王妃イズーの乗馬もパルフレーである。「デストラー」や「スタリオン」ではなくて助かったようなものだが（女性は軍馬には乗れなかったと考えられているので、軍馬ではなく騎行用の馬が話題になっていて、助かったようなものだが、という意味）、ダメゼルも馬にまたがって、イージー・ギャロップで走ることもあったということで、フランス人の騎士が、ドイツ人の騎士の馬の乗り方を、ダメゼル流儀だと批評したという話があるが、これはいったいけなしていることになるのか、ほめていることになるのか、評価が別れるところである。

　馬の乗り方とか、剣や槍の使い方とか、騎士が自分の腕前を披露する機会が「アドヴェンチャー」である。冒険というよりは出来事という意味合いでいわれていて、たとえばこの騎士道物語で、岩に突き刺さった剣を抜くという「アドヴェンチャー」に遭遇して、みごと引き抜いて見せたのは、ランスロットの息子のガラアドであった。だから、騎士の腕前を披露する機会である「アドヴェンチャー」は、むかしはいろいろあったのだが、というような思い入れで、13世紀の騎士道物語は話を作っている。

　『聖杯の探索』をふくむ連作の最後の巻と目される『アーサー王の死』（作者については知られていない）に、こう読める。「王は、今やログル王国のさまざまな冒険（アヴァンテュール）がすっかり終わってしまって、もう些細なものしかなくなっているのを見て、ウィンチェスターの平原で一大騎馬試合を催す旨のお布令を広めさせた。というのも、このために騎士たちが武技をなおざりにするようなことがあってはならぬと思われたからである。」（天沢退二郎訳）

下：「ルネ王」として知られるアンジュー侯ルネが制作せしめたトーナメント規則書の写本飾り絵の一葉。トーナメント出場者のかぶとの陳列。騎士たちやレディーたちが見物にやってくる。前面の朱色のマントの男たちはトーナメントの運営委員会の委員たち。その左手に身をこごめて、床に置いたかぶとを案内しているのはブルターニュ侯のヘラルド（紋章官であり伝令使）。

トーナメントの隆盛

「たしかに、とガエリエがいう、あの騎士が誰なのか、私にわかったとは申せません。なれど、はっきり申し上げて、かれこそは、私の知るかぎり、また私がこれまで出会ったかぎり、この世で最高の騎士です。ただ、湖水のランスロだけは別として。」

　『アーサー王の死』と呼ばれている騎士道物語の一節である。ある兄弟がトーナメントに出場した騎士たちの品定めをやっている。そのトーナメントで最高の働きを見せた騎士さえも「湖のランスロ」にはかなわないという。ランスロ、英語読みでランスロットがトーナメントの騎士の鑑とうたわれている。

　1220年代に製作されたと見られる『散文ランスロ三部作』というのがあって、本歌は半世紀以前、1170年代にクレティエン・ド・トロワが書いた韻文物語『ランスロ、あるいは荷車の騎士』などである。作者は分からない。「ランスロ本伝」「聖杯の探索」「アーサー王の死」の三部作で、まとめて『湖のランスロ』とか『流布本アーサー王物語』とか呼ばれている。

　全編通じてランスロが主役を演じていて、なにしろ美男で強い。レディーや侍女たち

第Ⅱ部第7章 トーナメント 103

左：『マネッセ写本』飾り絵からというが、どのような機会に馬上の戦士が観客席の女性から指輪らしきものを受け取るのか、この絵ではよくわからない。トーナメントで勝利した騎士、などといわれても、大剣を腰に差した格好で、ジャウストができたのか。メレだったと説明されても、どうも雰囲気が伝わってこない。

のあこがれの的になっていた。アーサー王の王妃グィネヴィアは彼を情人にしていた。もちろん、ふつうは逆にいう、ランスロは初老にしてなおあでやかさを残すグィネヴィア王妃を思わせ人に仰いでいた。トーナメントのチャンピオンは思わせ人の絶対意思に従う。これが『ランスロ、あるいは荷車の騎士』の主題である。道を急いでいたから荷車にも乗ったのだというのは近代的合理主義的解釈にすぎない。

トーナメントが盛んになって、イングランドの北のはずれ、ノーサンブリアから、南イタリアのサレルノから、ブルターンのモン・サンミッシェルへ、「いまはノルマンディーと呼ぶネウストリアのセーヌの河原」へ、騎士たちが集まる。彼らはアーサー王の宮廷を慕い、ランスロを模範に仰ぐ。

騎士たちは会場の前にテントを張り、自分たちの楯を立てかけている。紋章官がそれを見て回って、楯の紋章図案から、どこのだれが来ているかノートする。トーナメントはとても人気があったから、見物人が大勢集まっている。飲み物、食べ物の屋台がひしめき、奇術師が人だかりを作り、武具屋が、騎士たちからかねをまきあげてやろうと、金槌の音を響かせる。

勝利と敗北

大きなトーナメントでは、優勝者に賞品が与えられた。これは熊や豚のような、森の中で捕獲された野生の動物であることが多かった。豚はまだ猪に近く、「豚飼い」をいうフランス語のポルシェーは、12世紀前半のアングロ・ノルマン語の歴史家ジェフレー・ガイマーの『イギリス人の歴史』に見るポルシェーは、狼獲りと並んで森の狩人である。獰猛な獣は、一番獰猛で、一番危険な戦士に与えられる褒賞として、なんと象徴的であったことか。それに熊も豚も、狩人としての騎士の獲物ではないか。家人にたっぷり肉を食わせてやれる。

トーナメントは騎士のかねもうけの機会になった。というのも、勝利した騎士は、対抗者の鎧、武器、馬を要求することができたからである。負けた方がしかるべき賠償金を支払って、それで事を済ませることの方が多かったのではないか。小領主の家系の出身であるウィリアム・マーシャル（1147〜1219）は、トーナメントの常連として通っていた。生涯の終わりにウィリアムは、年来500人以上の騎士を負かしたと勘定している。負けた方はしかるべき賠償金を支払ったわけだから、さぞかしウィリアムは稼いだにちがいない。

もっとも、ウィリアムは賞金稼ぎで食べていたわけではなかった。ヘンリー2世、リチャード、ジョンの3代の王に仕えた高官であり、ウェールズの西外れのペンブルーク伯家の相続女と結婚して、ペンブルーク伯である。彼が書き遺した韻文年代記は、ヘンリーの息子たちの代に、「ヘンリーの帝国」が崩壊していく様子を活写してあますところがない。

トーナメントに出場するには、かねがかかった。馬、甲冑、武器、すべて高価であり、大所の開催するトーナメントにエントリーするには、それなりの参加費の支払いが要求された。服装や装備品にかねをかけられずにトーナメントにやってきて、立ち往生する騎士もいたことだったろう。さいわい勝てれば、それなりのもうけになった。勝てなければ、身ぐるみはがれることになる。

金貸しが会場に店を張っていた。トーナ

下：アントウェルペンの画家クェンティン・マッシースの作「両替商夫妻」。1514年の年記と署名がある。トーナメントには他国者が大勢集まる。持参したコインを両替して使う都合もある。「くにのあきんどだ、たびのあきんどだ、エク3枚、はいよ、ブレット・タルジュが6、アンジェロ2枚で、ほいよ、アンジュー大判だ」（「ヴィヨン遺言詩集『遺言の歌』」から）

104　第Ⅱ部　騎士の生活

左：『アーサー王の死』に、ランスロットはウィンチェスターのトーナメントに出場するにあたって、前夜宿を借りたその家の主人から、真紅で無地の楯と、同色の馬衣を借りた。身分を隠すためである。その家の娘がぜひ自分の衣服の袖をかぶとにつけてくれと頼む。このジャウストを描いた写本飾り絵の左手の騎士がそれだが、ただ娘の袖はつけていない。また、トーナメント終了後に、優勝した無名の騎士、じつはランスロットが真紅の甲冑を身にまとっていたという証言が相次いだ。絵師は右手の騎士に真紅のよろいを着せている。観覧席の王と王妃はアーサー王と王妃グィネヴィアである。

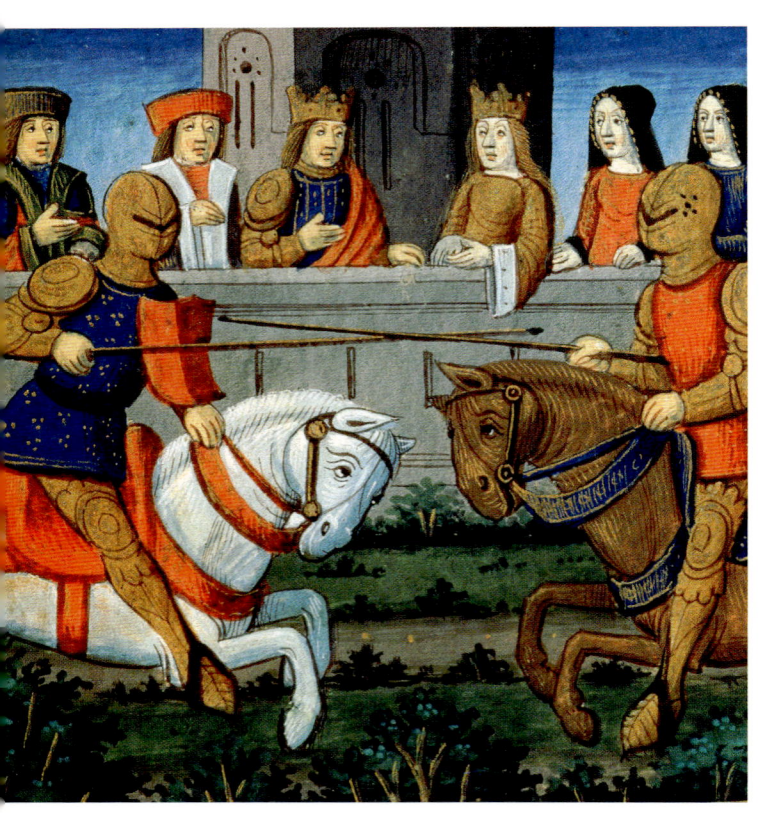

メントからトーナメントへ渡り歩いて、父親からもらったかねを全部使い果たしてしまった若者もいたことだろう。壮年の騎士が、領地を質に入れて、金貸しからかねをかりた事の次第を妻に説明するのに汗だくになった話が、騎士道物語に出てくる。トーナメント狂いで資産を失ってしまった騎士の話は、騎士道物語の定番だった。

騎士道ディスプレイ

　トーナメントは騎士道を実践する場であると見なされた。戦闘の技倆、女性に対する礼節、キリスト教的諸価値の重視（すくなくとも騎士自身が理解する限りにおいて）、つまりは、騎士道の全体像がトーナメントにおいて開示されるべきであると考えられたのである。トーナメントは、スポーツ・イベント以上のものであった。12世紀以後、トーナメントはアリストクラシーの自己規定にとって本質的なものとなったのである。騎士道は騎士とは何かを説明するものであり、その騎士道はトーナメントにおいて開示されると考えられたのである。

　戦争はそうそう頻繁に起こるものではなく、また、戦争がヨーロッパ全土にひろがるというようなことはなかった。戦争のない期間、トーナメントは、多くの騎士が勇気と獰猛さを開陳する主な機会だった。ヘンリー2世の治世からジョン王の時代にかけて、外交官として活動し、また、ヨークシャーなどの王家お狩り場監督官など、王政府の要職にあった年代記家ハウデンのロジャー（ヨークシャーのハウデン出身、1192年頃から『クロニカ〔年代記〕』を書き始め、1201年に死去したと見られる）は、いつ勃発するかわからない現実の戦闘に備えるために、トーナメントの必要性を説いている。「自分自身の血が流れるのを経験したことがない者は、戦争に備えているとはいえない。」そう、彼は書いている。トーナメントには流血の危険性がある。しかし、トーナメントは有事に備えて必要だと証言しているのである。

女性の場所

　女性は、武芸試合としてのトーナメントには無縁だった。もともと騎士たちの訓練に参加する機会がなかった。女性にはトーナメントに必要な腕力が不足していた。トーナメントは男の競技であったわけで、女性の本分を守らず、「リスト（試合場）」に入り込んでくるような女性がいたら、男たちはさぞかし困惑させられたことだったろう。

　しかし、「リスト」を広義にとって観客席までいれて考えれば、女性は、むしろトーナメントに必要不可欠な要素だった。男たちの活躍をうっとりした目つきで見守り、彼女たちがそこにいることで戦士たちを鼓舞することが期待されたのである。時には、女性が優勝者の名前を発表する。騎士道物語は、試合中、それを身につけるようにと、レディーから印の品を受け取った男たちで一杯だ。印の品はレディーが着ている衣服の袖が一番人気で、羽根飾りに代えて、兜の天辺に取り付けられた。ちなみに、衣服の袖は取り外し自由で、レディーはトーナメントの期間中、毎日、新しい袖を縫い付けたのである。未婚の女性は、彼女のお気に入りの戦士が、だれか他の女性の袖をつけているのを見たら、ひどくとりみだしたことだろう。

　『アーサー王の死』はあるダメゼル（未婚の女性、乙女とよく訳される）が騎士ランスロットに自分のブリオーの袖を贈る話から始まる。「騎士様、お願いをおきき容れ下さって、お礼の申し上げようもございません。では、何をおきき容れ下さったのか、おわかりですか？　それは、わたくしの袖を、兜

ロマネスクな挑戦

ルネ王は1449年と1450年の春に、ブルゴーニュのソーヌ河畔シャロン近くに、陣営を設けて、宮廷を開いたが、その際、いろいろな形でトーナメントが催された。『騎士ジャック・ド・ラランの武勲の書』という本に出ている話に「涙の泉」というのがある。これは実際に泉を掘って、そのほとりに天幕を張って、レディーとユニコーン（一角獣）の絵をバックに、名もなき騎士がひかえている。ユニコーンの首に3枚の楯が下げられている。白、紫、黒の地に斧、剣、槍が描かれていて、全面に涙滴が散りばめられている。馬で通りかかっただれかある騎士が、槍先で楯に触れる。それは挑戦を受けたことを意味し、「涙の泉の果たし合いの定め書き」に従って、試合が行なわれる。試合に負けて馬から落とされた騎士は、向こう一年間、錠をおろした金の腕輪をはめていなければならない、その鍵をもっているレディーに会うまでは。彼が奉仕を誓うならば、レディーは彼を自由にするであろう。これが実際、定め書きの一節である。

第Ⅱ部第7章　トーナメント　105

> 見て！　レディー方は
> 口ぐちに言う、なんて完璧な身体！
> 両足、揺れずにすーっ、
> すーって伸びてるわ。
> 楯の位置もぴったり決まって、
> まるでくっついているみたい！
> なんて優雅なの、
> 槍を握っている
> あの方の手つき！
>
> ゴットフリート・フォン・シュトラスブルク
> 『トリスタンとイゾルデ』
> （古ドイツ語、1210年頃）から

ほぼ等身大のレディーの上半身の肖像板を作り、ヘルメットの上に載せていたという。1か月のジャウストで、挑戦者の槍300本を打ち砕いた。しかも打ち負かした相手に、おのがレディーの名誉のために、四方に向かってお辞儀することを強制したという。

後期中世におけるトーナメント

　トーナメントは、社会的地位の高低を計るマーカーになっていった。13世紀中に、トーナメントに関する規則がずいぶんと増えたが、その規則の狙いは、ひとつには、下層民と考えられる者を締め出すところにあったのである。唯一アリストクラートの少年だけが、騎士叙任式に臨むにあたって必要な訓練を受けるための時間と資金を持っていた。騎士叙任を受けたかどうかが、トーナメント参加資格の基準となっていたのである。

　紋章官は、参加者の騎士の家系図と紋章図案の一覧を作った。生まれの卑しい者がまぎれこまないとも限らないからである。騎士になるにあたって、正式の儀式をふまえたかどうかが問われた。領地をもたない、どこかの大領主の家士を務めている騎士のばあい、その点があいまいなケースがよくあった。しかし、これを除外するということは、小領主の家では、しかるべく騎士叙任の儀式を行なう資力がとぼしく、やむをえず、公的にはスクワイヤーの身分のままでいる子弟がいた。これも除外されることになってしまう。

　中世後期のトーナメントのうちには、参加者の社会的身分の証明にこだわり、正式に騎士に叙任された祖父ふたりと、曽祖父4人の存在が証明されないかぎり、トーナメントに参加できないと宣言を発したものがいくつもあった。もしこの規定が実際に適用されたとするならば、参加の資格を失う騎士が続出したことだったろう。

上：左端の女性は青年の母親。いましも自家伝来の楯（青年の胸元のエスカッチョンと同じ三つ星印）を渡そうとしている。右手の女性は、青年の姉妹であろうか、やはり家伝の星形のクレスト付きのかぶとを渡そうと待ち構えている。従者が曳いてきた馬の馬衣にも三つ星印のエスカッチョンがついている。この紋章図案の家系はチリ家である。オーストリア-ハプスブルク家の領土スティリアの東南隅。現在のツェーリェである。ハンガリー王家の支配地クロアチアに対する前衛である。『マネッセ写本』から。

に付けて騎馬試合へお持ちになり、わたくしへの愛のために、戦って下さることなのです。」

　ランスロは深紅の甲冑をまとう無名の騎士として出場し優勝した。無名の騎士が「ダームだかダメゼルだかの」袖を身につけて戦ったという噂を聞いた王妃グィネヴィアは心にわだかまりを覚える。王妃を思わせ人と仰ぐランスロが、見知らぬダメゼルのブリオーの袖を身につけて戦うなどと考えたくなかったからである（天沢退二郎訳）。

　もっともレディーの印の品は、兜の天辺につけたとはかぎらない。12世紀末頃のノルマンディーの詩人ベルールの『トリスタン物語』で、騎士トリスタンは、王妃イズーから贈られた印の品を、槍先に、吹き流しにつけていた。濃い青の絹服の袖を。

　13世紀、各地のトーナメントを渡り歩いて武芸の腕を磨き、あわせてレディーへの奉仕を標榜する騎士が何人も現れた。一番よく知られているのがリヒテンシュタインのウルリッヒ（1200〜78）で、彼は、1255年にあらわした『レディーへの奉仕』と題する詩に、イタリアからボヘミアにいたる武者修行の次第を歌っている。ウルリッヒは、

トーナメントの戦闘

トーナメントにも2種類あって、ひとつはジャウスト、一対一の騎馬槍試合である。古フランス語のジュスト、ラテン語の「結ぶ、ひとつになる」という意味のユンコーからの変化と見られている。

もうひとつはメレ。「混戦」だが、これはたいへんやっかいで、英語ではむしろ「メドレイ」の方が早くから使われていたようで、古フランス語の方も、このふたつの形がある。ラテン語にミスケオーという「混ぜる」という意味の動詞があって、たぶんそれからだろうと考えられている。

メレは、二手に分かれた両軍の衝突ということで、規則というようなものはない。衝突の興奮の中で気分が高揚して、友好的な模擬戦のはずが、凶暴で血なまぐさいものになるのがしばしばだった。おたがい、宿敵を見つけた時などは、ひどいことになった。

ルフージュと呼ばれる区画が端の方に用意されていて、古フランス語からきた「逃げ場」だが、チョーサーあたりから用例が出始める。騎士が身支度を調え、また合戦中、一時退去することができる場所であった。当然、騎士の従者がそこにひかえていたのだが、敵方の騎士はルフージュに逃げ込んだ相手方の騎士を追いかけてきて、主人を守ろうとする相手方の騎士の従者を加害してはならない。逆に従者は、ルフージュに逃げ込んできた相手方の騎士を攻撃してはならないと、いろいろ細かく取り決められていたのだが、現実にはなかなかその通りにはならなかったようである。規則は守られず、時間の制限もない。初期のトーナメントはスポーツ・イヴェントといおうか、なにしろ実戦さながらであった。

しかし、トーナメントで使う武器は槍と剣にかぎられていた。斧、ジャヴリン（投げ槍）、弓、大弓など、実戦で威力を発揮する武器は使用を禁じられていた。それらは歩兵の武器であり、馬上の騎士の戦いにふさわしくないとみなされていたのである。弓は遠くからダメージを与えるので、臆病者の武器と考えられていた。接近戦において、騎士がその技倆のかぎりを開陳するトーナメントには用がないと考えられたのである。

メレ

メレは、なにしろ人を熱狂させるものがあったらしく、日が傾くまで続けられ、ル

上：ジャウストの情景。どう見ても槍の構えがおかしい。これでは試合にならない。中央の観客席にぽつんとリチャード2世ただひとり。観客は右手上隅の観覧席にひしめいている。リチャード2世にはエニシダの花模様が似つかわしい。そういう点でもこのイラストレーターの神経はにぶい。セント・オールバンズ修道院年代記の15世紀の写本飾り絵。

後期中世の騎馬槍試合

　火薬と火砲の技術が普及して、騎士個々人が渡り合う戦法は、現実の戦闘にはもう合わないものになってきているというのに、騎士たちは長い槍を振り回してジャウストすることを好んだ。12〜13世紀に騎士たちを試合場に運んだ軽量で足の速い馬は、重量級の大馬に取って代わられた。なにしろ甲冑が大型で重くなったからである。騎士たちは12世紀の流儀でジャウストすることを、じつに16世紀まで続けたのである。16世紀にもなると、トーナメントはノスタルジーをかきたてる行事になった。失われた黄金時代をなつかしむといった風情である。

フージュを除いて、試合場を周囲にどんどん広げてしまい、結果的に畑地と農作物にダメージを与えたようなのもあったようである。メレの狙いは、できるだけ大勢、敵の騎士を馬から突き落とすことだった。落馬した騎士、あるいは大けがをした騎士は、降伏することを期待された。

メレのチーム編成は原則があってないようなものであったらしく、『アーサー王の死』で、アーサー王がウィンチェスターの原でトーナメントを催した時、おそらく、複雑な人間関係が働いていたのだろう、詳細はわからないが、「城内派（インナーズ）」と「城外派（アウターズ）」というふたつのチームが編成され、変装して現れたランスロットは、負けそうだと聞いた「城外派」の方について、大活躍する。

交渉が何度もくりかえされ、両チームの騎士を間違いなく同数にし、ベテランとそうでない者の比率を同等にし、公平につり合わせた。騎士個人はチームの一員だった。しかし、戦いはチームのものだった。

　一緒によく動いたチームは、個人的な栄光を追い求める騎士が何人もいてまとまりにかけているチームにくらべて、いい線を行った。チーム作戦でおもしろいのは、なにしろ密集体型で突き進む。相手側もそれに応じて突き進んでくる。両軍、あわや激突するかと見えた瞬間、さっと両翼に開いて、相手側の側面をかこむ。そこで一対一のバトルが始まるわけである。あるいは、相手方集団と激突しそうになった瞬間、急停止。馬の鼻面を返して、退却する。と、再度、突然の方向転換。退却と見て追ってきた相手方チームにパニックをおこさせる。このようなチーム・テクニックは、自分は他の連中よりも強いんだ、勇敢なんだと誇示したがる手合いに規律のタガをはめなければ成り立たない。それに、他のチームだって、そんな作戦は先刻ご承知だったことだろう。けれども、この意表をつくという作戦は、いつの時代も評判になり、くりかえし語り継がれたのである。

　1170年代にロンドンに住んでいて、アンジュー家（イングランド王家）に奉職していたのではないかと見られている詩人トマの『トリスタン物語』に、トリスタンは、「小人のトリスタン」に頼まれて、「カステル・フェルの高慢者エストゥを、待ち伏せ、殺すために」出かける。エストゥは兄弟6人、共に騎士。たまたまトーナメントがあった。「そのうちふたりがトーナメントから戻ってきた。両トリスタンは茂みから不意を襲う。間髪入れずに大音声で戦を挑み、激しく彼らに斬りつける。兄弟ふたりはその場で殺された。」

　トーナメントの帰りで疲労困憊しているところを待ち伏せして襲うというのは卑怯ではないか。どうして自身、堂々とトーナメントに乗り込まなかったのかというのは、どうやら後代の感覚らしい。当時の人たち

上：マネッセ写本飾り絵（部分）。メレの情景描写だと思うが、左手の剣を振りかざしているクレスト付き兜の騎士ふたりは、それぞれ相手の騎士の兜を落として（クレスト付き兜が地面に落ちている）肩を押さえ込み、あるいは首を抱いて、いましも剣で傷害を加えようとしているかのようだ。

左：「ルネ・ダンジューのトーナメントの書」（1460年頃制作）の飾り絵。大がかりなメレがこれから始まろうとしている。観覧席にアンジュー侯ルネとその廷臣たち。レディー方も大勢だ。紋章だらけで、好事家にはこたえられない一品である。

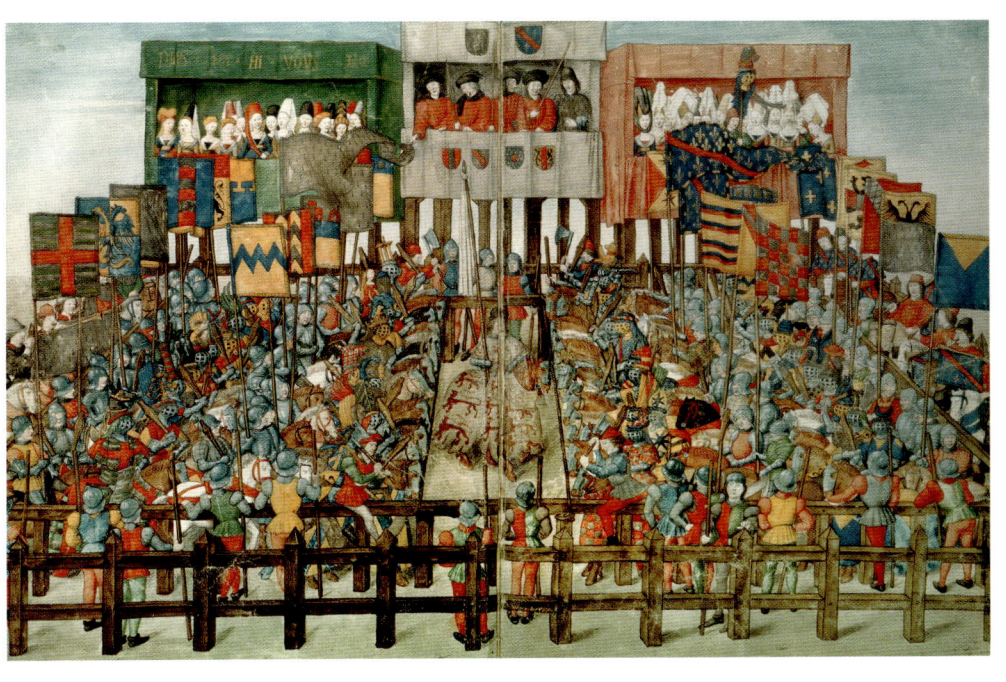

は、トリスタンを褒め称えたのである。

　メレは戦士たちが全員メロメロになって終わった。どっちが勝ったか、決めるのはむずかしかった。原則、まだ馬にまたがっている数の多い方が勝ちだったのだが。メレがメでたく終わったというので、全員風呂に入った。傷口を包帯で縛り、折れた骨を板で固定する。馬から突き落とされた騎士が、突き落とした方と、自分の装具と武具の買い取り交渉をする。負けなかった騎士で、気前が良く、礼儀をわきまえているのが、従者や紋章官に、自分の分捕り品の内からわけてやることもあったようだ。従者や紋章官は当然それを要求したことだったろう。

ジャウスト

「槍を小脇に掻い込み、楯を構え、拍車を蹴って、馬を試合場に進め、ギャロップ駆けで、ジュストをする、大向こう狙いで。」（ワアスの『ルーの物語』から。アンジュー家のヘンリー2世の代に50歳代から70歳代を生きた文人。「ルー」はノルマンディー家の始祖ロロを指す。）

　ここで「試合場に」といっているのは、「アン・ル・シャン」で、「原」の意味の「シャン」が「ジュスト」、一対一の騎馬槍試合の試合場の意味でも使われていることがわかる。英語で「リスト」があり、これはゲルマン語からラテン語に入って、英語にもフランス語にも変化したが、英語でも「試合場」の意味で使われるようになったのは16世紀以降である。『オクスフォード・イングリッシュ・ディクショナリー』はシェイクスピアを初出にとっている。フランス語の方では、その意味での用例は知られていない。

　馬上槍試合は、低い柵や板塀で区切られた細長い区画の試合場で行なわれた。槍を構えた騎士は、その柵の右側を、それぞれ反対方向から突撃する。狙いは槍で相手方の楯を打ち砕き、相手方を落馬させることだった。最初の突撃で、どちらも落馬しなかったら、続けて、3回ないし5回まで、戦闘を継続することになっていた。それでもどちらも落馬しなかった場合は、審判人が勝者を決めた。両方の騎士が同時に落馬した場合には、剣を抜き、馬に乗らずに戦った。剣で戦い始めた時、馬は騎士の邪魔にならない所へ移動するよう、特別に訓練されていた。

　ジャウストには、先端が尖っていない槍が使われた。あらかじめ先端が丸いのを用意するか、あるいは直前に穂先に蓋をかぶせる方式もあった。加えて、万が一にそなえて、相手方の鎧を貫通することがないように、穂先のすぐ下に「ウィング」と呼ばれる張り出しが設けられていた。

　騎士は、右手の槍を右の脇の下に挟み込み、左手から来る相手方に対して、ななめ左手に槍を構えた。鞍の前方、馬の首を横切る角度である。激突の際、騎士の身体を支えたのは、鐙と鞍である。

　メレの場合でも、実際には、このジャウストの戦法がものをいったはずである。しかし、メレや実戦では、槍をふりまわして相手方をぶんなぐり、落馬させる。槍を投げつける。あるいは右手、横ざまに、槍を使う。さまざまな戦法がとられたことだったろう。だから、中世の秋の形式整った「騎馬槍試合」さながらの戦法を、すでに『ロランの歌』の戦士たちがとったであろうことを否定することはだれもできない。しかし『ロランの歌』は、すでにこの形式整った「騎馬槍試合」の展開であり、連続であったというのは言い過ぎである。

バトルによる裁判

　物語史料を見ると、トーナメントと並んで、正義の審判を決闘に求めるという話が出てくる。よく知られている例に、『アーサー王の死』（作者は分からない。13世紀の1220年代に書かれたものらしい）に、王妃グィネヴィアが弟を殺したと言い立てて、騎士マドールが要求した決

左：なんとも不可解な絵で、左手の競技者の構える槍は、馬の頭の上あたりから陰になっていて、その陰の筋が相手側の胸元まで伸びて、相手側の競技者はどうと後ろに倒れている。なにか、やたらに槍が折れた棒切れがころがっている。1本は宙空をとんでいる。1470年制作のフランスの写本飾り絵だそうで、そうすると王冠をかぶった人物はルイ11世ということになるが、なんとも個性味を欠いた描写でおもしろくない。そんなのよりも、視線を右下に下げると、試合場の低い板塀に、なにやら突起物が見える。下側に影までつけているようだから、これを物として描いたことはたしかなようで、なんだ、これは？　ついつい、そういう細部が気にかかる。

第Ⅱ部第7章　トーナメント　109

話は別である。神明裁判のさまざまなやり方のひとつとして、教会はジャウスト形式の決闘裁判を許容した。たしかに、神は正しい者を勝利者に立てるであろう。どちらか一方を正しい者と決めることを神に強要するのは問題だという声がなかったわけではないが。

これは高度に神学的問題であって、1215年に開かれた「第4回ラテラン公会議」は、およそあらゆる種類の「神明審判」に僧侶が関与することを禁じたのである。教会は「神明審判」と縁を絶つと宣言したわけで、それから5年から10年ほどたって、無名の作家は『アーサー王の死』を書き始めるわけで、そのあたりのタイミングがこよなくおもしろい。この神明裁判の決闘のあと、王妃グィネヴィアがランスロットと情を通じていたことがばれて、「喜びの砦」にたてこもったランスロット党とアーサー王の軍勢の対陣という筋立てになる。なにを思ったか、作者はそこに「ローマ法王」を登場させているのである。

「ローマ法王」の登場といっても、アーサー王の王国の「大司教」や「司教」たちが「ローマ法王」の指令にしたがってということなのだが、王と王妃の不和に仲裁に入り、「聖務停止」の脅しをかけて、事態の収拾を要請したということなのだが、これぞまさしく歴史上、法王イノケンティウス3世とジョン王との対決を映しているわけで、なんと『アーサー王の死』は、当時イングランド、というよりは「アンジュー帝国」の現代史なのでした。

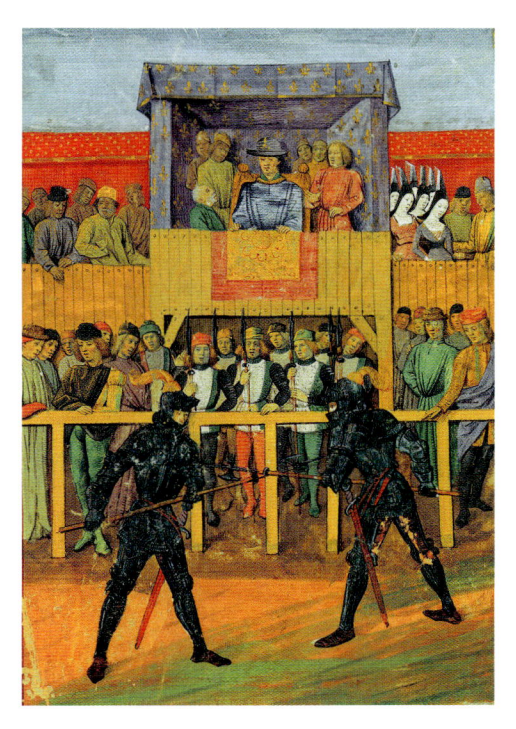

上：15世紀末の騎士道書の写本飾り絵だというのだが、そんな試合場を八角形に区画したのはおかしいとかなんとか、そんなことよりも、白鳥のクレスト付きのかぶとの白馬の騎士の方は右手の槍を馬の首斜め越しに相手に向かって突きだしている。これはよい。ところが栗毛の、なんかタツノオトシゴみたいなドラゴンのクレスト付きかぶとの騎士は、右手の槍をそのままひょいと突きだして、それがうまいこと、穂先が白馬の騎士の胸元に当たっている。これが教科書になったのでしょうか。

闘裁判の話がある。実際は、王妃のもとに届けられた果物をマドールの弟ガエリスに与えたところ、一口食べて死んでしまったということで、王妃の責任ではないのだが、そんなことはおかまいなし。王妃は自分の側の戦士を立てなければならず、それが一番頼りにしているランスロットは、ウィンチェスター城外でのトーナメントで重傷を負って治療中の身であった。というふうに物語作者は雰囲気を盛り上げるのだが、結局ランスロットは、定められた日の定められた時刻に決闘場にあらわれ、マドールとジャウストを演じ、マドールを殺すことなく勝利を収め、王妃の立場も救ったのであった。

この事例は、さらに興味深いことを教えてくれる。騎士マドールには王妃を告発する十分な根拠があった。王妃の側には、この告発を受けてチャンピオン（告発人）騎士マドールに勝つことができる騎士を選抜する権利があった。王妃がランスロットをチャンピオン（この場合には「防護人」）に指名するであろうことは、マドール側にも当然予想できた。しかし、マドール側はそれを阻止することはできなかった。ランスロットが王妃の危難の噂を聞いて、救援に駆けつけるべく決意した時点で、この裁判は終了していたのである。

キリスト教会は、もともとトーナメントを流血の可能性のある闘技として問題にしていたが、それは騎士的存在に対する、教会側の根深い不信に根ざすものであって、神明裁判としての武闘ということになれば、

右：ジャウストで、双方の競技者ともども落馬したばあいには、両者は徒で戦うことになる。これは15世紀のポワトゥーの領主ジャン・ド・ブイユの著述『ル・ジュヴァンセル（若者）』の写本飾り絵。赤い鞘の長剣を腰にだらりと下げて、手槍で渡り合っているように見えるが、どうもおかしい。おたがい、もう、相手をグサリとやっていて、ふたりとも血が流れている。その血の流れを朱鞘の長剣ということでシンボリックに表現したものか。

トーナメントに対する態度

トーナメントは、賛成派と反対派に分ければ、反対派の方が多かったろう。ヘンリー2世は、なにしろ領主の騎士奉仕（主従契約で決められた人数の騎士を提供する義務）を軍役代納制に切り替えたというほどだから、さぞや合理主義的な君主だったろう。だから、トーナメントなどというムダはできれば省きたいと考えていたにちがいないと思われがちだが、なにしろ領主間の相互契約によって成り立っている社会である。領主であり騎士である男たちが、武芸鍛錬の場としている、また、社交の場としている、また、レジャーとしているトーナメントやジャウストを軽んじていては自分の立場がない。

教会の反対

キリスト教会は、トーナメントについてアンビヴァレント（好意と反感を同時に感じる）な感情を抱いていた。たしかにトーナメントを「デテスタビリス」なものとして問題にする傾向はいつの時代にもあった。この形容詞は「デテストール」という動詞から作られていて、この動詞は「激しい恐怖感をもって排斥する」という意味合いで使われていた。だから「デテスタビレス」は、英語ではそのまま「デテスターブル」のほかに、「アボミナブル」とか「ホリーブル」とか言い換えられる。

この章のはじめにも紹介したように、1157年にシャンパーンのランスで開かれた教会会議の議事録や、1179年にローマのラテラン宮殿で開かれた公会議のそれに、「かのデテスタビリスな、九日市の祭りの仕儀、トルネアメンタと呼んでいるそれ」と見える。また、法王イノケンティウス2世（在位1130～43）がそう発言したという伝えもあり、どうやら教会側がトーナメントに対して、最初から否定的な姿勢を見せていたことはたしかである。

しかし、だからといって、キリスト教会はトーナメント文化、ひいては騎士道文化そのものに対して否定的で、騎士や領主は、その反対を押し切って世俗的な文化価値を華と咲かせたのだと考えるほど、時代錯誤的な見方はないであろう。

13世紀前半の作と見られる『オーカッサンとニコレット』にすばらしい一節がある。少々長いが、ぜひ引用したい。オーカッサンはボーケールの伯の息子であり、ニコレットを愛している。ニコレットは伯の家臣の養女である。伯はニコレットを嫁にしたくない。そこで家臣を呼んで、ニコレットをオーカッサンから引き離すよう命じる。家臣は屋敷の一番高い階上の部屋にニコレットを閉じ込める。うわさを聞いたオーカッサンがニコレットの養父をたずね、問い詰める。ニコレットの養父は、どうしてもニコレットを愛しつづけるというのなら、パラディ（天国）に行けなくなっても知らないぞと脅して、オーカッサンの愛をあきらめさせようとする。オーカッサンは答える。

「天国に行って、なにをするんです？　ぼくは行きたくない。ぼくはニコレットが欲しい。ぼくのいとしい人、ぼくは愛している。天国に行くのは年取った司祭とか、そんな人たちじゃあないですか。年寄りのあしなえとかうでなしとか。昼も夜も祭壇の前にうずくまっている。薄暗い地下のお堂で過ごしている。古びて、いいかげんすりきれたカッパ（僧侶の着る外套）をひきずっている。くさったボロをまとっている。靴もはかず、はだしで。腹を減らし、のどが渇いて、寒くて、具合悪くて、いまにも死にそうだ。天国に行くのはそんな人たちです。そんな人たちにぼくは用がない。ぼくは地獄に行きたい。地獄って、ボー・クレーの行くとこだ。トーナメントや合戦で死んじゃったボー・ツェヴァレーが行く。ブェン・セルジャンやフラン・コンも行く。そういう人たちと一緒に、ぼくも地獄に行きたい。きれいな宮廷の女房方も地獄に行くっていうじゃないですか。アミが二人も三人もいるっていう。だから、夫の領主のほかにですよ。金だ、銀だ、リスの毛皮だ、みんな行きます。ハープ弾きも芸人も、カーニバルの王も一緒です。ぼくも一緒に行きたい。

右：ヘンリー8世のよろいと伝えられる。1520年にカレー近くのグーインでフランス王フランソワ1世と会談した折に着用したというのだが、戦場ではあるまいし、こんな大仰なものを着用するはずがない。デモンストレーションで用意したということか。

下：イタリアのヴェローナのサン・ゼノ教会堂の玄関扉上部の石組に刻まれた浮彫。騎馬の戦士が正面から激突する。ジャウストの作法にかまわず、槍はそのまま前方に繰り出される。馬の鼻頭と鼻頭、両前足の爪先と爪先がぶつかる。槍が相手の左の胸元に突き刺さる。その瞬間、騎乗者は前足をあぶみに踏ん張って、がっちり身体を支える。これぞ騎馬の戦士のショック・チャージ戦法。

第Ⅱ部第7章　トーナメント　111

めっちゃかわいいぼくのニコレットと一緒に。」

「ボー・クレー」というのはなんとも日本語対応語がさだまらない。僧侶であり学生であり書記である。それがまだ若くて、大学出たてで、定職がない。そういうイメージ取りである。「ボー・ツェヴァレー」は、どうぞ「騎士」がらみの諸章をごらんください、まだまだ不安定な社会集団で、領主の手勢としてとりまとめられて、トーナメントや合戦に出かける。そこで立派な働きを見せたのが「ボー」である。残念ながら討ち死にしてしまったけれど。大領主の家政に人手が要った。「セルジャン」は役人である。それが「ブェン（ボン）」であるとは何事か。有能な、などと、なんでオーカッサンが役人の能力を判定しなければならないのか。「セルジャン」は奉仕するが原義で、「フラン・コン」は人に仕えない。フランな男で、自分の農地を持っていて、領主の指図は受けない。自由保有地農民である。

このオーカッサンの発言は、12世紀中世の知識人が裸で出ている。レトリックが上すべりに流れてしまうところがある。しかし、言っていることははっきりしていて、12世紀中世の自然主義がなめらかに口から滑り出ている。このオーカッサンの自然主義を、20世紀の大学者エドモン・ファラルが「百花繚乱の枝の主日」のようだと批評しているのがこよなくおもしろい。「枝の主日」は復活祭の直前の日曜日、聖週間の第一日である。エルサレムに入るイエス・キリストを歓迎して、町の人たちが、手に手に棕櫚の枝をもって道ばたに立ったという。その祭を言っている。ファラルは、「オーカッサンとニコレット」のふたりは、大いなる主の祝福につつまれていると批評している。わたしはキリスト教徒でないので、よくはわからないが、これほどに好意的で、祝福に満ちた批評の言は、およそ他にないのではないだろうか。

> エレックはエニッドをたいそう愛していたので、紋章や武具のことなどどうでもよくなった。トーナメントにも行かなくなった。ただ妻のそばにいたかった。なんと恥ずかしく残念なことだとみんな噂した、彼ほどの者がもはや紋章を身につけることを望まないなんて。
>
> クレティエン・ド・トロワ『エレック』から。

下：フランス王アンリ2世がトーナメントで負傷した様子を描いたフランドルの彫板師フランツ・ホーヘンベルフの作だというのだが、どうもよく分からない。この絵はとてもおもしろい。試合場の緑色の布地で被覆された低い柵の両側で馬をギャロップ駈けさせている、なにやら派手な作りのクレスト付きのかぶとの騎馬武者ふたりは、いったいなにをしているのか。槍を構えているようにも見えるのだが、ふたりとも進む方向が逆である。これはジャウストではない。はじめこれは裏焼きかと思ったのだが、手前に居並んで、文字通りこちらに尻を向けている騎乗者たちは、ちゃんと右手の槍を槍立てに立てて、出番を待っている。裏焼きではない。左手の門の上の横に細長い壁面に書き込まれたラテン語の文字もちゃんと読める。だから裏焼きではない。絵がもともとおかしいのである。アンリ負傷は試合場の上の空き地に見える4個の人影に関係しているのか。負傷したアンリはすでに運ばれていって、相手をした騎馬武者は、どういうことになるのかと、呆然として立ちすくんでいる。アンリの従者たちが折れた槍の破片を拾い集めている。

第Ⅱ部第8章
騎士と戦い

中世人は、神が人間の事柄に干渉することが出来、また実際に干渉すると信じていた。衝突に関係する出来事だけではない、すべての出来事の意味は、この世界で起こった出来事を越えて、はるかかなたへ及ぶ神の目的を洞察する時、はじめて理解されるのである。戦争の領域ほど、このことが明瞭なのは、他のどこにもない。

今日、私たちは、戦争は避けるべき災厄であるという考えに慣れ親しんでいる。しかし、この考え方は、中世においては広く流布された考えではなかった。修道士オノレ・ブーヴェ（1340?～1410?）が1387年に書いた『戦争の木』で長々というには、戦争それ自体が悪いということはあり得ない。なぜなら、戦争の目的は「自分が悪いことをしているということを認めようとしない者から、平和と静穏と道理を、力づくででも取り上げる」ことにあるからだ、と。どうすれば、戦争それ自体を悪いことだとすることができるのか。なにしろ最初の戦争は、ルシフェルとその追従者たちが追放された機会に天国で起きたというのに。戦争はただそれが悪しき理由で戦われたか、それとも当初の理由を正当化するにはあまりにも多くの不幸を引き起こしてしまった時にのみ、悪とされたのである。

戦争の原因

戦争を引き起こすのは経済だというのは分かりやすい説明で、中世の戦争も、その点は同じなのだが、ただ、正義の問題が核心にあったことは確かである。たとえば、中世後期の戦争といえばまず百年戦争だが、これは、権利と義務の解釈をめぐる戦争だったのである。イングランド王はフランスの一部を領有していたが、にもかかわらず、彼はいまだ軍事的奉仕を含む一定の義務をフランス王に対して負っていた。このことはイングランド王の政務を大いに妨げており、許容出来るものではなかった。この問題をめぐる対立抗争は、ついにだれがフランス王の王冠をかぶるかというところにまで行ってしまった。なにしろ、そこまで行かなければ、権利と義務の解釈をめぐる抗争はおさまりようがなかったのである。

私的な戦争と公的な戦争

理論的には、諸侯や王の利益になる公的な戦争と、個人間の不和や確執の解決を実現する私的な戦争とのあいだには明白な相違があった。どちらのタイプについても、してはいけないこととよいことが決まっていて、両者の違いには歴然たるものがあった。私的な戦争では、火を使うことはしなかった。放火とみなされるからである。しかし一方では、もし王家筋の指揮官について、公的な戦争を起こせるだけの権威を笠に着ることができたならば、火は、効果的な武器として合法的に利用できたのである。なにか行動を起こすのに、適切な権威を笠に着るということは、中世の戦争における重要な要素であった。

会戦は、時として高度に儀式化された。あらかじめ、日時と場所について、両者

左上：樹木で系図を表わすという作法があって、それが系図以外の分野にも応用され、なにか相互関連を示すのにこれが使われる。ところがこの絵のように、一番高い枝で王侯が争い、一番下の枝で兵士が戦うというのでは逆さまだ。なぜなら樹木は逆さに見なければならないからである。最上段に位置する神と天使たちこそが地上の事物の根なのである。

右：合戦に打って出る戦士が神に祈るシーンと解説されるが、なんにしても戦士たちの腰の履物がおかしい。ぬかずいて祈る騎士はともかくも左腰に剣を、右腰に短剣を帯びている。ところが後ろに立っている連中ときたら。どうしてこうもでたらめなのだろう。

間に協議が行なわれた。開戦直前、祈りが捧げられ、従軍司祭の説教を聞いた。戦闘が終わっても、勝利した側は戦場に留まり、勝利を宣言することが求められた。これは長い伝統を持つ作法であった。

神の調停

神の意思は地上の国（アースのEを大文字で書いている）において最後まで（最後の審判にいたるまで）演じられるとは、中世人のよく理解するところとなっていたが、これが戦争とはなにかを理解する、その仕方に深く影響していた。神は、もっとも正しい側に勝利を与えるであろうと思われていた。

十字軍のようなケースでは、少なくともキリスト教徒にとっては、どちらが「正しい」側かは明らかだった。しかし、ノーマルな戦い（いったい、ノーマルな戦争などというものがあるのだろうか）においては、この事はそれほど明瞭ではなかった。日時と場所について合意したピッチド・バトル（会戦）は神の審判によって勝ち負けが決まると考えられていた。会戦は神判、すなわち戦闘による裁判だったのである。裁判人は神である。戦士は自分は正しい側だと思っていた。信じ込みたがっていたというべきかも知れない。というのは、一方では彼らは、神が仲間内のだれかを、この戦争とはまったく関係のないなにかのことで罰しようとして、この戦争の勝ち負けを決めるかもしれないではないか。あるいは、神は単に仲間内のだれかの信仰を試そうと、わざとこちら側の負けというふうに審判を下すことがあるかもしれないではないかと、なんとなく気がついていたのだから。

その結果として、会戦を行なうことは、敵味方双方から、非常にリスクのあることだとみなされ、できるだけこれは避けたいという気持ちが、双方ともに強く働くということになったのである。中世では会戦がまれであったことのナゾを解く鍵がここにある。たとえば、百年戦争全体で両者の王族が出陣した会戦は、たった3度だけだった。

1066年、ヘイスティングズにおける征服者ウィリアムの勝利、1356年、ポワチエの戦いにおけるエドワード3世の勝利、また、

右：ヘイスティングズの戦いの大勝利は、それは征服者ウィリアムが戦争上手だったせいもあった。けれども神の恩寵の前にはそんな人為はすっとんでしまう。なにしろ15世紀に作られた写本飾り絵というが、戦士たちの風俗といい、画面構成にうかがえるバトル・タクティクスといい、なんとも*時代錯誤*だ。

> 火器を欠いた戦争は、
> 芥子を欠いた
> 腸詰めだってこと。
>
> シェイクスピア『ヘンリー5世』の
> 第3幕第2場のあたりに
> 当時流布本が付け足したセリフ

1415年、アジンコート（アザンクール）におけるヘンリー5世の勝利は、それぞれ勝った方の側からは神の意思の表われと説明された。負けた方の側から見れば、悪魔の凱歌と聞こえたかもしれないというのは、近代主義的な見解である。中世人の思量はわたしたち近代人の思惑を超える。負けた側の方も、これを神の決定と考えていたかもしれないのである。

中世の会戦の現実

中世の戦争というと、ついついピッチド・バトル（会戦）のことを想像してしまうが、それは錯覚で、実際にはもっと規模も小さく、見栄えのしないのがほとんどであった。中世の戦争といえば、じつは包囲戦が主流であった。城や砦を占領してこそ、周囲の土地を支配できたのだから。たとえばイングランド王リチャード1世（在位1189～99）は、生涯通じて会戦は2回ないし3回しか経験しなかったが、包囲戦は、彼にとって日常茶飯事だった。

1066年のヘイスティングズの勝利の効果をさらに強め、イングランド全土で反乱が起きないようにあらかじめ予防しようとして、征服者ウィリアムは、抵抗勢力をひとつひとつつぶしていった。イングランドの領主たちは、この新手の征服者に対して連合して抵抗することができず、それぞれが孤立していたのである。ウィリアムはその時、イングランド北部で、種や麦粒の備蓄、家畜、また農機具の組織的な破壊活動を展開した。この「北方の略奪」は、広範囲にわたる飢饉と難民を生み出しただけではなく、「デッド・ゾーン（死の地帯）」を作り出すことによって、領主たちがこれ以上抵抗することができないようにし、また、新手の侵入者に対して、侵入が得策ではないことを知らしめる効果を生んだのである。長期間における支配を維持するには、城塞のネットワークを作り、これと野戦軍とを組み合わせる戦略が物をいった。

百年戦争の間、イングランド王家は、フランスの国力と繁栄に打撃を与えるため、そしてフランス王権の弱点を明らかにする

ためシュヴォシェと呼称される軍事行動をもっぱら行なった。シュヴォシェは、通常騎乗して敵地を移動し、可能な限りの打撃をあたえる軍事的任務を意味した。襲撃したり荒らし回ったりする目的の遠征ではなかった（もっとも、作戦の結果、そういうことになる場合もあったが）。この戦術は、実際に戦闘に訴えることなしに、相手側にこちらの主張を受け入れるのを強制する意図によるものであった。

武器の発達

騎士は多くの異なった武器の使い方について訓練されていた。そして、中世の全時代を通じて一般的に使用される武器の種類と形状は、多かれ少なかれ変化していった。たとえば、1066年のヘイスティングズの戦いで、アングロ・サクソン人のハウスカール（領主の武装従者）とセインズ（領主）は、バトルアクス（戦い斧）を武器にすることを好んだが、15世紀になると、馬を下りて闘う騎士は、ポラックスを得意の武器とした。

「武器」の章で紹介したように（91ページ）、ポラックスはスピアと斧とハンマーを合わせた武器で、言葉としては「ポル（頭）」と「アックス（斧）」の連語で、「相手の頭をはねる斧」という意味である。17世紀ごろから、このもともとの意味が忘れられて、形状から「ポール（棒）」の「アックス（斧）」と呼ばれるようになった。いまではこの語形が通用している。すなわち、「ポーラックス」である。

しかし、たとえば槍について、これは中世のはじめにはスピアと呼ばれ、もっぱら投げ槍に用いられていたが、トーナメントの発展の結果もあって、後期中世には、これが太くて長いランスと呼ばれる槍に次第に変化していったというような見方はまちがっている。

12世紀の『ロランの歌』やベルールの『トリスタン物語』に活写されたように、槍と剣は戦場の戦士、トーナメント会場の騎士に不可欠の武器であった。槍はゲルマン語系で英語のスピア、フランス語のエスペだが、ラテン語でランケアと呼ばれる槍があって、これがロマンス語に変化してフランス語に入り、ランスとなまった。

『ロランの歌』の合戦の場面で、槍はたいていエスペと書かれている。ランスも出てくることはあるが、その出方がおもしろい。ロンスヴォーの谷地で玉砕したロランたちの仇を討とうと、シャルルマーニュは軍を返して、サラセンの王マルシルとの決戦に臨む。その前夜、「皇帝はとある原に寝た、勇者はおのがグラン・エスペを頭の上に置いた」と詩人は歌っている。シャルルマーニュは自分の大槍を頭上に横たえて休んだといっている。ここではエスペである。ところが、その数行後、詩人はエスペ

上：整列した騎士たちが、いましもチャージの体勢につこうとしている。アジンコートの戦い。雰囲気たっぷりに描くのが得意の画家ジョン・ギルバート（1818～97年）の作。ところがこの陣立てはフランス方のようだ。ヘンリー5世のイギリス勢は貧乏旅団で、こんなに精悍な騎士をそろえてなんかいない。こんなに盛大に旗をなびかせていたりなんぞしなかった。（シェイクスピア『ヘンリー5世』Ⅳ-3を参照）

をランスと言い換えて、イエスが十字架にかけられて脇腹に受けたその槍の穂先を皇帝は手に入れて、自分の剣ジェウーズの柄(つか)のなかに仕込ませたのだと書いている。イエスと槍の話はラテン語系の語形を取らなければと、そこまで詩人は計算したか？そこがおもしろい。

ところが、『ロランの歌』もまだ始まったばかり、サラセンの王マルシルがシャルルマーニュの評判を語るくだりに、「その身にランスとエスペのたくさんの突きを受けて」と書いている。ここは古来難解で有名なところで、大方はランスもエスペも槍と読んで、そのあたり、なんとか整合化しようと苦戦している。ここのエスペは、じつは音が同じで剣を意味するエスペで、だから槍と剣の攻撃をたくさん受けて、と読めばよい。かんじんなことは、ランスが歌のはじめから、エスペと並んで槍の呼称として登場しているということである。

長弓は中世の最もよく知られた武器のひ

弓射手はみな臆病者

サンドニ修道院の修道士が書き継いでいる年代記の、クレシーの戦いのことを書いているところに、弓兵のことを「なんの価値もない連中」と批評している記事がある。騎士クラスの者全員が共感できる発言だったろう。弓は凡夫百姓の武器だというのだが、そう一方的におとしめながら、騎士クラスは大弓兵や長弓兵の傭兵隊をチャーターすることを止めなかった。スロイスの戦いに際しては、ジェノヴァのガレー船と大弓傭兵隊を、一艘でも多く、一兵でも多く手に入れようと、イギリス方とフランス方双方のエージェントがジェノヴァに出張してきて、交渉に火花を散らしたのである。

右：跳ね橋をあげ、屋上から大弓兵が狙っている。そこにやってきた敵将は左手にハルバートを杖代わりに突き、面甲をあげ、右手を開いて差し出して、なにごとか相談を持ちかけようとする気配。旗を持つ鎧兜武者が付き従い、さらにその背後では長弓隊が城を狙う。その背後にさらに槍隊。この絵はスタイルから見て14世紀の作である。武将がベルトラン・ドゥ・ゲスクリンであるということはまずない。タバードと旗に描かれた紋章がまるでちがう。これは、「9勇士」の古代の3人のひとり、カエサルの紋章に、左上から右下にかけて赤の斜帯を入れた紋章である。カエサル（皇帝）ではないことを示しているらしい。それだけのことで、だれだってよい。

とつである。それは強力であったが、それも正しい方法で用いてのことで、まちがった使い方では効果は期待できない。鎧のデザインがよくなり、作りもしっかりしてくると、鎧に衝突する鏃も改良され、弓の射方もさらに工夫された。長弓戦法の成功の秘訣は、どれだけの数、標的範囲に矢を打ち込むことができるかにかかっている。弓射手は1分間に15本の矢を射ることができる。たとえ1本でも矢が騎士の鎧に当たって、それが鎧の鋼板にはじかれたり、突き刺さりはするが途中で止まったりすることなく、身体に深く刺されば、致命傷になるおそれがある。それが分かっているから、矢が鎧に当たって音をたてる、その音が騎士に与える心理的効果は絶大であり、これが攻撃の密集隊形を崩す要因にもなったのである。だから、弓隊は実動的戦力だった。しかし弓隊は、それが実動的戦力であるという、まさにそこのところで、ひとつの重大な欠点を持っていた。弓隊の戦術は、敵が防御態勢にある弓隊を攻撃することに依存していたのである。それはイニシアティヴを敵にゆだねることを意味した。実際、弓隊が勝利するには、敵が攻撃に失敗してくれることが必要だったのである。

騎士はプロフェッショナルであったから、適正な状況下にある弓隊がどれほどの価値を持つか、プラグマティック（実利的）に評価する立場にあった。しかしそのことは、弓射手を、自分たちと同じに扱わなければならないということを意味するものではなかった。弓射手は、もし戦いの最中に騎士に捕らえられたら、慈悲を求めることはほとんどできなかった。死か身体の一部切断が、そのような者たちの扱いのふつうのやり方であった。

上：この写本飾り絵は1473年の作だとか、その年の出来事を映しているとかの伝えがあるらしい。唯一個性的な描写は旗の「インペリアル・イーグル（皇帝の鷲）」模様だが、これはドイツ王家の紋章図案である。1473年というと、ドイツ王フリートリヒ3世は、モーゼル河畔のトリヤーでブルゴーニュ侯シャルル・テメレールと会談した年である。別に合戦があったわけではない。もっともその年の前半に、ライク（リエージュ）司教領で悶着があって、ブルゴーニュ家の軍団が暴れ回っていた。これはしかし「インペリアル・イーグル」には直接関係しない。それにドイツ王家は、ローマ帝国皇帝としての位格を「双頭の鷲」で表現し始めていた頃合いで、どうしてことさら「インペリアル・イーグル」でくるのか、よく分からない。

戦術

中世の軍隊は、軍事的戦略もしくは戦術に関して常に乏しい知識しか持っていなかったと、一時期、研究者は考えていた。中世の戦争はそれほど組織化されておらず、実際に実行された作戦行動を見ても、それは初歩的なものに留まっていたと広く考えられている。しかし実際には、戦略思想および戦術思想がこの時代に高度に発達したのではないか。むしろ最近は、そう認識されるようになってきている。諸侯や王は、実地的な経験をふまえて、多様な書物を利用して戦争の実践を学ぶ事を期待されていた。たとえばローマ帝国末期の著述家ウェゲティウスが4世紀に『デ・レ・ミリターリ（軍事について）』という本を書いたが、これは中世を通じて、書写され、翻訳され、注釈されて、操兵教則本として熱心に読まれたのである。

『ばら物語』の著者ジャン・ド・マンのフランス語訳本は「ラ・ツェヴァルリー」と題された。近代語の発音で「シュヴァルリー」で「騎士道」だが、用語としてはこれはかぎりなく原義に近い。すなわち騎馬の兵士の生活と戦闘作法である。

有利な地形をえらぶ、奇襲をかける、斥候を派遣する。こういった戦法は、万人ともにその利点を認めるところであった。訓練をいかに重要視していたかは、盛んに行なわれたトーナメントが示している。また、あらかじめ作戦プランを立てておくことはとても重要なことであった。しかし、実際にはプラン通りにいかないことがよくあった。ミステークが重なったこともあったろう。指揮官のうちには、作戦を成功裏に収めるだけの能力と経験が不足していたのもいたことだったろう。だから失敗した作戦はいくつもあったのだ。中世の戦争の仕方は、中世以前、また中世以後とくらべて、洗練度において劣るということは、どうもいえないようである。

騎士のチャージ戦術

戦闘の要の戦術は、馬に乗った騎士が、太槍を横に寝かせて突進するチャージ（衝撃突撃）であった。重い槍は脇の下にしっかり抱え込まれていて、その結果、馬の重量が騎士の体重に組み合わさり、大きな物理的力がそこに発生する。この突撃戦術を実行するには、鐙（あぶみ）と大型の鞍が、騎士を落馬から守るために必要であって、この技術は11世紀中に発達した。

突撃を効果的なものとするには、統制のとれた多数の騎士の集団によって行なわなければならなかった。これは、単に戦術だけの問題ではない。なんとも複雑な社会組織の問題がからんでくる。また、戦術を学ぶために、トーナメントのような集会を

上：ウェゲティウスの著述『軍事について』の補遺ということで1472年に執筆されたロベルト・ヴァルトゥリオの同名の著述は、ここに見られるように、詳細なイラスト入りで、武器、包囲戦など、時代の軍事技術について書いている。

右：トーナメントにはジャウスティング（一騎打ち）とメレ（集団戦）の2種あるが、この絵は前者を集団でやっているようで、おもしろいが、なんにしても槍筋の描き方がめちゃくちゃで、相手方の槍は、左胸につけた小楯をよけて、相手方の右胸に当たっているように見えて仕方がない。腿と臑を覆う金物の武具が傑作で、これでは拍車の操作もままならない。

騎馬のフランク人を阻むものはない。
のバビロンの城壁を破って突き進むであろう。
（古代バビロンの城壁は高さキュービットで200、厚み50あった
という。メートルで100と25といった見当）

ビザンティン皇帝アレクシオス・コムネノスの娘、
フランク人の十字軍がはじめてやってきた時代に生きて、
同時代史を遺したアンナ・コムネナの発言

何度も開く必要がある。騎士の集団による、よく統制のとれた突撃の衝撃力は、比類なき破壊力を備えていた。

中世の軍隊の改良

騎士は個々人で戦ったのではなくて、比較的小さな戦闘単位として編成された軍隊の一部として戦った。この戦闘単位は、血縁関係もしくは封建的紐帯に従って編成された。その基礎となるものは、あるいは家（使用人も含めた「一家」）であり、また封主として封臣から軍事奉仕を受ける領主であった。家や封のネットワークは、当時の社会で広範囲にひろがっていたので、戦闘単位としての騎士隊も、指揮系統も、レディ・メード（できあい）の予備が常に用意されていた。

戦闘単位の最大のものはバトルと呼ばれた。（これの語源は俗化ラテン語の「バッチリア」にあり、ロマンス語で「バッテーエ」と訛ったが、中世英語はこれの借語であるとする根拠はない。直接、俗化ラテン語から入って、バテール、バトルと音が変化したと見て良いようだ。）軍隊は3バトルから5バトルで編成され、全体として王の統合的指揮権下にあった。前衛のバトル、後衛のバトル、主軍のバトルないしバトルズというように編成される。主軍のバトルズのうちに、少人数のグループがあり、これは「コンレ」と呼ばれ、10人から12人の騎士で構成されていた。さらに小さなグループは「ランス」と呼ばれていた。「ランス」は、その呼び名の意味をとれば「槍隊」であって、騎士に率いられている。

このような部隊編成は、戦術によって、かなり柔軟性を持っていたと思われる。また、時代を経るに従って変化した。たとえば14世紀中頃には「ランス」は重装備の騎士ひとりと、馬に乗った弓兵数名で編成されていた。それが15世紀には、「ランス」は、騎士ひとりと彼のページ（小姓あるいは近習の日本語対応語が用意されているが、なんとも訳しにくい）、武装従者、馬に乗った弓兵が3人、大弓兵がひとり、「ア・パイクマン」（「パイク」は14世紀後半にフランドルの町衆の武器として「ピケ」と呼ばれたのが史上初出）、それに「ア・ハンドガンナー」（「ハンドガン」手の銃の兵士、ということで、「小銃兵」）で編成されていた。

部隊は、それぞれスタンダードあるいはフラグを立てることになっていた。（スタンダードは材木を組んだスタンドにフラグを立てるところから、こう呼ばれた。フラグは旗一般をいう。）旗を立てれば、それによって各部隊に作戦行動や転進のシグナルを送ることができる。また、旗は、いちばん目につく集結地点の表示であった。スタンダードは君侯の存在を示し、戦闘中にそれを損失することは不名誉を意味した。

中世の戦争に関する報告の多くが、もっぱら「ランスの騎士」を浮き彫りにしてきたせいで、他の兵士たちの存在は、ともすればかすみがちである。しかし、鎧兜を着

上：彼方に町、灌木林を縫って軍隊がやってくる。先頭に指揮官らしい騎馬の騎士。その前方に輜重隊、と見えるが、輜重隊が前方に行くなんておかしい。これは分捕り品を満載した荷馬車という設定。先頭の指揮官はおそらくプリンス・オブ・ウェールズのエドワード。1356年夏、アキテーヌで旅団を率いて行動した。灌木林はサンザシである。

飾って馬にまたがる騎士のイメージがどんなにか人々の想像力をかきたてようと、そしてまた、それが、いかにも中世の戦争を象徴するかのように見えようと、騎士以外にも兵士はいた。その数は多く、戦争に不可欠の存在であった。たとえば、歩兵は騎士ひとりに対して5人から10人であった。中世末まで歩兵の役割は防御的なものであり、騎士がチャージの隊形を編成する際や、チャージ後に帰還して身体を休め、気力を回復する際の拠点を提供した。歩兵はまた、補給品と略奪物を載せた荷馬車隊を守るのにきわめて大切な戦力であった。

攻城戦

　ある地域を支配するには、その領域内の城塞を占領する必要があった。だから、城、その他、防御をほどこした建造物を、小さな塔や砦から城壁をめぐらせた町にいたるまで確実に統制下に入れることが、軍事作戦の重要な目的だったのである。攻城戦は、中世を通じて、このプロセスの重要なパートを演じていたのである。

　ノルマン・コンクェストの時代に、ノルマンディーから来た領主たちによって築城が進められた初期のモット・アンド・ベイリー型の城は、原初的なものであったにもかかわらず、守備隊に、木柵の後方に退いて救援を待ち受けることの出来る聖域を提供した。それらの城は難攻不落のものではなかったが、しかし多くの反逆者に脅威を感じさせ、威圧した。11世紀末に築城の技術革新がみられ、その結果、ロンドンのホワイト・タワーや、ロチェスターやコルチェスターのキープ（城）などが、前代未聞の、威圧的な高さで立ち上がった。そして、ついには13世紀の末、エドワード1世（在位1272～1307）によって築城されたカーナーヴォン城、あるいはコンウェイ城などのように、複雑な同心円状のデザインで構成された、複数の城壁からなる城が建てられるようになったのである。

城攻め

　包囲戦の間、最も手っ取り早い攻撃は、城を攻略することであった。しかし、梯子を使って城壁を登るのは危険な仕事であり、攻撃する側を弱い立場に置いた。城壁が高くなればなるほど、この方法はより困難になった。木造のモット・アンド・ベイリー型の城がまだ一般的だった11世紀では、炎が手っ取り早い武器だった。炎は、築城資材の選択が木から石に取って代わられて、その有効性を減じることとなったが、木造の城門に対しては、いぜんとしてこの戦法が用いられた。「ポートカリス」と呼ばれる上下に開閉する鉄格子の扉が城門に設置されるようになったのはこのためである。跳ね橋や「マーダー・ホールズ」（「城」では「マチコレーション」）が工夫されたのも、城門の防衛のためである。城壁に設けられた「アロウ・スリッツ（矢狭間）」の仕掛けは、城門に殺到する敵勢に矢を射かける弓射手や大弓射手に安全な場所を提供した。

　車輪の付いた木製の攻城櫓は、古代ローマ時代からよく知られており、中世を通じて堅固な城壁を奪取するのに用いられた。それは、守備兵を打ち倒して胸壁を攻略するのを攻撃側に可能とした。「テスチュード」（亀甲状屋根のシェルター）や「マントゥリット」（フランス語のマントーから。移動式シェルター）は、包囲側の兵士を屋根でもって保護するものであった。これらは城壁のそばまで持っていくことができるので、おかげで坑道掘削を試みたり、城内へ

上：ジロンド入江の北岸のモルターン城包囲の光景。左手にジロンド入江の水域が描かれている。かなり大型の船が兵員を満載して接岸中という景色だが、これはイングランドから海峡を渡ってやってきたという設定であろう。攻城具はあまりたいしたものは備えられていない。大砲が2門、描かれているが、あさっての方角をむいている。灌木はサンザシ。

巨大石投げ機

フランス語でトレブシェと呼ばれた石投げ機は、釣合錘(つりあいおもり)的原理の仕掛けで、12世紀にはじまって、大砲が十分使えるようになるまで、城の包囲といえばまずこれだった。土砂のような重いものをつめこんだコンテナーを、一本の棒の片端に吊し、他方の端に、石弾をかませた帯を吊す。石弾をかませた帯を吊してある方を下にひっぱって下げれば、コンテナーの方が上に持ち上げられる。適当なところで、引っ張っている綱をはなせば、コンテナーが下に落ちて、はずみで石弾をかませた帯が上に放りあげられ、石弾がとばされるという仕組み。この図に描かれているように、城壁の上部を狙うわけではない。むしろ城壁の基部を狙う。何発かぶつければ、基部がもろくなって、城壁が自重で崩れてくれるのを期待するわけである。

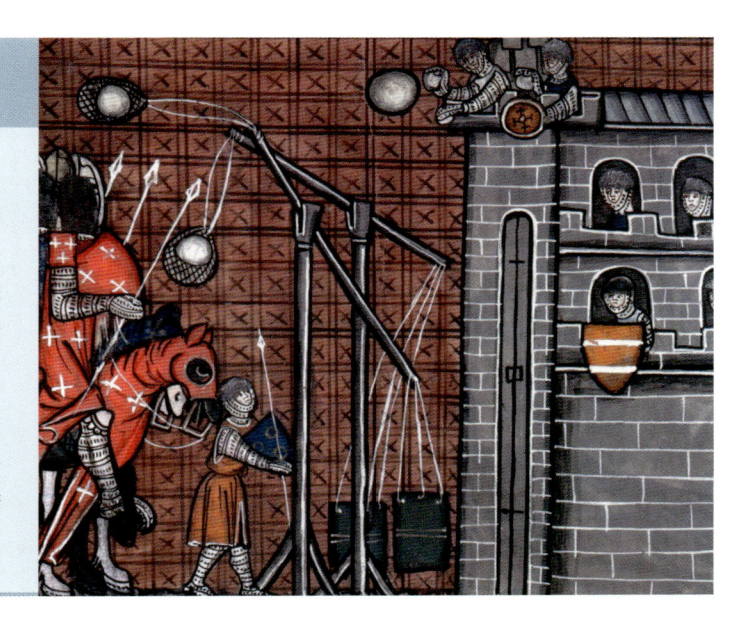

侵入するために破城槌を使用して城門を攻撃することが可能となった。また、攻城器で投石することにより、城壁に突破口をつくることも確実な戦術であった。

坑道を城壁の下までうまく掘り進められれば、城壁を支えている木材を燃やして、上に載っている城壁を倒して、城壁はゆっくりと崩壊することになるであろう。しかしながら「モート」と呼ばれる水を満たした防御設備が城壁へ近接することを困難とし、そしてまた、城壁の下を掘削するのに、それが大変な厄介物となった。突破口への強襲は命がけの仕事であり、攻撃側は、その結果について、かなり覚悟をしなければならなかった。

開城交渉、兵糧攻め、そして内通

武力によって城を奪取するには危険と困難がともなう。とりわけ攻撃側が奇襲戦略に訴えることができなかった場合には、その危険と困難が一層増す。そうなると、それに代わる手段がとられることになる。もっとも一般的な手段は開城交渉であった。包囲戦のルールは、古くからすでに定められていて、それは聖書が書き記している原則にもとづいていた。「申命記」の第20章は、もし城が抵抗の末に陥落したならば、すべての男子は剣により殺されて、戦利品は攻撃軍の間で分配されるべきであると定めている。その残酷な決まりは、早期の降伏がしばしば魅力的な可能性だったことを意味した。しかしながら、もし守備隊長があまりにも早く城を明け渡してしまったら、彼は、彼の主君から裏切りの責めを負わされるかもしれなかった。いずれにせよ、守備隊長は殺されることになるかもしれなかったのである。そこで、双方の当事者が、あらかじめ包囲戦の期間を決めておくことが行なわれることもあった。もし上級領主がその期間の内に救援に来ることができなかった場合には、守備隊は、裏切りの責めを負う危険を冒さずに降伏することが許されたのである。

また、城への補給を絶って守備隊を餓死させるのもひとつの方法であった。しかし、このやり方は時間のかかる作戦であった。衛生状態の悪さと、軍隊の長引く滞陣とが合わさって、疫病の危険性が、攻撃側と防御側双方にとって重大なものとなる恐れがあった。こうして、もし強襲や坑道掘削、開城交渉、そして兵糧攻めのすべてが失敗したならば、あとに残されたのは内通であって、城内の者の手引きで城に入るという方法もまた、当時よくあったのである。

大砲の出現

14世紀の末からの大砲の利用は、包囲戦の力学に変革をもたらし、防御側が持つ利点を脅かした。人がよじ登れないよう設計された高い石造の城壁は、特に重砲に攻撃されやすかった。城壁の低い位置の一点に対する集中砲火は、坑道掘削と同じ効果を発揮した。その結果として城壁は低くなり、厚さを増し、濠は幅広になり、そして土塁が付け加えられた。防御側も、大砲を使って、攻撃側を遠くへ遠ざけておこうとした。

左：城にはたいてい木造の吊り橋があった。吊り橋は、包囲されている時は、吊り上げて、橋を遮断する。城壁を取り巻くように濠が掘られていて、包囲されている側にとっては、さらなるバリアーになった。空濠でも、水濠でも、それは同じことだった。攻め手は、まず雑木の束などを投げ込んで濠を埋めてから、城壁にとりつく。

傭兵

傭兵は中世の軍隊の中核を占めた。中世の軍隊で、傭兵とはなにかを定義するのはむずかしい問題である。賃金を受けとって働く兵士が傭兵だといってみても答えにはならない。賃金は、騎士に対しても、封建契約による兵役負担分の追加として、あるいはその対価として、支払われていたからである。傭兵は自営業の兵士の団体である。こう考えるのがおそらく一番あたっているであろう。彼らは、いま彼らが働いている、その地域では、概して外国人である。彼らは傭兵隊長から給与を受けとっている。傭兵隊長は隊全体を代表し、一番高い値段をつけてくれた者にサーヴィスを提供する。強欲ぶりと残忍さで悪い評判が流れていた傭兵隊もあったが、傭兵として働くということは、騎士に並び立つ専門職として尊敬されていたのである。しかし、彼らが概して下層身分の出身であったところから、社会的に上位の身分の領主層は、なかなか傭兵を受け容れようとしなかった。おそらく既存の社会秩序に対する脅威と認識していたのであろう。

傭兵がいつごろから戦争に活躍するようになったかは、正確にはいえないが、11世紀から12世紀に、すでに傭兵が用いられていたことはたしかである。たとえば、征服者ウィリアムは、「北方の略奪」作戦に騎士を雇っており、ロベール・ド・ベレームはヘンリー1世の治世（1100〜35）始めに反逆したが、その際、傭兵を雇用した。程度の差こそあれ、傭兵は雇い主にとってかけがえのない存在として、中世の末期まで人気のある存在だった。

『アーサー王物語』に、アーサー王が海峡の対岸に出兵する話があるが、無事に海峡を渡ったその夜、「王は海岸に近い平原で寝んだ。朝、そこを出発するとき、王は総勢何人になるかを目で検べた。一行は4万人をこえていることがわかった」（天沢退二郎訳）と見える。この人数は、現実のこととして見ると、その大半は傭兵でなければ計算が合わない。

土地によって、特殊専門的な傭兵が生産された。たとえばジェノヴァの大弓射手、ウェールズやイングランドの弓射手というぐあいである。彼らはよくフランス王に雇用された。中世も末になると、スイス人歩兵が死神の手先ではないかと疑われるほどの能力を買われた。騎士身分の者も傭兵になることがあったが、それは家を相続する可能性のないカデ（次男以下の男子）か、何度も戦争の運をためしたあげくに、どういうわけか所領を失った領主であった。

雇われ傭兵、賛否両論

傭兵は、早急に実戦部隊を立ち上げることを必要とした王や諸侯にとって使い勝手が良かった。あらゆる戦争において、自陣営に多数の兵士がいるよう確保するのは筋が通った話であった。王家の指揮官は、敵側の軍隊がまさに増強しようとしている時に、兵士を雇って、自軍を強化することをしないでいるというような危険は冒したくなかった。このことは傭兵に支払う金を工面しなければならないことを意味した。王家の財務官は、なんとしてでも歳入を増やす方向を模索しなければならなかった。

王家の家臣は、自分たちの軍役奉仕について、なにか恩賞を期待するところがあった。本来、王家との契約によって実行した軍役だというのに、それに満足せず、さらに上位の役職とか年金知行とかを要求したのである。その点、傭兵は、一度の働き

イタリアのイングランド人

イングランドのエセックス出身のジョン・ホークウッド（1320年頃〜1394）は、エドワード3世のフランス戦争（百年戦争）に参軍したが、彼が騎士になった事情についてはなにも知られていない。1360年にブレティニー条約が結ばれて、休戦になったのを機に、彼は傭兵として活動すべく一隊を組織してイタリアへ向かった。1363年末頃の記録に、彼がピサの隊長として活動していることが知られる。その後ミラノ侯をはじめ大勢のイタリア諸侯に仕え、1378年から1392年にかけて、フィレンツェの軍事を総括するコンドッティエーレ（傭兵隊長）の職にあった。マキャヴェリは、『君主論』で、彼はこれといった武勲を立てる機会がなかったから、君主になることはなかったが、もしその機会があったなら、まちがいなく君主になっていただろうと批評している。

左：フィレンツェの大聖堂サンタマリア・デル・フィオーレの内側の玄関壁面にパオロ・ウッチェロが描いたジョン・ホークウッド騎馬像の一部をペン画に描きおこした図版。

第Ⅱ部第8章 騎士と戦い　121

左：パオロ・ウッチェロ画「サンロマーノの戦い」ロンドン、ナショナルギャラリー所蔵。この絵は連作で3枚現存している。19頁にルーヴル美術館所蔵のものを掲載した。その解説をご覧ください。

下：スペインのブルゴスの町の助役たちが、フランス軍に降伏して、隊長のベルトラン・デュ・ゲクランに町の門の鍵を引き渡している。絵の中にとりたてて情報はないが、これは「サンドニの修道士の年代記」の一葉で、上部の文章「王軍長ベルトラン・ドゥ・ゲスクリンがエスパーンのブルゴスの町をとった」と書いている。

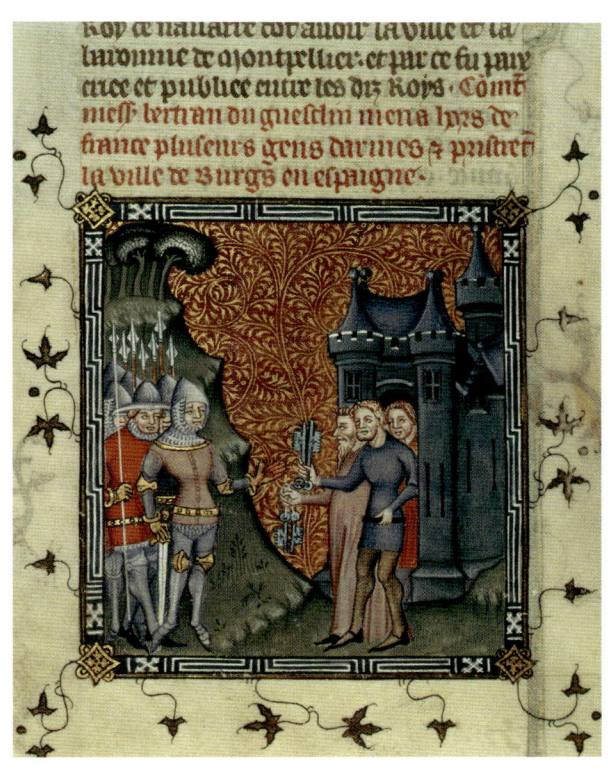

ごとに、その都度、支払いがなされた。王としては使いやすかったわけで、家臣団からそっぽをむかれても、傭兵を雇えばそれで足る。傭兵隊は傭兵隊の方で、雇用を確保し続けるために、自分たちの能力を誇示して、名声を作り上げることに努めた。傭兵隊は、自分たちが選択した職業に忠実に、たゆまず実行し、まさに為すところにおいて有能であることを示したのである。

それは、たしかに、だれかどこかの領主が傭兵を求めているという話を聞きつければ、どこにでも出かけていって、雇用の場をみつけることができるというほどに評判の高い傭兵隊は、問題を引き起こしかねなかった。百年戦争の間、フランス側は、なんとかしてイングランド側の弓兵隊に対抗しようと策を練った。ジェノヴァ人大弓射手といった傭兵が多数雇われた。1424年のヴェルヌー（近代語の発音でヴェルヌイユ）の戦いに際してスコットランド人の弓射手が雇われたように、傭兵の国籍は問われなかった。なんと、イングランド人とウェールズ人の弓射手が、フランス王に雇用されていたことも証拠があがっている。このことから、ふたつの問題が発生した。イングランド側の募兵に応じる弓射手が少なくなってしまったことと、イングランド側が、戦場において、本来イングランド側に付くはずであった非常に有能な弓射手に、敵味方として出会う危険があることである。この状況は大変深刻な問題として認識されていて、1365年に発令された王令は、弓射手が特別な許可なしにイングランドを離れることを禁止しているのである。

裏切り者の傭兵くずれ

もうひとつの重大な問題は、失業した傭兵をどうするかということであった。いったん平和が戻れば、もはや傭兵を雇用する必要はない。だから傭兵は失業する。これは大変な問題であった。

「ルーテー」と呼ばれた武装集団が存在した。百年戦争中のフランスのいたるところに徘徊していた傭兵くずれの一団である。休戦協定や平和条約が結ばれる度ごとに失職した傭兵たち、軍事行動が他の地域に移動した結果として、もはや必要とされなくなったが、故郷に戻ることを望まなかった騎士や兵士たちの集団である。当然の背景として、彼らは組織化され、訓練の行き届いた兵士のグループであった。

侵入した軍勢が、その土地からの上がりで喰っていくのは当たり前だった。補給品を調達することもできるし、兵士たちに、その場で、給料を支払うこともできる。占領が長引けば、略奪は止み、占領地全体に対して課された「ランソム」がそれに取って代わった。「ランソム」は身代金の意味だが、実際には保証金の意味であって、通常の生活を維持できるという保証である。これはその保証を受ける土地の住民によって支払われた。

そうやって楽に一財産稼いだという隊長の噂がひろまると、他の隊長たちもそれをまねしようとした。だから、王や諸侯による「公の」戦争が他の地域へ移動したり、王が休戦条約を結んで、「ランソム」の取り立てをやめることとなった時に、「ルーテー」がかわってそこに乗り込んでくることがよくあった。彼らのうちには制服まで取りそろえていたのもあったし、また、書記を雇って略奪品を分配する業務につかせていたのもあったのである。

英雄的行為

騎士が、ふつうの騎馬戦士とははっきりと違う、自覚的なエリート集団として姿を現すにつれて、騎士道的な発想は、英雄崇拝（カルト・オブ・ヒロイズム）をメンバーの行動規範のうちにとりこんだ。騎士は時に、そこまですることはないのではないかと思われるほどまでに身を危険にさらした。英雄的な声望をそのまま保ちたい、さらに高めたいという思いからであり、また、名誉にふさわしくない騎士だと仲間に見られたくない一心からであった。英雄的な行為を達成すると約束することは、自分を試すための動機づけを騎士に与え、また騎士集団の結束性を守ることを助けた。たとえば、個人的に撤退を行なうことは、騎士の評判を地に落とすような、明らかに「非」英雄的選択とされた。

騎士道理念が、中世の戦いにおいて実際に影響力を持ったことは明白である。たとえば1366年から67年までと、1369年から79年までカスティーリャ王であったトラスタマラ家のエンリケは、1367年のナヘラの戦いを前にして、丘の頂という有利な場所に陣取っていた。しかし彼は、自分の騎士らしくない振る舞いを非難する者がいないようにするため、部下の助言に逆らって、その有利な位置を離れた。不運なことに、彼はその戦いに負けたのだった！ 英雄的行為、そして騎士がためらうことなくそれを実行するであろうという期待感、これは、中世において騎士道が人々にとって意味したところの、まさに核心に位置していたのである。

著名なフランス人騎士のジェフレ・ド・シャルニー（1300?～56）は、たいへん評判になった『騎士道の書』（1350）で、民に善政を与えること、神に奉仕することからはじめて、高潔な義務を説き、必要があれば、哀れみと慈悲の心をもって正義を執行するべきである。また、高潔な支配者は「だれよりも先に武器を取り、力の全てを費やし、民と領土を守る戦いにおいて、肉体的危険に自分自身をさらさなければならない」と述べている。同時代人のイングランド人年代記作者ジョフリー・ル・ベイカー（1326～56）は、シャルニーを「フランス人中一番の軍事通」と評価していて、してみればド・シャルニーの本こそは、こうした問題についての、まず第一の参照文献だったにちがいない。

獅子心王

リチャード1世ザ・ライオンハート（日本語対応語「獅子心」）は、なにしろかなりの政治的かつ軍事的能力の持ち主であった。彼はその騎士道とヒロイズムによって、また、反抗的な領主たちと戦った折に見せた勇気によって知られることになった。

リチャード王は、彼の軍事的経歴の至る所で、英雄的気質をはっきりと示す多くの機会を持った。12世紀後半において、テエーブー（タイユブール）城は難攻不落だと考えられていた。リチャード王は城の周辺の村や畑地を破壊する作戦に出た。残された守備側は、増援の見込みも退却の可能性もなかった。守備側は城外へ出て戦うことを強いられ、リチャード王は、迅速にその城を奪取した。アッコン包囲戦の間（1189～91）、リチャード王は病に倒れていた。しかし、担架に乗せられて前線に出てきて、城壁の上の守備兵を大弓で狙い撃ちしろなどと、しきりに指図したという。

目隠し遊び

クレシーの戦いで死んだ、ボヘミア王の盲目のヨハン（在位1310～46）は、若さも視力も英雄的行為にとって必要条件ではないことを示した。彼は敵を見ることができなかったが、敵を見ることができないことが、この重要な戦いにあたって、彼を蚊帳の外に置くことが許せなかった。そこで、彼は、戦友たちに助けを請うた。年代記作者フレサール（フロワサール）は、「私の剣で一撃をくれてやる」ことができるほど十分に接近するよう、案内してもらいたいと戦友たちに依頼したという。戦友たちは、戦闘中に、人込みの中で彼を見失わないよう、彼らの馬と彼の馬を紐でつないで、戦場へ出かけたという。盲目の王は願いを成就した。ついに自分自身が倒れるまで、周り中の敵を攻撃したのである。その次の日、王と戦友たちは、死者の間に見つけられた。王と戦友たちとの馬は紐で結ばれたままであった。

同じクレシーの戦いで、エドワード3世の長男で、当時16歳のエドワード・オブ・ウッドストック（オックスフォードシャーの

左：カスティーリャ王ペドロ1世に対して、異母弟のエンリケ・デ・トラスタマラが反逆し、アラゴン王家とフランス王家を味方につけた。この絵は1367年、ナヘラの戦いを描いているということになっている。どうも党派性が濃厚な絵で、右手エンリケ方がカスティーリャ王旗を掲げている。左手ペドロ王軍にはイングランド王旗が翻っている。王冠の主は王太子エドワードらしい。

上：フランス王シャルル6世の宮廷で女性の文人として評判をとったクリスティーヌ・ド・ピザンの晩年の執筆になる散文のひとつに、騎士道のあるべき姿を説いているものがある。これはその写本の飾り絵。王が見送っているくらいだから、王家親族のだれかが遠征行に赴こうとしている。

右：1453年、カスティオンの戦いで、ジョン・タルボットが戦死した瞬間を描いた19世紀のロマン派の画家の作。黒々としたフランス王旗が印象的だ。ただし、ジョン・タルボットは誓いを立てて、甲冑は身につけなかった。その点、画家はミスしている。

ウッドストック生まれだったので、こう呼ばれた。彼は1376年に死去して、イングランド王位につかなかったので、後代は、王太子時代のあだなとされる「ブラック・プリンス」と彼を呼んでいる。日本語対応語としては「黒太子」が使われる。）も、また、名誉を獲ち得た。彼は一時は危なかったのだが、なにしろ父親のエドワードは、救援を送らずに、「拍車を獲ち取ることを許す」と伝えただけだったという。息子のエドワードは、彼の率いる部隊の先頭で戦い、相手の騎士を倒し、戦友を助け、英雄的行動によって周りの者たちを勇気づけた。彼は、敵が自軍の死体の山の背後へ退いた時にようやく戦闘を止めた。

戦いの後、エドワード・オブ・ウッドストックは、ボヘミアの盲目王に対して賛辞を送るべく戦場に留まった。16歳のエドワード、老年の王の勇敢さに深く感銘を受け、敬意と賞賛の表明に、ヨハン王の紋章に書かれていた標語をもらい受けた。Ich Dieneとドイツ語で書かれていて、意味は「わたしは仕える」である。エドワードはこのモットーを、ダチョウの羽の図案に組み合わせて、自分の紋章図案としたのである。以来「プリンス・オブ・ウェールズ」イングランド王位継承権保有者のこれが紋章図案となった。ダチョウの羽は、エドワードの母フィリッパ・オブ・エノーの紋章図案から採ったらしい。

軽はずみな決断

もうひとつの英雄的行為の事例は、シュルーズベリー伯ジョン・タルボットのそれである。1453年、アキテーヌはほぼフランス王軍の制圧するところとなっていて、イングランド王家は、タルボットの率いる一隊をボルドーに派遣して、態勢を回復しようと試みる。ドルドーニュ川中流の城町カスティオンの攻防が最終決戦の相貌を呈した。タルボットは、カスティオン救援に向かった。このカスティオンの戦いが、アキテーヌ方面での英仏百年戦争の最終戦ということになったのである。

この年、かぞえで80歳の老騎士タルボットは鎧を着用していなかった。それというのも、このヴェテランの騎士は、フランス軍との出入りで、捕虜になって以後、フランス方に対して武器をとることはしないと誓言を立てることを繰り返してきた。それが彼はイングランドの武将である。この矛盾した立場を解決する手立てとして、彼は戦場では鎧を着ないということにしてきていたのである。彼は緋色のガウンをまとい、紫色の帽子を白髪の頭の上に載せていたという。相手側から見れば、格好の標的だったことだろう。圧倒的な数の敵を前にして、退くのが分別というものだろう。ところが、タルボットは果敢に突撃して、討ち死にしたのである。

第Ⅱ部第9章

紋章

12世紀の北フランスではじまった騎士道文化は、紋章のなかで、そのイメージを後代に残した。紋章はフランス語で「アルム」、その英語の発音で「アームズ」と呼ばれ、楯に描かれ、旗や陣羽織に縫い取りされて、その持ち主がどこの家の者であるかを表示した。

右図はエナメル（七宝焼）のアンジュー伯ジョフレー・プランタジュネの肖像である。1150年代に製作されたと見られるが、これ全体がアームズ（紋章）であると見ることもできる。あるいは、左手に持っている楯の図柄が紋章だと見ることもできる。ところが後者のばあい、ことはめんどうになる。この楯の図柄はライオン紋であって、ノルマンディー・イングランド家の紋所である。まだ未定型で、いずれ紋所に形を整えていくといおうか。盛時には横這いのライオンを3頭が紋所と定まった。なぜアンジュー伯がその紋章楯を持っているように描かれたか。1127年に、ジョフレーはノルマンディー侯にしてイングランド王ヘンリーの娘マティルダと結婚した。このライオン紋の楯は、その祝いの品のひとつとして、ヘンリー王から贈られたものだという。すなわち、ジョフレー・プランタジュネはノルマンディー家の縁につながる者とこの紋章楯は表示している。

紋章のことは、やがてヘラルドが扱うことになった。フランス語でエローだが、これは語の由来は不詳。騎士道物語の『ランスロ、荷車の騎士』に、そう呼ばれる人物が登場するので、1270年頃には、そういう呼び名がまかり通っていたことは分かるが、『荷車の騎士』では、その人物は、ただランスロが来た、ランスロが来たと、触れ回っているだけで、その時のトーナメントに出場した騎士たちを、それぞれの紋章にからめて、観客席のレディー方に紹介するのは、トーナメントに出場せず、レディー方と一緒に観客席にいた騎士たちの役目ということになっている。だから、ヘラルドは、まだ、紋章のことは取り扱わない。紋章の専門家として、日本語対応語が「紋章官」というふうになるのは13世紀以降のことである。

左：ル・マンのカテドラル・サンジュリアン聖堂に伝わったアンジュー伯ジョフレー・プランダジュネの銅板エナメル肖像画。旧市街郊外にあるテッセ美術館所蔵。

紋章とヘラルド

ヘラルドははじめ、触れ役、メッセンジャー、儀式の司会者という性格の役人であった。ヘラルドの日本語対応語のひとつに「伝令者」というのがあるが、それが、ヘラルドがはじめ担っていた役どころを大づかみに示している。それがヘラルドは、しだいに紋章に通じるようになって、「紋章官」としての性格を強めていく。それは紋章それ自体の発展と大いにかかわりがある。

『荷車の騎士』ではヘラルドは、ランスロが宿舎の玄関の前に出しておいた楯を見て、それがだれか、その持ち主はだれだか理解できなかったというふうに作者は書いている。ランスロに会って、はじめてそれがランスロの紋章楯だと分かったという。なにか、ランスロの楯には、ランスロの全身像が描かれていたと暗示しているようである。

それが、トーナメントの観客席で、出場しない騎士たちがレディーたちに、出場する騎士たちを紹介するにあたって、紹介者は「赤の地に黄金色の帯」の楯の騎士、「雄鹿が出て行こうとしている門」を描いた楯の騎士というふうに解説している。楯に描かれたアームズはすでに図形化し、象徴的絵図になっている。

紋章の性質と普及

アームズは、フィールドと呼ばれる地にチャージと呼ばれる数個の図像を配置する。フィールドもチャージも決まった色に色分けされていて、7色のうちから選んだ2色以上を含み、基本パターンとそのいくつかの変種とのうちから選ばれたパターンで構成される。チャージの数、配置、その他、組み合わせ方などは、とりわけて楯、旗、あるいは馬衣などに展示されるばあいには、まったく他のものとは違うふうに、また、遠くからでも見分けられるように決められた。

この新しいタイプのエンブレム（アームズは一般的にいえばエンブレム標識の一種である）はたいへん効果的であったので、アーミジェリー（「アームズを持ち使用すること」をいう紋章学用語）は急速に王侯伯や大領主（パリの北のクーシー家のように、王侯伯は名乗らないまでも、王侯伯に匹敵する大領主は多数、存在した）のあいだに広まっていった。およそ13世紀半ばには、実際上、ほぼ全員がアーミジラスだった（「アームズを持つ資格を得た」ことをいう紋章学用語）。

第Ⅱ部第9章　紋　章　125

> 紋章の知識は
> フランスの歴史へ入る
> 鍵である。
>
> ジェラール・ド・ネルヴァル
> 『火の娘』(1854)
> 「アンジェリーク」から。

上：『ロランの歌』の「ロンスヴォーの戦い」のくだりに挿入された14世紀の写本飾り絵。文学は現実を映している。15世紀に入って、すぐ、アジンコートの戦いに、「アジンコート紋章官」が登場する。

　王侯伯や大領主にかぎらない。一般の領主層に、アーミジェリーは普及した。騎士の家系に生まれながら、成人の後も、なんらかの事情で騎士になっていない「スクワイヤー」（楯持ちとか従騎士とか、日本語対応語が工夫されているが、いずれもその特定の活動形態に対する名付けであって、ふさわしくない）もアーミジラスになった。領主の家系の庶出の騎士も、その家のアームズを楯に描いた。ただし、庶出であることを示すチャージをくわえて。

　マリー・ド・フランスの『チャスティヴォー（不幸な男）』（「12のレ」のうち）は、ナントのトーナメントで、ブルターンの若いバロン4人が勇敢に戦い、3人が命を落とし、ひとりは大けがをしたという話だが、その4人の若者は、「アンセーンとエスクで」その身分を知られたと書いている。「アンセーン」は「しるし」で、「エンブレム」とほとんど同義である。戦闘やトーナメントの文脈では「旗」あるいは「吹流し」をいうこともある。ベルールの『トリスタン物語』に、トリスタンが、「美しいイズーから贈られた吹流しを槍の先に結んで」（新倉俊一訳）馬を駆るという描写がある。その「吹流し」が「アンセーン」である。

　「エスクで」は、楯に描かれた紋章で、ということである。ブルターンの若いバロン（大領主）は、紋章楯を左手に持ち、右手の槍の先に、やはり紋章を縫い取りした旗を、槍に吹流して、馬を駆る。おもしろいのは、マリーが「楯と旗」が身分認知のよりどころになると証言しているということではない。逆である。「レ」12篇5252行のうち、「楯と旗」が出るのは、じつにこの1行だけである。マリー・ド・フランスは12世紀の詩人であった。マリーは紋章にはあまり関心を払っていない。

下：紋章認可状。1569年。ニコラス・ベーコン宛。紋章院発行。署名は紋章官。

紋章のデザインと色

> ヘラルドの仕事はアームズを読むことである。色とか、アームズの諸特徴を読むことである。はじめに色を述べなさい。それからヘラルドの工夫を読み取りなさい。わたしが習ってきたように。
>
> ―無名氏の文章から

14 世紀に入ると、アームズのデザインはあいまいなところがなくなり、かっちりしたものになっていった。土地土地によって細かな差異はあるが、アームズの規則が定まっていったのである。

13世紀半ばには、ヘラルドは、アームズのデザインを描述するのに必要な基礎的な用語集と統語法（文章作りの作法）を確立した。紋章方としてのヘラルドの活動がはじまった。はじめのうちは、トーナメントの会場において口頭で述べることが行なわれていたが、やがて、「アーモリアルズ」あるいは「ロールズ・オブ・アームズ」と呼ばれる記録集が作成されるようになった。前者は「アーモリーズ」すなわちアームズの図形のワンセットにかかわる事柄の記録、後者は「アームズの巻物」すなわち解説つきの図鑑をいう。「紋章鑑」という日本語対応語が工夫されている。

上：ベルールの『トリスタン物語』の15世紀の写本飾り絵。「黒い馬に乗って黒い旗印をつけている、あれは黒騎士ネル・ド・ラ・モンターンだ。もうひとりは白と青のまだらの紋章で分かった。」紋章はメレの混戦のなかで、騎士を見分ける印だった。

デザインと色

アームズのデザインに使われるチャージの種類には制限はなかった。次ページの図版は「オーディナリー」と呼ばれる紋章集からだが、幾何学的図案のアームズを集めている。魚で縦線を表わしたり、小鳥で点描を描いたり、下から2段目のものなどは、2色の6弁の花のデザインのように見えるが、基本は幾何学的図案である。

具象的な図形のチャージには、いろいろなテーマのものがあるが、アームズが家柄を表示するものであることをよく表わしているのが、家名にひっかけた図柄の選択である。たとえば、ボウ家の「ボウ」は弓を意味するので弓の図柄、ムーア家は「ムーアコック」という鳥の形象を図柄にとっている。雷鳥の一種である。また、家職にかけているアームズもあって、バトラー家は酒杯を図柄にとっている。「バトラー」は酒の給仕人を意味する。フォスター家は、狩猟の角笛をアームズにとっている。家名の「フォスター」が狩り場の番人を指す「フォーレスター」に通じるからである。じっさい、「フォーレスター」を「フォスター」と書いている史料もあって、このケースは、家名のひっかけか、たしかに家職がそれだったのか、よくわからない。

アームズに用いられる色を総称して「ティンクチャーズ」と呼ぶが、これは13世紀半ばには、その約束事がほぼ決まった。色数は7で、うち2は「メタル」、黄金色と銀色の金属色である。5が「カラー」で、赤、青、黒、緑、紫の5原色である。その他、「ファー」と呼ばれる「色」があって、これは「毛皮」に由来する呼称で、じっさいも、たとえばそのひとつに「アーミン」があるが、これは白地に黒斑を散らした「色面」である。斑紋、つまりその模様は、アーミン（いたち科の小動物）の尾の黒い先端をかたどっているが、じっさいには、どのような形の斑紋であってもかまわない。他に「ヴェア」があるが、これは青色と銀色に塗り分けられた模様で、栗鼠の毛皮に発想している。また、青色と銀色の組み合わせの他に、たとえば金色と緑色の組み合

右：「第一様式」のチャージ集。「クックズ・オーディナリー」と呼ばれる、最古の紋章鑑から。この紋章鑑は644個のチャージを集めている。

127

わせでその模様を描くこともあり、このばあいは「ヴェアリー（ヴェアの模様で）、金色と緑色で」というふうに呼ぶ。

「メタル」を重ねたり隣地にとることはできない。同様に、「カラー」を重ねたり隣地にとることは許されない。これはアームズを見やすくするために決められた規則で、アームズに関する規則のほんの一部である。

紋章のディファレンシング

アームズの所有、譲渡、改変についての規則が整えられたのも、同じ頃、13世紀なかばである。もともとのアームズに改変の手をくわえることを「ディファレンシング」という。

11世紀以降、ようやく成立したヨーロッパの領主社会は、相続の慣行について、東西南北、なにか共通したものをもっていたわけではなかった。長子相続が原則であったわけでもなんでもない。キリスト教会は父子の関係が基軸だから（イエスの娘がイエスを相続したなどというのは異端邪説である）、領主の家が父系長子相続でうまくつながってくれるように指導を怠らなかったらしく、11世紀末のポワトゥーでは、すでに長子相続の慣行が定まっていた。アベラールはナントの在のパラティウム城主の家臣のミレス（騎士）の息子で、長男だったが、「ミレスの栄光の壮観を、相続財産と長男としての特権とともに、弟たちにすべて残して」文学修行に出かけて、パリで教師になった。

アベラールの父親が紋章楯を所有していたかどうか、情報はない。ただ、パラティウム城主のアームズというのが伝えられていて、一番古いのはアベラールの父親の主君ダニエルのもので、末端がひろがるギリシア十字紋である。だから、アベラールが弟たちにゆずった相続財産に紋章楯が含まれていた可能性はあるが、いずれにしても推測の域を出ないはなしで頼りがないが、それから時代が下って13世紀にもなれば、領主の家の相続財産の目録の、それは第一項ではないにしても、かなり早い順番の項が立てられて「紋章楯一枚」と書かれていたにちがいない。

アベラールの弟は紋章楯を手に入れたが、13世紀の領主家の「カデット」は、相続財産の分与にあずかるのはなかなかむずかしく、アームズはまず手に入らなかった。アームズは本家が所有するもので、本家は長男が継ぐ。次男以下の「カデット」は分家を立てず、本家の紋どころを使用するあいだは、そこに「ディファレンス」を付加しなければならなかった。この兄弟の順位を示すディファレンス、あるいは「ブリジュアー」は、長男がレーベル（一本の細い帯に3本の垂れをつけた図形）、次男は三日月紋、三男は星形紋（御稜星）、四男はマートリット（足を切り取られたツバメに似た鳥）などなどというぐあい。ちなみに「ブリジュアー」はフランス語のブルジュールからで、裂け目を意味する。本家のアームズに裂け目を入れるということで、裂け目は補修しなければならず、それにはカデット本人が家を出て、分家を立て、新しいアームズを作るのが筋なのだが、なかなかこれがむずかしいことだった。

アームズの組合せ

アームズは、それ自体、単体で製作され、使用されてきた。それが、13世紀半ば以降、アームズを組み合わせて、複合体のアームズを作る風潮が高まった。父親の家のアームズと、母親とか祖母とかの家系のアームズを組み合わせるという具合である。これは紋章用語で「マーシャリング」といったが、「マーシャル」は軍職だが、儀式、宴席などを取り仕切る役目にもついたことから、紋章用語に入ったと思われる。

マーシャリングにもいろいろあるが、「ディミディエーション」と呼ばれるものは、アームズを縦に割って左半分と右半分を合わせるもので、たまたまこれも、パラティウム城主の16世紀の紋章楯ということで、左半分がノルマンディー家の3頭のライオン紋、右半分がフランス王家の三百合紋という組み合わせになっている。もうひとつ、「インペイルメント」呼ばれるのは、「ベイル（縦帯）」の方向へ、ふたつ、ないし三つのアームズを合わせるやりかたである。

他にもいろいろあって、「クォータリング・パー・ソールタイヤー」と呼ばれるものは「ソールタイヤー（交差十字）」に楯面を割るもので、だから4つの三角形にアームズを配置する。ただ、あっさりと「クォータリング」と呼ばれるものは、楯面を縦と横に割ることによって、最低4つの「クォーター（隅）」を作り、そこにアームズをはめこむ。さらに分割線を増やして、16かさらにそれ以上のアームズをはめこむ地を作った「合体紋章」の実例がいくつもある。

アームズの表現方法

楯や旗、あるいは馬衣などに直接描かれ、縫い取りされたアームズは「プライメアリ・モード（第一モード）」のそれと呼ばれた。それに対して、たとえば右の挿図のように、馬衣に付加された紋章楯のようなアームズを「セカンダリ・モード（第二モード）」のアームズと呼

左：オーストリア侯フェルディナントのアチーヴメント。一見複雑に見えても、ひとつひとつのアームズをていねいに見ていけば、なるほどと、その成り立ちはよく分かる。一番外側のバッジの連鎖は、オーストリア家の根っこのひとつブルゴーニュ家の騎士団「金羊毛騎士団」の徽章「火口金（ほくちがね）と火打ち石」である。フェルディナントもまた金羊毛騎士団員であった。

左：15世紀イギリスのある紋章鑑からの抜粋。サーコートと馬衣に使われた色、パターン、チャージのいろいろを見せてくれる。

下：15世紀前半のあるイタリア人著述家の著述の写本飾り絵。馬衣に載せられている小型の紋章楯は、第二モードのチャージである。

また「第二モード」のアームズと見ることができる。

他に「タバード」と呼ばれる、脇が開いていて、袖の短い（袖なしのケースもある）サーコートも着用されるようになったこともあって、サーコートの歴史的展開を展望するのはむずかしいが、いずれにしても、サーコートの意匠がアームズであったというところから、英語圏では、アームズそのものを「コート・オブ・アームズ」と長ったらしく呼ぶようになったのではないか。フランス語の「コート・ダルム」のそのままの借用ではなく、サーコートとアームズの歴史的発展の脈絡に、この呼び名の由来をたずねるということにも意味があると思う。ちなみに、「コート・オブ・アームズ」の言葉としての初出は、15世紀の末、最初の印刷業者として著名なウィリアム・カクストンの著述であると「オックスフォード・イングリッシュ・ディクショナリー」は指摘している。

ぶ。アームズを、本来のアームズよりも小さく、第一モードのアームズの地の上に描くということである。紋章楯の上に小さな紋章楯、紋章旗に小さな紋章楯など、組み合わせは様々である。

この小さなアームズは、「エスカッチョン」と呼ばれるが、これはフランス語の「エク（楯）」の指小辞（小さい、とか、かわいい、とかの意味を付加された名詞。場合によっては卑小なという意味も作る）の「エスクソン」の借用で、フランス語としては13世紀のアドゥネ・ル・ルェの騎士道物語が初出である。英語としては、15世紀末のエドワード4世の資産目録が一番古い用例らしい。

フランス語で「コータルメ」あるいは「コート・ダルム」は鎧の上に着用する上衣をいい、13世紀の騎士道物語群にさかんに出てくる。しかも、その上衣は紋章図案を意匠にとるものがしだいに増えた。英語では「サーコート」と呼ばれていて、これは14世紀に入らなければ史料に検出できない。いずれにしても、上衣の意匠にとられたアームズは、「第一モード」のアームズよりも小さい。しかし、色も全色そろって使われていて、これも

紋章的エンブレムの発展

アームズの展開と並行して、「クレスト」や「サポーター」など、紋章楯の図形に添えて、全体でひとつの「アチーヴメント」を作る構成要素となる補助的なエンブレムもまた、しだいに開発された。「クレスト」とは兜の天頂を飾る図形であって、動物あるいはその肢体の一部をかたどるものが多い。「サポーター」は、あたかも楯をサポート（支える）しているかのように、紋章楯の両側に配置された人、あるいは動物の図形をいう。

他にもアームズとはちがうタイプのエンブレムが開発された。「バッジ」「モットー」「ディヴァイス」「サイファー」「リヴァリー・カラーズ」などである。「サポーター」もそうだが、これらのエンブレムは、その開発と使用は大領主層に限られていた。彼らはこの種のエンブレムを、その家の使用人、寄り騎、武装従者につけさせて、味方の標識としたのである。だから、ここにあげた5つのエンブレムは、それはアームズのそれとはちがう約束事の上に成り立ってはいるが、やはりこれは「パラ・アルモリアル」と呼んでしかるべき性質のものなのである。「アームズにかかわる諸事に準ずる」とでも訳しますか。

クレストの種類

「クレスト」は、中世のラテン語の史料に「クリスタ」と出て、なんであれヘルメットの天頂を飾る物を指している。ヘルメットは、11世紀のヘイスティングズの戦いの騎兵がかぶっていたような、天頂の尖った小型のものから、12世紀の終わりから13世紀にかけての頃合いに、深く、重く、天頂が尖っていない大型のに変わった。そのヘルメットのあるものには、天頂に飾り物が載っていたが、それをアームズふうに描いたものが「パラ-アルモリアルなクレスト」である。

最初期のクレストは、要をヘルメットの天頂に当て、扇面を両脇に開いた扇型のものだった。この型のクレストは、13世紀半ばまで続いたが、やがて、それぞれ独特なスタイルへ変わっていった。なにか軽い材質の素材を丸彫りしたり、型に入れて作ったりした飾り物を工夫するようになったのである。動物、鳥、人体をまるごと、あるいは一部がかたど

上：15世紀後半のドイツのある紋章鑑から。紋章の色とデザイン・パターンが、たくみにクレストのデザインに映されている。

られ、トーストかリースとかと呼ばれる、短いねじり棒状の、あるいはコロネットとかシャポーとかと呼ばれる冠状のクレスト・ベース（クレスト台）の上に立ち上がっている。これがクレストの古典的な型になったのであって、いまでもクレストといえばこれをいう。

アチーヴメント

「アチーヴメント」という言葉がはじめて紋章用語として使われたのは、エドワード・ホールの『年代記』の「ヘンリー5世」の項だといわれるが、それはまちがっている。ホールは1547年に死去したが、生前に依頼してあった印刷出版が1548年に実現したところから、1548年と紹介されるホールの著述には、「ハチメンツはただ隊長たちの功に帰せられる」と読めるとオックスフォード・イングリッシュ・ディクショナリーは引いて

いる。「一将成りて万骨枯る」だが、これはだから紋章用語といえるのか。続いて引いている、1586年のファーンの『ブレイゾン・オブ・ジェントリー』という著述の引用は、これははっきり「アチャメンツ」がコート・アーマー（アームズ）やクレストなどの集積だと証言している。

アチーヴメントの一番古い実例は、『ヘルレ紋章鑑』に載っている「古フランドルの紋章」のそれであって、フランドル伯家の紋章である黒獅子を図案にとった紋章楯を30度ほど左に傾けて、その右上隅の角に兜が乗っかっている。しっかりした兜で、ヴァイザーとノーズ・ガードもきちんとついている。兜の上に兜飾り。これはなんとも描述しがたいが、ルビーなどの宝石を縁飾りに埋め込んだ台座を兜の天頂に載せて、猛禽の羽根と見られる大羽を左右に立てた、そのあいだに、これがなんだかよく分からない、なにか束物をはさみこんでいる。そういうクレストが立ち上がっている。

おそらく、このあたりがアチーヴメントの原型であって、やがて兜は「リース」と呼ばれる、太い捻り棒状のかたちに変わっていく。このページの挿図を参照。両側に「サポーター」が付加される。はじめは、空きスペースを埋めるのに、なにか模様を描いたというふうだったのが、しだいに、これが、紋章楯とクレストを左右からサポートする図形に変わっていった。「サポーター」である。

時代が下がると、王侯伯や大領主は、アチーヴメントに、自分たちの身分を誇示する王冠とか宝冠などを付加するようになった。騎士身分の領主たちは、自分たちの身分を表示するバッジやカラー（たとえばガーター騎士団の首飾り、あるいは騎士の武具の首甲）を組み込むようになった。

現代のアーミジェリー

ミゲール・セルバンテスの『ドン・キホーテ』は、騎士道物語の正統を継ぐものであって、およそ騎士にあってあるべきもののすべてが、そのロマンに描写されていると古来信じられているのだが、ただひとつだけないものがある。紋章である。そのことについて論じた者がかつていたかどうか、わたしはよくは知らないが、ないものはないのであって、だから16世紀も末になれば、騎士的存在について、もはや紋章は話題になっていなかった。

下って、19世紀末、1897年に初演されたエドモン・ロスタンの『シラノ・ド・ベルジュラック』は、それは、たしかに、ここぞ、というところで紋章を振りかざす場面はついに見あたらないが、「カラー」についてのこだわりが印象的で、「貴様達のふやけた友情なんか、ふわふわのぺらぺらの嵌めた首がぐにゃぐにゃになる伊太利亜襟宜しくだ。嵌めた気持は楽だらうが、意気軒昂とは行くまい。首に支へも掟もないから、彼方へぐらぐら此方へぐらぐらだ。其処へ行くと俺なんざあ、憎しみが、面で風を切るやうにと、毎日糊づけの硬襟を嵌めて用心してくれるのだ。敵が殖えりや襟の襞飾も殖えよう、窮屈にもならうが威光も増さう。だからどこまで西班牙式の襟のやうに、憎しみは首枷でもありやあ又後光でもあらあ！」（辰野隆・鈴木信太郎共訳）この「襟」に「カラア」とルビが振ってある。中世フランス語で「コレ」、騎士の武具の首当てである。原文を見ていないので、なんともいえないが、エドモン・ロスタンは、このところ、何語で書いているのであろうか。役者は舞台で、さて、どう発音したのであろうか。いずれにしても、騎士シラノ・ド・ベルジュラックのアチーヴメントに「カラー」が組み込まれていた。「カラー」は鋼の首甲である。

上：ロンドンのある鉄道会社の所有するアチーヴメントで、紋章楯、サポーターズ、リースあるいはトース、クレスト、マントリング、モットー、みんな揃っている。マントリングはヘルメットの後ろに垂らす布地のこと。暑い日射しを避ける。ここでは、ヘルメットの変形であるリースの後ろに羽毛が伸び広がっているように描かれている。

パラ−アルモリアルなエンブレム

パラ−アルモリアルなエンブレムのうち、もっとも重要なのがバッジである。バッジは、なにかの事物、植物、あるいは動物の形をとって、それだけで使用されるエンブレムである。大領主の多くは、バッジをいくつも作って使用していた。バッジは、モットーと組みにされて使われることが多かった。モットーは、文字帯に、なにか意見を書き並べたものである。バッジとモットーを組み合わせたのがディヴァイスだが、サイファーは、モットーや個人の名前を、暗号として表わした文字群である。

下：結婚に関するサイファーやディヴァイスを描いた馬衣を着せた馬に乗るヘンリー8世。揃いの制服を着た使用人たちが従う。後背の建物の窓の窓枠に掛けられた織物は、王の使用色の白と薄緑に染め分けられ、赤バラのバッジをいくつも飾り付けている。

第Ⅱ部第10章
十字軍騎士団

十字軍の試みは、騎士たちの組織のひとつの形を明らかにした。今日では十字軍騎士団、修道騎士団、あるいは騎士修道会と呼ばれるものである。ここに、騎士たちの俗世における理想と、修道制における信仰の理想とが組み合わさった。それはいかなる君侯に率いられたものよりも、大規模で良く鍛錬された軍隊の勃興を示していた。

左：イタリア、トスカーナのモンテ・オリヴェト・マッジオーレ修道院の回廊の壁絵。「ベネディクト戒律」の起草者かともいわれる「ヌルシアのベネディクト」が修道士と一緒に食事をとっている。

ローマ帝国末期とフランク王国の時代を通じて、修道院は、ローマ・カトリック教会の僧侶たちが、共に住んで、共に祈り、共に働く（自分たちの食料を確保するために農作業をする）信仰生活の拠点として、ヨーロッパ各地に展開した。同時にそれは近在の農民たちにキリスト教を教え、生活の相談にのり、農作業の実際についてアドヴァイスする役割も担ったのである。たとえば暦や天文についての古代の学問を農民たちに教えたのはかれらではなかったろうか。

フランク王国が崩壊していく過程で、地方の保守安全を担当する領主たちがその身分を確定していく。領主たちは領内に修道院が存在することを嫌わなかった。それどころか、かれら領主身分のものたちの魂の管理者としての役割を修道院に期待し、その見返りにということで、土地や水車場の権利、林地の管理権などを修道院に寄進する風潮は、強まりこそすれ、弱まることはなかった。行き過ぎて、破産してしまった領主の家系も出現するほどだったのである。

10世紀はじめにブルゴーニュのクルーニーに修道院が建立された。当時アキテーヌ侯のオーヴェルンの伯からの寄進だという。クルーニー修道院は、11世紀に入ってから急速に勢力をもたげ、付属の教会堂も建て直して、12世紀に入ってようやく完成した「クルーニー第3期聖堂」は「大ロマネスク様式」とも「ロマネスク・バロック」とも呼ばれる大聖堂で、ゴシック建築に直結する教会堂の建築様式を示している。翼廊上部の小塔「聖水の塔」しか、その結構は残っていないが、本堂や地下礼拝堂の柱の柱頭など、遺物の数々にうかがい知れる華麗な装飾文化は、クルーニーの姉妹修道院として建立された、やはりブルゴーニュの、こちらはその結構をそのまま今に残しているヴェズレー修道院付属聖堂にしっかりとその鑿痕をうかがい知ることができる。

11世紀末に、やはりブルゴーニュのコート・ドール（黄金丘陵、ブドウ畑が展開する）に建立されたシトー修道院は、よくクルーニーと対照的だと批評されるが、ある意味では両者は共通路線を行っていて、まず修道規則の厳格な取り扱い。修道士一人一人にキリスト教信仰の「騎士」の手本であれと要求するところ。「騎士」というのは言葉の文で、ラテン語で「ミレス」という。「ミレス・クリスティ」で「キリストの兵士」である。これがクルーニーについては、ローマ・カトリック教会の浄化運動、「聖職叙任権闘争」に鋼の意志力を供給した。シトーについては、十字軍運動にふりむけた情熱のすさまじさ、「異教徒」イスラム教徒に対するファナティックな（狂信主義的な）憎悪は、ほとんどわたしたちの理解の限界を超える。

この鋼の厳格主義が仲間内の結束を保証する。クルーニー、シトーとも、姉妹修道院連合組織を作った。シトーについては、四つの姉妹修道院と、それぞれが生んでいった子修道院の連合などとめんどうな説明をする人もいるが、なにしろそれでは修道院は「モナステリウム」でよいとして、「修道会」はどう呼ぶのかというと「オルド」、英語でオーダーだという。ところが代表的な中世ラテン語辞典を引いても、「オルド」の項に、その気配をうかがわせる解はなく、引用もない。どうもこれは「近代主義」（近代の常識を無造作に中世の言葉の読みにあてること）のようである。

シトーについて興味深いのは、「コンウェ

下：ブルゴーニュ、コート・ドールのシトー修道院。フランス革命で解散させられ、建物も破壊されたが、19世紀末に原状に回復された。現在も修道士たちは日々の勤行を執り行なっている。チーズなどを製造し、観光客に販売している。近間のシトーのブドウ畑「クロ・ド・ヴージョ」は革命時、70人の農民に分割所有されたままである。石造りの重厚な「シャトー」は、往時シトーの作業小屋であった。

「ルシ」と呼ばれる一団の人員を、それぞれの修道院は抱えていて、服装、日課など、修道院における生活慣行は修道士（モナクス）とまったく同じ。ただ「修道誓願」は立てていない。大方の修道院では2対1か、3対1で「コンウェルシ」の方が多い。これはつまり「ベネディクト戒律」にいう「祈れ、そして働け」の「働け」の方を「コンウェルシ」に任せているということで、修道士の方はますます信仰において先鋭化する。

「コンウェルシ」は、だから実態は修道院が所有する農園の農業労働者であって、それがあくまで生活の基盤は修道院の境内のなかでなければならないとシトーはがんばる。だから一見教会堂とみまがう、じっさいその機能も果たしているのだが、切り妻屋根の会堂は農具の置き場であり、収穫時には穀物にふくらんだ麻袋がうずたかく積まれる。「コンウェルシ」は仕事を終えて、修道院に帰り、修道士と一緒に食事をとり、夜の勤行をすませたあと、割り当てられた自分の部屋で休むのである。

この時代、修道士として生活することは霊的理想と考えられていた。しかし、圧倒的に多くの者が、さまざまな理由から、なかなかそうしたくてもできないでいた。かれらは、自分たちも、部分的にせよ、なにかそういうライフスタイルをとることができないかどうか模索していた。シトーの「コンウェルシ」的ありようは、この希求に応えるひとつの方向性を示していた。

ほかにも工夫のしどころがあって、「アウグスティヌス会則」と呼ばれるものも、俗世にあって、なおかつ霊的に生きることを可能ならしめる方策として考え出された規則である。これは6世紀の北アフリカのヒッポの

上：イタリア、サンジュミニャーノのサンタゴスティーノ修道院に、1465年に描かれたフレスコ壁画。アウグスティヌスの生涯連作で、この場面は戒律を弟子たちに授けているところだという。

司教アウグスティヌスが書いたある手紙を参考にして作られた会則であって、1100年の直前に無名氏の手で作成されたものと考えられている。俗世間でなにか仕事がある人たちのための「修道規則」である。これは、だから、修道誓願ではない。いうなれば「準修道制の規則」である。

「アウグスティヌス会則」は、病院の職員たちに受け入れられた。「病院」、ホスピタルというのは、当時、病人を収容する施設であると同時に、巡礼者や旅行者の宿屋でもあった。病院の職員には司祭もいたが、これはわずかな人数で、大部分は、もっと軽い身分の僧侶であり、あるいはまったくの俗人であった。だから「アウグスティヌス会則」は、「シトーのコンウェルシ規則」のように、ひとつの同じ共同体のなかで、さまざまな身分と職業の人びとをひとつにまとめるのに有効であると分かったのである。

テンプル騎士団とホスピタル騎士団

従来からカトリック教会のリーダーたちは、殺人は絶対に行なってはならない。これは道徳的な悪であると信徒に教え込んできていたが、もしもこの殺人の禁令が、1095年の法王の十字軍勧説によって解除されていなかったとしたら、修道士と兵士の理想を、双方ともにひとつの身体に結合させることなどできなかったであろう。この布告により、暗黙のうちに、はじめて殺人が合法のものとなった。それのみならず、十字軍士が殺人を犯したなら、それは賞賛に値するものとされた。彼らが殺すのが非キリスト教徒である限りにおいては。彼は誓いを立て、十字軍という信仰生活に準じる活動に専念している者なのである。

最初の軍事修道会

この殺人に関する新しい考え方によって、十字軍士は、自分が「ミレス・クリスティ」であると主張できるようになった。これは、本来、修道士の称号をいった。十字軍士がこう自称するということは、自分が「キリストの戦士」であると自覚していることを示す。あるいは「ミレス」が「騎士」を意味するようになってからの言葉遣いでは、「キリストの騎士」である。十字軍に従事している騎士たちの修道会の設立は、こうした新しい理念にもとづいていた。

修道院と騎士団体との結合は、ふたつの方向性を見せた。すなわち、一方では、十字軍士の団体がシトー修道院の修道規則をモデルとする修道規則をとるという方向性であり、もう一方は「アウグスティヌス会則」を団体の規則としてとって、病院の職員のなかに騎士身分の十字軍士が参加していくという方向である。こうして効果的に設立された、ふたつの軍事修道会の類型は、

右：アッコン防衛の最後の戦い。1291年6月。白十字を胸に縫い取り、旗の紋章図案にとっているのは通称ナイツ・ホスピタラーズ、「エルサレムの聖ヨハネ病院騎士団」の騎士。ドミニック・ルイ・パペティによって1845年に描かれた歴史画。

下：フランス、アングーレーム近くのクレサック・シュール・シャラントにあるテンプル騎士団礼拝堂のフレスコ壁絵。1163年、現在シリアのボッケーの戦いに出かけるテンプル騎士を描いている。

> この剣をとれ、その輝きは信仰を表わす、
> 剣先は希望を、鍔(つば)は慈善を、
> 上手に使え
>
> 聖ヨハネの病院騎士団入団儀式

一方は純粋に軍事的であり、他方は、軍事活動もさることながら、病人介護と慈善活動もおろそかにはできないという性格を見せた。後発の騎士団の多くは、彼らの特有の状況に合わせて修正を加えつつ、どちらかのモデルを見習ったと考えられる。

テンプル騎士団

最初の純粋な軍事修道会は、ウーグ・ド・パイアン（1070？～1136）に率いられた十字軍士の小さな団体によって、エルサレムで設立された。ウーグと彼の仲間は、清貧、貞節、恭順の誓いを立てていた。これは修道士として当然の誓いである。かれらの存在が特異だったのは、そのころ聖都エルサレムに群れをなしてやってきていた巡礼者を守るという活動を展開したことである。彼らは、エルサレムの「ソロモンの神殿」の近くに本拠を置いたところから、「ソロモンの神殿の騎士」、あるいはただ「神殿騎士」と呼ばれるようになったのだという説がある。

彼らはエルサレム王国の防衛に貢献するようになっていた。今や足りないのは、彼らをして真の修道会とするための独自の会則だけであった。それを求めて、ウーグはフランスにもどって、クレルヴォー修道院長ベルナールに会い、「神殿騎士」のための会則を作成してくれるよう頼んだという伝えが残っている。ベルナールは『新しい軍隊を称えて』という題の本を書いてやった。1130年頃のことと見られる。前後してトロワで開かれた教会会議が「神殿騎士団」の創設を認可した。軍事活動に奉げられた信仰団体の創設が正当化されたのである。

かれらは結団当初「キリストの貧しい騎士たち」と自称していた。だから、ここに新しく設立された修道会も、正式名称は「ソロモン神殿の貧しきキリストの騎士たちの修道会」といったらしいが、俗名の「テンプル騎士団」の方が、はるかに通りがよかった。

テンプル騎士団は、シリア・パレスチナのラテン・キリスト教諸国家の「騎士」に入団を呼びかけるアピールを発した。このばあいの「騎士」は「騎士身分」をもつ者という意味ではない。むしろ壮年の戦士を「テンプル騎士団」に入団することによって、「騎士」になれと勧誘したということである。

また、諸国家の方でも、騎士団に対して特権の贈与、資金の提供、寄進など、さまざまな援助が行なわれた。諸国家の軍事拠点がいくつも騎士団の差配下におかれ、十字軍諸国家の防衛システムにとって極めて重要な部隊となった。

ホスピタル騎士団

「エルサレムの聖ヨハネ病院騎士団」は、テンプル騎士団とは違う手法で軍事修道会に発展した。1080年前後に、エルサレムで病院が建設された。この騎士団は、そこに配属された病院職員の組織として発足したのである。病院の職員の奉仕活動が第1回十字軍でエルサレムを征服した十字軍士たちの印象に強く残った。そこでこれを修道会に組織しようというアイデアが生まれ、1103年に、「アウグスティヌス会則」を立てて、修道会として創設されたのである。初代会長の福者ゲラルドゥスの代、さまざまな方面から特権贈与や資金の提供が続き、1130年頃になると、この修道会はテンプル騎士団と全般的に同等の水準にまで発展した。

修道会は、1123年頃から「騎士」を信者仲間として受け入れはじめたようである。そのことを示す資料がその頃からの日付けをもって現れる。テンプル騎士団と同様、シリア・パレスチナのキリスト教諸国家の「戦士」がその供給源であったと考えられる。

彼らは城砦を防衛し、エルサレム王国軍の主要部隊として活動することで、テンプル騎士団と同様の軍事的義務を実行するようになった。そこで、この病院職員と「騎士団」の結合体は、「エルサレムの聖ヨハネ病院騎士団」、通称「ホスピタル（病院）騎士団」と呼ばれるようになったのである。

特有の修道服

軍事修道会の修道士も、一般の修道士と同じように修道会服を着た。頭巾付きで裾と袖が長い、ゆったりとした長衣である。ふつうは粗く織った毛織物で、色はグレイ、白、黒と修道会によって異なる。それが、1200年頃から、軍事修道会の衣服に長大なマントが加わった。シトー会の修道会服をまねて白地が普通である。肩に羽織って、首もとで留め、前開きに着る。左胸に大きく十字の徽章。テンプル騎士団のばあいは赤十字、ホスピタル騎士団は白十字。ドイツ騎士団の十字は黒だ。

上：白地のマントに赤十字の徽章ということで、ここに描かれた軍事修道会の修道士はテンプル騎士団員と知れる。背景の景色はパレスチナ海岸をイメージしているらしいので、1291年にアッコンから撤退する前の時点を想定して描かれたと思われる。

1130年以降創設の軍事修道会

聖ヨハネ病院の軍事化は、類似した三つの病院職員の団体に影響を与えた。ひとつは1142年にエルサレムで、ハンセン病患者のために設立された病院の職員団体であり、あとふたつは、1191年に、アッコンで、ドイツ人とイングランド人の巡礼の援助のためにそれぞれ設立、あるいは再建された病院の職員団体である。そのうちのドイツ人の組織は、もともとは1120年頃に設立されたのだが、1198年頃に軍事修道会が成立し、「聖マリア病院のドイツ人騎士修道会」と呼ばれることになった。通称「ドイツ騎士団」である。イングランド人の巡礼の救護にあたったアッコンの「聖トマス病院のイングランド人の修道会」は、1227年と、その翌年、一時的に「騎士団」の体制をとっただけで、けっきょく「イングランド騎士団」は結成することなく終わった。またエルサレムの「聖ラザロ病院修道会」は、聖地の防衛に明確な役割を果たすのにはあまりに小規模で貧しすぎた。

左:イベリア半島におけるキリスト教徒勢とイスラム教徒勢の戦いを表現的に描いた写本飾り絵。スペインやポルトガルの軍事修道会はこの戦いの先頭に立っていた。

イベリア半島の軍事修道会

イベリア半島では、テンプル騎士団をモデルにとった四つの修道騎士団が、レコンキスタを支援するために設立されていた。これらは第3回十字軍が開始される1188年以前にすでに存在していた。レコンキスタは、1147年に法王エウゲニウス3世によって十字軍と認められていた。

それらのうちの三つはシトー修道会に参加していた。ひとつ目は1158年創設の「カラトラバ修道会」。ふたつ目は1166年にポルトガルのエボラで創設された「聖ベネディクト修道会」。そして三つ目は1176年にレオン王国で創設された「聖ジュリアン修道会」。この修道会は後にアルカンタラに移って、1218年からは「アルカンタラ修道会」として知られた。四つ目の修道会は、以前からあった軍事団体が、厳密な修道会則ではないが、それに準じる会則を立てて、1170年に創設された。ガリシア地方のコンポステラの「聖ヤコブ（スペイン語でサンチャゴ）修道会」である。

以上のものは、イベリア半島の大規模な修道会として活動を続けていた。さらに、より小規模な四つの修道会がこの半島に、おそらく1173年から1280年の間に設立された。そして、1312年にテンプル騎士団が取り潰された何年か後に、二つの修道会がテンプル騎士団のイベリア半島の支部と取って代わって設立されたと思われる。結果として、イベリア半島はラテン・キリスト教諸王国のどこよりも軍事修道会が高度に密集した地域になった。

バルト海の軍事修道会

第3回と第4回の聖地十字軍の間（1192〜1204）に、第三の十字軍の前線が、キリスト教ドイツ人と未だ異教徒の隣人たちとの間のバルト海沿岸の辺境に開けた。隣人たちとは、バルト海方面のプロイセン人、リトアニア人、ラトヴィア人、そしてフィン族のエストニア人である。ここに三つの性質の異なる修道会が出現した。

バルト海地方の異教徒に対する十字軍は、「リヴォニアのキリスト騎士団」と呼ばれる新しいドイツ人の修道会によって、はるか北方で1202年から着手された。この騎士団の修道騎士は「剣の同胞」と呼ばれた。

右:鎖帷子の上に着た白の上着の胸元と楯面の黒十字の徽章。この騎士のイメージはドイツ騎士団員のものである。

1230年までに、彼らは、リヴォニアと呼ばれた、今日のエストニア南部とラトヴィアの大部分に相当する地域の大部分の征服に成功した。ポーランド人の司教が、その地域の西端に住む異教徒のプロイセン人を征服するために、「ドブリン修道会」を、リヴォニア騎士団と同じように、ドイツ騎士団を手本に創設した。1228年か、それより若干以前のことである。しかし、一方で、1225年、ポーランドのマソウィア侯はドイツ騎士団に対し、クルマーラント地方を提供した。騎士団が軍隊を送って、プロイセン人と戦うことが条件であった。ドイツ騎士団は未だアッコンを拠点としていたが、すぐにクルマーラントの領地を受領し、リヴォニアに

上：往時マリエンブルク城の景観。現在は町もひろがって、マリエンブルクのポーランド語読みであるマルボルクのはずれに位置している。かつてドイツ騎士団の総本部が置かれていた。第二次世界大戦で壊滅したが、戦後、往時の景観そのままに再建された。

支部を設置した。1235年、ドイツ騎士団は弱体化したドブリン修道会を吸収し、さらに剣の同胞騎士団と合併した。

ドイツ騎士団は、1291年にアッコンから撤退した。1309年頃、騎士団長はみずからリヴォニアに入り、騎士団の本拠地をマリエンブルクに設置した。現在のポーランドのマルボルクである。その頃までに、すでに現在のポーランド北部、リトアニア、ラトヴィア、エストニアを含む地域に、ドイツ騎士団は、独特なタイプの騎士団国家を作り上げ、騎士団員は、中央の統制に従う在地の領主になっていったのである。

堅固な階級制度

軍事修道会は、基本的にシトー会を規範としていて、各城館や支部の指揮系統は中央の管理下にあった。1200年以降、修道会の主たる階層は「ブラザー・ナイツ（同胞騎士）」であった。これは1250年頃からは、ラテン・キリスト教諸国に新たに形成されつつあった騎士階級から人材を供給されていた。さらに、ほとんどの修道会には、「ブラザー・サージェンツ」ないし「ブラザー・サージェンツ・アット・アームズ」と呼ばれる補助的な階級が存在した。「従士修道士」あるいは「武装従士修道士」と訳語をあてることができる。この補助的な階級に属する修道士は、領地を保有しない騎士の子弟であり、あるいは隷属身分ではない自由土地保有農民の子弟であった。修道会には、また、少数だが、司祭の資格もあわせ有している修道士が存在していて、これは「ブラザー・チャプラン」と呼ばれていた。「司祭修道士」の訳語をあてることができる。そしてまた、「ブラザーズ・オブ・ワーク」あるいは「ブラザー・サージェンツ・オブ・オフィス」と呼ばれる大人数の階級が下層に存在した。「労務修道士」あるいは「業務従士修道士」と訳そうか。いくつかの修道会は、また、俗人の信心会と関係を維持していた。そうした信心会の一員（ラテン語でコンフラートレス、英語でフェロー・ブレスレン）は、寄進を行ない、守護の誓約を立てて、時には1シーズンないし2シーズンにわたる戦闘に参加することによって、修道会が行使する霊的特権のお陰をこうむることができたのである。

修道会の最高権限をにぎっていたのは「マギステル」、これはラテン語で「マグヌス・マギステル」ともいう。英語でいえば「グランド・マスター」。任期は終身で、修道会の運営を総覧し、軍団を指揮し、「チャプターズ・ジェネラル」、すなわち指揮官たちの集会を主催する。

新しい騎士階級が最近地上に出現したと思われる。それは休むことなく、地においては肉と血に対して、天においては悪の霊的軍隊に対して、両面作戦に出ている。

ベルナール・ド・クレルヴォー
『新しい軍隊を称えて』（1130年頃）

十字軍以後の軍事修道会

13世紀末、十字軍が崩壊した後、ホスピタル騎士団以外の騎士修道会は、すべて没落する運命にあった。その原因としては幾つかの要因がある。とりわけ、騎士修道会が設立された、その当初の目的が満たされたかどうか、これが問題だった。修道会同士が破滅的なまでに競争意識を持っていたことも崩壊の要因と考えられる。また、彼らが体現した修道院制度の理想が衰退する方向にあったことも指摘できるであろう。くわえて、15世紀から16世紀にかけて、国家的な軍隊制度の再編成が行なわれ、効果を挙げたことがある。そのために、騎士団は、実効性のある軍団として持ち続けた潜在的な有用性をほとんど失ってしまったのである。

聖地からの撤退

1291年に、エジプトのマムルーク朝スルタンによって、アッコンとトリポリが奪回されたことで、聖地に留まっていた四つの修道騎士団は、キリスト教圏のキプロス島へ撤退させられた。彼らはそこで再編成と今後の方向性の決定を強いられた。

テンプル騎士団以外は、どこかに居留地が見つかるとすぐにキプロス島を離れた。聖トマス騎士団はイングランドに、聖ラザロ病院騎士団はイタリアとフランスに移った。どちらの騎士団も、それ以後、十字軍には何の役割も果たしていない。

聖トマス騎士団は、ヘンリー8世の「修道院解散令」の余波をうけて抑圧された。聖ラザロ騎士団のイタリアの支部は、サヴォア地方の聖モーリス修道会に加わった。フランス支部は、同様に、新設の王立カルメル山の聖母修道会へ、1608年に加わった。

ドイツ騎士団はリヴォニア地方へ転進した。地中海地域については完全に放棄したが、北方に対しての十字軍を行なった。ホスピタル騎士団は、1310年に西のロードス島へ移動した。この島で彼らはすぐに、ドイツ騎士団の騎士団国家に、領土の広さの面ではともかく、内容的には匹敵する騎士団国家を作り上げた。以後これは「ロードス騎士団」と呼ばれるようになった。

「ロードス騎士団」は、イスラム教徒に対して海での戦いを展開した。けっきょく1527年に、猛烈な包囲戦の後、騎士団はオスマン帝国のスルタンへ島を明け渡さざるを得なかった。

追いつめられた騎士団の危機を救ったのは、ハプスブルク家の皇帝カール5世で

上：14世紀初頭、ムスリムの攻撃からロードス島を防衛するホスピタル騎士団。ベルギーの画家グスタフ・ウァッペルス（1803～74）のドラマティックな油絵、というのだが、なにかムスリム正規軍の攻撃には見えないところがおもしろい。それにホスピタル騎士団のマーク白十字は目立たず、テンプル騎士団の赤十字の方が目につくというのはどういうことか？

あった。1530年、カールは騎士団に、マルタ島とその海域の支配をゆだねた。以後、同騎士団は「マルタ騎士団」と呼ばれ、1798年にナポレオン・ボナパルトに追い出されるまで、イスラム教徒に対する戦いを継続した。カトリック教会側に立った騎士団の主流は、1831年、最終的にその所在地をローマに移した。

テンプル騎士団の運命は、比類なく悲惨なものだった。彼らは1291年以降の新しい状況に適応できず、すぐにフランス王フィリップ4世（在位1285〜1314）の欲望の犠牲となった。フィリップ4世は、テンプル騎士団が神を冒瀆する入会儀式を行なっているとして彼らを告発した。テンプル騎士団は西ヨーロッパ方面にいくつも支部を設けていて、そのうちパリの支部は広壮な荘館を構え、巨額の資産を蓄えて、フランス王家に金を貸し付けていた。フィリップ王は、テンプル騎士団を取り潰し、資産を王家のものにしようと図ったのである。

テンプル騎士団員が全員逮捕され、裁判は1307年からはじまった。1312年、騎士団の資産は王家の管理するところとなり、1314年、最後の総長ジャック・ド・モレーは、パリのシテ島の最下流の河原で公開火刑された。パリの荘館はホスピタル騎士団に預けられた。テンプル騎士団は崩壊した。後にポルトガルとアラゴンの支部が再建されたが、事実上、歴史から姿を消した。

俗世の支配

イベリア半島では、四つの軍事修道会が14世紀に入っても、なお、活動を続けていた。4修道会よりは設立されたのがおそくなった「キリスト修道会」と「モンテザ修道会」が、1325年から、カスティーリャ王アルフォンソ11世に率いられて、イベリア半島の防衛に積極的な役割を果たした。これは1350年の同王の死まで続いた。

その時以降、これら六つのイベリア半島の修道会はムーア人と戦う機会をほとんど持たず、修道会内部や、修道会同士の静いと、王国の政治への干渉にもっぱら熱意を捧げた。

一般的な修道士同様、軍事修道会の修道士たちもまた、急速に、外見や振る舞いが世俗的になった。そうしたことを理由として、イベリア半島の諸王は領内の修道会を支配下に置こうとして、まず最初は自分の息子や兄弟を総長として選出させ、その後1492年の「レコンキスタ」の完了の後に、修道院の管理権を王権へ吸収した。

バルト沿海のドイツ騎士団は、プロイセン王国ともいうべき態勢を整えた。首府をマリエンブルクに置き、ヴィストゥーラ河口から西の西プロイセン、東の東プロイセン、さらに北東のクーアラント、さらにリヴォニアと北海沿岸の諸地域がドイツ騎士修道会の支配下に入った。

マリエンブルクの邸館に起居する騎士団長は、あたかもアヴィニョンの法王館に起居するローマ法王とさしで話し合えるほどの位格を備えていた。

15世紀に入ると運命の女神の車輪がゆるやかに廻りはじめた。ポーランド王国の圧力がついに耐え難いほどにもかかり、1466年のトールン条約で、ドイツ騎士団はマリエンブルク、トールン、ダンツィヒ、その他バルト沿海の町々をふくむ西プロイセンをポーランド王に割譲し、あまつさえ、東プロイセンの支配についても、騎士団長がポーランド王の封臣になるという条件付きでこれを認められるという屈辱をなめたのである。

それから後は、転がり落ちる岩のようなものであった。16世紀初頭、クーアラントについても同様の条件で、ポーランドとのあいだに50年の休戦条約が結ばれた。ドイツ王国の方角からはブランデンブルク辺境伯家の勢力が押してくる。ブランデンブルク・プロイセン王国が成立するのは、もう時間の問題であった。

上：ドイツ、マグデブルクのエリザベート教会で20世紀初頭に撮影されたドイツ騎士団員の集合写真。この教会堂は同団によって19世紀に建築された。

左：フランス王フィリップ4世とローマ法王クレメンス5世に訴願するテンプル騎士団員。『フランス大年代記』の写本飾り絵。

第Ⅱ部第11章
アジアの騎士

ヨーロッパの騎士は、伝統的社会には戦士エリートが存在するという地球規模での現象の一部であった。日本の武士、インドのクシャトリア、中国の遊侠など、他の文化圏のよく知られた戦士のタイプに考察を加えることは、ヨーロッパの騎士の生活様式と文化を理解する上で有効な比較の視点を提供する。

戦士エリートの成員は、ライフスタイルとして、また、かれらが作る社会階層に課せられた義務として戦争を行なった。かれらは、すくなくとも家族とか、なにしろそういった小さなグループ単位では、よく訓練されていた。より大きな集団に加わって軍務の訓練を受けることが、彼の経験の一部となったかどうかは、その戦士エリートと中央の国家機関との関係で決まった。こうであったとか、ああであったとか、一概にはいえない。だから、戦士エリートはプロフェッショナルではなかった。むしろかれらの特権的な社会的地位が、かれらになんらかの軍事的義務を負わせたのであり、また、それによって彼らの立場は守られたということなのである。

ヨーロッパ周辺地域の戦士

戦士エリートは、これを定住農耕社会の産物と見れば、おそらく分かりが早いであろう。トルコ人やモンゴル人のような遊牧の民のあいだでも、たしかに戦士集団は、身分的に他と分かれていた。けれどもその身分差は、定住農耕社会の戦士エリートのばあいと比べて、はるかに薄かった。戦士集団が存在したとはいっても、遊牧民のばあいは、ほぼ全員が戦士だったのである。ひとつのグループとして見たばあい、ステップの遊牧民は、いわば待機中の戦士エリートなのであった。つまり、隣接する定住農耕社会の征服を狙っている戦士集団である。

イスラム教が宗団として展開するにいたったその初期の頃、ほぼ632年から680年のあいだ、アラブ人のあいだには、なにしろ騎馬の兵士は数が少なく、後代のヨーロッパの騎士に比べると、武装の面でぜんぜん劣っていた。遊牧の部族出身で、軽装騎兵だった。

750年にアッバース朝カリフの政権が成立した後、さらに11世紀後半のセルジューク・トルコの侵入以後でさえ、中央アジアの草原遊牧民が、イスラム国家の軍事力の中核を占めていた。おまけに、身分的にいえばかれら騎馬兵は、かれらを所有するリーダーに隷属する奴隷であった。したがってかれらは、軍事的には戦士エリートの定義に当てはまるが、社会的エリートではなかったのである。

この戦士エリートが社会的エリートではないという状態は、「中世イスラム社会」

上：クルド人のサラーフッディーン（サラディン）は、エジプトのカイロにアイユーブ朝を立てた後、北シリアからアナトリアに進出して、ルーム・セルジューク朝と交戦した。

左：12〜13世紀のルーム（アナトリアのギリシア人をいう）を支配したルーム・セルジューク朝の戦士の石の浮彫。十字軍との交流も盛んだった。鎖鎧や甲のデザインに通うものがある。

右：『蒙古襲来絵巻』の一場面。文永・弘安の役（モンゴル軍の襲来）での肥後国御家人の竹崎季長の奮戦ぶりを描いている。季長の注文で制作され、奥書に1293年にあたるとされる年号が書かれている。季長の領地の鎮守甲佐大明神に奉納された。

と「中世イスラム国家」とが分離していたという特異な傾向を示すものとして興味深い。13世紀のエジプトでは、マムルークと呼ばれる奴隷戦士集団が、それまでのスルタンを廃して、自分たちのあいだからスルタンを選んだ。しかし、だからといって、かれらが社会的エリートに入ったと考えることはできない。かれらは、イスラム社会にあって、あくまで排他的なカーストであった。かれらが支配した領土にあって、かれらはあくまで外国人であった。

しかも、かれらは軍事的には戦士エリートにあたると書いたが、ヨーロッパの騎士と比べれば、だいぶ割り引いて考えなければならない。かれらの偉大なリーダー、サラーフッディーン（サラディン）は、リチャード獅子心王と渡り合って、十字軍士のあいだにも、騎士ぶり見事の評判を取ったのだったが、かれの部下の騎馬兵たちにも、その評判を期待することは、とうていできる相談ではなかったのである。

サラーフッディーンはイラクのティクリートで、クルド人の家系に生まれた。生地ティクリートはティグリス川上流西岸、バグダッドから北へニネヴェの故地へ向かう幹線道路の町である。おおまかにいえば北メソポタミアの要衝ということで、サラーフッディーンの父親は、セルジューク・トルコの役人で、モスールのエミール、ザンギーに仕えていた。息子も長じてザンギーの後継者ヌールッディーンに仕え、アレッポやダマスクスに在駐することが多かった。やがて、ザンギーのエミールの派遣した軍隊の司令官としてエジプトのカイロのファーティマ朝に出向する機会が多くなり、その縁でファーティマ朝のワズィール（宰相）になって、事実上の支配権をにぎり、やがて1171年に、ファーティマ朝カリフを廃して、あらたにアイユーブ朝をおこした。アイユーブはかれの父親の名前である。アッバース朝カリフの権威を認め、みずからはカリフもスルタンもエミールも名乗らなかった。その継承者アーディルからスルタンを称することになる。サラーフッディーンは、1182年、エジプトからシリア方面へ出兵し、ザンギー朝、アナトリアのルーム・セルジューク朝を圧迫して、北シリアから「ジャズィーラ」にかけて支配権を及ぼし、翌年、アレッポを帰順させて、エジプトとシリアの合同を実現させた。その「ジャズィーラ」というのは「島」の意味で、この文脈では、ティグリスとユーフラテス両河間の北メソポタミアを指す。すなわちサラーフッディーンの生地である。

> 勝利とは、
> 穏和と親切とをもって
> 敵の心を変えることである。
>
> サラディンの発言と伝えられる

アジアの三種類の騎士階級

さらに東の方を見れば、日本の武士、インドのクシャトリア、中国の遊侠が、ヨーロッパの騎士の比較の対象として注目される。戦士階級である日本の武士は、なにしろヨーロッパの騎士に似ていて、その似ていさ加減は、相違点をひとつひとつとりあげて細かく見ていくことを強いるがほどのものがある。ヒンドゥー教インドのクシャトリアは、戦士エリートとはいいながら、なによりもまず社会的地位を大事にする身分集団であって、戦士としての活動は二の次であった。遊侠、すなわち放浪の戦士は、中国の伝統に深く根差し、ヨーロッパの騎士と、騎士道の精神を分け持ちながら、社会的エリートの身分からは排除された戦士エリートであった。

武士、クシャトリア、遊侠を中世ヨーロッパの騎士エリートと引き比べるに当たっては、以下、4点が留意点となるであろう。

まず社会的立場。人に与える威信、影響力。また、法的特権から見て、かれらは、かれらの所属する社会のどのあたりに位置する身分集団であったか。次に、国家との関係。戦士たちが国家を支配したのか、それとも逆か。戦士アリストクラシーが国家権力の公的なメカニズムにどれほどの影響力をもっていたかを計る上で、これは大いに参考になる観点である。第三に戦術、甲冑、武器。戦闘スタイルはどんなふうだったか。好んだ武器はなにか。服装や装飾品はどんなふうだったか。第四にカルチャー。かれらは、自分たちはこういう存在であると自己認識するとき、どのような考え方感じ方をもってそれに対したか。名誉についてはどうか。戦争に当たっては、どんなテクニックも許容されると考えるかどうか。死に対する態度はどうか。突きつめれば、宗教にどう対したか。

武士と侍

日本の武士は、10世紀の平将門の乱の前後に武芸を家職とする家柄が出始めて、ようやくひとつの身分として集団を作る方向に向かう。平家、源氏という大きな家集団もしだいに姿を現わし、「北面の武士」などと呼ばれて、京都の朝廷の警備役に雇われたりするようになった。

しかし、このタイプの武士は、平家の滅亡とともに歴史から姿を消した。源頼朝（1147～85）は、「在地の領主（その土地の領主）」である武士の領地を「安堵する（領主であることを保証する）」ことによって、「武家の棟梁（将軍）」と「在地の領主」とのリンケージ（連絡網）を作り上げることに成功したのである。「いざ、鎌倉」という合い言葉が、その支配体制の基本を示している。棟梁は鎌倉にいる。招集されれば、いつでもはせ参じるという鎌倉武士の気骨を表現している。

この「武家の棟梁」と「在地の領主」との関係は、基本的には、鎌倉政権に続く、北条政権、足利政権によっても維持された。

一方で、源頼朝が公卿（宮廷人）になり、平安時代以来の「侍所」を、鎌倉幕府にも設置したことから、武士は「侍所」という家政機関で管理される将軍の従者ということにもなり、武士は「侍」とも呼ばれるようになった。

「さぶらひ」は古代語の「さぶらふ」からで、これは動詞「あり（「わたしはある」が「アイ・アム」）の謙譲語で、「お側に控える」という意味。「さぶらひ」も、その名詞形の「さぶらふ」も、平安時代から江戸時代にかけて、そのまま通用していた言葉遣いだが、江戸時代に入ると、「さぶらひ」と書きながら「さむらい」と発音するという変則的なことになった。だから、歴史用語としては鎌倉時代にさかのぼって、「さむらい」「さむらいどころ」の表記が行なわれる。

騎士をいう英語の「ナイト」は、アングロ・サクソン語の「クネヒト（従者、下男）」からだということになっているが、これはまさに「さぶらひ（さむらい）」に対応するといわれている。しかし、それは後代の解釈、あるいは語の適用によるもので、「クネヒト」はもともと英語の「クナグ」の類縁語で、木の枝などをいう。西ゲルマン語で若者をいうというが、それもどうやら木の枝、あるいは男根という意味取りと関係がありそうだ。

教会と世俗国家との関係は、日本ではヨーロッパとはだいぶちがっていた。古代仏教は国家の宗教で、国家管理されていた。12世紀末、源氏が台頭した頃合いに、中国の宋から禅宗が入り、しだいに武士の心を

上：1333年、護良親王（もりよし、あるいは、もりなが）が吉野から落ちるにあたって、親王の忠臣村上義光（むらかみよしてる）が、親王に落ち延びる時間の余裕を与えようと、寄せ手の北条幕府方の軍勢を前にして腹を切ったという説話がいつしか広まった。リチャード・ゴードン・スミスという外国人絵師が、1908年にこの絵を描いたというが、この年はたまたま義光に明治天皇から従三位が遺贈されたという。なにか関係があったのか。

左：弓をもって馬にまたがる鎧武者を描いている。馬は太馬にすぎるし、署名の仕方などから見て、この絵の時代性はうたがわしい。

たかは、よく分かっていない。

室町時代末から江戸時代にかけて日本に来たヨーロッパ人が書き残した史料によると、日本の馬は小柄で、貧相で、蹄鉄は用いられず、藁沓をはかせてひずめを保護していたという。蹄鉄技術の導入は、けっきょく明治時代にずれこむ。そのわりには、鐙は、すでに平安時代の詞華集である『万葉集』に言葉として出ていて、蹄鉄と鐙がほぼ同時期に普及したヨーロッパの場合と好対照をなしている。

武士の武器は、剣や長刀が主で、槍は普及していなかった。とりわけ弓が使われていて、なにしろ鎌倉時代以降、「武士道」（ヨーロッパの「騎士道」に相当する）は「弓馬の道」とか呼ばれていたくらいなのだ。「流鏑馬」という武士の武芸鍛錬の行事があって、騎馬の武士が弓をつがえて馬を走らせ、的に矢を当てる競技だが、これはいまでも神社の奉納儀礼の一環として、各地の神社の祭の折に挙行されている。

文化と宗教

武士は、朝廷の公卿（あるいは公家。天皇の周囲に形成されたアリストクラシー）の文化水準にまで自分を引き上げようと努力し、リテラシー（読み書きにはじまる高度な文化能力）を獲得した。『平家物語』や『太平記』など、「ウォー・テールズ（軍記物）」は、こうした武士の「アイデンティティ（自己認知）」を反映したものである。興味深いことに、「軍記物」は、一般に負けた側に焦点を合わせている。悲劇的な敗北の方が、勝ち誇りよりも武士の心に訴えるものがあったということである。これはおそらく仏教的な人生観からきている。

12世紀末に中国の宋から伝来した禅宗は、栄西や道元によって、日本独特の禅宗として大成した。栄西は、はじめ鎌倉に寿福寺を建てて禅宗の布教につとめたが、やがて13世紀はじめ、京都に建仁寺を建てて、臨済宗の本寺とした。鎌倉幕府はこの宗派を擁護し、13世紀の半ばに鎌倉に建長寺を建てさせるなどしたので、臨済宗は鎌倉幕府の公認の宗教になり、武士の多くはこれに帰依した。

「願わくは花の下にて春死なん、その如月の望月の頃」という西行法師の和歌がある。「花」は「さくら」をいっている。その散り際の見事さが武士の心をつかんだ。西行も、法師（僧侶）とはいいながら、もと「北面の武士」であった。

下：「武者絵の国芳」こと歌川国芳（1797～1861）の「英名三十六合戦」の「小田井又六郎」の部。「一勇齋國芳画」と署名。「信濃國小田井城主又六郎」は「武田晴信（信玄）」と合戦を重ねたあげく、ついに城を包囲され、一族と酒を酌み交わし、余った酒瓶を槍の石突きで割り、一同そろって打って出た。

とらえていった。一方で、法然や親鸞の大乗仏教が民衆の心をとらえ、一大教団が結成されていく。

道具と技術

一時期、日本の歴史学会では、古代以前、日本列島にツングース系北方騎馬民族が侵入し、これが皇室の先祖になったという説がとなえられたが、これにはいろいろな点で問題がある。そのひとつが馬の問題で、日本の馬は南方系の小型種で、北方系の大型種との交配の痕跡が見られない。

武士が馬に乗ったことは、いろいろな史料で証明されているが、たとえば源義経が「一ノ谷の合戦」で、断崖を騎馬のまま下ったという、その馬がどういう馬であっ

刀の崇拝

中世日本の戦士文化について一番よく知られているところは、また、一番神秘的なところで、じっさいよく分からない。刀の崇拝のことだが、じつのところこれは徳川幕府が政策的に誘導した疑いがある。なにしろ幕府が成立する前後に刀鍛冶の名前が取りざたされ、刀をサムライであることのシンボルとして扱う風潮が高まった。なにしろ16世紀の間に、火縄銃がそれまで弓が占めていた中心的役割を奪い、それまで弓馬の道などといって弓矢に依存することが多かったサムライに、刀を振るって突撃する役割の重要さを思い知らしめた。第二に、徳川幕府は、火器をできるかぎり制限し、サムライをひとつのカーストとして、自己認知せしめ、他の階層に対してみずから閉ざす方向へもっていかせようというので、刀のカルトを政策的に奨励したのである。毎年、将軍家指南役のマネージメントの下、将軍家臨席の席上で、試し刀が行なわれる。天下の刀鍛冶の序列が決まる。各藩、かならず御前試合を行なえ。また、天下の「ワンダリング・ウォリヤーズ」に仕官の道を閉ざすな。隻眼の柳生十兵衛は今日もまた視察の旅に出る。

インドのクシャトリア

インドの戦士階層であるクシャトリアは、およそ紀元前1500年以前のインド亜大陸へのアーリア人の移動に、その起源をもっている。アーリア人は、二輪馬車に乗った戦士たちに率いられたインド・ヨーロッパ語族系の人間集団である。

「インド・ヨーロッパ語族」は言語学史上の用語で、紀元前2千年紀（紀元前2000年以後の1000年間）の初め頃、カスピ海の北岸の草原地帯に住んでいた人間集団が使用していた言語を「インド・ヨーロッパ語」と呼ぶ。その人間集団はその頃から西と南に移動を開始して、南へ向かったのがアーリア人。西に向かったのがケルト、ゲルマン、イタリアなどヨーロッパ人。大づかみにいえばそういうことらしく、かれらがそれぞれの地域に移動後に、共通母語が変化してサンスクリット語やラテン語、ドイツ語になった。話はもともと逆であって、それら諸言語を比較検討すると、どうやらもともと共通の言語があったらしい。それを「インド・ヨーローッパ語」と呼ぼうということになったということである。言語学と歴史学、考古学、民族学など諸学が合作した壮大な仮説である。

アーリア人は、北西インドのインダス川流域に定住した後、紀元前600年頃までの、いわゆるヴェーダ時代に、司祭職を独占したバラモンが第一の社会階層であり、戦士たちの階層は第二という体制がかたまった。クシャトリアは、「ヴェーダ（知識の本）」を創作した王たちと戦士たちの階層で、アーリア人社会を守り、正義にもとづいて支配する。戦争はクシャトリアの聖なる義務であった。

クシャトリアは、ヨーロッパの騎士とはちがって、古くから高く安定した社会的ステータスを享受していたのである。バラモンの権威（バラモン教、中世以降はヒンドゥー教の祭司として）とクシャトリアの権力がインド社会を支配した。この体制は、紀元前5世紀、北東部のガンジス川流域に仏教がおこり、一時はインド亜大陸にひろがる勢いが見られたにもかかわらず、変わることがなかった。

なにしろ象のインパクト

アーリア人は二輪馬車に乗ってヒンドゥスタン（インダス川流域平野、ヒマラヤ山脈とデカン高原のあいだ、8万平方キロメートル）に入植しながら、馬は飼育しなかった。かわりに象を飼い、乗用とした。このページの写本飾り絵に見えるように、馬を乗用にしなかったわけではない。ヒンドゥー教で方位神の一体である「クベーラ（あるいはバイシュラバナ、財宝天）」は、日本に入って「毘沙門天（多聞天とも呼ぶ）」だが、馬にまたがった姿態で表象される。方位神には「インドラ（帝釈天）」もいて、こちらは象にまたがった姿態で描かれる。

戦場でもパレードでも、巨大なマンモス・フィギュアーとパワーを存分に発揮させて、敵方に対してはもちろん、味方に対しても威圧を与えて、王族と戦士のヴァルナの存在を際立たせようという発想から、象が選ばれたと思われる。

「ヴァルナ」は古代の文献に見える言葉遣いで、アーリア人の氏族性的な社会の基本的な階層区分をいう。「四姓」と日本語で呼ぶことがあるが、バラモン、クシャトリアなど四つの階層をいう。16世紀にやってきたポルトガル人はこれを「カースト」と呼んだ。しかし、実際には、カースト的な階層区分は、さらに細かく、様々な社会集団をいう「ジャーティ」をいうことがインド社会では古くから行なわれている。「ジャーティ」は「生まれ」を意味し、「ジャーティ・カースト」は出生身分にも

> 我に敵対するあらゆる
> 活動を完全に停止せよ、
> 何かを得ようと望むな、
> 所有から自由であれ、
> 憂いなく戦え。
>
> クリシュナからアルジュナへ、
> 『バガヴァドギーター』から。

左：中央アジアのティムール家のバーブル（1483～1530）が、1526年4月21日、パーニパットの戦いで、デリーのスルタン、イブラヒム・ローディを破って、ムガール朝をおこした。そのパーニパットの戦いの様子を描いた写本ミニアチュール。ティムール朝の首都ヘラートでは、ティムール家の保護の下に、ミニアチュール（細密画）入り写本工芸が盛んになった。これは、バーブルがチャガタイ語で著した『バーブル・ナーマ』（「バーブルの書」という意味で、その内容は自伝になっている）が、1590年頃、バーブルの孫アクバル大帝の代に、ペルシア語に訳して出版されたのにつけられた、ヘラート・ミニアチュールの一葉である。

下：ムガール朝アクバル大帝の命によって著された年代記『アクバル・ナーマ（アクバルの書）』のヘラート・ミニアチュールの一葉。原初よりアクバルの時代にまで歴史叙述が及ぶ。このミニアチュールはいつの時代を想定したものか分からないが、象が登場して、敵勢が総崩れになる様子が描かれている。

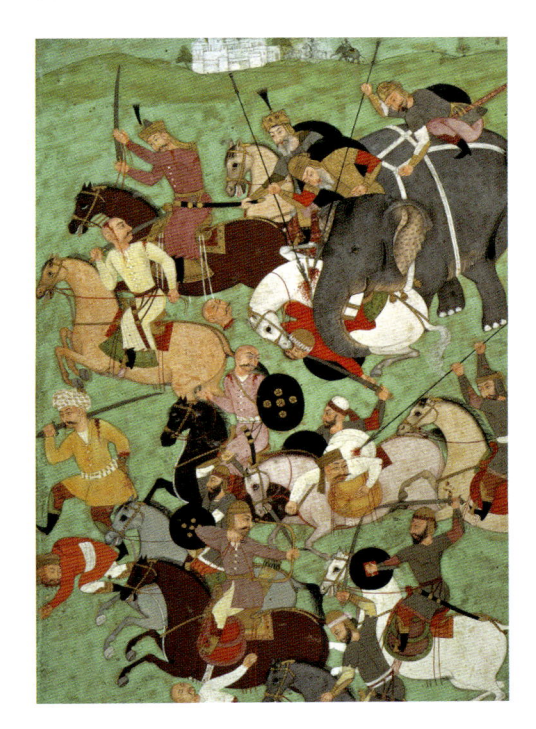

上：『マハーバーラタ』（『ラーマヤーナ』とともに古代ヴェーダ文学の双璧、紀元前5世紀には現行の形にまとまったと考えられる）の一場面。象使いの乗った象が何頭も描かれている。一方、王の馬車は4頭の馬が引いている。馬に乗った戦士も何人か描かれている。

とづく社会集団であり、職業身分集団である。職業は身分なのだ。

「バラモン・ヴァルナ」に対応する「ジャーティ・カースト」に、司祭、教師、歌人、系図屋などがある。「クシャトリア・ヴァルナ」に対応して経理会計士、金細工人などがあり、「シュードラ・ヴァルナ」に対応して野菜農家、大工などがある。最近興隆した職業のコンピューター技術者は、まだひとつの「ジャーティ・カースト」を作るほどまでにはいたっていない。

クシャトリアの哲学原理

社会を守るという神聖な使命が早くも浸透していたクシャトリア文化は、インドの政治哲学と倫理哲学という二つの主要な領域に貢献している。最初の政治哲学書は、実用的な政治哲学の古典テキスト『アルタシャーストラ（実利論）』である。マウリア帝国（紀元前321～185）の最盛期のものであるこの名著は、優れた支配者の義務と徳を詳しく述べている。

倫理哲学の分野は、戦士階級がヒンドゥー倫理思想の形成に深く関わった分野で、現代に至るまで大きな影響力を残している。ヒンドゥー教の中心的なテキストである『マハーバーラタ』の一部を形作る叙事詩『バガヴァドギーター』（尊き神の歌）に、親族を敵に回して戦う戦士アルジャナの話が語られる。彼は「ダルマ（法）」の矛盾に直面した。戦うことは戦士の義務であるが、親戚を殺すことは義務ではない。戦闘の直前に、ヴィシュヌ神の化身である二輪馬車の御者クリシュナは、彼に、このジレンマに対していかに適切な決断を下すべきか、教えた。「ヨーガ」の修行によって、結果と報酬を考えることなく、ただひたすら無私献身の行動を実践せよと教えたのである。

この「ヨーガ（心統一の修練）」は「カルマ（行為）のヨーガ」と呼ばれ、ヒンドゥー教の精神史のなかで、叙事詩『バガヴァドギーター』に発するものとされている。この叙事詩を通して、戦争は、個人や集団が、いつ直面するかもしれない葛藤の寓意と見られている。

仏教とジャイナ教

他方、クシャトリアは、バラモン教の宗教改革というべき、世界の最も偉大な宗教を生み出した。ゴータマ・シッダールタの仏教と、ゴータマとほぼ同時代人と見られているマハーヴィーラーのジャイナ教である。ゴータマ・シッダールタはクシャトリアの王族の身分を捨てて、苦行者になった。マハーヴィーラーは、その父親はクシャトリアだったというが、職業は伝えられていない。だから、おおづかみにクシャトリアの身分としかいいようがないが、やはりゴータマと同様、妻子を捨てて、出家し、12年間の裸形苦行に耐えて、悟りの境地に到達した。そこでおもしろく思うのは、〈出家〉とはなにか。ゴータマもマハーヴィーラーも、クシャトリア・ヴァルナから〈出た〉といえるのか。それではどこのヴァルナに移ったのか。両人とも、「クシャトリアの遊行苦行者」という「ジャーティ・カースト」を立てたということだったのではないか。

中国の遊侠

日本の武士、インドのクシャトリアとならんで、アジアにおける騎士的存在として注目されるのが「遊侠」である。

遊侠の興亡

春秋戦国時代（周が後の洛陽に都を移した紀元前770年から、秦の始皇帝が中国を統一した紀元前221年まで）の古代中国社会は「王侯、大夫、士、庶人」の四つに編成されていた。大夫は王侯の同族（この時代は一般に氏族制度である）や地方の豪族の族長などで、王侯に仕えて、政治上重要な地位についたものを卿と呼んだ。士は大夫の一族の下層のもの、あるいは農村の村長などを指した。この「士」が、秦漢時代以後の中国社会で「遊侠」と呼ばれる社会的集団へ変貌したのでないかと考えられる。

紀元前453年に、春秋時代の大国晋が韓魏趙の3国に分かれたのを境目に、以後を戦国時代と呼ぶ。その3国に加えて楚斉燕秦の7国の興亡が続く。この戦国時代に、それ以前の社会秩序が大きく変わっていった。国家社会はどうあるべきか、考え方も変わった。

この時代の思想家たちをグループ分けして「諸子百家」と呼ぶが、そのひとつ「法家」に分類される韓非子（名は韓非で、韓非子は著述集の呼び名である）の著述に『五蠹』というのがある。「五蠹」は、「国家を害する五つのもの。学者、書をいう者、剣を帯びる者、側近者、商工の民」をいう。「剣を帯びる者」は「士」を指している。韓非は紀元前233年頃みまかったと見られている。その12年後に、秦王政が皇帝を称した。始皇帝である。

法家思想のいう理想国家は、王の法が官僚集団によって運用され、国内外の敵に対して王の軍隊が当たる中央集権国家である。農村単位に税金を取っていたのが、国家の役人が農民一人一人から取り立てるようになる。「士」は、一部は国家の官僚機構や軍隊の末端に組み込まれ、一部は脱落して、反体制的な存在として流浪する。「遊侠」である。

隋漢帝国以来、役人といえば官吏登用試験（隋にはじまる科挙）に合格した者ということになった。兵をいえば国軍の兵ということになった。それは王朝の交代時に、各地に私兵集団が台頭するということはあったけれども。また、唐代に、北方遊牧民族の突厥が唐に征服されたことによって（630年東突厥が崩壊）、西北方の遊牧民族の多くが唐の支配下に入った。唐代は遊牧民族から兵を徴募するということはあったけれども。

そういう地域的、また一時的な揺れ返しはあったけれども、知識人官僚と国軍が中国社会を管理するという体制は、宋代にいたるまで持続した。国軍の指揮官は、アリストクラート（社会的に上位身分の者）というよりは官職保有者であり、国軍の兵士は庶人であって、社会的ステイタスは問われなかった。

宋代（960～1279年）は、法家と儒教（春秋時代の孔子〔紀元前551～479年〕にはじまる倫理学の系譜）でかためた文治主義のビューロークラシー（役人が幅をきかせる政治）で知られたが、東北の遼（モンゴル系遊牧民族）、西方の西夏（チベット系タングート族の国。遊牧と農業が混在）の侵入に適切に対応できず、1127年、東北のツングース系女真族の金が華北（中国北部）に支配権を確立したのを機に江南（長江以南）に都を移した。以後、南宋という。

水滸伝の男たち

現在山東州の西のはずれ、黄河に南から合流する小さな川の奥の沼沢地に、盗賊団が根城を置いていて、梁山泊と呼ばれるところだったが、その近くの町で県の役人をしていた宋江というのが、梁山泊の連中とつきあいがあった。そのことがばれそうになって、口をふさごうと人を殺してしまった。つかまって江州に流されて牢にいれられていたのを梁山泊の一党に救出された。牢番の李逵も一緒についていった。人付き合いのいい宋江だったが、それほどキレル感じの男ではない。だが、それがむしろよかったのか、やがて宋江は首領に担がれた。

宋江の下に108人の男たちが集まった。これを英雄だの盗賊だの、ましてや遊侠だのと定義してしまっては、それで話が終わりになる。歴史的時代は宋の第8代皇帝徽宗の代（1100～1125）だったと思われる。というのは、梁山泊の一党は、やがて徽宗に帰順して、その傭兵となり、1121年に「方臘の乱」に出兵しているからである。ところが、一説では、『宋史』に、同じその年、「宋江の乱」というのがおこったと書いているという。

梁山泊の108人の男たちの評判は、宋末から元の時代にかけて民衆のあいだに高く、

左：春秋戦国時代に周（東周）の戦士が使った青銅製の武器。矛あるいは「鈹」4本と槍の穂先。長い柄に刃先をつけた戈あるいは戟と呼ばれる矛状の武器の先端部分と思われる。菱形の形状は小剣あるいは短剣にはなじまない。

講釈物とか、舞台とか、いろいろなメディアに登場した。とりわけ108人が梁山泊に入来するにいたった、それぞれのプライヴェート・ドキュメントの部分がおもしろく、元末から明初にかけて、現行の『水滸伝』が成立したらしいのだが、一番多く板行されて120巻、その半分以上、70巻がそのへんのところを書くのに割かれている。

第2部からは一党が徽宗の御意を得て、傭兵団に徴用され、北の対遼戦争に向かわされるわ、反乱軍討伐に行かされるわと、なんのことはない体制べったりで、それはだから宋江がニヒルな傭兵隊長を演じているならばともかく、しまいには毒杯をよこされて（おそらくもう用なしと踏まれたのだろう）、一番忠実な部下の李逵を道連れに、毒汁を飲んで死ぬという、どうして作者はこういう人物像を造形したのか。これでは梁山泊の「宋江とその108人のなかま」のイデアがかげるというものだと、なにかムキになって批評しているお方もいるが、そう驚くことはない。なにかこの人間界には神の手のようなものが動いていて、いまどき遊侠集団でもあるまいと、書き直してしまうのか。だからか、『水滸伝』

上：秦始皇帝画像。20世紀の画家の作で、世紀半ばに阿房呆宮遺跡や咸陽宮遺跡で発掘された空心磚と呼ばれる、中が空洞の長方形の焼き煉瓦の文様図案に竜が使われている。竜が皇帝の付きものとなったのは、まさに始皇帝の時で、この画像の衣服の文様図案は竜（尻尾と胴体の部分が見えている）と雷紋図案である。雲形と波模様も描かれている。この衣服を身にまとっている人物は皇帝である。

の作者は名を出したがらない。

東北に契丹族の遼がいる。さらにその北にモンゴル（元）がひかえる。それが民衆はもう劉備を求めない。中国人民がさがすのは落ちこぼれ役人の宋江であり、なにかというと謀反だ、謀反だと騒いで宋江を困らせる、もと牢番の李逵であり、もと延安で兵士だったのが、誤って人を殺し、宗門に逃げ込んで、首をつなぎ、方臘の乱の戦いで無常を悟り、座禅の格好のまま入寂したという魯智深である。人食い虎を素手で打ち殺したというので評判になった武松である。

最後に例に挙げたのは、なにも怪力の持ち主だとみんながあこがれたというだけのこと

唐三彩の馬

いわゆる唐三彩は生地に白粘土を使い、緑色、褐色、黄色の釉薬を適所に垂らして色付けして、低温度で焼いた軟質の陶器をいう。コバルト・ブルーを使う場合もあった。則天武后の治世（690〜705）から安史の乱（755年に起こる）までの盛唐期に盛んに作られた。下に掲げた図版の馬はかなり落剥し、色落ちしているので、唐三彩の華やかな色合いを伺うには物足りない（馬高43センチメートル）。馬は唐代に、中央アジアのフェルガナから輸入された。現在のアラビア種にあたる。『史記』では「大宛」の天馬とか、汗血馬とか伝えている。漢代に「大宛」は中央アジアのシル川中流域フェルガナ盆地に位置した。「汗血」については、「血を汗す」とか、「汗、前肩膊より出でて、血のごとし」とかというふうにしか読めない書き方をしていて、実態は分からない。「一日に千里を行く」とも書かれていて、運動量が多く、さかんに汗をかく馬ということなのだろう。

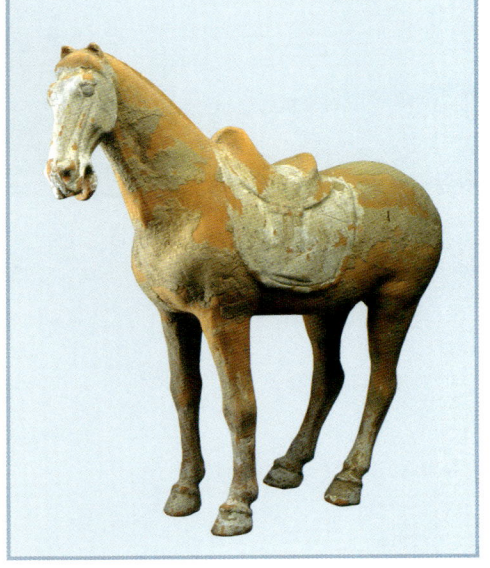

ではない。武松は、兄を毒殺した疑いのある嫂とその間夫を殺して逐電し、梁山泊へやってきたのだが、明代の小説『金瓶梅』は、武松の嫂潘金蓮とその間夫西門慶のふたりをめぐる話で、そこでは潘金蓮がとんでもない淫婦に描かれている。だからといって、『水滸伝』の潘金蓮もいきなり毒婦だったときめつけて紹介するのはどうか。人間の情念が燃えさかるいい話で、そこのところに民衆は感動したのではないか

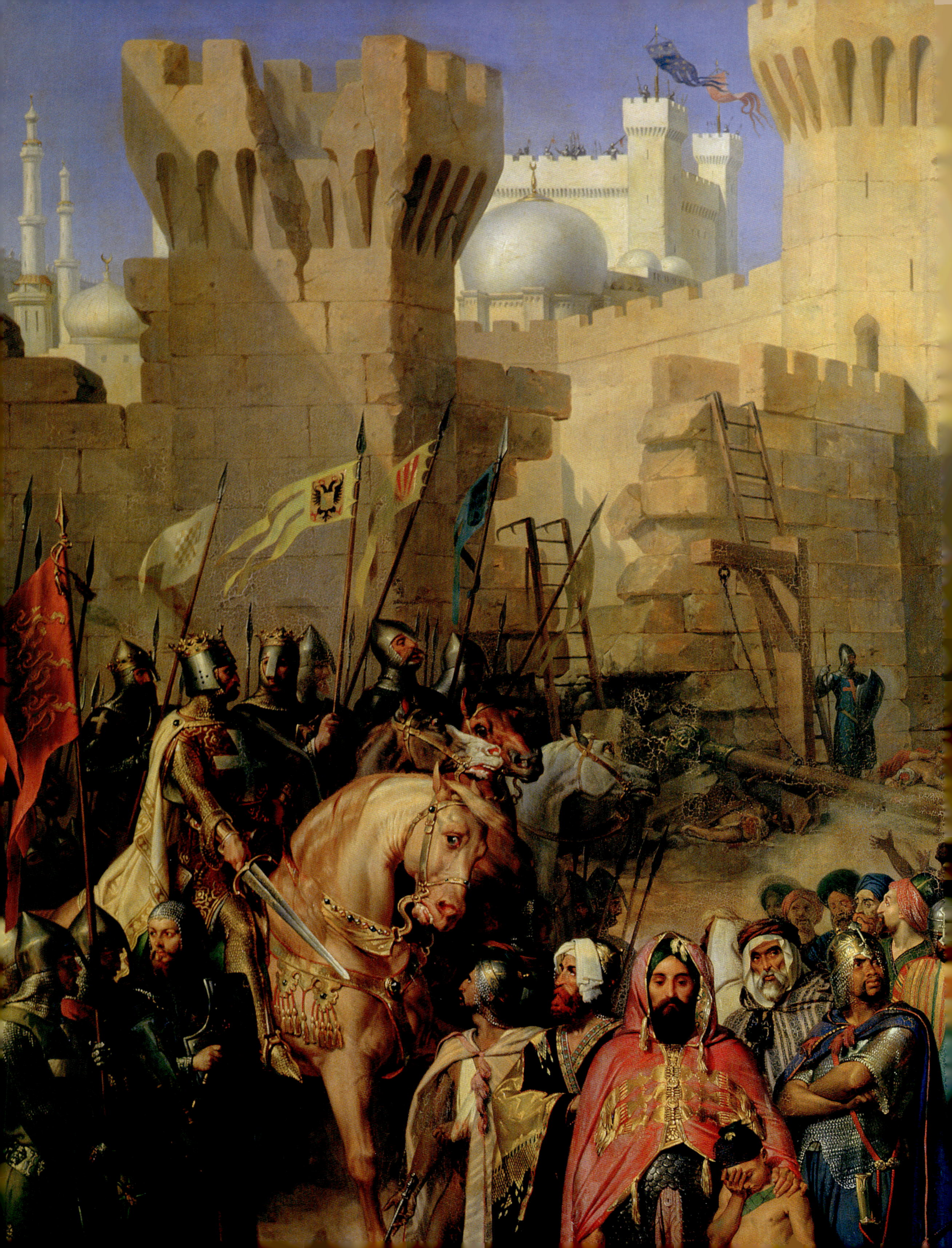

第Ⅲ部

歴史にみる騎士

第Ⅲ部第1章
騎士のおこり

中世ヨーロッパの騎士身分の起源ははっきりしない。それは混沌未分の状態の中からゆっくりと立ち上がり、ひとつの社会的カーストを作っていって、ついには社会的資源をコントロールし、ヨーロッパ大陸全土の政治的動向に関わるようになった。

社会的なものや技術的なものの数々の発展が、騎士の輝かしい登場のために必要であった。すなわち、武具の製造と供給の技術が進歩すること。馬を育て、よりよい種を選抜し、その使い方に洗練の度を加えること。領主が自分の城を建てること。騎士道理想を創造すること。こういった変革の多くは10世紀の末にならなければ実現しなかったが、それでもフランク人の王、ローマ皇帝「シャルルマーニュ」の代（カールは紀元800年に皇帝に戴冠した）に動きが見られたものもいくつかはあったのである。後に騎士的存在の基盤を作るものとなったチーフとその戦士団のあいだの、ロイヤリティーに基づいた人間関係は、すでにそれ以前から培われてきたものであった。（「チーフ」と「ロイヤリティー」は日本語の対応語を考えるのがむずかしい。とくにこのような漠然とした文脈では。チーフは古ゲルマン社会の首長とか、戦場におけるリーダーのことを指しているのであろう。）

下：451年の「カタラウヌムの戦い」を描いた19世紀の銅版画。場所はシャンパーニュのシャロン・スュール・マルヌ近くとも、トロワ近くとも伝承される。ラヴェンナの西ローマ帝国政権の実力者、コンスル・アエティウスと西ゴート王テオドリックとが連合して、アッティラのフン軍と戦った。勝敗はいずれともつかなかったが、これを機会にアッチラはガリアから撤退した。

左：2世紀のローマ帝国の辺境地帯では、ローマ軍団の兵士たちとゲルマン人の戦士たちの死闘がくり返されていた。この石版浮彫にはシダ類植物の紋様が見られるので、おそらくガリアかゲルマニア関係の図柄と思われる。

古代の遺産

中世ヨーロッパは、古代ローマ帝国とゲルマン諸部族の衝突と結合から生まれた。タキトゥスは、ゲルマン戦士団の気質に強く心惹かれていた。彼は、ローマ帝国の全盛期、紀元1世紀の終わりごろに、ゲルマン諸部族について書いた。この戦士団にタキトゥスは、「コミタートゥス」というラテン語の名称を与えている。これは「コーメス（同伴者、随行者）」と類縁語で、「共に行動する者」の意味である。タキトゥスは、戦士のロイヤリティー（忠誠）を高く評価し、かれらはリーダーの死後、生き残ることを恥としたと述べている。

この賞賛は驚くべきことではない。ローマ社会もまた、リーダーに対する忠誠を強調したのだったから。元老院議員身分の大所のリーダーたちは、通常、庇護民を持っていた。庇護民はリーダーの保護を頼みにし、必要とされるときにはいつでもリーダーをサポートする心構えでいた。軍のリーダーは軍団からゆるぎない支持を受けた。なにしろ兵士たちに推戴されて皇帝になったケースが幾例もあるほどだったので

戦場において勇気の点で従者に越されるのは、
チーフにとって不明なことである。
チーフに求められる勇気は、
従者たちに求められるのと同じではない。
チーフは勝利のために戦う。
従者はチーフのために戦う。

タキトゥス『ゲルマニア』
（97年までゲルマニアに親しみ、
98年にこれを著したとされる）

右：左下隅の建物が荘館で、いましも領主夫人とその親族の女性がふたり、家令に付き添われてお出かけの様子。その上の段では領主が左手にコチョウゲンボウを止まらせて、鷹狩りの最中。右手の男性も同じ身分の者であろうか。やはり左手にタカを止まらせる手袋をはめている。その上の段は蕪畑。最上段は麦畑の犂耕の場面。全体、これは「ウィラ」の風景と見える。

ある。

ローマ帝国は幾たびもの危機に遭遇して、転がりおちるような具合で帝国西部の安定を失った。こうなると、ゲルマン諸族は、時に協定を結んで、時に無断で、ガリア、ベルギカといった帝国西部に侵入するようになった。4世紀には、かれらは、「フォエデラティ」として、ローマ軍団に加わるほどまでになっていたのである。「フォエドゥス（同盟、連帯）」からで、ゲルマン人がローマ人と連帯するところにまで、事態は進化した。

しかし5世紀に入ると、ゲルマン人は自分たちの意志でローマ領内に移動し、移住した先々のローマ人に、「ホスピタリタス」と呼ばれる制度を押しつけるようになった。訪問者、客人を意味する「ホスペス」からで、キケロなどローマ帝国最盛期の文人は、英語でいう「ホスピタリティー」の意味で使っているが、5世紀のゲルマン人が使う場合は意味合いがまったくちがう。「客人の分をよこせ、それもたくさん」という意味合いで、ローマ人の地主はゲルマン人の客人に、所有地の3分の2を取られたのである。

東ゴート族、西ゴート族、フランク族、そしてアラマンニ族が、アキテーヌ地方、ブルゴーニュ地方、スペイン、そして北イタリアを横断した。

イングランドでは、ローマ人は5世紀中頃にはいなくなった。5世紀から6世紀にかけて、ユトランド半島方面から、アングル族、サクソン族、ジュート族といったゲルマン人が移住してきた。これは7世紀のベーダの記録から知られる。ジュートは本拠のユトランドにその名を残した。アングル、サクソン（ドイツ語読みでザクセン）は、「イースト・アングリア」「サセックス」「ウェセックス」などの地名と、「アングロ・サクソン7王国」、9世紀に「アングロ・サクソン王国」の名に記憶を残した。

ロイヤリティーの蜘蛛の巣

ロイヤリティー、この一対一の主従をつなぐ個人的な誠実の関係が、ローマ帝国の崩壊以後、ガリア、ゲルマニア、ベルギカ、アクィタニア、ブルグンディア、ロタリンギアなど、西ヨーロッパ全域を蜘蛛の巣状におおった。5世紀の末以降フランク王国メロヴィング朝、8世紀半ば以後カロリング朝は、「コーメス」を介して王国を統治した。「コーメス」は、その管区の専制君主であり、唯一、王に対して個人的誠実の関係を持つ。「コーメス」は、もと、ローマ帝国の官職だが、皇帝の側近者というだけで、職分はあいまいである。それがフランク王国の「コーメス」は、管区について行政権と裁判権を把握している。フランク王国はロイヤリティーの網にかかっていて、「コーメス」はさしずめ、網の目の結び目である。

キリスト教会にも、また、蜘蛛の巣がかかっている。6世紀、教会はまだ町の教会であった。7世紀になると、町の郊外にも礼拝堂が作られて、町の外の教区（信者の集合体）が作られる。5世紀はまだ、郷村の住人が近くの町の教会に集まって礼拝に参加する状態だった。町の教会堂は、その土地の住人に信奉されている聖者（キリスト教会が、とくに教会の財産を殖やすのに功績があったとして、死後、顕彰した信者。多くは殉教者である）に献堂されるのが普通になってきていた。その聖者と信者との関係もまた、個人的ロイヤリティーの蜘蛛の巣だった。

農民もこの蜘蛛の巣にかかった。蜘蛛の巣にかかったといっても、つかまって奴隷にされたというようなことではない。農奴という日本語対応語が、なんとたくさんの誤解を呼んできたことか。ローマ人地主が激減して、ゲルマン人の地主が増えたのだから（ローマ人の元老院議員身分のローマ人地主は、教会の司教に転職して、司教の領地ということで、以前から自分のものだった農地を、そっくりそのまま、子孫に伝えたのもいるが）、「ウィラ」（ラテン語で荘園）と「コロヌス」（大農経営に使用される農業労働者）というようなイメージがいつまでももつわけはない。気がついたら、コロヌスは「自由な農民」ということで放り出されていた。農地と生産財に近づけない「自由」はいらないと、近在の豪農の小作人に雇ってもらう。領主の農奴にみずから志願する。そういう時代が来ていたのである。

フランク人の王国

フランク王国カロリング朝は、メロヴィング朝がその開祖クローヴィスに先立つ族長メロヴェックの名に由来したのと同様、8世紀半ばにカロリング朝をひらいたピピンに先立つ、カロリング家の先祖の名カールに由来したと考えられている。「イング」の語尾は、「ヴァイキング」がそうであるように、人の集団、あるいは家系をいうという理解がある。だから、先祖にカールがいたにちがいない。

カロリング家ではじめて名が出たのが「ランデンのピピン」で、7世紀前半にメロヴィング朝の王家の「マヨール・ドムス」をつとめた。「家の長」の意味だが、「宮宰」という日本語対応語が使われている。次に同世紀末に「ヘルスタルのピピン」がやはり「宮宰」職をつとめている。「ランデン」も「ヘルスタル」もマース（フランス語の発音でムーズ）川中流で、カロリング家は、マース川中流に領地のネットワークを張りめぐらせた家系集団である。

「ヘルスタルのピピン」の息子のカール・マルテルも、また、「宮宰」職についた。彼の名は、732年、トゥールとポワチエの間で戦われた「トゥール・ポワチエの戦い」で名高い。イベリア（スペイン・ポルトガル）を支配したイスラム教徒勢が、ピレネー山脈の北のアクィタニアまで進出したのを押さえ込んだ戦いと評価される。アクィタニアに出陣したカールの軍隊は馬に乗っていたという伝えがある。だから、カール・マルテルの名は、騎士の歴史への進出に貼られた一枚の名乗札であった。

教会と国家

カール・マルテルは、アクィタニアに

右：18世紀末に描かれたという想像画。カール・マルテルの息子で、カロリング朝を創始したピピン3世の肖像だという。その息子のひとりがピピンを継いだフランク王カール（シャルルマーニュ）。

下：ポワチエの戦いを描いた19世紀前半の歴史想像画。戦い斧を振り上げている白馬の戦士がカール・マルテルか？ 左端の「アイルランドのケルト十字架」はアイルランド人修道士がフランク王国にキリスト教を布教した事情を語っている。

遠征した騎馬隊を養成するための費用を稼ごうと、教会と修道院の領地を没収したのではないかと疑われている。教会や修道院の領地を分け与えられた家臣は、教会や修道院に対して一定の賃貸料を支払うことが決められたと記録に出ている。だから、逆に教会や修道院が領地をもつということが、王家の保証で認められたということになる。

カロリング家にはメッツ司教の家系の血が入っている。カール・マルテルの祖父が635年に死去したと記録が残るメッツ司教アルヌルフの息子という関係になる。カロリング家は、北ガリアの教会の組織と密接な連携を保ちながら、カロリング家の家政とメロヴィング家の王政を取り仕切ろうとしていたと思われる。

カール・マルテルにはカールマンとピピンの2子がいたが、カールマンは、修道士になって、弟のピピンがカロリング家の家督を継いだ。家督を継いで宮宰職についたのは741年だが、その10年後、かれはメロヴィング家の王政とカロリング家の家政を、ひとつに縒り合わせようと企んだ。ローマ法王ザカリアスに諮問を発し、実際に力を持たない者を王と呼ぶのは適切かと問いかけた。法王が答えるには、実際の力を行使するものがその称号を持つべきだと。こうして、ピピンは、メロヴィング朝の王キルデリク3世を退位させ、その王冠を自分の物としたのである。3年後、法王ステファヌス2世はピピンを王として聖別し（キリスト教会の儀式によって、その者が神に嘉された特別な存在であることを証明すること）、フランク族の王権にキリスト教の神聖を加えた。

ピピンは768年に死去し、息子のカールとカールマン兄弟が後を継いだ。兄弟は、フランク族の一般的な相続慣習に従い、比較的均等に王国を分割した。カールがアウストラシアとネウストリアを相続し、カールマンはブルグンディアを相続したのである。微妙なバランスの上に3年間が過ぎて、771年の暮れ、カールマンは急死した。

シャルルマーニュの戦争

771年、カールマンの死後フランク王国全土の支配者となったカールは、その翌年、772年の夏、軍勢を率いてライン川を東に渡った。「ザクセン戦争」の開始である。この戦争はその後30年間続く。ザクセン人は、ブリタニアに渡ったサクソン人と同族であって、ライン川流域、ヘッセン、チューリンゲンのドイツ人を脅かす存在だった。カール・マルテルやピピンも、小規模ながら反攻をかけていた。カールはそれを大がかりにやろうときめて、ライン川下流に東から入る支流リッペの東、ウェストファリアの西、後のミュンスターのあたりにコーメスを配置して、そこを前線拠点とした。

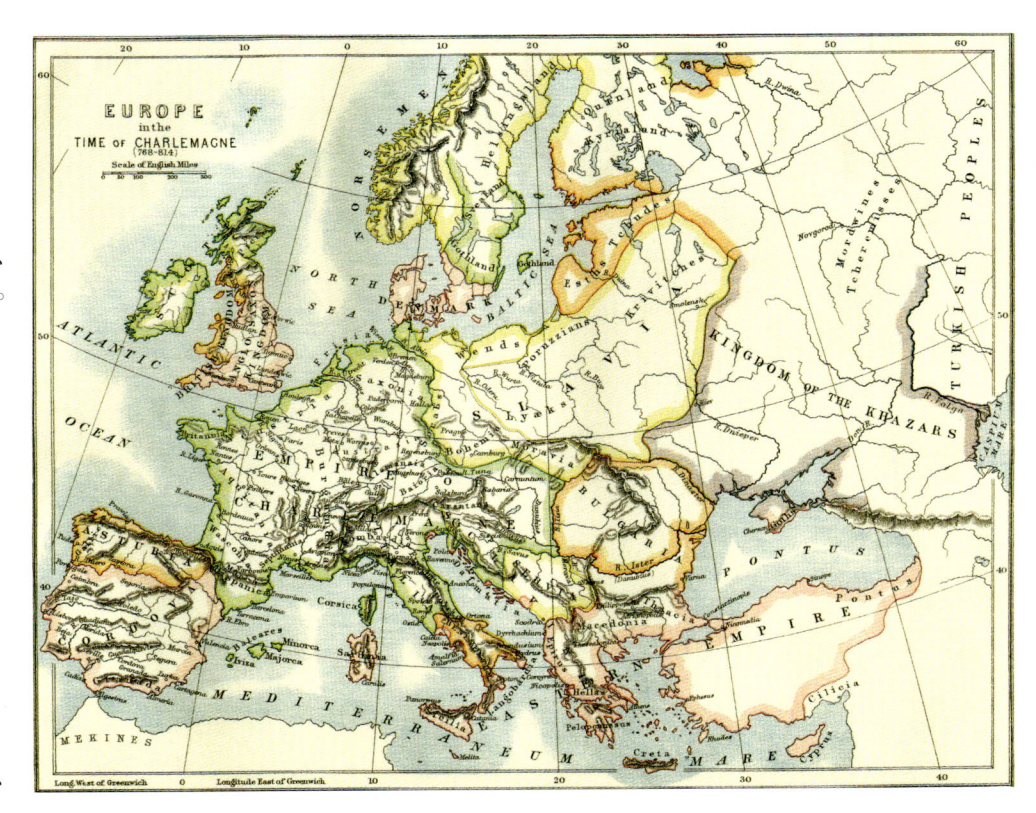

ところが、広い王国のどこかでなにかが起きる。カールはサクソニアの情勢にばかりかまけているわけにはいかなかった。翌773年、イタリアのランゴバルド王家の動向がカールの関心をイタリアへひきつけた。ランゴバルド王デシデリウスが、妻子を連れてローマへ向かったという。そう、ローマ法王はカールに訴えて、救援をもとめたのだという。

カールはイタリアへ出掛け、ランゴバルド王国を制圧し、王夫妻と娘を拉致して、みずから「ランゴバルド人の王」を称した。ついでにローマに出掛けて、「王塗油」の儀礼も受けてきた。

ウェストファリアの戦局は、目立った変化はなかった。城砦群を建設し、水路を整備して兵站を確保した。ヴィドゥキントをリーダーとするザクセン人の抵抗も、ついに785年についえた。エルベ川にいたるザクセン人の土地がフランク王国に併合された。

788年、フランク政権に対して最後まで独立を維持していたドナウ川上流のバイエルンの首長タッシロ3世がカールに服属し

上：シャルルマーニュの時代のヨーロッパ（ヨーロッパという概念はまだ成立していないが）。緑色の帯で囲われた地域（アイルランド、スコットランド、スウェーデンのあたりのは別だが）がほぼフランク王国の最大版図。

た。その結果、フランク王国は、ドナウ川中流のアヴァール王国と境界を接することになった。カールはその方面についても苛烈な武断政策をとり、791年、対アヴァール戦役を開始した。796年、フランク軍団は、ドナウ川とその支流タイス川のあいだのアヴァール人の居住地を制圧し、カールはそこにコーメスを置いた。「パンノニア辺境伯領」の成立である。

カールは、こうした遠征行で得られた領土と戦利品を、彼を支持したリーダーたちに分け与え、リーダーたちは、彼らの従者に報酬を与えることができた。戦士たちからそのリーダーへ、リーダーたちから王へ、この縦の「ロイヤリティー」の構図がしっかりと描かれた。加えて、カールの遠征行は、異教徒の暴虐に対する正義の執行という性格を誇示するものであって、カールの統治に宗教的な権威の裏付けを与える効果を伴った。こうして、キリスト教信仰の大義を守護し、前進させるために用いられるならば、暴力は認められるという考えが進展した。

軍事的エリートの出現

左：これは『ロランの歌』の193節で、イスラムのエミール（エジプトの）がマルシル王の応援にサラゴサまでやってきて、フランク王カールに対して挑戦の使者を送る場面である。この手袋と黄金の指揮棒をとどけよと、自分の手袋を脱いで使者に預けている。指揮棒はすでに使者が手に持っている。この写本の筆者と絵師はカールがそうしたと話を作り替えている。

フランク王国の人口のほとんどは農民だった。だから、カールの軍隊の兵士の大多数は、とりわけ最初の頃は、武器らしい武器は持っておらず、馬もほとんどいなかった。しかし、「カピトゥラリア（19世紀に入って編集と刊行の作業が進められたフランク王国の法令集）」を見ると、9世紀に入れば、フランク王家は、最低限ではあるが、兵士に対して武装の標準化を要求し始めていたことが分かる。

この武装の標準化の要求が可能となったのは、カールの治世の間に、古代ローマ帝国以来、一時沈滞していた鉱山業が復活し、金属鉱石の採掘や冶金業の技術が進歩したことによるところが大きい。軍装の改良に対する要求が、金属鉱石の採掘や冶金の技術の進展を促すということがあったともいえる。

標準的な武具

カールは、歩兵が棍棒しか持たずに参集することを禁止した。最低限として弓矢が求められた。領主ともなると、自分の配下に槍と楯を供給するよう命じられた。騎兵隊には、よりいっそう高価な武具一式の用意が必要とされた。楯、槍、剣（スパタ、両刃薄手の剣）、短剣、そして弓矢。一番かねもちの騎兵たちは、「ブルニア」ないし「ビルニー」を自前で調達することが求められた。鎖、あるいは、うろこ状の金属片で補強された皮革の胴着である。このふたつの語形は、ともに共通のゲルマン語から出たもので、前者は中世ラテン語、後者は中世英語の語形らしい。「カピトゥラリア」は、こうした「ブルニア」の輸出を禁じているが、これは明らかに、武具製造に関する技術的な優位を維持するためであったと思われる。

この当時としては上等な武装の騎兵は、有力者か、有力者から直接扶持を受ける家臣である場合が多かった。彼らはこうした兵装によって、自然と戦場における優位を得た。それだけではなく、彼らの乗馬と武装一式は、ただその乗馬に乗り、その武装一式を着しているという、ただそのことだけで、評判が流れたのである。

ホースボーン・ウォリアーズ

むかしから使われる言葉遣いに「シーボーン」というのがある。「シーボーン・グッズ」とか「シーボーン・コマース」というふうに使う。前者は「舶来品」であり、後者は「海外貿易」である。「シーボーン・エンパイアー」というふうに使った例があって、これは「海運帝国」であり、黄金時代のネーデルラント連邦共和国、ふつうオランダを指している。「船で運ばれた」と読む。この文章の筆者は、おそらくこの言い回しを意識している。「ホースボーン・ウォリアーズ」、すなわち「馬で運ばれた戦士」である。

カールの軍隊のリーダーたちが、どのよ

戦争ハンドブック

古代ローマの戦争ハンドブック、4世紀のウェゲティウスの『軍事について』は、カロリング時代に大いにもてはやされた。写本がいくつも作られ、シャルルマーニュの宮廷に出入りしていた学者フラバヌス・マウルスなどは、彼自身書いた戦争ハンドブックにそれを取り込んでいる。フラバヌスはローマ人とフランク人の戦闘スタイルのちがいに言及しているが、ウェゲティウスにならって、ファランクスは役に立つと書き立てている。ファランクスはギリシア以来の戦法で、楯と剣で武装した歩兵の密集隊形をいう。かれは、また、これもウェゲティウスによって、騎馬で戦場に来る兵士も、下馬して戦うのが一番いいと論じている。だいたいウェゲティウスによっているのだが、それでもフラバヌスは、フランク人の長剣（スパタ）について論じて、スパタはスラッシュする（斬る）のに適している。他方、短剣（グラディウス）は、ファランクスを組んだ兵士が敵をスラスト（突き刺す）のに適していると指摘している。

右：スイスのザンクト・ガレン修道院伝承の『詩篇抜粋』写本の飾り絵。下の文言に「12のミリア」と見える。「12人の兵士」の意味。数は足りないが、カロリング時代のフランクの騎馬兵隊である。9世紀末の製作と見られる。鐙の描写がはじめて絵画資料に登場した。

うな戦術をとったか、こまかく描写している史料はほとんどない。しかし、いくつかの史料から、かれらが騎兵の運用に配慮していたことは明らかである。どこかのコーメスが救援を求めているとニュースが入ると、カールの軍隊が出動する。現場につくまでの時間の短さが、全員が全員というわけではないにせよ、兵士たちが「馬で運ばれた」ことを証言している。

同時代の証言がとぼしいのでよくは分からないが、彼ら馬上の戦士たちが、弓を引いて矢を放つ。退却とみせかけて、反転して反攻する。こういった専門化された戦闘技術を取り入れていただろうことは想像がつく。ただ、あくまで馬の飼育状況の問題があり、また、鐙と蹄鉄の普及という問題もあって、カールの軍隊で、どの程度、騎兵が運用されていたかは、不明であるとしかいいようがない。

プロフェッショナリズムが成立したかどうか

カールの軍隊は、そのほとんどが歩兵であった。これが真相で、すでにカールの時代に、歩兵と騎兵というふうに、プロフェッショナリズムが進んだといえるかどうかは、かなり問題がある。騎兵とはいえ、「馬で運ばれる戦士」というのが実相で、戦場では馬から下りて戦ったのである。

騎兵が軍隊の中核として働いたといえるのは、「ショック」の戦術が実現していたかどうかにかかっている。「ショック」は「チャージ」と同様、言葉遣いとしては、おそく16世紀以後になるが、槍を腰溜めに構えた騎乗突撃をいう。これについては、すでに第Ⅱ部の関係する諸章で説明したが、この戦術をカールの軍隊の騎兵が実践していたとは思えない。鐙がまだ使われていなかったことからもそのことは分かる。その点、上の挿図はおもしろい。騎兵が鐙を履いている。しかも、前景の騎兵は槍を腰溜めに構えている。この挿図は、スイスのザンクト・ガレン修道院伝来の『詩篇抜粋』の飾絵で、製作は9世紀末と見られている。

この絵は武具と鞍についても、この時代の技術の粋を見せている。おそらく鉄の小札をびっしり縫い付けた革製のチュニカ（袖の短いワンピース風の上着）を着て、前の鞍頭の突起部と鞍尻の高く反り返った革具で保護されて、騎兵はどっしりと鞍に座り、鐙に両足を乗せている。

左：城郭らしい建物群の上に「アクィスグラヌム オピドゥム」と書いてあって、これは水を意味するアクアと穀物神アポロ・グラヌスからの合成語。アクアがドイツ語に入ってアーヘンだが、フランス語の『ロランの歌』ではエスないしエと呼ばれた。シャルルマーニュの都である。兵士たちが出陣の様子。サンチャゴ・デ・コンポステラ大聖堂付属図書館蔵の写本飾り絵。

製　鉄

中世における騎士の優位性は、他者に対して彼を際立たせる武具や鎧に完全に依存していた。したがって、そうした武装の原料となる鉱物資源の背後にだれがいたか、あるいはなにがあったかを知ることは、騎士身分の全体像を正しく理解するための鍵となる。そこには鉱夫や鍛冶がいて、かれらの活動の道具があったのだが、なにしろその実相を見るのは困難なことである。同時代人によって記述されることがほとんどない。騎士の起こりを探ってここまで書いてきて、さて、このくだりにさしかかって、わたしとしては、目に見える情報を提供してくれる考古学者たちに感謝の念を禁じ得ないのである。

ローマ帝国が崩壊して、冶金業は甚大な被害を受けた。鉱石を採掘し、精錬して、金属を抽出し、それを武具や武器に加工するプロセスを管理していた行政機構が麻痺した。ローマ帝国という巨大な需要が消滅した。結果として、鍛冶の数が減少した。ほとんどの鉱山は閉鎖された。注目すべき事例に、アンダルスのシエラ・モレナ山脈のリオ・ティント鉱山がある。ここはペニャローヤ鉱山とともに、金属鉱山として、共和制ローマの頃から開発が進められていたところである。リオ・ティントは銅山である。それが一千年にわたって、閉鎖された。

カール統治下に、ある程度、鉱山開発、製鉄業振興の動きが見られた。カロリング政権がライン川の東に延びて、鉱山開発に新たな領域を提供した。ドイツのハルツ山地のゴスラー近郊のランメルスベルク鉱山、あるいはハンガリーの鉱山である。これはカールがマジャール人の捕虜を労働力として開発したものであった。

鉄を掘る

鉄の需要が増加し、地表の鉱床は急速に枯渇した。坑道はどんどん深く、長く延びた。様々な問題が発生した。まず、換気を維持し、鉄砲水を防ぐ事が大事だった。換気と排水のために掘らなければならない追加の坑道によって作業は増大した。ノミとツルハシによる人力作業のみに頼るため、1日あたり20cm以上掘削が進むことは滅多になかった。主坑道が排水坑より下に到達した場合、鉱夫たちは水の入ったバケツを排水坑まで梯子を上って運ばなければならなかった。当然のことながら、鉱石自体も同様に運ばれたのである。

焚き火は坑道に常設のコンパニオンであった。まず坑道を明るく照らした。それに岩盤で盛大に焚

左：なんだかよく分からない絵で、大きな町のすぐ近くの石切場（たとえば、パリのすぐ南のモンパルナスにそれがあった）で石材を取っている図柄だと思う。監督がいろいろ指図している。地表面になにやら金属的光沢のある石ころが散らばっているので、なにか鉱物も取れるということか。

左：これは飾り頭文字に描かれた細密画だが、森の木がどんどん伐採されていく様子を表現的に描いている。大きな斧で木を倒す。下のは大型のこぎりであろうか。この頁の本文を参照されたい。

かれた焚き火は、鉱石を加熱し、砕けやすくしたのである。鉱夫は1週間に6日、坑道で働いて暮らし、日曜日は家にいる。鉱夫が家にいるあいだに、焚き火が燃え尽きて、鉱石は十分柔らかくなっているという仕掛けだった。（「コンパニオン」は船舶用語。後甲板の上に設けた明かり取りのサッシ窓をいう。下の船室に明かりを入れる。原筆者は、思い付きで、しゃれたいいまわしをしたつもりなのだろう。ところが、「坑道を明るく照らす」がひっかかるだけで、「鉱石を加熱する」の方とは関係がない。）

鉄を加工する

大昔から、石を環状に組んで作った「ブルーメリー・ハース」と呼ばれる単純な仕掛の火床が、鉱石を加熱して、練り鍛えて、小さな鉄の塊を作ってきた。「ブルーメリー」は「ブルームの火床」という意味で、「ブルーム」は、鉄鉱石を処理した最初の段階で作られる鉄の塊をいう。大小さまざまな形の「ブルーム」を、さらに叩きのばし、また加熱する工程がくり返される。不純物がしだいに除去されて、「ブルーム」の純度が増す。この「ブルーメリー・ハース」が次第に進化して、ついに、8世紀、イベリア半島の、当時イスラム教徒の支配下に入っていたカタロニアで、煙突を備えた新しい仕掛けの溶鉱炉が稼働しはじめた。「ブルーム」の純度が飛躍的に高まり、生産量が劇的に増加した。

この技術は、オーストリア、ザクセン、ライン渓谷に広まったので、古ドイツ語の語形で「シュトゥックオーフェン」と書かれて、記録が残っている。これは「木の幹のオーヴン」という意味で、煙突の高さがよほど印象的だったのであろう。5メートルからの高さだったという。後代、14世紀の記録では、1基あたり、1回の作業量で、350キログラムに達したという。

中世ヨーロッパを「戦争に備えて組織された社会」と批評することがあるが、この評言はまさに適切で、武器製造の原料となる「鉄」あるいは銑（銑鉄のこと、鉄器製造の原料となる鉄材をいう。仕上がった「ブルーム」は枠に入れた状態で、冷えて固まっている。なお後述）の生産に投じられた労働力と資源の量の大きさから見て、この溶鉱炉の技術を開発し、推進した中世ヨーロッパ社会を批評する評言として、これ以上のものは考えられないのである。

鍛冶ひとり当ての報酬の5分の1は、ふいごを操作して火床に風を送り、「ブルーム」を加熱する仕事にあたる労働者の一団に渡ったと考えられる。木材を炭に焼いて、その炭で火床を熾すわけだが、その炭を焼くために、鍛冶の一日分の仕事量に対して1エーカー（0.4ヘクタール）の森林資源が必要となるという計算がある。「シュトゥックオーフェン」の近くの森は伐採が進んで、急速に空き地が広がっていった。遠くの森へ木材を調達に出掛けなければならなくなり、費用がかさむ。『ドゥームズデイ・ブック』に、「ミル」が、領主に貢納するにあたって、「ブルーム」で支払いをすませたという記事があり、鉄が高価なものであったことが分かる。（「ミル」は「製粉所」であり、「水車」「風車」などを意味するが、16世紀からの用法に、なんであれ、機械仕掛けのある仕事場の建物を指すようにもなった。「コットン・ミル」といえば、「綿布工場」であり、「シルヴァー・ミル」といえば「銀器製作所」というようなぐあい。ここは「アイアン・ミル」ということで、「製鉄所」。11世紀の史料について物を言うのに、16世紀以後の語彙を使うのは変だが。）

鉄から鋼へ

しかし、以上の過程を経て生まれた鉄あるいは銑は、まだ完成品とは程遠かった。鍛冶は、採掘、溶鉱炉に続けて、第三の工程でも主役を演じるのである。鉄あるいは銑は、炭素の含有量がまだ多く、硬いが、脆い。それを、より硬く、弾性のある鋼へ鍛えていくのである。

「銑」の塊を、火床の熾火の中に、熾火で包みこむように置き、ふいごで風を送って、十分に沸かし、熟れた柿の色に焼けたのを、鉄敷にのせて、大鎚と小鎚で交互に叩いて打ちのめしていく。ある程度打ち伸ばしたら、冷水に漬けて一気に熱を奪う。ついで、火床の熾火でまた沸かす。同じ工程をくり返す。十分薄くなったらば、折り重ねて、また同じ工程をくり返す。これを何回もくり返す。こうして炭素を減らし、不純物をさらに除去して、鉄を鋼に変えていくのである。この工程を日本の刀鍛冶では「卸し」という。

こうして「卸された」鋼を原料にして、ナイフ、刀剣、鏃、槍の穂先、あるいは鎖帷子を作るたくさんの鉄輪、兜、轡といった、要するに戦争のための騎士の武装のうち、鉄製のもの一式が作り出されたのである。

右：南ノルウェーのセテスダル教会（セテスダルはノルウェーの南岸クリスチャンサンに河口を開く南北に長い渓谷）の板浮彫のひとつで、北欧伝説から図案をとって、鍛冶の仕事を描いているという。どうもよく分からない。鉄敷の上に載せられている3枚の板が銑だというのであろうか。これからそれを卸そうというのであろうか。

中央集権

カールの軍事的成功は、フランク王国の版図を拡大させた。加えてローマ法王との同盟によって、彼は「ローマ人の皇帝」にもなった。紀元800年12月25日、彼は、ローマで、法王レオ3世の手から皇帝の冠を受けた。ローマ皇帝とはいっても、古代ローマ帝国の皇帝のものであった権威と権力からは程遠かった。しかし、ともかくも、ここにゲルマン人の戦士集団のリーダーが皇帝の紫衣をまとったわけで、このことの持つ意味は大きい。暴力が国家的な規模で聖化され、彼の手に集中したのである。なにしろ彼は戦場において勇者であったのだから、彼が手にしたこの立場は、単に理論的であるにとどまるものではなく、現実のものであったのである。

カールは、彼の支配の正当性のあかしとして善政を布くことを考え、それまでに施行されていたさまざまな法規類を精査して、良いものは取り、悪いものは捨てて、臣下のあいだの宿縁の争いを治め、私的な正義を立てようとする者の裏をかくことを心がけた。

彼は、信頼するに値する者を「コーメス」に任じ、フランク王国全土に配置した。「コーメス」は彼の代理人であり、その管区の実権者であった。

カールは「コーメス」の支配の実状を監視する役人を恒常的に派遣した。派遣するという意味内容の動詞「ミットー」からの造語「ミッシ」と呼ばれた。また、「コーメス」がその管区に自分の私的な権力を根付かせることを防ごうと、彼らを定期的に中央に呼び戻したり、別の地域に転属させたりした。こうしてカールは、王国を分解しかねない遠心的な力を制御しようと図ったのである。彼の死後そう遠くないうちに、王国は、この遠心力によって、実際に分裂することになる。

アングロ・サクソン・イングランド

イングランドの状況は、よく分からないところがある。アングロ・サクソン諸王国と呼ばれるものは、5世紀から6世紀にかけて、アングル、ザクセン、ユートのゲルマン諸部族が、旧ローマ帝国領のブリタニアに移住した結果として現れた諸王国をいうが、それがイースト・アングリア、エセックス、ケント、サセックス、ウェセックス、マーシア、そしてノーサンブリアの7王国であるというのは、かなり後の時代についての知識からの逆推である可能性が

左：アルブレヒト・デューラーが描いた「カロルス・マグヌス」。ニュルンベルク市参事会の注文による1510年以後の製作で、じっさいはデューラー工房の作ではないかと見る人が多い。標題の下行に「統治して14年目」と読めるふうに書いてあるが、なんのことか分からない。フランク王カールがデューラーの時代のドイツ人たちにどうイメージされていたかの問題であろう。

高い。8世紀にブリタニアの教会の歴史を書いたベーダ（735年死去）がだいたいそのように分類したのだが、これはベーダの時代のブリテン島の政治史的状況を念頭において、そう書いたということのようである。

ベーダの時代の2世代ほど後から、ヴァイキングの侵入がはじまる。史料がにぎやかになってきて、アングロ・サクソン人の歴史がいくらかは明らかになった。9世紀に脚光をあびたのがウェセックス王家の王アルフレッドである。デーン人（デンマーク、ノルウェーからやってきたヴァイキング）はイングランド（この呼称は、アルフレッドの時代にはまだ史料上に現われていないが、便宜上、使うことにする）の東北部に侵攻し、リンカーンをはじめ、マーシアの5つの町を支配した。後代、これを「ファイヴ・バラ」と呼んだが、「バラ」は「城町」という日本語対応語がふさわしい。「バラ」は9世紀はじめのケントに関する史料からはじまって、じつにさまざまな綴りと発音で史料に登場する。アルフレッドの時代には「ブルフ」と表記した方がいい語形で出るが、だからといって、その語源となったゲルマン語の「ブルク」にこだわった解説はやめた方がいい。いずれにしても、この本の「城」のところで解説したように、「モット（土盛り）」と「ベイリー（囲い地）」の組み合わせの構造を持っていて、だから「囲い地」の方にこだわれば、「ブルフ」を「防壁」と訳さなければ気が済まないということにもなる。「ベイリー」の「囲い」に注目するという解説で、「囲われる」広場の方に注目

> あなたの御主君に忠誠をおつくしなさい、グィレルムスよ、
> 常日頃、気を配り、力を振るって、御主君に助力して差し上げるのです。
>
> ドゥオーダという名の身分の高い女性が、その息子へ
> （841年頃の日付の史料に見える）

すれば、住民をそこに「囲い入れる」ための施設で、そこにアルフレッド王の政権の「パブリック」な性格が見えてくるという意見も出てくる。それをいうならば、城を築いた領主たちは、全員「パブリック」な性格だったわけで、なにしろ「バラ」ないし「ブルフ」というものは、そういうものだったのだから。

アングロ・サクソン7王国の初期の歴史は、古英語であるアングロ・サクソン語で書かれた叙事詩『ベオウルフ』に垣間見られるとする意見があるが、この叙事詩は、紀元1000年の頃に筆写されたと見られる写本が残っているだけで、おまけに物語の舞台はユトランド半島やスカンジナビア半島である。南スウェーデンのゲアタス族の王族の若者ベオウルフが、14人の仲間とともにデンマークに出かけ、その地の王に仕えて怪物グレンデルと戦い、数々の武勲をあげて故郷に凱旋する。彼はゲアタス王国

下：アーヘンの王宮の唯一の遺構礼拝堂を後代付加されたナルテックス（玄関の間）の側から撮った写真。だから、八角形の屋根組の王宮礼拝堂遺構は後ろに隠されていて見えない。

右：イングランドのサマーセットシャーの、もとバス修道院の教会堂のステンドグラスに描かれたウェセックス王アルフレッドの肖像。バスの教会堂は11世紀から12世紀にかけて建造されたノルマン様式の教会堂であったが、16世紀の修道院解散令を機会に、全面的に建て替えられた。だからこのステンドグラスは16世紀以後の作である。

の王となり、50年の間、平和裏に国を治めたというのが大筋で、とりたてて「ブリタニア」に関係する話の筋はない。

エァルドルマンとコーメス

ウェセックス王アルフレッドの施策に、多少、公的な性格が見えるとはいっても、ゲルマン人や古代ローマ人の社会を特徴づけていた個人的で私的な結びつきは、依然として強力なものがあった。しかし一方において、フランク王国やアングロ・サクソン諸王国では、長い間、ヒエラルキーの原理が受け入れられていた。上下の関係が、横の関係よりも重んじられていたのである。アングロ・サクソンの王たちは、初期には「エァルドルマン」と呼ばれ、11世紀に入ると「エァル」と呼ばれる代官を地方に配置して王国を支配した。その下に、「イェシース」とか「セイン」とか呼ばれるアリストクラシーが存在したのである。

一方、フランク王国には、王の代官である「コーメス」が存在した。「コーメス」はあくまで地方に派遣された王の役人であった。「コーメス」が、その日本語対応語である「伯」として自立的な政権に成長するのは、フランク王国の解体期においてである。

古代ローマ文化の持続

カール王は800年にローマ法王の手で「インペラトール」になった。それ以前、カールの父親ピピン3世は「パトリキウス」に任じられた。どちらも古代ローマ帝国の官職である。変わった点は、この任命がローマ法王の手によって行なわれたことである。「インペラトール」はローマ帝国の統領をいう呼称のひとつに過ぎなかったが、後代はこれを「ローマ帝国皇帝」の正式の称号とみなす。このように、古代ローマの制度は多くフランク王国に受け継がれた。キリスト教は4世紀にローマ帝国の宗教となったが、その司教管区の制度は、古代ローマの古くからの地方行政単位「パグス」を下敷きにした。「パグス」の長官と観念された「コーメス」は、もとローマ皇帝の側近の高官の呼称であった。フランス語のコントや英語のカウントがこれから出てくる。ローマ道やローマ水道は、一部、そのまま使われていた。ローマ帝国の時代に建造された城壁がそのまま残っている町もあった。ぶどう酒の生産も古代ローマの遺産であり、ラテン語は俗化ラテン語としてフランク王国の時代、そのまま使い続けられ、9世紀以降、ゆっくりとロマンス語へ変化する。

北方と東方の侵略者たち

793年、ノーサンブリアのリンディスファーンにある修道院が、海から来た船乗りたちに襲われた。

船乗りたちは、ユトランド半島とスカンディナビア半島の方面からやってきたらしく、ノルウェー人とデンマーク人（アングロ・サクソン語でデーンズ）が主だが、フリーセン人（フリースラントの住人）などもまざっていたらしい。彼らはどうやら「ヴィキング」と自称していたらしい。11世紀のブレーメンのアダムという記録者がそう証言している。それはだから、「ヴィキング」と呼んでもよいのだが、その英語読みで「ヴァイキング」は、従来、一匹狼的な「海賊」というイメージ取りで、さかんにいわれてきた。それはどうか。8世紀の末頃には、ユトランド半島にデンマーク王家の家系が根を下ろし、後のスウェーデンにもウプサラやビルカの諸政権が、タキトゥスが古く伝えている「スヴェア王」の名跡を立てて、ようやく国家的な統一を図ろうとしていた頃合いである。それら「北欧の諸王家」がフランク王国（むしろ帝国）の覇権に対して自衛し、反攻する機運が生じていたのであって、一匹狼的なヴァイキングの狼藉という、古来西ヨーロッパ人歴史家に根強い見方の偏向は、改められなければならない。

いわゆる「ノルマンの禍（ノルマンはヴァイキングの異称）」をフランク王国の領域について見れば、カールを相続したルートウィヒの代、834年、ライン河口の町ドゥールステーデが「ヴィキング」に襲われた。840年、ルートウィヒの死後、マース川筋の領土（ロタリンギア）とイタリアを相続した長子ロタールは、デンマーク王を名乗るふたりのデーン人の首長ロリクとハロルドに、スヘルデ河口水域のワルヘレン島の支配を委ねる羽目になった。

840年代、ヴァイキングの活動はめざましいものがあった。845年、デーン勢がエルベ河口のハンブルクを襲った。120隻の舟という。セーヌ川中流パリも襲われた。600隻の舟だったという。ライン、エルベ、マース、セーヌと、かれらはフランク王国の主だった河川の河口域を侵略し、そこを占拠して、川を小舟でさかのぼり、流域の修道院や教会堂を襲い、村や町を襲撃して、戦利品を集積した。

ノルウェー人はすでに820年代、北海を横断して、スコットランドからアイルランドに回り込んで、アイルランド海を自分たちの領分にしていた。843年、67隻のヴァイキング・シップがロワール河口に入り、ナントを襲った。850年代には地中海へ進出した。たぶん内陸の河川を伝い、難所は舟を担いで越えたのだと思われる。60隻ほどのヴァイキング・シップがローヌ河口に停泊し、ローヌ河谷、イタリアのティレニア海岸の町々を襲った。この遠征隊長の名前はハスティングといった。

> 見よ、セント・カスバートの教会を、
> 神の司祭たちの血が飛び散り、
> 装飾品がすべて奪い取られている。
>
> ヨークのアルクィンが、
> リンディスファーン島のセント・カスバート修道院が
> ヴァイキングによって荒らされたさまを述べて
> （793年頃の日付の史料に見える）

ハスティングは、ロワール河口域に定着したヴァイキングの事実上の王であった。ヴァイキングは市を開いた。市の平和と自由の原則が貫かれた。ヴァイキングは、略奪物を、略奪された人々が買い取ることを歓迎したのである。

帝国の分割

ロタールのふたりの弟は、それぞれライン川以東とマース川以西を支配することになったが（843年のヴェルダン条約）、その後、ロタールが早世して、そのふたりの息子の相続に介入した叔父ふたりは、イタリア以北のロタールの旧領をふたりで分け取ることにした。マース川、ソーン（ソーヌ）川、ローヌ川から東と西に分割したのである。マース下流のメールセンでそのことが約定されたので、この取り決めをメールセン条約と呼んでいる。これでフランク王国は、だいたい、後のドイツとフランス、それにイタリアに分かれた。

ヴァイキングの遺産

ヴァイキングのイングランド侵攻は、835年、ケントの沖合のシェピ島の略奪にはじまった。以後30年、コーンウォール半島からテムズ河口にいたるイングランドの南岸全域がヴァイキングの襲撃にさらされた。850年、彼らはシェピ島ではじめて越冬した。873年までにヴァイキングは、ノーサンブリア、マーシア、イースト・アングリアの征服を終えて、あと残す強大な政権はウェセックス王国のみとなった。ウェセックスは、セーヌ河口域とロワール河口域に定着したヴァイキングの襲撃を、間断なく、海峡に面する南岸に受けながら、さらにまた東北の方面でも、マーシアのリンカーンほか5つの「バラ」を占拠したヴァイキングと相対峙するという情勢になったのである。

871年、王位についた若者アルフレッドは、ヴァイキングの勢力圏との境界に城砦列を敷いて、守りをかため、ただ守りをかためるだけではなく、そこを出撃の拠点として、ヴァイキングに対して反攻に転じた。フリーセン人の知恵を借りて、ヴァイキングの舟に対抗しうる軍船を建造した。

アルフレッドの治世晩年は、対岸のネウストリア（後代「西フランク王国」と呼ばれることになる、フランク王国分解の西北の部分）の王ツァロル（後代のフランス語でシャルル、シン

左：ヴァイキングのイングランド侵攻は、835年、ケントのシェピ島（メドウェイ河口の大島、中心の町がシーアネス）の略奪に始まった。『アングロ・サクソン年代記』は、それから30年間、ロンドンからコーンウォールにいたる南岸全域が、ほとんど連年、ヴァイキングに襲撃されたと書いている。これは19世紀の銅版刷りの想像画。

右：ザクセン家のドイツ王オットー1世が、955年、ドイツ諸侯の軍勢を率いて、バイエルンのレッヒフェルトで、マジャール（ハンガリー）軍と戦った会戦の様子を描いている。右上に翻る旗は「双頭の鷲」紋様である。これは15世紀以後、「ドイツ王」の紋章は頭一つの鷲、「ドイツ人のローマ皇帝」（いわゆる神聖ローマ皇帝）は「双頭の鷲」と区別されたことと関係がある。また、手前の白馬にまたがって槍を構えてマジャール戦士と対決する騎士のかぶとは、後ろの首筋に沿って反り返る鋼鈑を備えている。「尻尾つきのサラード」などと呼ばれていた。これは15世紀後半から流行したかぶとのスタイルである。また、図版の下のテキストの書体は16世紀のものである。以上のことから、この写本飾り絵は16世紀に製作されたものと分かる。

プリキウスという通り名がつけられていたらしく、「シャルル単純王」などという日本語対応語が工夫されている）の治世と、一部、重なっている。911年、東の王国であるアウストラシア（後代、東フランク王国と呼ばれる）で相続争いが発生し、ネウストリアとアウストラシアの中間のロタリンギア（近代のドイツ語でロートリンゲン、フランス語でロレーヌ）の帰属が問題となった。ツァロルはロタリンギアが欲しかったが、ネウストリアを留守にすれば、セーヌ河口域に展開しているヴァイキングに隙を見せることになる。ここは事前に交渉するにしくはないと首長を招じたところ、我々には親方はいない。みな平等だと返事がもどってきたという話があるが、それでもロロというのが代表でやってきて、ツァロルと話し合った結果、ロロは、ネウストリア王に臣従礼を立てて、セーヌ河口域の「コーメス」に封じられるということになった。ここにはじめてフランク王国の一角にヴァイキングの領地が形成されたのである。「ノルマンディー」である。ちょうどアングロ・サクソン人がヴァイキングを「デーン人」と呼んでいたように、ネウストリア人はヴァイキングを「ノルマン（北の衆）」と呼んでいた。「ノルマンディー」は「北の衆の領地」である。

マジャール人の到来

10世紀に入ると、こちらは「東の衆」が、ドナウ川沿いにバイエルン、アレマンニア（後のスイス）から、ライン川を下ってラインラントへ、ローヌ河谷を下ってプロヴァンスからイタリア方面へ、侵入をくり返すことになった。マジャール人である。

マジャール人はウラル系諸族のひとつで、フィンランドを建国したフィン人などと言語に共通性がある。フランク王国でカロリング家が政権を固めつつあった頃合いに、ドン川中流に移った。そのころ接触があった諸族のひとつオノグルがマジャールの外国での通り名で、後代、英語で言えば「ハンガリー」、ドイツ語で「ウンガー」、フランス語で「ホングレー（あるいはオングレー）」などとなまった。9世紀もぎりぎり押し詰まった頃合いに、族長アールパードに率いられてカルパチア山脈を越え、カルパチア盆地に建国した。このときの族民の数は40万とも50万ともいわれている。

それだけの族民が食べなければならず、いわれるところのドナウ川上流域、ライン水系、ローヌ河谷などへの侵入は、できあがりつつある「マジャール王国」の、周辺の異民族に対する自己固めの行動の一環であった見ることもできる。マジャールは、南は強大なセルヴィア、ブルガリア、北はポーランド方面のスラヴ諸族やチェック人などへの対応に追われていて、そんな、オーストリアの堅固な関門を破って、一気にバイエルンかアレマンニアを取ろうなどと、大それたことを考えていたわけではなかった。

たとえ、「ノルマンディーのマジャール版」を構想していたとしても、マジャールの軍勢は、955年8月、ドナウに南から入る支流レッヒのほとりの原（レッヒフェルト）で、「ドイツ人の軍勢」と戦って、敗れた。これが転機になったのであろう、以後、「ドイツ人」たちは「マジャールの禍」から解かれた。

城主と家臣団

左：フォワ伯家の城。カタルーニャのバルセロナから、ピレネーの峠越えで、トゥールーズへ下る渓谷の道沿い。14世紀の伯ガストンは、猟犬狩りが好きで、猟犬の飼い方から狩猟の仕方まで、くわしく解説して、美麗な飾り絵をたっぷり入れた『ガストン・ド・フォワの狩猟の書』で名高い。

10世紀に入ると、フランク王国の公的秩序は崩壊し、コーメスの家筋のものだけではなく、その土地の強者であるということだけで、領主たちが、勝手に城砦を築いて、自分の勢力圏を確保するようになっていった。城砦は、はじめは木造だったが、1000年を過ぎるころから、石造りの城も造られるようになった。城に拠る領主は、その武力の及ぶ範囲内で暴力を独占した支配者であったが、同時にまた、その防衛力の及ぶ限りにおいて、村人たちの保護者であった。城主は、城主領に住む村人たちに対して命令権を行使し、裁判権を独占した。

「城主」はラテン語の史料に「カステラヌス」と出るが、これは古代ローマのラテン語から「砦の番人」という意味で使われていた。初期の中世フランス語で「カストラン」とか「ツァストラン」というふうになまった。

在地権力の基盤

カストランは騎馬の戦士を養っていた。養っていたというのはレトリックではない。実際にカステルム（ラテン語で城）に住まわせて、衣食を与え、あるいは近間の村に住まわせて、村人と生活をともにさせていたのである。これが、戦争となると役に立った。11世紀に入ると、蹄鉄、鐙、鞍といった馬に関する技術は十分に展開していた。この騎馬の戦士は、ラテン語の史料には「ミレス」と出るが、これはフランク王国の歩兵隊の総称である。12世紀に入ると、そろそろロマンス語の史料が出始めるが、そこには「ツェヴァレ」というふうに書いているのが「ミレス」にあたる。「ツェヴァレ」は「ツェヴォー（近代フランス語でシュヴァル、馬）」からで、だからいってみれば「騎兵」である。

左：トゥーレーヌのサント・モールの領主ジャンがアンジュー侯ルネに臣従礼を立てている。1469年の日付を持つ美麗な挿絵入りの写本『アンジュー家の臣従礼』の一葉から。臣従礼の基本的な形式は、何世紀間も変わらず、伝承されてきたようである。

城壁と戦士団によって、カストランは独立性を得た。フランク王国の盛時には、全土に200人からいたといわれる地方行政役人である「コーメス」は、9世紀なかば以降、それぞれの管区で、同一の家系内で、世襲的に役職を継いでいくようになったが、10世紀以降、たくさんの家系が没落し、もっと「強い奴」が、その後釜に座ったりするようになって、王国の公権力を代表する存在ではなくなった。「コーメス」は中世的特性を強めていく。その日本語対応語である「伯」が、従来から持たされているイメージがますます強まるのである。中世の「伯」は地方的王朝権力であって、その数もフランク王国の最盛時と比べれば、かなり減った。

「コーメス」はフランス語で「コント」、英語で「カウント」だが、「侯」も、じつは「伯」と同じで、もともとフランク王家の役人である。「コーメス・ドゥカートゥス」といって、軍事指揮権を与えられた「コーメス」をいった。「ドゥカートゥス」がなまって「ドゥックス」である。辺境に置かれた「コーメス」で、中央から遠いから、有事単独で行動できるよう、軍隊と指揮権を委ねられた。だから、本来、「伯」との間に格差はない。

伯は、何人ものカストランを家臣にもっていた。11世紀の数字だが、たとえばポワトゥー伯領にはカストラニー（近代フランス語でシャテルニー、城主支配領）が57あった。アンジュー伯領には86あった。

封を与える

コントとカストランは「封（フランス語でフィーフ、英語でフィー）」を与える、受ける関係でつながっていた。もともと「封」はなんでもよかった。トルバドゥールの略伝をまとめた13世紀の写本があって、そこに12世紀末のカストラン、ベルトラン・ド・ボルンの略伝に、「王は息子のことを思って泣き、ベルトランを赦し、かれに衣料と土地とオヌールを与えた」と見える。王はヘンリー2世で、息子は若くして逝った長子ヘンリーである。その時代、「封」は「衣料」と言い回されることもあった。

封を与えた方は、受けた側の「助言と助力」を期待する。受けた側は、たとえ主君（封主）が月の明るい晩にのこのこやってきて、自分の妻をかどわかしていったとしても、主従

第Ⅲ部第1章　騎士のおこり　163

左：『ベリー侯のいとも豪華なる時祷書』の「12か月の暦絵」から3月の暦絵。背景にルジナン城。ポワトゥー南辺の大領主の城である。右手の塔の上にドラゴンが見える。ルジナン家とポワトゥー家にまつわるメルジーン伝承の視覚化である。手前の畑では麦を蒔くのに備えて畑を重量鋤で鋤返している。中景の左手はブドウの株の手入れ。その上の牧には羊が飼われている。中段右手はなにかを採取しているようだが、よく分からない。

ルジナン城は、伝説のなかでは魔女メルジーンがポワトゥー家の伯レイモンダンと結婚して、レイモンダンの望みに応えて、一夜のうちに建ててやった城だった。メルジーンは、ほかにもいくつもの城を建てた。メルジーンは蛇女伝承によっても脚色されている。アリエノール・ダキテーヌがアンジューのヘンリーと結婚し、夫婦が、1154年にイングランド王と王妃の椅子に座ってからというもの、なにしろアンジュー家嫌いのノルマン王家の老臣たちとお抱え文士たちは、アリエノールこそはメルジーンの化身と、一大キャンペーンを展開した。

ところが、最近の実証的な研究は、ルジナン、ヴーヴァン、パルトネー、シャテルローなど、ポワチエ周辺に並び立つ城々が、じつはポワトゥー伯の築城、ないしその指令による建造であったことを明らかにした。

忠誠の誓い

12世紀に入ると、「シャンソン・ド・ジェスト（武勲詩）」や「ロマン・クルトゥエ・ド・シュヴァルリー（騎士道物語）」に、臣従誓約の話がたくさん出てくる。「王の武勲詩」と呼ばれる、フランク王カールがらみの武勲詩のひとつに『フルーヴァント』というのがあって、12世紀末頃の製作らしいが、タイトルの意味は「クローヴィスの流れ」ということで、主人公はメロヴィング朝のダゴベルト王。それが時代を映して、リチャード王の名前になっている。「わたしはここにあなたにオマージュを呈し、忠誠を誓います、と彼はいった。リチャードはそれを聞くと、前へ進み出て、王と頑丈な体格のツェヴァレはたがいに接吻しあった。」

『フルーヴァント』と前後して、やはり「王のジェスト」に分類される『ガイドゥン』というのが19世紀に校訂出版されているが、これの情景描写はもっとくわしい。「ガスクーエンに領地を持っていたクラレスムは、王の前にまかり出て、オマージュを呈した。かれはひざまずき、両のこぶしを合わせて、恭順の意を示した。すると王は彼を立ち上がらせて、オマージュを受け入れ、親愛の情をこめて、彼に接吻した。」

たぶんこの武勲詩の作者は、「王は両手で彼の握り合わせた両のこぶしを取って立ち上がらせ」と書きたかったのだが、うっかり書き忘れたということだったのでしょう。

契約の期間が満ちるまでは、なんとも対抗策の講じようもなかった。それに、歌会の席上で即興歌を物して、そういうけしからん主君のことをあげつらえば、56人の仲間のカストランはみんな分かってくれたのだから、それでよいのだった。これはじっさいの話で、いえ、つまり、年代記のたぐいに書いてあるということで、ポワトゥー伯グィオーム、アキテーヌ侯ギレム9世の逸話である。

ポワトゥー伯領の南辺にルジナン一族が、ルジナンほか、いくつか城主支配領を作っていた。ポワトゥー家に対して反感を捨てなかった一族である。ポワトゥー伯兼ねてアキテーヌ侯のアリエノール・ダキテーヌに対して最後まで従わず、ヘンリー2世とアリエノールの息子、どうしようもない末っ子のジョンが、アングームェ家のイザベルと結婚したことがルジナン家との仲を決定的にダメにし（なにしろイザベルはルジナン家の総領と婚約していたのだ）、ルジナン家はこの件を、「宗主」である「フランス王家カペー家」の法廷に訴えた。けっきょくこれが物を言って、王家裁判所からの出頭命令を無視したジョンに対して、フランス王フィリップ・オーグストは軍勢を送る。王の正義の軍隊である。これがアンジュー帝国の崩壊につながった。

神の平和と休戦

上：激しく撃ち合う重武装の騎馬戦士を描いたウジェーヌ・ドラクロワの『ふたりの戦士の戦い』（1825年）。こうした暴力の増大する可能性に、平民も聖職者もともに危惧をいだいた。

　アンジュー伯フルク・ネッラがロワール中流のランジェーに石壁の四角い塔を建てたのが、およそ石造りの城の始まりだといわれるが、フルクがそれを建てたのは紀元1000年のすこし手前だったのではないかと考えられている。そのころ、そのフルクの手勢のように、城持ち領主の子飼いの「ツェヴァレ」、騎馬の戦士集団が登場した。彼らは敵対する城主の支配地に侵入して、あたり一面、荒らし回る。戦争は略奪だ、狼藉だと領主や「ツェヴァレ」の側では考えていた。しかし、キリスト教会はそれはまちがっていると教えた。過剰な暴力の行使は罪になる。

弱者を守る

　シャラント川の上流、ポワチエから南へ50キロメートルほどのところに、現在シャルーという町があって、往時サンソーヴール大修道院の遺構を残している。この修道院は、アキテーヌに修道院が数あるなかでも指折りの大修道院で、10世紀の末から11世紀にかけて、ここで4回ほど「シノッド」が開かれた。「シノッド」は「教会会議」と訳すが、アキテーヌならアキテーヌ、ブルゴーニュならブルゴーニュ、その土地の司教や修道院長たちが集まって開く会議である。

　近頃、「カストラン」や「ツェヴァレ」の徒の暴力が目に余る。民、百姓が悲嘆の声をあげている。「パックス・デイ（神の平和）」を号令しようではないか。

　修道院門前に集まった民衆を前にして、ボルドー大司教が説教した。教会の財産を侵害する者、農民を襲撃し、穀物や家畜を奪う者、奉公人や商人を捕まえて身代金をかけたりする者、僧侶に対して暴行を働く者は、破門の劫罰にあうであろう。キリスト教徒の共同体から追放されるのだ。

　この運動の中心的な理念は、強者は弱者を傷つけてはならないというものであった。この運動が対象としたのは、「ツェヴァレ」の一過性的な暴力だけではなかった。領主は、フランク王国の時代には、王の下に統括されていた権力を、私的に行使しはじめていた。フランク王国の時代には知られなかったような新しいタイプの貢租、領主のパン焼きかまどや粉ひき場などの使用料、また、通行税とか関税などが要求され

平和の強制

非武装の者たちがどうすれば悪徳の領主とその子飼いの戦士集団の悪行をとめることができたのか。1038年の日付を持つ史料が、ブールジュ司教の「神の平和」運動を記録している。司教はその管区内の15歳以上の男子全員が「神の平和」団体に加盟すべきだ。この運動に反対するものを倒すべきだと説いた。史料には「イナルム」武装していないと書かれているが、司教の組織したこの団体は、明らかに領主の戦士団を打ち負かし、城を破壊している。ようやく、その土地の一番手強い領主のひとりが、窮地に追い込まれながらも、なんとか、「神の平和」団体のメンバーの10人に1人を殺すことができたという。逆に追いつめられた「神の平和」団体のメンバーは、城の戦士団を恐れさせようという考えからか、戦士団と同じような格好をしていたという。

上：サン・モーリスの肖像画が彫られている銀製の聖遺物箱の切妻でいえば端の部分。スイスのヴァレ地方にあるサン・モーリス・ダゴーヌ修道院が所蔵している。モーリス聖人は3世紀のヴァレ地方出身のキリスト教徒のローマ帝国軍団の兵士だった。ある犠牲祭儀に参加することを強要されて、それを拒否し、仲間のキリスト教徒の兵士たちとともに殉教した。だから兵士たちの守護聖人である。

た。これらの領主側からする要求に対して領民は抵抗した。キリスト教会は、その領民の非難をくみ取って、領主に対して自粛を求めたのである。

司教たちは暴行を働く者たちに霊的な武器を行使すると脅しをかけた。破門もありうる。教会という信者の団体から追放するという宣言である。忠誠の誓いを立てた聖者の怒りがこわくないか。聖者は悪徳の領主に罰を下すであろう。プロヴァンスやブルゴーニュでも教会会議がもたれ、説教集会が開かれた。領主や「ツェヴァレ」たちも、その集会にすすんで参加するようになった。彼らは、この運動が主に自分たちに向けられているとようやく気づいたのである。

「神の平和運動」は、ピレネー山脈の南のカタロニアに、ロワール川から北の各地に、さらに1世紀を経ずしてドイツに広がった。説教集会は、なにしろ大勢集まったので、町の外のひらけた場所で行なわれることが多かった。「平和を！平和を！平和を！」の叫びは、民衆のフラストレーションを表現するものであった。彼らは両手を掲げて、神に懇願した。平和をお与えください！ 説教は「侵略者、略奪者、破壊者、圧制者」に対して行なわれた。

この力に巻き込まれて、説教集会をネグることができなかった「ツェヴァレ」は、しぶしぶやってきて、壇上に安置されている聖遺物箱にかけて、暴力を振るわないことを誓いますと言わされた。1023年に、じっさいに発言されたと伝えられるある「ピース・オース（平和の宣誓）」は、こんなふうに書かれている。「わたしはいかなる理由に拠ろうとも、教会堂を襲撃することはしません。男女両性すべて農民を襲ったり、奉公人や商人を捕らえて、かねを奪い、身代金をかけたりするようなことはしません。」

暴力の制限

1020年代に入ると、ネウストリア（後の北フランス）の司教たちが精力的に運動を押し進めた。四旬節の間、武器を取る手を休めた「ツェヴァレ」は、非武装の者と同じ扱いの保護があたえられるであろうと宣言された。これは「神の休戦」として知られるようになった。「イエス・キリストの受難」を敬い、木曜から月曜の朝までの間、あるいはまた待降節の間、戦闘を避けるべきだとする教会側の見解が披露された。キリスト教徒の同士討ちは禁止されな

左：写本の頭文字の細密画。キリスト教会は「祈る者、戦う者、働く者」の三身分を均整の取れた社会として称揚したが、この細密画はそれを言い表わしているかのようだ

ければならないと宣明された。

「神の平和」あるいは「神の休戦」が実際にどのような効果を生んだかは、容易には答えられない。「ツェヴァレ」が欲求不満のはけ口を、僧侶や聖遺物箱に向けたことがあったという報告を聞くと、なにか、在地の「ツェヴァレ」が時の流れに屈して、この平和運動に同調しつつあったかの印象を受ける。しかし、この種の集会がくり返し開かれたということは、平和や休戦の勧告が、守られるよりは、むしろないがしろにされることの方が多かったことを示している。

「神の平和」と「神の休戦」は、私的な暴力の行使ということを考える場合、ひとつの指標となったといえる。それはまた、フランク王カールのザクセン攻撃にさかのぼる、キリスト教徒ではない人間集団に対する暴力の行使と、キリスト教会がどう折り合いをつけるかの問題でもあった。ローマ法王の十字軍勧説と、十字軍という武装巡礼の間、フランス王国全土に平和と休戦の法が適用されるであろうという法王教書が、揃い踏みをすることになったのであった。

第Ⅲ部第2章
ノルマンの時代

10～11世紀の間の主要な軍事力としてのノルマン人の出現は、イングランドのアングロ・サクソンによる支配を終わらせて、ヨーロッパの政治勢力地図を塗り替えただけでなく、ヨーロッパ大陸を横断して、さらに遠方の地へも、騎士と城に基盤を置く戦争の伝統に立つノルマンの軍事文化を広めた。

ノルマンディー侯にしてイングランド王（王としての在位1066～1087）ウィリアム・ザ・コンカラー（征服者の意味。日本では「ウィリアム征服王」と一括して呼んでいる）は最も有名なノルマン人となったが、それも彼に先立つ歴代のノルマンディー侯が侯領の支配を整え、周辺の諸侯に対して、その存在を知らしめてきた歴史があったからこそであった。

ノルマンディー家の歴史は、911年、フランク王国カロリング朝の王シャルル・ザ・シンプル（日本語対応語シャルル単純王。在位893～922）が、ヴァイキングの北からの沿岸沿いの攻撃を退けることができず、忠誠と平和の誓いと引き換えに、ヴァイキングのロロ（860?～932?）に、ノルマンディーの支配を認めた時に始まった。時を経るにつれて、ヴァイキングの移住者がもたらした伝統文化は、フランク人の文化と混融した。ノルマン人はキリスト教を受け入れた。こうして、ノルマン「人種」が現れた。（レースという言葉を意識的に使っている。もちろん、こうしてノルマンディーに定着したノルマン人を人種とか民族とかいっているのはレトリックに過ぎない。）

ロロと、その後継者たちの政治上の地位については、いろいろと議論がある。「ルーアンの伯（ルーアンはノルマンディーの首都）」とか「ノルマンディーの侯」と呼ばれ、彼らはカロリング朝の王国の職階制の中で、行政的な職務を担っていたと思われる。しかし、ロロに関するほとんどの知識は伝説的であり、100年も経ってから書き留められたものでしかない。彼の息子ウィリアム1世ロングスウォード（長剣を意味したと思われる。942年没）の統治に関しては、より多くのことが知られている。彼はフランドルのアルヌルフに対する戦いにおもむき、アルヌルフによって殺害されたと言われた。その後ノルマン人は、西ヨーロッパの政治に深く関わるようになった。

上：フィレンツェのサンティシマ・アヌンツィアータ教会堂の回廊浮彫のウィリアム征服王の像だというのだが、ノルマンディー家を示す標識は何一つ見えない。タバードはユリ紋仕様である。どうなっているのか。

左：911年頃、セーヌ川下流のいくつかの領地（ルーアン、リジュー、エヴルーなど）を占領したヴァイキングの首領ロロが、それを封地としてフランク王シャルルから受けたという情報を1世紀あとに『ノルマンディーの歴史』を書いたサンクェンティンのドゥドというのが伝えている。これはその授封の儀式を描いた19世紀の想像画。それにしてもロロをことさら野卑に描いているのは感心しない。

歴代ノルマンディー侯

ロロとウィリアムの後、ノルマンディー家の家系は1135年まで続いた。3代目と見られるのがリチャード1世で、それを継いだのが同名のリチャード2世で、その姉妹にエマというのがいた。エマはふたりのイングランド王と結婚した。最初がアングロ・サクソン王家のエセルレッド2世で、再婚した相手がデーン人クヌートであった。これはデンマーク王で、一時期、イングランド王を兼ねたのである。エマの兄弟のノルマンディー侯リチャード2世は1026年か1027年に死去したらしいが、その死後、ふたりの息子の間に相続の争いがあったらしい。父親と同名の長男リチャードが侯位を継承したが、その翌年か、その年のうちに死亡して、弟のロバートが跡を継いだ。ロバートはファレーズの町の皮なめし職人の

娘アルレッタとの間に息子をもうけ、大先祖のウィリアム長剣の名を息子に与えた。

この結婚は公けの事とされていなかったらしく、ロバートは、1034年に聖地巡礼に出かけるに当たって、ノルマンディーの領主たちに、ウィリアムを自分の後継者として認めるように要請を発したという話が伝えられている。ウィリアムがまだ6歳か7歳のことで、それから10年間ほど、ウィリアムはノルマンディー侯になるために苦労したらしい。後の征服者ウィリアムである。

一方、ウィリアムの大叔母に当たるエマは、イングランド王家の政治にノルマン人を介入させたということになっている。1042年、彼女は自分の息子のエドワードをイングランド王に戴冠せしめた。エドワードは、エセルレッド2世の息子で、1003年頃に生まれた。だから半分イングランド人で、半分ノルマン人である。エドワード・ザ・コンフェッサーと呼ばれていて、意味は「懺悔する人」ということで、その通り名が暗示しているように、キリスト教会の聖者に列せられている。エドワードは、10歳のころから、ほとんどノルマンディーで暮らしていて、ノルマン人の付き人がついていた。エドワードはそのノルマン人たちをイングランドへ連れてきて、政務の要路や、キリスト教会の役職につけたのである。

継承論争

エドワードにはイーディスという妻がいたが、彼はチャスティティ（性的交渉の一切を絶つこと）の誓いを立てていたので、二人の間に子はできなかった。エドワードは跡継ぎを決めておかなければならなかった。候補者は二人いた。一人はウェセックス伯ハロルド・ゴッドウィンサン（ゴッドウィンの息子のハロルド）で、これはイーディスの兄弟で、エドワードの義兄弟であった。二人目はエドワードの縁者のノルマンディー侯ウィリアムである。ウィリアムは1051年の冬にイングランドを訪れたことがある。ノルマン側の資料によると、その時に後継者に指名されたという。しかし、アングロ・サクソン側の資料はこの件について触れていない。ウィリアムの王位要求の妥当性については何世紀もの間論争があった。

1064～65年に、エドワード王がハロルドを大使としてノルマンディーに派遣した時に事態は複雑になった。ハロルドの船は、ノルマンディーの北のポンチューの海岸に到着して、ハロルドはポンチュー伯グーイに捕らえられた。伯はハロルドをウィリアム侯に引き渡した。ノルマン側の資料と「バイユーのタペストリー」によると、ハロルドは聖遺物にかけて、ウィリアムに誠実に仕えることを誓約したという。もしこれが本当であったとするならば、イングランドに戻ってからすぐにハロルドがとった行動は裏切りと解釈できる。

ハロルドが動きを見せる

1066年1月、エドワード王が病気で死去した。イングランド側の資料は、亡くなる前にエドワードが王の後継者としてハロルド・ゴッドウィンサンを指名したと記している。エドワードが亡くなった、その夜、ハロルドはさっそく王冠をかぶった。このハロルドのすばやい行動は、なにかあらかじめ謀ったかの印象があり、中世史家の多くは、ハロルドはクーデタを起こして、イングランドの王位を不法に奪い取ったのだという、これはノルマンディー家の立場からの説明を受け入れている。

下：「バイユーのタペストリー」から。中央のハロルドが両側の家屋型の聖遺物箱にかけて、左端のノルマンディー侯ウィリアムに忠誠の誓いを立てている。右手の男二人は、次の場面へのつなぎか。もう船が出ますよ。イングランドへ帰ったハロルドはウィリアムを裏切るわけだから、この場面は忠誠の誓いを立てたハロルドが裏切ったと強調するために、ノルマンディー家側が挿入した場面だと主張する向きがある。

ノルマン人のイングランド征服

ハロルドの戴冠は、ノルマンディー侯ウィリアムだけではなく、ノルウェー王ハロルド・ハールドラーダ（在位1046～66）の異議申し立ても招いた。彼は、彼の一族は、クヌートの息子であり、クヌートを継いで一時期イングランド王位にあったハルデカヌーテ（在位1028～42）からイングランド王位を約束されていたと主張したのである。ハロルドは、2方向からの侵攻に直面した。

ノルマンディーからの侵攻の方がより脅威と考えて、ハロルドはイングランド南部に軍隊を送った。しかし、風は南寄りで、ノルマンディーからの船の行く手を阻み、ハロルド・ハールドラーダの船団にとって好都合だった。300隻の船団は、1066年9月25日、イングランド北東部、後のノーサンバーランドのニューキャッスル近くの海岸のタイン河口に着いた。ハロルド王は急遽、彼の軍隊を北に進軍させ、ノルウェー軍をスタムフォード・ブリッジの戦いで破った。スタムフォード・ブリッジは、ノーサンバーランドの南部、ちょうど北緯54度の線と西経1度の線が交差する地点に位置する。それは輝かしい勝利であったが、2日後には海峡の風向きが変わり、ウィリアム侯の艦隊は出発した。今度は、アングロ・サクソン軍は、南へ戻り、ロンドンを経て、サセックスの海岸まで、400キロメートルあまりを10日間で駆けた。サセックス海岸のヘイスティングズ港の北にセンラックの丘と呼ばれている場所がある。現在バトル村である。そこに布陣して、ウィリアムの軍勢に立ち向かった。3週間余りで2度目の戦いである。「ヘイスティングズの戦い」である。

上：アングロ・サクソン諸王国もすでに銀貨を発行していて、マーシア王ペンダの発行した銀貨が「ペニ」の語源だとする説がある。これはウィリアムが王に戴冠してすぐに発行したウィリアムの肖像図案の「ペニ」だという説があるが、中世の貨幣の図案は肖像といえるほど個性的ではない。

右：19世紀の想像画。ハロルド・ゴッドウィンサン、1066年1月に戴冠して、10月に戦死したイングランド王ハロルド2世だという。

ヘイスティングズの戦い

1066年10月14日に起こったヘイスティングズの戦いはイギリス史の転換点であると同時に、全ての戦いの中でも最も有名な戦いの一つである。いくつかの点では、なお議論が残っているが、作戦行動の大部分を説明し再構築することは可能である。

ハロルドは東から西へと走る分水嶺の尾根に沿って彼の軍隊を整列させた。これによって彼はノルマン軍を下方に妨げるものがなく見ることができた。ノルマン軍がハロルドの軍勢へ向かって進撃してくるには、

侯が戦場にもどった。
戦場は殺戮の場と化していた。
犠牲となっているのは悪徳の兵士たちであり、
タイラント（ハロルドを指す）を倒すことは
栄光に輝き、賞賛に値することだ
とはいえ、その光景を目の当たりにして、
ウィリアムの心は憐憫に満ちた。

ポワチエのギヨーム
『ノルマンディー侯にしてイングランド王ウィリアムの事績』から

約100歩（30m）の緩やかな傾斜面を登らなければならなかった。この尾根に沿って、ハロルドの家臣たちは有名な楯壁を形成した。これは、5000人から6000人もの兵士がびっしりと陣形を組み、彼らの楯を連結させたものである。騎兵はまだアングロ・サクソンの軍事文化のものではなかった。スカンディナビア伝統の戦法に影響され、アングロ・サクソン軍は、大部分が、弓隊と協力して、剣や槍、斧を巧みに振るう歩兵から成り立っていた。

ウィリアムの軍勢は、おそらく7000人から9000人から成り、3翼に編成された。ブルターニュ人の部隊は左翼に、傭兵とフランス人の部隊は右翼に、そしてノルマンディーの騎士隊が中央に配置された。大勢の歩兵が、騎士隊の前面に配置された。弓兵隊は、散開隊形で、全軍の前面に配置された。ウィリアムが騎兵を使用したことは、アングロ・サクソンの軍事文化の原則と、大陸側の騎兵の利用に関する慣習とのずれを強調した。

大勝利

戦いは午前9時に、ウィリアム軍がハロルド軍の楯壁に向かってゆっくりと動き出して始まった。ハロルド軍の楯壁は、ウィリアム軍の弓隊の活躍と、歩兵の攻撃に対して、よく持ちこたえた。矢の多くは、ハロルド軍の兵士たちの頭上を飛び超えた。やがて、ウィリアム軍の左翼のブルターニュ人部隊がひるんだところに、ハロルド軍は反撃を敢行し、ブルターニュ人部隊をパニックに陥れて、退却させた。ウィリアム軍の本隊の側面が敵の攻撃にさらされ、ウィリアムは混戦の中で、馬の背から投げ出されて姿を消した。そこで、侯が殺されたという噂が広まった。

しかし、敗戦かと思われた時、ウィリアムは劇的に無事な姿を見せ、自軍を元気づけた。ウィリアム軍の士気は高まり、ハロ

右：15世紀のフランスの写本飾り絵で、「ヘイスティングズの戦い」を描いているという。それなりにおもしろい。左手のハロルド側はアングロ・サクソン王家の王位を継いだということを強調してか、王冠紋。右手のノルマンディー方は、ウィリアムの持つ楯にガルダント獅子紋を一応描いているが、これは三重ねでなければいけない。ウィリアムの後ろにユリ紋の衣装の甲冑武者は、フランス王家がノルマンディー家を支援したという思い入れであろう。

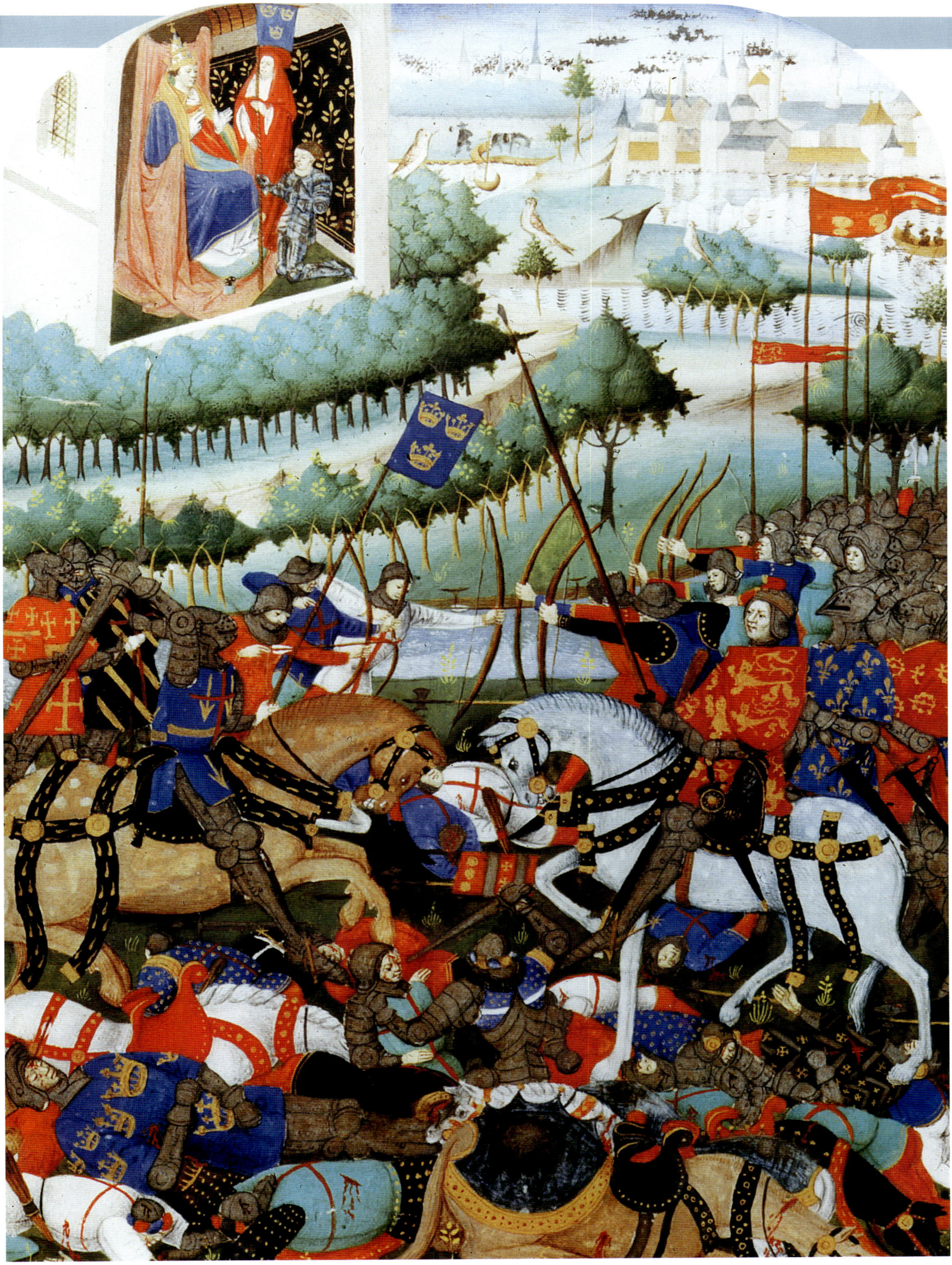

ルド軍に対して反撃に転じ、坂道を丘の上の方へ追い詰めたところで、反転して、退却するかのフェイントをかけたのである。そうすることで、ウィリアム軍は、ハロルド軍の一部が、楯壁を崩して、ウィリアム軍を追跡するよう誘惑し、相手が平地に降りたところで、騎士隊は馬の向きを変え、追跡者を攻撃した。

ウィリアム軍がこの戦術をとったのが一度だったか、二度だったか、資料は明らかにしない。いずれにせよ、この戦術をとったことによって、楯壁の左翼部は非常にもろくなった。ウィリアムは、丘を登って攻撃せよ命じ、ついにサクソン人の戦列を破った。ハロルドは馬に踏みつけられてか、目を矢で射られたか、それについては諸説あるが、乱闘の中で殺された。彼が亡くなったとされる場所には、現在では碑が建っている。

戦いは約9時間にわたった。戦闘の帰趨には定からぬものがあったが、両軍互角に激しく戦ううちに、やがてウィリアムの勝利が見えてきた。彼は以後、征服者ウィリアムとして知られることになる。

アングロ・ノルマン王国

ヘイスティングズの戦いの後、ドーバー、カンタベリーへと北上し、ついに首都ロンドンへ入城したウィリアムは、抵抗を続ける領主たちの動向を押さえ込みながら、イングランド人のアールたち（古ゲルマン語から出ていて、原義は戦士、勇敢な男というほどの意味だが、クヌート王以後、ウェセックスとか、ノーサンブリアといった、イングランドの各地方の総督という行政用語として使われ、ノルマン・コンクェスト以後、大陸のコーメスと同義に使われた。日本語対応語は「伯」）の服従を待った。1066年のクリスマスにウェストミンスター大聖堂で戴冠し、ここにアングロ・ノルマン王国が創始された。ウィリアムはイングランド王ウィリアム1世となった。

ウィリアムの支配地は拡大し、豊かになったが、その境界地帯は安泰とは程遠かった。ヨーロッパ大陸では、ブルターニュ人とフランス人の脅威が常にあり、イングランドでは、ウィリアムは、ウェールズとスコットランドの境界地帯で、ウェールズ人やスコットランド人と戦った。西のウェールズ境界地帯では、彼は三つの新しい伯領を作ってウェールズを監視し、北のスコットランド境界地帯には軍隊を送って、デーン人の侵入を退けただけでなく（「北の略奪」）、スコットランド王マルコム3世（在位1058〜93）に臣下の礼をとらせた。

ノルマンディーで普及していた騎士の奉仕と義務という考え方が、そのままイングランドに持ち込まれ、既存のアングロ・サクソン社会の経済的、法的、また軍事的な伝統に、ある点では取って代わり、またあ

下：ウィリアムは、センラックと呼ばれる場所でハロルド軍と対決することに決まったとき、勝利を得ればそこに修道院を建立寄進すると誓った。センラックは、この会戦（ヘイスティングズの戦い）を記念して、「バトル（戦闘）」と呼ばれるようになった。『ドゥームズデイ・ブック』には「バトル」の名が登録されている。バトル修道院の教会堂は1094年に献堂された。1338年に大きな「ゲートウェイ（玄関の建物）」が建てられた。現在、それだけが残っている。この写真がそれである。

第Ⅲ部第2章　ノルマンの時代　171

左：「バイユーのタペストリー」の一情景。左手からノルマンディーの騎馬の戦士が鐙に脚を踏ん張り、槍を腰に構えて突撃する。迎え撃つアングロ・サクソンの歩兵たちは、楯を重ねて密集隊形をとり、投げ槍を投げる構え。一人だけ、斧を振り上げているのがいる。弓兵も一人、描かれている。

刺したリンネルの長帯で、長さは68.38メートル、幅は場所によって45.7センチメートルから53.6センチメートル。長さは同じではないが、もともとは8枚から成っていた。（1983年に台紙を更新したが、この数字はその折に計測されたものである。）刺繍糸は羊毛で、テラコッタ（赤褐色）、ブルー・グリーン、黄金色、オリーヴ・グリーン、ブルーの5色に染められた糸が当初使われたと思われる。その他、ダーク・ブルーとブラックも部分的には使われたらしい。後代の修理の手が入っているので、色については、たしかなことはいえない。第71景で、ハロルドが殺された後、第73景まで、刺繍画は残っているが、この最後の3景には、後代、修復されたらしい跡が見えるし、物語の流れは第73景で途切れているので、「バイユーのタペストリー」は、その全体像が後代に残されたわけではないと知れる。

歴史家の間では、このタペストリーは1066年のウィリアムの大勝利を記念して、戦後すぐに製作されたものだという点では意見が一致している。しかし、これがどこで製作されたかについては激しい議論がある。有力な意見が二つあり、その一つは、製作地をバイユーとするもので、他は、ケントのカンタベリーとする説である。製作を指示したと見られるウィリアムの異母弟オドーがケント伯であり、またバイユー司教でもあったところからする意見の対立である。

る点では統合された。ウィリアムはイングランドの領地を、彼が必要とするときに軍役奉仕を自発的に提供するという契約で、家臣に分与した。騎士は社会的選良層の主要なメンバーとなり、騎兵隊は、以後、アングロ・ノルマン軍で傑出した立場に立った。

ウィリアムは、新しい王国の広がりと資産を記録するため、大がかりなアンケートを実施した。その結果が、世界史の中で最も早い時期に実施され、その記録が現存している国勢調査として有名な『ドゥームズデイ・ブック』である。これは1086年に実施された調査にもとづいて、その翌年以降に作成された報告書で、王、司教、アール、バロンから、テナント・イン・チーフ（王家から直接封土を受けた自由人の土地保有農民）にいたるまで、一口に言えば領主の領地保有の状況について書かれている。「バロン」の内に、ノルマンディーから入植した領主がふくまれる。彼らの領地は、ふつう「マナー」と呼ばれた。騎士はマナーの領主である。

ウィリアムは、新たに獲得した領土と資産を守るために、何十もの城を建てた。ほとんどはモット・アンド・ベイリー形式のものだが、ロンドン塔の初原の形態として知られる、テムズ河畔の石造りのキープ（フランス語でドンジョンと同義で、城の中心となる塔をいう）も、また、ウィリアムの時代に建てられた。

1087年、ウィリアムは、死の床で、遺言により、領土と資産を3人の息子に残した。最年長のロバート・カートホウズ（短いブーツ）は最も高価なノルマンディーを与えられ、次男のウィリアム・ルフス（赤い髪）がイングランドを受け継ぎ、まもなくウィリアム2世（在位1087〜1100）として戴冠した。ウィリアムの末子の息子ヘンリーは、土地も財産も受けなかったが、5,000ポンドの銀を得た。

バイユーのタペストリー

ヘイスティングズの戦い前後の事態の推移は、物として残った中世の文化遺産の粋ともいうべき「バイユーのタペストリー」に拠って知るところが多い。「タペストリー（壁掛け）」とはいうが、実態は刺繍を

南イタリアのノルマン騎士

ノルマンディー侯が家臣団を引き連れてアングロ・サクソン王国へ攻め込んだのと前後して、やはりノルマンディーのコタンティン半島南岸のオートヴィルの領主タンクレッドの息子たちが、こちらは南イタリアへおもむいた。当時南イタリアにはランゴバルド人の諸侯領、名目上はビザンティン帝国に属する諸侯領、またイスラム教徒が支配するシチリアのエミール政権と、多様な政権が混在していた。これら地方的諸政権の傭兵として、ノルマンディーのノルマン騎士が雇われたのである。タンクレッドの年長の3人の息子、ついで後添いの腹に生まれたロベール・ギスカールが頭角をあらわすにいたったのは、こういう政治的風土においてであった。ロベールはしだいに在地に根をおろし、やがて、1059年、ローマ法王ニコラウス2世からアプリアとカラブリアの侯に授封された。1085年、ロベールが死んだとき、彼は南イタリアの事実上の支配者であり、他方、彼の弟ロジェがシチリアでイスラム教徒と戦っていた。ロジェは1090年頃までにシチリアの支配を確定した。ロジェもまたローマ法王を封主とする伯であったが、ロジェの息子で同名のロジェは、1130年、パレルモにおいて戴冠し、王を称した。ナポリ以南の南イタリアも彼の支配下に入った。シチリア王国の誕生である。

ノルマンの継承

征服者ウィリアムの息子ウィリアム・ルフスの治世は、彼の兄と弟との関係で複雑な状況を見せた。兄のロバート・カートホウズは、ノルマンディーの仕置もうまくいかず、弟のウィリアムとの小競り合いも、いつも弟に先手を取られた。ロバートが、弟に対抗するために、フランス王フィリップと同盟したのはまずかった。結局、彼は、1096年の第1回十字軍に参加して、ノルマンディーと、可能態としてのイングランド王位を捨てた。実際、ロバートが最も自分の可能性を発揮したのは近東においてであった。エルサレム攻囲戦のときに指揮官として重要な役割を果たした。

1100年、ウィリアム・ルフスはハンプシャーの西南部、いいかえればサウサンプトンの西北にひろがるニュー・フォレスト森で狩猟の最中、流れ矢に当たって、亡くなった。息子はいなかった。弟のヘンリーは、たまたまその狩猟にウィリアムと同伴していたこともあり、王国の相続は急を要すると勝手に決めて、顧問官団を籠絡して、イングランド王になった。ヘンリー1世（在位1100〜35年）である。ウィリアム・ルフスの死、末弟ヘンリーの王位僭称。ロバートとしては頭が痛かった。ノルマンディーに戻った直後にヘンリーに抵抗するべく軍を起こしたが、1106年にノルマンディーのティンシュブレで決定的に敗北した。ヘンリーは、ロバートをイングランドで拘禁状態に置き、ノルマンディー侯領を差押えた。その結果、征服者ウィリアムの領地を一人の統治者の下で再統合した。

スティーブン時代のアナーキー

ヘンリーが1135年に死亡すると、イングランドの安定は終わった。ヘンリーは、ダースでかぞえるほどの子を作ったが、男子の跡継ぎはウィリアム・アデリンだけだった。そのウィリアムが1120年に海峡を渡航中、船が難破して死去した。ノルマン朝にとって、これは悲劇だった。その時にあたって、ヘンリーの家臣団は、ヘンリー王の娘のマティルダが産むであろう最初の男子を、ヘンリー王の後継者に推戴すると誓言を立てたのだったが、その男子は、ようやく1133年に生まれた。マティルダの再婚相手のアンジュー伯ジェフレーの息子で、祖父の名をとってヘンリーという。ところが、その2年後、1135年にヘンリー王が死去するや、家臣団の結束は割れた。誓言を破り、フランスのブロワ伯エティエンの野心に肩入れして、これを支持する者が続出したのである。エティエンは英語の発音でスティーブンで、ヘンリー王の姉のアデラがブロワ伯エティエンと結婚した、その息子である。ヘンリー王の甥にあたる。（フランス語名のエティエンは中世フランス語ではエスティエンと綴り、発音もじつはエスティエンである。エティエンの発音は近代のなまり。その接頭辞のエが落ちて、スティエンがスティーブンになまったと理解される。）

スティーブン王（在位1135〜54）は出だしから水を差された。イングランドの領主の半分はスティーブンを支持したが、残りの半分はマティルダを支持した。マティルダ側の領主たちのリーダーはグロスター伯ロバートで、これはヘンリー王の庶子の

左：マティルダはヘンリー1世とスコットランド王女エディトのあいだに生まれた娘で、ややこしいことに母親のエディトは、また、マティルダとも呼ばれたという。この13世紀の写本飾り絵のヘアバンドのファッションは、スコットランド王家に伝わるものであって、15世紀のスコットランド王ジェームズ3世の妃マーガレット・オブ・デンマークが同じようなヘアバンドをしている絵が、16世紀に製作された『紋章図鑑』に載っている。

上：スティーブンの妻が、また、マティルダといい、こちらはブーローニュ伯家の一人娘だった。この19世紀に製作された銅版画は、1141年にスティーブンを捕虜にしたあと、マティルダはロンドンに入って、「イングランドのドミナ（女主人）」として支配した。そこにスティーブンの妻のマティルダがあらわれて、夫を解放してくれと懇願した。それを「イングランドのドミナ」のマティルダは冷たく拒否した。そういうエピソードを画家は絵にしている。

右：左がスティーブン、右がヘンリー2世で、それは右の下の文言に「スティーブンの後、二人目のヘンリーが君臨した」と書いていることからも分かるが、分からないのはスティーブンは何をしているのか。ハイタカを手に止まらせて、自分の指を食いちぎらせているとしか見えない。下に垂れ下がっている2本のひもはタカをつなぎとめるひもであろう。スティーブンは「運命女神の車輪」から転落した王である。それがなんで王冠をかむっているのか。

ひとりで、ヘンリー王亡き後、イングランドで一番有力な存在であった。コールドウォーの数年を経て、1139年、ホットウォーが始まった。この内乱は、よく「スティーブン時代のアナーキー（無政府状態）」と呼ばれる。領主たちは、教会領の領主である司教や助祭、あるいは司祭もふくめて、戦局の推移を見ては、自分たちの立場を決めることを頻繁に繰り返した。領主たちは勝手に城を建て、騎士隊は、諸侯が、マティルダ側、スティーブン側、それぞれと誠実契約を結ぶに際して、絶好の持ち札となった。

アンジュー家の勝利

グロスター伯ロバートが1141年2月にリンカーンの戦いでスティーブン軍を破った時、マティルダは早々と優位に立った。勇敢な騎士のスティーブンは常に戦場のど真ん中で戦い、味方が総崩れになった後も、戦い続けた。王は敵勢に包囲され、諸刃の斧で自分自身を守り、斧が粉砕されると剣で戦ったが、ついに捕虜になった。マティルダは、戦争に勝った後に女王として戴冠するというふうに事を運ぼうとしたのだったが、手に負えないほど反抗的なスティーブンの支持者たちがそうはさせなかった。スティーブン党にくわえて、ロンドン市民も、また、マティルダを受け入れず、金は出さないは、ウェストミンスターで彼女の随員を襲撃するはで、マティルダにしてみれば、さんざんだった。それが、1141年9月、今度はグロスター伯ロバートが捕虜になり、彼を請け出すための交換取引で、マティルダはスティーブンを解放せざるを得なかったのである。だから、戦争はその後数年続いたが、結局アンジュー家に利益をもたらした。スティーブンがイングランドに気を取られていた間に、ジェフレー・プランタジネットはノルマンディーに侵攻し、1144年、ルーアンを占領して、ノルマンディー侯として立ったのである。アングロ・ノルマン王国は、再び二つに分かれた。

グロスター伯ロバートは1147年に死亡した。スティーブン方は守勢にまわった。一方、マティルダ方には若いチャンピオンが登場した。マティルダの息子で、1133年に生まれたヘンリーである。一説では、1150年に、父母からノルマンディー侯領をもらった。この小生意気な若者は、1149年と1153年の2回、海峡を渡り、反スティーブン党に若さと活気を吹きこんだ。

包囲や小競り合いの連続でヘンリーは着実に成功を収め、有力な領主たちが続々と彼の下に集まった。スティーブンは病気に倒れたが、彼の立場は、長子ユースタスによって守られた。ユースタスは、イングランドのみならず、フランスのルイ7世と同盟を組んで、ノルマンディーでもヘンリーと争っていた。ちなみに、ヘンリーは、1152年に死去したジェフレー・プランタジネットを継いで、アンジュー伯になっていた。しかし、1153年にユースタスが亡くなると、スティーブンは、ヘンリーを合法的な彼の後継者として認める協定を、ヘンリーとの間で、ロンドンのウェストミンスター大聖堂で結んだ。スティーブンは1154年10月に亡くなった。2か月後、ヘンリーはイングランド王ヘンリー2世として即位した（在位1154〜89）。

フランスのカペー朝

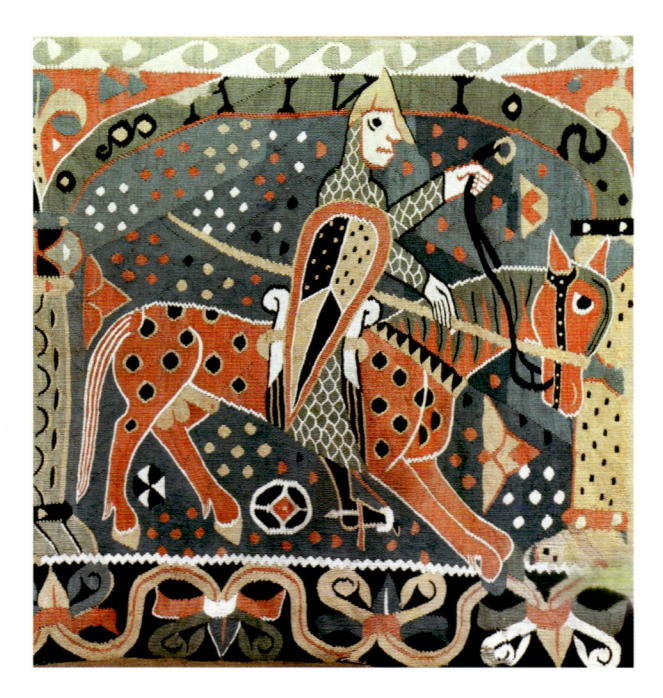

左：武具はアングロ・ノルマン風だから、このノルウェー産のタペストリーの騎士像は、11世紀から12世紀にかけてカペー家を悩ませたノルマンディー家の勢力を連想させる。騎士文化は、この時期、アングロ・ノルマン文化圏で展開する。

西暦紀元一千年後の3世紀間、カペー家はフランス王位を守った。カペー家の戦いは、周辺の野心家の家族、とりわけノルマンディーの一族を牽制する戦いであった。この戦いで、カペー家は常に上首尾とはいかなかった。1051年に入ってすぐ、ノルマンディー家の支配がメーヌと、その周辺にまで拡張し、それまでカペー家の封土であったところまで奪われるという事態になり、これはカペー家にとって、かなりの収入減と、軍事力の削減を意味したのである。

11世紀の間、ノルマンディー家との争いの他、カペー朝のフランス（西フランク王国からの延長としての「フランス王国」のことをいっている）で起きた内乱の多くは、領主間の争いに発した。彼ら領主は、馬小屋に騎馬兵を養っていて、すみやかに隣接している領域に入っていくことができ、そこを荒らし、敵対する相手から政治上の譲歩を強制した。このような動きは、多くの地域で、数世代にもわたる局地的なフェーデ（二つの血族間の宿縁的闘争）を引き起こした。より上位の社会的階層についても、また、このフェーデが引き起こされて、これが、イングランドがウィリアム・ザ・コンカラーの下で統一されてから2～3世代後まで、フランス王国が、ヨーロッパ随一の、安定した王国へ統合されることを邪魔した要因であった。

11世紀まで、騎士はフランスの軍事文化に中心的地位を占め、その結果、社会的身分の上昇を得た。騎馬の兵は軍隊の主要な要素と考えられ、ほとんどの戦いは騎馬の兵とその従者で戦われた。

これは同時代のイングランドとは対照的であり、イングランドでは、ノーマン・コンクェストの後も、アングロ・ノルマンの騎兵隊は下馬して戦うことを好んだ。しかし、どの国でも、王や諸侯は、騎士の召集に完全に依存することはできなかった。そのため、彼らは規則的かつ広範囲に傭兵を用い、一般市民にも兵役を課した。

王国を守る

12世紀のカペー朝の王たちは、彼らの強力な支配と騎士の起用で有名であった。ルイ6世（在位1108～37）は、ザ・ファット（ふとっている人。肥満王の日本語対応語が工夫されている）の通り名で通っていたが、強壮な戦士であり、乱闘にあたってもひるまなかった。彼はイングランドのヘンリー1世やドイツ王ハインリヒ5世（在位1111～25）、またブロワ伯やシャンパーニュ伯と対立しながらも、フランス王家の支配地を維持し、拡張することに努めた。

1124年、ハインリヒ5世がヘンリー1世とはかり、ルイ6世とブロワ伯ティボー4世の紛争に介入して、シャンパーニュに侵入する構えを見せた。ルイは、フランス王に臣従する建前をとっている諸侯に「オスト」を発した。王の召集令である。なんと敵対中のブロワ伯までもが、その招集に応じた。ハインリヒはロートリンゲンに兵を退かざるをえなかった。

東はうまくいったが、西のノルマンディー家との争いは厄介だった。ルイは、ウィリアム征服王の孫で、ヘンリー1世

大兵のルイ

フランス王ルイ6世は、大兵で、ヘクトールを思わせて、腕力たくましく、と、サンドニ修道院長スジェーは、王の伝記に書いている。パリ、オルレアン、ブールジュが12世紀のフランス王家の支配の南北の軸。セーヌ川沿いにマント、パリ、サンスをつないで横軸。ルイ6世は、メレヴィルの領主のような強大な領主たちを押さえ込んで、領内をくまなく歩き回った生涯の果てに、やれやれ、これでどこで寝ようとも、安心して眠れると感想をもらしたという。左の図版は19世紀に製作された銅版画。肖像の周囲の円環に「ルイ、神の恩寵においてフランク人の王」と書いてある。下の銘板に「ルイ6世、通り名ル・グロ、フランス王、39、サンヴィクトール修道院に保存された1129年、治世20年の印章から」と読める。

にとってかわってノルマンディー侯になろうとたくらんでいたウィリアム・クリトを支援した。しかし、1119年、ノルマンディー側ヴェクシン領のブレムールの戦いで、ルイの軍はヘンリー軍に敗れた。その後も、ルイ王は、アンジュー伯や、ノルマンディーの少数派と手を組んだが、その努力は少しも彼の立場を高めることなく、結局はヘンリーのノルマンディー支配を認めざるを得なかったのである。しかし、ルイの継承者たちは、強大な隣人の影響力を制限しようと励み、12世紀の、残された半世紀間（ルイ6世は1137年に死去した。）、フランス王家の軍事活動は、イングランド人のノルマンディー支配を、なんとか突き崩そうと続けられた。

歩み寄りの時代

ルイ肥満王の息子のルイ7世（在位1137～80）は、学者になってもおかしくないほどの教育を受けて育った。しかし、ルイは戦争が好きだった。もっとも、彼は、拡大する紛争に備えて、あらかじめ計画を練り上げておく手腕には欠けていたので、いつも適当なところでの歩み寄りを強いられた。ドイツ王コンラート3世（在位1138～52）とともに、ルイは第2回十字軍の指揮官として活動した。フランス人兵士たちは、11世紀後半から12世紀の間、十字軍によく出かけていた。フランス人重装騎士隊の突撃、これが西欧十字軍の戦いぶりの表看板になった。これは、実際、軽装のイスラム教徒の敵勢に対する最も効果的な攻撃の手段だった。だが、ルイの十字軍は成功したとはいえなかった。コンラートの軍はフランス軍がまさに近東に到着しようという直前に崩壊し、ルイもまた、1148年のラタキア（北シリアの港町）の戦いで手痛い敗北を喫した。しかしこの時、騎士たちを救出しようと際立つ働きを見せて評判になった。

ルイは、また、イングランド王ヘンリー2世と、ずいぶんと時間を割いて戦った。ヘンリーの息子たちや、ブルターニュで反乱を起こした大領主たちと同盟を結んで、ノルマンディーへ軍事行動を起こし、ヘンリーがアキテーヌに隣接する領地へ勢力を伸ばそうとするのを押さえようとした。この最後の試みで、ルイは比較的成功したが、だいたいにおいて、ルイは、敵が領地をごそっと取得するのにまかせていて、その裏をかいてやろうなどとすることは苦手だったのである。

下：カペー家のフランス王が出陣するときは、サンドニ修道院の祭旗である朱色の「オリフラム」を受領することになっていた。19世紀の画家ジャン・バプチスト・モーゼッスは、1147年の十字軍出動に際して、法王エウゲニウス3世がサンドニに出向して、ルイ7世に「オリフラム」を授けたというふうに想像してこの絵を描いている。法王の隣がサンドニ修道院長である。フランス王妃アリエノール・ダキテーヌが跪拝礼をとっている。

ヘンリーとアリエノール

ヘンリーは、1166年に、『ドゥームズデイ・ブック』が作成された時のアンケート調査と同じような調査を行なわせて、『カルタエ・バロヌム』の作成を命じた。「カルタ」は文書というほどの意味で、だから『バロンの文書』ということだが、この「バロン」については、なかなか面倒な議論がある。調査はさしあたりイングランドについて実施されたが、イングランドの「バロン」は、数十人から百人を超す数の騎士を配下に持つほどの王直属の大領主をいった。かれら

下：ドーヴァー城。キープ（天守、主塔）と内側のカーテン・ウォールズ（帳壁）の建造は、「パイプ・ロールズ（財務府記録帳）」によると1180年度分から経費の支出が始まって、ヘンリーが死去した1189年までに6千ポンドを記録した。その頃の王家財務の年間経費が約1万ポンドであった。ヘンリーの息子リチャードがセーヌ河畔に建てたシャトー・ガイヤール（65頁に現状の鳥瞰写真）は1196年から1198年にかけて建築費が支出されて、総額8千ポンドに達した。

右：ヘンリーは、フォンテヴロー修道院遺構のこの寝棺彫像から見ても、ずんぐりむっくりした体つきだったようだが、衆目の見るところ、なにしろ元気者で、堂々たる騎馬武者であった。

「バロン」配下の騎士の数を報告させるのが、この時のアンケート調査の目的であった。

一方で、ヘンリー1世の代から、「スキューテイジ」の制度が設けられていた。「スクート（楯）」からの造語で、日本語の対応語として「軍役代納金」というのが工夫されている。ヘンリー2世は、この時のアンケート調査の結果をふまえて、「スキューテイジ」を課し、そのかねで傭兵を雇った。

軍隊の指揮官として、ヘンリーは戦争の実行に積極的であった。ダースで数えるほどの戦争に、軍勢を率い、そのほとんどを野戦で勝利する。城を包囲して落とす。落とさないまでも、政治的に有利な条約を結ぶのだった。

アリエノール・ダキテーヌ

ヘンリーとアリエノール・ダキテーヌとの結婚は、アンジュー家に支配地を増やす可能性をもたらしたが、（アキテーヌはアキテーヌ侯アリエノールの支配地であって、ヘンリーは、せいぜいが共同統治者でしかない）それ

武装条例

ヘンリーは1181年に「武装条令」を公布し、イングランドの領主と一定程度の収入を持つ自由人が武具を保有すべきことを定めた。王から封を受ける領主は、その家中の戦士にホーバーク（鎖帷子）、かぶと、楯、槍を持たせなければならない。16マルク以上の資産と年収のある自由人は、その従者たちとともに同様の武装とする。10マルクの者はホーバージョン（ホーバークより軽装の袖なし鎖帷子）、かぶと、槍を装備せよ。武器武具を売り買いの対象としてはならない。人数分以上に保有することはできない、などの規定が見られる。最後の第12条に、船と造船用木材の輸出を禁じているところが、イングランドとノルマンディーとを隔てる海峡の存在が示唆されていて興味深い。

はあくまで可能性としてであって、アリエノールは、イングランド王の妻である前に、ポワチエの城主であり、アキテーヌ侯であった。

アリエノール・ダキテーヌは、「トルバドゥール」のアキテーヌ侯ギィレム9世（1071?〜1126年）の孫娘で、1137年、スペイン巡礼に出かけていた父親のギィレムが死去して、アリエノールが家督を相続した。その直後、カペー家の相続予定者ルイと結婚したが、こちらも、また、その直後、カペー家当主のルイ6世が死去して、ルイはカペー家当主でフランス王に即位した（ルイ7世）。アリエノールはアキテーヌ侯であり、かつまたフランス王妃である。

アリエノールは2女を生んだが、男子はなかなか生まれなかった。おそらくカペー家の側としては、男子相続予定者がなかなか生まれないあせりがあったのであろう。ルイとアリエノールは、1152年3月、離婚した。2か月後、アリエノールは、ポワチエの自城にアンジュー伯ヘンリーを招いて結婚した。2年後、アリエノールとヘンリー夫妻は、海峡を渡ってロンドンへおもむき、イングランドの王と王妃として戴冠した。

王妃としてのアリエノールの生涯はほとんど知られていない。当時もいまも、イギリス人はかの女がきらいだから、年代記家たちの筆も、彼女のこととなると、なにか重く、しめりがちになる。アリエノールは、息子たちが反逆した時、結局は息子たちの側につき、イングランドを抜け出してフランスにいる息子たちのところへ行こうとして、ヘンリーの手の者につかまり、イングランドに拘禁された。彼女が解放されたのは、1189年に、ヘンリーが死んでから後のことである。

ヘンリーを継いだ息子のリチャードは、ヘンリーの生前、すでにアリエノールからアキテーヌ領を相続し、アキテーヌ侯になっていた。ヘンリーの死後、イングランド、ノルマンディー、アンジュー他、ヘンリーの全領土を相続しながら、リチャードはアキテーヌにこだわり、イングランドに腰を据えようとはしなかった。リチャードを嫌って、なかなか臣従礼を立てようとしないアキテーヌの領主たちと戦って、アキテーヌを転戦していたのである。アリエノールは、リチャードに代わって、イングランドの政務を見た。

アンジュー朝3代目、ジョン王の治世初年は、フランス王フィリップ・オーグストとの出入りに終始した。ブルターン家と組んだフィリップ・オーグストが、アキテーヌ、ポワトゥー、アンジュー、メーンと攻め立ててくる。ジョンも、けっこう、ミルボーで孤立して包囲された老いたる母アリエノール救出作戦のように、切れ味のよいいくさ裁きを見せはしたのだが、全体にじわじわと北に追い上げられる。その間、いまや「ヘンリー王の家族」生き残りのふたりのうちのひとりになってしまったアリエノール・ダキテーヌは、世紀の変わり目には78歳という高齢にもめげず、一隊を率いてシノン、ルーダン、ミルボーの三連珠塞（これはもともとジョンに下封された最初の領地であった）を守って、どうしようもない、ダメな息子の側面援護にあたった。しかし、いまや「運命女神の車輪」は大きく音を立てて回り、シャトーガイヤールは包囲され、もはやノルマンディーもジョンのものではなくなった。ジョンは、1203年12月5日、コタンティン半島の突端のバルフルールから船を出して、イングランドへ向かった。アンジュー家の王がノルマンディーへ帰ってくるのは、それから143年後のことになる。

1204年3月6日、シャトーガイヤールは落城した。4月1日、アリエノール・ダキテーヌはこの世を去った。享年82であった。

下：シノン北東の町外れに「サント・ラドゴンド礼拝堂」の遺構がある。この礼拝堂の呼び名は、フランク王国メロヴィング朝の王クロテールと結婚したテューリンギアの王家の娘ラドゴンドの信心に由来する。礼拝堂遺構に入ると、右手の壁に聖女ラドゴンドの生涯をテーマにとって17世紀に描かれたフレスコ画が見える。左手の壁に13世紀に描かれた壁絵がすこし残っていて、これはその一部である。古くからこの宝冠の女性はアリエノール・ダキテーヌその人だとされてきたが、それは一つの見方にすぎない。ましてや、左手の男性がヘンリーその人であると見るのはいかにも苦しい。男は左手にタカを止まらせている。鷹狩りの一行を描いたこの絵は、聖女ラドゴンドの入信以前の生活風俗を、13世紀の絵師が想像をふくらませて描いたものだと見ることもできる。

アンジュー帝国

　ヘンリー2世は、彼の治世の間に、南フランスからアイルランドに及ぶ広大な領土を獲得した。妻と統治権を共有したアキテーヌ領をふくめての話だが、それにしても中世のイングランド王で、これほどまでに広大な支配地を持ったのは他にいない。ヘンリー2世と、息子のふたり、リチャードとジョンによって支配された領土は「アンジュー帝国」と呼ばれることがある。

　ヘンリーは自分を皇帝として考えなかったし、称することもなかったのは明らかである。だいたいが、ヘンリーの支配地には、政治的にも法的にも、全領土に一貫して機能する構造がなかった。むしろ、それぞれの伯領、侯領、王国は、大方が、その地域ごとの慣習を持っていた。そうであっても、しかし、ヘンリーが巨大なドミニオン（ドミヌスの支配地。ローマ帝国後期の皇帝はドミヌスと呼ばれた）を作り上げていたことは異論の余地がない。だから、なにしろ、「エンパイヤー」（エンペラーの支配地。エンペラーのラテン語原語インペラトールは、ローマ帝国後期にはドミヌスと同じ意味合いで使われていた）という言葉遣いは、ヘンリーの領土をまとめていう場合、とても便利なのである。

ノルマン王国の拡大

　アンジュー帝国は西ヨーロッパの広範囲へと拡大した。帝国の中核はイングランド王国で、スコットランド辺境領、ウェールズ辺境領など、アングロ・ノルマンの王たちによって統治下におかれた土地は、通常は王国の拡大と観念された。

　これらの領土に、ヘンリー2世は、アンジュー伯領とメーン伯領を加えた。また、トゥーレーン伯領も持ってきたが、これはヘンリーがブロワ伯に対して臣従礼を立てることによって手に入れた封土であった。アリエノール・ダキテーヌとの結婚は、ヘンリーに、アキテーヌに対するアリエノールとの共同統治権を手に入れたことを意味した。最後に、1166年、ヘンリーの息子のジェフレーがブルターン侯家に婿入りしたことで、ブルターン侯領がヘンリーの支配下に入った。ヘンリーは、ジェフレーが1181年に成年に達するまで摂政として統治し、1186年にジェフレーがトーナメントで重傷を負って死亡すると、ジェフレーの死後に生まれた息子のアーサーの後見人の立場を手に入れた。

上：1180年にフランス王家で王の交替があり、フィリップ・オーグストが登場した。フィリップはヘンリー2世と不仲の息子のリチャードをけしかけて、ヘンリーに反逆させようと策動した。1188年11月、ヘンリーとリチャード、それにフィリップの三者は、ヴェクシンのジゾールで会同し、協議することになった。ところがリチャードとフィリップの間に同盟の密約ができていたらしい。席上、フィリップは、リチャードをヘンリーの後継者に指名することをヘンリーに対して要請した。ヘンリーはそれを拒絶した。するとリチャードは、フィリップに対して臣従の誓いを立て、父親を捨てた。19世紀のフランス人の画家は、この最後の場面の、ひとつ手前の場面を、空想をふくらませて描いている。リチャードも、ヘンリーの背後に立っている。リチャードがヘンリーを裏切ったのは、この直後のことである。

> 騎士たちが戦闘に備えた隊形を作って町からやってきた。
> その数6万を超す。さらに60隊からの歩兵たち。
> 彼ら一人一人が、自分はウェールズの王だと考えているかのようだ。
>
> 年代記家ジョルダン・ファントームがウェールズに侵攻したヘンリーの軍隊について
> （1175年頃の記述）

アイルランド征服

　ヘンリー2世は1171年にアイルランドを征服した。これはまさに新機軸であった。というのも、それまで、だれも、古代ローマ人も、またアングロ・サクソン人も、アイルランドの征服を試みる者など出てこなかったからである。アングロ・ノルマン人も、はじめのうちは、アイルランドにはそれほど関心を払わなかった。

　イギリス人著述家のジョン・オブ・ソールズベリーによると、1155年にローマ法王ハドリアヌス4世（在位1154～59）は法王教書「ラウダビリテール」を発行して、ヘンリー2世がアイルランドを領有することに賛同する意思を表明した。アイルランド教会が典礼をねじ曲げている。それを正したいというのが法王の意図だったらしいが、この法王教書が、はたして法にかなったものであったかどうか、何世代にもわたるアイルランド人歴史家たちは、これに否定的な見解を打ち出してきた。

　法王の保証があったにせよ、なかったにせよ、1171年10月、ヘンリーはアイルランド海を渡った。240隻から400隻の船団が、大勢の騎士や射手、また、武装兵を運んだ。ヘンリーの目的は教会の改革ではなく、ペンブローク伯リチャード・ド・クレアの救援にあった（ペンブローク領はウェールズの西端、アイルランド海に突き出た半島である）。初代ジルバートの息子、「強弓」のリチャードは、1年前、アイルランドに遠征して、ダブリンを占領したが、その後ミーズ王オルーリックにダブリンを取りかえされていた。ヘンリーは、これを機会にアイルランド支配を固めようと考えて、リチャードの救援要請を受け入れたと考えられている。ただ、この前年、1170年12月、カンタベリー大司教トマス・ベケットが大聖堂内で殺害されるという事件が起きている。ヘンリーの意図としては、ローマ法王に対しても、いい顔をしたかったというのが本音のところかもしれない。

聖堂内の殺人事件

　そこで「聖堂内での殺人」事件だが、カンタベリー大司教トマス・ベケット（1118～70年）は、以前ヘンリーのチャンセラー職（官房の長）にあって、ヘンリーの収入を増やし、戦争経費にあてることに尽力し、また彼自身も軍事行動を行なっていた。1159年から1161年にかけて、約1,900人の騎兵を率い、アキテーヌを横断してヴェクシンに入るという作戦を実行したのが、軍人トマス・ベケットの証であったといえる。ところが、カンタベリー大司教を委嘱されて、ベケットの立場は変わった。変わったというよりも、教会人としての立場に徹するようになったというべきか。

　以前から、教会と世俗の権力との間にわだかまっていた問題があった。それは、殺人で起訴された聖職者は、王の法廷で裁かれるべきか、それとも教会の法廷で裁かれるべきかという大問題である。聖職にあるものが世俗の権力の裁きの下に屈してよいものかどうかが問われていたのである。屈するべきではない、とトマス・ベケットは考えた。しかし、ヘンリー王はその考えに反対した。カンタベリー大司教の下に団結すべきイングランドの司教団も、王権におもねって、ベケットにさからった。四面楚歌、カンタベリー大司教トマス・ベケットは、1164年11月、フランスへ亡命した。イングランドには大司教はふたりしかいない。カンタベリーとヨークである。

　ベケットは、イングランドのキリスト教会に関する最高権限を、法王アレクサンデ

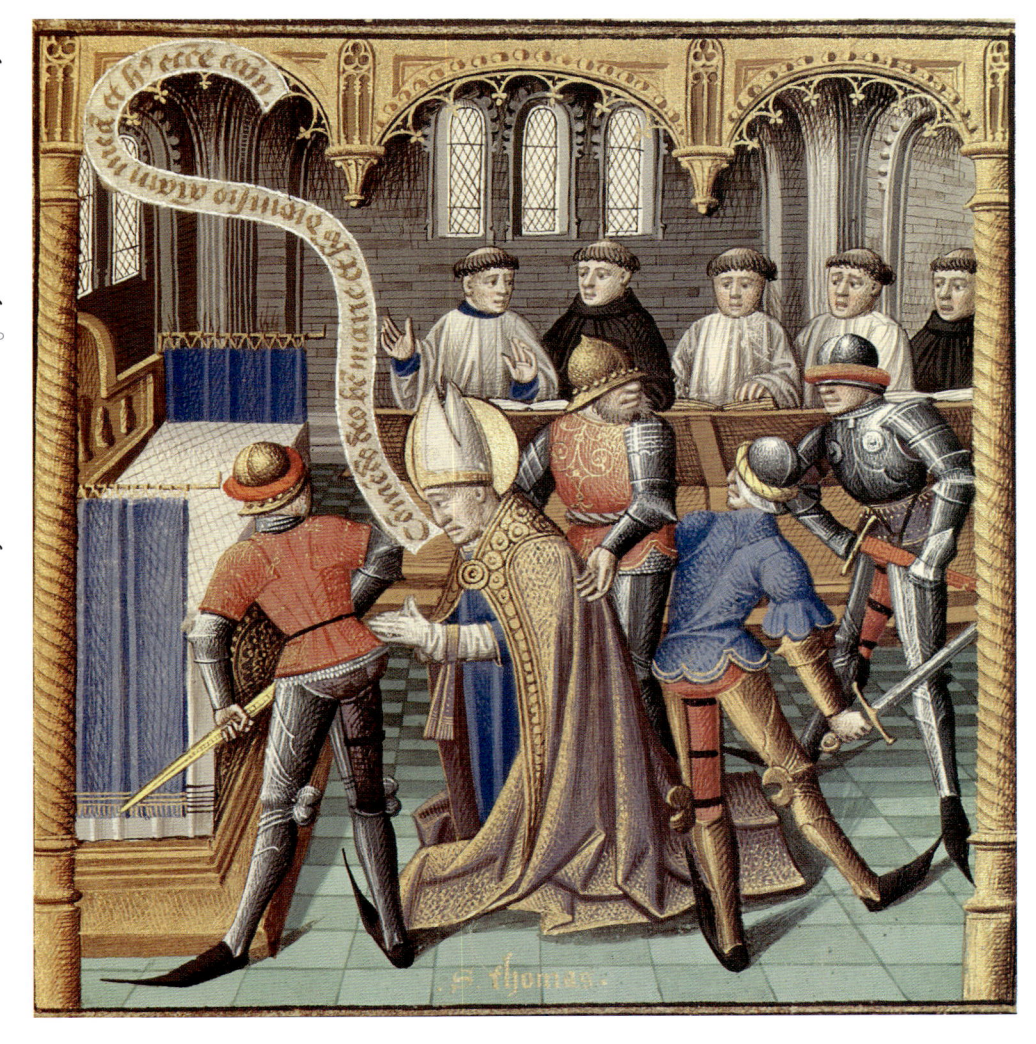

右：1170年12月29日、聖堂内の殺人。おもしろいことに、4人の騎士はかぶとの眉庇を深く下げているように描かれている。盲目的な所業だと絵師は批判しているということか。15世紀フランスの写本飾り絵。

ルからとりつけた。場合によっては破門の言い渡しもできる権限である。法王に提言して、イングランドの教会全体を聖務停止令下におくこともできた。教会はミサを執り行なわず、聖体拝領の儀式も行なわず、懺悔を聞くこともしない。イングランドのキリスト教会が、その機能を一切停止するという恐るべき処置である。法王はさすがにトマスの提言に乗ることをためらった。しかし、いずれにしても、ベケットが1170年の末にカンタベリーへ帰ったについては、その行動の背景に法王の聖務停止令の発動という脅しがあったことはたしかである。

ヘンリーには、また、ヘンリーの事情があった。長男のヘンリーが成人し、父親の共同統治者に就任する時期が迫っていたのである。戴冠式を主宰するのはカンタベリー大司教の権限である。1170年に入って、ヘンリーは、もうひとりの大司教に戴冠式をあげさせる挙に出た。これがまた、カンタベリー大司教の怒りをかきたてた。年末にカンタベリーへ帰ったトマス・ベケットは、問題の戴冠式に関与した司教ふたりを聖務停止処分とした。このニュースがヘンリー王のもとにとどくや、ヘンリーはのしり声をあげた。それを聞きつけたヘンリー配下の騎士4人が果断に行動を起こし、主に無断で、「聖堂内の殺人」を断行したというのが「トマス・ベケットの殉教」の一幕だったのである。

ヘンリー王は受け身に立たされた。命令などしていないと弁解したところで、むだであった。ヘンリーは破門され、トマス・ベケットは、1172年に聖人の列へ加えられた。ヘンリーは悔悛の意を示し、1172年9月、ノルマンディーのアヴランシュ聖堂で、法王特使の仲立ちによって、教会に復帰した。ただし、ヘンリーは十字軍誓約を立て、イベリア半島ないし聖地エルサレムへおもむくべきこと、200人の修道士の賄いに見合うだけの寄進をテンプル騎士団に対して行なうことが要求された。王はテンプル騎士団に対する寄進だけには応じたが、結局、十字軍には行かなかった。

大反乱

アヴランシュの和解の翌年、ヘンリーは、ヘンリーの息子たちを抱き込んだカペー家のルイと、スコットランド王ウィリアムのインターナショナルな連帯作戦に悩まされた。ヘンリーの長子ヘンリーが、義父に当たるカペー家のルイのところに駆け込んだことから、この騒ぎがはじまったのだが、戦線はイングランド、ノルマンディー、ブルターニュに伸びて、いたるところ、町や城の包囲戦の陣取り合戦の観があった。ヘンリーの側も、ルイ、ウィリアム連合側も、傭兵に頼ること厚く、たとえばサフォークのフォルナム包囲戦では、何千人ものフラ

左：その通り名のライオンの仮面をかぶったスコットランド王ウィリアム。彼はともかくも49年間王座にあり、1212年に息子のアレグザンダーと、イングランド王ジョンの娘ジョアンとの婚約の約束をとりつけた後、1214年に死去した。この19世紀の銅版画は、かなり晩年のウィリアムを想定して描いていると思われる。

左：ウィリアムが捕虜になったノーサンバーランドのアニック城。広大な外側のカーテン・ウォールズ越しに城を見ている。ノーサンバーランド侯家の主城。パーシィ家が数世紀にわたってここの主だった。「北のウィンザー」と評判された。

ンドル人兵士の存在が記録されている。また、ヘンリーがウェールズ人の弓射手、ブラバント人の歩兵と騎兵を頻繁に起用したことも知られている。

1174年の7月、ヘンリーの騎士たちの一隊が、スコットランド王をノーサンバーランドのアニック城で捕らえたことが転換点となった。ウィリアムは、その時、アニック城を包囲し、相手を飢えさせて降参させようとしたのだが、ウィリアムの側も蓄えが十分ではなかった。そこで、彼は軍を分け、500人の騎士を手元に置いただけで、主力は村や町に略奪に向かわせたのである。ところが、その500人の騎士隊が、防具をはずして朝食をとっているところに、ヘンリーの騎士隊が襲いかかり、ウィリアムの騎士隊は散々な目にあって、スコットランド王は捕虜になったのであった。その翌月、今度はヘンリー自ら兵を率い、ルーアンを包囲していたルイの軍勢を破った。スコットランド王とフランス王は、イングランド王と休戦協定を結ばざるを得なかった。

厄介な子どもたち

息子たちは、性懲りもなく、1180年代に入っても、あいかわらず造反し続けた。若いヘンリーは、弟のジェフレーと組んで、リムージンの首邑リモージュを攻め、ヘンリー王は、城内に入った息子たちに対して、包囲戦を構える羽目になった。1182年のことで、若いヘンリーは、その翌年の6月に、病死した。病気は赤痢だったという。ジェフレーは父と和解したが、彼もまた1186年にフランスで催されたトーナメントに出場中、馬に踏みつけられて亡くなった。リチャードは、その間、父親に対して忠実であり続けたが、ついに、彼もまた父を裏切った。1188年11月に、カペー家のフィリップ・オーグストの下に走り、翌年7月、オーグストとともに、トゥールを攻めてこれを占領し、次いでル・マンを攻めて、ヘンリーとその配下の700人の騎士をル・マンから追い出した。ヘンリーの従者の中に、誉れ高き勇士ウィリアム・マーシャルという、中世の騎士道の縮図のような騎士がいた。マーシャルは君主の退却を護衛して、リチャードと戦い、何とかリチャードを馬から引きずり下ろしはしたのだが、その命を絶つことまではしなかった。マーシャルはいった、「悪魔にあなたを殺させよう。わたしは殺さない。」1189年7月6日、気力も体力も衰え、心理的にも落ち込んだヘンリー2世は、シノン城で死んだ。

上：ある城攻めの光景。背景をチェック模様の壁紙ふうに描いているところや、人物の描き方から、15世紀初頭にベリー侯ジャンやブルゴーニュ侯フィリップの注文を受けてボッカチオの『古来有名な女たち』の写本飾り絵を描いた画家の作ではないかと思われる。攻め手の方にユリ紋の旗が見えるので、この絵をフィリップ・オーグストがリチャードと組んでル・マン城のヘンリーを攻めたときの絵と見ることはできるかもしれないが、決定的な証拠は、絵の中にはない。

騎士の模範

ウィリアム・マーシャル（1147～1219）は、はじめアリエノール・ダキテーヌに小姓として仕えたが、騎士になったばかりの頃、1168年、アリエノールのアキテーヌ巡行に供して、ルジナン一党の襲撃を受け、サンザシの垣を背後に応戦したところ、後ろに回った敵に槍で太股をぐさりとやられた。以来「垣の騎士」の異名がつきまとう。それはまた騎士たるものの武勲の印であって、トーナメントや実戦でしだいに頭角をあらわすウィリアムを、若手の騎士候補生たちは、あこがれの目で見るようになった。「マーシャル」は「侍大将」といったほどの意味の軍職である。アリエノールが1173年に、夫ヘンリーの勘気に触れてイングランドに軟禁されてからは、「ヘンリーの騎士」となり、以来、リチャード、ジョンと、アンジュー王家初期3代の王に仕えた武官であり、行政役人であり、リチャード、ジョンの教育係であった。彼の書記たちが、彼の没後に書いた1万9千行におよぶ韻文の伝記があって、それははからずもジョン王一代記にもなっている。

左：ウェストミンスター・ホールの向かい側に立つリチャード1世の騎馬像。イタリア人の彫刻家カルロ・マロケッティの作。カルロはトリノの彫刻家で、16世紀後半のサヴォイ侯エマニュエル・フィリベールの騎馬像をトリノで製作している。エマニュエルはフランス軍の支配からトリノを奪還し、ピエモンテ君主国を作ったトリノの英雄であった。一時フランスに滞在したのち、二月革命後、イギリスに渡り、1867年にロンドンで没するまで、多くの彫像を製作した。

リア侯レオポルトの手の者に捕捉され、無断領内通過者ということで、捕虜になった。ドイツ王ハインリヒは、オーストリアでの挙動不審に加えて、十字軍におけるリチャードの過誤を言い立てて、身柄を人質に取った。課された身代金は銀10万マール。身代金の支払いが終わるまでの保証として200人の人質。

マールは8オンスで、「オンス」は中世の値で30グラムほどだから、マールは240グラムほど。10万マールで24トンの銀塊です（金塊では480kg）。そんな、プランタジニストの尊大を灰燼に帰せしめるがほどのものだったと、あるアリエノール伝の筆者は書いているが、それほどのものでもない。当時、弟のジョンはパリに逃げ込んでいて、カペー家の威張り屋と組んで、身代金を肩代わりするから、当分監禁しておいてくれと提案してきたという話がある。その程度の金額です、これは。

身代金の話が片付いて、1194年、リチャードはイングランドに戻った。アントウェルペンから乗船して、3月12日にサンドウィッチ港に入った。何の儀式もなかった。このお忍びふうの帰国が、リチャード獅子心と「ロビン・フッド伝説」の結合を招いたというが、この説はなんとももっともらしい。

イングランド王リチャードは、この時も、わずか3か月しか、イングランドにはいなかった。カペー家のフィリップ威張り屋との対抗関係が、彼をノルマンディーへ、アキテーヌへひきつけていた。カペー家の攻勢からノルマンディーを、アンジューを、アキテーヌを守る。これがリチャードがイングランドを外にした理由であったと後代の歴史家たちはいう。しかし、そのこと以前に、彼の通り名の「ライオンハート」はノルマンディー侯家の紋章図案であった。アキテーヌは母親のアキテーヌ侯アリエノールから相続した財産であった。彼はアキテーヌで戦い続けた。やがて1199年4月6日、彼は、リモージュ西南のシャールという、その土地の領主の出城のひとつを攻めていた時に受けた矢傷がもとで、その砦の前面に設けた陣屋で死去した。フォントブロー大修道院にいたアリエノールが「風のように」息子のところにやってきて、そ

リチャードとジョン、仲のいい兄弟

リチャード獅子心王

ザ・ライオンハートの通り名で知られるリチャードがイングランドにいたのは、戴冠と十字軍費用調達が目的の4か月と、十字軍の帰途、思わぬ事態でドイツ王ハインリヒの捕虜になり、身代金の支払いを条件に釈放された、その身代金調達のためにロンドンに滞在した1194年3月からの3か月間だけであった。じつに10年の治世の間、わずか半年しかイングランド王国にいなかったイングランド王であった。

リチャード・ザ・ライオンハート（獅子心）は、ドイツ王フリートリヒ・バルバロッサ（赤ひげ）とフランス王フィリップ・オーグスト（威張り屋）と誘い合わせて、エルサレム王国救援の十字軍を起こしたのだったが、赤ひげは小アジア半島を抜ける途中で事故死し、威張り屋の方は、アッコン包囲戦なかばにして、十字軍宣誓の実は果たしたと称して戦線を離れ、勝手に帰国してしまった。アッコンを取り返すのは獅子心の仕事となり、獅子心はそれを上手にやりとげて、包囲戦の華と噂されたのである。同年、イスラムの英雄サラディンを、アルスーフの戦いに破った。

聖地からの帰途、リチャードは、アドリア海上で遭難し、イストリアの海岸に漂着した。リチャードは、そこからアルプスの峠越えでオーストリアへ抜けようとしたのだが、途中、ウィーンの近くで、オースト

の最期を看取った。アリエノールに口述した遺言で、リチャードは弟のジョンを後継者に指名した。

ジョンの大失策

ヘンリー2世の大事業のほとんどは、ジョン（在位1199～1216）の時代に失われた。壊滅的な戦いの連続と、外交上の大失策により、ジョンはノルマンディー、アンジュー、アキテーヌの支配権を失った。大陸でアンジュー家の支配権が残ったのは、アキテーヌ侯領のごく一部、ガスコーニュ、それにチャンネル諸島だけであった。問題を更に複雑にしたのは、1209年に、彼が法王イノケンティウス3世（在位1198～1216）から破門されたことであった。これは彼がスティーブン・ラングトンをカンタ

下：ウィンザーの下流、テムズ川南岸のランニミードで「マグナ・カルタ」に署名するジョン王。おもしろいことに1834年に、そこから少し上流の川中の小島に、いかにもそれらしく建物を建てて、ここでジョンは署名したと書いてある石版を置いた人がいて、それからしばらくのあいだは、「ランニミード」はその小島だったということになっていた。この画家はその説に目もくれていない。しかし、イギリスでガイドブックといえばまずこれという『フォーダーズ』は、1991年版でもまだ、「ティニー・アイランド（小島）」と書いている。

右：ジョンが没した時、息子のヘンリーはまだ9歳だった。なにしろジョンに対立する諸侯が、ロンドンを押さえていて、内乱状態になっていた。フランス王太子ルイも諸侯側に来援するという情勢で、ジョンは「マグナ・カルタ」を破棄していたのだが、長老ウィリアム・マーシャルの率いる王家側は、2度にわたって「マグナ・カルタ」を書き換えて、あらためて諸侯に提案し、1225年、4版目の発布をもって、ようやく内乱を収束した。これはその4版目の「マグナ・カルタ」と言われる文書の写しである。

ベリー大司教として任命するのを拒否したことによる。イノケンティウス法王は破門をちらつかせて、ジョン王を脅した。破門は、イングランド諸侯を王に対する誠実の誓いから解く。諸侯は、舌なめずりして、事の成り行きを見守った。1213年、ジョンは屈服した。イノケンティウス法王へ、イングランド王国を差し出した。イノケンティウスは、あらためてジョンをイングランド王に封じた。

翌年、1214年7月、フランドルのブーヴィーヌで、ザクセン家のドイツ王オットー4世と、ブラバントほかネーデルラントの諸侯と組んで、フィリップ・オーギュストと合戦したのも、大陸領土で失点を重ねたのを、それで取り返し、イングランド諸侯に威勢を誇示したかったからだという解釈がある。ところが、ジョン自身の率いる傭兵隊は、途中、足止めされていて、合戦に間に合わず、連合軍は威張り屋に負けた。

ノルマンディーに本来の領地をもっているマナーの領主たちにとってとくにそうだったが、イングランドの領主たちは、もうたくさんだ。軍役代納金をしこたま払わされながら、大陸側に自分たちが持っている権益を守ってくれない王など、もう使い物にならないと、1215年6月10日、サリーのランニミードに集まって、ジョンに「マグナ・カルタ」を受け入れるよう迫った。これは「大文書」というような意味合いだが、ロードと呼ばれるほどの大領主と領主たちとのあいだの古くからの関係を説き起こして、領主の勤めと権利をあらためて主張した文書である。

イノケンティウス3世から要請があって、「マグナ・カルタ」は破棄された。適法に塗油の秘蹟を受けた王が、領主たちによって、その権力を制限されることがあってはならないというのである。しかし、「マグナ・カルタ」は1216年、1217年、また1225年に新版が発布されて、その後、ひろく知られるようになった。

戦争の種をまく

1216年、ジョン王は病死した。こちらも赤痢にかかったらしい。息子のヘンリーが跡を継いだ。ヘンリー3世（1216～72）である。彼は父王が失った領地の一部を取り戻そうと、1230年にはブルターニュ、1241年にポワトゥーに侵攻したが、失敗に終った。しかし1259年、彼はフランス王ルイ9世とパリ条約を結び、アキテーヌ領の支配を確定することができた。ただし、イングランド王は、アキテーヌの保有について、フランス王に臣従例を立てなければならない。この縛りが、これから後の時代の英仏国際関係の重要なポイントとなる。

第Ⅲ部第3章
十字軍

十字軍は常に、キリスト教世界のための防衛戦争であると考えられていた。本来は、イスラム教徒に対して向けられたものだった。イスラム教徒は、7世紀に始めた侵攻以来、継続的にキリスト教徒と戦争状態であった。だが、後に十字軍は異教徒や異端を含む、キリスト教世界のあらゆる敵に対する戦いへ拡張されていった。

十字軍におもむく騎士たちは、自分の財産を増やしたり、威信を高めようとして参加したのではない。実際、唯一成功した十字軍といってよい第1回十字軍の後の十字軍は常に失敗した。十字軍士の名声や金庫は時に屈辱的な打撃をこうむった。戦士たちが十字軍という困難な旅路に出たのは、己の軍事的専門技術をキリストとその教会への奉仕に捧げるためであり、非道で不正な個人的目的に用いるためではなかった。

十字軍の背景

十字軍は、イスラム教徒が攻勢に出ていた諸世紀の後の、西方のキリスト教徒たちによる初めての明確な反撃であった。634年、イスラム教の預言者ムハンマドが死んで2年後、イスラム教団が主導するアラブ軍は、シリアのキリスト教ビザンティン帝国の領内に向けて、侵攻を開始した。636年、イスラム教徒軍は、ビザンティン帝国の近東随一の軍団をヤムルークの戦いで撃破し、638年、イスラム軍はエルサレムを包囲して、これを占領した。エルサレムは、キリスト教徒とユダヤ教徒双方にとって聖都であり、4世紀以来、キリスト教徒が領有していた。

8世紀初頭までに、イスラム軍はシリア、小アジア、エジプト、北アフリカ、そしてスペインを征服した。632年、ムハンマドの死去の時点前後にキリスト教徒のものであった領域の半分以上を奪い取り、古代末期のローマ世界に致命傷に近い痛手を負わせたのである。ビザンティン帝国は、首都コンスタンティノープルを、包囲されるたびに何とか防衛していたが、敵対するイスラム教徒と常に戦争状態にあった。10世紀に、ビザンティン帝国はささやかな一連の反撃を実行し、アンティオキアに到る小アジア半島の領土を取り戻した。しかしながら、聖都エルサレムは彼らの手から、はるか、かなたにあった。

西方では、イスラム教徒の侵略者たちは、フランク王国の内奥部で侵攻を停止していた。フランク王国の軍事指導者カール・マルテル（688?～741）による、732年のトゥール・ポワチエの戦いのおかげである。その後、徐々に、イスラム教徒勢は、南へ、フランク王国の外側へ追い出され、スペインへ戻っていった。フランク王シャルルマーニュ（742?～814）は、9世紀初頭に、遠征軍を率いてスペインに入り、イスラム教徒勢を南に駆逐する作戦を継続しようとしたが、その成功は限定的なものであった。

地中海のイスラム教徒

イスラム教徒勢は、東方においてはビザンティン帝国に、西方ではフランク人によって進出を阻まれた。9世紀に入ると、彼らは地中海中央部に目を付けた。シチリア、サルディニア、コルシカといった島々を包囲し、846年にはローマ市を包囲している。

11世紀に入ると、北イタリアのキリスト教徒勢が、海を渡ってイスラム教徒勢に反撃する動きも見られるようになった。たとえば1016年に、ジェノヴァとピサが船団を組んで、ティレニア海を渡り、サルディニアのイスラム政権を攻撃して、制海権を確立している。イベリア半島においては、ピレネー山脈南麓にキリスト教徒の政権が

左：右手の騎士の楯と馬衣に描かれたライオン紋は、左後脚で立っていて、尻尾を高く振り上げて、先端が内側に回りこんでいる（ランパント獅子紋。尻尾の先端が外側に跳ね上がっているのもある）。あらゆるライオン紋のなかで、13世紀のドイツ諸侯とネーデルラント諸侯に一番好まれたもので、この絵のはおそらくフランドル伯家の黒いライオン紋を想定している。三日月刀を振りかざすムスリムの軍勢を相手に、13世紀以後のスタイルの剣で対抗している。

いくつか成立して、エブロ川流域から南のイスラム政権に対抗し始めた。1000年頃の地中海におけるイスラム教徒とキリスト教徒の間の力関係は、おおよそ同等であった。この均衡が破れようとしていた。

西方の不満

11世紀のはじめ、エルサレムの支配者であったイスラム教徒の男は狂っていたのかもしれない。まともなイスラム教徒ではなかった。ハキムといい、996年から1021年まで、エルサレムを支配していた。彼は自分が神だと主張し、キリスト教徒やユダヤ教徒を迫害した。1009年、彼はキリスト教徒にとって最も神聖な教会堂であるエルサレムの聖墳墓教会堂を破壊させた。ハキムの下で、聖地のキリスト教徒の人口は着実に減少していった。東方のビザンティン帝国と西方のキリスト教圏のどちらもが、こうした問題に悩まされた。

また、11世紀の中頃には、中東におけるアラブ人の支配するイスラム教徒世界は、中央アジアから来たトルコ人たちのたび重なる侵攻によって分裂した。1055年、カリフの座が置かれている都バグダッドがトルコ人の支配下に入った。いわゆる「セルジューク・トルコ」である。その結果、支配階層のアラブ人にトルコ人が取って代わるようになった。イスラム教徒の支配階層の住む地域で暮らすようになると、トルコ人はすぐにイスラム教に改宗した。

セルジューク・トルコの侵入と、先述したハキムによる破壊などの結果として、エルサレムをはじめ、近東の聖地へのキリスト教徒の巡礼は困難になり、危険を伴い、時には不可能になった。西方のキリスト教徒はこの状況に不満を募らせていった。

バグダッドを支配して、カリフ（イスラム教主）から「スルタン」の称号をうけたセルジューク・トルコは、第2代スルタンの代に、1071年、アナトリア東部のヴァン湖の北のマンツィケルトで、ビザンティン帝国の20万の大軍を破り、アナトリア（小アジア半島）を制圧した。ビザンティン帝国はアナトリアを失い、防衛線をコンスタンティノープルにまで下げた。コムネノス朝のビザンティン帝国皇帝ミカエル7世が、2年後の1073年に、ローマ法王グレゴリウス7世に使者を送り、1054年に決裂した東西教会（ビザンティン帝国のキリスト教会とローマ・カトリック教会）の友好関係について再協議を提案したのは、ひとつには、セルジューク・トルコの攻勢に対して、西方からの救援を求める狙いがあったのではないかと考えられている。

法王の最終決定

しかし、当時ローマ・カトリック教会は、

トップ：17世紀のオスマン朝の地図職人によって製作された「十字軍地図」。もちろんイスラム側が「十字軍」などと呼んでいるわけはないが。

上：シャルルマーニュの軍勢がパンプローナを攻撃している。14世紀に描かれた想像画。ここにも「ランパント獅子紋」が旗印に見えるところがおもしろい。

186 第Ⅲ部　歴史にみる騎士

右：十字軍の悲惨な戦闘。同種の構図の絵が『ベリー侯のいとも豪華なる時祷書』の飾り絵の一つ「ダヴィデの勝利」に見られる（1410年代に製作）。この絵も、その時祷書装飾にたずさわった絵師ジャン・コロンブの工房が製作した写本飾り絵であると思われる。左手の兵士が振り回しているハルバード（90頁）は、両刃の斧のように見える。とするとラテン語でピペンニスという古代ローマの武器が復活しているということになる。

聖職叙任権の問題をめぐって、ドイツ王家と紛争を起こしていたこともあって、ビザンティン帝国側の要請に応えることができる状態ではなかった。ようやく、聖職叙任権闘争も下火になって、1088年に法王座についたウルバヌス2世は、1095年、イタリアのピアチェンツァで開かれた公会議（法王の主宰する司教、修道院長など教会の高位聖職者の会議）において、ビザンティン帝国皇帝アレクシオスの要請に応えて、東方支援の方針を打ち出すことができたのである。

その年の11月27日、ウルバヌス2世は、フランスのオーヴェルニュのクレルモンの東門外に特設された集会場に集まった数千の群衆を前に、東方のキリスト教徒が異教徒の迫害を受けて苦しんでいる。天国の門である至聖のエルサレムが異教徒の手にある。「十字を取れ」と要請した。反応は大きかった。身分ある者も平民も、大勢がウルバヌスの呼びかけに応じた。第1回十字軍がここに発向した。

十字軍とは何だったか？

何が十字軍か、定義するのはむずかしい。十字軍は、あらかじめ規則が決められて実行されたものではない。事件や状況の変化に応じて、十字軍は変わった。それはそうだが、それでも、何回かの十字軍に共通する何か原則のようなものはあったわけで、まず、十字軍は、なんらかのかたちで、法王によって呼びかけられたものでなければならなかったこと。また、それは防衛的作戦行動と考えられていたこと。また、愛の実践と見られていたこと。これは、友のために自分の命を賭すことより偉大な愛の形はないというキリストの言葉に従ってのことである。また、十字軍は異教徒に対して改宗を強要したり、どこかの土地を占領して、自分たちの領地にすることを目的としたりはしないこと。もっとも、これは、あくまで公的には、ということで、成り行きでそうなってしまうことはよくあったのだが。

ウルバヌス法王は、十字軍士に対して贖宥を約束した。「贖宥」とは、キリスト教徒が臨終に際して受けなければならない最

あなたがたの兄弟たちのために
命の危険を冒すのは
カリタス（愛）の行為なのです。

法王ウルバヌス2世が
クレルモンで十字軍を呼びかけた
説教中の文言

終儀式である「終油」の秘蹟を免除するということである。十字軍士は、戦場に倒れて、いざ死のうというときに、「終油」の秘蹟を与えてくれる司祭をさがす必要はないという約束である。これはすでに彼以前の法王アレクサンデル2世が、1064年、スペインの「バルバストロの戦い」に際して、アラゴン王の率いる軍勢に対して与えた約束であった。

この贖宥の問題はどこに力点を置いて考えるか、聖職者の側からの説明と兵士の側からの要望がくいちがい、すれちがう場合があって、大変ややこしい。後段190ページに「インダルジェンス」の項を設けて解説しているので、そちらもご覧ねがいたい。

かつては、十字軍といえば、それは、変化を求めた若者が、冒険に飢え、戦利品を欲しがって出かけていっただけだ。信心のふりはしているが、真の信仰心などかけらもなかったと説明する人がよくいた。しかし、中世史料を使った最近の研究は、こうした見方を支持しない。十字軍士の大部分は、献身と愛、そして自己犠牲を実践する者であった。これはもちろん、個々人の持つ複合的な動機付けを排除しないし、全ての十字軍士が等しく純粋な考えであったという意味ではない。しかし、捻くれて、欲張り、そして無礼な十字軍士というかつての固定観念は、最近の詳細な学術調査によって崩されている。

十字軍は、1095年の第1回十字軍の開始から17世紀に到るまで、途切れることなく行なわれた。しかし、歴史家は、聖地十字軍というタイプとしてのそれは、1095年から1270年の間に8回を数えたとしている。

第1回十字軍は、セルジューク・トルコ人の侵入で、イスラム教圏が混乱していた、ちょうどその時期にあたっていたこともあって、8回の十字軍のなかで唯一完全に成功した十字軍であったといえる。エルサレム王国を含む、4つの「十字軍国家」が建設された。エルサレム王国は、1099年あるいは1100年にはじまり、1291年に、最後の拠点アッコンを失うまで存続したが、エルサレムは1187年、クルド人イスラム教徒のリーダー、サラディン（1137/38～93）に取り返されてしまっていた。

第4回十字軍と第8回十字軍は、東地中海に到達することさえもできず、第4回十字軍は、法王の意向がそうだったのかどうかはいぜんとして歴史のナゾだが、不名誉にもビザンティン帝国の内紛に関与するかたちになった。コンスタンティノープルを占領して、ラテン帝国を建てたのである。

十字軍は何度あったか

一般に「パレスチナ十字軍」と呼ばれる東地中海方面への十字軍は、以前は7回出向したということになっていた。第1回から第5回までは、いまでも同じような数え方をする。第6回が問題で、以前の「パレスチナ十字軍史」では1228年から翌年にかけてのドイツ王フリートリヒ2世による十字軍をカウントしなかった。これは破門されたドイツ王による十字軍であり、エルサレムを取り返したとはいっても、外交交渉によってのことだったのだから、という理由からである。だから第5回の次にはフランス王ルイ9世のエジプトとパレスチナ遠征がくる。これが第6回十字軍であり、第7回目が同じルイ9世によるチュニジア遠征だというのが以前の数え方だったのである。

左：最初のパレスチナ十字軍を、6コマに分けて、1頁に描いた細密画。『聖母の奇蹟』写本飾り絵を制作したジャン・プセルという絵師がいた。1330年代の前半の仕事と推定されている。この細密画も、おそらくジャン・プセルの工房で制作されたものであろうと思われる。

ビザンティン帝室は小アジア半島にニケーア帝国を建てた。

1291年、イスラム軍は、パレスチナとシリアにおけるキリスト教徒の最後の砦であったアッコンを落として、キリスト教徒を聖地から追い出した。その後、エルサレムを取り戻そうとする、本格的な十字軍は実行されなかった。

ヨーロッパにおける別の十字軍

十字軍は聖地に限定されなかった。ヒスパニア（スペイン）を取り返す目的の遠征は、シャルルマーニュの手で開始され、中世を通じて継続された。「レコンキスタ」（再征服）である。最後に残ったイスラム教徒の政権、グラナダ王国が、アラゴン王フェルナンドとカスティーリャ女王イサベル夫妻の攻撃を受けて陥落した1492年に、「レコンキスタ」は完了したといってもよいであろう。

12世紀のなかば、ドイツ王コンラートとフランス王ルイ7世を頭にいただいた十字軍が発向した。フランス王妃アリエノール・ダキテーヌも参加した、いわゆる第2回十字軍である。その際、ドイツのザクセン侯領の十字軍士は、聖地ではなく、エルベ川以東のスラヴ人の土地へ攻め込むことを提案し、この十字軍の事実上の指導者であったクレルヴォーのベルナールの裁量で、その提案は認可され、攻撃は実行された。この十字軍行は、その後「ドイツ人の東方植民」運動につながる。エルベ川の東岸に住んでいた族民の名をとって「ヴェンド十字軍」と呼ばれている。

13世紀に入って、南フランスの、後にラングドックと呼ばれるようになる土地に住んでいた「カタリ派キリスト教徒」に対しても、ローマ・カトリック教会は十字軍を差し向けた。住民のほとんどがカタリ派だったアルビの町を攻撃したところから、後代「アルビジョワ十字軍」と呼ばれるようになった。後節「アルビジョワ十字軍」をご覧ください。

このように、十字軍は、イスラム教徒に対してだけではなく、まだキリスト教が布教されていない土地の住人たちに対しても、またキリスト教徒であっても、ローマ・カトリック教会に順応しないキリスト教徒に対しても、また、差し向けられたのである。

左：20世紀に描かれた歴史的想像画で、サラディンがエルサレムを奪回して、入城する様子を描いたのだという。おもしろいのは馬上のサラディンは、民衆の歓呼に、左手を挙げて答礼している。出迎えの民衆もほとんどは左手をあげている。向こう側の列の最前列にいる子どもと、こちら側で背を向けている老人だけが右手を挙げている。『聖書』の示すところでは右が優位である。ヤコブはマナセを左手で祝福した。これはマナセはイスラエルの後継者ではないという意思表示であった（「創世記」48章）。

188　第Ⅲ部　歴史にみる騎士

> ヘンリー2世は十字軍に出るとローマ法王に約束していながら、ついに出かけなかった。息子のリチャードは、アンジュー家の家督を継いだ、その足で、カペー家のフィリップ・オーグストと一緒に十字軍へ出かけた。第3回十字軍である。

> ルイ9世は、エーグ・モルトという町を作って、そこを十字軍の基地にした。それくらい熱心で計画的だったが、戦略が甘かった。初回はカイロのスルタン側の捕虜になり、2度目は、出立当初から身体の具合が悪かった。チュニスに到着した直後、王はみまかった。

> ドイツ王フリードリヒ・バルバロッサは小アジア島の東南のタウルス山脈を越えてキリキアの海岸に出るサレフ渓谷で事故死した。キリキアから船でパレスチナと思い描いていた十字軍の道が途切れた。

十字軍の行程

十字軍の種類

- - - - 民衆十字軍（1096）
―― 第1回十字軍（1095〜99）
―― 第2回十字軍（1146〜48）
―― 第3回十字軍（1189〜92）
―― 第4回十字軍（1202〜04）
―― 第5回十字軍（1218〜21）
―― 第6回十字軍（1228〜29）
―― 第7回十字軍（1248〜54）
―― 第8回十字軍（1270）

十字軍国家

- エデッサ伯国
- アンティオキア君主国
- トリポリ伯国
- エルサレム王国

第1回十字軍はコンスタンティノープル（現在イスタンブール）を中継基地にした。しかし、第4回十字軍がこの町を占領しラテン帝国を建ててからは、十字軍とコンスタンティノープルとの関係は変化した。やがてビザンティン帝国が復興すると、コンスタンティノープルは十字軍に対して敵対的な町になった。

ブーローニュ伯ユースタスの息子にボードワンとゴドフロワというのがいた。ゴドフロワの方はゴドフロワ・ド・ブイヨンと通り名されていて、弟のボードワンより先にエデッサ伯になった。1098年からゴドフロワは事実上エルサレムの君主になったが、王は名乗らなかった。1098年から兄の跡を継いでエデッサ伯になった弟のボードワンが、1100年、正式にエルサレム王に就任することになる。

ドイツ王コンラートとフランス王ルイ7世の十字軍（なにしろパレスチナに到達するのに難渋して、十字軍の残骸というほどの勢力になってしまったが）はダマスクスを包囲した。ところがムスリム軍に逆包囲され、4日間であえなく包囲を解いた。第2回十字軍は解体した。

十字軍にとっても、ムスリムにとっても神聖な都であるエルサレムは、その3千年にわたる歴史のなかで、様々な宗教、数々の民族の抗争の舞台であり続けた。

1218年6月、ハンガリー王エンドレとエルサレム王国女王イザベルの後見人ジャン・ド・ブリエーンの十字軍がダミエッタを包囲した。包囲はそれから17か月にも及び、ついに音を上げたアイユーブ朝スルタンの方から講和の提案があったというのに、十字軍はそれに応ぜず、作戦を延長してカイロを目指し、なお21か月もナイル・デルタの湿地帯でねばった。意図は壮大だったが、得るところの少ない十字軍であった。

十字軍に参加する

十字軍に参加する最も一般的な方法は、司祭や修道士が、聖地の窮状を訴え、聖地の防衛のために全てのキリスト教徒が行なうべき義務について説教する集会に参加することだった。説教が終わると、志願者は前へ進み出て「十字を取る」よう促された。十字軍士であることを示す十字の形を布で衣服に貼り付けて、聖地へ出立するという、公けの宣誓を行なうのである。十字軍に志願するかどうかは任意であり、一般的に十字軍に赴くことで、騎士が地元で有利になることはほとんどなかった。

十字軍への参加には、様々な法的複雑さが関係した。男は通常、妻の許可なく「十字を取る」ことは許されていなかった。修道士は、修道誓願を立てた身であったから、その免除を受けない限り、参加は許されなかった。十字軍士の財産や権利は、彼が出征している間、教会の保護の下に置かれた。財産の管理は他者に委任されることになっていた。たいていは妻か母親がその任についていた。

十字軍に行くのには、身代を傾けるほどに、かねがかかった。だから、資金の調達は最も重要な事柄であった。十字軍士は様々な方法で資金を調達した。財産を売却したり、あるいは抵当に入れて、かねを借りることもあった。借りようとしても、信用がなければ借りられない。悪い評判が立っていれば貸す方もためらう。ゆすり同然の貸し借りもあったことだろう。

インダルジェンス

中世の人々の視点から最も重要なのは、十字軍で得られる信仰上の報酬であった。その最初期から、十字軍士は「インダルジェンス」を与えられた。「インダルジェンス」は個人が犯した罪科（シンズ）に対する現世的なペナルティーの赦しに関係する。カトリック教会は、罪科に対して二種類の罰が課されると教えている。霊的と現世的である。罪科に対する霊的ペナルティーは、懺悔、悔悟、そして神による赦しによって購われる。しかし、現世的ペナルティーは、いまこの世における悔悛の活動（断食行）と、さきのあの世の煉獄での暮らしに関係する。現世的ペナルティーを課し、あるいは免赦する権能は、これをキリストから預かっていると教会は信者に教

える。「インダルジェンス」は、この現世的ペナルティーの部分的、あるいは全的免赦を行なう。だから、「フル・インダルジェンス」を受けた十字軍士は、たとえ十字軍行中に死んでも、まっすぐに、キリストのいる天国に行くことが保証されているのである。中世人は、その大方が、現世を越えた、その行く先がどこなのかをまず心配していたのだから、「インダルジェンス」の先の見晴らしは、なんとも人を引きつけるものがあったのだ。

ただし、「罪科」は「犯罪」ではない。英語で「シンズ」は「シン」の複数形で、「シン」は宗教用語で「原罪」の意味である。イエス・キリストが十字架上の死で贖ったという人類の原罪が日常的にくりかえされる。原罪が日常的に現象しているということで、中世人

右：右：ローマ法王が贖宥状を販売する様子を描いた銅版画。1521年の制作といわれているが、この年はマルティン・ルターがウォルムスの国会に招聘されて審問を受けた年である。それ以前、1514年マインツ大司教に補せられたマグデブルク大司教アルプレヒトがローマ法王の委嘱を受けて、大司教管区内での贖宥状の販売を始めている。これに対する批判も含めて、ルターが「95か条の論題」を公表したのは1517年のことであった。第36条で、キリスト教徒は真に悔い改めているならば、贖宥は贖宥状がなくても与えられると書いていて、教義の面ではルターは贖宥状の販売に反対であった。しかし、現状においては、販売を頭から否定するものではない。ただ、彼の指導が確立しているウィッテンベルクの司教管区においては、販売を認めないというのがルターの立場であった。ザクセン侯が彼の強力な保護者であった。

左：ヴェローナ出身のニクラの作とされる14世紀の『ロランの歌』関連の詩文『スペイン入来』の写本飾り絵。シャルルマーニュその人を描いている。

はこのことが感覚的に分かっていた。『ヴィヨン遺言詩』の詩人が、「ヴィヨンが母の願いに応えて書いた聖母祈祷のバラッド」に「御子にお伝えくださいませ、御方さまのわたくしめは信女でございます、御方さまにおすがりして、わたくしめの罪障は消えましょう」と書いている。この「わたくしめの罪障」は「メ・ペシェ」と書かれていて、「ペシェ」は「シン」に対応するフランス語で、複数のかたちをとっている。

英語の「シン」、フランス語の「ペシェ」に対応するラテン語が「ペッカートゥム」で（ペシェの語源です）、これはイエス・キリストの福音史家のひとりルカが書いている。『ルカによる福音書』第7章です。あるパリサイ人の家の客になったとき、イエスがそこにいると聞いた「町のペッカトリックス」がやってきて、イエスの足の後ろ側に座り、さめざめと涙を流してイエスの足を洗い、髪の毛で足をぬぐって、接吻し、持ってきた香油壺の香油を垂らして、足に塗った。その様子を見ていたパリサイ人が、その女を非難すると、イエスはこう

いった。だいぶ省略するが、一番格調高いところはこうです。「文語訳聖書」からご案内する。「この故に我なんじに告ぐ、この女の多くの罪は赦されたり。その愛すること大いなればなり。」

これがインダルジェンスの最初の事例である。「多くの罪」は「ムルタ・ペッカータ」、「大いなればなり」は同じ形容詞を副詞に使っている。この場合は分割不可能な量をあらわす。愛は一つで全体である。大いなる愛がマグダラのマリアを原罪から救う。ルカはそういっている。

十字軍を計画する

十字軍のリーダーは、食料を用意し、輸送を手配し、行路を選択し、その行路上の友好的か、友好的ではないまでも、せめて中立的な土地の権力者と連絡をとる。さらに戦略を練り、戦術を策定する必要があった。厄介な職務であり、だれもが常に成功したわけではない。

かねやものの手当がついたならば、いざ出発で、十字軍士は、旅それ自体という現実的な危険に直面することになる。統計を取るのは困難だが、病気や飢餓、渇き、川でおぼれる、その他、様々な災害にあって死ぬ十字軍士は、敵の手にかかるよりも多かったかもしれない。第1回十字軍は、バルカン半島を通り抜け、小アジアを横切って進んだ。その途上、乱立するイスラム教徒のエミール政権を押しのけ、押しのけしながら、陸路を進んだ。第2回十字軍が同じ経路を進もうと試みた時までには、イスラム教徒たちは再び強力になっていたので、十字軍士は突破することができなかった。十字軍は、ヴェネツィア、ジェノヴァ、ピサといったイタリアの都市国家の商船隊に便乗して、海路、東方へ向かうようになったが、十字軍士は中世の船旅の危険に対して無防備なままであった。

馬の運搬が、また、特有の問題を引き起こした。タリデスと呼ばれる改造したガレー船が、馬の運搬に用いられた。馬は運搬中に容易に病気になる脆弱な動物である。馬はまた嘔吐ができないので、小型の木造船による旅の間に必ず起きる船酔いから救う方法はなかった。たとえ馬が生きて目的地に辿り着いても、上陸させてすぐに戦闘に参加させることはできず、活動を開始する前にある程度の時間、安心して食事をさせて、休ませる必要があった。

十字軍は、困難で、危険をともない、かねのかかる仕事であったので、14世紀に入ると、志願者を確保するのがほとんど不可能になっていた。十字軍のリーダーたちは、代わりに、傭兵たちを当てにしなければならなかった。

上：逆巻く波に船は大揺れ。マストが倒れて、一人の騎士がその下敷きになって倒れている。大方の騎士とはちがって、天頂に飾りクレストをつけたかぶとをかぶっているので、一軍の将かと思われる。わきの4点マークの紋章板は小楯だろうか。4点マークの紋章図案は、なかなか見つからない。鳥だろうが王冠だろうが、3点のはたくさんあるのだが。13世紀の写本飾り絵。

> 神に捧げた死によって世界のキリスト教徒の
> 人口が減るかどうか、
> どうしてそんなことを思い煩うのか。
> 殉教の死は天国にまっすぐ通じている。
> 他の道を行ってはなかなかに行き着けない天国に。
>
> ドミニコ教団第5代総長フンベルト・ド・ローマンス
> （ヴァランス北東、イゼール河畔のローマンス出身）
> の『十字軍の擁護』から

初期の十字軍

初めの3回の十字軍は、目的に対する熱狂的な宗教的情熱が特徴的であり、たくさんの十字軍士がエルサレムのキリスト教徒たちを助けに行こうと決意した。不幸なことに、この3回の十字軍は、そのどれもが成功したというわけにはいかなかった。

下：右の図版がクレルモンの教会会議を描いているとすれば、左のは枢機卿（赤い平帽をかぶるようになるのは13世紀以後のことだが）を引き連れてクレルモンにやってくる法王ウルバヌス。『シャルル5世のフランス大年代記』と呼ばれる写本があって、それの飾り絵の画法に通じる。

第1回十字軍

法王とビザンティン皇帝のどちらも軍事的専門職による遠征を想定していたが、法王ウルバヌスの十字軍への呼びかけに最初に答えた志願者たちは、下層の民衆であった。

1096年の春以降、隠者ペールの指導下に、ブルゴーニュやラインラントの騎士たちに率いられた、いわゆる「民衆十字軍」が陸続として出発した。かれらは、その後に出発した「正規」十字軍のいわば露払いであって、ハンガリーからブルガリアを経てコンスタンティノープルにいたった。ビザンティン帝国皇帝アレクシオス（帝位1081～1118）は、かれらを巡礼者とみなし、隠者ペールをあたたかく迎えた。「民衆十字軍」の一部は、後から続いた「正規」十字軍に合流して、エルサレムにまで行き着いたのである。

「正規」の最初の十字軍は、全くちがった風に進行した。フランス王やイングランド王の兄弟（カペー家のフィリップ1世の弟のヴェルマンドゥエ伯ウーグ、イングランド王ウィリアム・ルフスの兄のノルマンディー侯ロバート・カートホウズ。それにしても「王の兄弟」ということがこのばあい何か意味をもつということは考えられない。この両人は、ヴェルマンドゥエの伯として、ノルマンディーの侯として出陣したのである）を含む名だたる大領主に率いられ、法王特使の助言を受けながら、第1回十字軍は、コンスタンティノープルに向けて、いくつかの大規模な、よく組織された集団ごとに進んでいった。そして「民衆十字軍」が到着したそのすぐ後に、コンスタンティノープルに到着した。ビザンティン皇帝アレクシオスの反応は、なんというか、アンビヴァレンツなものであって、愛憎半ばするというか、皇帝としては西方各地からリクルートされ、統制の行き届いた傭兵集団が欲しかったわけで、それがいざやってきた軍勢を見て、皇帝は困惑はするし、警戒心は抱くはということなのだった。この騎馬の戦士集団は、皇帝の眼から見れば、粗野で、文明化されていない。自分たちの親分の下で動いているだけだ。帝国軍団とは比較にもならない。ところが、十字軍士たちの方は、また、十字軍士たちのほうで、ビザンティン人の兵士を、戦士としてはひよわで、役立たずと見た。この相互の嫌悪によって十字軍士とビザンティン人の間には疑念が満ち、これは後に徹底的な敵意へと悪化した。

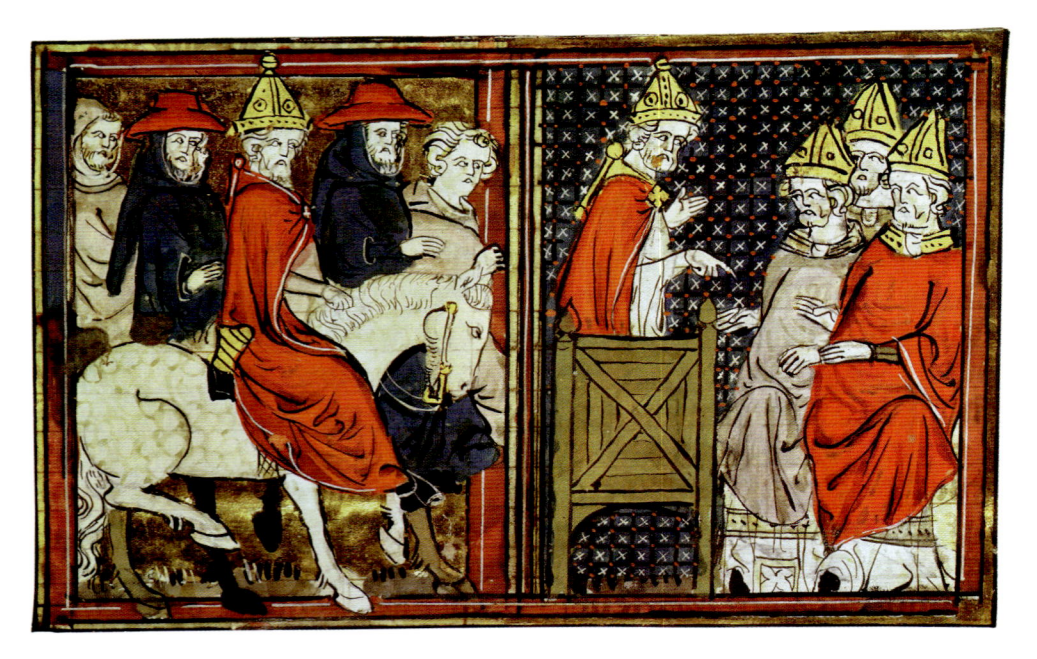

小アジア半島とその向こうへ

第1回十字軍の軍勢は小アジア半島に入っていったん南下し、東に向きを変えてタウルス山脈を越え、小アルメニアからシリアに入った。一隊は東にエデッサまで行った。この町にはアルメニア人のキリスト教徒が大勢住んでいた。キリスト教徒は

左：十字軍のエルサレム攻撃とされる。旗指物や楯や馬衣の装飾文様が一様に「ライオン紋」で、一番大きな赤いのはリンブルク、左端下の黄金色はブラバント、右下隅の白地に黒はフランドルで、この軍勢、ネーデルラントと下ロートリンゲンの領主たちの集合と分かる。14世紀の写本飾り絵。

右：アダリアで乗船してパレスチナへ向かうフランス王ルイ7世。背後に付きそう女性二人は同行した王妃アリエノール・ダキテーヌとその侍女。アリエノールに反感を持つイングランド側の意地悪な年代記史料は、この十字軍でアリエノールは侍女たちをアマゾン（スキティアにいたとヘロドトスなどが伝える女戦士）に扮装させて遊んだと伝えるが、そんな気配は感じ取れない。15世紀の写本飾り絵。

十字軍を歓迎した。十字軍は彼らの協力を得てエデッサ伯国を建設した。最初の十字軍国家である。

本隊はシリアを南に進軍を続け、アンティオキアに向けて進軍を続け、1098年、長く困難な包囲戦の後、この町を占領した。ところが、前後して、イスラムの援軍に逆に包囲されてしまった。なんとかこれを退けることはできたが、それは、彼ら自身みとめるように、まったく奇跡的な働きだった。アンティオキア君主国が設立された。二番手の十字軍国家である。

その後、十字軍は南へ勢力をひろげ、パレスチナに入って、エルサレムへ向かい、困難な包囲戦の末に、1099年7月15日、エルサレムを占領した。エルサレム王国が建国された。

エルサレム攻略にあたってはイタリアのジェノヴァの船団の到着が戦局を分ける鍵となった。6月半ば、船団は釘やボルト、その他強力な攻城機械を作るのに必要な資材を積み、技術者も乗せてヤッファ港に到着したのだったが、もしこの到着が1週間遅れていたならば、カイロから来た援軍が十字軍を逆包囲したであろうから、エルサレムは十字軍の魔手から逃れることができただろうというのである。歴史に「もし」は禁句だというが、さすがにこの「もし」は捨てがたい。

その後、十字軍士のほとんどは、誓約から解かれて、それぞれの故郷に帰った。国家を運営するのに必要な要員が不足する事態が生じた。エデッサ伯国でも、アンティオキア君主国でも、エルサレム王国でも、この問題が発生した。一説によれば、残った十字軍士は騎士300に歩兵2000だけであったという。それでも、彼らは、「聖地」に新しい社会を建設しはじめ、注目すべき柔軟性と適応力を持った国家を作り上げた。10年のうちに、第4の、これが最後の十字軍国家が建設された。トリポリ伯国、すなわち現代のレバノンのあたりである。

第2回十字軍

イスラム世界は、セルジューク・トルコの入来への対応に追われて、混乱していた時だっただけに、十字軍のエルサレム占領に対してリアクションを起こす状況にはなかった。やがて、時が過ぎて、11世紀の混乱が克服されると、イスラム教徒は反撃に出た。十字軍国家に対するジハード（聖戦）である。1144年10月24日、イスラム軍がエデッサを包囲し、そこに住む西方から来たキリスト教徒の全員を殺した時、対抗十字軍は最初の成功を勝ち取った。

生き残った現地アルメニア人のキリスト教徒は、この時その場にいなかったエデッサ伯に彼らを助けに来るよう訴えた。エデッサ伯はそうしようとしたが、彼もまた敗れた。1146年、報復として、イスラム軍は、エデッサのアルメニア人キリスト教徒を殺し、この伯領は完全に崩壊した。

西方のキリスト教徒はこの出来事に非常に驚愕し、迅速に対応した。シトー会のクレルヴォー修道院長のベルナール（1090～1153）と、彼の弟子であった法王エウゲニウス3世（在位1145～53）はすぐさま、十字軍を勧説した。1147年、フランス王ルイ7世（在位1137～80）と、ドイツ王コンラート3世（在位1138～52）は、第1回十字軍がヨーロッパ南部を横切って小アジア半島に入った経路を再び辿った。

第2回十字軍の失墜

しかし、第2回十字軍は第1回と同じようには成功しなかった。フランスとドイツの両軍は、それぞれ別個に行動していて、

神の声を聞く者たちのうちに善人は少なく、
悪人は多く、
それがほとんどは善人でも悪人でもなかった、
どこでもたいていそんなもの。

T・S・エリオット『ザ・ロック（岩）』から。
1934年、『寺院の殺人』の1年前に制作された
ページェント用コーラス台詞集。
「神の声を聞く者たち（ヒズ・ヒヤラーズ）」は
十字軍士を指している。

両軍とも、小アジア半島で、敵方の待ち伏せ作戦にあって、敗れた。コンラート王は、コンスタンティノープルに撤退し、船で聖地へ向かった。ルイ王はなんとかアダリア（小アジア半島南岸、アダリア湾奥の港町）で船を見つけたが、軍勢の大部分は船に乗れず、そのまま陸路でアンティオキアに向かわされた。病気の蔓延とトルコ軍の攻撃で、ルイ王の軍の多くは殺された。

十字軍の残存勢力は、ともかくもエルサレム王国に到達はしたものの、エデッサ伯国の救援はもはや問題にならず、エルサレム王国の防衛についてもなんら打つ手を見いだせないまま、どうしてそう決めたのか、どうもよくわからないのだが、ダマスクスを包囲することに決めた。これは最悪の選択だった。当時、ティグリス川中流のモスールのエミール（イスラム教徒の地方政権、太守という訳語をあてるばあいもある）がシ

リア方面に勢力を伸ばしていて、アレッポを支配し、その息子のヌレディンが、1146年にエデッサ伯国を征服した。ダマスクスのエミールは、このモスールのエミールの勢力伸張を快く思わず、アンティオキア君主国と同盟を結んだばかりだったのである。ダマスクスの町を包囲したキリスト教徒勢に、背後からヌレディンが迫る。この構図のうちに、キリスト教徒勢のダマスクス包囲陣はあえなく潰え、第2回十字軍は屈辱にまみれて、1148年のうちに故郷へ帰った。西方のキリスト教徒は、しばらくの間、十字軍を起こす気力を失った。

第3回十字軍

そうこうしている内に、イスラム教徒の対抗十字軍は勢いを得て継続していた。ヌレディンは、エルサレム王国をへだてて、南のエジプトのスルタン政権ファーティマ朝の支配を狙っていた。この計画は、彼の補佐役のクルド人のサラディンによって実行された。1171年、サラディンはファーティマ朝を倒して、エジプトの支配権を手に入れた。ヌレディンの死後、サラディンは、シリアとエジプトにまたがる帝国の建設に着手した。エルサレム王国は除かれなければならない。

対決の時は1187年4月4日に来た。サラディンは、エルサレム王国軍を、「ハッティンの角」と呼ばれる、ガラリヤ湖に臨む山の上で罠にかけた。「ハッティンの戦い」である。包囲され、水の手を絶たれ、塵と煙で窒息させられて、キリスト教徒軍は降伏した。サラディンは、軍事修道会の騎士たちを何百人も処刑し、一般の兵士たちを奴隷にし、その他大勢を身代金目的で捕らえた。その後サラディンは、エルサレム王国、トリポリ伯国、アンティオキア君主国を、ほとんど抵抗もなく通過し、楽々と城や町を占領していった。10月2日、短期間の包囲戦の後、1099年に起きたような大虐殺は避けることを条件として、エルサレムは城門を開いた。

西方のキリスト教徒の攻勢

エルサレム陥落というこの災いは、西方世界を行動に駆り立てた。1188年、ドイ

左：右手、ドイツ王コンラート、下、フランス王ルイ、左手、エルサレム王ボードワンにそれぞれ率いられた軍勢がダマスクスを囲む。第2回十字軍を想像裏に15世紀の絵師が描く。

下：クラク・デ・ツェヴァレー（65頁の写真図版と図版解説）。1142年にホスピタル騎士団の城となり、1271年まで、ムスリムの攻勢に良く耐えたが、同年、マムルーク朝スルタン・バイバルスに攻撃されて、陥落した。

ツ王フリートリヒ・バルバロッサ（在位1152〜90）が十字を取った。イングランド王ヘンリー2世（在位1154〜89）とフランス王フィリップ・オーグスト（在位1179〜1223）がそれに倣った。ヘンリー王はそのすぐ後に死去したが、彼の息子リチャード・ライオンハート（ライオンの心を持ったリチャード、在位1189〜99）によって十字軍事業は引き継がれた。

1190年7月4日の朝、フィリップ・オーグストとリチャード・ライオンハートは、ブルゴーニュのヴェズレーを出立して、連れだって十字軍行におもむいた。ふたりはリヨンで別れて、それぞれ旅先での用向きをすませ、9月末、シチリアのメッシナで落ち合った。

ところが、シチリア王国では、その前年、シチリア王グィオーム2世が嫡子を遺さずに死去して、相続問題が発生していた。血統からいえばその叔母に当たるコンスタンスが相続人であった。ところが、そのコンスタンスは、ドイツ王フリートリヒ・バルバロッサの長子のハインリヒと結婚していた。だから、シチリア島民はコンスタンスを嫌い、グィオームの庶出の息子のタンクレッドを王に立てていたのである。おまけに、死んだグィオームの妻はリチャード・ライオンハートの妹であって、この相続問題に干渉する理由は十二分にある。

シチリア王国をめぐる情勢は国際問題だったということで、フィリップ・オーグストとしても、十字軍に出立しようとしているいまこの段階で、ドイツ王家と事を構えたくはない。じつは、フリートリヒ・バルバロッサはひとあし先に聖地にむかったのだったが、小アジア半島からシリアにわたるタウルス山脈の山越えで事故死してしまっていたのである。だからハインリヒこそはドイツ王で、いずれはドイツ人のローマ皇帝を名乗ることにもなるやっかいな相手である。そんなこんなで、十字軍行の王者ふたりは、1190年の冬をシチリアのメッシナで過ごし、翌年の春を迎えて、3月30日、フィリップ・オーグストの乗船した船は、メッシナを発ってパレスチナへ向かった。4月10日、リチャード・ライオンハートの船団はメッシナ港を出て、やはり東へ向かったが、途中、キプロス島に立ち寄っている。パレスチナへ向かう前に、まずキプロス島を押さえておこうという腹だったと思われる。

すでにアッコンはサラディンに取り返されていた。それをまた取り返そう。これがさしあたりの目的で、その目的は1191年7月のうちに果たされた。フィリップ・オーグストはその後すぐに帰国したが、リチャード・ライオンハートはそのまま居残って、サラディンの軍勢と戦った。ヤッファほかいくつかの町を取り返し、サラディンに対して軍事的優勢を保ったと批評してよいが、結局、エルサレムは奪還できなかった。エルサレム王国はアッコンを都として、なお存続する。キリスト教徒のエルサレム巡礼の自由の保証はサラディンからとりつけた。しかし、リチャード・ライオンハートがエルサレムの城門をくぐることは、ついになかったのである。

右：チャートシーの修道院跡から発掘された装飾タイルの断片。チャートシーはロンドンから30キロメートル西南のテムズ河畔の町。7世紀に開院し、10世紀に再建され、16世紀に破壊されたベネディクト修道会修道院の跡が、ほんのわずか残っている。左手にリチャード、右手にサラディンのイメージ画を描いている。実際には両者がジャウストを演じたという記録はない。

後期十字軍

　1198年、第4回十字軍のための準備が、法王イノケンティウス3世（在位1198〜1216）の要請で始まった。ところが、いきなり最初から計画はつまずいた。ヴェネチアと傭船契約を結んだのだが、参加人数の見積もりをあやまって、船が多すぎた。十字軍はヴェネチアに約束した金額を支払うことができず、その賠償にヴェネチアが要求するがままに、アドリア海対岸のザラを攻撃する羽目になったのである。ザラはハンガリーの領土であって、住人は同じローマ教会のキリスト教徒である。

　次いで十字軍はコンスタンティノープルへ向かった。ここでもヴェネチアの意向が強く働いていたことはまちがいない。当時ビザンティン帝国は内紛状態にあった。十字軍はこれに軍事的に介入し、1204年4月、コンスタンティノープルを占領し、ラテン帝国を立てた。

　イノケンティウス法王は、十字軍がビザンティン帝国の内紛に介入することに反対であったという。しかし事実上、ラテン帝国が成立してみれば、イノケンティウスは態度を一変させて、ラテン帝国を祝福し、十字軍に対しては、さらなる聖地への進出を要請したという。しかし、もはや十字軍は動かなかった。

シチリア王フリートリヒ2世の十字軍

　イノケンティウス法王の遺志を継いだのが、次の法王ホノリウス3世（在位1216〜27）である。ホノリウスの招請に応じて、1217年、ハンガリー王エンドレの率いる十字軍が聖地に向かい、アッコンに上陸してエルサレムを目指したが、タボル山にさえも行き着くことができなかった。エンドレの十字軍は、エルサレム王国の女王イザベラの後見人である騎士ジャン・ド・ブリエーンの率いる一隊も加わって、エジプトのスルタン政権アイユーヴ朝を倒そうと、ナイル・デルタの要の町であるダミエッタを包囲した。エルサレムを奪回し保持するには、エジプトを支配することが肝要だという考え方から出た作戦であったという。

　1218年6月にはじまった包囲は、じつに翌年の11月まで、17か月に及んだ。アイユーヴ朝の方が音を上げて、ヨルダン川以西のエルサレム王国全土を返還するからダミエッタから手を引いてくれと、講和を提案してきたというほどに、十字軍側に有利に事は運んでいたのだという。ところが法王特使アルバノ枢機卿ペラギウスが、なにかやたらに戦闘的で、カイロを目指せ、エジプト全土を征服せよと怒号したのだという。おかげで、十字軍とエルサレム王国の連合軍は、アイユーヴ朝との戦争をなお、21か月ものあいだ継続することを余儀なくされたのである。

　ホノリウス法王は、すでにドイツ王でありシチリア王でもあるフリートリヒ2世との交渉を開始していた。フリートリヒは1215年に「十字を取る」ことを承諾しながら、なにか口実をもうけては実行を先延ばしにしてきた。1220年、ホノリウス法王の手で「ドイツ人のローマ帝国皇帝」いわゆる「神聖ローマ帝国皇帝」にしてもらっ

目撃者の証言

　「ティルのタンプレー（ティロスのテンプル騎士）」と呼ばれるフランス語の書き物があって、シプル（キプロス）在住の騎士が書いたものというのが、アッコン陥落の様子についての目撃証言を残している。「その日、流された涙、嘆きの声を、たれか伝えることができようか。いたいけな子どもたちが、あちこちにころがされ、馬に踏みつけられて、腸がはみ出ている。この光景を見て、たれかキリスト教徒の、涙せぬものがあったろうか。あとで聞いた話では、サラセン人のうちにも、この犠牲の様の哀れさに、哀れみを覚え、涙したものがいたという。」

ていながら、あいかわらずのらりくらりとしていた。ところがフリートリヒは1225年、騎士ジャン・ド・ブリエーンとエルサレム女王マリー・ド・モンフェラートとのあいだに生まれた女子であるイザベル（ヨランドと伝える本もあるが、このふたつはもともと同じ名前である）を妻に迎えた。地中海の風雲児、騎士ジャン・ド・ブリエーン、一世一代の大博打である。

　こうなると、妻の立場を立てるためにも、フリートリヒとしては軍を起こさなければならなくなった。1227年9月、フリートリヒはメッシナ港を発った。船団はアッコンを目指す。ところがフリートリヒは船を返すよう命じた。自分が船酔いにかかったからだったという。あまりの不甲斐なさに、ホノリウス法王はフリートリヒを破門した。ところがフリートリヒは翌年の8月、ふたたびメッシナを発った。まだ破門された身である。前代未聞にはちがいないが、そん

左：アンドレア・ヴィチェンツィーノ（1542頃〜1617）が描く、2002年、「ザラの包囲」の混乱した情景。

左：ジオットがアッシジのサン・フランチェスコ聖堂上院に描いたフレスコ壁画「聖フランチェスコ伝」の一面。「火の証」と呼ばれるもので、右手に描かれているスルタン（イスラム教の君主）はエジプトのカイロのスルタンのイメージ。

なことを指摘されても、フリートリヒとして、耳元にささやく蚊の音ぐらいにしか聞こえなかったにちがいない。

年を越して1229年2月、エジプトのスルタン、アル・カミールと休戦条約をとりむすんだ。アル・カミールは、当時、ダマスクスのスルタン、アル・ナスルと対立していたのである。フリートリヒはエルサレムほか、ベツレヘム、ナザレト、シドンなど、旧エルサレム王国のかなりの部分を取り返した。ローマ法王庁は、このフリートリヒのあげた「戦果」を認めようとしなかった。「聖地」は「聖戦」によって、「取り返され」なければならないという思いにこりかたまっていたのである。

十字軍を東地中海と中近東における諸勢力のせめぎあいのなかで考え直していくというシチリア王フリートリヒの柔軟な発想は、エルサレム王国のキリスト教徒たちにも通用しなかった。彼らはフリートリヒの獲得した財産を保守管理する能力に欠けていた。1244年7月、エルサレムは、エジプトのスルタンの雇ったホラズム人傭兵隊に占領され、その後、二度とキリスト教徒の管理下に入ることはなかった。

フランス王ルイ9世の「十字軍」

フランス王ルイ9世がいつ「十字を取った」かは分からない。ジャン・ド・ジョアンヴィルの『ルイ王伝』は、ある時王は大病にかかり、危篤状態に陥ったが、奇跡的に回復した。その時王は十字架をもってこいというので、そうした。その後、王はその母御に十字軍を決意したと語った。王は1248年の復活祭の後、十字軍に発ったと書いている。

ルイは1249年6月に、ナイル河口のダミエッタを占領した。アイユーブ朝のスルタンは、ルイが提案した交換条件、ダミエッタとエルサレムの交換を承知した。ところが最後の最後で、ルイ王の理想主義が邪魔をした。第5回十字軍の時の枢機卿ペラギウスの再現である。ルイはカイロ進撃を指令し、ナイル・デルタの奥深くにはまりこんだ。1250年4月、ルイ王は捕虜になった。

4年後、ルイは帰国した。この度の「十字軍」（はたしてそう呼んでよいのかどうか、うたがわしいところがあるので括弧付き）に懲りたかとだれしもが思ったのだが、ルイ自身は、まだ信心が足りないと思ったのか、1270年、今度はチュニジアへ遠征した。ジョアンヴィルによると、王は出立前から体調をくずしていて、チュニス到着直後、「カルタゴの城砦の前で」腹を下す病にかかり、「聖使徒バルテルメオの祝祭日（8月14日）の翌日、主のご託身後、恩寵の1270年」、ルイは死去した。

マムルーク朝は、パレスチナからシリアにかけて、十字軍の拠点を次々に落としていった。サフィタ、クラク・デ・シュヴァレ、トリポリ。アッコンは1291年5月に開城した。8月、ティルス、ベイルート、ハイファ、シドンが落ちた。テンプル騎士団は、トルトサの数キロメートル沖合の小島に仮の住まいを見つけた。

下：ダミエッタに到着。ルイ9世のひきいる船団は大小あわせて1800、騎士2800人とジャン・ド・ジョアンヴィルは証言している。

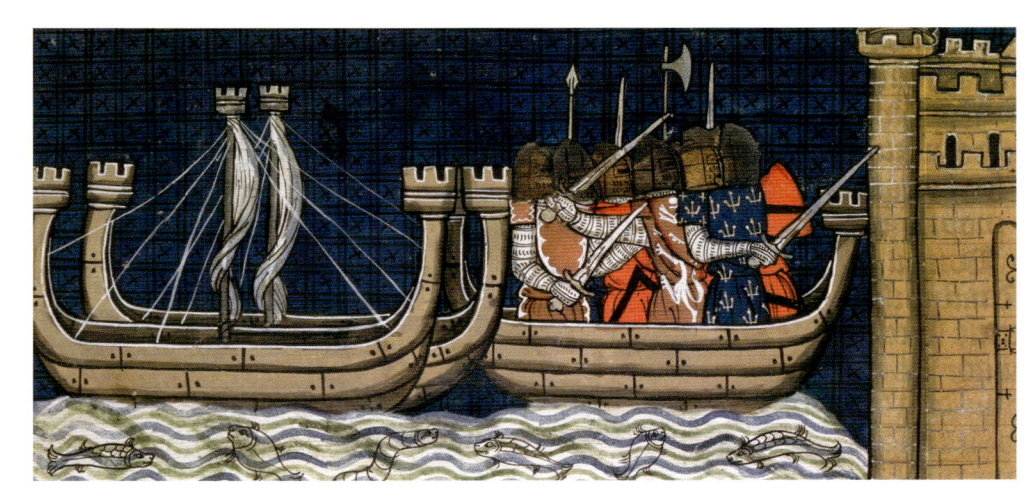

オスマン帝国の拡大

エジプトのマムルーク朝が、パレスチナとシリアで十字軍の拠点を次々に落としていったその頃合い、もう一つのイスラム政権が小アジア北西部に勃興しつつあった。アンカラの西、エスクジェヒールの町の住人で、オスマンの父親のエルトゥールルを族長とするガーズィー集団（生業を持たずに町に住んで、必要とされる時に異教徒との戦いに動員される住人集団）がいた。オスマンは近郷のソユートに、1258年頃生まれたと伝えられるが、長じてエルトゥールルの跡を継いで、しだいに近隣に支配を及ぼし、1299年頃にベイ（君侯）の立場についた。これがオスマン・トルコの源流である。オスマンの息子のオルハンはビザンティン帝国領に残っていたブルサを攻略して、小アジア半島西北部になお残っていたビザンティン帝国領にくさびを打ち込んだ。

1326年にブルサを落として、そこに首府を置き、1331年ニケーア（トルコ名イズニク）を奪取し、1337年にはニコメディア（イズミット）を取った。小アジア半島側のビザンティン領は、事実上すべてオスマン・トルコの支配下に入った。

右：オスマン・トルコの初代ベイ（君侯）・オスマンの肖像。右ページの挿図と比べてみるとわかるように、衣装や顔の描き方は16世紀以降の様式をとっている。

その後、ビザンティン帝国で内紛が起こった。1345年、パライオロゴス朝のヨハネス5世（在位1341〜47）に対して「帝位簒奪者」が現れて、1347年からは正式に帝位について、1455年までその座にあった。ヨハネス・カンタクゼヌスといい、歴史年表では、これをヨハネス6世としている。この「簒奪者ヨハネス」の政権操作の道具に使われたのがオスマン・トルコ人であった。ヨハネスはベイ・オルハンの軍勢にサポートされて政権を立てたのである。くわえてヨハネスは、オルハンと自分の娘とを結婚させ、ダーダネルス海峡を押さえるルーメニア（ダーダネルス海峡北岸）の要衝ガリポリの守備をゆだねてしまったのである。

1455年、「簒奪者ヨハネス」の死後、復位したヨハネス5世は、トルコ人ベイ政権のバルカン半島における優位な立場を認めざるをえなかった。一方、小アジア半島においても、オスマン・トルコ政権は、アンカラを取った。オルハンは1362年に死去したが、その最晩年に、アドリアノープル（トルコ名エディルネ）包囲をすすめていて、1361年のうちには、ほぼその成果は得られていたと思われる。その息ムラト1世（在位1362〜89）の即位は、「ダキア征服者」ハドリアヌス帝の名を冠するこの町の征服でもって飾られた。

ムラト1世の即位年については、1359、1360、1362年と諸説あるが、いずれにしても、ムラトは、エディルネを首都に定め、1389年まで、オスマン・トルコのベイとして、バルカン半島東部に勢力をのばしていく。その最終決戦というべきものが、1389年、ルメリア（エーゲ海北岸）、ブルガリア（ドナウ川下流南岸）、ワラキア（ドナウ川下流北岸）、さらにブルガリアの西のセルヴィアといった土地に住んでいたブルガリア人、スラヴ人が、セルヴィアの君主ラザル麾下に連合して、現在のセルヴィア共和国南西部のコソヴォ平原で、ベイ・ムラトの率いるイェニチェリ軍団と戦った。「コソヴォの戦い」である。

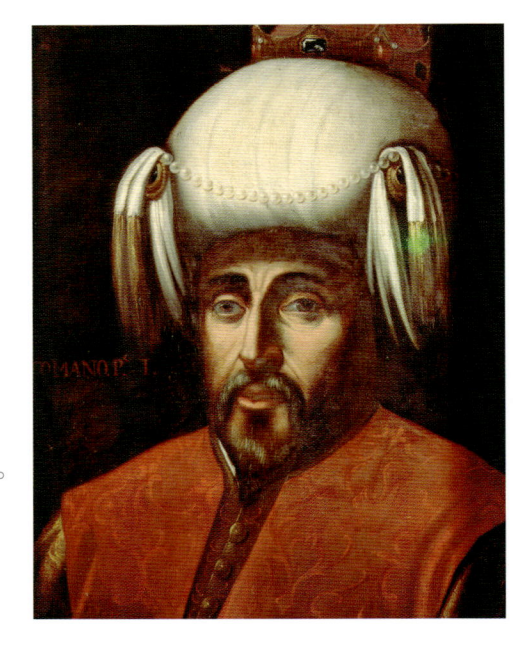

オスマン帝国の1歩後退2歩前進

ベイ・ムラトは、こうしてオスマン・トルコの覇権をドナウ川下流域からバルカン半島のほぼ全域にまでひろげ、みずからスルタンを称した。バルカン半島以西のキリスト教圏に対して、イスラム教徒の長としてのぞんだのである。ハンガリーが危機に瀕した。ハンガリー王ジグムントを総大将とする十字軍が発向した。ブルゴーニュ侯家の総領息子ジャンが、供揃えも賑々しく一隊を率いる。1396年9月25日、ドナウ下流ニコポリスで、スルタン・バヤジットの軍団に大敗した。イスラム軍団は、ドナウ

左：ルーマニアのモルドヴィタ修道院の16世紀に描かれたフレスコ壁画から。コンスタンティノープルの陥落。ビザンティン側はすべてイコン（聖画像）として表象されている。オスマン・トルコ側は「イスタンブール（大きな町）」（やがてこの町はこう呼ばれることになる）の攻撃を「偶像破壊」運動と観念していたのかもしれない。

右：オスマン朝第10代スルタン・スレイマン（在位1520～66）は、1521年にハンガリーからベオグラードを奪い（この絵はその開城式を描いている）、1526年、ハンガリー平原のモハーチでハンガリー軍と会戦し、勝利した。その結果、カール5世のハプスブルク家と直接対峙する形となり、ウィーンへの攻勢をかける。

の逆潮となってベオグラードに迫る。

　西方の救援の手を絶たれたビザンティン帝国は、コンスタンティノープルに孤立していた。もはや風前の灯火に見えた。それが、運命女神の吐く息が、すこし逸れた。中央アジアからやってきたティムール（1336～1405）の率いる騎馬の軍団が小アジアに侵入し、1402年7月28日、アンカラ北郷のチュブク草原で、スルタン・バヤジットのイスラム軍団を粉砕したのである。スルタン・バヤジットは捕虜になり、翌年、虜囚の地で病歿した。

　1430年までに、オスマン朝は、ビザンティン帝国第二の大都市テッサロニカを、そのヴェネツィア人の支配者から奪うほどに復興した。1444年、ハンガリー王家とホスピタル騎士団の連合軍はふたたび十字軍を起こし、ドナウ渓谷を下ったが、黒海近くのヴァルナで敗れた。

コンスタンティノープルの陥落

　この「ヴァルナ十字軍」の失敗がコンスタンティノープルの運命を決めた。1453年、スルタン・メフメト2世は、コンスタンティノープル前面に、大砲を大量に備えた包囲陣を布き、盛んに砲撃をくわえて攻撃し、5月29日、陥落させた。最後のビザンティン帝国皇帝コンスタンティヌス11世（在位1449～53）は、帝国の滅亡から生きて逃れることを良しとせず、一兵士として戦って死んだ。3日の間、大虐殺と略奪が続いた。こうしてキリスト教圏の東側半分の破壊が完了した。

　とはいえ、更なる征服の余地は数多く残っていた。1480年、オスマン朝はホスピタル騎士団をロードス島の彼らの拠点から追い出そうと、激しい包囲戦を行なったが失敗した。しかしそれらは一時的な停滞にすぎなかった。1517年、オスマン朝はマムルーク朝を倒して、エジプトをオスマン朝の支配下に入れた。1521年には、ドナウ中流のベオグラードを落とした。長期間の包囲戦の後、1523年の元日、ロードス島からホスピタル騎士団を駆逐するのに成功した。1526年、オスマン朝はモハーチでハンガリー軍と会戦し、それを撃ち破った。ハンガリー王国は危うく滅亡しかけた。

マルタ、キプロス、レパント…そしてウィーン

　しかしながら、一連の頓挫が続いた。1529年、オスマン朝はウィーンを包囲したが、追い返された。1565年、オスマン朝の艦隊は、ホスピタル騎士団がマルタ島に設けた新たな拠点を包囲した。ホスピタル騎士団は死に物狂いで抵抗し、遂にはスペイン艦隊によって救出された。1571年、オスマン朝は、ヴェネツィア人が支配していたキプロス島を奪取したが、同じ年にレパントの海戦で、キリスト教徒の同盟軍に撃ち破られた。歴史家たちは、レパント海戦がオスマン朝のヨーロッパ征服の試みの歴史において、重大な転換点の一つであったかどうかという点を問題にしている。当時は確かに重大事件として考えられたし、プロテスタント国イングランドの教会の鐘でさえもが、この勝利を祝福して鳴らされたという。オスマン朝は、17世紀に、またヨーロッパへ攻め込んできた。1683年、ウィーンが包囲された。ウィーンは、ポーランドとドイツの連合遠征軍によって辛うじて防衛されたが、この軍勢は正に最後の十字軍と見てもよいかもしれない。

第Ⅲ部第4章
レコンキスタ

711年、イベリア半島は北アフリカから海峡を渡ってきたイスラム教徒に侵攻された。それから10年経ずして、かつて長期にわたり半島を支配した西ゴート族のキリスト教国は完全に一掃され、アンダルスと呼ばれるイスラム教国が、その代替として出現した。

「レコンキスタ」は「再‐征服」を意味し、近代の歴史家の名付けによるものである。これはかつてローマ帝国の属州であった時代、次いで西ゴート王国の時代、イベリア半島はキリスト教徒の土地であったと観念し、そこに不法に侵入し、占拠し、支配を及ぼしたイスラム教徒の手から取り戻そうという運動をいう。だから、じつは「レコンキスタ」という名付けは意味をなさないという議論も十分成立する。たとえばフランス語でいえば「ルプランドル(再び取る、取り返す)」という言葉遣いが一番合っていると思うのだが、スペイン語にはこれに当たる言葉がないようで、そのこともあるいは「レコンキスタ」というあいまいな言葉遣いが登場したわけのうちに入るのかもしれない。

「レコンキスタ」には「国土回復運動」という意味もあると付言する論者が多い。たしかにこちらの方が歴史的経緯を説明するときに都合がよい。しかし、「レコンキスタ」は、言葉として「国土回復運動」になじまない。そこが面倒なところで、おまけに「国土」という言葉遣いも、中世スペインの歴史的実情になじまない。だから、その角度から見ると、実態は「国土獲得運動」だったのではないか。

いろいろ言葉遣いに問題はあるが、ここでは「レコンキスタ」、日本語の対応語として「再征服」を、問題となる歴史的経緯全体を総括する言葉として、意味あいのせんさくはぬきにして、使いたいと思う。

「レコンキスタ」という考え方

イスラム教徒のイベリアへの侵攻は8世紀初頭に始まったにもかかわらず、半島のキリスト教徒が、なにかレコンキスタというようなことについて、はっきり物を言って、議論しはじめるまでには、ほぼ150年は経過していた。

その期間に、イスラム教徒の侵攻から逃れたキリスト教徒は、半島の北部に移動し、しだいに一連の独立した地方小国家を設立した。その中で特筆すべきはアストゥリアス王国である。アルフォンソ3世(在位866〜910)の治世に、半島をイスラム教徒の占有者から「再征服」するという考えが、軍事行動の宣言として打ち出された。アルフォンソとその記録者は、なかば神話的なコバドンガの戦い(722)の伝承に着目し、そこにアスピレーションを汲んだ。ペラーヨ配下のキリスト教徒の西ゴート族がイスラム教徒を駆逐したこの戦いは、侵略者との戦闘における初勝利を意味し、これが将来、軍事活動の、いわば基金を置いたとアルフォンソは見たのである。

歴史家たちは、「再征服」の考えが、どこまで一貫して、中世のイベリアにおいて、キリスト教徒の王と騎士の行動を鼓舞したかを討論し続けている。長期的に見ると、確かに中世において、北部のキリスト教圏と南部のイスラム教圏との境界は、南に向かう動きを見せた。キリスト教諸国の支配上層部は、ある点では、半島全土を「再征服」するという考えに一致していたと思われる。しかし同時にまた、キリスト教徒とイスラム教徒が軍事同盟を結び、それぞれ同じ宗教の者たちと対立したこともあるという証拠も多くあり、これが事態をいくぶん複雑にする。たとえば1069年から1073年の間、ナバーラ王サンチョ4世(在位1054〜76)は、近隣のイスラム政権であるサラゴーサのムクタディール(在位1046〜81)に対して、侵入者がキリスト教徒であろうがイスラム教徒であろうが、隣保同盟はかたく守ると誓っている。

したがって、「再征服」の考えが、中世のイベリアの歴史において、あらゆる点で

上：フランドル画派のシモン・ベニンク(1483頃〜1561)が制作した、スペイン王家とポルトガル王家の木の枝状家系図。アラゴン王アルフォンソ4世(在位1327〜36)にまでさかのぼる。

> キリスト教徒は現在ムスリムとの戦いに明け暮れている。
> 日々、キリスト教徒はムスリムをたたく。
> ムスリムはこの地からみじめにも追放さるべしという
> 神の定めたまうた予定の実現する、その日まで。
>
> 『アルベルダ年代記』（883年頃の著述）

左：アラゴン王フェルナンド2世とカスティーリャ女王イサベルにはさまれて王女フアナ。上記標記の2列目から「レアル・インファンタ・ドーニャ・フアナ」と読める。

個々の戦士に共鳴したかどうかを知るのは難しい。騎士は戦利品や良い牧草地の獲得、あるいはおそらく個人的な名誉や栄光など、より直接の具体的な関心事のために争うことがしばしばあった。しかし、やはり「再征服」は、世俗のリーダーたちによっても、宗門のリーダーたちによっても、アンダルスのイスラム教徒に対する戦いを正当化するのに、かならず、とはいわないまでも、よく使われる言葉遣いのひとつであったことはたしかである。

「レコンキスタ」の里程標

北部のキリスト教圏と、イスラム教徒のアンダルスとの境界の南進の動きは緩慢であったが、いくつか、注目すべき成果をそこに観察することができる。1085年、レオン・カスティーリャ王アルフォンソ6世（在位1065～1109）が、かつての西ゴート王国の首都トレドを「再征服」した。1212年、カスティーリャのアルフォンソ8世（在位1158～1214）が、ラス・ナバス・デ・トロサで、イスラム軍に対して大勝利を収めた。1248年、カスティーリャ・レオン王フェルナンド3世（在位1217～52）がセビーリャを領有した。

1086年のサグラハスでの大敗北や、1195年のアラルコスでの敗北など、キリスト教徒側にとって挫折の体験もいくつかあったが、13世紀中葉までには、北のキリスト教徒勢は非常に強大で、広範囲にわたり領土を回復したので、彼らは、時を置かず、すぐにでもイスラム教徒勢との戦いで勝利するのは可能に見えた。しかし、15世紀末まで、イベリアのキリスト教徒の統治者は、半島全域の支配権を主張することはできなかった。ようやくアラゴン王フェルナンド2世とカスティーリャ女王イサベルが、イベリアからイスラム教徒を追い出し、キリスト教の君主制を復興した。同時代人は、フェルナンドとイサベル夫妻は、ふたりに先立つキリスト教徒勢の指導者たちのアスピレーションに応えたと見て、これをふたりの最大の業績と称えたのである。1492年、グラナダ王国の征服は、イベリア半島のイスラム教徒勢に対して、何世紀ものあいだ続けられた軍事行動の頂点であり、そこにいたる過程は、ひとつの、途切れることのない活動とみなされて当然の物であって、すなわち「レコンキスタ」である。

右：レオン－カスティーリャ王アルフォンソ6世が1085年にトレドに入城する様子を描いている後代に制作されたタイル画。4世紀に及ぶムスリム支配の歴史が終わった。

イスラム教スペイン

711年、西ゴート人のキリスト教王国の崩壊に続いて、ムスリム（イスラム教徒）のイベリア征服者は、アンダルスと呼ばれることになるあらたな国を作った。いま、スペイン南部の海岸地方を「アンダルシア」と呼ぶのはこれに由来する。当初、ダマスカスのウマイヤ朝カリフの名目上の支配に従っていた間は、アンダルスは、コルドバに役所を置く「ワーリー」（アラビア語で地方総督、太守、知事などを指す）によって統治された。しかし、750年、ウマイヤ朝はアッバース朝に交代し、首都はバグダッドにかわった。ウマイヤ朝カリフのヒシャームの孫のアブドゥッラフマーンは、この時、アッバース朝の追求の手から身をかわして、ベルベル人の母親の縁を頼りに北アフリカに逃れ、755年、海峡を渡った。翌年、コルドバでワーリー・アンダルスの軍勢と戦って勝利し、独立したウマイヤ朝エミール（カリフの地方総督の呼称だが、この場合などはカリフに準ずる）として、イスラム教徒のイベリア全土に対する統制権を確立した。アブドゥッラフマーン1世（在位756〜88）である。

アンダルスは、いくつかの地域に分かれ、「ワズィール」（アラビア語で大臣、宰相を指す）によって統治されていた。メリダ、トレド、サラゴーサなどの町々に拠って立つ「ワズィール」がコルドバの中央政府の統制に服する。これがアンダルスの政治の本来のありようだったのだが、現実はかならずしもそうはならなかったようである。しかし、ともかくも、アンダルスにおけるウマイヤ家の権威は、代を重ねるごとに高まった。この権威の高まりが背景にあって、はじめて929年、エミール・アブドゥッラフマーン3世（在位912〜61）は、アンダルスでであれ北アフリカでであれ、あるいはまたさらに東方でであれ、自分こそはすべてのスンニー派イスラム教徒のカリフであると、確信をもって宣言することができたのである。「スンニー派」は、解説者が「派」という言葉遣いを嫌うほどに、イスラム教の多数派で、ムハンマドの日々の言

左：アブドゥッラフマーン1世が家臣団と協議している。14世紀にフランス語で書かれた年代記写本の飾り絵で、上欄本文の下から2行目「エ・ウーイ・アンサンル・ルーイ・デ・バロン・ドゥ・サテール（王臨席の下、国の領主たちの意見を聞いた）」

左：アブドゥッラフマーン3世の49年の治世の間に建造されたコルドバの大モスク（回教寺院）「メスキータ」。1236年にキリスト教徒がコルドバを領有し、モスクはキリスト教寺院として再献堂された。献堂はキリスト教寺院にするための宗教的儀式を執行するという意味。

行にならい、したがう者たちをいう。だからエミール・アブドゥッラフマーン3世の発言は、世界中のイスラム教徒全員に対して発せられたも同然だったのである。

イスラム国家の分裂

アブドゥッラフマーン3世の孫の10代目エミール・ヒシャーム2世（在位976～1009）の治世に、おそらくそのベルベル人の母親スブフと組んだのではないかと見られているが、マンスールという名の役人が、コルドバのエミール政権の実権をにぎり、ピレネー南麓のキリスト教諸政権に対しても有利な戦いを押し進めた。

マンスールは、1002年、ナバーラ王サンチョ3世と、カラタナソールで戦って破れてから、まもなく、死去した。それから10年も経たないうちに、コルドバのエミール政権は、内側の接近戦と局所主義によって、もはや回復しがたいまでに弱体化してしまった。この混乱した政治状況の結果するところ、アンダルスは分裂し、「ターイファ」と呼ばれる、群小諸王が出現した。

アフリカの原理主義者

1086年10月23日、グァディアーナ川中流の、現在はポルトガルとの国境の町バダホの北のサグラハスの野の会戦で、カスティーリャ王アルフォンソ6世は、マグリブ（チュニジア、アルジェリア、モロッコを指す）のムラービト朝のエミール・ユースフ・ブン・ターシュフィーンと戦って敗れた。

ムラービト朝は、アトラス山脈北麓のマラケシュに首都を置き、グラナダ、セビーリャなどに総督を派遣して、「ターイファ」を次々に統制下に入れていった。バレンシアの征服は、ユースフ統治の最晩年に実現した。バレンシアには「エル・シド」が強大な政権を構えていたからである。サラゴーサの征服はさらにおくれて、ユースフの次代アリー治世の1110年に実現した。

しかし、ムラービト朝のアンダルス支配は長くは続かなかった。1118年にサラゴーサをアラゴン王アルフォンソ1世に奪取された一事に表現されているように、アンダルス北部からは、カスティーリャをはじめ、キリスト教政権の圧力がかかる。新しい「ターイファ」が各地に出現する。「ムワッヒド運動」と呼ばれる、イスラム教の宗教改革の動きが、ムラービト朝の政権を、内部から腐食させる。やがて、新しいイスラム教を奉じるベルベル人のマスムーダ族の族長アブドゥルムウミン（アブド・アルムーミン）は、アトラス山中に根拠地をおいてムラービト朝を攻撃し、1147年、マラケシュを占領してカリフを称し、ムワッヒド朝を起こした。アンダルス侵攻は1145年から開始されていて、1150年頃には、セビーリャをアンダルス支配の拠点とした。セビーリャは、マラケシュと並び立つムワッヒド帝国の首都になった。

それから半世紀以上ものあいだ、ムワッヒド朝のアンダルス支配はゆるがなかった。しかし、その間にもイスラム支配とキリスト教支配の境界は南下をつづけ、ついに1212年7月16日、シエラ・モレナ山脈をサンタ・エレナ峠越えでアンダルシアへ抜ける山中のラス・ナバス・デ・トロサの会戦で、両者は雌雄を決することになったのである。ムワッヒド朝4代目ムハンマド・ナースィルの率いるイスラム軍団は、カスティーリャ王アルフォンソ8世、アラゴン王ペドロ2世、ナバーラ王サンチョ7世のキリスト教徒軍団に敗れた。ムワッヒド朝の権威は地に落ちた。第3次「ターイファ」時代が到来した。キリスト教徒勢がアンダルシアになだれ込んだ。「ターイファ」のひとつが、おそらくアンダルスの土着の勢力だったろうといわれているが、

エル・シド

ロドリゴ・ディアス・デ・ビハール（1043頃～99）はカスティーリャ出身の騎士で、キリスト教徒とムスリム双方の君主に傭兵として仕えた。1094年にバレンシアを征服して王になった。彼は「エル・シド」という名前で知られるが、これはアラビア語の「サイイド」からで、もともとはムハンマドの直系親族に冠する敬称だったが、ひろく「殿」とか「重鎮」といった意味あいで使われるようになった。騎士ロドリゴの身の処し方の柔軟さは、十字軍以前のキリスト教徒対ムスリムの対立が、まだまだ後代のきびしさをもっていなかったことを示している。1140年頃に成ったと見られる『エル・サンタール・デ・ミオ・シド（わがシドの歌）』では、彼はスペインの偉大なキリスト教徒の英雄と描かれている。

下：ブルゴスの「サンタ・マリア門」の彫像。「サンタ・マリア門」は16世紀にカール5世（スペイン王としてカルロス1世）を記念して建造された門塔。たくさんのスペインの英雄の彫像で飾られている。

グラナダの「ナスル朝」である。イスラム政権として、これが最後に一つだけ15世紀末まで存続し、「スペイン王国」と対峙するのである。

宗教の共存

イベリア半島では800年の歴史のうちに、ふたつの宗教が交錯した。イスラム教とキリスト教である。この両者を比較するに、とりわけ、征服した方が征服された側を、信仰の自由という点について、どう取り扱ったか、また、改宗についてどのような態度を示したかを考えると、大変興味深い。

ムスリム支配下のキリスト教徒

アンダルスの人口は、それはたしかに一部は、イスラム教徒の征服者の子孫と、彼らに従ってマグリブからやってきた人たちの子孫で構成されたが、住民のほとんどは征服されたキリスト教徒であった。

イスラム統治下で生活しているにもかかわらずキリスト教を信じる者は、「モサラベ」と呼ばれていた。これはアラビア語の「ムスターリブ」に由来し、これは「アラブ化した人々」をいうという。

ムラービト朝の時代（1086～1150）の一時期、アンダルスのモサラベ共同体は、統治者からかなりの迫害を受けることがあった。その間、多くのモサラベが故郷を出て、相対的に安全なレオン、カスティーリャ、ナバーラ、またはアラゴンのキリスト教王国へ移動した。

モサラベはアブラハムの伝統を共有しているというので、理論上は、イスラム法で「啓典の民」とみなされた。アラビア語で「アフル・アル・キターブ」といい、「キターブ（啓典）」は、原義は本で、ユダヤ教やキリスト教の聖典を指す。だからモサラベは「ズィンミー（庇護民）」であって、彼らは毎年「ジズヤ（人頭税）」を払わなければならないが、信仰の自由はある程度保証される。ただし、行列や、ミサの合図に鐘を鳴らすなどの、街中で信仰を誇示するような振る舞いには制限がかかっていた。

イスラム教へ改宗させようという積極的な働きかけがあったかどうかについては、ほとんど証拠が残っていないので分からないが、アンダルスの被征服民にとっては、確かにイスラム教への改宗は有利で、それはイスラムの公的機関の上層部で仕事を得たいと願う人たちにとっては必要条件だった。

キリスト教統治下のムスリム

レコンキスタは12世紀から勢いが増したので、かなり多くのイスラム教徒が、キリスト教徒の王の統治下に入った。アンダルスでの領土征服は、1229年に、マジョルカのパルマで起こったそれのように、イスラム教徒の住人の大量虐殺を伴う場合もあったが、そのような宗教がらみの暴力は、通常、長くは続かなかった。

征服の結果、イスラム寺院（モスク）が、キリスト教会の聖堂が建築された時と同じ儀式が行なわれて、キリスト教会堂に変わり、征服された町の住人が町を追放されたり、「アルハーマ」と呼ばれた市街地のゲットーでの生活を強いられたりしたことがあったのは事実である。しかし、歴史家たちのあいだに、時を経るに従い、キリスト教徒の統治者とムスリムの臣民（「ムデーハル」と呼ばれた）とのあいだに、スペイン語で「コンビベンシア（共生）」と呼ばれる共存共生という考え方が、征服と被征服という物事の見方に変わってきたのではないかという議論が出始めている。

宗教が異なる者同士が、このようなプラグマティックな対応を見せたについては、これは周囲の事情に対応したものであったということがいえそうである。キリスト教徒の領主たちは、アンダルス南部においてはまず「少数派の異教徒」であり、そして彼らはその地域において、領地経営をスムーズに行なうについては、その土地のムスリムの農民や労働者たちに依存していたのである。

それにもかかわらず、「ムデーハル」

右：7世紀のセビーリャの学者聖イシドルスの名を冠して、960年頃に制作された聖書写本の飾り絵。100点以上もの飾り絵入りで、この絵のようにミサ執行の図やエルサレムの宮殿を描いたものなどがある。

がキリスト教徒の領主に対して反乱を起こすことはなかったわけではない。1260年代の「ムデーハルの反乱」と呼ばれる事件が、たとえばそれである。これはカスティーリャの勢力がすでに後代のアンダルシアにまで下がっていたころの話で、アルコス（現在アルコス・デ・ラ・フロンテーラ）をはじめアンダルシアのカスティーリャ治下の町々の「ムデーハル」が、グラナダのナスル朝に支援されて反乱を企てたという事件で、ムルシアの「ターイファ」フード家もこれを支援したという。

その事件もあって、13世紀のなかば以降、キリスト教徒の活動は「再征服」から「再植民」へ軸足を移したといってよい。「ムデーハル」の改宗を奨励する多くの試みが開始された。

ローマ・カトリック教会の二つの托鉢修道会、フランチェスコ修道会とドミニコ修道会が、キリスト教の宣教師を育成する学校を設立する。大衆を前に説教する。また、「ムデーハル」の代表もまじえて、公共の場で宗教論争を行なう、こういった活動を通じて、この運動の担い手となった。

実際、1492年、グラナダが再征服された後、伝道の活動は、最初のグラナダ大司

左上：ムデーハルの職人の手に成る「ストゥッコ・タイル」の細工物。「ストゥッコ」は消石灰（石膏）を主材料とし、大理石粉、粘土粉などを混ぜて成形し、焼き上げたタイルである。日本語では「化粧漆喰」と呼ばれる。ローマのそれのように純白なのもあり、色付けを施す場合も多い。この星形のストゥッコ・タイルは、さらに星形を重ねた内側に、楯形の地面を設けて、そこにおそらく職人の主人のキリスト教徒の領主の紋章図案を造形している。楯形の枠取りの上下左右にシダ類植物の象形を配している。これは同時代北ヨーロッパの写本飾り絵に多用された図案であって、たいへん興味深い。

上：アルフォンソ10世の『カンティンハス（頌歌集）』写本の飾り絵の一葉。キリスト教徒の一団が、おそらく彼らの飼育する家畜の群れとともに、ムスリムの一団にひかれていく。後景の騎馬の一団は、その先頭のエミールが家臣団を率いていると見えるから、これは特定の事件を映した絵ではなく、まさに「アンダルス」の成立を象徴的に描いた絵なのかもしれない。カスティーリャ王アルフォンソ10世は、学芸保護で知られ、「エル・サビオ（賢者）」と通り名された王者で、自身聖母マリアの奇跡を歌った『サンタ・マリア頌歌集』という詩作を著した。

教になったエルナンド・デ・タラベーラ（1428〜1507）が、改宗を促進する手段としてということならば、ラテン語ではなくアラビア語でミサを執行してもよいといったというほどに、大変重要であると考えられたのである。

しかし、信条を曲げないトレド大司教フランシスコ・ヒメネス・デ・シスネロスの影響が、カスティーリャとアラゴンの「カトリック両王」に対して増すにつれ、「ムデーハル」に対する、いわばこの布教作戦は断念された。1499年以降、シスネーロスは、スペインのムスリムに対するより攻撃的な方針を主張し、再征服されたグラナダにおける「ムデーハル」共同体は、1502年までにはキリスト教への改宗、または半島からの追放のどちらかを選択しなければならなくなった。同時に、建築、書物、およびムーア人（北西アフリカとアンダルスのムスリム）の衣服の伝統を含む半島のイスラム教の過去の文化的な遺物の多くが抹消の標的となった。これが後期中世の、こういう言い方は食言のそしりを免れないかもしれないが、「民族浄化」なるもののあらわれであった。

コルドバの殉教者

モサラベは、もとよりアンダルスにおけるキリスト教徒とムスリムの共存に満足していたわけではなかった。モサラベのトレド司教エウロギウスは、851年頃にムスリム支配に反抗し、トレドの内外で、宗教一揆を起こした。859年に死ぬまで、彼は公けに説教して、イスラム教に改宗したキリスト教徒たちに対してキリスト教の信仰へ帰るように説き勧めた。これはイスラム当局の怒りを買った。エウロギウスとその支持者50人が殉教した。後に続こうとする者はいなかった。一揆は鎮圧された。

カスティーリャとアラゴン

13世紀中葉までに、キリスト教徒はイベリア半島の大半を奪回し、キリスト教諸国家の国境線は以前にもましてしっかりと描かれるようになった。半島の西側の海岸線にはポルトガル王国があり、それはアフォンソ1世エンリケ王（在位1139〜85）の時代に独立した王国として発展した。彼は、1147年に、北ヨーロッパからの混成十字軍の一団の支援で、リスボンを征服して、長く王位にあり、彼にとって再征服の考えはきわめて重要であった。

半島の北東部に位置するナバーラ王国では、世紀を経るにつれてレコンキスタにおける役割がよりいっそう縮小していった。近隣諸国とは異なり、ナバーラは常にレコンキスタが可能にした領土拡大の好機を利用できたわけではなかった。実際、15世紀も後半に入ると、イベリアに残存するイスラム教徒との戦いという観点から見ると、ポルトガルとナバーラは、カスティーリャとアラゴン両王国の陰にすっかり入ってしまっていたのである。

カスティーリャ王国

当初カスティーリャは、北の隣人であるレオン王国に依存する伯領だった。伯はレオン王に臣従していた。ブルゴスを中心とする旧カスティーリャ地方は、イスラム教徒勢の進入経路にあたっていたので、たくさんの城塞が建てられていた。そこからカスティーリャの名前が出た。11世紀初頭までに、カスティーリャは個別の国家をそれ自体で構成するようになった。伯は王になり、彼らはもうレオンの統治者に依存しなかった。実際に、中世後期までに、この二つの王国のうち、事実上より重要で強大になったのはカスティーリャであった。

フェルナンド1世（在位1035〜65）と、その曾孫アルフォンソ2世（在位1126〜57）の時代のように、時にはこの二つの王国は一個人の統治の下に合体することもあったが、レオンとカスティーリャは理論的にはお互い独立を保っていた。13世紀に入って、カスティーリャ王フェルナンド3世が、1230年、義父のレオン王家を相続した時に、この両国は最終的に合体したのである。イベリアの他の諸国にくらべて、このカスティーリャ・レオン王国は、「レコンキスタ」への動機づけが一番深く、イベリアにおけるキリスト教徒の優位を確立しようという動きのリーダシップを握ったといえる。

下：一番手前の赤いマントの冠をつけた女性はレオン−カスティーリャ王アルフォンソ7世妃ベレンゲーラ・デ・バルセローナ。白馬に乗る腰つきはなにかあやしげだ。その奥の青毛の馬の無冠の男がアルフォンソらしい。紋章旗と楯はカステラ（城）とレオン（ライオン）の紋章図案。

上：白馬にまたがって登場するシャンパーン伯チボー4世、1234年から母方の権利を継いでナヴァール（スペイン語表記ナバーラ）王。馬はなんば歩き。左右の前足と後足を同時に出す。これは入城儀式のときなどの歩き方。ナヴァール王として入城の光景か。シャルトル聖堂のステンドグラス。

アラゴン王国

アラゴンは1035年に独立国家として現れたが、1150年までに、隣接するバルセローナ伯領と合体して、「アラゴン連合王国」を作った。アラゴン王ラミーロ２世に男子がなく、一人娘ペトロニーラがバルセローナ伯ラモン・バランゲーと結婚して家督を継いだ。ここに成立した両家合同体制を「コロナ・デ・アラゴン」と呼ぶことがある。「アラゴンの王冠」である。

アラゴン歴代の統治者は、レコンキスタで極めて重要な役割を果たした軍事指導者を何人も出している。「エル・バタッラドール（戦闘王）」が通り名のアルフォンソ１世（在位1104～34）もそのひとりで、ピレネー北麓のベアルンやビゴールの領主たちをも呼び集め、1118年、サラゴーサを落とし、数年のうちに、エミール・サラゴーサの支配地をアラゴン領に収めた。彼はまた、1125年から翌年にかけて、アンダルス南部、後代がアンダルシアと呼ぶ土地にまで遠征軍を率いて出かけ、数千人の「モサラベ」を引き連れて帰ったという。「モサラベ」は、新たに獲得した領地に植民したという。アルフォンソは1134年、ムスリムの拠点フラガ（レリダ西南）包囲陣で負傷し、その傷がもとで、9月に死去した。臨終の床で、王国をテンプル騎士団とホスピタル騎士団に遺贈したが、家臣団は故王の遺志を無視したという。キリスト教的メンタリティーと、それに同調するプラグマティックな判断とが同居している気配で、おもしろい。

アルフォンソの家督は弟のラミーロ２世が継いだが、そのラミーロの玄孫のアラゴン王ハイメ１世（在位1213～76）もまた優れた十字軍戦士だった。1230年代、彼はバレアレス諸島を征服し、バレンシアに再びキリスト教支配を回復し、彼の行動と考えについて詳細に説明した『リブレ・デル・フェ（業績録）』という自伝的書き物を残した。アラゴンの支配階層が領土的野望を、それまでは南にだけ向けていたのが、東へも向け始めたのがハイメの時代である。

ハイメ１世を継いだのがペドロ３世である。当時、南イタリアからシチリア島にかけて、シャルル・ダンジューのシチリア王国が、サルデーニャ、コルシカも併呑して、大きく勢力をのばし、バルカン半島からビザンティン帝国、言い換えれば東地中海へ勢力を扶植しようとはかっていた。ペドロは、その妻がシチリア王国の旧王家の娘であった立場を利用して、1382年にシチリア島民がフランス人シャルル・ダンジューの支配に反逆した事件「シチリアの夕べの祈り」を機会ととらえ、島民の要請に応じてシチリア島を占領し、シャルルの艦隊との海戦も有利に進めて、シチリア王位についた。バルセローナの貿易商人や船主の西地中海における権益がアラゴン王家の軍事力によって保護された。南フランスからイタリアのティレニア海岸（イタリア半島の西地中海側の海域）に、バルセローナ商人の商法（取引上の約束、法的手続き）が通用した。南イタリアは以後「ナポリ王国」と呼ばれ、アラゴン家はここでもアンジュー家（シャルル・ダンジューはプロヴァンス伯「アンジュー家のシャルル」）と角逐を重ねることになる。

境界の騎士

イベリアのキリスト教圏の境界は、絶えず南へ前進していたので、カスティーリャとアラゴンの統治者は、再征服した土地を植民地化するための新たな入植者と、ムスリムの報復から安全を確保するための防御者を必要とした。その結果、新しく獲得した領土を守り管理するために南へおもむいた戦士たちには、戦利品や、税金に関する優遇処置、あるいはまた土地の領主権を取得する可能性など、様々な誘因が提供された。この場合、最大の受益者は、12世紀後半に設立された修道騎士団だった。カラトラバ騎士団（1158）、エボラ騎士団（1166、後にアビス騎士団）、サンチャゴ騎士団（1170）、アルカンタラ騎士団（1176）である。これらの騎士団は、東方のテンプル騎士団やホスピタル騎士団を範として、修道士に準ずる生活を送りながら、ムスリムの先住者たちからイベリア半島をキリスト教徒側に取りかえし、防衛するための戦闘に従事する騎士の団体であった。

上：1229年、アラゴン王ハイメ１世は、3か月の包囲の後、マジョルカ島の主邑パルマを落とした。この壁絵はムスリム側がまだ城を保守して、抵抗を続けている。そのことは中央に描かれた塔の上の幟旗によって明らかだ。これはアラゴン家の紋章旗ではない。第一、旗持ちも、また、隣の塔の投石具を振り上げている男も、どう見てもキリスト教徒側ではない。

フェルナンドとイサベル

1469年10月19日、カスティーリャとアラゴン、それぞれの王国の王家相続権を持つイサベルとフェルナンドが結婚した。イサベルは1474年、カスティーリャ王エンリケ4世の死去にともない、女王を宣言した。フェルナンドの方はその5年後の1479年、アラゴン王フアン2世が死去し、その跡を継いでアラゴン王になった。

1474年、イサベルは女王を宣言したと書いたのは、イサベルのカスティーリャ王位への即位は容易なことではなかったからである。イサベルはエンリケ4世の異母姉妹であって、エンリケにはフアナという娘がいた。母親はポルトガル王家の娘である。このフアナが、イサベルと競合して、カスティーリャ王位継承権を主張していたのである。1475年、フアナはポルトガル王アフォンソ5世と結婚した。カスティーリャ王位継承は、カスティーリャ、アラゴン、ポルトガル3王家の対立抗争を招いた。

最初、イサベルとフェルナンドは劣勢に立たされていた。北のレオンのドゥエロ川中流の有力領主ストゥニガ家とか、アンダルシアのカディスのポンセ・デ・レオン家やコルドバのアギラール領主家など、有力領主がフアナ側にまわっていたからである。それが、1476年3月、ドゥエロ河畔トロの戦いで、ポルトガル王アフォンソの軍勢は、アラゴンのフェルナンドの率いる、カスティーリャ・アラゴン連合軍に負けた。翌年夏から翌々年、1478年一杯にかけて、イサベルはアンダルシアを巡行し、フアナ派の領主や町々を説得した。

1479年1月、フェルナンドはアラゴン王に即位した。9月、イサベルとアフォンソは平和条約を結んだ。フアナはアフォンソとの結婚を取り消され、ポルトガルのコインブラの修道院に入った。彼女は、1530年に死去するまで、カスティーリャ王位の継承者であると主張し続けていたという。

カスティーリャとアラゴンの合同は、むしろ「二君体制」というべきものであって、合同の実態はなかった。勅命はフェルナンドとイサベルと両方の名前で発布され、また1479年以降に製造されたコインは、カスティーリャのであれアラゴンのであれ、すべてにふたりの肖像が彫られたが、イサベルはカスティーリャ女王として、またフェルナンドもアラゴン王として、それぞれの国に君臨し、それぞれの国の法、制度、財政の独立を維持した。

宗教の統一

フェルナンドとイサベルは、ふたりとも自分は敬虔なカトリック君主であると意識していた。そして、イベリアにおける宗教をひとつのものにすることを、なによりもまずしとげなければならないと考えていた。カスティーリャにもアラゴンにも、キリスト教徒だけではなく、イスラム教徒もいれば、ユダヤ教徒もいた。状況は「コンベルソ」の存在によってさらに複雑にされた。キリスト教に改宗したユダヤ人である。彼らは絶えず「古くからのキリスト教徒」である隣人たちから疑いの目で見られていた。セビーリャの「コンベルソ」に、表面キリスト教徒を装いながら、内々にはユダヤ教を奉じているのが大勢いるという報告を受けたイサベルは、1478年、ローマ法王から異端審問官を任命する権限をとりつけ、1480年9月、セビーリャにはじめて異端審問所を置いた。その後、コルドバ、トレド、ブルゴスなど、カスティーリャ王国全土に異端審問所が置かれた。アラゴンでは1483年、サラゴーサに設置された。1484年、バルセローナ、バレンシアに設置された。ある年代記の記録では、1480年代に、2,000人の「コンベルソ」が「背教者」として処刑され、15,000人が悔悛して教会と和解したという。

ユダヤ人に対しても、イサベルとフェルナンドの対応は峻厳を極めた。1476年、ユダヤ人を衣服の着用で簡単に識別できるようにする法律が施行された。その4年後、町のユダヤ人ゲットー（アルハーマ）は、隣接しているキリスト教徒の住民との不要な接触を防ぐためということで、壁で仕切られるよう命令が出た。しかし、こういった法律の施行、命令の伝達は、氷山の一角にすぎなかった。というのも、1492年3月、グラナダでのムスリムに対する最後の勝利を祝してからわずか2か月後、イ

左：ゴヤの一世代後輩の画家アントニオ・ロドリーゲス(1765〜1823)が描いた歴史画で、グラナダのナスル朝がフェルナンドとイサベルに貢ぎ物を持ってきたのだという。ナスル朝については次節を参照。

第Ⅲ部第4章　レコンキスタ　209

左：フェルナンドとイサベルがコロンブスを見送る。コロンブスが1492年8月3日にパロス港を出港したのは事実だが、カトリック両王の見送りがあったというのは後代に作られた伝説である。

下：この祭壇画の一場面はユダヤ人がイサベルから審問されているところだという。おもしろいのは、この審問を受けているという人物が両手を重ねて胸に当てている、その形である。これはヤン・ファン・アイクの「ガンの祭壇画」扉外絵「受胎告知」の聖処女マリアの形であり、1485年頃の制作というこの祭壇画の作者が「15世紀ネーデルラント画派」の伝統のなかにあったことを示している。

サベルとフェルナンドは、カスティーリャとアラゴンの全てのユダヤ人に対し、キリスト教への改宗か国外への追放か、どちらかを選択するように命じた。これほどに強い姿勢で宗教の統一をはかろうとした支配者は、かつてイベリアに存在しなかった。この時、イベリア半島から退去したユダヤ人は、8万人から15万人にのぼったと推算されている。

名声と遺産

1494年、イサベルとフェルナンドの宗教政策は、ローマ法王アレクサンデル6世（在位1492～1503）から、キリスト教の唱導者の仕事だと評価され、賞賛された。その場合、法王はふたりを「レイエス・カトリコス」と呼んだが、これは「カトリック両王」という意味で、いまではこれが決まり文句になっている。

ローマ法王のお墨付きが、はたしてイサベルとフェルナンド両王の国際的な地位を高めることに働いたかどうかは、なにしろ時代は宗教改革の激動を迎えようとしていたのだから、なんともいえない。

両王には1男4女が出生したが、男子フアンは19歳で夭折した。長女イサベルと第3女マリーアは、はからずも、ともにポルトガル王マヌエル1世に嫁ぐ羽目になる。次女フアナはブルゴーニュ侯フィリップ・ル・ボー（美男子）と結婚し、カール、スペイン名カルロスを生む。後のハプスブルク家当主、ドイツ王、ドイツ人のローマ帝国皇帝カール5世である。

末っ子の第4女のカテリーナは1501年、イングランドのヘンリー7世の太子アーサーに嫁ぐが、アーサーはその翌年に死去した。カテリーナ、英語名キャサリンはアーサーの弟のヘンリーと婚約させられた。8年後、運命の変転でとよくいうが、どうやら相思相愛の仲になったとみえて、ヘンリーは、父王の葬列に付き従ったその足で、キャサリンと結婚した。そのヘンリー8世が、やがてローマ法王に背くことになるのだから、「カトリック両王」の娘としては、なんとも肩身がせまいことだった。

イサベル女王の進取の気性は、コロンブスの航海支援に現れたと見る向きが多い。ジェノバ人の船乗りであるクリストバル・コロン（1451～1506）は、1492年8月3日、セビーリャのパロス港を出帆して西に航海し、10月12日、カリブ海のサン・サルバドル島に上陸した。これは偶然の一致であろうか。コロンブスのパトロンが「レコンキスタ」を完成させたのと、航海者コロンブスがアメリカを「発見」したのが同年であったことは。ほぼ8世紀にわたる「レコンキスタ」を成功裡に終了させた後、「カトリック両王」は、新たに征服するための「新世界」を探し求めていたのであろうか。

ムスリムの最後の砦

15世紀後半、グラナダのナスル朝はイベリア半島の最後のイスラム国となった。独立を維持できたのは、その統治者たちが北のキリスト教の王たちと条約や同盟によって安全を確保しようとしてきたことによる。キリスト教の王たちは、1250年以降、レコンキスタを完成することよりも、お互い戦争したり、国内の政治的安定をはかることにかまけていた。

強大なムスリムの要塞

ナスル朝の統治者は、グラナダの北の丘の頂上に現在も存在するアルハンブラ宮殿を占拠し、防衛に有利なポジションを確保していた。構内は頑丈な城壁に取り囲まれ、あたかもこれは、全体としてひとつの強大な要塞であった。構内の西の端に、アルカサバ（アラビア語ではアル・カスバ）と呼ばれる要塞があり、そこにはいくつかの兵舎、武器庫、および地下牢があった。

アルハンブラ宮殿は、13世紀中頃から15世紀中頃にかけていくつかの段階にわけて建設された。宮殿複合体全体の建築段階をたどるのは難しいが、ある区画の建造物がいつ頃の時代に建てられたものであるかは、ある程度たしかに分かる。たとえば、正門である「正義の門」の脇に碑が立っていて、その碑文は、正門が1348年、ナスル朝のエミール・ユースフ1世（在位1333～54）の命令で、どのようにして建てられたかを物語っている。宮殿複合体を「アルハンブラ」と呼ぶのは、アラビア語の「カラット・アル・ハムラ」に由来し、これは「赤い砦」という意味で、この地域の土の色からの命名だという。

中世イスラムの軍事技術の結晶であると同時に、アルハンブラ宮殿は芸術の成果の富で満ちあふれている。そのほとんどは包囲戦による破壊を免れて、現在に残っている。

宮殿の中央部分には噴水、池、庭園が設けられ、また壁面は、イブン・サンマク（1333～93）のような詩人たちによる詩で飾られている。イブン・サンマクは、ムハンマド5世（在位1354～59、1362～91）の治世で宰相をつとめた人物だが、その詩の中でアルハンブラの美しさを賛美している。ムハンマド5世の時代、現代に遺された建築物や装飾の多くが製作された。とりわけ有名なのが「ライオンの中庭」である。

グラナダのレコンキスタ

イサベルとフェルナンドは、1481年からグラナダのムスリム政権との戦争を開始し、それまで閉ざされていた縫い目を開き、戦闘的なキリスト教的イデオロギーを解放した。十字軍と関連する物の考え方や各種特権の付与は、11世紀後半以降のイベリアのレコンキスタに付き物であった。彼らの先祖と同様に、イサベルとフェルナンドは、また両王の兵役に就いた騎士たちは、彼らの努力に対して精神的、物質的報酬を期待し、さらにはまた領地の取得をさえも望んだ。この点で「レコンキスタ」の戦いは、1095年にローマ法王ウルバヌス2世が最初に十字軍を唱導してからこの時まで、エルサレムと聖地の回復のために戦ってきた十字軍遠征とも比べうるものだったのである。

1481年12月、グラナダのナスル朝の軍勢が、国境を侵してサアラを攻撃し、占領し

下：16世紀にフランドルで制作されたタペストリーの模様図案ということだが、同じ頃のアントウェルペン派の「ホーホストラーテンの画家」の描いた「十字架上のキリスト」のバイプレーヤー「兵士たち」は後ろ首筋に沿って流れて跳ね上がる「サレットかぶと」をかぶっている。どうもこの騎士の絵姿には時代性が見えない。

上：ナスル朝最後のエミールであったと思われるボアブディルは、逃亡の途上、最後にアルハンブラを臨み見て、落涙したと伝えられる。

かくも多くの労苦と犠牲、死と流血ののちに、この王国、
780年以上にもわたって支配されてきたグラナダ王国は、征服された。

フェルナンドとイサベルのレコンキスタ宣言
（1492年1月2日）

第Ⅲ部第4章　レコンキスタ　211

た。サアラ・デ・ロス・アトゥネスはアルヘシラスの西35キロメートルほどの、イベリア半島最南端の岬のアルヘシラスと反対側、西岸の町。ナスル朝の領土は後のジブラルタルやアルヘシラスを含め、最南端のタリファを南北で切る線まで及んでいた。その国境線から計算すれば西に25キロメートルである。攻撃の意図については情報が少なくて、よく分からない。

翌年2月、カスティーリャ側はアラマを占領した。ここに最終戦争が始まった。アラマはナスル朝領内深く、グラナダの南西40キロメートルである。現在、アラマ・デ・グラナダと呼ばれている。

内輪の抗争に引き裂かれて、グラナダのムスリムの支配階層は、接近するキリスト教徒の軍勢に対して効果的な反撃を行なうことができなかった。キリスト教徒の軍勢は志を定め、よく装備され、またリーダーシップがすぐれていた。ナスル朝支配の町々は、またひとつ、またひとつとキリスト教徒勢の攻勢の前に陥落した。1485年、西の国境に近いロンダ、1487年、アラマ南西の海岸の町マラガ、1489年、グラナダ東北東の、東の国境に近いグアディス、そして1491年、東の国境のリオ川河口の町アルメリア。1491年4月、アルハンブラ宮殿の町は完全に孤立した。イサベルとフェルナンドはグラナダの西に、後にサンタフェと呼ばれることになる町を建造させ、そこをグラナダ包囲の拠点とした。グラナダの政権は、抵抗の無意味をさとり、同年11月25日、降伏文書が調印された。アルハンブラ宮殿の明け渡しは、年が明けて、1492年1月2日になったが、事実上、ナスル朝グラナダ王国は、1491年に崩壊したのである。

1492年1月6日、イサベルとフェルナンドは勝利の行列を従えてグラナダに入城し、征服のシンボルとして、アルハンブラ宮殿の一番高い塔の上に、十字架の印とカスティーリャの旗を揚げるよう命じた。一方、ナスル朝最後のエミールは、およそ20万人のムスリムを連れてモロッコに逃れた。およそ800年間の時を経て、「レコンキスタ」は完了した。この時期、エミール政権は内紛が生じていて、だれがエミールだったか、たしかなところは分からない。落日のアルハンブラ宮殿に最後まで残っていたムスリムの首長は、1485年までエミールの座にあったアブル・ハサン・アリの息子ボアブディルであった。

上：アルハンブラはグラナダ攻防戦の影響をほとんど受けずに後代に遺された。この写真のように、観光は、夕日が差して城が赤く輝く頃合いがよい。背景に雪をかぶったシエラ・ネバダ山脈。グラナダから南南東へ、いきなり急な坂道を、一気に標高3392メートルのピコ・ベレタ峠までのぼりつめる山岳道路がある。ごらんの写真の山並みの鞍部のひとつである。まあ、お止めになられた方がよいでしょうと、ミシュランは忠告してくれる。

第Ⅲ部第5章
アルビジョワ十字軍

1208年1月、法王特使がローヌ川のほとりで殺害された。法王イノケンティウス3世（在位 1198〜1216）はトゥールーズ伯レーモン6世（1156〜1222）と、殺人が行なわれた彼の領地に住む「異端」を殺人罪で告発した。

この時、ローマ法王から異端として告発された人たちは、12世紀の南フランスにひろまっていたキリスト教のあるひとつの宗派に属していた。彼らを「アルビジョワ」と呼ぶのは、彼らに対して差し向けられた十字軍が、まずアルビとその住人を攻撃目標に立てたからである。アルビジョワは異端と同義語になった。

しかし、同時代にそう呼ばれていたという証拠はない。同様に、この南フランスの異端を「カタリ（派）」と呼ぶことがあるが、これもまた、同時代の用語ではない。古来使われてきた宗教用語で「清浄派」というほどの意味あいである。後代が「アルビジョワ」ないし「カタリ」と呼ぶキリスト教徒は、当時自分たちのことを「ボーニ（女性形でボーネ）」と呼んでいた。日本の浄土真宗でいう「善人」を連想させる。

ボーニとボーネは、世俗的な世界は悪で霊的世界は善であると信じた。中世の教会関係者の著述は、異口同音に、そういった見解と後期ローマ帝国のマニ教異端との間には関連があると述べている。マニ教は3世紀のペルシア人マネスともマニカエウスともいう宗教改革者の名前に出た宗派だが、キリスト教のグノーシス派とか、ペルシアの「アヴェスタ神学」といった東方系の宗教全般についてマニ教と呼び名を与える考え方もある。こういった考え方は、世俗的世界も、また、霊的世界と同様、神の創造物であるのだから、必ずしも悪ではないとする正統派のキリスト教信仰から、ボーニとボーネを遠ざけることになった。

ボーニとボーネは、世俗的世界の汚れから自分たちを解き放ち、霊的完成へ引き上げてくれるとみずから信じる生き方を選んで、信仰の生活を送った。ボーニは、衣食、挙止挙動をキリストに似せれば、清浄な生き方を体現できると信じた。彼らは、また、彼らの世界の周囲の、ローマ法王のキリスト教共同体がいま現在従っているキリスト教信仰の解釈は、キリストの真のメッセージから逸れて、あまりにも世俗的だと考えた。

カタリは異端

イノケンティウスは「カタリ」の信仰と風習を、正統のキリスト教信仰に対する脅威と見なした。法王特使の殺害が法王にこの異端を根絶しようという決意をもたらした。彼はすぐさま、ガロンヌ川とローヌ川の間の異端を根絶やしにするため、キリスト教徒の騎士全員に十字軍に集合するよう命じた。こうして、アルビジョワ十字軍は、

上：火刑台にひかれるオルレアンの異端。フランス第三共和制がはじまった頃の木版画。「聖女ジャンヌ・ダルク」を異端だとして火炙りにしたと、きつくとがめだてるのが常識になりはじめた頃合いのもので、フランス人のメンタリティーは、いぜんとしてこんなものだともいえる。図版の出典は不明。

左：マグローン司教座聖堂助祭ペール・ド・カストノーが暴漢に襲撃された場面を描いている。殺害現場は、ローヌ河谷のさる旅籠だったという伝えもある。このフレスコ壁画がどこのものかは不明。

第Ⅲ部第5章　アルビジョワ十字軍

右：カタリを攻撃する騎士隊。サンドニ修道院の修道士の書いた年代記の14世紀の写本飾り絵。鎖帷子鎧の描き方は14世紀の描き方で、横縞ではなく縦縞に描く描き方もあった。

キリスト教信徒が他のキリスト教信徒を殺すことに対しあらかじめ救済が約束された最初の「聖戦」として、20年もの間、血なまぐさく続くことになったのである。

イノケンティウスは、トゥールーズ伯レーモンに忠誠を誓った者は、全員もれなく、法王の「使徒の座に由来する」権威によって、その忠誠の誓いを破棄できると宣した。レーモンが自分の罪を大いに悔いていると証明するには、自分の所領から異端を抹消するほかに手立てがなかった。それが達せられるまでは、十字軍士は、全員、不信心者の異端を見つけ出し、トゥールーズ伯の領土を浄化するよう、大いに努力しなければならない。「異端信仰を止めようとせぬ者たちを、かのサラセン人に対するよりも、さらに勇敢に攻撃せよ」と、イノケンティウスは布告した、「なぜなら、異端はサラセン人よりもっと邪悪なのだから」

宗教的背景

12世紀は、たとえばマース川中流のライク（フランス近代語名リエージュ）で「ベガール」と呼ばれる「異端」が知られたように、各地に、ローマ・カトリック教会の統制に従おうとしない信者集団が出現した時代である。たとえば「ベガール」は、ついに14世紀に「異端」として解散せしめられたが、「アルビジョワ」ないし「カタリ」のばあいのように、武力が行使されてではなかった。そこが「アルビジョワ」ないし「カタリ」のキリスト教会史において特異な点である。

法王イノケンティウスの態度は、ローマ法王庁の歴史に一段階を画するものであった。11世紀に「正統」の立場を立て（聖職叙任権闘争）、12世紀に「異端」に対して説得工作を続けてきたローマ教会は、13世紀に入って、「異端」に対する武力闘争に踏み切ったのである。異端は癌であるとイノケンティウスはいう。キリスト教共同体の「肉体」中に広がる前に切り取らなければならない、と。

イノケンティウスの聖戦

「イエス・キリストの代理にしてペテロの後継」たるイノケンティウス3世は、自身を神と人間との間、つまり「神の下だが人の上にあり、神に劣るが人に勝り、全てを裁く者、しかし誰からも裁きを受けない者」であると任じていた。いまだかつて世に対してこれほど壮大な命令権を誇示して見せた、あるいは信徒たちに対してこれほど大きな責任を負って見せた法王はいなかった。彼は、何百年も身を潜めていた異端の、小さくずる賢いキツネどもが隠れ家から這い出てきて、キリスト教徒を破滅させる機を窺っていると信じた。狐のように主のぶどう畑のあちこちに散らばっているこれらの異端が、レーモン6世の領土で群れをなしているとも言い張った。異端という癌は教会にずっと巣食っている病には違いない。しかも、最近見るところ、異端はひどい熱病のごとくどんどん蔓延しているので、もし完全に、いますぐ、すばやくそれが滅せられなかったとしたら、キリスト教のあらゆる命運がそこで尽きてしまう恐れがある。そうイノケンティウスは考えた。イノケンティウスにしてみれば、トゥールーズ伯領における異端に対する十字軍は、キリスト教国のまったき存続をかけた聖戦だったのである。

長い戦い

1209年の息苦しい暑さのなか、一大十字軍がローヌ川に臨むリヨンに集まった。3千の騎兵と8千の歩兵、さらに1万から1万2千の一般人が、法王の呼びかけに応じたのである。女、子どももまじっていた。法王の呼びかけがこれほど熱狂的な反応を民衆から引き出したのは、第1回十字軍の時以来のことであった。

リヨン参集の1か月前、レーモン6世は教会と和解して、「十字を取って」いた。みずから十字軍士に志願したのである。こうなるとトゥールーズ伯を標的にするわけにはいかない。十字軍は、代わりに、ベジエ、カルカッソンヌ、ラゼス、アルビのヴィコント（コント［伯］のひとつの種別。準伯とか副伯とかの日本語対応語が用意されているが、そのどちらも適切ではない。伯に準じるとか、伯に副えるとか、そういう意味ではないからである）、24歳のレーモン・ロジェ・トランカヴェル（1185～1209年）の土地が異端に汚染されている。だから攻撃すると決めた。この若者の上級領主は、トゥールーズ伯レー

> いざ前へ、キリストの兵士たちよ！
> 前へ、キリスト軍に集いし
> 勇猛な兵士たちよ。
> 聖教会の悲嘆の大合唱で
> 己を駆り立てよ。
>
> イノケンティウス3世の発言と伝えられている

モンではなく、バルセロナ伯としてのアラゴン王ペドロ2世（在位1196～1213）であった。

ベジエの包囲

十字軍は1209年7月21日にベジエに到着した。レーモン・ロジェ・トランカヴェルは、馬を飛ばしてカルカッソンヌに逃げた。翌日、交渉が始まった。ベジエの住人は「異端」の引渡しを拒否した。不穏な気配になり、ベジエの住人の側が、十字軍士を殺して、身体を傷つけるという事件が起きてしまった。そこに狂乱の事態が発生した。十字軍の側から何千人もの若い武装従者が、怒りに理性を失い、濠を越え、城壁にとりついて、攻撃を始めた。

1時間かそこらのことだったという、武装従者の集団は、城門を破壊して、侵入することに成功した。いったんベジエの町に入るや、彼らは、見かけた者全員を、若者だろうが年寄りだろうが、棍棒で殺しはじめた。殺人と破壊のあとは略奪である。十字軍の騎士たちは、略奪がはじまって、ようやく、その場にあらわれて、狼藉をはたらく従者たちを押しとどめようとしただけ

右：現代の画家が描いたシモン・ド・モンフォール。楯の白地に赤十字はテンプル騎士団の標識として知られるようになる。鋼飯鎧はシモンの時代にそぐわない。

だという。町の住人は全員殺され、町は火の海となって、すべてが灰燼に帰した。

カルカッソンヌ進撃

十字軍は、いまだ火のくすぶるベジエの廃墟に、なお3日、滞陣したのち、オード川（ピレネー山脈の分水嶺に発して南行し、カルカッソンヌで東に向きを転じてベジエにいたる川筋。ベジエのすぐ南で地中海のリヨン湾に入る）を遡行してカルカッソンヌへ向かった。8月1日にカルカッソンヌに到着し、城壁で囲われた市中に籠城したレーモン・ロジェ・トランカヴェルを交渉の相手とせず、3日後の夜明けに攻撃を開始し、城壁を攻略した。レーモンは、住人とともに城郭にこもる。のどの渇き、熱さ、怖れ、それに女こどもの泣き声に苦しめられ、8月15日、レーモンはついに降伏した。

シモン・ド・モンフォールは、遠征行に参加していた聖俗諸侯の同意の下に、新しくベジエ、ラゼスならびにアルビのヴィコントになった。レーモン・ロジェ・トランカヴェルは牢屋に入れられて、おそらくは赤痢にかかって、その年の11月10日に死去した。

シモン・ド・モンフォールは、セーヌ川中流南岸、ランブイエの森の北の森陰のモンフォール・ラモーリー領主領の家系に出る。ラモーリー（ル・アモーリー）は先祖の名前に由来する。モンフォールは砦といったほどの名付けで、小高い高みに円塔の結構を、けっこう原型をとどめて、いまに遺している。

シモン・ド・モンフォール

古くから「フランスのシャトラン（城主）」の家筋というわけだが、シモンは発展的なタイプの男だったらしく、十字軍に参加して、アドリア海岸のザラを攻撃する軍勢に加わっている。そのあと、十字軍はコンスタンティノープルへ向かうのだが、シモンはなにか別に考えがあったらしく、シリアへ出かけて、なにかしていたようだ。シモンは1207年には自分の領地にもどっていたようで、そこへ法王イノケンティウスの勧説で「アルビジョワ十字軍」だという。

ノルマンディーのオート・ヴィル（高い城町）の一族の12人の兄弟が、南イタリアへ傭兵の仕事を請け負って出かけていって、そのうちのひとりロベール・ギスカール

左：ベジエ包囲戦。現代の画家ダニエル・ルモジー作。この本の68頁に「木造の障壁が、しばしば城壁、特にゲートハウスの前方に建てられた」と見える。「城」の章、とりわけ「城と戦い」のセクションを参考にしてこの絵を見るとおもしろい。ただし、騎士の鎖帷子鎧の描き方はおかしい。

右：カルカッソンヌから追放されるカタリ。1320年代から30年代にかけてパリで活動していたジャン・プセルという画家がいた。小紋の壁紙ふうに背景を描いているところなどが、この写本飾り絵がそのアトリエの仕事であったことを想像させる。

がローマ法王に臣従してアプリアとカラブリアを授封された。一番下の弟は、法王の命令でムスリムの島シチリア島に入り込み、100人あまりのノルマン騎士の活動で、だいたい1090年ごろまでに征服を完了した。

ベジエ、カルカッソンヌ、ラゼス、アルビのヴィコント

フランスの領主シモンの目から見ると、南イタリアと南フランスが重なって見える。ピレネー山脈の南東麓、オード川の流路、往時ガロンヌとその支流タルンの流域、また往時ナルボ道のリヨン湾岸の土地。現在のオード県、タルン県、エロー県に、トゥールーズ伯家を最大の勢力として、その他、群小の諸勢力が競い立っていた。「ベジエ、カルカッソンヌ、ラゼス、アルビのヴィコント」というのもそのひとりである。

ベジエはリヨン湾岸の城町。ベジエの南でオード川が海に入る。そのオードを遡行して、飛ぶ鳥の距離にして70キロメートルでカルカッソンヌ。カルカッソンヌからオードは南に折れてピレネーの山肌に渓谷を刻む。そのオード渓谷の西側に一山置いて、その西側の盆地がラゼスである。これはラゼスという特定の城町を指すものではなく、「ラゼス領主領」をいっている。

アルビはカルカッソンヌから北に、飛ぶ鳥の距離にして80キロメートル。これだけの広い領域を、レーモン・ロジェ・トランカヴェルが「ヴィコント領」として、一円的に領していたというわけではない。トランカヴェル家という一族がこのあたりに根を張っていて、この4つのほかにも、さらに東寄り、ローヌ河口域寄りにアグド、ニームといった領地を押さえていた。12世紀半ばに、この一族の3人の息子というのが、それぞれ領地をわけとっていて、レーモン・ロジェの「ヴィコンテ（伯権）」というのはそういうものだった。

北のモンフォール・ラモーリー家のシモンはその「ヴィコンテ」を狙った。ベジエとカルカッソンヌを血祭りにあげて、シモンはその望みを果たした。周囲の状況はかれに有利と見えた。ローマ法王は「十字軍」の成果を認めてこれを祝聖した。フランス王家は、いずれにせよこの地域の現状を変更することに不都合は感じていなかった。シモンとその仲間の「十字軍」の行動は、さしあたり黙許されていた。

モンフォール活動中

トゥールーズ伯レーモン6世はまだ動かなかった。いずれにせよ、レーモン・ロジェ・トランカヴェルは彼の家臣ではない。レーモン・ロジェの宗主はアラゴン王ペドロ2世なのだ。ペドロが救援に来ればよい。彼は、異端撲滅に協力せよ、さもなければ破門だというローマ法王の脅しをぬらりくらりとかわして、事態を静観していたのである。

シモン・ド・モンフォールは、次の目標をラヴォール（あるいはラヴァウル）に定めた。アルビとトゥールーズの中間点、アグー河畔の城町である。1211年5月3日、6週間の包囲の後、ラヴォールは陥落した。異端の嫌疑を受けた住人400人が、牧草地に集められ、焼き殺された。この虐殺の進行中に、守備隊の騎士80人が斬殺されたが、当初、騎士たるものにとって恥となる死に様である絞首が予定されたのだが、絞首台が崩れて、処刑の方法が変更されたのだったという。

シモン・ド・モンフォールはトゥールーズ伯の領地に侵入する。トゥールーズの住人は、1211年6月16日、十字軍士が南東の城壁の前面にキャンプを張るのを目撃した。しかし、シモン・ド・モンフォールには、これ以上、なんとも打つ手がない。応援はこない。兵糧も底をついた。何回か急襲をかけてはみたが、成果はおもわしくない。6月29日、シモンは包囲陣を解き、カステルノーダリー（トゥールーズとカルカッソンヌの中間点）に退いた。以後、彼は馬の首の方向を変えて、フォワ伯レーモン・ロジェの領地へ侵入を開始する。

アラゴン王が介入する

フォワ伯家は、トゥールーズからアリエージュ渓谷をさかのぼったフォワに根城を置く。フォワの城町から渓谷をさらにつめれば、ブール・マダームでピレネーの峠

を越して、道はバルセロナへ向かって下る。ブール・マダームから東側へ降りる沢筋があって、テート川である。ペルピナンを貫流して、地中海の西岸、リヨン湾の西に入る。ペルピナンを主邑とする土地がルシオンである。この時代、ルシオンはバルセロナ伯の支配下にあって、バルセロナ伯はアラゴン王ペドロ2世が兼ねていた。トゥールーズ伯、フォワ伯、バルセロナ伯、また、ベジエとカルカッソンヌの「ヴィコント」、彼らはピレネー山脈東南麓からリヨン湾沿海にかけて、それぞれが独立不羈の存在感を示していた存在であって、いま、北フランスの一領主シモン・ド・モンフォールが仕掛けてきた。その仕掛の罠に、ベジエとカルカッソンヌのヴィコントがはめられた。

カスティーリャ王アルフォンソ8世の大勝負、1212年のラス・ナバス・デ・トロサの戦いに、ペドロ2世は左翼の陣を預かった。1年後、ペドロは、ブール・マダームの峠越えの道をとってフォワの城町に入り、1213年9月12日の朝、トゥールーズの西南西20キロメートルのガロンヌ河畔ムレに滞陣中のシモン・ド・モンフォールの軍勢を襲撃した。

その時点で、十字軍の方では、十字軍の軍役誓願の40日が過ぎたと、帰国する部隊が続出する時期に当たっていたので、シモンの方は、なんともお粗末な陣容でしかなかったのだが、ただ、騎士隊がしっかりしていて、これの活躍で、ペドロの陣立てが崩れ、ペドロ自身、戦死する羽目になった。1時間もかからない勝負で、トゥールーズ伯は剣を抜き合わせることなく、トゥールーズ城へ逃げ帰った。

トゥールーズ伯が破門された

トゥールーズ包囲が2年間を越して1215年11月、ローマのラテラン宮で公会議が開かれて（11月11日から30日まで、第4回ラテラン公会議）、法王イノケンティウスは、「カタリ派」と「ヨアヒム・デ・フィオーレ」の思想を異端と断じる宣言に署名した。トゥールーズ伯レーモン6世は、異端を撲滅する任務を放棄したとみなされて、破門され、トゥールーズ城市をはじめ、動産不動産の所有物一切を召し上げると宣告された。シモン・ド・モンフォールが新たにトゥールーズ伯に任命された。レーモン6世とその息子レーモンは、身辺無一物でトゥールーズの城門を去った。

トゥールーズ伯父子は、亡命先から、精力的にレジスタンス活動を開始した。1年経たないうちに、彼らはアヴィノンとボーケールをとりかえした。1217年9月13日、父レーモン（1156～1222年）は、トゥールーズにひそかにもぐりこむことに成功した。町の住人は彼の帰還に沸き立ち、町に駐屯していた十字軍士隊に対して反乱を起こした。シモン・ド・モンフォールは、当時ローヌ渓谷にいたのが、すぐさまトゥールーズへ向かい、トゥールーズの南の城壁を包囲攻撃した。トゥールーズの住人が町中で十字軍士を襲い、彼らをシモンとその配下が攻撃したのである。

包囲は9か月におよび、両陣営とも人員資材を補充し、傭兵隊長と契約を交わし、城門攻略用投石機、大投石機、その他の投石具を建造するなど、精力的に活動した。シモン・ド・モンフォールは、1218年6月25日、大投石機から飛ばされた石に頭骨を砕かれて死亡した。女性が操縦する石投げ機だったという。1か月後、十字軍は、トゥールーズ前面から撤退した。

左：サンドニ修道院の修道士が書き継いだ年代記の14世紀の後半、おそらくシャルル5世の代に制作された写本の飾り絵の一葉。四つ葉のクローバーの上下左右に小さな三角形が突き出ている枠取りはこの時代特有のもの。楯の紋章も、衣装の図案も描いていないのは他にもある。これを無視、蔑視の意味にとろうとする意見があるが、それはどうか。

右：シモン・ド・モンフォールの死。このスケッチに見える楯の紋様がおもしろい。楯面十字分割。左上から右下へ、太いベンド。右上と左下に斜め格子。色は不明。騎士の着用する鎖帷子鎧もこのデザインの上着を着けている。モンフォール・ラモーリー家伝来の紋章図案か。

十字軍の終結

シモンの息子エムリー・ド・モンフォールは、父の十字軍仲間からトゥールーズ伯に推されたが、レーモン6世とその息子の意気揚々たる進軍の前に、父親の獲得した領地をすべて失った。1216年、新しく法王座についたホノリウス3世（在位1216～27年）は、フランス王フィリップ・オーグストに対し、レーモン父子に対する十字軍を続ける意志があるなら、十字軍10分の1税の収入分の半分をわけようと相談をもちかけた。フィリップ・オーグストは、カペー家相続予定者の息子ルイを派遣することにした。後のルイ8世である。ルイは、1219年5月、アキテーヌを通ってガロンヌ川流域に入り、マルマンド（ボルドー東南東70キロ、ガロンヌ河畔）を血祭に上げた。老若男女5,000がばらばらに切り刻まれた。この虐殺の後、トゥールーズへ進軍し、6月16日、包囲陣を敷いた。包囲戦は6週間決着がつ

第Ⅲ部第5章　アルビジョワ十字軍　217

左：ジオットが描いた「聖フランチェスコ伝」第17図「法王ホノリウス3世の前での説教」（アッシジのサン・フランチェスコ聖堂上院）。説教するフランチェスコは画面の左手の外に位置している。制作年代は1296〜99年頃かというのが最有力の説。

モンセギュールの虐殺

十字軍が公式に終わったあとになっても、なおしばらくは、ピレネー山中の峰々の城に、異端として追われた騎士とその家族が隠れ住んでいた。モンセギュール城がなかでもよく知られている。何百メートルもの絶壁がそそりたつ独立岩峰（標高1216メートル）の天辺に、主塔と城壁を備えた城が建っている。記録では1204年に城は再建されたというから、なにかアルビジョワ十字軍の到来を予想して、ピレネー山中に最後の拠り所を作った感がある。城は百人を越す騎士が守りを固め、中庭から城壁の外にかけて、カタリ派の信徒集団の居住区が作られた。カペー家の跡取りルイは1226年の生まれで、まだ親政についていない。その母御ブランシュ・ド・カスティーユ独裁が続いている。1242年、ブランシュは、アヴィノネ（トゥールーズ東南東40キロメートル）の異端審問所が、モンセギュールから打って出たテロリスト集団に襲撃されたと知らされた。ブランシュは攻撃を指令した。1243年7月、1万の王軍が砦を包囲した。8か月もの包囲戦ののち、休戦協定が成った。騎士たちは城から撤収する。カタリの住民と聖職者から207人が選ばれて、焚刑による殉教の栄冠を得る。ローマ・カトリック、カタリ派双方の立場が立った。

かず、40日間の十字軍の義務は果たしたということか、ルイは8月1日、突如包囲を解いて北フランスへ帰った。

3年後の1222年8月、いまだ破門されたままであったレーモン6世がトゥールーズに没した。カルカッソンヌにいたエムリー・ド・モンフォールは、その後もレーモン7世（1197〜1249年）と談合をくりかえし、なんとか自分の立場を立てようと努力したのだが、それも実らず、1224年1月、エムリーは、トゥールーズ伯領に対する請求権を放棄して、北フランスへ帰った。

フランス王のアルビジョワ十字軍

しかし、ローマ法王庁はあきらめなかった。レーモンはカタリ派に対する迫害を停止した。そのために異端がふたたび蔓延しはじめたと、法王ホノリウス8世はレーモンを咎め立て、1225年11月30日、レーモンを破門し、十字軍の続行を宣言したのである。法王特使ロマーヌス・フランジパーニとルイ8世（1223年にカペー家を相続、フランス王になる）の十字軍である。1226年9月、3か月の包囲の後にアヴィノンを攻略して、トゥールーズへ進軍した。ところが、そのルイ王が、1226年11月8日、アヴィノン包囲中に得た病がもとで死亡したのである。

1229年4月12日、パリ条約が公的に十字軍を終わらせた。レーモン7世は、ローマ・カトリック教会と、まだ15歳の若いフランス王ルイ9世（在位1226〜70）に対する恭順を誓った。レーモンは地中海岸の支配地の多くを割譲した。カルカッソンヌ、ベジエ、アグド、ニームといったところである。また、アルビ地方もタルン川以南はとられた。ほぼ以前の支配地の3分の2である。しかし、トゥールーズ地方、ルーエルグ、ケルシー、そうしてアルビ地方のタルン川以北は確保した。

北の王家の支配地となったところは、やがて「ラングドック」とよばれるようになった。「オックの言葉」という意味だが、感動詞の「はい」を「ウッ（ク）」といったことからだと説明される。北フランスの「ウーイ」派がやがて「ウッ」派を退治していく。これもまた、というよりも、これこそが「アルビジョワ十字軍」なのだった。

アルビジョワ十字軍が終結したにもかかわらず、その記憶は長い間なかなか消え去らなかった。「ラングドック」では、北フランスに対する怒りが長く続いた。19世紀の歴史家は、異端を勇敢に自由を求めた戦士とするロマン主義的な見方を作り出した。イギリスの歴史家は彼ら異端を最初のプロテスタントといい、フランス人は、聖職者に反感を持った理想主義者に見立てた。だが現実の彼らは、騎士と町の住民と農民との混成集団で、自分たちはキリスト教信仰の本当のところを信仰しているのだと信じていただけのことだった。

第Ⅲ部第6章

百年戦争

百年戦争は、イングランドとフランス両方のナショナル・アイデンティティーを形成した後期中世でもっとも重要な戦争であったと考えられている。この戦争はフランス王位をめぐる争いではあったけれども、ヨーロッパ全土にわたって、政治と戦争の動向を左右するにいたった。

百年戦争は、なにも厳密に100年間をいうわけではない、大よそ1340年から1453年までの期間にわたったと考えられている。連続したある期間の戦争状態をいうのではなくて、後代の歴史家が、問題の期間の一連の軍事行動を、それぞれ全体の部分と見て、そこから集合的に名づけたものである。この戦争は、イングランドのガーター騎士団や、フランス方のジャン王の星の騎士団といった特徴的な騎士団の形成と期を一にして起こった。以後、さまざまな騎士団が作られて、それら騎士団の規則などを見ると、なにか騎士道をかたちづくる諸規則の主要な部分が、この時代を通じて初めて整えられたかのように見える。私的戦争と公的戦争との間に引かれる線は、中央の王権が暴力をどんどん独占的に統制すればするほどより明瞭さを増した。とはいえ、「騎士道の規律」など意に介さない職業的傭兵が多く現れ出たり、あるいは弓矢が、さまざまな機会にさまざまなかたちで用いられるようになったり、数多くの要因によって戦争の作法が試された時代でもあった。

戦争のさまざまな原因

百年戦争は、それまで2世紀間にもわたったイングランド王家とフランス王家の関係史につながる出来事と見ることができる。抗争の原因は、両王家の関係における権利と義務に関する解釈が両王家それぞれに異なったというところに見出されるであろう。イングランド王のエドワード3世（1327～77年）はフランスのアキテーヌを支配したが、これによって、フランス王のフィリップ6世（1328～50年）に、軍事的奉仕義務を含むかなりの義務を負っていた。そのかぎりにおいて、エドワードはフィリップの家臣だったのである。そのことは、アキテーヌの住民たちが、何か自分たちの意にそぐわないことがあったときには、エドワードの頭越しにフランス王に対して訴えることができるということを意味した。このアキテーヌに対する支配権の限定的な状態は、アキテーヌをイングランド王国の一部として取り込むことを著しく阻害していたのである。

一方、エドワードは、1429年、フランス王家のカペー家の男系が絶えた時、自分が母親であるイザベルを介して、カペー家の最近親である（カペー家最後の王の従兄弟）と主張し、フランス王位に対する権利を要求したのだったが、これはカペー家の傍系であるヴァロワ家のフィリップによって退けられていた。エドワードは、アンジュー家（プランタジネット家）を相続してしばらくは、若年であるという理由によって、母親イザベルの監督下にあったが、やがて成人して親政に入るや、フランス王フィリップ6世に対して臣従礼を立てることを拒否し、1340年、フランドルのヘント（ガン）に進駐して、フランス王を名乗った。百年戦争が始まった。

戦争はどう戦われたか

アキテーヌ方面では、フランス方は野戦に訴えるというよりは、敵の出城を包囲したり、ゲリラ戦法でしつっこく相手方を悩ませるといった手に出た。イングランド方は「シュヴォシェ作戦」をとった。これは馬で行くことといったほどの意味あいで、隊列を組んだ騎馬隊が、敵地を巡行する。これには略奪の目的がないわけではなかったが、むしろこれはデモンストレーションの狙いが強かったらしく、こうして敵地を横行してみせているのに、フランス王はなにもすることができない。フランス王は自領を守る能力に欠けている。フランス王はその地位の正統性に見合っていないとエドワードは宣伝したのである。

もしフランス方がイングランド方の「シュヴォシェ」を途中でさえぎれば、そこで戦闘が始まったに違いない。だが、自分の方にも危険が降りかかるかもしれないのだから、戦闘はどちらの側にとっても好ましい選択ではなかった。正々堂々の会戦

右：ガーター騎士団員が騎士団の守護聖人セント・ジョージに跪拝礼をとっている。騎士団員の正装を着けていて、図案はイングランド王家の楯紋図案である。壁に「ガーター騎士団」の名前の由来である「靴下留め」の飾り物がふたつ。騎士が王冠をかぶっている訳が分からないが。

右：『フロワサールの年代記』の写本飾り絵。1360頃の作か。「スロイスの海戦」の様子。舷側を接して相手の船に乗り移って戦うのが当時の海戦であった。

下：イングランド王エドワード3世と伝えられる肖像。とりたててこれがエドワードであることを示す徴表は見られない。

では、神はもっとも正義にかなった側に勝利を授けてくれると、広く信じられていた。このような正面からの衝突はオーディール（神明裁判）と考えられたのである。オーディールは、火の審判とか、水の審判など、さまざまな形態のものがあるが、この場合はバトルによる裁判である。しかし、神は、なにかまったく別なことのせいで巻き込まれた人間を罰することはないとはだれにもいえず、また、罪のない人間というものは、考えてみればそれがいるという保証はどこにもないのだから、バトルによるオーディールは、どちらの側にとっても危険に満ちたものだったということなのだった。ましてや、なんの保証もない行きずがりのバトルなど、危険きわまりないことははなはだしい。だから、「シュヴォシェ」する方もされる方も、おたがい息を殺してにらみあうというふうだったのである。

軍の構成

イングランド方では、兵士はインデンチュアーと呼ばれる契約で徴募された。文書を作成して契約を取り交わし、その複本をとって、その同じ文書を共有するやりかたで、だから複本契約と日本語に置き換えることもあるし、また、もともとは1枚の書類をふたつに引き裂いて、切片がギザギザの紙切れを共有するというふうだったので、割符契約ともいう。隊長を介して結ばれる割符契約は、なにしろ一定数の兵士を適正な価格で確保するのに好都合の傭兵契約であって、用船などの都合を考えると、このシステムは、イングランド本領からアキテーヌ領へ兵員を補給する場合などにうってつけのものであった。

フランス方は、伝統的に大領主が配下の騎士領主たちに課してきた軍役義務にあいかわらず頼っていた。じつに百年戦争が終わりかけるまでそうだったのであって、一方では、歩兵を中心とする兵員の一部は、地方の町村と王家との契約によって提供されるミリティアと総称される兵力に頼っていた。騎士領主の騎馬隊と、町方の歩兵隊である。

エドワード王の進軍

エドワードはフランドルからフランスへの攻撃を開始したにもかかわらず、意外なことに、最初の大きな戦闘は陸上ではなかった。エドワードの艦隊はフランドルのスロイス沖でフランス艦隊を撃破した。スロイスは、いまは内陸に入り、オランダ領だが、当時はフランドル伯領で、ブルッヘの北の湾岸の町であった。（後述）

スロイスの勝利の後、エドワードはフランドルへ兵を入れ、スヘルデ上流のドルニーク（フランス語名トゥールネ）包囲を行なったが、これは成果が挙がらなかった。

1346年、エドワードはノルマンディーのコタンタン半島の東岸サン・ヴァースト・ラ・ウーグに上陸した。かつてジョン王が乗船してイングランドへ去った、その地点に近い。143年ぶりにアンジュー家の王が帰ってきたという誇示であって、これは騎士道からしか説明できない。なぜならば、コタンタン半島へ上陸するということは、セーヌ川の南岸に入るということであり、セーヌ川を渡って北へ向かうにはおよそ不利な選択であったからだ。当時セーヌ川には数か所にしか固定的な橋はかかっておらず、橋のたもとや浅瀬の渡場の北岸にはフランス王家の軍勢が張り付けられていたからだ。

結局、パリのすぐ近くまでセーヌ川の南岸を進軍して、ようやく渡河して北に向かった。アルトワのクレシーでフランス王軍4万と戦った。エドワード側は1万3千。うち3千は騎士隊というが、この数字はどうも誇張されている。フランス方のジェノヴァ人大弓隊の活動が目立ったが、エドワード方の騎士隊を除く1万の大半を占めた長弓隊がフランス方の騎士隊の活動を封じ込め、戦闘はエドワード方の圧倒的な勝利に終わった。（後述）その勢いのまま、エドワードの軍勢はカレーを占領し、これをイギリス人の町にした。

1348年から1350年にかけて、「黒死病」が西ヨーロッパに蔓延した。ペスト桿菌が肺やリンパ腺を破壊する病気だが、死亡率が高く、イングランド全島について、災害発生時の人口を420万と推算し、死亡率を30パーセント台

軍隊の評判

百年戦争が始まった当初、イングランド人の軍隊の評判は実際にはそれほど高いものではなかった。しかし、スコットランド人相手に実験された、騎士が下馬して、馬を楯に弓射手が弓を射るという連携プレイは、フランスでも上々の成果を挙げると証明された。イングランドの軍隊に雇い入れられる弓射手の数は着実に増え続けていって、ついにはその数が騎士の人数を上回るほどまでになったのである。スコットランド人やアイルランド人と戦った経験は、戦闘時だけではなく、移動する場合でさえも、ほとんどの兵士が馬に乗る、機動性の高い部隊を育てる方向に作用した。

と見る見方がある。3人に1人が死んだというが、歴史人口統計学は、まだ「黒死病」の全容に迫っているとはいえない。

領主の領地経営が打撃を受けた。小作人が激減し、農業労働者の賃金が高騰した。商業ルートが、黒死病の跳梁する土地を避けて、比較的被害の少ない土地を選ぶようになった。ドイツのライン川中流からドナウ川の南のアウクスブルクへ抜ける商業路は、この時期に開発されたものである。現在「ロマンティック街道」などと呼んでいる観光ルートがそれである。

しかし、「黒死病」の災禍も、1世代、2世代置けば、傷跡もふさがれる。14世紀前半の経済と人口の落ち込みは、この大災害を契機として、逆にプラスの方向に転じたという皮肉な見方もできる。むしろ、おどろくべきことに、黒死病の後も「百年戦争」は、それ以前と同じリズムを刻んでいる。なにか社会・経済のありようの大変動も、政治と騎士道にはなんら関係しなかったかのようなのだ。

エドワード3世と妃フィリッパ・ド・エノーの長子で、ウッドストックで生まれたところからエドワード・オブ・ウッドストック（1330〜1376年）は、ふつう「ブラック・プリンス」と呼ばれるが、これはエドワード在世中の通り名ではない。「プリンス・オブ・ウェールズ」（1443年から）や「プリンス・オブ・アキテーヌ」（1362年から10年間）の称号をとったことからか、後代、そう呼ばれるようになったらしく、「ブラック」はかれが好んだ衣服の色合いかららしい。

1356年、弱冠26歳の「プリンス・オブ・ウェールズ」エドワードは、6〜7千の軍勢を率いてボルドーを出立し、北上して、当時ノルマンディーで作戦行動中だった弟のランカスター侯ジョン（ジョン・オブ・ゴーント）と連携するべくロワール川を北に越えようとした。現在、ポワチエの東南10キロメートルほどのミオッソン川（クラン川の支流）の東岸にヌアイエ・モーペルテュイ修道院遺跡がある。そのあたりでフランス王軍につかまった。フランス王は1350年にジャンにかわっている。ジャンの率いた軍勢は1万6千ほどだったという数字がある。（後述）

9月19日に終わった三日間の戦闘の帰趨は、フランス軍の大敗に終わった。ジャン王は捕虜になった。以後、ジャン王はロンドン塔で「王者の待遇で」暮らすことになる。一方、エドワードは、1359年10月末にカレーに上陸して、その足でシャンパーニュ方面へ進み、12月初頭、ランスに到着した。どうやらランス大聖堂でフランス王としての王塗油の秘蹟

右：カーンは西ノルマンディーで最大級、人口8千から1万をかぞえる。ウィリアム征服王の築いた城とその下に形成された城町と、川向こうのサンジャン教会の門前町の二つから成っていた。この二つの町の結節点にサンピエール門が位置していて、この絵はその門をくぐって城町に逃げ込もうとする守備隊側の白十字の兵士たち、追撃して矢を射かけ、槍で突き刺す赤十字のイギリス勢を描いている。

左：征服者エドワードに市の鍵をさし出して住人の安全を懇願するカレーの町の助役たち。この絵の人物の造形といい、背後の壁紙ふうの壁面の装飾図案といい、1403年に出版されたボッカチオのフランス語版の著述に挿絵を描いたフランドル人の絵師（パリで活動していた）の仕事にとてもよく似ている。

上：左手の男性は王冠をかぶっていて、王であることは推量できるが、これがヘンリー5世であることを示す徴表は見えない。右手の男性は、左手に持っているポシェットふうの持ち物から、書記であることはうかがえるが、だれと特定することはできない。両人がつまんで引っ張り合っている紙切れが何なのかは推量の限りではない。

を受けようとしたらしい。しかし、ランスはエドワードの入市を拒み、やむをえず、エドワードは、南に向かい、ブルゴーニュで冬を越した。翌年春、エドワードの軍勢は、イーオン（ヨンヌ）川筋からセーヌ川筋に入ってパリ近くまで進み、そこで話しあいがあって、エドワードの一行はさらに先のシャルトルまで進み、シャルトル近郊のブレティニーに布陣して、フランス王家代表団の到来を待った。まもなくやってきたフランス王家方とイングランド王家方が協議して、5月8日付で和平条約が作成された。ブレティニー条約である。正式の調印は、後日、カレーで、フランス王ジャンも同席の上、行なうという話しあいになった。だからブレティニー-カレー条約ともいう。

この条約は、1259年のパリ条約で両者間で認証された、イングランド王によるアキテーヌ領有に関する原則の確認という性質をもっている。また、クレシーの戦い以後に生じた事態として、カレー領とその周辺の領地についてもブレティニー条約は、イングランド王の取り分について明瞭に規定していて、なんのけれんみもない。だから後代（現在のフランス人歴史家もふくむ）はブレティニー条約についてきびしい。条約はフランス王の「スヴランテ」を十分配慮していないと非難する。「スヴランテ」は「王であることによって発生する権利の全体」をいうとかれらは解釈する。ところが15世紀以前の「フランス語」の用語として「スヴランテ」は、「封建宗主であることによって発生する権利の全体」をいったのである。

1364年にジャン王を継いでフランス王になったシャルル5世は、1369年にアキテーヌ方面での戦闘を再開した。ブレティニー条約はないがしろにされて、イングランド方は一方的に追いまくられる情勢となった。エドワード3世は1377年に死去し、それ以前、すでにプリンス・オブ・ウェールズは死去していたので、その息子のリチャードがイングランド王位についた。まだ10歳の少年であ

る。その叔父のランカスター侯ジョンやケンブリッジ伯エドマンド（1485年からヨーク侯）との関係は安定性を欠いていた。

フランス方でも、1380年にシャルル5世が急死した後、その息子で、まだ12歳のシャルルが王位について、叔父たちが後見することになり、王政は安定性を欠いていた。おまけに、1388年にいったん親政をとることになったシャルル6世が、4年後に精神的に不安定な症状を呈するようになり、フランス王国は、党派対立の時代に入っていくことになる。

イングランド王国では、1399年に、リチャードと、叔父のランカスター侯ジョンの息子のヘンリーとの対立がきびしくなり、リチャードは議会によって退位を強制され、ヘンリーが王位につくことになった。ヘンリー4世である。

ヘンリー4世は、まだ「フランス戦争」の再開に消極的であったが、1413年に後を継いだヘンリー5世は、フランス方で党派対立から内乱が発生した状況を利用して、1414年の秋、フランス王家に対して、王女カトリーヌとの結婚、婚資として200万リーヴル（ブレティニー条約によって決定されたジャン王の身代金のうち未払い分はもちろんいただく）を要求した。結婚の承諾と婚資の支払がない場合にはノルマンディー領をいただく。これがヘン

リーの真意であって、結局、1415年8月、騎士2千、弓兵6千を乗せたヘンリーの船団がセーヌ河口水域に入り、北岸のアルフルールを攻略した。9月なかばには町の住人を追い出し、イギリス人の町に変えた。第二のカレーにしようという腹があったらしい。その後、ヘンリーはノルマンディーを北に進んで、カレーを目指した。エドワード3世の戦略をまねた形になった。まねたのはイギリス方だけではなかった。フランス方も、また、この事態に対処するのに、フィリップ6世の故智に倣おうとしたのである。第二のクレシーが起きた。アジンコートの戦いである。（後述）

2年後、1417年8月、ヘンリーはふたたびノルマンディーを襲った。今度はセーヌ河口水域の南岸、2年前の上陸地点、コー岬のサンタドレスからまっすぐ南のコタンティン半島北岸のトゥーク河口に上陸した。エドワード3世の二の轍をふむことになるか？

西ノルマンディーへ入ったのでは、セーヌ南岸を行くことになって、カレー方面へ進軍するには不利である。ところが、ヘンリーには北に逃げるつもりはこれっぽっちもなかった。トゥーク河口に立ったヘンリーは、ノルマンディーはわが父祖の領地。ノルマンディー侯がいま戻ってきたと宣言したという。『ヘンリーの事績』という本に書いてある。

ヘンリーはノルマンディーを占領した後、セーヌをさかのぼって、東へ、パリへ、征服の手をのばす。他方、フランス方では、ブルゴーニュ家の勢力が拡大し、1418年5月、パリがブルゴーニュ侯の軍政下におかれた。その折、それまでパリと王家を牛耳ってきたブルゴーニュ家の反対党派アルマナック党の一部は、王太子シャルルとともにパリを脱出し、ロワール川の南のベリー侯領の首府ブールジュに政権を立てた。王太子は15歳。それなりの分別はあったろうに、翌年9月、アルマナック党はとんでもない事件をひきおこした。ブルゴーニュ侯ジャン・サン・プールを謀殺したのである（モントロー事件）。

ジャン・サン・プールの一人息子フィリップは1396年の生まれ。23歳の若者である。母親はバイエルン侯女マルガレータ。祖母はフランドル伯女マルグリット。フィリップは祖母の縁で、フランドル伯とブルグント伯を兼ねる。母親の縁で、ネーデルラントのエノー、ホラント、セーラント3伯領の相続人のリストに名を連ねる。そういうフィリップの、ブルゴーニュ侯家の、ブルゴーニュ侯国の国際的環境が、フィリップとマルガレータの判断を狂わせることはなかった。イングランド王にしてノルマンディー侯ヘンリー・オブ・ランカスターは、これを機会にブルゴーニュ侯フィリップ・ル・ボンに対して同盟を提起した。フィリップとしては、これを拒むべき理

上：会戦を前にして、スロイスの町人と談合するフィリップ6世。白い王冠をかぶっている。ユリ紋のマントがフランス王であることを示している。

由がなかった。11月2日、ヘンリーの派遣した使節団とブルゴーニュ侯家顧問会議とのあいだに同盟予備条約が調印された。

翌年、1420年5月20日、ヘンリー5世は1万2千の軍勢を率いてトロワに到着し、翌21日、王妃イザボー・ド・バヴィエールと、シャルル6世の名代としてのブルゴーニュ侯フィリップとのあいだに、ランカスター－ヴァロワ両王家間の同盟条約をとりかわした。これはブルゴーニュ侯家がランカスター家ととりかわした同盟条約のいわば延長線上にあるものであって、いずれブルゴーニュ家は、同じような同盟条約を、ブルボン侯家、サヴォイ侯家、ブルターニュ侯家、イングランドのベドフォード侯家などとのあいだにとりむすんで、同盟体制を構築し、家運発展の方向をネーデルラントに定めることができることになるのである。

> イギリスの弓兵たちは、一歩前へ踏み出して、一斉に、途切れることなく、次から次へと矢を放ったので、なにか雪が降るようだった。
>
> ジャン・フロワサール『年代記』1346年の条、クレシーの戦い。

四つの会戦

百年戦争のここまでの過程で、情勢の推移の方向性をその時々に決定づける要因となった「スロイス」「クレシー」「ポワチエ」「アジンコート」の四つの会戦について、ここで考えておきたい。

スロイス沖の会戦

これを会戦といってすこしもおかしくはなかった。当時ブルッヘ（ブルージュ）の北に、ダンムの町のあたりまで深い入り江が入っていて、入り江の口の東岸にスロイス、西岸にテルマイデンの町があって、そこからは広い湾になっていて、湾をふさぐように島があって、島の西岸にカトサントの町があった。1336年にエドワードがスコットランド遠征に出かけた折、フィリップがスコットランド王家支援のために大艦隊を派遣した頃に比べれば、フランス艦隊はかなり疲弊してはいたが、それでもこの水域にフランス方が集めた艦船は、ガレー船、大型帆船、四角帆の平底船、その他小型船舶を集めて200艘は越した。テルマイデンとカトサントのあいだの水域に、19艘の大船を3列に横に並べて配置し、位置がずれないように鎖でつないだ。

イングランド方は、エドワードの乗船するコグ・トーマス号を旗艦に120艘から160艘、テルマイデンの西の水域に集合して、フランス方の様子をうかがった。フランス方は、せっかく鎖につないだ大船19艘が、潮に流されて、カトサント島の南岸に、縦列を作って鎖につながれる羽目になり、テルマイデン側の水域が開いてしまった。そこにエドワードの艦隊がつっこんだ。フランス方は鎖を切って対抗しようとしたが、操船が対応できず、イングランド方の攻撃に対してなすすべがなかった。

イングランド方は長弓兵の一斉射撃で、フランス方の船を制圧し、横づけして騎士隊が乗りこむ戦法で、おおよそ190艘を拿捕した。スロイスやテルマイデンの町人は、戦局がイングランド方に有利に展開するのを見定めて、自分たちの船を出し、フランス船攻撃に加わったという。1340年6月24日のことであった。

クレシーのカオス

アブヴィルの下流の浅瀬でソンム川を渡ったエドワードの軍勢は、川筋から北に広がる深い森を進軍した。この森はクレシー森と呼ばれるようになる。いまでは森の南半分は開拓地になっているが、そのころはソンム川からすぐ森になっていた。森を抜けるといまはクレシー・アン・ポンチューと呼ばれている場所に出る。メーエ川という細流が森の北縁を作り、北側が台地状にひらけている。エド

上：左上に見える赤の地の旗幟に「パッサント・ガルダント」のライオン紋を平たく三つ重ねたのはブラック・プリンス、エドワードの紋章図案のひとつである。ただしライオンの向きは通常と逆である。通常のは左手に向かって「右前脚を上げて、顔をこちらへ向けて歩いている。剣を振り上げているブラック・プリンスの赤いマントのワン・ポイント装飾のライオンの方が図形としては適切である。

左：ソンム川のブランシュタック浅瀬を渡る際に、エドワードの軍勢は、対岸に待ち受けるフランス方の軍勢と戦った。左手にエドワード方。赤十字をマークにつけている。胸にそのマークをつけた騎士がひとり、対岸の敵勢のなかに入っている。

ワードは南西に開いたその台地の斜面に陣を敷き、長弓隊と下馬した騎士隊を3段に配置した。

1346年8月26日、布陣を完了したのは、もう夕方になっていた。エドワードとしては、今日はこれで終わりで、明日の早朝、戦争開始と予定していたと思うのだが、だいたいそれが騎士道だが、フランス方に、まだろくに陣立てもできていないというのに、突然、動きがあった。ろくに数もそろっていないジェノヴァ人の大弓隊が動き出したのである。どういうわけだかわからないが、数歩動いては、大弓を構えて発射する。それが矢はへなへなで、イングランド方の最前列にさえもとどかない。イングランド方も右翼の長弓隊が応戦した。こちらは斜め上方へ矢を放つ。矢は放射線状に弧を描いて、落下のスピードもエネルギーに変換して、落ちてくる。

「み雪降る冬の林に、つむじかも、い巻きわたると思ふまで、引き放つ矢のしげけく、大雪の乱れてきたれ」(『万葉集』巻2、高市皇子の葬儀に際して柿本人麻呂の作った歌から)大雪のように矢が乱れ飛んできて、という意味です。(前ページ、フロワサールからの引用をご参照)

大弓隊がもろくも崩壊した後に出撃した騎士隊も、同様の運命をたどった。おまけにイングランド方は、この戦闘で砲火器を使ったらしい。まだ石弾だから、火薬の炸裂による被害はなかったが、大砲の音におどろき、落下する石弾におびえて、馬は訓練の成果を忘れる。人は馬に置いて行かれるというわけで、初期の砲火器にも、それなりの効果があったのである。

ブラック・プリンス、ポワチエで勝つ

モーペルテュイは「悪い穴」を意味し、当時流行の文学「きつね物語」の主人公きつねルナールの根城の名前である。きつねの巣というわけで、この修道院跡から南の森は「ボワ・デ・ルナルディエール」、なんと「きつねの巣がいくつかある森」です。モーペルテュイのいまのフルネームは「ヌアイユ・モーペルテュイ」で、じつはこれは近代語読みで、中世では「ヌーヴェル・モーペルテュイ」で、「新きつねの巣」という意味になる。「きつね物語」は12世紀からはじまった文学だが、13世紀末にリールの詩人が書いた「ルナール物語」があって、これはつまり「ヌーヴェル・モーペルテュイ」である。ここらあたり、地名と文学があやしく交錯している。

「新きつねの巣」修道院は、その教会堂とともに、じつに11世紀からの結構を一部残している。ブラック・プリンスが「きつねの巣」に陣を構えたときには、この土地の修道院としてにぎやかにやっていただろうと思うのだが、14世紀のフロワサールも、19世紀のコナン・ドイル(『サー・ナイジェル』)も、20世紀のグラント・オーデン(『西洋騎士道事典』)も、「新きつねの巣」修道院のことは書いていない。

フランス王ジャンは、白い指揮棒を手に、白馬にうちまたがって全軍を閲兵する。戦機まさに熟した、まさにその時、ふたりの枢機卿がやってきて、この日一日は休戦として、和平の提案をお聞きあれと懇請した。王は枢機卿たちの懇請に馬を降りたが、それはぎこちなく、ゆっくりとであって、なにしろ王はイギリス勢と戦いたかったのだと、白馬にまたがる(モンテ)、馬から降りる(ドゥサンドゥル)の2語を印象的に使い分け、馬から降

上:ドラクロワの描く「ジャン王の戦い」。ジャン王は倒れた馬を踏み越えて、なおも戦おうと右手に剣をかざし、左手に「ハルバード」をにぎっている。末っ子のフィリップ、14歳が父親にすがっている。後のブルゴーニュ侯フィリップ・ル・アルディ(剛胆なフィリップ)である。

騎士道に忠実に

ジャン王は騎士道の武人である。王の身代金の初回支払い分の支払いがすんで、ジャン王はいったん帰国したが、人質としてロンドンにとどまった次男のアンジュー侯ルイが、誓言を守らず、勝手に帰国してしまったというので、みずから志願してふたたびロンドンへ赴いた。これはその折の情景を描いたものとされる。

フロワサールによると、ジャン王を捕虜にしたのはドゥニ・ド・モルベックという「くにはサントメールの」騎士で、これは「アルトワの人だったが、栄達を求めて長らくイギリス王に仕えた」。ブレティニー条約締結後、まもなく、王の身代金の初回支払い分の3分の2、40万リーヴルがサントメールで支払われた。なんとサントメールである。事態は象徴に満ちている。王の捕獲人ドゥニ・ド・モルベックのくにで支払われるというのだ。支払いはフィリップ王が発行した金貨[エク・ア・ラ・チェーズ(玉座に座った王のイメージに小型のエク[楯]を添えた図案の金貨)]で支払われた。純金で4.53グラム、40万枚で何キログラムになるか。これだけの量の金塊が荷馬車で、がらごろ、がらごろ、パリからサントメールまで運ばれたのだ。

第Ⅲ部第6章　百年戦争　225

左：ロンドンのヴィクトリア・アンド・アルバート博物館蔵の写本飾り絵ということで伝承されてきたものだが、馬がサラブレッドに見えたり、フランス方が耕したばかりに見える畑のなかに追いつめられている情景が、ジャン・ル・フェーヴルの報告文を思い立たせたりで、なにしろこの絵はあぶない。

アジンコートで弓兵が凱歌をあげる

　フランス方は、当初、1,000から1,200の騎士隊を編成して、その半分はアジンコートの丘をまわって、残り半分はトラムクールの側から、イングランド方の長弓隊を側面から攻めることにしていた。ところが、開戦早々、フランス方はイングランド方の長弓隊の一斉攻撃にあって、当初の計画を断念せざるをえず、両側に森がある傾斜面の谷地という地形を利用して、フランス方騎士隊が、全員下馬し、徒歩で総攻撃に出る。そうすればいわば煙道を煙が上るように、敵方を圧倒することができると考えた。ところが、人数の多かったのがかえってわざわいして、前面の騎士隊が、イングランド方の弓兵の攻撃にあってひるむところに、後方から新手の騎士隊がつめかける。退こうとする集団と攻め上ろうとする集団とがもみあう。おまけに、長雨が続いていた時だっただけに、地面はぬかるんでいて、重い甲冑をつけていたフランス方の騎士たちは、歩くこと自体に困難を覚えていたのだ。
　そこにヘンリー5世の率いるイングランド方の本隊が突っ込んだ。弓兵たちもいまは弓を捨て、短剣や斧、棍棒など、さまざまな武器をとった。イングランド方は、いまやフランス兵の捕獲と殺人に熱中しはじめた。なにしろ高い身代金のとれそうなのは捕虜にしたがった。あまりにも捕虜の人数が多くなったので、ついにヘンリーは捕虜を殺せと命令を下した。戦闘の足手まといになることを嫌ったからで、それというのも、本隊が壊滅したのを見て、いったんは退却したフランス方の後詰めの軍勢が、体勢を立て直して戦場へもどってくるという報告が入ったからであった。実際にはそのことはなかったのだが。
　フランス方の損害について、カンタベリー修道院修道士トマス・エルムハムは、侯が3人、伯は5人、戦場に旗幟を立てるがほどの大領主90人以上、騎士1,500、他に4千から5千、総じてフランスの騎士身分の者全員と、もう数字をことあげするのがいやになるという調子で報告している。また、イングランド方については、レミの領主、ジャン・ル・フェーヴルが、戦場で倒れたものの、全身分を通じて1,600ほどでしかなかったと、むしろ、その程度でよかったねえと祝福している。

りる動作を、ぎこちなく、ゆっくりと、と批評して、フロワサールはなにかいいたそうな気配だ。
　ブラック・プリンスは「ヘッジ」の背後に武装武者を伏せさせ、前面に長弓隊を出して、フランス方の攻撃に備えた。「ヘッジ」は「垣」と訳すが、およそ訳語がすわらない。フランス語で「エ」で、オランダの「デン・ハーフ」を「ラ・エ」と訳す。こちらもすわらない。「きつねの巣」の土地はぶどう畑など畑地がひろがっていて、「ヘッジ」といい、「エ」というのは、畑を区分けする垣である。さんざしが主で、あるいはプリヴィット、こちらはブラック・ベリーの常緑灌木だ。「さんざし」はホーソーン、フランス語名でオーベピーヌ。アキテーヌで「ブルッス（藪）」といい、「エ」といえば、それはさんざしである。
　コナン・ドイルの描写によると、イングランド方の右翼は川に接し、左翼は深い森にまもられて、陣立ての幅は1マイルに及んだという。その正面に分厚い垣の壁が立っていたのだという。長さ半マイルにも及ぶ長大な垣で、イングランド方の長弓射手たちはその垣に隠れた。前方の灌木の茂みに弓射手隊長4人がひそみ、前方2マイルのフランス方の軍勢の動きを見張る。弓射手たち、それぞれ背中にしょった靫に6本、腰につるした矢筒に18本の矢を用意している。いちいやとねりこ材の、先端に鉄の矢尻をつけた矢を、弓射手たちは1分間に10本から12本、放つという。手持ちの24本は2分間のうちになくなる。垣にかくれて、中空めがけて矢を射る。垣の前面のブッシュに隠れた隊長たちが指示を出す。ひきしぼれ！　もうちょい、ゆるめろ！　2千人の弓射手を配置したと仮定すれば、2分間で4万8千本の矢が、鋼の矢尻をキラキラ光り輝かせながら、中空を飛んで落ちてくる。

戦士王

ヘンリー5世は注目すべき王であり、リーダーであり、兵士であった。彼は強壮で、決断力あり、がっしりした体格で、エネルギッシュで、信仰に厚く、そして、これが一番の要点だが、成功者だった。ヘンリー・オブ・ボリングブルック（後のヘンリー4世）の息子として、1387年、ウェールズのモンマウス城で生まれた。彼が生まれた頃は、いずれ彼は王になるだろうなどとは、とうてい考えられない状況だった。なにしろリチャード2世の権勢は盛んで、1398年、彼が12歳の時、彼の父親は亡命させられたのである。それが、1399年には、彼の父親は王位に即き、彼はプリンス・オブ・ウェールズになった。チェスター伯、コーンウォール侯、ランカスター侯、アキテーヌ侯にもなった。

志高い若きプリンス

ヘンリー4世治世初年、1400年9月に、北東ウェールズのリシンが、北東ウェールズのウェールズ人領主オウェン・グリンドゥルの組織した反乱軍に襲われた。ヘンリーは、翌月以降、くりかえし鎮圧軍をウェールズに送った。ウェールズの統治と鎮撫は「プリンス・オブ・ウェールズ」ヘンリーの名において行なわれた。もともとこの呼称は「ウェールズのプリンケップス（ラテン語で第一人者、首長）」を意味する。反乱はしだいにウェールズ全土にひろまり、1402年には、プリンス自身、軍をひきいてウェールズに入っている。1403年夏、ウェールズの反乱鎮圧の任についていたパーシィ家の一族（これはたいへんややこしいので、説明は省略する）が反逆した。ヘンリー王はみずから軍を率いて、7月21日、シュルーズベリー郊外でパーシィ家の一党と戦い、これを倒したが、この戦いに若いヘンリーもまた出陣した。

一時はウェールズ全土に覇権を及ぼしたオウェン・グリンドゥルの勢力も、1410年に入れば、北ウェールズに限定され、1412年に反乱はほぼ鎮圧された。翌年3月20日、ヘンリー4世は死去した。なんとヘンリー・オブ・ボリングブルックの王としての生涯は、ウェールズの反乱という重い荷物を背負っての旅だった。若いヘンリーは、このウェールズの戦いを通じて経験を重ね、コマンダーとして、戦争会計の責任者として、包囲戦の指揮者として成長をとげた。

上：19世紀の画家ベンジャミン・バーネルの「ヘンリー5世」。4世紀のあいだ、この君主に寄せられてきた尊敬の念がよく描き出されている。2002年の人気投票コンテストで「最も偉大な英国人」に数え入れられた。

シェイクスピアが『ヘンリー4世』2部作と『ヘンリー5世』で、若いヘンリー、むしろ仲間づきあいの呼び名から「ハル王子」は、なにしろ放蕩者で、フォールスタッフをはじめ、遊び友達と遊び暮らしていたのが、父王の崩御の知らせを受けて、急にシャンとなるという筋書を作っている。また、『ヘンリー4世』劇の最大の転機が「シュルーズベリーの戦い」と設定されているということも、古来さまざまな批評を生んできている。1399年に王位に就き、1413年3月までイングランド王であっ

同時代人の証言

1416年から1417年のあいだにラテン語で書かれた『ヘンリー5世の武勲』は熱をこめて語る。「ヘンリー王のような偉大な君主は、老人たちの記憶のうちにすらない。いっそうの努力をはらい、勇気をふるいおこし、法をまもって、堂々の行進に参加せよと国民を導き、戦場では、自前の腕で、腕力の離れ業をやってのける。また、じつにこのことは王のクロニクル、王のアッナールのどれにも書いてある、イングランドの王にして、かつて、これほどまでに短期間に事を成し遂げ、これほどまでに偉大に、これほどまでに大いなる栄光につつまれて、故国へ凱旋した王者はいない。

上：つつましやかなカトリーヌ・ド・ヴァロワに求婚するヘンリー5世。W. グレイトバックによる1873年制作の版画。ヘンリーとカトリーヌは1420年6月2日に結婚した。そのわずか2年後のヘンリーの突然の死にもかかわらず、後継ぎをのこした。のちのヘンリー6世（在位1422〜61、1470〜71）である。

左：1415年の暮れ、故国に帰ると、ヘンリー5世は戦勝の英雄としてむかえられた。ロバート・アレグザンダー・ヒリュグフォードが描いた「アジンコートから帰還したヘンリー5世を歓び迎えるイングランド」（1880年）

たその人の評伝劇が、1403年の事件に的をしぼっているということの不自然さが、多くの疑念を呼んでいる。

ノルマンディーをとりもどしたヘンリー王

『ヘンリー5世』では、ヘンリーはアジンコートの戦いの勝利者であり、その勝利の成果として、1420年にフランス王家との和議を実現した王者と描かれている。これも、また、ひとつの会戦とひとつの条約とを短絡的につなげた理解でしかなく、歴史的ではない。1413年3月にイングランド王位を継いだヘンリー5世が、イングランド議会と協調して、「フランス戦争」を再開したことのわけのひとつには、父王ヘンリー4世の時代から、英仏海峡の制海権が、事実上イングランド方の手からはなれ、フランドルとアキテーヌという、イングランド方にとって、是が非でも守りぬきたい主要な通商相手地域（主要な物産をあげれば、フランドルへの羊毛輸出、アキテーヌからのぶどう酒輸入）との連絡が不安定な状況におちいっていたことがあった。これはロンドンをはじめ、東南イングランドの港町の商人たちにとって深刻な問題であった。221ページに概説したように、1415年8月にノルマンディーへ兵を入れたのは、イングランド王家と議会が、英仏海峡の治安に関して重大な関心を抱いているということのデモンストレーションだったのである。

その観点から見て、アルフルール包囲戦はおもしろい。これを第二のカレーにしようとはかったとみられる節々がある。だから、さらに興味深いのは、2年後、1417年8月、ヘンリーは再度ノルマンディーへ兵を入れた。今度はセーヌ河口水域の南岸、トゥーク河口に上陸した。70年前の大先祖エドワード3世の故智をふまえた上陸地点の選定であった。そのことについては222ページに書いた。そこでは書かなかったが、ヘンリーはトゥーク河口に上陸直後、まず一隊を派遣して、西ノルマンディーの首府カーンの南30キロメートルのファレーズを占領せしめた。ファレーズはノルマン朝の始祖ウィリアム征服王の生まれ育った町である。ファレーズにヘンリー王の旗幟が立った。ヘンリーはノルマンディーの征服者である。

さらに、また、ここで指摘すべきことは、西ノルマンディーからコタンティン半島へかけての土地、さらにセーヌ河口水域の北の土地であるコー地方の領有は、英仏海峡の制海権との関連でおもしろい。ヘンリーは、アキテーヌとカレー領を、ひいてはフランドルをつなぐ広大なノルマンディーの海岸線の支配をねらったのである。

女性騎士

ジャンヌ・ダルクは東フランスの農民の娘である。13歳のとき聖人たちの声を聞き、イギリス軍の手から領土を解放して、フランスの救世主になるべく要請されていると知った。土地の領主に会って、王太子のところへ連れて行けと要求したが、最初はすげなく断わられた。しかし彼女は要求に固執し、ついに土地の伯に、敵中深くシノンまで、シャルル7世（在位1422〜61年）に会うべく、彼女を護衛して連れて行くことを承知させた。

以上が、「ジャンヌ・ダルクの旅立ち」についての定番的解説である。ジャンヌ・ダルクという存在についての根源史料は「ルーアンの異端審問記録」である。これは19世紀なかばに不完全な形で刊行され、20世紀後半、フランス歴史協会の委嘱によって、新しい版が作られた。これに照らしてみても、上記概説はおのずから破綻する。

ジャンヌ・ダルクがあらわれたころのフランス王国

1422年、イングランド王ヘンリー5世、フランス王シャルル6世が相次いで没し、トロワ条約の約束が発効して、ヘンリーとフランス王女カトリーヌのあいだに生まれていた当歳の幼児ヘンリーが「フランスとイングランドの王」に予定され、フランスとイングランドにそれぞれ摂政が立てられた。フランス摂政はベドフォード侯ジョンである。ノルマンディーとパリを支配し、パリに政庁を置いた。

1418年の争乱時に、アルマナック党とともにパリを脱出した王太子シャルルは、自領のベリー侯領の首府ブールジュに独自の政権を立てた。「ブールジュの王」である。彼は両親から義絶され、すでに「王太子」の称号は剥奪されているが、本人も、また、まわりの人たちも、彼はヴァロワ王家の正嫡であると信じている。1422年に父親が死去して以来、彼はフランス王であることを標榜する。この立場の表明にはだれも反対しない。1424年9月、王太子とブルゴーニュ家の和解を斡旋しようと、サヴォイ侯やブルターン侯など、諸侯がサヴォイ侯領の都シャンベリーに集まって、ブルゴーニュ侯フィリップと王太子シャルル両者の和解書が作成された。その文書には「フランス王シャルル」と書かれていた。フィリップはこの和解書を受け入れた。敵対中のブルゴーニュ侯にして、シャルルを王と認めたのである。

1418年の争乱時に、パリと王家の保護者をもって任じたブルゴーニュ侯ジャンが、

> 最後まで、彼女は、
> 彼女の言う声は神の声であり、
> 彼女を裏切ることはなかったと
> 言い張った。
>
> グィオーム・マンション、異端審問法廷の書記

1419年9月、モントロー（セーヌ川とイーオン［イョンヌ］川の出合い）で、王太子との協議の席上、謀殺された。ジャンの息子フィリップとその顧問会議は、ここに果断な判断を立てた。すでにノルマンディーを占領していたイングランド王家と同盟を結んだのである。以後、ブルゴーニュ家は、イングランドと同盟関係を保ちつつ、フランドルを拠点に、ブラバント、エノー、ホラント、セーラントといったネーデルラント諸邦に対して権力政治を行使し、さらにはライン中下流域のドイツ諸侯に対する働きかけを強めて、いずれはフランス王国とドイツ王国のあいだに独立国家を立てようという壮大なアイデアに、家運の伸張の方向性をさぐる。じっさい、フィリップ・ル・ボンは、1425年9月以降、1428年4月まで、みずからネーデルラントを転戦し、フランス王国の政局をかえりみることがなかったのである。

オルレアンの戦い

王太子シャルルは、ロワール川南のオーヴェルニュ、ローヌ河谷、ラングドック、トゥールーズ、さらにアキテーヌからポワトゥーへ、勢力圏をひろげ、ノルマンディーとパリの「フランスとイングランドの王家」の摂政ベドフォード侯ジョンとの対決の機をうかがっている。しかし、その前にブルゴーニュ侯家との和解が必要だと考えている。

1428年秋、パリ—オルレアン街道沿いに兵を進めて、ロワール河畔のオルレアンを包囲せしめたベドフォード侯の意図は、きわめて明白であった。ひとつにはオルレアンはアルマナック党の象徴的牙城であった。アルマナック党は、オルレアン侯シャルル

左：ジャンヌ・ダルクがシノンに王太子を訪ねたという話題を図案にとったタペストリー。シノン城址のジャンヌ・ダルク博物館所蔵。ジャンヌが掲げる旗の図案「左右に天使がぬかずく神の御姿、イエス—マリアの名」は、1431年2月27日の法廷でジャンヌ自身が証言したものである。

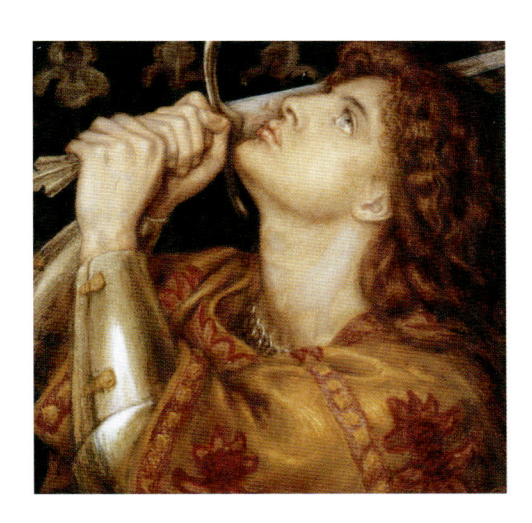

上：ダンテ・ゲイブリエル・ロセッティの描いたジャンヌ・ダルク。燃えるような色のタッチは、気性の激しい女性だったとだれしもからも思われていたジャンヌの印象をよく表わしている。

右：馬上のジャンヌ・ダルクを町の人たちが大歓迎している。この絵は1887年に製作された。普仏戦争でドイツに負けたフランスの第三共和制社会は、なにか英雄女傑のジャンヌ・ダルクに希望を託しているかのようである。

のまわりに形成された党派であって、当主シャルルはアジンコートの戦いで捕虜になり、ロンドン塔で虜囚の身である。オルレアンは庶出の弟ドゥヌェ伯ジャンが預かっている。オルレアン侯妃ヴァランティーヌ・ヴィスコンティが、腹を痛めた息子同様にかわいがって育てたルイ・ドルレアンの遺児である。

第1の意図が騎士道に力点を置いているとすれば、第2の意図は実利主義的なものである。すなわちベドフォード侯は、ネーデルラント継承戦争にかまけていて、フランスの内政に関心を失っているブルゴーニュ侯フィリップ・ル・ボンを、フランスの政局に引きずり出そうと、オルレアン包囲を始めたのである。ブルゴーニュ侯はベドフォードのイングランド方の同盟者である。王太子シャルルに挑戦したベドフォードをフィリップ・ル・ボンは援助する義務がある。

ここにフランスの政局の三すくみの構図が解けそうな気配となった。そこに登場したのがジャンヌ・ダルクである。王太子の財務官の勘定簿によれば、王太子の徴募に応じて集まった兵士の数は、1429年2月の段階で752人、4月で885人に達した。支払われた給与の総額は、2月に月額1万リーヴルを超え、3月は3,000リーヴルほどですんだが、4月にはまた1万を超え、5月の支払い総額は1万2,800リーヴルにのぼった。ジャンヌ・ダルクのシノン到来は2月中旬から下旬にかけてであったと推定される。ジャンヌ・ダルク自身のルーアンの法廷での証言と、1456年7月から翌年7月にかけて行なわれた「ジャンヌ・ダルクに関するアンケート調査」（権利回復訴訟などと誤って伝えられてきたが）における証人たちの証言から、ジャンヌ・ダルクは、ふたりの従騎士と彼らの従者ふたり、「王太子の厩舎係」ジャン・コレとその従者、弓射手リシャールの6人に護衛されていた。

じつのところ、彼女は馬に乗って来たと、なにか当然のように言われてきたが、乗馬はそれなりの訓練を必要とする。彼女にその機会があったのか。農民の娘が志を立ててすぐ馬に乗れたというのでは、この本でいろいろご案内してきた騎士の修行の一環としての馬術訓練など、バカバカしい話になりかねないではないか。たぶん、生村ドンレミからヴォークールーに出て来て、その守備隊長ロベール・ド・ヴォードリクールの保護下に入ってからわずか数か月の間に、乗馬をはじめいろいろと戦士としての心得を身につけたということだったのであろう。

だから、4月29日、オルレアンに入った彼女が、落ち着き払って白馬にまたがっていたと『籠城日記』という書き物（同時代の物ではない）が書いているからといって、なにも疑わしげな目で見ることはない。ここで肝心なことは、ジャンヌ・ダルクはそのように準備された存在だったということで、オルレアン解放戦、ロワール中流域掃討作戦、さらに北フランスへの進出、パリ攻撃というところまで、ジャンヌ・ダルクは王太子の有能な手駒だった。それが、翌年春、手駒は主人の手をはなれた。

フランスが勝った

主人の手をはなれた手駒のジャンヌ・ダルクは、1430年5月23日、コンピエーニュ前面で、ブルゴーニュ方のサンポール伯ジャン・ド・リュクサンブールの手勢に捕らえられた。ジャンヌ・ダルクの新しい旅がはじまる。

むすめを法廷へ

ボーヴェ司教ペール・コーションがジャンヌ・ダルクの異端審問をとりしきる立場についた。1420年以来ボーヴェ司教であったペール・コーションは、ボーヴェ司教であることによってパリ大学神学部を代表する立場にあった。パリ大学神学部は「むすめジャンヌ」の異端性に疑いの目を向けていて、ジャンヌ・ダルク逮捕の数日後には、神学部総会は、ジャン・ド・リュクサンブール、ブルゴーニュ侯フィリップ・ル・ボンあてに、ジャンヌ・ダルクを異端審問法廷に差し出すよう、要請の書状をあてている。

結局、ジャンヌの身柄は、1万リーヴルの身代金の支払いを条件として、ブルゴーニュ侯とその家臣ジャン・ド・リュクサンブールの側から、「フランスとイングランドの王家」、ということは、パリとノルマンディーを支配しているイングランドのランカスター王家の差配下に置かれ、ルーアン城に連れてこられた。ペール・コーションは、パリ大学神学部とルーアン大司教を代表して（当時、ルーアン大司教は空席になっていた）イングランド政府と折衝し、ルーアン城礼拝堂で開く異端審問法廷に、その都度、ジャンヌの身柄を預かる約束をとりつけて、法廷の開催を実現したのであった。

イングランド王家が強制的にひらかせた宗教裁判であったということはない。事はフランスのカトリック教会の問題であって、これについて述べることは一冊の本を必要とする。ここでは「ジャンヌ・ダルク」の問題は以上で打ち切らせていただく。

フランスとイングランドの王家

1435年9月、王太子が画策したブルゴーニュ侯フィリップ・ル・ボンとの和解がようやく実現した。アラスの和議である。翌年、フランス王軍がパリに侵攻し、さらに翌年、1437年、王太子シャルル・ド・ヴァロワは、フランス王シャルル7世として王城パリに入城した。ベドフォード侯ジョンは、すでにノルマンディーに退いていた。

だからといって、「フランスとイングランドの王」ヘンリー6世の立場になにか変更があったかといえば、なにもなかった。もともとこの王の位格は1420年に結ばれたイングランド王家とフランス王家の同盟協定「トロワ条約」によって規定されたものであって、なるほど、その協定によって排除された「王太子を称するシャルル・ド・ヴァロワ」が、ヘンリー6世とベドフォード侯ジョンの身になってみれば、勝手にフランス王を称し、パリを軍事的に占領し、そこを王都と称したというだけのことなのだ。

「フランスとイングランドの王」は、ヘンリー6世の大先祖エドワード3世が「百年戦争」を始めた頃からのイングランド王の呼称であったといってもよい。エドワードは我こそはフランス王なりと宣言して戦争をはじめたのだ。旗や楯の紋章図案、ちょうど左の「ヘンリー6世の戴冠」に見える玉座の背後の緞帳図案がそれだが、左上と右下に三百合紋、右上と左下に「ランパント・ガルダント」のライオン三重ねの

> これが長い間フランス方に突き刺さったおそるべき刺の一本で、
> 恐怖と嫌悪の情をもって見られていた
> かの高名なイギリス方の指揮官の最期であった。
>
> マテュー・デスクーシー『年代記』から。
> 1453年、カスティオンの戦いにおけるタルボット卿の死について。

左：ヘンリー6世の戴冠。1431年12月、サンドニ修道院において。ヘンリーは1422年、父親のヘンリー5世が死去した年に生まれたから、この時9歳の少年。『ベドフォード侯の時祷書』の飾り絵のひとつ。

図案は、エドワード3世から伝承されたものであって、なにも「トロワ条約」でとりきめられた王家紋章図案というようなものではなかった。

イール・ド・フランス対ノルマンディー

イール・ド・フランスは失ったが、ノルマンディーはまだ支配地だ。アキテーヌもまだ確保しているし、カレー領もある。「フランスとイングランドの王」はフランスの枢要な土地を領している。

イール・ド・フランスという土地の呼び名はとてもおもしろい。フランスの島という意味だが、言葉として書き物に出てくるのは、なんとまさにこの時期、1430年代の、それも後半、ヘンリー6世の政権がノルマンディーに撤収する頃合いなのだ。『パリの住人の日記』と呼ばれる書き物があって、それの1439年の日付の記事に、はじめてこの言葉が出る。なにか、ノルマンディーに対抗して、パリの政権が自分の領分を決めたというぐあいなのだ。1436年にパリを制圧し、翌年パリに入城したシャルル7世のことである。

マントを扇の要にとって、セーヌ川水系を扇状に概念すれば、それがイール・ド・フランスである。島のという形容は、オワーズ、マルヌ、セーヌ、イーオン（今の発音でヨンヌ）といった諸河川とその支流群が作る複数個の島々の集合という意味合いで、そうとでも解釈しなければほかに説明のしようがない。

セーヌ下流から運搬される物資は、マントで仕分けされて、はしけや小舟に積み替えられて、さらに上流へ運ばれる。セーヌ水系上流の山地に大雨が降って増水した場合などにはマントに物資が滞留して、物によっては鮮度が問題になる。なにしろ倉庫代がかさんで、倒産しかねない業者も出るさわぎ。イール・ド・フランスは、商人たちにとって川の道だった。

セーヌの洪水ではないが、1440年代に入って、シャルル7世はノルマンディーに対する攻勢を強めた。『パリの住人の日記』の一番新しい日付の記事は1449年10月の日付を含む記事で、ルーアンにフランス王軍が入城したのを記念して、盛大な行列が町を行ったということだと、最新のルーアンの噂を伝えている。

上：ジャン・ド・ウォーリン『イギリス年代記』の写本飾り絵から。1450年8月12日、ノルマンディーのシェルブール前面の戦い。左手が寄せ手のフランス方、右手がシェルブールのイギリス方守備隊のはずだが、紋章旗、紋章楯のどれをとってみても、それが分明ではない。弓の描写もあいまいで、これはよい資料ではない。

左：ジャン・フーケ画「シャルル7世」。額縁は後代のものだから、そこに「とても栄光あるフランス王、この名で7番目のシャルル」と書いてあるからといって、「栄光王」が通り名だったとまではいえない。

第Ⅲ部第7章
騎士道の衰退

中世末期、戦術、テクノロジー、経済の趨勢が相まって、戦場における騎士の誇り高き地位は揺るがされ、騎士は他の兵士たちと同等の立場におとしめられてしまった。この経過は緩やかなもので、2世紀以上かけて進行した。

1302年7月11日の午後、フーデンダハと呼ばれる金属製の長槍で武装したフランドルの都市連合軍が、2,500の馬上の騎士たちに率いられたフランス軍と、フランドルのクールトレー城郊外で遭遇戦を演じた。当時の軍事的な常識とは逆に、市民軍は戦場から逃げ出しはしなかった。それどころか、統制のとれた陣形を敷き、密集するフランスの騎士たちに向ってフーデンダハの切っ先を向け、騎士たちの突撃を待ちかまえたのである。騎士たちはこのような庶民兵たち——簡単な武器と歩兵の戦術——を重視していなかったので、突撃した。大虐殺が終わったとき、1,000人以上のフランスの騎士が戦場に倒れており、彼らの黄金の拍車は戦利品としてフランドルの市民兵たちによって持ち去られた。その後の十数年のうちに、さらに2度の戦い——スコットランドのバノックバーンの戦い（1314年）とスイス・アルプスのモルガルテンの戦い（1315年）——によって、クールトレーの戦いの結果が確認された。馬上の騎士たちがヨーロッパの戦場に君臨していた時代は、終焉に向かいつつあった。

（バノックバーンの戦い：「バノックバーンの戦い」は数奇なスコットランド中世史のハイライトである。スコットランドのスターリング州の州都スターリング南南東3キロメートルほどの川のほとりの戦い。ゲール語でバノック–バーンは「白く、清い、流れ」をいう。1314年6月24日、バノックバーンに駐屯していたイングランドのエドワード2世の軍勢が、スコットランドのロバート・ブルースの率いるゲリラに襲われた。ロバート・ブルースは「パイクメン」3隊をもって、数量的には圧倒的に有利なはずのイングランド軍を攻撃させ、なお1隊を手元に残したという。玉砕攻撃の阿呆を、この山国のゲリラは演じない。エドワードはイングランド精鋭の騎士隊を「スコッツ・パイクメン」にいいようにあしらわれて大敗し、スターリング城に逃げ込んだ。「パイクメン」は同時代資料中に出る語ではない。後代の歴史家の用語で、「パイク」を武器とする兵士をいう。「パイク」はフランドルの町衆の開発した武器である。「武器」の章、91ページをご覧ください。）

歩兵隊の改良

クールトレーとバノックバーンで勝利した歩兵隊は、騎兵の突撃にもちこたえ、最終的には打ち破ることを目的として、古代ギリシアのファランクス（密集陣）に似た陣形で闘った。パイク（槍）やハルバード（斧槍）のような長い武器で武装したこれらの歩兵隊は、ぎっしりとした密集陣形を取り、その陣形は時には12列にも及んだ。もし一人が倒れたら、その後ろの兵が素早くその位置を埋め、陣形の団結が崩れないようにした。すべてのパイクの切っ先が外側に向けられたファランクスは、ヤマアラシに似ていた。時がたつにつれて、弓兵が加わり、大弓兵が加わり、そしてついには火器が加わって、歩兵隊のファランクスを増大させるに至った。馬を下りた騎士たちも、このような新たな武器・戦術の組み合わせの一部となった。

百年戦争の間、イベリア半島で行なわれた数々の戦闘に見られるように、イングランドがこの戦術を自家薬籠中のものとするに至り、数千の弓兵で援護される歩兵陣形に頼るようになった。クレシーの戦い（1346年）、ポワチエの戦い（1356年）、ナ

右：クールトレーの戦いを描いた14世紀の写本飾り絵。なんとも稚拙な絵で、フランス王家の紋章旗らしいのが麗々しく描かれているが、フランス人騎士はどこにいるのか。倒れているのがそれらしいが。フランドル方の武器はピケとフーデンダハのほかに、長柄の斧などもあったらしい。

第Ⅲ部第7章　騎士道の衰退　233

右：14世紀の「ホルクハムの聖書」写本飾り絵。1314年のバノックバーンの戦いを描いている。ロバート・ブルースの率いるスコットランド勢がエドワード2世のイングランド軍をやっつけた。

右の奥：雪花石膏像（アラバスター）ふうに描かれたハンガリー王マチャーシュ・コルウィヌスの横顔肖像画。マチャーシュは火器の技術の最先端に自分の軍隊を置こうと努力した。

ヘラの戦い（1367年）におけるように、馬を下りたイングランドの騎士たちとその同盟軍は、歩兵を集結させ、フランスの騎士たち数千とその同盟軍を虐殺した。しかし、それも、弓兵たちが放った弓矢の激流のような一斉射撃によって痛めつけた後であったが。

騎士たちの軍事的熟練と、庶民の歩兵や弓兵たちの戦闘技術とがしばしば対決することになったこれらの戦いは、これまでの伝統的な決戦以上に血なまぐさいものにもなりつつあった。12、13世紀の戦いにおいては、騎士たちの死傷者数は一般的に少なく、多くてもせいぜい数十人であった。しかし、14、15世紀に発展した新しい戦闘様式ではそうはいかなかった。この時代の主要な交戦においては、数千人単位で騎士が戦死した。彼らは軍事的な優位を失いつつあっただけではなく、社会的集団としても絶滅の道に向かっていた。

15世紀にはさらに、強力な火器――特に火縄銃――をふるう兵士たちが弓兵隊に加わり、どの軍隊でも、多岐にわたる武器の破壊力が増大した。この世紀の終わりに、ハンガリーのマチャーシュ王（在位1458～90年）が自慢にしていたのは、歩兵5名のうち1名が火縄銃を装備する歩兵陣形であった。イベリア半島では、1480年代から1490年代のレコンキスタの最後の段階において、フェルナンドとイサベルのキリスト教両王の軍が防御のために配備につけた火器は1,500にも及んだという。その大部分は火縄銃であったが、カノン砲（大砲）も相当数あった。

騎士たちの奮起

このような変化に対抗するために、騎士階級はより重装備で複雑な全身型甲冑で対応した。プレート・アーマー（板金鎧）は騎士とその馬（やはり鎧による保護が増えていった）を槍の突きや矢の雨から守ってくれた。しかし、火器に対してはあまり有効ではなかったし、非常に高価になりつつあった。板金鎧を用意することができる騎士は少数であり、時がたつにつれて、騎士たちを助成しようとする君主も少なくなった。歩兵隊、弓兵隊、そして火縄銃隊の方が、安価で有効だったからである。

15世紀の終わりには、フランス軍はヨーロッパで最も大規模な砲兵隊を守備につけていた。また、戦場における主戦力としての騎士の衰退が最も明白に見られたのは、フランス軍においてであった。クールトレーの戦いにおいて、フランスの騎士たちの多くは、フランドルの歩兵隊が戦闘に立ち向かう準備をしているのを目にして、喜び勇んでいた。当時、敵軍が受けてたつことはほとんどなかったのだ。騎兵による突撃の圧倒的破壊力はそれほど恐ろしいものであった。

それから200年もたたぬ1494年、フランス軍がイタリアに侵攻したとき、その主流は砲兵隊であった。騎兵は、その大部分がやはり騎士の出身であり、いまだに果たすべき役割があった（騎兵隊の重要性は20世紀まで保たれる）。しかし、今やその役割は歩兵隊、多岐にわたる武器、砲兵隊と一緒になって機能する補足的なものであった。馬上の騎士が戦場を支配した時代は終わりを告げたのである。

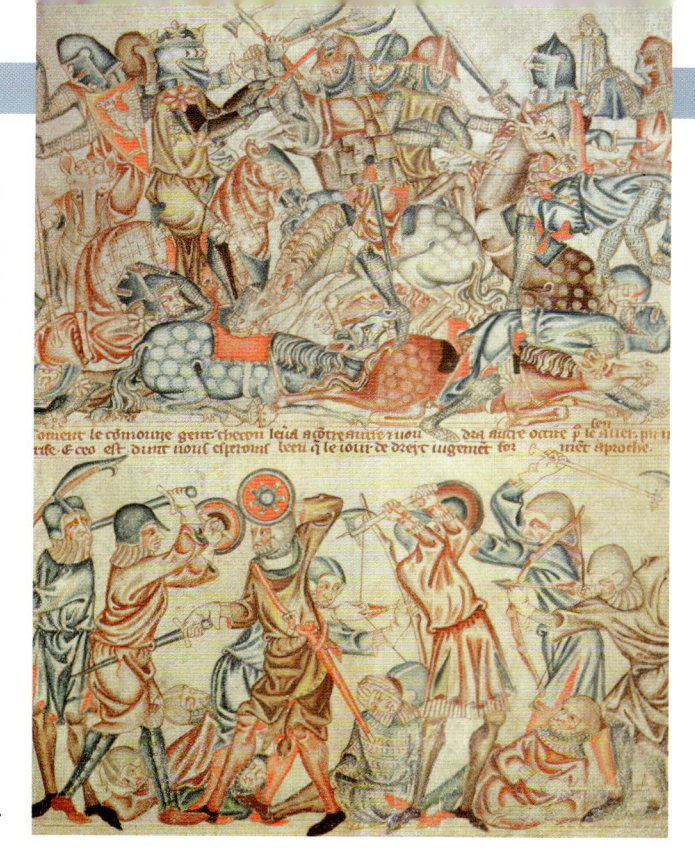

ひとりの騎士がいた。価値ある男だ。馬に乗るようになってから、
ずっとそうだった。
彼は騎士道を愛した。
真実と名誉と、自由と礼節を愛した。

ジェフリー・チョーサー『カンタベリー・テールズ』「全体の序文」から。

234　第Ⅲ部　歴史にみる騎士

新しいテクノロジー

　中世の戦場において騎士が衰退したその主要な原因のひとつは、14世紀から16世紀にかけて新たな武器のテクノロジーが到来したことであった。第1に、パイク（槍）、ハルバード（斧槍）、その他の長柄の武器が登場し、馬上の騎士の能力を制限し、騎兵隊の突撃の衝撃にもちこたえる歩兵の陣形を可能にした。第2に重要な革新は、長弓であった。これは、騎兵隊が効果的な陣形を整える前にかき乱し、痛めつけるのに有効な武器であった。最後に、カノン砲（大砲）や火縄銃といった、火薬を使った武器が登場したが、これらは、重い甲冑を身につけていても、騎士たちにとって致命的な武器であることが判明する。最終的に、ヨーロッパの戦闘における支配的な戦士として馬上の騎士に取って代わったのは、火縄銃で装備した徒歩の兵士であった。

パイク（槍）の力

　中世の戦場において、歩兵が突くのに用いた長柄武器の登場は13世紀末にまでさかのぼり、スコットランド軍がイングランド軍との破壊的な戦いにおいて、いつものように自軍の騎兵隊が敵軍に比べて非常に少ないと認識したときであった。スコットランド軍は歩兵隊をパイクで武装させることにしたが、その槍の長さは3メートルに達するものもあった。これらの徒歩の兵士たちは、いくつかの列を深く密集させたスキルトロンと呼ばれる陣形で闘った。

　スコットランド人の例に倣って、スイス人も14世紀から15世紀にかけてパイクの使用法に磨きをかけ、モルガンテンの戦い（1315年）、ゼンパッハの戦い（1386年）、モンレリーの戦い（1465年）、ナンシーの戦い（1477年）などにおいて、勝利と栄光を獲得した。その結果、スイスの槍兵たちは中世末期のエリート歩兵集団となり、傭兵隊として雇われるようになった。スイスの槍兵団は高度な訓練を受け、みごとに統制のとれた歩兵陣形で闘った。彼らの方陣は、騎兵隊の突撃に対してきわめて有効であった。さらに、彼らは訓練の水準も高いものであったため、攻撃力も非常に強力となり、突撃準備を整えた騎兵隊に対してだけでなく、他の歩兵陣形に突撃する能力もあった。今日でも、ヴァチカン（法王庁）は、中世末期の制服を着たスイス人槍兵隊によって守護されている。

　（モルガルテンの戦い：ハプスブルク家のオーストリア侯レオポルト1世が、1315年11月15日、チューリッヒ湖の南岸から山越えでシュウィッツに向かったところ、途中、モルガルテンの山峡でスイス盟約者団の軍勢に待ち伏せされて大敗した。ゼンパッハの戦い：1386年7月9日、ルツェルン北西ゼンパッハで、ルツェルンの市民軍が、ハプスブルク家オーストリア侯レオポルト3世の軍勢と戦った戦闘。モンレリーの戦い：フランス王ルイ11世の弟シャルルを担いで、ブルゴーニュ侯家のシャルル・ル・テメレールをはじめフランス諸侯がルイ王に反逆した公益同盟戦争のさなか、1465年7月16日、パリの南のモンレリー砦で戦われた戦闘。ナンシーの戦い：1477年1月6日、ナンシー旧市のサンニコラ門外に布陣したブルゴーニュ侯シャルル・ル・テメレールが、ロートリンゲン侯方とスイス人傭兵隊の軍勢に襲撃されて敗死した戦闘。）

長弓登場

　長弓（ロングボウ）の普及もまた、戦場における騎士の覇権没落を加速させるのに与かって力あったもう一つの要素であった。パイクと同時期に重要な武器として登場した長弓は、ダプリン・ムーアの戦い（1332年）、ハリドン・ヒルの戦い（1333年）における、イングランド軍のスコットランド軍に対する勝利、クレシーの戦い（1346年）、ポワチエの戦い（1356年）、アジンコートの戦い（1415年）における、イングランド軍のフランス軍に対する勝利の立役者であった。

　長い間、歴史家たちは、この長弓こそが14、15世紀のフランスとイングランドの戦いにおいて、フランスの騎士たちを数千人も殺した唯一の犯人であると考えてきた。しかし最近の研究によれば、長弓から発射された矢が、中世末期に使用されるようになった騎士たちの改良された甲冑を貫通するのは困難であったそうである。とはいえ、長弓の殺傷能力は現在も議論されている一方で、中世の戦闘における革命的な武器としてのその実効性に、議論の余地はない。長弓の矢が甲冑を貫通しなかったとしても、イングランドの弓兵隊による一斉射

的を射る兵士

イギリス軍にまじってフランスにやってきた弓兵は高度に専門化され、高い給料で雇われたプロの兵士だった。ヨーマンから拾い出され、まだ子どものうちから訓練をはじめた。まだ子どものうちから長期間にわたって訓練するということは、技術をしっかり身につけるためであるのはもちろん、上体の筋力をしっかり養って、長弓という強力な武器を引き、何発もの連続発射ができるようになることが期待されたからである。イギリスの君主はアーチェリーを国家の安泰をはかる武技と見なした。だから、時には、サッカーやゴルフを禁止してまでも、弓兵が何物にもわずらわされず、技量をみがくことができる環境を作るべく配慮することがあったのである。

右：中世の長弓の弦を引くには500から800ニュートンの力が必要だという数字がある。イギリスの弓兵は、ある時間、火線を維持するのに、たいへんな筋力を必要としたのである

†ニュートン：質量1kgの物体を、1秒ごとに1メートルの加速度を生じさせる力の大きさ。

上：ゼンパッハの戦いを描いた1860年頃の作品。ゼンパッハの戦いは、1386年7月に、スイス盟約者団と、オーストリア侯レオポルト3世の軍団とのあいだに戦われた戦闘である。右手がスイス、左手がオーストリアだと思うが、両者のあいだをつないでいる何本もの棒は、あるいはピケだったり、あるいは槍だったりして、見分けがつかない。

右：1364年、オーレーの包囲戦は、鉄砲と大砲が戦闘に登場した最初の機会ともいうべき戦闘であった。これは1477年に作成されたスケッチだが、ピケ隊が全員ピケを立て、騎乗した騎士が所在なげにたむろしているところを、火器だけが威勢よく活動している。

撃によって騎兵隊の突撃は霍乱され、待ちかまえている歩兵陣列のパイクとハルバードの地獄へと送りこまれたのであった。このような弓兵隊と槍兵隊の組み合わせにより、死者は莫大な数にのぼったのだった。

（ダプリン・ムーアの戦い、ハリドン・ヒルの戦い：スコットランドの対立国王エドワード・ベイリヤルがイングランドのエドワード3世の支援を受けて反乱を起こし、1332年にタイ河口パース近くのダプリンの荒れ地（ムーアはそういう意味）で、1333年にはトゥイード河口ベリックの北のハリドン丘（ヒルはそういう意味）でスコットランド王軍と戦った。）

テクノロジーの爆発：火器の技術

　中世の戦場における勢力均衡を変化させた第3の主要な革新は、1340年代に始まった火薬の使用であった。たとえば、クレシーでイングランド軍は小さなカノン砲を数基登場させたが、それはフランス軍にパニックを起こさせた。14世紀が進むにつれて、火器はより恐ろしい目的のために決然と使用された。15世紀初頭には、ヨーロッパの主要な軍隊はほとんどどれもカノン砲を有していた。さらに、これらの軍隊には、火縄銃を装備した大量の兵士が含まれた。15世紀末、スペインのフェルナンドとイサベルの軍隊では、歩兵の20％が火縄銃兵であったから、6千兵の連隊のうちには、約1,200の火縄銃兵が含まれていたことになる。

　これらの兵士たちが戦場にもたらすことのできた火器の戦力を集中させれば、攻撃力は破壊的なものとなり、板金鎧を貫通し、騎兵隊の陣形を崩壊させ、弓矢だけでは不可能であったことを成しとげたのである。たとえば、イタリアのパヴィアの戦い（1525年）において、約7千の火縄銃兵を擁していたスペイン軍は、騎兵隊とスイス人槍兵隊が主力の、数において勝るフランス軍と激突した。火縄銃兵たちの火力の集中により、騎兵隊の突撃はかき乱され、スイス兵の方陣の前進は跡形もなく消された。火器によって支配される戦争の新時代が、明らかに到来したのである。

城郭から要塞へ

火器、とりわけカノン砲の登場によって、中世の城郭がただちに時代遅れのものとなったわけではなかった。その存在を通じて、城郭は攻城兵器のテクノロジー発展に対抗するために利用され続けたし、カノン砲がもたらす脅威も、14、15世紀の間は対処された。実際、1300年代末におけるボンバード（射石砲）とカノン砲の製造は、城郭を脅かすというよりむしろ、実はその防御力を強化させてしまった。これらの初期の大砲は重くて動かすのが困難だったから、不動の要塞の防備を整える方が適切だったからである。エドワード3世（在位1327～77年）は、イングランドの最も重要な沿岸の城郭に射石砲を配備することにし、1371年にはドーヴァーに6基を送った。また、1365年、ミドウェイ河口の大きな島シェピ島に新しく城を築いて、大砲2基と小型火砲9基を備えつけさせた。この城はクイーンバラと名付けられた。

防備を効果的にするため、城郭の壁には大砲用の銃眼が作られるようになり、細長い矢狭間がこの目的のために改築されることが多かったが、大砲用銃眼のほとんどは、砲身部が通せるように、大きな「鍵穴」の形を取るのが一般的であった。1380年代、ワイト島のカリスブルック城はその城壁に大砲用銃眼を専用に作らせた最初の城のひとつであった。また、15世紀の間、ノーフォークのケスター城、レスターシャーのカービー・マックスロー城などの新しい城は、建設時に大砲用銃眼を備えて、統一的な防備システムを整えた。ウェールズのラグラン城が15世紀初頭に再建されたとき、その難攻不落とも思える新たなドンジョン、イエロー・タワーには、矢狭間と大砲用銃眼の両方が備えられた。

創造的な防御対策の考案

城郭は14世紀も15世紀も建設され続けた。しかし15世紀末、火器の破壊的能力が不吉な実力を発揮するようになる。フランス軍が1449～50年にノルマンディーをすばやく再征服できた主な要因は、イングランド側が保持していた城に対して、大砲を広範囲にわたって利用したからであった。さらに、シャルル8世（在位1483～98年）の、可動性に優れた大砲をもつ砲兵隊は、1494～95年のフランス軍によるナポリ王国征服を容易ならしめた。（当時ミラノ侯国にルドヴィコ・イル・モーロの政権が確立していて、他方、ローマ法王アレクサンデル6世は、息子のチェーザレ・ボルジアを動かして、ローマ法王領を北イタリアへ拡張しようとしていた。シャルル8世は、ルドヴィコ・イル・モーロの誘いに乗ってイタリアへ入ったのであって、それはシャルルの軍隊をそのまま南イタリアへ行かせて、ローマ法王とその一党を困らせようという腹だったのだという説がある。ともかくも、この本の筆者がいうように、シャルルが連れて行った砲兵隊の威力が物を言ったのか、シャルルはナポリまで、何の支障もなく進軍し、そこで戴冠して、それまでのアラゴン王家筋の王家にとってかわった。）

この時期に、城郭は突然、驚くほど、弱みが露呈された。かつては城郭の主要な力であった城壁の高さが、今や致命的な弱点となった。大砲の弾道は比較的フラットであるため、城壁の重さを支える低部に集中させることができ、そのため、攻撃側は城壁の高さを有効に利用できたのである。フィレンツェの文人ニッコロ・マキャヴェリは、その著述『政略論』で、「大砲の破壊力はどんな頑強な城壁でも問題にしないくらい強大で、わずか数日にして破壊してしまう」と述べている。（永井三明訳。マキャヴェリは1512年に、フィレンツェの政変の煽りを食らって書記の職を失い、おまけに、翌年、フィレンツェに復帰したメディチ家に対する陰謀事件にまきこまれて投獄されるという悲運を味わうが、それにもかかわらず、イタリアに統一国家を実現する力量のある一族と、メディチ家

左：ウェールズのラグラン城のイエロー・タワーの基部には火砲用開口部がたくさんあけられている。たいていは矢狭間の下だ。この丸くえぐられた穴は樽状の小型火砲にむいている。

上：ニッコロ・マキャヴェリはフィレンツェの市役所の書記をつとめ、役目がら、近在の城主たちと折衝する機会が多かった。だから彼は城と城の管理について豊富な知識を持っていた。『君主論』『戦術論』といった著述にそれが反映している。

に期待を寄せて『君主論』を書き、また、その延長として『政略論』と呼ばれる大きな著述を書いた。『政略論』はマキャヴェリ自身の名付けでは、「ティトゥス・リウィウスのはじめの10章についての議論」で、ティトゥス・リウィウスの『ローマの歴史』の現在に伝えられた部分の、それも最初の10章の注釈というスタイルの、これは著述である。だから、もし古代ローマに大砲があったらどうなるかというような発想が見られるわけで、軍隊と火砲についての省察が、具体的事例をあげて語られる。）

とはいえ、これがすべての城にあてはまるわけではなかった。エーヌ川北岸、ソワソンの北のクーシー城の中世のキープは、厚さ7メートル以上の石から成る頑強な構築物であり、この石造建築は、17世紀になっても砲撃に耐えることが証明された。16世紀の宗教戦争の間、アンジェー城の長大な城壁は大砲を並べるために利用されたが、この中世の石造建築は、敵軍の砲火に十分に持ちこたえた。

既存の城に厚みを加えることが、火器

上：ケントのディール城に新たに設けられた城塞。1540年頃にヘンリー8世の命によって建造開始。145の火砲用開口部が設けられている。

の砲撃への基本的な対応であった。ソンム川最上流のハム城の城壁は、1400年代末に13メートルにまで厚みを加えられた。ブルターニュのフージェール城は15世紀末に補強された。長大な城壁から前に突き出した二つの巨大なD型の塔を建設したのだが、その基盤の石組みは7メートルの厚さであった。

ルネサンスの要塞改革

16世紀初頭、大砲の攻撃に首尾よく対抗する、完全に新しい要塞の発展が見られた。15世紀に改良されたのは、次のようなものであった。既存の長大な城壁と塔の高さを低くすること、石組みを分厚くして、強化すること、塔の外側の基部に土寄せをして、塔を地面に深く埋めること、さらに防御側の大砲を撃ったときの衝撃を受けとめる基台として、頑丈な円形あるいはD型の塔を建設することであった。こういった諸原則がフルに展開したのが「イタリア式墨注（すみさし、「地取り」に同じ。平面図を描くこと）」であって、なぜイタリア式というかというと、イタリアでまず現れたからで、1500年代の初めの頃であった。

これらの要塞の城壁は、厚く低く建設され、高さの欠如は角に突き出したいくつかの大砲用稜堡（バスティオン）によって埋め合わされ、一連の稜堡によって、防御用の火器が全方角にくまなく配備された。要塞のさらなるネットワーク——ディッチ（濠）、ケースメイト（穹窖砲台と訳語をとる場合もある）、ホーンワーク（角堡）、ラヴリン（半月堡）——は外側に拡大した。16世紀半ばには、大砲の攻撃力に対する稜堡の対策は有効であった。

このような要塞にかかる費用は莫大であり、要塞ネットワークを建設できるのは最も富裕な君主のみであった。イングランドのヘンリー8世（在位1509～47）は、16世紀の一連の大砲要塞を建設したことで名高いが、ケントにある彼のサンドゲートの要塞は特に注目に値する。それは60基の大砲と65丁の火縄銃のためのエンブレジャー（火砲用開口部）を備えているからである。ヘンリー8世が建設した28の要塞は角堡を備えてはいないが、有効性においては劣らない、集中型の空洞のキープに、半円形の稜堡を有している。

このような大砲要塞は、外観や機能においては城郭とほとんど類似点をもたなかった。領主や騎士によってではなく、国王や侯といった君主によって建設され、維持され、軍隊が駐留した要塞は純粋に軍事的なもので、駐在するのは、守備のために金で雇われた兵隊だけであった。中世社会の産物として生まれた城郭は、本質的に私的な砦であった。城郭には軍事的機能があったが、同時に領主や騎士が住む家でもあった。要塞の登場は、住居および私的な砦としての城郭の終焉を告げるものであった。騎士たちは城郭ではなく、城館を建てるのが通例となった。

中世都市の台頭

中世のアーバン的環境は、古代ローマ世界来の市（英語でシィティー、フランス語でシテ）と、中世的集住のありようから発生した町（英語でたとえばバラとかタウン、フランス語のひとつのいいまわしでヴィル）とがある。欧米の文献では、そのあたり区別しているが、日本における西洋史の受容が特有の性格をもっていることがあって、中世の町といえば「中世都市」と一括して物を言う向きが多い。そのあたり注意しなければならないところである。

アーバン的環境という言い方も、いまの言葉遣いでは「都会的環境」ということになってしまって誤解を招くかもしれない。ウルプスというラテン語から出ていて、ウルプス・ローマといえばローマ市だから、べつに中世的成り立ちの非農村的集住集落をとりたてていう言葉ではない。ただ、アーバン・ドゥエラーズといういいまわしがよく使われるが、これを「都市の住人」と訳すのはおかしいでしょうというほどの意味あいでアーバン的環境などといいまわしているだけのことである。

以下、中世におけるアーバン的環境を考える文章において、「中世都市」といっているのは、言葉遣いについての、そういう反省をふまえての物の言い様だとご理解いただきたい。

成長と革命

中世ヨーロッパは、11世紀から劇的な回復をとげた。この回復はさまざまなかたちで現われたが、とりわけ、農業革命、広範囲にわたる人口増大、知識と文化の復興、好景気、そして中世都市の爆発的発展があげられる。これらの変化によって、中世社会の階級構造は変化していった。それが実を結ぶには数十年、時には数世紀を要したけれども、それぞれの与えた影響は深遠なものであった。特に、中世都市の成長は、重要な政治的経済的中心としてのそれらの登場と同様に、騎士階級を衰退させるには決定的な要因となった。多くのばあい、これらの中世都市に居住した商人や職人たちの利益は、教会や君主の利益とは一致しなかった。そして、これらの中世都市の住民は、その後、堅固に身を守ったエリート階級に対する強力な均衡勢力として登場してくる。

ヨーロッパのさまざまな地域に多くの中世都市が生まれた。その二大地域がネーデルラント（現在のベルギー、オランダ、ルクセンブルク、それにフランス北部も一部重なる）と、イタリアの特に半島のローマの北に位置する地域であった。

ネーデルラントの内でもフランドルは織物貿易の中心地として繁栄し、イングランドから羊毛を輸入し、ヘント（ガン）やブルッヘ（ブルージュ）などで布地の完成品を生産し、それらをヨーロッパ各地に輸出した。イタリアも重要な織物産地で、これを牽引するのがフィレンツェなどであった。加えて、ジェノヴァ、ピサ、ヴェネチアなどのイタリアの都市国家（イタリア語でコムーネに慣行的に宛てられる訳語。コムーネは一般に自治共同体を指すが、12世紀以降、とくに北イタリアに成立した町の共同体をいうようになった）は、ビザンティン帝国、イスラム世界、さらに後にはインド洋と東アジアの活気ある市場にアクセスしやすいという地理的恩恵を受けていた。かくして1300年頃には、イタリア人は地中海貿易における覇権を確立していた。加えて、やはりフィレンツェを指導者とする北イタリアのコムーネ諸都市は、金融の重要な中心地でもあり、これはひとえに彼らの政治的経済的な力を増大させるのに与って力があった。

自治の自由

これらの中世都市を特徴づけるものは、住人の自由、少なくとも、田園地域に住ん

上：シエナの市庁舎の「サラ・デイ・ノーヴェ（執政9人の部屋）」の壁にアンブロジオ・ロレンツェッティ（1290頃～1348年）が1337年に描いたフレスコ画。市政の善し悪しが市の将来にどう影響するかを題材に採っている。

で労働する者たちが負わされる責務と比べれば、自由であることだった。町に住む者は、自分たちのことを自由だと考えたし、彼らは熱意をもって町の生活の権利と特権を守った。彼らは、地域の領主が商業活動を侵害しようとしたり、義務や税金を課そうとしたりすると、彼らの生活への侮辱だと見なし、これらの試みに対して抵抗した。

中世都市が自治権を行使できる程度は、ヨーロッパの地域によってさまざまであった。12世紀末には、イタリアの都市国家の領主たちの支配からの自立は、ほとんど絶対的なものと言ってよかった。神聖ローマ帝国（ドイツ）の歴代皇帝は、たびたびイタリアへの支配権を主張しようとしたが、これらの試みはいつも完全な失敗に終わった。諸都市が連帯し、軍事同盟を結成して、侵入するドイツ軍にとって好敵手以上であることを証明したからである。

フランドル全域での領主支配からの独立が訪れたのは、もっと遅かった。しかし、14世紀初頭にはフランドルの町々も根気強く彼らの独立を主張しており、自分たちの権利を守るのに必要とあれば武器を手に取った。ヨーロッパの他の地域、ラインラント、フランス王国の諸地方、カスティーリャ、アラゴンなどもまた、領主支配からある程度の自治を獲得した。権利と特権を、金で買ったり、領主への奉仕で支払ったり、時にはもっと大きな犠牲、血で払ったりしたのである。

恐るべき市民軍

中世都市が戦争状態に入ったときは、重要な軍事資源を自由に使うことができた。そのひとつは住民の人口の多さそのものである。戦時には、中世都市は、自衛のために大規模な守備隊を編成した。最初、市民兵はほとんど訓練を受けておらず、戦闘で騎士に対抗するのはうまくいかないことが多かったが、時がたつにつれて、市民兵の

右：ラス・ナバス・デ・トロサの戦いを描いた19世紀の油絵。スペイン中央台地からシエラ・モレナ山脈のサンタ・エレナ峠越しにアンダルシアへ下る急坂が、ようやくなだらかな斜面に出たあたり、ラス・ナバス・デ・トロサで、1212年7月16日、カリフ・ムハマドのイスラム軍団と、カスティーリャ王アルフォンソ8世の率いるイベリア半島のキリスト教徒勢がぶつかった。この絵は「戦いの後」の情景を映している。ムハマドは馬で逃げた。テンプル騎士団のタバードを着けたアルフォンソの小柄な乗馬は、精一杯、脚を踏ん張って、主人を落とすまいとがんばっている。なかなかいい絵です。

戦闘能力も改善されていった。14世紀には、市民軍が馬上の騎士たちとの戦いに勝利しはじめていた。さらに、経済力のある中世都市は、脅威を感じたときには、傭兵の大軍を雇うこともできた。最後に、都市共同体はその富によって、大規模な市壁を建設し、頑丈な防備をほどこすことができた。市壁の陰に退き、敵軍に彼らを包囲するがままにさせておいて、騎士たちが正々堂々の決戦では優位にたつことを保証する突撃力という戦術上の利点を無効にしたのである。

ヨーロッパの市民軍の中で最強を誇ったのは、イベリア半島の市民軍であった。スペインの諸王国においては、ヨーロッパの

左：14世紀の写本頭文字飾り。織物のサンプルを前に商人が3人、品定めしている。この朱色の染めはいいですね。純白の仕上がりがみごとだな。紡績は13世紀に東方から新しい技術が入って、イタリアとネーデルラントで飛躍的に発展した。

他の地域が常にそうであったのと異なり、戦争は領主の占有ではなかった。イスラム諸王国に立ち向かい、しばしば交戦したため、カスティーリャとアラゴンのキリスト教両王国は、広範囲にわたって市民軍に頼り、レコンキスタという重荷の大部分を背負わせた。また、これらの市民軍は期待を裏切ることなく、イスラム教徒軍に対する数多くの戦いで立派に義務を果たした。そのうち最も名高いのが、キリスト教徒軍が勝利したラス・ナバス・デ・トロサの決戦（1212年）であった。

イタリアにおける市民軍もまた立派にふるまった。まず、ドイツ皇帝による侵入に際し、その後は都市国家間で行なわれた戦争において。北ヨーロッパでは、市民軍が使える軍隊となるにはもう少し時間がかかった。しかし、市民軍が登場したとき、彼らは戦闘における騎士の覇権にとって重大な脅威となった。フランドルの町々はクールトレーの戦い（1302年）において、彼らの勇気を証明した。また、スイスの連合軍はその槍兵の方陣によって、市民兵といえども、適切に訓練され、志気を高められ

傭兵や外国の援軍は役に立たず、危険なものである……
なぜなら、連中は無統制であり、野心的で、規律がなく、不実で、
味方の前では勇敢だが、敵の前では臆病だからだ。
連中は神を畏れることもなければ、人に対する信義ももちあわせていない。

ニッコロ・マキャヴェリ『君主論』（1513年）より。

傭兵隊が名を挙げる

中世都市は、彼ら自身の市民軍のほかに、その財力を用いて傭兵を雇うことができた。中世都市による傭兵隊の使用が最も広く見られたのはイタリアであった。その経済的繁栄に導かれて、イタリア人は非常に早くから、金を払って雇う傭兵隊の利用に移行した。14世紀には、傭兵隊はイタリアの戦争において主要な要素であり、コンドッティエーロ（傭兵隊長）と呼ばれる指揮官が兵士たちの一団を率いて、次から次へと雇用契約を結んだ。このような傭兵隊のうち、1282年のシチリアの夕べの祈り事件に続く戦争中に結成されたカタラン隊や、イングランドの騎士サー・ジョン・ホークウッドが率いる白衣団などは、名を挙げて、高く評価され、有力な雇い主たちから求められた。

（マキャヴェリは傭兵問題についてあれこれ議論しているが、その議論はかなり揺れ動いている。『君主論』から引用する。たまたま「ジョン・ホークウッド」が俎上に載せられている。「もっとも、これとは逆に、ヴェネツィアやフィレンツェでは、この傭兵を利用してそれぞれ支配勢力を拡張している。それでいて、傭兵隊長が君位につくようなこともなく、むしろ、統治者を守ってきた。しかし、これに対しては、私はこう答えよう、フィレンツェのばあいは、ただ偶然に恵まれただけなのだ、と。すなわち、多少気がかりな、実力のある傭兵隊長のうち、ある者は勝利をつかめず、ある者には強い反対勢力があり、またある者は他の方面に野心を向けていたことによる。勝利をつかめなかった者とは、ジョン・ホークウッドである。この男は勝利を得なかったので、彼の忠誠の程度は知ることができないが、だれに聞いても、彼が勝利をつかんでいたら、フィレンツェ市民は彼の意のままになったであろうという。（池田廉訳）」）

フランスとイングランドの間で戦われた百年戦争により、かつてないほど広く傭兵隊が利用されるに至ったのは、両軍ともに、広範囲にわたって傭兵に頼ったからである。経験によって磨かれ、鋭利な刃となった傭兵たちの軍事技術は、彼らを戦場において恐るべき敵とした。中世末期の多くの軍隊において、傭兵は騎士に取って代わったが、しばしば職業軍人たる傭兵としての団結力や規律には欠けていた。また、傭兵たちは、多くの騎士たちが奉じていた騎士道の理想を義務として感じることがほとんどなかった。騎士たちが、戦闘で敵を捕虜にするこ

上：城攻めの様子を描いた15世紀のイラスト。15世紀のものだということは上辺の文字列の文字の形からも分かるが（ちなみにこれはドイツ語）、そこにはなにやらアフリカ人だの、カルタゴ市などと書いてある。城攻めにあっているこの町はどうやら古代カルタゴ城市らしい。城の守備隊の背後にいかにも町人らしいイメージ取りの人影が見えるが、もしやこれはカルタゴの女王ディドーか。

左：コンドッティエーロ（古語ではコンドッティエーレ）の肖像。だれだかは分かっていない。コンドッティエーロはコンドゥケーレというラテン語に由来して、傭兵を指揮する者という意味あいで広く使われた。イタリア人であろうが外国人であろうが、傭兵隊を率いてイタリアのコムーネ都市と契約を結び、軍事を担当する指揮官の総称である。1342年から翌年にかけてフィレンツェと契約を結んだフランス人ゴーティエ・ド・ブリエーン（シャンパーニュのブリエーンの伯で、後、1356年にポワチエの戦いで戦死する）とか、1360年のブレティニーの和議の後、一隊を率いてイタリアにやってきて、ピサとかミラノとかと契約を交わして傭兵隊を率い、1378年から1392年の長きにわたってフィレンツェのコンドッティエーロだったイギリス人ジョン・ホークウッドがよく知られている。

上：14世紀の写本飾り絵。手前の円筒状の建物がサンタンジェロ城、その向こうの朱色の建物がおそらくヴァチカン宮殿。その奥にサンピエトロ大聖堂が古代風の切妻屋根の玄関を見せている。ローマの東南のこの一角を城壁で囲ったという証言は歴史の資料には出てこない。サンタンジェロは裸城で、それ自体、ヴァチカン地区の住人の避難所だった。

とによって得られる個人的名誉と栄光のために闘ったのに対し、傭兵たちは金のために戦い、敵を生かしておくことにほとんど利点を見出さなかった。中世末期の戦争において傭兵と市民軍の重要性が増大すると、戦場は騎士たちにとって、よりいっそう危険な場所となったのである。

都市の要塞化

人びとが安全を求めることができ、守備隊が侵入者と交戦するために集結する物理的構築物としての中世都市が発展したことにより、中世末期の戦争においては、町の占拠こそが重要な目的となった。田園地域は比較的征服しやすかったが、それを保持するのは、近郊の城郭や町が敵の手にある場合は、非常にむずかしかった。かくして、城郭や中世都市の包囲が、当時の軍事戦略において重要な要素となった。これは特に、百年戦争中のフランスでの戦いにおいて事実であった。戦争が始まるとすぐに、両軍はそれぞれの指揮下にある町の要塞化を開始し、長い包囲戦に耐えられるようにした。この時期、カーン、ルーアン、アヴィニョン、ランスなどの町は堂々たる要塞を構築していたが、それらのいくつかは現在でも残っている。

要塞建設には非常に金がかかり、要塞の建設と維持に町の年間予算の4分の1以上を費やした町もあった。これらの町が要塞建設に関連する費用を捻出できたのは、その経済力があってこそであった。立派な市壁によって、これらの町は攻城するのが非常に困難になり、これらの町が陥落したのはただ、長期にわたる包囲戦の後であった。要塞化された中世都市や砦がその軍事的重要性をいくらか失い始めるのは、15世紀に新しく改良された大砲が舞台に登場してからであった。

680キログラム以上の重さの弾丸をゆるく高く打ち上げることができるどっしりしたカノン砲は、城壁や塔をさっさと片付けることができた。かくして、中世都市の物理的発展から、二つの重要な軍事的傾向が導かれるが、そのどちらも、騎士道の有効性を制限するのに役立つことになった。ひとつは、軍事上の標的としての中世都市の重要性ゆえに、包囲戦が普通に行なわれることになり、合戦と、合戦を名誉とした騎士たちを、二次的な地位へと格下げしてしまった。第二に、要塞に対する最も破壊的な武器はカノン砲であり、軍事的価値において、砲兵が騎兵の上に高められたのである。かくして、よく訓練され、志気を高められた市民軍を多数、守備につけることを可能にした人口増大、自分たちの利益を守るために職業的傭兵隊を雇うことができた経済力、騎士たちの価値を制限し、砲兵の価値を高めた要塞、これらによって、中世都市の成熟は、ゆっくりと、だが確実に、騎士道の衰退に貢献したのである。

騎士道が次の時代へ遺産をのこす

ヨーハン・ホイジンガは『中世の秋』の第7章「戦争と政治における騎士道理想の意義」にこう書いている。

「だが、ある文化理想が至高の徳を人びとに要求する度合いの強まれば強まるほど、それだけ、生活様式と現実とのあいだの不調和は大きくなっていくものだ。なかば宗教的内容の騎士道理想を奉じえたのは、強烈な現実の前に、なお目をつむることをえた時代、それだけに至純の幻想に対しては感受性ゆたかな時代ならばこそのことであった。若返る文化のはたらきかけるところ、古い生活様式の、あまりにも調子の高いアスピレーションは廃棄された。騎士は、17世紀フランスのジャンティヨンム（上流の人、宮廷人にほとんど同じ）に席をゆずる。これは、なお、身分とか名誉とかの観念一式を後生大事にかかえこんではいるが、しかし、もはや、信仰の戦士とか、弱きもの、しいたげられしものの保護者とか称するようなことはない。18世紀に入れば、フランスのジャンティヨンムにかわって、英語でいうジェントルマンが登場する。これは、つまり、むかしの騎士の直系の類型なのである、ほどあいよく洗練されてはいるが。このように、理想の姿は、次々と移り変わり、そのときどきに、身に合わなくなった嘘の皮を脱ぎ捨てていったのである。」

国家主義の台頭

14、15世紀、キリスト教諸国家間の戦争が風土病のようにひろがり、キリスト教の大義に立って、国際的な連合軍を作って、オスマン帝国の脅威に対処しようというかけ声も、ヨーロッパ全土に台頭した国家主義によって鈍らされてしまう始末だった。かつての聖地三大騎士団のような、諸国家の利害にとらわれない組織の騎士団はもはや作られなかった。ガーター騎士団や金羊毛騎士団のような中世末期に設立された騎士団は、国家によって作られたものであり、団員の資格とその標章は、それを受けるものが国家の要員であることを示す標識にほかならなかった。

「正義の戦い」という考え方も変わった。かつては宗教的に動機づけられた、聖地回復のための異教徒に対する十字軍こそが「正義の戦い」であったが、いまや、キリスト教諸国家間の利害の争いが「正義の戦い」と観念されるようになってしまったのである。だから、カザーズ（カタリから言葉は来ているが、狭い意味での「カタリ派」を指すものではない。カザーズ・アンド・ワルデンシーズと連語でよく使われるように、「ワルド派」などの中世末期の異端諸派をいう）やロラーズのように、原始キリスト教への回帰を唱える宗派の説教者は、平和主義者の立場を取って、あらゆる戦争を非キリスト教的だと非難したのである。

ジョン・ウィクリフはイングランドのフランス侵攻を公然と非難し、絞首刑執行人の方が騎士よりまだましだ。絞首刑執行人は騎士よりはいくらかはましな正義感を持ち、憐れみの気持ちを抱いて刑を執行するだろうからだと述べている。

騎士道と反騎士道

騎士道の理想と現実の間のギャップは、なにも中世末期に目立つようになったというものではない。騎士道理想が立てられたそもそものはじめから、この理想と現実のギャップは心ある人たちの問題とするところとなり、さまざまな形の文章で指摘されてきた。12世紀末か13世紀はじめに書かれたと推理されている物語『悪魔のロベール』もそのひとつである。

ノルマンディーのさる伯の妻が悪魔に願をかけてできた子どもロベールが、悪魔っ子の本領を発揮する話が第一部、改心し、狂愚をよそおって贖罪につとめる話が第二部、トルコ軍との戦いに活躍する白銀の騎士の話が第三部、そうして第四部に、ロベールは贖罪を果たして隠者になる。

悪魔っ子の本性を現しはじめた我が子の心を矯めようと、父親はみずから息子を騎士にする。形を与えれば騎士の本分に目覚めるかもしれないという親のはかない望みである。果たせるかな、親の哀れな望みは叶えられない。彼は騎士道そのものを破壊しようという勢い。モン・サン・ミッシェルのトーナメントのメレに出馬したロベールは、作者は生き生きと描写する、「並み居る人びとを震撼させた。というのも、恐るべき力を見せつけたからだ。立ち向かうどんな勇敢な騎士も、横なぎに、あるいは真っ向から、地面へ馬からたたき落とされた。まさしく実戦さながらに、ロベールは馬をとめて相手に切りつけ、首をはねようとした。そんな体勢で、ひとり残らず地面へ馬から叩き落とした。騎馬槍試合はかれのせいで大混乱、騎士たちはみんな散っていく。」（天沢退二郎訳）

おもしろいのは、ここに紹介したロベー

下：パオロ・ウッチェロの工房の作か。19ページと120〜21ページをご参照。トーナメントへ向かう騎士や従者の列。籠の造りの柵の反対側には、トーナメントから帰ってくる人々。もっとも、この情景そのものがトーナメントのメレだと見てもいいわけで、トーナメント会場があふれ出たと見ていいわけで、だから可動式の柵が置かれているわけで、甲冑姿の騎士ふたりが柵を隔てて、型どおりにジャウストを決めて見せている。連なる2階の窓辺にレディーたち。

右：15世紀の写本飾り絵。悪魔に魅入られた騎士とその従者たち。牛2頭立ての有輪重量鋤で畑を耕していた農民が襲われる。羊飼いもやられた。右上を見ると、商人が逃げていく。その左手、騎士の一行にとりついている変な黒猫みたいなイメージが、すなわち悪魔である。

下：ジョン・ウィクリフの肖像。ローマ・カトリック教会批判の声をあげた最初期の思想家のひとり。万人に読める聖書をひろめようと、ラテン語の聖書を英語に翻訳した。1382年に制作されたと見られる。マルティン・ルターのドイツ語訳聖書よりも半世紀も早い。

ルの所業の描写は、一字一句そのままに、『ロランの歌』に見て取れる。それは当然で、武勲詩の作者は、これが実戦で、キリスト教世界防衛の正義の戦いだと意識している。騎士の暴力は、そのセッティングのなかで解き放たれるのである。それが13世紀の物語の作者は、トーナメントのメレで暴力を振るう「ロラン」を悪魔の化身ととらえている。トーナメントはひとつの文化の表現であって、ひとつの社会層を編成した騎士という男の集団の祭と意識されている。

だから、騎士道と非騎士道は、じつは当初から対立物として意識されていて、また現実の事態であったのだ。そうして、中世末期に近づけば近づくほど、増進的に非騎士道の量が増したということではない。すくなくともそのことは証明できない。百年戦争の間に、以前に比べて非戦闘員の虐殺が増えたとか、それまでに見られなかったほど組織的にひとつの地域を荒らす傾向が見られたということは、歴史的には証明されない。捕虜と身代金の慣行的処置に変更があったという話も聞かれない。

ただ戦争の技術がしだいに、なんというかメカニック（非人間的）になっていって、騎士が存在する理由が疑わしくなってきた。政治や戦争を、ある時期までは経済も、騎士が押さえていた時代は過ぎ去ろうとしている。中世末期というのはそういう時代だった。騎士の祭もなにかしぼんだ風船のようになってしまった。

騎士道理想の擁護者

フィリップ・ド・メゼール（近代の発音ではメジエール）は十字軍の理想をふたたびかき立てようと考えた。彼はイングランドとフランスの戦争に明け暮れている王や騎士たちに「神と隣人たちに対して、非道にも、たび重ねて犯している悪行を反省せよ」と呼びかけ、聖地をとりもどすために新しい騎士団を結成しようと提案した。ところが、1396年、この提案に合わせたかのようなタイミングで出向したハンガリー王、ジギスムント・フォン・ルクセンブルクの十字軍が、ブルガリアのニコポルで（古代ローマ帝国のニコポリスではない）、オスマン帝国の軍勢に大敗した。フィリップが危惧したことだが、それぞれが個人的名聞（みょうもん）を欲しがって行動したことが敗因だったという意見がある。フィリップの理想はさらに遠のいた。

第IV部
文化遺産

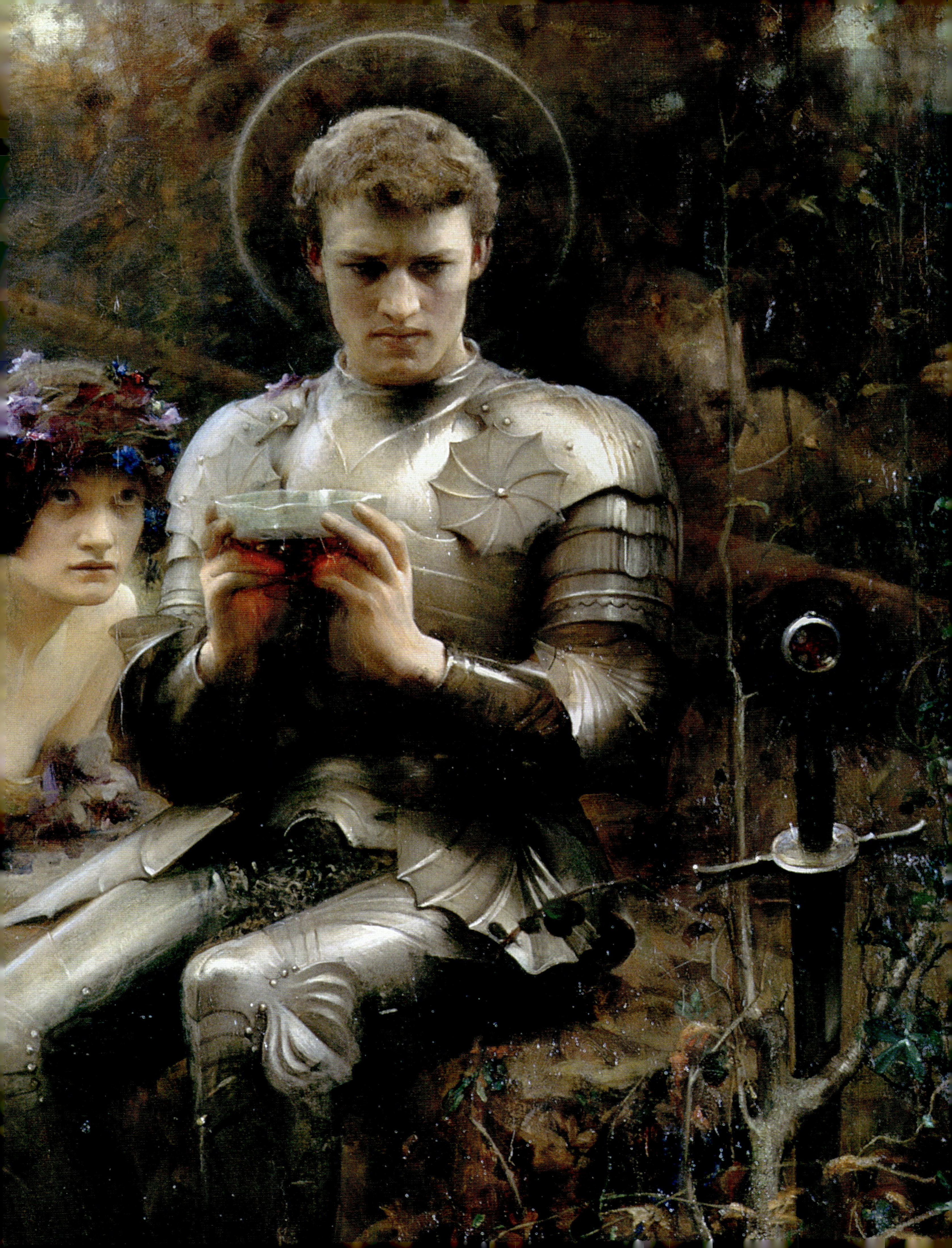

第Ⅳ部第1章
文学にみる騎士

一千年以上にもわたって、騎士、騎士身分の騎士道的理想を体するキャラクターは、中世歌謡にはじまって近代小説にいたるヨーロッパ文学史において主役を演じてきた。とりわけて中世の騎士道物語群に、華やかに描写され、その正体をあかされ、栄光化され、理想化された。

中世文学の騎士のヒーローには、古典古代の文学の主人公を思わせるものが何人もいる。ホメロスの『オデュッセイア』のオデュッセウス、ウェルギリウスの『エネイッド』のエネアスなどがそれである。ひとりきりで勇敢に戦い、肉体的な障害や超自然的な妨害に打ち勝ち、良き目的のためには命もささげる人物像として表わされている。

しかし、かれらヒーローが典型的な、いまではすっかり馴染みになったキャラクターとして物語に登場したのは、中世の領主の館などで活動した歌芸人の語り物のなかでのことで、これがまず「叙事詩」と呼ばれるジャンルの文学として文章化された。

語り物文芸は先祖の功績を讃える事によって、聞き手に喜ばれた。聞き手の側の血脈に関する名誉を讃えるものであるならば、とりわけ喜ばれた。

私たちが「騎士道」の本来の意味として理解しているもののほとんどが、騎士的理想を現実に吹き込んだ文学に発していたのである。また、文学自体がそこに霊感を汲んでいたのである。「騎士道」という精神的基盤がますます騎士物語の中に顕著に現れていった。

信仰の守り手

文学の中で騎士の英雄的なイメージが発見されるにあたっては、十字軍という出来事による影響が大きかった。騎士たちに「聖地を守れ」と呼びかけるにあたって、教会は騎士たちに「信仰の守り手」としての役割を公式に与え、その役割を果たすための軍事行動を聖別した。これが十字軍である。

第1回十字軍（1095～99）から第3回十字軍（1189～92）のあいだ、文学の中で、聖地のキリスト教徒のために戦う騎士たちはますます光り輝いた。騎士物語が、十字軍士の騎士たちの、勇敢で思いやりのある肖像を描いた。サラディンとリチャード獅子心王のような敵同士でさえも、たがいに敬意をはらいあう存在として描かれたのである。

騎士の理想が根付いたとき、騎士物語がいっせいに開花した。まず叙事詩であり、また騎士道物語であった。これらの物語の多くが中世初期の神話と伝説に霊感を汲んでいた。ここに、アーサー王伝承にもとづいて次から次へと作品を作り出していく物語群が生まれた。ヨーロッパ各地に「アーサー王物語」の種子がまかれ、その土地土地の言語のなかで、もとの物語の変化型が次々に作られていったのである。

衰退と再生

中世の騎士物語で騎士は「キリスト教徒の美徳の象徴」「正義の防衛者」「弱きものの守護者」と描かれている。同時にまた封建社会を支える柱として描かれている。それが、14世紀前半から、文学における騎士のイメージは衰退してゆく。16世紀末には、騎士の典型は、ミゲル・デ・セルバンテスが『ドン・キホーテ』に描いたような、

左：チャールズ・アーネスト・バトラーが1903年に描いたアーサー王。アーサー王伝承は、騎士道物語の作者たちにとって霊感の泉であった。

騎士道！　そうだとも、娘さんよ、
騎士道は純で高い愛の乳母なのだ。
抑圧された者たちの支柱なのだ。
加害があればそれに報い、
タイラントの暴力を押さえ込む。
貴族なんぞといったって、
騎士道を欠いては成り立たない。

サー・ウォルター・スコット
『アイヴァンホー』1819年

右：闊達な歴史小説の数々で、とりわけ『アイヴァンホー』で、サー・ウォルター・スコットはロマン主義文学の帝王となった。

旧式で、現実には存在し得ない、狂気じみてすらあるものとして描かれるようになった。

それが、古典主義の16世紀、啓蒙主義の18世紀を経て、19世紀にはいると、中世の手書き写本の世界への関心が復活し、中世が再発見された。騎士的存在とそれを支えた精神的基盤が、ロマン主義時代の小説家と詩人たちによって再び明るい日差しの下へ表われたのである。

伝説や、叙事詩や、騎士道物語が、文書館の資料蔵から発掘され、印刷され、現代語訳された。これらの物語は、サー・ウォルター・スコットや、アルフレッド・テニスン卿のような作家たちによって、19世紀特有のロマン主義的感性を織りまぜられて翻案が作られ、広く読者層を獲得した。中世学の歴史家や書誌学者が中世の文章資料を写本から校訂し、注釈し、出版した。

騎士道物語へ寄せる文学熱は20世紀に入っても衰えなかった。クライヴ・S・ルイス、ジョン・R・トールキン、テレンス・H・ホワイトなどの作家たちの作品がそれを示している。今日なお、騎士道物語は種々様々なストーリーの中で、「騎士」という魔法をかけつづけている。戦うに大胆であり、高潔な心を持ち、千年前と変わらず強い。

下：ミゲル・デ・セルバンテスの騎士の理想像を諷刺した物語『ドン・キホーテ』は、前後編に分かれている。出版年は推定で1605年と1616年。なにしろ大好評で、作者自身よりも先に続編を書くのが出たほどだった。

中世の歌と詩

中世叙事詩はフランスで生まれ、「武勲詩（シャンソン・ド・ジェスト）」と呼ばれた。古いフランス語で作られ、「ミンストレル」とか「ジョングルール」とか呼ばれた歌芸人によって、領主の館や修道院、あるいは市が開かれる町の広場で歌われた。物語の内容によって、いくつもの武勲詩群が形成された。12世紀に入って、それらは書き写されるようになった。ほとんどが史上有名な人物、特にシャルルマーニュとその一族の事績を語るものであった。

「騎士道物語」と違って、「武勲詩」には神秘性や幻想性が欠けていた。フランク王国の建国を成就し、帝国を広げてゆき、外部からの脅威と内側の反逆者から国を守るヒーローが称揚された。個人的な高貴さや、忠誠心や、勇気、血統に重きがおかれて語られた。武勲詩群は3つのグループに分けられる。「王の武勲（ジェスト）」、「ガラン・ド・モングランの武勲」、「ドーン・ド・マイヤンスの武勲」であり、後二者はそれぞれの土地での豪族の名前からそう呼ばれている。「王のジェスト」はザクセン人やイスラム教徒のような異教徒たちに対する戦役について語っており、その中にはすべての武勲詩の中でもおそらく最も古く、かつ最も有名な『ロランの歌』が含まれている。2番目の詩群では、シャルルマーニュと彼に連なる血統の男子たちが、いかに帝国を大きくしていったかが語られており、もっとも作品が多いのが「ギィオーム・ドランジュの詩群」である。

「ギィオーム・ドランジュ」はその「オランジュ」という土地の名前が示しているように（ドランジュはド・オランジュの連音形である）南フランスに展開した詩群だが、3番目の「ドーン・ド・マイヤンスの詩群」は北フランスで作られた。一番古いものは『ゴルモンとイザンバール』だが、この詩群に登場する男子たちの始祖と目される「ドーン・ド・マイヤンス」の名前をとって、こう呼ばれる。フランク王国の王たちに反逆した地方の豪族たちの武勲詩である。

ロランの歌

『ロランの歌』はロンスヴォーの戦いに

上：角笛を吹くロラン。戦友は全員倒れ伏して、イスラム王マルシルの軍勢がロランを取り囲んでいる。マルシルの楯の紋章は特定できない。特定できないように絵師は描いた。なにしろイスラムなのだから。『ロランの歌』の13世紀の写本飾り絵。

左：王の御前で楽器を奏し歌を披露するミンストレル（歌芸人）。左からタンブーリン（小太鼓）、三絃のヴィオールなど。右端はコールンムーズ、英語でバグパイプ、日本語で風笛。

ついて詳しく語っている。時は778年、処はピレネー山脈の西端の峠道。シャルルマーニュは、当時サラゴサ王マルシル率いるスペイン北部のイスラム教徒たちに対する戦役に従事していた。そのさなかでの出来事である。事後数世紀を経て、1100年頃に記録として書き記される前に、物語の細部は様々に語り継がれる中で語りなおされ、脚色されていった。

物語の冒頭、サラゴサ王マルシルから和平の提案があったのを受けて、だれが交渉の使者に立つかが話し合われる。シャルルマーニュの諮問に答えて騎士ロランは自分の継父であるガヌロンを推薦する。ガヌロンにとって、これは、彼を宮廷から遠くに追いやる陰謀に感じられた。怒ったガヌロンは、サラゴサのマルシル王に会うと、シャルルマーニュの軍勢が引き上げるとき、殿（しんがり）軍の指揮をロランにとらせるよう仕向けるから、だまし討ちにしてくれと頼んだ。

ロンスヴォー峠で、サラセンの大軍から攻撃を受けたロランは、角笛を吹いてシャルルマーニュの本隊に急を告げようという盟友オリヴェの提案を最後まで拒んだ。援軍を要請するのは臆病な振る舞いにあたると感じていたのだ。オリヴェも倒れた。彼自身も致命的な傷を負う。ロランは最後の力を振り絞って角笛を吹き、息絶える。本隊を返したシャルルマーニュは、ロランをはじめ殿軍の全員が戦死したことを知った。シャルルマーニュの苦衷を知った神は、大空の太陽の進行を止め、かれに時間の余裕を与えた。シャルルマーニュはサラセン軍を追い、これを打ち破った。その後サラゴサに侵攻し、マルシル王を倒し、サラゴサを征服した。ガヌロンは反逆の罪で裁かれた。

敵を前にして決して退却しない。王と王国を守るために死ぬまで戦う。語り部たちに語り継がれた叙事詩『ロランの歌』は、聞き手たちに気高い理想とはなにかを教えたのである。『ロランの歌』に続く騎士物語のほとんどすべてに、この気高い理想が写し取られている。今日にいたるまで、『ロランの歌』はフランス文学史上最も古い、最もよく知られた作品であり、そして今なお、現代のフランスとドイツの双方において、両者がひとつの帝国であったそのころから変わることなく、連帯（ソリダリティ）とはどういうことかを教えるモデルとなっている。

敵ながらあっぱれ

ここで「あっぱれ」というのはキリスト教徒の騎士にもみまがう勇武と礼節の持ち主という意味である。ガラン・ド・モングラヌのジェストと呼ばれる武勲詩群のひとつに『グィオームの歌』というのがあって、ガランの曾孫にあたる「オランジュのグィオーム」はトゥールーズ伯領を領していて、ピレネー山脈の南のイスラム教徒勢と四六時中対峙する最前線で活動している。おまけにかれはイスラム教徒の王妃だったグィブールというのを妻にした。おかげで妻の親族からフェーデ（二つの血族間の宿縁的闘争）をしかけられて大変だったが、武勲詩はグィブールの親族のイスラムの王たちを、キリスト教徒の騎士にもみまがう勇武と礼節の持ち主として描いているのである。

叙事詩の展開

武勲詩の多くは他の言語に翻訳されたり、翻案されたり、模倣されたりして、熱狂的に迎えられた。スペインでは、「レコンキスタ」の過程で、「スペイン武勲詩」が成立した。最も有名なのが『わがシッドの歌』であり、これはエル・シドの名で知られたキリスト教徒の騎士ロドリゴ・ディアス・デ・ビバール（1043〜99）の物語である。おそらく1140年頃に書写された写本が一番古いと考えられている。

根も葉もないいいがかりによってカスティーリャ・レオン王国を追放されたエル・シドは、名誉を回復するためにイスラム教徒と戦う。

中世ドイツの武勲詩といえば、それはまずあの雄渾な叙事詩『ニーベルンゲンの歌』がある。南ドイツのバイエルンのパッサウあたりの詩人の手になったと考えられている。おそらく1200年頃にはできあがっていたのではないか。歴史的素材と神話的な題材の双方を織り交ぜたこの作品は、王子ジークフリートの事績（ジェスト）を語っている。

前半は王女クリエムヒルトを手に入れようという試みについて。後半は嫉妬心にかられた義兄によるジークフリートの暗殺、クリエムヒルトとフン族の王アッティラとの再婚の物語、クリエムヒルトが兄に復讐するまでが描かれる。

『ニーベルンゲンの歌』のジークフリートは、武勲詩の「騎士」の姿を写している。そのストーリーの基本的テーマは、途中でけっして逸れることのない忠誠であり献身である。古ドイツ語でいう「トゥリウェ」（いまのドイツ語で「トロイエ」）であり、これがジークフリートの死後も、物語を大団円までもっていかせた力であった。

下：エル・シドは、いまだにスペインの国民的英雄であるだけに、方々の町にその像が建っている。これはセビーリャの町中に見られるブロンズ像である。

騎士道物語の黄金時代

叙事詩が各地の言語へ翻案され、書き直されていく過程で、騎士たちのことをもっとよく知りたいという気持ちからか、それまで知られていなかった新しい価値観が本歌に付加されていった。敗者に対する憐れみ、女性的なるものに対する崇拝と奉仕、騎士の精神的な成長と道義心の向上への注目などがそれである。

同じ頃、違ったタイプの詩である「トルバドゥール」の恋愛詩が大きく影響波をひろげた。叙事詩の進化と「トルバドゥール」の恋愛詩の影響、この両者が出会って、そこに新しいジャンルの詩が生まれた。「騎士道物語」である。

「騎士道物語」は騎士道を極めようとする若い騎士の肉体的・精神的・霊的成長の旅を描いている。若い騎士たちの教科書のような作品もあるが、一方では、騎士として求められることと、自身の男としての自然の気持ちを調和させようとしてもがく姿を、ユーモラスに、また、諷刺的にすら描いている。このジャンルの文学は、宮廷の気品といっても、それは男の自然の本性みたいなもので、もともと腐臭が漂っているものだと割り切って考えていたのである。

下：ロワール川中流フォントヴロー大修道院の遺構に残るアリエノール・ダキテーヌの寝棺彫像。かの女はその夫のヘンリー2世、息子のリチャードと一緒に永遠の眠りについている。

著述の坩堝

「トルバドゥール」の恋愛詩は11世紀から13世紀にかけて、南フランスのオック語圏の領主社会に盛行した。その典型的なストーリーは、騎士や領主が宮廷のレディー（「貴婦人」と訳語をあてるが、どうもなじまない）に求愛するというものである。このレディーは、時とするとはるか遠方にいる。「いまだ見ぬトリポリ伯妃」が、かれら恋愛者たちの標的だったのである。

「最初のトルバドゥール」とうたわれたアキテーヌ侯ギィレム9世（1071〜1126）の宮廷で「トルバドゥール」の恋愛詩は花開いた。ギィレムの孫娘がアリエノール・ダキテーヌ（1122〜1204）である。フランス王のカペー家のルイ7世と離婚して、アンジュー伯ヘンリーと再婚した。1154年、ヘンリーは母親の権利を継いでイングランド王に戴冠した。アリエノールはイングランド王妃である。

1155年、王妃になった翌年、彼女はヘンリー王からロベール・ワアスの『ブルート物語』の写本をプレゼントされたという伝えがある。これはアングロ・ノルマン語で書かれた詩文であって、それの本歌は1130年代にラテン語で書かれた『ブリタニア列王伝』というもので、これの作者については諸説あって定まらない。だからワアスの作品はこれの翻案翻訳というふうに見ることもできる。

ちなみに「アングロ・ノルマン語」というのはノルマンディーから南イングランドにかけて流通していたロマンス語の一方言で、北フランスのオイル語、南フランスのオック語とならびたつ、ロマンス語の一単位である。

アリエノールは1166年に末っ子のジョンを生んだのち、ヘンリー王とはほとんど別居の生活に入り、ポワチエ城に宮廷を開いた。南の

上：トーナメントに向かう騎士ヴォルフラム・フォン・エッシェンバッハ。ヴォルフラムは高名なミンネジンガー（恋の歌人）で、ふつう紋章図案は両把手のついた壺に花が生けてあるのだが、この『マネッセ写本』の飾り絵は斧二本に変えている。どちらがもともとなのかは分からない。

トルバドゥール、北のトルヴェール（北フランスのオイル語やアングロ・ノルマン語の詩人たち）が集う。アリエノールの義姉にあたるマリー・ド・フランスがいる。彼女は『レ・レ』（短・中編を12編あわせた詩集）で名高い。

アリエノールがカペー家のルイとのあいだに生んだ娘のひとり、シャンパーニュ伯妃マリーもポワチエの城に出入りしていた。マリーはその自領のシャンパーニュの城館でも「メセナ」（文芸保護者、パトロン、パトロネッサともいう）であって、ラテン語で書かれた『愛について』という著述で知られたアンドレ・ル・シャプラン（ラテン名アンドレアス・カペラヌス）も彼女の取り巻きのひとりだったであろうと考えられている。アンドレは、古代ローマの文人オウィディウスの著述を本歌にして、異性間の付き合い方、恋愛のルール、また、恋愛問題にかかわる争論がいかにして、いうところの愛の法廷で裁かれるかなどの話題を展開している。いま読めば、これは諷刺文では

右：クレティエン・ド・トロワの作品の15世紀の写本の飾り絵。アーサー王の円卓の騎士とそのレディーのカップルふたつ。手前の騎士はレディーに別れを告げているようだ。

ないかと思いがちだが、アンドレは、しっかりと、男性は思いやり深くかつお洒落に女性に求愛する必要があると強調している。確かなことは、これが当時、ロマンティックな恋愛に対する興味を広くもたらしたということである。たとえ、アンドレの本のなかで、ご婦人方のほとんどが未来の恋人をはねつけているとしても。アンドレの描く結末が、恋愛について興味を持ちすぎると地獄に落ちてしまうよ、という警告であったとしても。

初期のアーサー王物語

マリー・ド・シャンパーニュのところに出入りしていたもうひとりの詩人、クレティエン・ド・トロワ（1165〜80に活躍）は、ワアスの『ブルート物語』を、彼自身のアーサー王伝説をベースにした一連の詩のための霊感の泉と受けとめた。『エレック』『クリジェス』『イヴァン、リオンの騎士』『ランスロ、あるいは荷車の騎士』『ペルスヴァル、または聖杯の物語』それぞれの物語がそれぞれに騎士の理想像を表現したこれらの詩は、「アーサー王の円卓の騎士たち」を、およそ騎士道物語の騎士たち全員が、それを鑑とすべき存在としたのである。あわせて聖杯、円卓、魔法の剣、神秘の泉など、ケルトの伝承の神秘の闇のなかに聞き手の、あるいは読者の心を誘ったのである。

アーサー王物語はライン川を越えて広がり、ジークフリードの伝説などのゲルマン民族の神話と歴史に接合された。ハルトマン・フォン・アウエは『イーヴァイン』（1200年頃）で、イヴァンの物語を作りなおしたし、ゴットフリート・フォン・シュトラスブルクはクレティエンの作品をリメイクして、彼自身の『トリスタンとイズルデ』を書いた。ヴォルフラム・フォン・エッシェンバッハは『パルツィヴァール』（1210年頃）を書いて、ペルスヴァルが聖寵を受けた騎士へと成長する聖杯探索の旅について大胆な構想を見せた。

散文体の伝説

13世紀のはじめ、1225年頃と推定するともいうが、それまでにいくつも出版されていた散文体の騎士道物語をまとめて、ひとつの出版物が作られたらしい。後代の印刷本で四つ折版2800ページに達するというからおどろきである。総タイトルは『湖のランスロ』と付ける人もいるし、『流布本アーサー王物語』とする人もいるし、かならずしも決まっていない。「聖杯伝説」「メルラン」「湖のランスロ」「聖杯探索」「アーサー王の死」の５編におおきく分かれる。

『湖のランスロ』は15世紀のイギリスの作家、サー・トーマス・マロリーに多大な影響を及ぼした。彼は英語で最初に散文でのアーサー王伝『アーサー王の死』（1485年）を出版したが、こんどはそれが、その後に書かれた英語のアーサー王伝の本歌となったのである。

> 何がわたしの正邪の判断を分け、
> 貴賤を覚知させるか、
> 何を考えて抑圧者に反感をもち、
> 抑圧された者に共感を覚えてきたか、
> その何はすべて
> この秘密の本のうちにある。
>
> ジョン・スタインベック(1902〜68)
> 「マロリーの『アーサー王の死』について」

アーサー王伝説

騎士道物語の騎士の名声をいやがうえにも高めているのが「アーサー王と円卓の騎士たち」の伝説である。この伝説の起源は長い間捜し求められているが、彼らのうちだれひとりについても、歴史上特定の人物にあてはまる証拠は見つかっていない。アーサーが最初に現れたのは、ブルターニュのケルト民族の伝承のなかで、世俗の敵、また超自然的な敵の双方から国を守る英雄的なリーダーとして、口承で伝えられた。また、7世紀から12世紀にわたって、ウェールズでウェールズ語で作られた詩のなかに、様々な物語を残している。だから、起源については、ケルト民族の口承文学のなかにしか探しようがないが、12世紀に入り、ジェフリー・オブ・モンマス、ロベール・ワアス、クレティエン・ド・トロワといった文人たちの仕事、また、アリエノール・ダキテーヌのようなアンジュー家のメセナたちの関心が、アーサー王の伝説を飛びぬけて浮き上がらせ、えんえんと続く人気を確実のものとしたといえるであろう。

下：アーサー王の最期の戦いとなったソールズベリの戦いを描いている。左手の兜の上に王冠をかぶった騎士がアーサー王。槍を小脇にかいこんで、正面の白馬の騎士に突っかかる。白馬の騎士はどうと倒れ込む。この描写は『アーサー王の死』の文章（190節）を写している。

主要なテーマ

アーサー王伝説の神秘的な要素は早くから騎士道物語にとりこまれたが、聖杯探索のテーマが騎士道物語に入ったのはクレティエン・ド・トロワ以後のことである。クレティエン以後、聖杯探索のテーマがアーサー王伝説に結合して騎士道物語に入ったのである。たしかにクレティエン以後も、ウェールズ神話に出てくる魔法の釜が聖杯のイメージ作りに持ち出されるというようなことはあったが、聖書の伝える物語との関連で聖杯が登場するケースが確実に増えていったのである。ロベール・ド・ボロンの書いた三部作『アリマタヤのヨセフ』『メルラン』『ペルスヴァル』（1200年頃）では、聖杯は、最後の晩餐の際にキリストが使い、そしてアリマタヤのヨセフが、死したキリストから流れ落ちた最後の血の雫を受け止めた杯となった。

その他、アーサー王伝説から騎士道物語に取り込まれた仕掛けに聖杯城（グレール・キャッスル）と漁夫王（フィッシャー・キング）がある。城の居住者であり、聖杯の守り手である漁夫王は、あらかじめそこに来るべく予定された純潔な騎士の到着によってのみ癒されることができる傷の痛みに苦しんでいる。騎士の到着のその時まで彼は罰せられ続ける定めであり、結果として彼の王国は荒れ地と化していた。

アーサー王伝説がらみの騎士道物語には、

わが騎士たち、わが僕たち、わが忠実な息子たちよ、
おまえたちは、いまだ肉の身にありながら霊的生活へ到達した。
おまえたちは、これほどまでにはげしくわたしのことを求めてきた。
もはや隠れてはいられない。おまえたちがわたしの秘密を、
わたしの神秘を、一部、見るのは当然のことだ。

イエス・キリストの再来と思われる人物が、
ガラアドをはじめ、12人の騎士に向かって言う
（『聖杯の探索』第7章）

よく破壊された剣が登場する。剣の破壊と修復については、それぞれにそれぞれの話の筋があるが、シンボル的な表現であることにちがいはない。

アーサー王の騎士道物語の中で、騎士たちはすべからく確実に、円卓に座を占めるための騎士的な美徳、超人間的な資質を示さなければならない。彼らは紳士的であり、誘惑を感じず、レディー（貴婦人）の献身と愛へのお返しとして奉仕することを要求される。聖杯の謎が解き明かされ発見できる可能性が、すこしでも見つかれば、彼らは気高さに満ちた不屈の心と内省と謙遜、そして慈悲を与える器の大きさを示さねばならない。円卓の騎士たちの多くは、愛することや、嫉妬や不実に屈したが故の傷を持つ身として描かれており、それが故に聖杯探索を成就できない。ごくごく少数の者のみ、探索を完成させるために、それらの障害を克服できるのだ。

ランスロット、とても人間的な騎士

ランスロット（フランス語名としては「ランスロ」）は、アーサー王がらみの騎士道文学のなかでもっとも有名な騎士だが、どうやらこの人物はクレティエンの創作だったらしい。『エレック』『クリジェ』『ランスロ、あるいは荷車の騎士』に登場する。散文体の『湖のランスロ』ではメイン・キャラクターを演じている。彼の手柄の中で最も有名なのは、邪悪な呪いをかけられた城を攻め落としたことだが、攻め落とすには城壁を守る20人の騎士を殺し、その城の王と対決して、これを打ち負かさなければならなかった。多くの騎士たちがすでにこの試みの末に命を落としていたが、ランスロットは大胆不敵であり、幾日も戦いを続けた後、「湖のレディー」から贈られた魔法の楯の助けを得て成功した。その城の中で、ランスロットは、彼の未来の死に場所を啓示する彼自身の墓石を見つける。

やがて、ランスロットの運命の「傷」、アーサー王の妻である王妃グィネヴィアへの愛が、究極的に彼の聖杯の発見を妨げる。マロリーは、この愛がアーサーの王国を滅亡に導き、アーサー王の死と王国の崩壊のあと、ランスロットは修道院に引退したと描いている。ある意味では欠陥のある騎士像だが、おそらくランスロットの欠点があまりに人間的であるがゆえに、またクレティエンの巧みな組み立てとキャラクター化ゆえに、ランスロットがらみの騎士道物語は、その後、たくさんの改作版を生むことになったのである。

パーシヴァルの鍛錬

クレティエンの未完の『ペルスヴァル』とヴォルフラム・フォン・エッシェンバッハがさらに書き継いだ『パルツィヴァール』の中で、パーシヴァルは聖杯の所在をつきとめる騎士として描かれている。彼は母親ひとりの手で、深い森の中で育てられた。それは彼を騎士という存在について無知なままにしておくためであった。母親は、

上：アーサー王と騎士たちが円卓についている。1460年頃から1485年頃までパリで活動していたことが知られ、「メートル・フランソワ」と呼ばれていた挿絵画家の仕事。額縁の花園模様がきれいだ。上下左右、額縁は原図ではもっと幅広くとられている。

下：サマセットシャーのグラストンベリー・トー。15メートルほどの丘で、ここはコーンウォール半島の付け根にあたり、「アーサー王観光」の起点である。湖沼が多い地形で、「アイル・ナヴァロン」、ナヴァロン島と呼ばれ、なにか楽園的な施設があったらしい。ソールズベリの戦いに討ち死にしたアーサー王がこの地に転生したのだというし、アーサー王と王妃グィネヴィアはここに埋葬されたともいう。

254　第Ⅳ部　文化遺産

左:「深紅の十字の白い楯」はガラアドの紋章楯である。『聖杯の探索』にはガラアドが槍で相手を突いて落馬させる情景は数か所に見えるが、「第2章さまざまな冒険」の描写がこの写本飾り絵に一番合っている。「ガラアドはじつにはげしく突っかけたので、槍は騎士の肩を貫き、相手は馬もろともにどうと倒れ、槍はぽっきりと折れた。」挿絵作家は槍が折れる寸前の瞬間をとらえている。

持った従者ふたりを従えて通り過ぎる。宝石を象眼した黄金の高坏を捧げ持つ美しい乙女が通り過ぎる。老人は土地の王であって、古傷をかかえ、痛みに苦しんでいた。パーシヴァルこそ、王が待ち望んだ騎士であった。しかし、好奇心を持ちすぎないようにという師の訓戒を胸に刻んでいたパーシヴァルは、行列の意味を問うことをしない。もしパーシヴァルが「あの黄金の高坏は何か」と質問したならば、それで魚釣り王の古傷の痛みは失せるだろうと予言があったというのに。

キャメロットに戻って後、パーシヴァルは、魚釣りの老人が本当は彼自身の叔父であったことを知り、聖杯にはふさわしくないと告発される。理解できないまま、パーシヴァルは、数年を要する内省と謙遜の旅に船出する。隠者トレフリツェントが、彼の霊的な成長を促し、聖杯の真の意味を理解する手助けをする。聖杯は、心きよらかな騎士をして、はじめて神と合一することを可能ならしめる財産なのである。

ヴォルフラム版では、パーシヴァルは次に見知らぬ騎士と戦うこととなる。ふたりは力がまったく互角なことに気づき、戦うのを止める。ふたりは母を異にする兄弟であった。パーシヴァルは、兄弟の騎士と連れ立って聖杯城に帰り、魚釣りの老人の傷

パーシヴァルが騎士になって、彼の父親のように遠い国で戦死する運命を背負ってほしくなどなかったのである。しかし、長じて、パーシヴァルは旅の騎士たちに出会い、好奇心をそそられ、アーサー王の宮廷に行こうと考えた。母親は、なんとか息子が騎士になるのをはばもうと、彼に道化の服を着せ、まったく反対の効果を生みかねないアドバイスを与えた。その結果、彼は、アーサー王の宮廷で、何人もの人たちの気持ちを傷つけ、あまつさえ、自分では気づかずに、アーサー王その人を侮辱してしまったのである。

自分が何をしてしまったか、ようやく気づいたパーシヴァルは宮廷を去った。その後、彼はグルンマンという名の騎士に出会い、騎士になるための教育をみてもらうことになる。騎士はパーシヴァルに程合いのよさと自己抑制を身につけなければならないと教え、あまり好奇心を持ちすぎないように警告する。

魚釣り王の誓約

その後パーシヴァルは魚釣りをしている老人と出会い、彼の城に連れて行かれ、聖杯行列を目撃する。行列の一行は、さまざまな象徴物を捧げ持っている。血のしたたる槍を持った若い騎士が、黄金の燭台を

伴侶の役割

「アーサー王物語」ではランスロットとガラアドの存在が傑出しているが、その他にもクレティエン・ド・トロワは魅力ある騎士像をいくつも作りだしている。『エレック』は恋の節制の徳に欠けるところがあったというので宮廷から追放された夫婦の話だが、冒険旅行中、エレックは妻エニッドに沈黙の義務を課す。夫の危難に際して、妻はしばしば沈黙の義務に違反する。そこに心理葛藤劇が描かれる。騎士イヴァンは「魔法の泉」の守護者の騎士を殺したのち、その寡婦ローディーン・ド・ランドゥックと結婚した。やがてイヴァンは冒険旅行に出かけるが、帰還の期日の約束をしばしば違え、かの女の愛を失う。その愛をとりもどすために、イヴァンはなおも冒険を求め、ようやく妻の愛をとりもどす。冒険旅行の途上、危難を救ってやったリオン（獅子）が彼の供についたことから、『イヴァン、リオンの騎士』と呼ばれる物語である。

を癒し、王国は繁栄を再び取り戻す。

ゴーヴァン、欠点のある戦士

ゴーヴァンはパーシヴァルの連れとして物語に登場する。ヴォルフラム版では、パーシヴァルと別れてからゴーヴァンが体験した冒険は、およそ騎士がいかに自分自身を正しく導くか、いかに騎士道に愛をなじませるかを学ぶための、パーシヴァルが体験したそれとは異なる試練の道を示しているように見える。

彼の勇気と上品な作法は名高く、多くの女たちを夢中にさせる魅力に満ちていた。しかし、戦士としては問題があった。なにしろ太陽が正午をすぎると勢いをなくしていくように、だんだん元気がなくなっていくのだ。聖杯物語の後期の版では、彼は聖杯探求のヒーローとなるが、マロリーが物語の結末付近で、アーサー王の相談役としてゴーヴァンを描いたにもかかわらず、キャラクターとしては文学史上、パーシヴァルよりも有名になることはなかった。

ガラアド、純潔の騎士

『湖のランスロ』あるいは『流布本アーサー王物語』の一部である「聖杯の探索」と、マロリーの『アーサー王の死』では、聖杯の神秘の謎を解く役割をあたえられたのは、ランスロットではなく、ガラアドである。ガラアドはランスロットとエレインの息子である。エレインは聖杯の守り手たちのひとりの娘で、ランスロットを魔法で誘惑したのだった。父親に頼んで騎士になった後、ガラアドはキャメロットに向けて出発する。

アーサー王の宮廷に着いて後、ガラアドは円卓の騎士のひとりとなるが、知らぬまに「危険な座」と呼ばれる呪いのかかった椅子に座ってしまう。その座は聖杯探索に最も成功するであろう騎士のためのものであった。アーサーはこれを前兆ととらえ、ガラアドが、長らく待ち望まれていた聖杯の騎士であるという証を立てるために、魔法のかかった岩に差し込まれている剣を引き抜くように命令する。いくつかの物語ではこの剣はエクスカリバーと呼ばれている。ガラアドはこれをやすやすと成し遂げ、そして、探索に出かけると告げる。

貞節そのもので純真な、肉体の罪とも心の罪とも無縁なガラアドは、現実的、非現実的な様々の障害を克服し、聖杯を発見して、その謎を解き放つ役目を全うする。『聖杯の探索』の最終章で、ガラアドは、聖杯から出現した現存の神から聖杯の意味を教えられ、これを「サラスの城町の天なる宮殿」にとどけよと命令されて、ペルスヴァルと、もうひとりの騎士と、三人連れ立って、航海に出る。

版によっては、「主が最初にヨセフを司教に聖別したもうた天なる宮殿」とも書かれていて、このヨセフは「アリマタヤのヨセフ」らしい。

サラスはどこだか分からない。パレスティナの海岸だろうか。ガラアドはその城町の王になり、やがて時満ちて、魂は体から離れた。ガラアドの魂は天使たちに運ばれた。同時に天の方から一本の腕がのびてきて、聖杯と槍を天の方へ運び去った。あと、ほんの短い「おわりに」がつくが、これが『聖杯の探索』の大団円である。

上：ウィリアム・モリスが1863年頃に制作した一連のステンドグラス・パネルのひとつ。アーサー王と騎士ランスロット。

下：『聖杯の探索』の第1章に描写された、ガラアドが岩に刺さった剣（エクスカリバーと呼ばれることもある）を引き抜く冒険に挑戦している情景。「白いパルフリーにまたがったダメゼル」まで描かれていて、絵師の神経の細やかさがうかがえる。

モダーン・リテラチャー

　文化の創造と享受がほとんど領主の館や教会堂や修道院にかたよっていた11世紀と12世紀のあいだにも、ブリテン島や大陸のあちこちで、裕福な町人たちによって町々の急成長がもたらされた。町人たちは領主たちよりも財力を身につけてきていた。町人たちのうちにも、騎士と張り合って、暮らしを騎士道で飾ろうとするものたちが出てきた。教会堂や礼拝堂など、宗教施設を寄進し、保護するのは従来領主たちの仕事だったが、町人たちのうちにもこの事業に積極的に関わるものが出始めた。この急成長した階層の人びとは、古い騎士道物語の騎士たちを揶揄する新しいタイプの物語の読み手になった。

批評と諷刺

　その新しいタイプの物語文学はフランス語で「ファブリオー」と呼ばれる「小話」である。13世紀から14世紀にかけて数多く作られて、狭義にいう「ファブリオー」だけでも150編は越える。そのほか「狐ルナール物語」群とか、『ノートルダムの軽業師』など、宗教的道徳的テーマの「コント」などがある。宮廷風の高いレベルの礼儀作法に恥じない行動をとろうとして失敗する騎士や聖職者たちの姿を滑稽に描いているものが多い。

　15世紀初頭、1404年から翌年にかけて執筆されたと見られているクリスティーヌ・ド・ピザンの『女たちの都の書』という小話集は、男たちが内戦にまきこまれて不在なので、しかたがないから女たちが万事取り仕切っていたという話を書いている。そのなかに、情事におぼれて、国事を忘れている騎士もいるという指摘もある。宮廷風騎士道に対する女性の側からの痛烈な批判である。

　16世紀に入れば、イタリアの詩人ルドヴィーコ・アリオストの『狂えるオルランド（ロラン）』（1516）がある。これはマッテーオ・ボイアルドの未完の作品『恋

上：ジャン・ドミニック・アングルがイタリア滞在中に制作した「ルッジェロがアンジェリカを救出する」。アリオストの『オルランド・フリオーソ（狂えるロラン）』に題材をとっている。ルッジェロはロランの戦友。エステ家の祖とされる。アンジェリカはカタイ（中国）の擬人化。ルッジェロは有翼鷲頭馬身の怪物にまたがって奮戦する。

のオルランド』（1483）の続編として書かれたもので、「オルランド」は「ロラン」のイタリア語形で、『ロランの歌』をはじめ、叙事詩や騎士道物語に表現された騎士の理想像を諷刺するものであった。そういう流れでいえば、17世紀に入って、1605年と1615年に前後篇として出版されたミゲル・デ・セルバンテスの『ドン・キホーテ』こそは、騎士の理想と「いまのご時世」との間に生み出された亀裂を、もっとも雄弁に描写した最初の現代小説であるといってもよいであろう。

ラ・マンチャの騎士

セルバンテスの『ドン・キホーテ』の主役であるアロンソ・キハーナはとある村の郷士であるが、書物で読んだ騎士の理想に取りつかれてしまい、自分が、宮廷作法と騎士道が支配している過去の世界に生きているのだと信じ込んでしまう。「エル・シド」や武勲詩の騎士たちの偉業に負けまいと努めるあまり、ドン・キホーテ・デ・ラ・マンチャ（ラ・マンチャの騎士、キホーテ卿）と名乗り、滑稽な災難の連続を引き起こす。その災難とは、彼が、普通の人びとや物事を、古き良き騎士道物語の人物や事件とたびたび取り違えることで起こるのだ。彼は、神秘的な騎士たちや魔法の秘薬を思い描き、風車を倒さなければならない巨人と見る。

キホーテの冒険には、従者となることを承知した隣人、サンチョ・パンサが同行している。主人の意思を尊重し、サンチョはキホーテの想像に油を注ぎ、念入りにシナリオを作り上げる。とはいえ、サンチョは同時に彼の主人を笑いものに仕立て上げているわけだが。最後には、キホーテは狂気から回復し、騎士道をあきらめるが、幻滅と傷心の中で息絶える。

騎士の理想像の衰えを鏡にうつしてみせるのと同時に、『ドン・キホーテ』は、人間関係の心理劇を書き、人間の感情や弱点を、もっとよく理解するために、より共感的な光の下で描写するという、今後ますます強まりこそすれ、後退することのない方向性を文学にもたらした。

ドン・キホーテの旅はなにしろ個性的で、他の登場人物たちに与えたインパクトは強い。セルバンテスは人間の個性と人間関係の複雑さを上手に描き、同時にまた、理想と現実を仲直りさせるという、人類に文学が始まって以来の永遠の課題に挑戦している。だからこそ、この小説はいまだに幅広く読み継がれ、文学、美術、音楽の諸分野での改作を駆り立て続けているのである。

騎士道物語の復活

18世紀末になって、中世の写本が大量に発見され、学者たちの間に騎士や騎士道に対する関心が高まった。作家たちの間にもこの中世熱がつたわり、騎士道がらみのテーマを作品に活かそうとする動きが見られた。中で最も成功した作品のひとつが、サー・ウォルター・スコットの『アイヴァンホー』である。1819年に出版された12世紀のイングランドの騎士の武勲を描いた作品である。リチャード獅子心王や第3回十字軍やテンプル騎士団やロビン・フッドなど、中世の魅力に満ちたキャラクターや出来事が山ほど詰め込まれた一品である。

『アイヴァンホー』が当時の読書界に熱狂的に迎えられたについては、この時期の思想動向と歴史的出来事に対する反動があったのではないかと思われる。啓蒙主義からロマンティシズムへ、ナショナリズムの台頭、ナポレオン戦争で横行した暴力、ウィーン会議で決定された保守主義への回帰、産業革命の始まりと大規模な社会改革の導入――こういった出来事のすべてがいにしえの黄金時代へ帰りたい、礼儀作法、戦う勇気、正義と善のために戦うこと、忠誠と連帯、そういった徳目があたりまえに通用していた時代へ戻りたいという、幅広

右：騎士道幻想にとりつかれたドン・キホーテ。1863年に出版されたフランス語版『ドン・キホーテ』のギュスターヴ・ドレ制作の銅版画挿絵の一葉。

く人びとに広がった願いの一因となったのである。

ロマンティシズムの作家たちとともに、詩人たちもまた騎士を主人公に、騎士道を歌い上げた。キーツの『なさけつれなき美女』がたとえばそれである。キーツをはじめロマンティシズムの詩人たちの作品は、「ラファエル前派」の絵画作品を生み出すもととなり、彼らのロマンティックな表現方法が、めぐりめぐってまた、のちに『ライオネスのトリスタン』(1882) を著したアルジャーノン・チャールズ・スウィンバーン (1837〜1909) のような詩人たちに霊感を与えていったのだった。

19世紀の騎士道文学の中で最も影響力があったもののひとつに、アルフレッド・テニスン卿の一連の物語がある。この作品は30年近くにもわたって (1859〜85) 書き続けられ、全編まとめて『王の牧歌』と呼ばれている。この12編のアーサー王物語詩は、マロリーの『アーサー王の死』の改作であって、ついに存続することのなかった完全なる王国キャメロットの滅亡でハイライトを迎える。哀しくせつないこの詩は、通例、この時代の急速な社会経済的変化への反応と受け取られている。ミュージカル『キャメロット』(1960) など、現代のアーサー王物語改作版は、テニスンの悲劇的喪失のセンスに彩られたマロリーのプロットをベースに作られている。

国家主義者による利用

ドイツでは、リヒャルト・ワーグナー、言語学者のカール・ラハマン、グリム兄弟などの傑出した作品が、以前には民間伝承として無視された中世期写本への強い興味を引き起こした。ワーグナーは中世の素材を、その伝説の源までさかのぼって世に送り出した。彼は、古代ドイツの頭韻詩すら使用し、ニーベルンゲンの頃からのドイツの初期の物語を再編集した物語を台本として採用した。ワーグナーはまた、中世ドイツの騎士道物語詩を改作することによって、ドイツ文化の最高の部分をすべて具現化する英雄たちとその偉業を歌い上げ、日に日に増えてゆく国家主義者たちの好みに都合の良い道具に使われた。

フランスでは、叙事詩や騎士道物語の写本が、騎士道の起源はフランスだという観点から校訂され、注釈され、巻き起こった国家主義的な感傷が騎士道物語文学への関心を増大させた。アレキサンドル・デュマの、知らない人はいないほど有名な『三銃士』(1844) は、騎士道物語を17世紀初頭に置き換えた作品である。連帯(ソリダリテ)の掛け声、個人の名誉へのストイックな忠誠心、個人の名誉は格別神聖で、すばらしく高尚なものであり、命をかけてすら守る価値のあるものだという確固たる信念、この小銃兵たちは「古き騎士たち」を要約し、騎士道物語の概念に多大なる影響を与えた。

インクリングズの理想

ロマン主義は第一次世界大戦で深刻な妨害をこうむった。何千人もの若者たちが、

下：ジョン・キーツの詩『なさけつれなき美女』(1819)に触発された前ラファエル画派のサー・フランク・ディクシーの絵(1902)。キーツの詩と同じタイトルをとっている。神秘的なレディーの魔力にとらえられた騎士の運命やいかに。

第Ⅳ部第1章 文学にみる騎士　259

> 純粋に生きよ、真実を語れ、悪を正せ、王に従え——
> そうしないのならば、なんのために生まれてきたのか？
>
> テニスン卿アルフレッド
> 『王の牧歌』（アーサー王と円卓の崩壊の叙事詩、1859年出版）

左：テニスンの『王の牧歌』の1875年版に載せたギュスターヴ・ドレのスケッチの一葉。アーサー王が、王軍を率いて、最期の戦いに赴く。

勇気の理想と高貴な犠牲という考え方を吹き込まれて戦場に送りこまれたが、結局、近代化された戦争の場においては、騎士道の入り込む余地はないと思い知らされた。

この挫折感を小説に描いたのがドイツ人作家エーリッヒ・マリーア・レマルクの『西部戦線異状なし』である。自身、一兵士としてヨーロッパ戦線で戦った体験をもつレマルクが1929年に出版した作品で、アルデンヌ高原からシャンパーニュ東部にかけての塹壕戦を描いた徹底したリアリズムは世界的な評判をとった。32か国語に翻訳されたという数字もある。反戦を叫ぶのでもない、19歳で戦線に送られた若い兵士の手記が淡々とつづられている。題名は参謀部が中央に送った報告書の文言であるという。最後の数行、第三人称で、その若い兵士が死んだと書いている。翌年、ハリウッドのルイス・マイルストン監督によって映画化され、アカデミー作品賞をとった。フランスのジャン・ルノワール監督は、これに刺激されて「大いなる幻影」（1931）のメガホンをとったのだという。第二次大戦後、半世紀にわたる「モダン・ムーヴメント」では、進歩と新しさを奉じており、ほとんどの文学でもリアリズムが強調された。中世の騎士のための場所は、文化のどこにも見出せないかと思われた。

しかし、騎士道への関心は消滅したわけではなかった。1930年代に入って、「インクリングズ」と呼ばれる非公式な文学グループが、イギリスのオックスフォード大学に勤める中世学者たちが中心となって立ち上げられた。彼らは、産業化と騎士道精神の喪失を憂い、その理想を生きながらえさせるために著述を始めた。その中で、現在最も有名なものが、1950年代に発表されたジョン・R・トールキンの『指輪物語』（1954）、クライヴ・S・ルイスの『ナルニア国物語』（1950～56）である。トールキンの作品は騎士と剣の中世的世界で展開するが、そのメインとなるテーマは、質素で美しい田園世界が失われていく中で、ごく普通の人びとが見せる勇気や道徳心であり、それは、トールキン自身の第一次世界大戦での経験から生まれたものだった。

7冊のシリーズとなった『ナルニア国物語』（原題を直訳すれば『ナルニア年代記』）は、大人向けというよりは子どもの読み本として書かれたものである。ふつうの世界とはちがう魔法の世界に、偶然、子どもたちは入りこんでしまう。そこでは、若者たちも、キリスト教と騎士道について学び、学んだことを実践している。

ファンタジー文学

ファンタジー文学は従来ごく少ない読者しかついていなかったが、1960年代後半から変化が見られ、1970年代に入ってから、このジャンルの作品に一気に人気が高まり、「ファンタジー文学」として知られるようになった。19世紀のロマン主義と同様に、ファンタジーは、近代化の行き詰まりに対する反動と、善と悪がよりはっきりと描き分けられる世界への要求から始まった。当初「大人向けの妖精物語」と認識されていたファンタジーは、世界を中世の時代色に、王たちや剣や槍や魔法の時代色に染めあげていった。初めのうち、ファンタジー文学はトールキンとルイスの影響をあまりに強く受けており、サイエンスフィクションのサブジャンルとして考えられていた。しかし、20世紀も終わり近くになってから、ファンタジーは独立した文学であるのみならず、英語圏の大人向け小説の最も人気のあるジャンルのひとつ（ロマンスとミステリーに続いて）となり、ティーンエージャー向けのジャンルとしては最も人気の高いものとなった。英語圏のみならず、ファンタジーは繁栄した。たとえば、大歓迎で迎えられたコーネリア・フンケの『インク・ワールド』シリーズ（2003年以降）はもともとドイツ語で書かれて出版されたものである。

ファンタジー文学の騎士たちの描写は、現代社会の問題点を衝いている。たとえば、タモラ・ピアスは『レディ・ナイト』（2002）で、少年と同様に少女が騎士として成長できることを描き、『ザ・プロテクターシリーズ・オブ・ザ・スモール』シリーズで10代の若者たちの人気を博した。ジョージ・マーティンの超人気小説、「ア・ゲーム・オブ・スローンズ」（1996）から始まった『ソング・オブ・アイス・アンド・ファイヤー』シリーズは、恐れを知らない高貴な騎士たちが大勢登場するが、彼らの多くが高い身分の出ではなく、最も身分の高い者も、最も誠実である者も、最も勇気ある者も、裏切られたり、殺されたりする。

右：『指輪物語』の著者ジョン・R・トールキン。1956年、オックスフォード大学マートン・カレッジの研究室で撮影。ファンタジー文学は彼の創始するところとなった。

第Ⅳ部第2章
映画とテレビ

よろいの銀光をきらめかせながら、たくましい馬にまたがり、剣をふりかざす騎士のイメージは、映画とテレビがもっている浸透力が強いという性質によるところが大きい。過去がどうであったか、現在の人たちが好む見方にあわせて、映画とテレビの制作者たちは、中世人の生活の本当のところにいま接しているのだと実感するよう観客に誘いかけ、また視聴者がチャンネルを切り替えるように仕向ける。

1950年代、ほとんどの人びとにとって騎士といえば、テレビシリーズのアイヴァンホーや、アーサー王やロビン・フッド、それから「円卓の騎士」（イギリス、1953年）のような映画からのイメージで形作られていた。これらの作品は、うんと大げさにほのめかしたり、隠れたり、剣を翻したりする、「男の子のもんだ」風の空威張り大冒険といったものであった。中世冒険物は、気楽で子ども向けのものであるとの認識は、その後に現れた「アダルト」向けの、よりシリアスな映画、「エル・シド」（伊米英合作、1961年）、「ザ・ウォー・ロード」（アメリカ、1965年）、「エクスカリバー」（米英合作、1981年）などによってくつがえされた。これらの作品は、暴力的なところや、中世の騎士の男性としての自然な姿や、当時の社会関係を、生々しく見せてくれた。

元ネタはいっぱい

中世を描いた初期の映画作品は、「ファウスト」が主題のオペラ作品や演劇、ワーグナーの「指輪サイクル・オペラ」（「ニーベルングの指輪」が元本で、イギリス、フランス、ドイツ、イタリアでは、短いサイレント・フィルムの形で存在する）のような、演劇やオペラからテーマを借りてくる傾向にあった。これらの影響から離れた最も古い映画は、歴史上の事件や、歴史的に有名な人物の人生での出来事を描いた。メロドラマのような効果を狙ったり、殺人や、裏切り、道ならぬ恋、誘惑された女などを呼び物にしたり、トーナメントや、宴会や、怪物の見世物を描いたりした。その中でもっともよく使われた主題は、ロビン・フッドや、ウィリアム・テルのような、アウトローの物語であった。十字軍の話であったり、また、十字軍から戻ってきた十字軍士の話であった。これらのストーリーは、ヨーロッパ中世を描く映画やＴＶドラマで、なおも主要なテーマであり続けている。

映画やＴＶでもうひとつよく使われた素材が、マーク・トウェインの『アーサー王宮廷のコネチカット・ヤンキー』（1921、1931、1995年に映画化、1949年にはミュージカル版の映画化、1952、1954、1978、1989年にＴＶドラマ化、1970年にはオーストラリアでアニメーション化、1979年には、ラス・メイベリーによるＳＦバージョンが映画化）のような、19世紀の「中世風」小説である。サー・ウォルター・スコットの小説で最も有名な『アイヴァンホー』もまた、映画作家の手に委ねられている（1913年に米英合同映画化、1952年にはリチャード・ソープ監督作品「黒騎士」。ＴＶドラマ化は1958、1970、1982、1997年。1986年にオーストラリアでアニメーション化）。テレンス・Ｈ・ホワイトの『岩のなかの剣』は、1963年にディズニーのアニメーション映画になった。トールキンの『指輪物語』は、ピーター・ジャクソンによって映画化された（2001〜3年）。気絶するほど素晴らしい「ロード・オブ・ザ・リング」である。1978年にはラルフ・バクシによってアニメ化もされている。ジャクソンの映画は、また、ビデオゲームの世界に中世趣味の嵐を巻き起こした。

現代的な関与

映画とＴＶにおいて、中世の昔は、現代の問題と不安について歴史的な類似を示唆し、昔の人びとの選択を、製作者からのいくばくかの意見とともに、聴衆に描いてみ

上：若い頃のロジャー・ムーアが主役をつとめた1950年代後半のＴＶシリーズ「アイヴァンホー」の一場面。ロジャー・ムーアは鎧をよろわず、革の上着姿が多かった。

第Ⅳ部第2章　映画とテレビ　261

右：映画「アレクサンドル・ネフスキー」（ソ連、1938年）の一場面。1242年に、ロシアのノヴゴロド侯が、侵入者のドイツ騎士団と氷上で戦った実戦に基づいている。

右下：映画「キングダム・オブ・ヘブン」（英西米独合作、2005年）。制作にあたっては2000を超す服装用品が用意された。冑、鎖帷子、籠手、靴など、ものによっては15個もの部品が歴史的考証に基づいて製作されたのである。

せることによって、論じたり解決したりするために選択される舞台のひとつとして使われた。

イギリスのＴＶシリーズ「ロビン・フッドの冒険」は、1955年から60年にかけて制作されたが、このシリーズのテーマである「アウトロー・ヒーロー」の裏話に、ハリウッドでおきた1950年代初頭のコミュニスト（共産主義者）魔女狩りで、何人もの脚本家がブラックリストに載せられて追放されたという事件があったことはよく知られている。

2006年からイギリスで放映がはじまった「ロビン・フッド」は、英米の中東干渉、ギャング・カルチャー、多文化・多宗教社会、若さがゆえの不安などをテーマに取り込んでいる。

2008年からはじまった「マーリン」の冒険談「魔術師マーリン」は、「ジ・オー・シー」（アメリカ、2003～7年、O. C.はオフィサー・コマンディング、司令官、指揮官の軍職名の略記、「司令」が日本語対応語として適切か）や「ホーリーオークス」（イギリス、1995～）などのヤング・アダルト向けドラマを「ヤング・カルチャー」へ引き上げるキューを出すと同時に、ジョス・ウェドン制作総指揮の「バフィ、ザ・ヴァンパイヤー・スレイヤー」（アメリカ、1997～2003、バフィ、吸血鬼殺しの意味）のようなＴＶシリーズが打ち出している中世的ファンタジーとゴシック・ホラー的要素に橋を架けている。

映画は、観客を楽しませ、情報を伝え、心理的な効果をおよぼすには時間が限られていて、その点、ＴＶシリーズにはかなわないが、時にいま世間の関心事に焦点をあわせて、それも見え見えのやりかたで大衆に訴えかけることができる。

「エル・シド」はアメリカの公民権運動と、ジョン・F・ケネディの選挙をにらんでのものだった。「ロビン・フッド、盗賊の首領」（アメリカ、1991年）は第一次湾岸戦争を重ね写していた。「キングダム・オブ・ヘブン（天の王国）」（英西米独合作、2005年）は第二次湾岸戦争について言及している。

かつて、1917年にアメリカで制作された「ジョーン・ザ・ウーマン（ジャンヌ・ダルク）」は、アメリカの観客に、戦争で引き裂かれたヨーロッパの人びとの身の不運をわが身の不運と知れと誘いかけた。

やはりアメリカで1938年に制作された「ロビン・フッドの冒険」は第二次世界大戦前夜のヨーロッパについて、1917年の映画が要請したのと同じ共感を求めた。

「アレクサンドル・ネフスキー」（ソ連、1938年）は、ナチの脅しに勝利を収めたスターリンに贈られたものであった。「アンドレイ・ルブリョフ」（ソ連、1966年）は、何年も何年も続く暴政下で暮らしにあえぐロシアの農民の窮状を描いている。

わたしのすることについて、歴史家とか、いわゆるコンサルタントなる者たちは、わたしと議論することなどできないであろう。証拠がとぼしいことは、わたし同様、みんな分かっている。だからわたしはなんとも強力な立場にいるわけだ。わたしがすることは全部正しいにきまっているのだから。

セルゲイ・Ｍ・エイゼンシュタインが「アレクサンドル・ネフスキー」について語る

映画のなかの騎士

騎士たるものがみずから価値ありと展示する数々の美点、名誉、忠誠、技量、体力、力、勇気、忍耐、誠実、高潔、礼儀正しくあること、これらの美点は今日でもなお価値がある。中世を舞台にした映画の作り手たちは、これらの騎士の美点を現代世界にうまくリンクさせることによって、観客がヒーローたる騎士たちに共鳴することができるように描こうとする。

映画作家たちはまた、観客に見せる中世世界を魔法で呼び出そうと、えり抜きの第一流の小道具と舞台装置を用意する。最も重要なのは甲冑と武器、特に剣だが、映画作家たちは、馬、色とりどりの衣装、宝石、王冠、その他、およそ騎士の生活の細部にわたる飾り物にいたるまで、徹底してこだわる。主要な舞台は城であり、最も重要なイベントは決闘と大宴会である。

映画の中の騎士のイメージは、年を重ねるうちにかなり変化してきている。デイヴィド・W・グリフィスがメガホンを取っていたような、初期のハリウッド映画では、騎士の騎馬姿が西部劇のそれとそっくりで、うんざりさせられる。第二次世界大戦前、映画の中での剣戦は、フェンシングに毛の生えたようなものだった。「ロビン・フッドの冒険」（アメリカ、1938年）の2大スター、エロール・フリンとベイジル・ラズボーンは、実際、両人ともすぐれたフェンシングの使い手だった。1940年代に入って、撮影技術、音響、色彩、特殊効果、コンピューター・グラフィック処理（ＣＧＩ）の大きな進歩が、スペクタクルに対するより高い要求を演出することと、映画の中の「中世的雰囲気」を融合させた。映画製作者たちは、ますます増大する映画に対する要求、観客たちの「本物の騎士」を見たいという欲望を満たさねばならず、セットや衣装デザインや、剣技についての歴史的な専門家を、より頻繁に雇わなければならなくなった。

戦士としての騎士

騎士は敵の相手に傷害を与えたり、殺したりするための特別の訓練を受けた戦士である。映画製作者が騎士に対する観客の共感を呼び起こそうとつとめるとき、この事実が障害になる。この障害を回避しようとして、多くの映画が、辛辣なユーモアで味付けして、騎士に本来備わっている暴力主義を、なんとか和らげて描こうとしている。

中世世界に対して洞察力の深い映画のひとつである「モンティ・パイソン・アンド・ホーリー・グレイル」（イギリス、1975年、「ホーリー・グレイル」は「聖杯」）は、トマス・マロリーが『アーサー王の死』で書いた聖杯探索の旅の話を本歌にとっている。この中のあるシーンで、ランスロットは「悲嘆にくれる乙女」を救うために、結婚式の参列者たちをほとんど全員殺しまくるが、その乙女とは、女っぽい若者であったことが判明する。別のシーンは、黒騎士が、来るもの来るもの全員に命がけの決闘を申し込まれるが、彼がアーサー王であることを明かすと、恥知らずにも全員が「あ、用事を思い出した」といって去っていく。

「モンティ・パイソン・アンド・ホーリー・グレイル」と同様、ジャン・マリー・ポワレの「レ・ヴィジトゥール（訪問者たち）」（フランス、1993年）もお笑いである。12世紀の騎士と従者が魔法で20世紀に放り出され、直系の子孫たちとばったり顔を合わせてしまう。そこでごたごたが起こるのだが、彼ら12世紀の訪問者たちは、なにか知らないもの、彼らにとって説明がつかないものに遭遇したとき、ためらいもなく暴力をふるう。これがごたごたが起きる原因だった。自動車をはじめて見たとき、彼らは襲いかかってぶっ壊す。

国家とか、教会とか、民族とか、なにか

右：映画「天の王国」では、戦闘シーンの制作にコンピューターが使われて、大きな効果を生んだ。スクリーン全面が何千という数の騎士や兵士、旗持ち、その他戦闘員たちであふれている。

映画の中のジャンヌ・ダルク

1917年にアメリカで制作されたサイレント・ムービー（無声映画）「ジョーン・ザ・ウーマン」はハリウッドのセシル・デミル監督の初期の作品で、ジャンヌ・ダルクを、ただもう女家長的存在で、救国の女傑として描いている。その直後、1920年に、ジャンヌ・ダルクがローマ・カトリック教会から聖女と認定されたということもあって、第一次大戦後、チャップリンの「黄金狂時代」（1925）などが作られたサイレント時代末期の黄金時代に、フランスで制作されたカール・ドライヤーの「裁かれるジャンヌ」（1928）は、ジャンヌ・ダルクをひとつの歴史的存在としてドラマ化した最初の本格的な映画であった。この直後、映画はトーキー時代に入る。1915年生まれのストックホルムの少女イングリッド・バーグマンがドライヤーの映画を見たかどうかは定かではないが、かの女は女優になってジャンヌ・ダルクを演じたいというのが幼い頃からの夢だったといい、その夢は、1948年に、ハリウッドでかなえられた。
（右は、1935年に制作された、ナチズム的偏向が見られる、グスタフ・ウィッキーの「ダス・メッチェン・ヨハンナ（むすめジャンヌ）」の一場面。イングリッド・バーグマンならぬアンゲラ・ザロカーがジャンヌを演じている。）

大きな存在の自由と救済のために戦う。騎士とは本来そういう存在だと騎士道に光輝をそえることを狙う映画作家たちもいる。「エル・シド」（伊米英合作、1961年）は、中世のスペインで様々に異なった民族の集団を率いてムーア人の侵略を打ち破った。「アレクサンドル・ネフスキー」（ソ連、1938年）や「鉄十字軍」（ポーランド、1960年）のヒーローたちは、それぞれロシアとポーランドを異民族の侵略から守っている。

ヒーローたちがより利他的な人物に変化する前には、多くの場合個人的な動機が存在する。「エル・シド」のロドリゴは、彼の父親が不名誉をこうむらないように行動し、しかるのちに王のチャンピオン（擁護者）になっている。「キングダム・オブ・ヘブン（天の王国）」（英西米独合作、2005年）のバリアンは、映画の始めでは、妻の自殺が原因の苦しみ、罪の意識と痛みから救われることのみ考えているが、最後には、サラディンの軍勢の死の手から、エルサレムの人びとを救出して終わる。「ロビン・フッド、プリンス・オブ・シーヴズ（盗賊の首領）」（アメリカ、1991年）のロビン・フッドは、はじめ、父親の死の報復のみを求めているが、この目的を達成する間に、彼は、邪悪なノッティンガムの代官から農民たちを守るという責務を受け入れている。

騎士の甲冑

映画の中で甲冑は、しばしば観客に、着ている人の本質を暴く目的で使われる。「ア・ナイツ・テール（ある騎士の話）」（アメリカ、2001年、日本で「ロック・ユー！」）では、ウィリアム・サッチャーの新しい甲冑に付けられているナイキミサイルのシュっという音は、彼が新しいタイプの騎士であるということ、生まれを越えた長所を、社会的強制を超えた愛ある結婚を、階級制度上の服従を超えた友情を、受容で

第Ⅳ部　文化遺産

左：「モンティ・パイソン・アンド・ホーリー・グレイル」は、映画史上初期の騎士道関係のフィルムを片端からパロディっている。クエスト、ホース、トラベルから、衣服全般、武具武器、騎士道そのものにいたるまで、容赦がない。

で、ロビンは、放逐された伯であり、彼と同等の身分の高い者しか持ち得ない優秀な戦闘技術を持っていると描かれている。しかしながら、「ロビンとマリアン」（アメリカ、1976年）では、監督のリチャード・レスターはロビン・フッドを、彼の宿敵であるノッティンガムの代官よりも低い身分に設定した。そのことは甲冑を脱いだ格好で示されている。代官が鎖帷子を着込んでかかってきたとき、ロビンは革の胸当てと胄、足はむき出しのまま戦う。騎士の装束を着けてはいないが、ロビンは、立派に騎士たる者の振る舞いを見せる。騎士として認められていながら、邪悪な立場の側について、騎士道をないがしろにする連中など歯牙にもかけない。

やんごとなきお歴々が、どうやってやんごとなくなったんか、だって？
剣の先っぽでツンとひと突きで、なったんさ。

映画「ある騎士の話」（邦題「ロック・ユー!」）のウィリアム・サッチャー（ヒース・レジャー役）のセリフ。

きる限界を超えた冒険を指し示している。サッチャーの揃いの甲冑は、彼が、誰か他の人のものをまとっている偽称者ではなく、自分の名誉をかちとった騎士であるという証であり、その銀の光沢は、観客に、彼がヒーローであると語りかけているのだ。同時に悪役の甲冑は（邪悪を連想する）黒である。ロベール・ブレッソン監督の「湖のランスロ」（仏伊合作、1974年）での甲冑は、ひとたび身に付ければ、騎士が獣のような殺人マシーンに変わる甲羅として表わされている。この暴力と残忍さは常に、映画作品の根底に流れており、観客は、騎士が鉄靴（金属製の靴）で動き回るがちゃがちゃ、がりがりという間断ない音によって、これに気付かされる。

ロビン・フッドの物語をベースにした多くの映画

騎士の剣

中世騎士道物語と同様に、中世的に感化された映画においても、騎士の剣は最も聖なる象徴的な武器である。映画作家たちの手によって、剣は、単なる武器から、力と宗教的正当性の象徴へと作り変えられた。「キングダム・オブ・ヘブン」の中で、バリアンは、パレスティナへ到着した時、父の剣によって、バリアン本人であることが証明された。「エル・シド」では、剣は、サンチョ王の死に際して、王が口づけする十字架として使われている。「ロビンとマリアン」では、最後の果し合いの直前、ロビンと代官は、剣を十字架に擬して、それぞれ前に垂直に掲げ、祈りのためにひざまずいた。

「騎士の剣」は、ほかのジャンルの映画となると、いろいろに呼び変えられた。たとえば、戦闘技術の叙事詩とでもいうべき「ヒーロー」（香港／中国、2002年）、「グリーン・デスティニー」（台湾／香港／ア

左：伝説のアーサー王を歴史的文脈に組み替えようと試みた映画「アーサー王」（米英アイルランド合作、2004年）の一場面。鎖帷子にロリカを組み合わせた甲冑は、ローマに遠征したと伝えられるアーサー王伝説の12世紀版を映している。

右：ナイジェル・テリーがアーサー王を演じる「エクスカリバー」(米英、1981年）は、この神秘的な剣の旅のストーリーである。ウーサー・ペンドラゴンの手に渡り、岩にはめこまれるまで、次いでアーサーの手に渡り、「湖のレディー」とともに、ついの憩いの土地に赴くまで。

第Ⅳ部第2章　映画とテレビ　265

メリカ／中国、2000年）、そして「ハイランダー」（米英合作、1986年）のようなファンタジーでは「魔法剣」。「スター・ウォーズ」（アメリカ、1977年）のジェダイの「ライトセーバー」は、騎士の剣の未来的解釈版であり、中世の諸先輩方の場合と同様、これを自在にあやつるにはそれなりの稽古が求められる。

騎士のすまい

伝統的に、騎士の城は、彼自身の富、力、そして保護を象徴している。それを、映画製作者たちは、もじりをやったり、暗示にかけてみたり、ならべて置いてみたりして、城というアイデアと遊んでいる。「モンティ・パイソン・アンド・ホーリー・グレイル」では、アーサー王の城キャメロットが「気違いじみた場所」で、「単なるこれは見本」だという。「湖のランスロ」では、城は王と騎士たちが囚われた牢獄であり、騎士社会が最終的に、疑心暗鬼や内輪もめで中から崩れてゆく場所である。「ペルスヴァル・ル・ガロワ」（仏伊［西ドイツ］合作、1978年）では、ただ門番小屋が示されるだけだが、それで充分に城全体を表現している。

「ペルスヴァル・ル・ガロワ」は「パーシヴァル、ウェールズ人」という意味で、『ペルスヴァルまたは聖杯物語』で主人公の騎士はなかなか自分の名前をいわない。周囲も「ウェールズの若者」などと呼んでいる。ようやく終わりに近く、聖杯行列が行くのを見た若者は、いとこだという若い女性の問いに答えて「ウェールズのペルスヴァル」と名乗る。

城の安全と財宝は、アウトロー・ストーリーでしばしば侵略される。城はまた、その中に住む人びとに対する圧制のシンボル、安全への脅し、心配のもとにもなった。「ロビン・フッドの冒険」では、プリンス・ジョンが饗宴を張ったノッティンガム城の大広間は、シャーウッドの森の暖かい陽光とコントラストをなしていた。片や、大広間に身分に従って座り、支配層のノルマン人一色、片や森の宴会では、ありとあらゆる職種、身分の人びとが幸せそうに押し合いへし合い、お腹一杯飲んで食べている。ノルマン人支配階級の所有物であり、高価な宝石や金ののべ板や豪奢な衣装で印象づけられる城の財宝は、人種も階級もすべて超えた全員に等しく与えられる自然という財宝のポジティブ・イメージによって打倒されているのだ。

決闘とトーナメント

正式なしきたりに則った騎士の決闘は、通常、城の前庭に場所を取る。映画の中で、もっと頻繁に描かれているのは、神に判定をゆだねる、命と自由をかけての決闘である。アーサー王関係の映画の中で最も有名な決闘裁判は、ランスロットがグィネヴィアの命を救った戦いだが、映画版の「アイヴァンホー」の最後でも、ヒーローは、ユダヤ人の娘レベッカの命をかけたクライマックス・バトルを戦う。

「ア・ナイツ・テール」は、トーナメントをありきたりのトーナメントとはちがう風に描いている。それは集団騎馬試合ではなく、一連の社会的リクリエーション的政治的イヴェントであって、長期間にわたって繰り広げられ、騎馬槍試合もあるが、それ以外の様々な形式のファイティングも行なわれたのである。映画は、トーナメント文化と、ＮＦＬ（アメリカン・フットボール）やサッカー（ヨーロピアン・フットボール）などの現代のスポーツ文化の間に、奇妙なつながりを作り出した。中世ロンドンでのスミスフィールドのトーナメント会場を想像すると、ウェンブリー・スタジアムのＵＳスーパーボールやＦＡカップが思い浮かぶ。

左：「ロビン・フッドの冒険」（米、1938年）のこのごたごたした大広間の場面は、陽光に輝く森のシーンと対比されている。映画はカリフォルニアで撮影されたが、イギリス自生の草木も森に植え込み、葉を緑色に塗って、効果を増幅させたという。

探索する騎士

クェスト（探究もしくは探索）あるいはジャーニー（旅）は、多くのジャンルの映画作品でよく使われているテーマである。単身、出かけていって、なにか「地獄」のようなところへ下降するという筋書きで、ギリシア語に「カタバシス」というのがある。「カタ」は「下へ」を意味し、「バシス」はたぶん、いまのフランス語にも残っている「バス」、英語で「ベース」をいう。「底の下へ」である。

クェストが始まるきっかけは、「ガウェインと緑の騎士」（イギリス、1973年）や「ベオウルフ」（アメリカ、2007年）のフロースガールのスピーチなどの場合のように、だれかある人物が言葉で発した挑戦によったり、または篭手をぶん投げるような肉体的な行為によったり（「エル・シド」）さまざまである。「ブレイブハート」（アメリカ、1995年）や「ブラック・クロス」の場合のように、迫害や愛する人の殺害かもしれない。ヒーローたる騎士の資質のテストなのだから、挑発ははてしなく困難で、時に、明白に不可能にみえるものでなくてはならない。

クェストは、肉体的な試練のみならず、自分自身の内面を磨くための精神的な旅をも含んでいる。肉体的、心理的な「カタバシス」は、湖の底へ巨人グレンデルの母親を退治しに行ったベオウルフの旅とドラゴンとの戦いによく表現されている。「ザ・ウォー・ロード」（アメリカ、1965年）では、

第Ⅳ部第2章　映画とテレビ　267

上：「聖杯伝説」(仏伊「西ドイツ」、1978年) は『ペルスヴァル、または聖杯の物語』の映画化だが、セットといい、小道具といい、コーラス隊の登場といい、韻を踏んだセリフ回しといい、およそ歴史的リアリティから遠くへだたってしまった。

下：コンピューター・グラフィックを駆使して制作された映画「ベオウルフ」(米、2007年) のストーリーは古典的なクエスト物である。ヒーローの騎士は、領民を恐怖のどん底におとしいれている悪魔を倒すために、数々の障害を乗り越えなければならない。

ドラゴン、敵か味方か

ファンタジーの創造物、とりわけドラゴンは、中世の語り物の聴衆の心をとらえてきた。これが、現在、ファンタジー映画で大活躍する。映画の筋によっては、この幻想怪獣は、善の側にも立つが、悪の側にまわったりもする。ヒーローはこれを味方にもつけるが、敵にまわす羽目にもなる。「ドラゴンハート」(米、1996年) や「ドラゴンスレイヤー (竜殺し)」(米、1981年) のような「ファミリー物」では、怪物は、危険だけれども、同情すべきところもあるというふうに描かれたが、「ベオウルフ」(米、2007年) では、ドラゴンは、死をもたらす、おそるべき存在である。目に見えるものが錯覚である場合もある。「スター・ナイト」(西、1985年) では、ドラゴンはじつは宇宙船の異星人である。

下：「ドラゴンハート」のドラゴン、ドレイコは、悪の王と戦うヒーロー (デニス・クェイド) に助太刀する。

ヒーローは、自分に与えられた課題への挑戦が、彼がロードであるフリースラントの村人たちを、異教徒の慣習から救うことになると信じている。ところが、彼は、彼自身の偏見の破壊的な性質に気付き、個人的な贖いを、彼自身の命をささげることによって成し遂げる。

スウェーデンの偉大な監督イングマール・ベルイマンに、中世に影響された作品が2本あるが、両方ともこのタイプの「カタバシス」を原本としている。「第七の封印」(スウェーデン、1957年) に、すでに聖地で「地獄」を体験した十字軍兵士が登場する。その「地獄」とはこうあるべく神の定めたもうたものだと彼は考えている。帰還した兵士は、死神とのチェス・ゲームに挑戦する。ゲームが続く限り、命も永らえるという。このゲームの間、彼は神を探している。「なにかひとつ、意味のある行ない」を成し遂げることによって人生の目的を見つけようと試みる。彼はこの課題を、彼自身が消滅してしまう前に、若い夫婦と彼らの赤ん坊を「死」から救うことによって成就する。その若い夫婦の名前はヨセフとマリアといった。これがすべてを語っている。帰還した十字軍兵士は、イエス・キリストを「死」から救助したのである。

「処女の泉」(スウェーデン、1960年) の騎士は、これはほかに事例のないことだが、彼の世俗的な役割、領主であり家長であるというステイタスで描かれている。彼は、おのれの罪の贖いを見出すために、年若い自分の娘がレイプされ、殺されるという出来事に遭遇し、宗教的かつ肉体的な危機に打ち勝たなければならない立場に立たされる。

もがいて生きることの現代の不安と、本来の自分自身を見つけ出したいという根源的な要求は、映画作家たちが描いている中世の騎士が体験した挑発、探求、苦難と響きを共有するが、それだけではない、彼らはまた、現代の公衆のディベイト (議論、意見の交換) を映す鏡として行動し得るのだ。

ＴＶ番組の騎士

映画での騎士の描き方は映像的なスペクタクルに焦点を合わせがちだが、ＴＶ番組ではアーサー王やアイヴァンホーのような伝説的人物の歴史的な身元調査のせんさくからシリーズを始めることが多い。

ＴＶ番組の騎士たちは貧しいものの英雄的な守り手、良きものの擁護者として現れるが、同時に、また、自分の歩く道も女性に案内してもらわなければならないような喜劇的な大ばかものとして、または、自分自身の栄光だけを探し求めるみすぼらしい愚か者として描かれもする（1980年代のイギリスのＴＶシリーズ「ブラック・アダー（黒蝮）」の最初のシーズンに見られたように）。

昔は、ＴＶ局のお偉方は、貧しい生まれの主人公が、運命のいたずらで騎士に出世する。そこになにかコメディー・タッチの挿話がからむというのがお気に入りだったが、最近の作品は現実的な設定の上で、中世の騎士像を描くほうに傾いている。

アーサー王

アーサー王がらみの物語群は、ＴＶ局のプロデューサーにとって宝の山である。アーサー王の神話はケルトの民間伝承から生まれた。「アーサー・オブ・ザ・ブルトンズ（ブルトン人たちのアーサー王）」（イギリス、1972〜73年）のプロデューサーは、初期のアーサー王伝説の本質を捕まえようと試みた。ここでのアーサーは単純にウェールズの戦士の一団のリーダーで、偉ぶってもいないし、円卓の騎士たちを従えるキャメロットのキリスト教徒の王でもない。1998年にアメリカとイギリスで放映された短期シリーズのテレビ番組「マーリン」は、「マーリン」というそのタイトルが暗示しているように、ケルト民族の古伝承からネタをいろいろ仕入れてきているが、同時にまた、この連続番組は、アーサー王物語の、まさに中世的ヴァージョンの総まとめとなったのである。

「ザ・ミスツ・オブ・アヴァロン（アヴァロンの霧）」（チェコ独米合作、2001年）は、アーサー王伝説の異教的起源について、女権論者的見方を立てている。いったいどの程度までキリスト教の到来が女性にとってプラスのことであったのかと疑問を投げかけ、アーサー王物語で従来悪女とされてきた、いくつかの女性像について再考を要請している。だいたいがケルト人の宗教では、神聖な存在は女性として表現される。だから、その信心が、男性優位の宗教であるキリスト教に乗っ取られたということなのだと、このテレビ連続番組は示唆しているかのようである。

ロビン・フッド

テレビ番組で、もうひとつ、中世の話題といえば、それはロビンと・フッドの物語である。キャラクターについて歴史的根拠をさぐろうにも、なにしろ1317年頃の作と考えられるウィリアム・ラングランドの「農夫ピアズの夢」という詩に登場したのが最初だというのだから、さぐりようもないのだが、テレビのプロデューサーたちは、ロビンと彼の人生をなにしろ調べまわる。ラングランドに続いて「ロビン・フッド」を登場人物として立てた詩や物語は、はじめロビン・フッドを「ヨーマン」としている。これは自分で耕地を保有している農民で、裕福ではあったが、身分はあくまで農民だった。時代が下がると、かれは騎士だったという扱いになる。十字軍から帰ってきたら、ノッティンガムの悪代官に先祖代々の領地を盗み取られていたと知って、「森のロビン」になったのだという。16世紀になって、ロビンはハンティンドン伯に出世した。時代を追って「ヨーマン」であり、騎士であり、伯である彼が、どうしてアウトローになったのか、そのわけは分からない。ただロビンは貧者の守り手であり、女性の擁護者である。

プロデューサーたちは、ドラマティックな効果を狙って、文学に描かれたロビン・フッドのいくつものイメージを、全部ご

左：「アヴァロンの霧」（チェコ独米合作、2001年）アーサー王に反目する異母妹モーゲインをジュリアーナ・マルグリーズが演じている。

右：「アイヴァンホーの冒険」は、数えきれないくらい幾度もTV化された。これは1982年度版のTV番組の出演者たちの集合写真で、中央にアイヴァンホーを演じるアンソニー・アンドリュース、左手にド・ボワ・ギルベールのサム・ニールが見える。

ちゃまぜにしてしまう。「ジ・アドヴェンチャーズ・オブ・ロビン・フッド」（イギリス、1955～60年）では、ロビンは、富めるものから奪い、貧しいものに再分配する、ほとんど共産主義の思想の持ち主である。このテレビ番組の脚本を書いた脚本家の何人かは、マッカーシー時代の共産主義者迫害のブラックリストに載せられたことがある。ロビンも脚本家たちも、双方ともに露見する危機にさらされていたわけだ。「ザ・リージェンド・オブ・ロビン・フッド」（イギリス、1975年）では、ロビンは農民ジョン・フッドの息子だとみんなが思っていたのが、本当はハンティンドン伯の息子だとすぐにわかってしまったということになっている。「ロビン・オブ・シャーウッド」（イギリス、1984～86年）では、「ロクスレーのロビン」の死後、「ハンティンドンのロビン」が跡を継ぐ。「ロビン・フッド」は本当は、二人の別人の名称だったのだ。2006年からはじまったイギリスの「ロビン・フッド」は、第3回十字軍から帰還し、もう普通の暮らしにはもどれないと心に決めた騎士として描いている。

ロビン・フッド物語は、なにしろプロデューサーの方々のお気に入りの素材で、時間や文化の壁もやすやすと越える。日本のアニメーション「ロビン・フッドの大冒険」（1990）では、シャーウッドの森に、神秘的な力を伴った神道の概念がゆらめいている。ロビンは「ロケット・ロビン・フッド」（カナダ、1966年）では3000年の時を超えるし、「スタートレック：ザ・ネクストジェネレーション」の1991年の1エピソードでは、気まぐれで傲慢な高次元生命体Qがエンタープライズ号の乗組員を、ロビン・フッドの神話の世界を作り出して殺している。

右：ロビン・フッドは弓の名手である。いばらの茂みの陰で弓を引く。1953年に短期間、イギリスで放映されたロビン・フッドのシリーズから。パトリック・トラウトンという性格俳優が「森のロビン」を演じている。

アイヴァンホー

アイヴァンホーはウォルター・スコットの創造した人物である。第3回十字軍で獅子心王リチャードに従って戦ったサクソン人の騎士という設定である。しかし、彼の物語の本当のテーマは、まったく違った二つのグループの人びと、サクソン人とノルマン人の融合を目指すというところにあった。スコットは、英国に征服された歴史を持つスコットランドの出身で、それゆえ、そのストーリーには、彼自身の先祖伝来の場所での争いが反映されている。

アイヴァンホーのドラマティックな展開と心動かされずにはいられない人間関係は、長年にわたってテレビ・プロデューサーたちに霊感を与え続けてきた。A＆Eテレビジョンネットワークスは、1997年にアイヴァンホーをベースにした豪勢なミニシリーズを製作した。アイヴァンホーは立ち会いの中心には彼がいるという風には描かれてはいない。だが、ひとたび彼がそこにいるということになると、たくさんの騎士たちを片手でいっぺんにやっつけてしまうのだ。このシリーズは、悪役の騎士たちにも焦点をあてた。1982年に製作されたテレビ放映向けの映画は、アイヴァンホーの敵、テンプル騎士団のサー・ブリアン・ド・ボア・ギルベールを、哀れみ深いヒーロー、騎士の範たる騎士に変更してしまい、それによって原作を大きく変えてしまっている。

サイエンス・フィクションの騎士

現代のSFにおける騎士の描写は、高機能な武器と戦争に焦点を当てている。中世の騎士は自分の金属製の剣を大切にしたが、SFの騎士は光の剣でもって戦う。中世の騎士は馬の背にまたがって戦ったが、現代のSFの騎士は人工知能を備えた宇宙船や乗り物に乗っている。

中世の騎士は悪霊と戦うキリスト教会を守護するために戦ったが、一方、SFの騎士は、平和な世界にいるすべての人びとがひとつになる方法を模索しながら、宇宙の闇の力と戦う。中世の騎士とSFの騎士とは、使用しているテクノロジーはかけ離れているかもしれないが、目的や理想像は似通っている。

スター・ウォーズとジェダイの騎士

SFにおける最も有名な騎士といえば、「スター・ウォーズ」（アメリカ、1977年）と、その前編シリーズと後編シリーズに登場するジェダイの騎士だろう。過去の同類と同じく、ジェダイの騎士は、良きもののために悪と戦い、特殊な戦闘技術と兵器をぞろりと並べたて、中世ヨーロッパの騎士道の理想や、日本の武士道のしきたりにも似た、名誉の掟を重んじる。

中世の騎士のように、ジェダイの騎士は訓練の様々な過程を経て進歩してゆく。フォース（ジェダイの騎士オビ＝ワン・ケノービの言によると、「すべての生命体をとりまいているエネルギー・フィールド…銀河のすべてを互いに結び付けている」）に特別な親和性を見せた子どもたちは、惑星コルサントのジェダイ聖堂で訓練を受ける。卒業後、彼らは、ジェダイに仕えるパダワン（徒弟）となる。そして数々の試練を乗り越え満期となった後、パダワンはジェダイの騎士に叙せられる。最高の技術を持ったジェダイの騎士は、ジェダイ・マスターの地位に上がる。

ジェダイの騎士は膨大な特殊武器や戦闘能力を意のままにすることができる。彼らは「ライトセーバー」を振るって戦う。「光のセーバー」だが、「セーバー」は、そう発音することができる綴りでは、英語

上：「スター・ウォーズ」で使われる剣「ライトセーバー」は相手を殺傷する武器であるだけではない。「フォース」に意識を集中し、その回路をひらく手段である。「スター・ウォーズ・エピソード2：クローンの攻撃」（米、2002年）の一場面。

の文献だとぎりぎり17世紀末に下がる。フランス語で「サーブル」で、現在フェンシング用語にこれが入っているが、リトレが引用している文献は18世紀のヴォルテールが一番古い。どうやら17世紀に、ドイツ語の「ザーベル」から、音がなまって入ったらしい。ところがいまのドイツ語では「ゼーベル」で、どうやら明治時代にプロイセンの軍事用語から日本に輸入されたらしいが、それを「サーベル」と発音するということになって、ややこしい。「セイバー」は「サーベル」をいう。

ジェダイの騎士は、フォースの特別な感覚で敵の動きを予見する。スター・ウォーズの中で最も有名なヒーロー、ルーク・スカイウォーカーは、敵のダース・ベイダー

第Ⅳ部第2章 映画とテレビ 271

> メロドラマティックな宗教だ、
> お古の武器だなんてえのは、
> ぜんぜん太刀打ちできんのだよ、
> 若いの、そうだよ、あんたら、
> そいつを持ってる。
>
> ハリソン・フォードの演じる
> ハン・ソロのセリフ。
> 「スター・ウォーズ」（米、1977年）

の本拠地であるスペース・ステーションであるデス・スターの、近づくのすら難しい排出口に、彼に示される映像信号よりも、フォースの感覚に頼ることによって、陽子魚雷をものの見事に叩き込む。集中することにより発揮されるジェダイの能力は、日本の侍にも実践された、仏教の黙想のテクニックにも似ている。

スター・ウォーズの世界の広範囲を巻き込んだ中央部の闘争は、ライトサイド（善）を受け入れた者たちと、ダークサイド（悪）を受け入れた者たちとの戦いである。ジェダイの騎士たちは、愛を、勇気を、誠実を擁護する名誉の掟に従って戦う。彼らは、怒りや恐れや憎しみによって揺らぐ

左：TV連続番組「バビロン5」（米、1994～98）でビル・マミーが演じた主人公のレニアーは、ゆるぎない勇気とユニークな戦闘技術で知られたレインジャーのひとりであった。

ことが、行けばほとんど戻ることが不可能なダークサイドへの道しるべだということを知っている。ダース・ベイダーやシスのような悪意を持つ敵と戦いながら、ジェダイの騎士は、すべての種族が平和に共存できるよう、銀河に調和をもたらす方法を探し続ける。

「バビロン5」のレンジャー

テレビ番組「バビロン5」（アメリカ、1994～98）のレンジャーは、はっきりと騎士と呼ばれているわけではないが、騎士的な資質をたくさん持っている。シャドウと呼ばれる悪意ある種族に対抗するための同盟を立ち上げるために組織された一握りの戦士、レンジャーは黒と灰色の制服を着用し、人類と異星人種との調和を表わす双頭がデザインされたメダリオンを身につけている。レンジャーは戦闘からの退却を禁じられており、彼らのモットーは「我々は他のものが立ち入ることのない暗い場所を歩く。我々は他のものが渡ることのない橋に立つ。我々は1人のために生き、そして1人のために死を迎える」である。

ヨーロッパの騎士に、多くの点で類似しているけれども、レンジャーは、中世のそっくりさんたちがどうしてもできなかったことをやってのけた。彼らは、闘いの中で、故郷の星々の平和をおびやかす闇の勢力を封じ込め、すべての生きとし生けるものたちの絆を結ぶのだ。

正義と罪の贖いのために戦う

ＳＦ映画やＴＶ番組で、騎士としての役割を果たしている、忘れることができない存在は、まだまだ他にもある。たとえば「ザ・ダーク・ナイト」（アメリカ、2008年）の、一口ではとうてい説明できない人格のバットマンは、明らかに正義を求める十字軍兵士である。彼の痛々しい少年時代の思い出が、彼の弱さにも、また強みにもなっている。

「ナイトライダー」（アメリカのテレビ番組で2シリーズ製作、1982～86年、2008年～）の主人公は、顔に限りなく致命的な傷を負って助けられた警官である。彼は、マイケル・ナイトという名前で作り変えられ、ハイテク・スーパーカー「キット」と共に危機に対処して戦うのだ。キットの人工知能は、中世の騎士の馬など、はるか及ばないくらい、頼りになる相棒として作られている。

中世の騎士道物語には、しばしば、教会に罪滅ぼしをするように命じられた暴れ者の騎士が登場する。これに影響されて、ＴＶシリーズ「フォアエヴァー・ナイト」（カナダ／西ドイツ、1986～96年）では、13世紀生まれの吸血鬼が、過去の罪の贖いを成し遂げるために、現代のカナダのトロントで刑事として犯罪と戦う。

左：「ザ・ダーク・ナイト」（米、2008年）の「バットマン」は、ブルース・ウェインとして一市民の生活を送ることと、バットマンとして悪と不正をただすべく戦うということと、この両面のせめぎあいからくる心の葛藤を反映している。

第Ⅳ部第3章
戦争ゲーム

騎士道物語の世界の勇武と礼節のふるまいに張り合おうと、その余沢の残光をかきたてるべく、後代は、代を重ねて考えをめぐらし、騎士道理想を再び立ち上げ、中世の戦士の英雄的事績を再現しようと心がけてきた。

リクリエーションとしてのゲームは中世の騎士たちによく知られていた。彼らは、戦争で生き残るのに必要な剣と槍の技術を練習するために、一対一の騎馬槍試合を行なった。中世のトーナメントと模擬戦は、いまでも行なわれることがあるが、軍事行動を長い記憶のうちにとどめ、また、過去の勝利を祝う手段として、よく行なわれた。

騎士のいさおしの人を引きつける魅力は長いあいだ減じることはなかった。騎士たちの偉業を転写したゲームは、いつにかわらず人気があった。騎士たちは、シンプルなおもちゃの兵隊から、ボードゲームや複雑なロールプレイングゲームまで、あらゆる種類のゲームの中に姿を見せる。現代のコンピューター・シミュレーション技術は、まさにさまざまなヒーローたちの冒険を身をもってリクリエイトし、中世の騎士団が広大な戦場で縦横無尽に駆け回る様子をこの目で見ることを可能にしたのである。

チェスと中世の生活

チェスは、おそらく最も古くからあるゲームであり、中世の生活を写し取っているゲームである。9世紀もしくは10世紀頃にヨーロッパに伝えられたらしく、その起源ははるかに古く、6世紀のインドである。ヨーロッパでは、チェスは領主社会で教育の一環として一般的に行なわれた。

『カルミナ・ブラーナ』と呼ばれる、バイエルンのベネディクト会ボイエルン修道院に伝わったラテン語の詩歌集があって、12世紀から13世紀に書かれた詩を、14世紀にまとめた写本ではないかとみられている。その第3部「酒と遊びの歌」に「ルードゥス・スカッコールム」すなわちチェスの遊び方を教えるというのがある。1930年にハイデルベルクで出版された『カルミナ・ブラーナ』校訂本の第1部の巻末に、写本に挿入されている挿図が8点、カラー図版で収められていて、そのひとつに「シャックスピール」（ドイツ語でチェス遊戯）というのがあって、8×8の枡目の堂々たるチェス盤が駒を並べて描かれ、いましもチェス・プレイヤーのひとりが右手で駒をつまんで、相手の駒をとろうとする情景が描かれている。

初期のチェスの駒は、兵士、象、戦車、そしてインド軍の騎兵をモデルに作られていた。しかし、近代以降普及したチェスは、中世の生活と軍事を反映したものとなっている。チェスとは、本来、中世の領主たちが領土を広げたり守ったりするために使った戦術と幅広い策略を抽象的に表現しているゲームである。だから、チェスで遊べば、中世世界の社会的な秩序がどのように組み立てられていたかがよく分かる。

チェスの駒も、そういう歴史的経緯を踏まえていて、たとえば英語でビショップと呼ばれる駒は、もともとインドや中国、あるいはペルシアでは象の形象であって、だからビショップの古名としてオーフィンと紹介されることがある。中世ラテン語にアルフィヌスという象を指す語があり、それからの借用らしい。あるいはルークは、古フランス語でルー、近代フランス語でロックで岩だから、城の形状で示される。しか

狩りがはじまった、心が急くのに従え、この突撃にかけて、叫べ、神、ハリーを助けよ、イングランドとセントジョージを

シェイクスピア『ヘンリー5世』Ⅲ-1（初演は新造なったグローブ座で、1599年か）

左：ジャウスト、馬上槍試合は、中世フェアやフェスティヴァルで、現在も常時開催されている。なんともドラマティックな呼び物だ。ただし、使用される槍は、当たればすぐ砕けるように、柔らかい木材を使って作られている。

第Ⅳ部第3章　戦争ゲーム

しどうやらペルシア語にさかのぼるらしく、語源ははっきりしない。ポーンは中世ラテン語のペドーからで、徒の兵士をいう。

ミニチュアゲーム

チェスは、あらゆる時代を通じてとても人気があったが、チェスほどには抽象化の度合いが強くない戦争ゲームもまた、けっこう人気を維持している。だれでもが知っているのがおもちゃの兵隊を使って遊ぶゲームで、こどもたちに人気がある。ビー玉やゴムバンドのパチンコなども使って、騎士のいさおしと大勝利をリクリエイトするわけだ。おもちゃの兵隊は、今日でこそ、プラスチックで作られたのがおもちゃ屋の棚にあふれているが、昔は鉛や錫、または象牙や銀で作られたものだ。

それと似ているが、より洗練された戦争ゲームが歴史好きのあいだではやっている。きれいに成形され彩色された人形を使うゲームで、これがとても人気のある娯楽に成長した。「ミニチュア・ウォー・ゲーム」である。ミニチュア人形を製造販売する巨大企業まで出現した。世界中に何千もの数の愛好家の組織が立ち上げられ、コレクターの数も多い。

考証もしっかりしていて、いろいろなデータをもれなく盛り込んだ手引き書も作られて、この机上の戦争ゲームは、中世のバトルをまるごと再現するところまでいっている。そのバトルに参加した騎士たちひとりひとりについても、装具、戦歴、勇気、度胸、腕前といった諸点を考慮して、攻撃の等級、防御の等級が決められた。

この種のミニチュアゲームは、長年、不動の人気のあるゲームだったというだけではなく、世界中の軍事学校や野外演習場で、兵士たちに戦術を教えるのに利用されてきた。たとえばフランス軍は、長い間、士官たちに戦略を教えるのに、過去に名だたる戦闘のスケール・モデル（縮尺模型）を使ってきた。そのモデルのいくつかは、パリのアンヴァリッド軍事博物館に展示されている。

モダン・ボードと
ロールプレイングゲーム

彩色するのに必要な筆先のわざや辛抱強さが足りなかったり、歴史的に正確なミニチュア人形を手に入れようにも、どこでそれが手に入るのか分からなかったりしていた人たちにしても、じつ

右：一見、なんの変哲もないプラスチックの騎士の小像だが、ここ何十年ものあいだ、愛好者たちはさまざまに想像をふくらませてきた。細部のディテールが、また、重要で、かれらの要求に限りはない。

上：1831年にスコットランドのルイス島で発見された「ルイスのチェス駒」。全部で78個。おそらく12世紀にノルウェーで制作されたもので、素材はセイウチの牙。

はわずか数ドルを投資するだけで、中世の戦いを体験することができるようになっていたのである。パーソナルコンピューターの到来のすこし前、1970年代と80年代に人気のピークにとどいた戦争ボードゲームがそれである。これでだれしもが、一人遊びでもよい、グループを作ってでもよい、自分たちを騎士や領主に叙任して、領地の征服をもくろんだり、戦場での勝利をわがものにしたりすることができたのである。クラッシュ・オブ・アームズ社の「アヴァロン・ヒルズ・キングメーカー」（1974年）と「バロンズ・ウォー」（2004年）は、2作品とも、このジャンルでは大変有名な例である。生きているかのような人形も、ミニチュアゲームの色彩もないにもかかわらず、ボードゲームは、しばしば現実性を高めるために、複雑なルールと地図を使用しながら、いまだ、中世の戦いの興奮と挑戦の再生を供給している。ハンス・イム・グリュック社の「カルカソンヌ」（2000年）のような

274　第Ⅳ部　文化遺産

左：ボードゲーム「ダンジョンズ＆ドラゴンズ」には偶発的に制作された副次的商品がたくさんある。これは1996年に制作されたアーケードゲーム（アーケードの見せ物小屋ふうに仕立てたゲーム）「シャドー・オーヴァー・ミストラ」。

くつかの作品は、ボードゲームから、一般的なパソコンや大型コンピューターのコンソールにいたるまで、あまねく、配信されるほどに大成功している。

　もっと個人的な体験を求めるプレイヤーは、「ロール・プレイングゲーム」に参加する。このゲームは、前世紀の終わりごろに、よく知られるようになった。1970年代から80年代にかけての「ダンジョンズ＆ドラゴンズ」が、このゲームはどういうものか、一番よく説明している。〔ダンジョン：フランス語でドンジョン、主塔ないし天守。〕

　現在もなお配信が続けられているこのロール・プレイングゲームには、騎士道の時代を要約しているような騎士的キャラクターが何人も登場する。「ダンジョンズ＆ドラゴンズ」では、ダンジョン・マスターが監督する仮想世界での冒険をグループが始めた後で、参加者は、自分がそれになりきって遊ぶキャラクターを選ぶ。ダンジョン・マスターは語り手とルールの守護者の2役を演じる。冒険に成功してポイントを得ながら、プレイヤーはゲームの各レベルを進んで行き、能力と体力の限界を広げていく。「聖騎士」のキャラクターは、公正、正義、誠実、騎士道の理想を特に援護する。彼は、素晴らしい鎧で武装しており、長剣をもって一対一で戦う名人である。戦闘における彼の存在は、グループの他のメンバーに信頼感を与える。中世の名だたる騎士が、戦場に軍旗をひるがえし登場したときに、仲間の騎士たちに与えたであろう信頼感にも増してたしかな信頼感を。

ヴァーチュアル・ナイツ

　パーソナルコンピューターの発達は、中世戦争ゲームのまったく新しい手段を産み出した。プレイヤーが自分のクエストを完成させるために、質問に対する答えを入力するタイプのシンプルなテキストベースのゲームから、プレイヤーやそのグループが、騎士や、ドラゴンや、悪魔と一対一で戦えるようなエキサイティングなプログラムまで、コンピューターゲームは、中世の生活を感得し、重要な出来事や戦いを再現するための比類ない方法を提供する。高度に洗練されたコンピューターのモデル化技法と最先端の処理能力が結合すれば、仮想の都市、数々の城、住民、さらには天候のコントロールまで、信じられないくらい現実味のあるゲーム世界の創造が可能になる。鎧の煌き、鋼の武器の輝き、戦闘音まで、現実的な感覚をも伴って再生することができる。セガ社の「メディーバル：トータルウォー」シリーズ（2002年）と、ファイヤーフライ・スタディオ社の「ストロングホールド」（2001年）は、中世的世界を舞台にしたコンピューターゲームの代表的な例である。

勝利の栄光のあじわい

コンピューター・ゲーム「メディーバル：トータル・ウォー」のプレイヤーは、王や将軍になりすまして、ヘイスティングズやアジンコートなどの歴史上キーとなった会戦をやり直してみることができる。敵に戦争をしかけて、帝国の国境を広げたいのなら、そうすればよい。じっさいにあったことか、空想の上だけのことか、それはどちらでもよい。騎士隊、弓兵隊、軽騎兵隊、歴史で学んだいろいろな種類の軍隊を編成し直して、「メディーバル：トータル・ウォー」は、画面上に一度に何千もの兵士を配置し、圧倒的な合戦スペクタクルを作ることができる。それが、いくら圧倒的な合戦スペクタクルといっても、まだ、気は抜けない。王にひきいられた、せいぜいが十数騎のエリート騎士隊が、果敢な突撃を仕掛けてきて、それで勝敗ががらりと入れ替わるということもあるのだ。戦場で勝者の栄冠を手にするのもよい。ほかに金銭面でのやりくり、外交、新兵の徴募と訓練といった地味な仕事もプレイヤーを待っている。

多人数ゲーム

インターネットは、個々人が、とくに、グループ同士が相互に係わりあう形のゲームのやり方へのより大きな可能性を開いた。プレイヤーが郵便番号が違う地域にいようが、違った国にいようが、今は、戦闘を行なうことができる。インターネット・アクセス数の著しい増加と、オンライン・コミュニケーションの著しい成長は、この新しい体験、シナリオ、環境が、ほぼ毎日利用できるようになった結果として起こった。仮想空間の防具や武器は、ゲームのまわりで増殖している幅広い数の供給サイトから購入することができる。

インターネットプレイの可能性は、マッシヴリ・マルティプレイヤー・オンライン・ロール・プレイング・ゲーム（MMORPG）（多人数同時参加型ロールプレイングゲーム）上で成長していくことによって、最もよく例証されている。プレイヤーはキャラクターを装い、仮想王国を調査するために地理的にあちこちに散っているグループの仲間に入る。

ごく初期のロールプレイングゲームでは、騎士の優れた腕前はヴァーチュアルな世界ではプレミアム付きのものであって、プレイヤーたちはクエストを完了させたり、敵を打ち破ったりして、彼らのキャラクターのレベルを上げることを熱望している。ブリザード・エンターテインメント社の「ワールド・オブ・ウォークラフト」はこのジャンルのリーダー的存在であり、リアルであると同時に神秘的な中世世界のすべてについてハルマークとトラッピングズ（品質保証と装飾）付きのを提供している。

なにしろこのオンラインは人気が高く、じつに1,100万人を超えるオンラインプレイヤーが登録しているのである。ゲームは剣と魔法に満たされていて、神秘の王国が、征服の手を待って、そこにある。往時の騎士たちと同様に、プレイヤーたちは前進するために倫理的・道徳的な決定をしなければならない。美徳の道を通って進むか、それとも悪徳の道か、決断しなければならないのである。21世紀のプロセッシング・パワー（コンピューター力）は、騎士の時代はまだ過ぎ去っていないと保証する。

いまは、まだ、コンピューターやビデオゲームスクリーンの物理的限界によって制限されているが、ロールプレイングゲームの未来は、中世的生活をシュミレートするヴァーチュアル・リアリティの深化にかかっている。ハードウェアが進化し、ソフトウェアの容量が増大するだろう。往時の名だたる騎士の座を奪おうと、新しいヴァーチュアル・チャンピオン（ネット上のヒーロー）が現れるだろう。我々全員が、往時トーナメントでの剣の一突きを、馬上に構えた試合用の槍の、どさっと脇腹にくる衝撃を感じ取ることができるまで、そう長いことはかかるまい。

左：熱心党のプレイヤーが集まって「ワールド・オブ・ウォークラフト」に興じている。MMORPGといえばまずこれだ。ドイツのライプツィヒで開かれたゲーム愛好者の年次大会にて。

現代の中世体験

左：むかし供されたのと同じメニューの食事と食器、音楽、衣裳が中世の祭りを再現する。

歴史の好きな人たちは、かなたにおもむいて、騎士の世界を再体験したいと願っている。ボードゲームで、コンピューターで、また、直接体験したい。この願いが、さまざまな中世協会の設立を導き、宴会、観劇、フェアから、ロールプレイングゲームまで、さまざまな中世的体験のホスト役を買って出た商業的組織の陣立てが整うことにもつながったのである。今日、あなたがたは、夕食の後で騎士の世界を探検することも可能だし、もしお望みならば、中世スタイルの戦闘陣営で、一週間丸々過ごすこともできる。

この活動の多くが物々交換によって賄われており、たとえば、機織りは衣服一式を鍛冶屋の武器と交換するか、フォーク・アーティストのために無料で進呈する。故に、どのくらいのお金がこの活動のために動いているのか語るのは不可能なのだが、関係各社の財務レポートをベースにすると、アメリカだけで何千万ドルも動いている。はっきりしているのは、この多くの人たちは騎士について勉強したいのでは決してないということだ。みんな、騎士になりたいのだ。

中世の宴会

中世の生活についての興味を満たすひとつの方法は、中世風のディナーや宴会に出席することだ。このような催しは、大変親密な雰囲気に仕上がっていて、しばしのあいだ、中世世界での滞在を試みてみることができる。建物は城のように作られ、飾られており、給仕する人びとは（時とすると「召使」とか「女中」とか呼ばれることがあるが）時代の衣裳を身にまとっている。訪問者はふつう手づかみで食事することを求められる。もっとも、たとえばヴェジタリアンのばあいには、日頃の食事作法でもかまわないように作られている。

中世風夕食会の多くでは、色々なタイプのショーが付き物である。物語仕立てで騎士集団が競い合う。敵味方は色分けされて判るようになっており、見物客たちはお気に入りの騎士たちを拍手喝采して激励する。競技の結果が常に善が悪を打ち負かすように演出されているとしても、騎士たちの演技は真に迫っていて、馬術や、さまざまな武器の扱いや、鷹狩りや、その他さまざまな印象的な技を見せてくれる。このショーは、色々な意味でプロレスの試合に似ている。つまり、結果は「仕組まれて」いるけれども、騎士の運動競技としては本物である。

フェアとフェスティバル

ただ一夜のアトラクション付ディナーでは、騎士の生活を体験するのには十分ではないとお考えなら、中世の世界へのタイムスリップを少々延長して、たとえばアメリカで「ルネッサンス・フェア」として知られているような、いろいろな地方で行なわれている中世のフェスティバルを楽しむこともできる。

中世フェスティバルは通常、戸外で、時には城を会場に、行商人や各種芸人を集めて開かれる。参加者は、買い物をしたり、中世をテーマにした見世物を見たり、中世の生活の様子を体験したりしにやってくる。ただ見ているだけでもいいのだが、ルネッサンス・フェアの参加者のほとんどは、中世の衣裳に身を包み、その人物になりきって楽しむ。騎士の扮装をとってもよい。本物の剣を振り回すということになれば、君たちはすぐに追い出されてしまうだろうけれど。フェスティバルの多くは地方の歴史研究会が運営している。大きな商業組織が開催しているのもある。年一回開催のものもあれば、多かれ少なかれ、一年を通して季節ごとに雰囲気を変えながら開かれているのもある。

当然のことながら、騎士は、中世フェスティバルで重要な役を演じる。一対一の騎馬槍試合や、その他の各種トーナメントが、通常、一日に何回か上演される。これらのトーナメントには、アトラクション付きディナーと同様、大まかな筋書きに沿って行なわれるものもあるが、プロによる本物の騎馬槍試合も実施される。筋書き通

下：中世そのままの衣裳を身にまとった楽士たちによる演奏は、アメリカ各地で開催されているルネサンス・フェアの呼び物のひとつである。

りに進行するものであれ、プロの決戦であれ、騎士のトーナメントはその日一番のものすごい混雑になるので、訪問者のうちには、騎士の武勇を目撃することなしに、中世フェアへの訪問を終わらせてしまおうと考える人が出るかもしれない。

クラブと研究会

本物の騎士を熱心に追い求める人たちは、もっと先に進みたい、フェアやフェスティヴァルでの体験を生活の一部として取り込みたいと願うかもしれない。それは十分可能である。

ひとつのやり方は、中世のファンクラブやソサエティに入会することである。これらのクラブやソサエティは、通常、ものすごく物知りの歴史マニアの方々や歴史学者たちによって運営されており、お互い定期的に議論の場を設けたり、講義を聞いたり、演習に参加したりしている。メンバーが参加できる歴史の再現イベントなどを行なうこともある。メンバーはまた、機織や、鍛冶や、舞踊など、中世的な技術を学ぶこともできる。

現在、最も大規模で最もよく知られているソサエティは、「ソサエティ・フォー・クリエイティヴ・アナクロニズム（ＳＣＡ）」である。ここのウェブサイトにアクセスすると、「現代の中世にようこそ！」と流れる文字が迎えてくれる。

この研究会は、1966年のカリフォルニア州バークレーで開かれた野外トーナメントで一堂に会した、中世とルネサンスの生活に興味のある趣味人たちによって創設された。著しい成長を示し、すぐに北アメリカ、ヨーロッパのみならずその他の地域にも広まった。今日、世界中に30万人以上の会員を有する。参加者は、ソサエティの紋章学の専門家が認可した名前をもらい、過去に存在しただれかになる。

イベントに出席するときは必ず、中世的に適切である服——コスチューム、というよりは本物の「ガーブ」——を着なければならない。新参者が正式の衣装を探しているならば、地方組織（「シャイアー」とか「バロニー」とかと呼ばれている）を通して適切な衣服が貸し出される。全員がリクリエーションの一部とならなければならないのである。

ＳＣＡに所属する多くの人たちが、武器を使った戦いに大いに惹きつけられている。騎士になりたいと望むメンバーは（男性であろうが女性であろうが）、トーナメントのために練習したり、実際に試合をしたりする。

通常、彼らは、本物だけれども刃のない武器と、詰め物入りの防具を使用する。できうる限りの安全を確保するために、統制官が練習と競技会を監督する。ＳＣＡがデモンストレーションをしてみせることもあるが、ここで行なわれるトーナメントはショーではない。本物の競技会である。君主が選挙されるということもない。彼らは、現実の競技会で、武術の腕で君主の座を勝ち取るのだ。

上：イタリア、サルデーニャ、ヌオーロ近くのサンタ・ルッスルジュのカーニバルで。中世の祭りそのままに、ヨーロッパ各地いたるところ、カーニバルは雰囲気を盛り上げている。

騎士道によって自らを律する

上：楯を構え、剣をふるって戦う。カリフォルニアで開催された中世集会で、クリエイティヴ・アナクロニズム協会（ＳＣＡ）の会員の扮する現代の騎士。

ＳＣＡの現代の騎士は、剣闘技における自分の安全を、人に頼ってではなく、自分自身の騎士的行動によって守らなければならない。協会員の三つの身分のひとつが騎士身分であり、このレベルに達した協会員は、みずから真に騎士たるものの騎士道の範をたれるべく期待される。名誉と勇気という騎士的徳性は、一片の見せ物といった扱いに終わるものではない。それは剣闘技そのものに内包され、そこに発揮されるべき徳性である。騎士は真剣に戦う。剣闘技の技巧の持ち主ではあっても、闘技場において名誉をかちえず、また闘技場の外にあって、名誉を損ねる振る舞いのある協会員は、この三つの身分の階梯を順当に上ることはない。

バトルの再演

上：1839年8月30日、エリントン・トーナメントに競技者たちが集まる。この絵は天気だが、当日は雨曇りで、ついには大雨になったという。

現代人のイメージからすると、騎士は、甲冑と剣に象徴されるように、戦士の技量そのものである。中世ソサエティの活動が、武器をとってのバトルと、フルスケールのコンバットを再演することに力点をおいているのは、だから驚くにはあたらない。このようなイベントをどのように行なうかは、ソサエティの会員たちが騎士道のいったいなにが重要だと考えているかにかかっている。関心の方向はかならずしもひとつではないわけで、文学のなかの騎士のロマンスを強調したい人もいれば、またあるものは、現代のイマジネーションのなかで、騎士たちがファンシフルな座を占めている点に関心をよせている。あるいは、また、歴史的なイベントを正確にリクリエイトすることが大事だと考えている。

トーナメントのリバイバル

ルネサンスと近世の社会的・技術的革新は、騎士を旧式なものとし、トーナメントについての考え方を変えた。トーナメントは、騎士にとって、自分の武勇を研ぎ、戦う技術を磨く好機であったのが、ペイジェントリーとトラディションの陳列というだけのものになってしまったのである。最悪の場合、トーナメントは遅かれ早かれ死に絶えてしまっていたであろう。しかし、19世紀に入って、サー・ウォルター・スコットやアルフレッド・テニスン卿のような作家たちの作品のロマンティックな騎士の描写に点火されて、トーナメントへの興味が爆発をおこした。

中世のトーナメントは、1839年8月、スコットランドのエアーシャーのエリントン城で、本当の意味で息を吹き返した。このイベントは第13代エリントン伯アーチボルド・モントゴメリーとその家族によって企画された。ねらいは伝統の尊重と政治的保守主義の表明にあった。何十人もの騎士によるトーナメントに続いて、大規模な行進が計画されていた。観客が集められて、公開されることになっていた。スコットランドからだけではなく、広く選良の出場者が募集された。しかし、騎士とその従者集団を作る費用は莫大なものだったので、ほんの一握りの金持ちしかその要請に応じることはできなかった。

計画は万全だったが、トーナメントは災難に見舞われた。行進がはじまってから、雨が激しく降り始め、出場者たちは屋内に駆け込んだ。競技会は次の日まで延期となった。豪雨に見舞われて、大傘の下に縮こまる騎士の扮装をした出場者たちの滑稽な姿が新聞に報道され（エリントン伯の政敵も言いふらしたようだが）、公衆のイメージにそれが焼きついてしまった。この大失敗の後始末が尾を引いて、イベントにかかった莫大な経費の弁済もとどこおり、モントゴメリー家の家運は傾いた。数世代の後、エリントン城は人手に渡った。

たしかにエリントン伯のトーナメントは大成功というわけにはいかなかったが、ともかくもトーナメントへの関心をかきたてたという意味では成功したわけで、その後、アメリカ合衆国をはじめ、世界各地で類似のイヴェントが催されることになる。そうして1世紀と半の後、1989年、往時エリントン城のエリントン・カントリー・パークで、トーナメント再演150周年記念式典が開かれた。エリントン伯の汚名はそそがれた。その人が再演したものを再-再演する

「騎士道ねえ」、ページをパラパラめくりながら、リーシオンはいった、「エリントンのトーナメントが、どれほどばかげた騒ぎだったか、もう忘れたのか？」

エドワード・フィッツジェラルド『エウフラノーア』（1851年）

こと以上に、その人の偉業をたたえる手だてが、はたしてあるであろうか？

歴史的な正確さ

往時の人びとの暮らしをよみがえらせる再演のイベントとなると、そう多くはないが、特定のバトルを再演するイベントは多い。たとえば、イングランドのサセックス州のバトル大修道院は、1066年のヘイスティングズの戦いを、年に一度、再演している。しかし、毎年、かならず記念日にイベントを起こすというのは少ない。たいていは、なにか特別の年、「アベラール生誕900周年」とかなんとか、そういう年に開催されるだけである。

ピエール・アベラールは1079年、ロワール川河口のナントに、東南の方向から合流するセーヴル・ナンテーズ川の中流のほとりの城町ル・パレに生まれた。生誕900年目にあたる1979年に、ル・パレで記念行事はたしかに行なわれたが、トーナメントについては聞いていない。アベラールの父親はル・パレ城主の騎士で、ル・パレ城主はナントの伯の家臣だった。しかし、アベラール自身とナントとの関係は浅い。ナントで記念のトーナメントが行なわれたというような噂も立っていない。

一般的に見て、歴史的イベントの再演は、なにか、こう、競うという要素は持っていない。参加者が、数々の武勇を誇る英雄の役を体験したとしても、それがそのまま、競い合うというところまではいかない。通常、この種のイベントは、トーナメントというよりは、もっと大掛かりな戦闘シーンからなっており、教育的な目的のためのものが多い。歴史上勝った側が、再演イベントでも勝たなければならないのだ。

歴史的な正確さを目指す再演イベントのうちでも、トーナメントのそれには、競い合いの要素がある。バトルの詳細を再演するよりも、歴史上のトーナメントのルールを固く守り、結果はあらかじめ設定しない。たとえば、「アメリカン・ジャウスティング・アライアンス」（アメリカ騎馬槍試合同盟）は、騎馬槍試合の騎手たちの組織である。彼らは、輪突き、槍的、楯4連突きなどの競技で腕を競う。結果は腕前についてくる。

バトルに参加する

年に一度の大きな「戦争」が5か所で、創造的ソサエティ・フォー・クリエイティブ・アナクロニズム（SCA）によって開催されていて、世界中の何千という戦士を惹きつけている。もっとも大規模なものが「ペンシックの戦い」で、夏の終わりに、ペンシルヴァニア州内か、あるいはその近くで行なわれる。この規模のイベントともなると、騎士のほとんどあらゆるタイプの戦闘を見ることができる。歴史的イベントの再演と違って、この「戦争」はSCA独特の王国や領地の制度の中に組み込まれている。

バトルに参加することは、「ライヴ・アクション・ロール・プレイング・ゲーム（LARP）」でも可能である。このゲームの呼び名は「ある役割（ロール）を演じる（プレイ）生放送（ライヴ）立ち回り（アクション）」というような意味あいで、ファンタジー仕立てのもあるし、外交折衝をテーマにしたようなのもある。

そのひとつに「ボファー」というのがある。「ボファー」は大笑いとか大当たりとかをいう言葉からきているらしいが、このゲームでは、演技者は、試合用の得物を手にして、現実に立ち回りを演じるのである。このゲームのソサエティは規模は概して小さいが、なかには大きな組織に成長する可能性のあるものもある。ダーコン・ウォーゲーミング・クラブは、ワシントン・バルチモア地域における「ボファー」のソサエティで、騎士や魔法やエルフ（小妖精）を用意して入会を誘っていて、イベントを開けば、300人は集めている。ドキュメンタリー映画にもなった（「ダーコン」2006年）。

下：イングランド、サセックスのバトルで、年に一度、ヘイスティングズの戦いが再現される。参加者は2000人を数えるという。

チームとブランド名

ナイト（騎士）が商売になると知ったのは騎士道小説の作者たちだけではない。利にさとい商売人たちが、もうとっくにそのことに気づいていた。膨大な数の企業が会社のイメージを売り込み、商品を売る目的で、騎士に関連するコンセプトを売りにしている。騎士関連マーケティングの幅は、乾燥食品会社の「エクスカリバー」から、「ラッパー」（不明。ラッピングとは綴りがちがう。ラップはこつんとたたくこと）、「サー・ミックス・ア・ロット」にいたるまで広がっている。

騎士ブランドは2方向に機能する。スポーツチームの名前のようなケースなら、騎士的な徳性の理念を喚起せしめる。他のケース、とりわけアーサー王伝説から引き出された名前の場合は、ロマンス、富、伝統のセンスを喚起する。

スポーツ競技場の騎士道

騎士ブランドがなんら違和感を感じさせないのは、おそらく、スポーツチームの名前だろう。何と言っても、武勇は騎士の徳性であるし、チームは競技場で、彼ら自身の運動競技の腕前が上がることを望んでいるわけなのだから。彼らはまた、騎士道精神に則った公正な態度で戦っていると見られることも好きである。スポーツチームが騎士の名前をブランドにとるということは、同時にふたつのことを表明していることになる。ひとつは、我らがチームは英雄的に競技するチームであるということ、もうひとつは、ファンの誠実さに偽りと不名誉で報いることは決してないということ、この2点である。

チーム名のいくつかは、そのものずばり「ナイツ」である。たとえば、オーストラリアのラグビーチーム「ニューキャッスル・ナイツ」がそうであるように。羽飾りのついた冑のロゴを身につけて、ニューキャッスル・ナイツは彼らのファンに、会員資格を買って「君たちの王国を守ろう」と呼びかけている。こんな風に、現実に試合に出ようが出まいが、ファンもまた、王国の騎士なんですよ、と示唆しているのだ。名前とマーケティング・キャンペーンは、ホームグラウンドでは王国の守護者の、アウェイではクエストの騎士のイメージを喚起するよう計算されている。

大学組織の騎士

アメリカン・カレッジ・フットボールチームは、ことさらに騎士の名前に愛着を持っているようだ。たぶんそれは、選手たちが身につけるヘルメットと詰め物が、騎士のイメージを喚起するからかもしれない。例として、セントラルフロリダ大学のゴールデンナイツ、ルトジャーズ大学（ニュー・ジャージー州の最初の公立大学。この名前は個人名からで、語源的にはたどれないが、発音は旧約聖書に出る「ルト」でよい。ベーブ・ルースの「ルース」とは綴りが違う）のスカーレットナイツ、ウエストポイント陸軍士官学校ブラックナイツなどがあげられる。騎士のブランドとマスコットは、高校レベルのスポーツ界にも見ることができる。ひとつならず多くの高校チームが、「ウォーリアーズ」というような、騎士とのつながりを連想させる名前をとっている。

騎士のブランドにしているのはスポーツクラブや企業だけではない。大学や高校もたしかに企業といえば企業で、宣伝媒体に騎士と、それに関連するイメージを取り込んでいる。たとえば、フロリダのリン

左：大学フットボール・チーム「ルトジャーズ・スカーレット・ナイツ」の選手がレプリカの長剣を振り上げている。隣にいるのはチームのマスコット、赤鎧の騎士。

上：カナダ、オンタリオに本拠を置いているアイス・ホッケー・チーム「ロンドン・ナイツ」のユニフォームは、中世風の鎧とクレストのデザインを飾り付けている。

大学は、「ファイティング・ナイツ（戦う騎士）」をブランド名にしている。ロゴは羽根つきの冑をかぶった騎士だが、剣を振るう代わりに、まるでボクシングの試合に出ているかのように拳を掲げている。このイメージは好戦的な騎士を示唆しているが、生死には関係ないといっているかのようでもある。

アーサー王たちとの一体化

アーサー王と円卓の騎士たちは、ブランド・ネームとマーケティングの世界でゆるぎない地位を占めている。それが、「ナイツ」という言葉や、アーサー王の騎士たちの名前、ランスロットとかガラアドとかはやたらに使われるのだが、アーサー王伝説そのものについては、キャメロットとか、エクスカリバーとか、ランスロットとか、アーサー王とか、なにしろそういった有名な名前にふれて、かるく紹介されるだけである。

キャメロットやアヴァロンなど、アーサー王関係の場所の名前をブランドにするのは、騎士といえば連想される富や伝統のイメージを喚起するひとつの方法である。皮肉にも、これらのブランド名は、社会

生態学的な物差しで見ると、山の手の高級住宅街についてよりは、下町の端っこの場所、安アパートとかトレーラーパークなどに使われがちである。誰かが「キャメロット・ヴィラ・モバイル・ホーム・コミュニティ」に引越すといったって、だから当然彼は贅沢なマンションに入ったのだといわれる筋合いはない。しかし、名前がなにしろ「キャメロット・ヴィラ」なのだから、いささか期待をもたせるではないか。くわえて、「キャメロット」の名前を使うということは、まるで要塞化した城に騎士に守られて住んでいるようで、自分が安全だという感覚をも作り出す。この安心感が、重要なセールスポイントになり得るのである。

ひとつ と ただひとつ

エクスカリバーとは、最も有名な騎士の最も有名な武器の名前だが、その名前は、エレクトロニクスから暖炉のアクセサリーにいたるまで、あらゆる種類の商品を市場に売り込むために使われている。しかし、しばしば、会社から売り出されたある特定

ほんのちょっとしたことが、うまーい広告でもって、もんのすごいでっかいことになっちまうってえのは、これまた、よくあることなんだよな。

ハンク・モーガン
マーク・トウェインの『アーサー王宮廷のコネチカット・ヤンキー』（1889年）

の商品の名付けに使われたり、最新モデルのことをさしてそう呼ぶこともある。この場合、営業マンは製品の唯一性を強調している。「ここにあるのはまさに、エクスカリバーの如くただひとつのもの、だからこそ、この品物は稀少なものであり、本当に特別なお客様のためにのみお役に立つのです。」そして、しばしば、エクスカリバーは壮麗な伝統をも感じさせる。たとえばエクスカリバー・オートモビール社は、ウィスコンシン州ミルウォーキーに1963年に創始され、1990年まで操業していたが、営業開始よりも、もっと前の、初期のクラシック・カーを思わせるデザインの自動車を製造して販売した。だから、クラシックで、ここだけのクルマだと評判が立った。エクスカリバーがそうであったように。

ラスベガスのエクスカリバー・ホテルは、「王たちのトーナメント」のようなイベントや、「円卓でのビュッフェ」、「カンタベリー・ウェディングチャペル」、「シャーウッドの森のカフェ」のような騎士物語のアトラクションを開催することによって中世の環境を作ることを企画しながら、この「ここだけ」「これだけ」の感覚を増大させつつある。もちろん、このエクスカリバーの名前は、キャメロットの騎士たちの富を想起させることにもなるわけで、金持ちのギャンブラーたちにヒントを与えているかもしれない、もしかしたらホテルの賭場で勝てるかもしれないよと。

下：ラスベガスのエクスカリバー・ホテル。モダニズムと、クレネレイション付きの小塔群など、えせ中世主義が同居している。クレネレイションは銃眼付きの胸壁をいい、ギザギザをいう言葉からの造語で、それ自体モダニズム、近代主義だ。

第Ⅳ部第4章
栄誉称号を授ける騎士団

16世紀末の物語作者セルバンテスの『ドン・キホーテ』は「騎士団」を話題にとっていない。同じ頃『エセー』を書いたモンテーニュは「サンミッシェル勲章」が欲しかったと書いている。時代は確実に変わっていった。往時「騎士団」は騎士の団体だったが、16世紀以後、栄誉称号を授ける機関へと変貌する。

読者諸氏はこの本をひもとくにあたって、まず、エドマンド・ブレア・レイトンの華麗なる絵画「ジ・アコレイド」をご覧になったはずである（巻頭11ページに掲載）。騎士道を絵に描いたような絵で、騎士叙任儀式をあらわしている。レディーが騎士を叙任するなんてありえないと、抗議の声はこの絵が描かれた20世紀初頭から聞こえ、いまだに余韻を残している。ところが、騎士道がはじまった12世紀の高名な女流詩人マリー・ド・フランスが、いともあっさりと、レディーが騎士を仕立てた事の次第を歌っているという事態は、なんとも覆い隠しようがない。

1611年に刊行されたランドル・コトグレーヴの『仏英辞典』は、「アコレイド」を項に立ててはいるが、それは「コリング、クリッピング、エンブレイシング」の意味合いの語としてであって、これはフランス語の「コル」からの変化で、つまりは「首に抱きつく」というほどの意味合いであって、ブレア・レイトンの絵が示唆しているような、いわゆる「肩打ち儀礼」をいってはいない。だから、オックスフォード・イングリッシュ・ディクショナリーが引くいくつかの用例のうち、「騎士叙任」のことをいいたがっているのかなと思われるのは、なんと、19世紀に下がる。1852年に出版されたシャルロッテ・メアリー・ヨンジュの『カメオ』の文例である。ヨンジュはヴィクトリア朝期の一番多作な作家である。

君主の騎士団

騎士であることを表わす「サイア」ないし「サー」は、古典ラテン語では「セニオール」、古フランス語で「シール」からで、13世紀から文例が見られる。それが、近代に入ると、その言葉が本来持っていた騎士身分という意味内容が忘れられ、もっぱら王侯から付与される名誉称号のようなものとして、「サイア」ないし「サー」が通用するようになった。

本文中の挿図としては一番最後になる285ページの挿図は、なんとも印象的にエリザベス2世による「ダビング」、ナイト位授与の儀式を写真に撮ったものである。

騎士身分が王侯による名誉称号の授与という性格のものに変わっていったのは、イギリスのガーター騎士団にはじまる中世の秋の各地の騎士団に共通して見られるところである。十字軍の時代の騎士団は、戦士集団としての性格を強く持っていたが、中世の秋の騎士団は、むしろ儀礼的であって、政治的外交的性格を強めている。

ガーター騎士団の「ガーター」は靴下留めのベルトをいう。エドワード3世が、1346年にカレーを占領して、そこで開いた舞踏会の席上、ブルーのガーターを拾って、その持ち主の「ザ・フェア・レディー・オブ・ケント（ケントの美女）」の恥にならないように処理したという逸話が残ってい

上：「バス騎士団」の星飾りのバッジ。王冠3個をスカーレットのリングが囲み、そのリングに「ひとつに結ばれた三者」とモットーが書かれている。下は首飾りの図案。ともに「マルタ十字紋」が図案の基本になっている。284ページの挿図解説を参照。

左：ウェールズ辺境伯領の伯ロジャー・モーティマー。ガーター騎士団設立時の騎士のひとり。左肩口に騎士団のバッジを留めている。

る。騎士団の呼称は、どうもそこかららしい。フェア・レディーはその後、エドワードの長子エドワード・ザ・ブラック・プリンスの妻になった。すなわち、元ケント伯妃ジョーンである。

ガーター騎士団に刺激されて、ヨーロッパ中の王国という王国では、それを範に取った騎士団が、すくなくともひとつは結団されるというにぎわいになった。15世紀に入って、もうひとつの波が来た。ブルゴーニュ家の「金羊毛騎士団」である。これは、1430年、ブルゴーニュ侯フィリップ・ル・ボン（おひとよしのフィリップ）が、ポルトガル王女イザベルと結婚した、その年に、あたかもそれを祝うかのように設立された騎士団であって、ガーター騎士団を意識して、騎士団員は、ブルゴーニュ侯の支配する各地から慎重に選抜されて、あたかもイングランドにおけるパーラメント（議会）の観があった。

修道騎士団

一方ではまた、イベリア半島の修道騎士団（軍事修道会）が、16世紀に入って世俗化され、王家の統制下に入って、名誉称号を授与する団体のモデルとして範を垂れることになった。なにしろこれは、団員の数も多く、「グランド・クロス」とか「コマンダー」とか、あるいは「グランド・マスター」の称号を持たされたプレジデントとか、階級差を歴然とつけた団員の構成と、十字の形をとったバッジで知られた。この大型騎士団のモデルは、12世紀に起源を持つマルタ島の聖ヨハネ病院騎士団の流れにも観察されるところであった。

フランス王ルイ14世は、1693年に「サンルイ騎士団」を創設したが、これがもと修道騎士団の流れを汲む大型騎士団の向こうを張ろうしたものだということはすぐ分かる。なにしろ「サンルイ騎士団」もまた、「ナイト」「ナイト・コマンダー」「ナイト・グランド・クロス」の3階級をしっかりと設けた大型騎士団であって、バッジには、ギリシア十字の上下左右の張り出しの角を尖らせて、全部で8個の角を持つ、マルタ十字のデザインのものを採用した。これは聖ヨハネ病院騎士団が最初に身につけたタイプのバッジである。

サンルイ騎士団は、このように修道騎士団の外観をとっていたのだが、その実、この騎士団は、いまでは「オーダー・オブ・メリット」と呼ばれる、新しいタイプの国家的団体の最初のケースであった。「オーダー・オブ・メリット」は「オーダー（騎士団）」の体裁をとった、その実、君主が設立する「オーダー・オブ・メリット（「勲位」が日本語対応語）」発行の機関である。君主が国家への奉仕の「メリット（功績）」を認めて表彰するという趣旨のものである。1748年から1779年にかけて、この種のタイプの「オーダー」が、大陸側ヨーロッパで11個設立された。いずれも「グランド・マスター」を頂点に、2階級ないし

ガーター騎士団

ガーター騎士団は、セント・ジョージを守護聖者に仰ぎ、ひとりのスヴリン（王）の下に25人のコンパニオン（騎士）がいるという構成である。彼らは全員、ミニチュア版の騎士のベルトのバッジを肩口に留めた、十字軍騎士団員が着ていたような大型マントを着ている。セント・ジョージ十字（銀地に赤色の十字）を描いた楯を持っている（前ページ挿図の騎士の服装と肩口に留めた大型バッジを参照）。

上の絵は、1838年に、ヴィクトリア女王臨席の下に、ウィンザー城のセント・ジョージ礼拝堂で行なわれた儀式の様子を描いている。

セント・ジョージの祝日は4月23日であって、騎士団は、その日の前後に集会をひらく。スヴリンとコンパニオン全員のストール（腰掛け）が聖歌隊席に設けられていて、その背もたれにあたる金属板に、騎士の紋章が刻まれている。集会に出席できない場合、騎士の代理人があらかじめ決められていて、その代理人が代行して出席する。その代理人たちの団体を「ウィンザー騎士団」と呼ぶ。これも、また、ひとつの騎士団である。

上:「マルタ十字紋」。先端に向けてひろがる十字紋の、それぞれの先端にV字型の切り込みを入れた図案。マルタ島に本部を置いた「聖ヨハネ病院騎士団」の紋章に用いられたことから、この名前が出た。

右:1804年7月14日、パリのアンヴァリッドの付属教会で、はじめて「レジョン・ドヌール勲章」を授けるナポレオン・ボナパルト。ジャン・バプティスト・ドゥブレ画。1812年。

3階級の「勲位」を立てる。バッジは「マルタ十字」に似せている。さらに、1802年、フランス第一執政ナポレオン・ボナパルトによって、「リージョン・オブ・アナー」の制度が布かれて、この「オーダー・オブ・メリット」を国家が発行するというタイプの「オーダー」は、ごく普通のタイプのものとなった。フランス語で「レジョン・ドヌール」、はじめは4階級の、1805年から5階級の「勲位」である。「レジョン」はラテン語で軍団を意味する「レギオン」からで、とりわけナポレオン麾下の歩兵軍隊を指した。言葉自体に「勲位」あるいは「勲章」の意味はない。だから、ふつう「レジョン・ドヌール勲章」というふうに言い回している。

イギリスでは1725年に、ジョージ1世によって、「ザ・モースト・オノラブル・オーダー・オブ・ザ・バス(もっとも名誉あるバス騎士団)」が設立され、19世紀に入ってから、数次にわたる改組を経て、陸海軍の将校の功績に報いる3階級の勲位発行の機関となった。「バス騎士団」は、1847年の改組によって、民間人に対しても勲位を発行するようになったが、勲位認定の対象を限定しないという姿勢を明確に示したのが、1917年に設立された「オーダー・オブ・ザ・ブリティッシュ・エンパイヤー」である。民間と軍隊のふたつの分野について、あらゆる種類の奉公に対する、5階級にわたる「オーダー」が発行されることになった。「ブリティッシュ・エンパイヤー」の日本語対応語は「大英帝国」であるから、「大英帝国勲位ないし勲章」である。

騎士身分の現在の形

1805年以降、「ナイト」の称号は、大陸側ヨーロッパ諸国の「オーダー・オブ・メリット」では一番下の階級にランクされたので、勲位を受けたもの全員が、最低の資格で「ナイト」であるということになった。ところがイギリスでは、「ナイト」の勲位は比較的に高いものとされ、何階級にも勲位がわかれているなかで最上級の階級だけが「ナイト」勲位にあずかるということになったのである。「ナイト・グランド・クロス」であり、グレードの下がる「オーダー・オブ・メリット」では「ナイト・コマンダー」である。階級の下がる勲

> わたしは、若い頃、それはほかにもあったが、運命女神にオルドゥル・サンミッシェル（聖ミカエル勲章）をくださいと頼んだものだった。フランスのノブレス（貴族）のきわめつきの、なかなか手に入らない名誉章だったからだ。
>
> モンテーニュ『エセー』（Ⅱ-12）

位は「コマンダー」「オフィサー」「メンバー」と呼ばれた。

「ナイト」勲位が、グレードの高い、大型の「オーダー・オブ・メリット」に独占されたかたちで、1878年の「ディスティングィッシュド・サーヴィス・オーダー（際立つ奉公に下さり置かれる勲位）」にはじまって、「ナイト」勲位を置かない「オーダー・オブ・メリット」が立てられた。いずれも1階級から3階級までの、階級差の小さな小型の「オーダー」である。1967年に立てられた「オーダー・オブ・カナダ」は3階級から成っているが、やはり「ナイト」勲位は置いていない。

一方、あるイギリスの「オーダー」は、1917年に、はじめて、女性に「ナイト」勲位を発行した。その際、新たに「ダーム」という称号が立てられて、以後、「ダーム・グランド・クロス」とか、「ダーム・コマンダー」と呼ぶようになったのである。これは、「ナイト」や「バーニット」（バロンの下、ナイトの上と定義される領主の肩書き）を呼ぶ呼び名の「サー」（13世紀の「グロスターシャーのロール」から、すでにその用例は出ている）に対応するものであった。

（注：1896年に設立された「ザ・ロイヤル・ヴィクトリアン・オーダー〔ヴィクトリア女王騎士団〕」ははじめから性別を問うていない。エドワード7世〔在位1901～1910〕の設立した「ジ・オーダー・オブ・メリット〔功績騎士団〕」もまた同様である。1917年に設立された「ジ・オーダー・オブ・ブリティッシュ・エンパイヤー〔イギリス帝国騎士団〕」もまた、両性に対して勲位をひらき、「ナイト」と「ダーム」の呼称を対等に置いている。）

イギリス王室の「オーダー・オブ・メリット」は、ともかく「ナイト」まで存在するのだから、むかしの騎士団の骨組みを多少なりとも残している。それが、大陸側ヨーロッパやアジアのいくつかの国々の君主が差配する「オノラブル・オーダー」に、むかしの騎士団的な性格は薄い。兄弟団的であり、世俗化された修道院的なものに変わっている。

名ばかりの騎士

「オノラブル・オーダーズ」について、最後に指摘しておくべきことは、おおよそ1860年頃から、慈善目的の、あるいは宗教がらみの、また、政治的思惑がからんだ「フラターニティー（兄弟団）」の設立が、ヨーロッパ諸国に広く見られたということである。それらの団体のメンバーはたがい「ナイト」を称したが、それは「ナイト」であることを積極的に主張するというのではなく、その団体の設立者が、たまたま騎士的存在の伝統の威厳と光輝にあやかりたいと熱望していたということからのようである。

なかでもよく知られているのが、1864年にアメリカ合衆国のワシントンDCで設立されたピュティアス騎士団（ピュティアスは、アレクサンダー大王の時代の南ガリア、後のマルセイユのマッシリアの航海者。ガリアを舟で旅したという）、1869年にペンシルヴァニア州のフィラデルフィアで設立された「ザ・ナイツ・オブ・レーバー（労働騎士団）」、1878年にロンドンとカナダのオンタリオ州で創設された「マカベー騎士団」、1882年にアメリカのコネチカット州のニューヘイブンで創設された「コロンブス騎士団」である。これらの団体のほとんどは、1717年にイギリスで近代的な組織に鞍替えした「フリーメーソン」に触発されていて、「フリーメーソン」の方は「フリーメーソン」の方で、なにも根拠はないのだが、「テンプル騎士団」とのかかわりを主張していた。だから、19世紀から20世紀にかけて爆発的に増えたこの種の団体は、中世の「テンプル騎士団」とのつながりを意識していたようで、これがいまだに栄え、そして今日においてさえ増えているという事実は、騎士の名が持つ威信と、騎士的理想の気高さを証明するものなのである。

下：エリザベス女王の執行する「ダビング」。ガース・モリソンは「サー・ガース・モリソン」となった。実際に肩口を剣の平で叩いている。

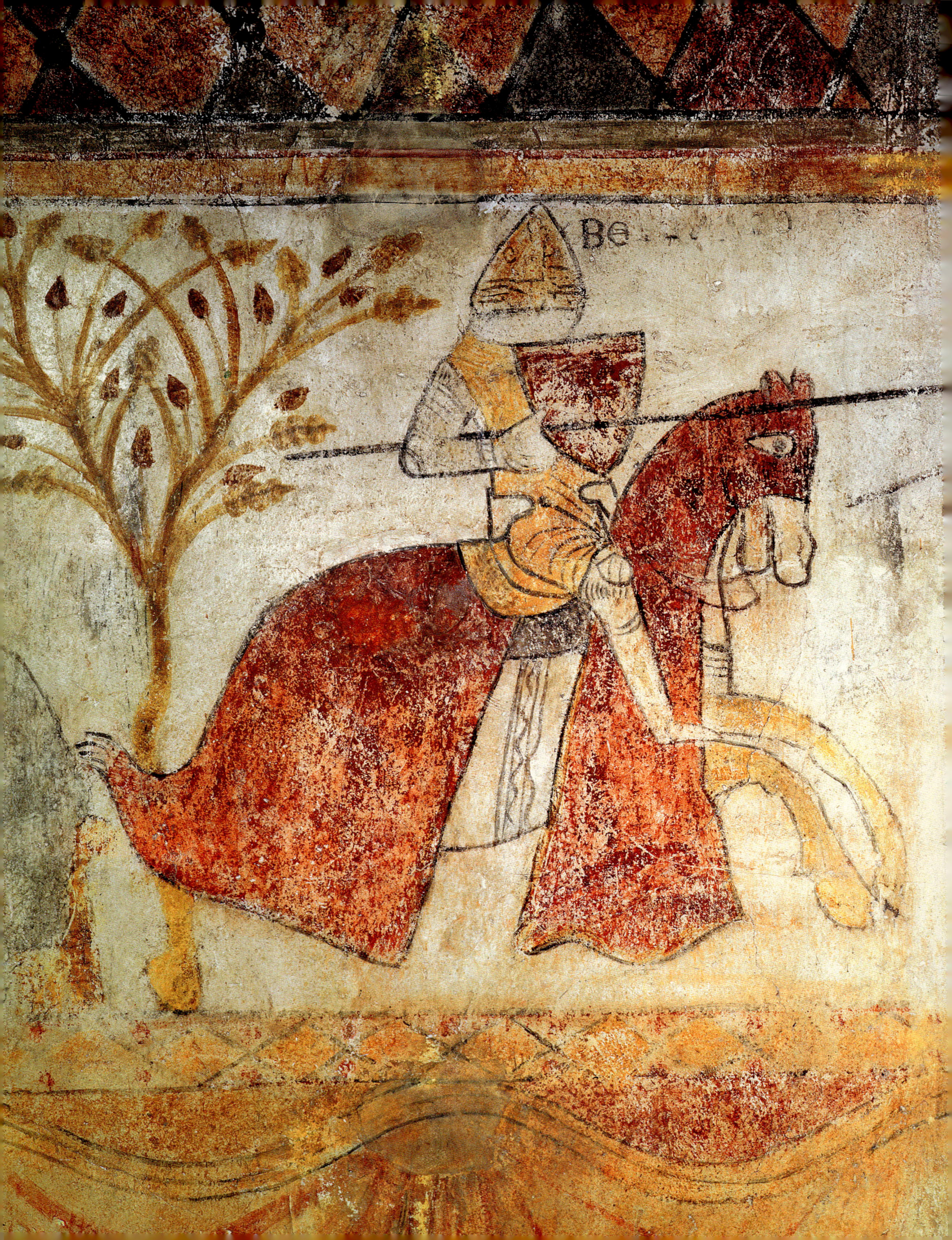
Be

第 V 部

レファレンス

歴史年表

486年	ソワソンの戦い。フランク王クローヴィスがローマ人シアグリウスを倒してガリアからローマ人勢力を一掃する。
498年	クローヴィスがローマ・カトリック・キリスト教に入信する。
622年	イスラム暦紀元ヘジラ（西遷）の年。シリア・パレスチナ、北アフリカにイスラム教徒の勢力が進出する。
711年	イスラム教徒勢がジブラルタル海峡を渡ってイベリア半島に進出する。
732年	イスラム教徒勢がアキテーヌに進出する。フランク王国メロヴィング朝の宮宰カール・マルテルがポワチエでこれと戦う。イスラム教徒勢は以後イベリア半島へ退く。
751年	宮宰ピピンがフランク王になりカロリング朝を起こす。
754年	ピピンの寄進。イタリア半島中部にローマ司教の領地が設定された。
800年	フランク王カールがローマでローマ司教の手からローマ皇帝の冠を受ける。この頃からローマ司教を「パパ」と呼ぶ慣行が成った。西方教会の長の意味で、日本語対応語で「法王」である。「教皇」ともいう。
9世紀	フランク王国とイングランドへヴァイキングがしきりに侵入する。
911年頃	セーヌ河口域にヴァイキングが定住する。「ノルマン（ヴァイキングの異称）の領地ノルマンディー」の起源。
955年	ザクセン朝のドイツ王オットーがドイツ諸族の軍勢を率いて、バイエルンのレッヒフェルトで、マジャール（ハンガリー）人の軍勢を打ち破る。
1066年	ノルマン・コンクェスト。ノルマンディー家の軍勢がアングロ・サクソン王国を征服する。
1077年	カノッサ事件。ドイツ王とローマ法王との教会の人事権をめぐる争い（聖職叙任権闘争）に終止符が打たれた。
1095年	第1回十字軍。聖地エルサレムを目指した十字軍が、法王の唱導下に、はじめて出動した。
1100年	エルサレムにエルサレム王国が建てられた。のちアンティオキアに拠点を移すが、体制としては、1291年に最後の拠点アッコンを失うまで存続する。
1122年	ウォルムス協約。カノッサ事件で取り決められた事柄がこの協定によって確認された。教会は高い地位の人事に関して世俗の王侯よりも優位に立つ。
1130年	シチリアの戴冠。南イタリアのアプーリアとカラブリアの侯ロベール・ギスカールの甥のロジェ2世が、叔父と父親の事業を継承して、パレルモでシチリア王の冠をとった。シチリア王国の誕生である。
1146年	第2回十字軍。フランス王ルイ7世と王妃アリエノールが参加した。アリエノールはアキテーヌ侯だから、フランス王とアキテーヌ侯の十字軍ということになる。ザクセン侯も参加の予定だったが、聖地遠征よりは、エルベ川の東岸の異教徒討伐に向かいたいという領主たちの意向を入れて、十字軍の宛先が変更された。これをヴェンド十字軍という。エルベ東岸のスラヴ人の族名からの呼び名である。
1152年	アリエノール・ダキテーヌがルイと離婚して、アンジュー伯ヘンリーと再婚する。
1154年	アンジュー伯ヘンリーとアキテーヌ侯アリエノールが、ロンドンのウェストミンスター聖堂で、イングランド王と王妃に戴冠する。
1170年頃	王妃アリエノールの宮廷に、クレティエン・ド・トロワ、マリー・ド・フランスなど、北フランスの騎士道物語の詩人たちが集う。
1172年	王妃アリエノールは、息子たちが父王に反逆したのを支援したと疑いをかけられてイングランドに軟禁される。1189年、息子のリチャードが解放するまで、彼女は原則として行動の自由を奪われる。
1176年	レニャーノの戦い。ロンバルディア都市同盟がドイツ王フリートリヒ・バルバロッサの軍勢を打ち破る。
1190年	第3回十字軍。フランス王フィリップ・オーグストとイングランド王リチャード・ライオン・ハートの連合軍が中核となった十字軍。イスラム教徒側に奪取されていたエルサレム市をまた取り返すのが目的だったが、イスラム教徒側に英主サラディンが出現していて、十字軍の意図は事ごとに覆された。
1204年	第4回十字軍。法王イノケンティウス3世の唱導による。輸送を引き受けたヴェネツィアの利害に引きずり回された十字軍で、ついにコンスタンティノープルを攻撃する羽目になる。ビザンティン帝室は小アジア半島に逃げてニケーア帝国を建てた。十字軍はコンスタンティノープルにラテン帝国を建てた。
1209年	アルビジョワ十字軍。南フランスのトゥールーズ伯領を中心に広く広まっていたキリスト教の一宗派を、ローマ法王イノケンティウス3世は「異端」ときめつけて、リヨンに十字軍集会を催した。教会内部の宗派対立に他ならない「異端」撲滅に武力が行使された最初のケースである。
1212年	ラス・ナバス・デ・トロサの戦い。シエラ・モレナ山脈のサンタ・エレナ峠を越してアンダルシアへ下る峠道でカスティーリャ・アラゴン・ナバラ連合軍と、アル・ムワヒド朝カリフ・ムハマッド軍が対決した。イスラム教徒勢はこの戦いに敗れ、その後なしくずし的に失地を重ねていく。
1214年	ブーヴィーヌの戦い。イングランド王ジョンが、ザクセン家のドイツ王オットーやブラバントほかネーデルラント諸侯と組んで、フランス王フィリップ・オーグストと戦ったが、負けた。なんとジョン本人の率いる傭兵隊は、途中足止めを食らって、合戦に間に合わなかったという。
1215年	マグナ・カルタ。ジョンのあまりのふがいなさに腹を立てたイングランドの領主たちが、サリーのランニミードに集まって、ジョンに署名を強要したという文書。古くからの領主の権利がこれによって確認された。
1228年	フリートリヒ2世の十字軍。シチリア王にしてドイツ王フリートリヒは1228年に軍事行動は起こしたが、実際はその翌年早々、パレスチナを事実上支配していたエジプトのスルタンと休戦条約を結び、エルサレム市をはじめ、ベツレヘム、ナザレト、シドンなど、エルサレム王国の旧領のほとんどを取り返した。
1248年	フランス王ルイ9世の十字軍。イスラム教徒の勢力の中核はエジプトのカイロのスルタン政権ということになっていたから、ルイ王がまっすぐエジプトを目指したのは理由のある選択だった。ルイはダミエッタの要衝を占領した。カイロのスルタンはダミエッタとエルサレム（1244年にまた取り返されていた）の交換を提案したが、ルイは乗らなかった。図に乗ってナイル・デルタを進軍し、文字通り足を取られた。ルイ王は敵方の捕虜になった。
1256〜73年	ドイツ王がいなかった。フリートリヒ2世の後のドイツ王選挙がうまくすすまなかったせいで、このドイツ王選挙の問題は、1338年レンゼ

	会議、1356年黄金印勅書によって解決されることになる。
1259年	パリ条約。フランス王とイングランド王がイングランド王のアキテーヌの領有について協議したもので、ほかに適当な呼び名がないので「1259年のパリ条約」と呼んでいる。
1261年	ニケーア帝国がラテン帝国を倒してコンスタンティノープルを取り戻した。パレオロゴス朝ビザンティン帝国である。
1264年	プロヴァンス伯シャルル・ダンジューが、ローマ法王の依頼によってシチリア王国を征服し、みずからシチリア王の冠をかぶる。彼は南イタリアに拠点を置き、パレオロゴス朝ビザンティン帝国を倒して、コンスタンティノープルとナポリを楕円のふたつの焦点とする東地中海帝国の構想を練った。
1282年	シチリアの夕べの祈り事件。パレルモで大規模な民衆暴動が発生した。シャルルの圧政に反抗してとよく説明されるが、その事実はない。むしろシチリア島民のシュタウファーびいき（ドイツ王の家系であるシュタウファー家の末裔である最後のシチリア王マンフレートを倒して、シャルル・ダンジューはシチリア王になった）が根底にあり、ちょっとしたことでフランス人嫌いの気持ちが爆発したのではないか。マンフレートの娘コンスタンスと結婚していたアラゴン王ペドロ3世が介入して、シチリア王国はアンジュー家の支配から離れた。
1291年	エルサレム王国の最後の拠点アッコンがエジプトのマムルーク朝の軍勢に奪取された。シリア・パレスチナに、もはやキリスト教徒側に残された領地はどこにも存在しなくなった。
1302年	ブルージュの朝事件とクールトレーの戦い。フランス王家はこの5年前からフランドル伯領をフランス王軍の軍政下においていた。このふたつの事件は、軍政に抵抗し、自治の旗を掲げる町衆の実力を天下に示した。
1305～77年	法王のバビロン捕囚。法王の居所がローマからアヴィニョンに移った。1348年、プロヴァンス伯からアヴィニョンの町の領主権を買収し、壮麗な宮殿を建築した。アヴィニョンはローマの飛び領地になった。
1340年	イングランド王エドワード3世がヘント（ガン）で「イングランドとフランスの王」を名乗った。いわゆる百年戦争がはじまった。同年、スロイスの戦い。
1346年	クレシーの戦い。エドワード3世はノルマンディーに入り（143年前にジョン王がイングランドへ渡るにあたって乗船した故地のすぐ近く）、北上してソンム川を渡ったところのクレシーでフランス王軍に迎撃されて、これに勝利し、さらに北上してカレーの町を占領した。
1348年	この年の中頃までに、パリを鋭角の頂点として東はヴェネツィア、西はボルドーからコルドバを結ぶ三角地帯に、黒死病（ペスト）が伝播した。この年のうちにノルマンディー、イングランド東南部が死の影に覆われた。
1356年	ポワチエの戦い。プリンス・オブ・ウェールズのエドワードが率いる旅団がポワチエの南のモーペルテュイ修道院の付近でジャン王の率いるフランス王軍と戦った。
1358年	パリで商人頭エティエンヌ・マルセルの率いる町衆の反乱、ピカルディーからフランスにかけて農民一揆。後者は「ラ・ジャクリー」と呼ばれる。
1360年	ブレティニー条約。アキテーヌに関する、フランス側の大幅な譲渡を踏まえた領土協定。カレー領、ポンチュー領ほか、クレシーの戦い以後イングランド王家が取得した領土の確認。ポワチエの戦いで捕虜になったフランス王ジャンの身代金協定。
1378年	アヴィニョンの法王がローマに帰る。ところがアヴィニョンにまたもや法王が立って、教会分裂の事態となる。
1380年	フランス王シャルル5世が急逝し、その幼い息子シャルルの叔父たちの親族諸侯による王権横領がはじまる。
1399年	イングランド王リチャード2世が、議会を味方につけたランカスター家のジョンとヘンリー親子との政争に敗れて退位させられる。かわってヘンリー4世が即位。
1407年	王弟オルレアン侯ルイが暗殺された。策謀者がいとこのブルゴーニュ侯ジャンだということは最初から分かっていて、ジャン自身、その犯行をあえて弁論する機会を設けたことがよく知られている。以来、党派対立が激しくなり、1411年以降は内乱の様相を見せた。
1409年	ピサ教会会議が、現に対立する2法王を廃位せしめ、あらたに法王を立てる決定を行なったが、2法王は退位せず、結局3法王併立状態となった。
1410年	タンネンベルクの戦い。ドイツ騎士団が西プロイセンに進出しようとする勢いをポーランド軍が叩いた。
1414年	コンスタンツ公会議がはじまる。公会議はまずローマの法王とピサ教会会議で選出された法王の後継法王を退位せしめ、アヴィニョンの法王ベネディクトゥス13世（アラゴン人ペドロ・デ・ルナ。意味をとれば「月のペドロ」で、フランス人はこれにパープ・ド・ラ・ルーン「月の法王」の通り名を与えた）に譲位を交渉したがらちが明かず、結局1417年に新法王マルティヌス5世を選出して、翌年公会議は閉会した。その後もアヴィニョンの法王は現役で、1423年に「月の法王」が死去したあと、後釜の法王が選ばれて、1429年に、わけあって辞任するまで、アヴィニョンの法王座を暖めたのである。あまつさえ、これはどこに居住したのか、よく分からないが、1425年、もうひとりアヴィニョン側に法王が立った。これはじつにアヴィニョンの法王が辞任したあと、なお1年間、法王座を守ったのである。だから、1425年から1429年までの間は、じつに3人の法王が並立する状態がまたもや見られたのである。
1415年	アジンコート（近代フランス語読みでアザンクール）の戦い。ヘンリー4世は、議会の掣肘下に守りの姿勢に徹したが、息子のヘンリー5世は即位早々、海峡を渡ってノルマンディーのコーのハーフラー（アルフルール、現在ル・アーヴル市の一角）を占領して、そこは叔父のエクセター侯トーマス（ヘンリー4世の異母弟）にまかせ、自分は一軍を率いてカレーへ向かう。冬が来る前に本国へ帰ろうという作戦である。ところがアルトワのアジンコートでフランス王軍につかまった。フランス王軍の司令官に「あの飢え疲れたみすぼらしい敵軍」（小田島雄志訳）と批評されたとシェイクスピアが描いているヘンリーの貧乏軍隊が奇跡的な大勝利をあげた。じっさいヘンリー自身がそう思ったというほどの奇跡だったとシェイクスピアは書いている。
1417年	ヘンリー5世がノルマンディーに再び兵を入れ、我こそはノルマンディー侯であると宣言を発した。その意図は、来寇早々、ウィリアム征服王の生地であるファレーズを占領せしめたことに端的に表現された。ノルマンディーはイングランド王の父祖伝来の領地である。
1419年	ブルゴーニュ侯ジャン・サン・プールがモントローで謀殺された。王太子シャルルと会談中の出来事で、王太子を担いだアルマナック党の

仕業だとされるが、シャルルは 16 歳の若者である。騎士になっていたかどうか、そのあたりについては情報がない。騎士になっていようがいまいが、責任逃れはできない。

1420 年 トロワ条約。イングランド王にしてノルマンディー侯、ヘンリー 5 世と、フランス王妃イザボー・ド・バヴェールの名代としての資格においてブルゴーニュ侯フィリップとのあいだに結ばれた、ヘンリーとフランス王女カトリーヌとの結婚協定。この協定によって「王太子を称するシャルル・ド・ヴァロワ」はヴァロワ家との縁を絶たれ、ヴァロワ家の家督相続者は女婿ヘンリーとその男子の子孫と決められた。

1422 年 ヘンリー 5 世とシャルル 6 世が相次いで死去し、「フランスとイングランドの王家」は当歳の遺児ヘンリーを相続者として、摂政に叔父のベドフォード侯ジョンが立った。

1424 年 シャンベリー協定。サヴォワ侯、ブルターニュ侯などフランス諸侯やローマ法王が仲介に立って、シャルル・ド・ヴァロワとブルゴーニュ侯フィリップの和解を図った。ブルゴーニュ侯はフランスにおける軍事行動を停止する。シャルルとパリの王政府との対立については中立の立場をとる。ブルゴーニュ側としてはシャルル王の領土は侵さないことを約束する。注目すべき事に、この協定において、シャルル・ド・ヴァロワは「王」と呼ばれている。

1425 年 フィリップ・ル・ボンは、この年の年明けから、兵を率いてネーデルラントに入り、1428 年 7 月、エノー伯ヤコバと「デルフト協定」を結ぶまで、ネーデルラントを離れることがなかった。ネーデルラント継承戦争である。ブルゴーニュ家はエノー、ホラント、セーラントの 3 伯領を手に入れた。

1429 年 オルレアンの戦い。2 月中頃、シノン城の城門前。東のロレーン（近代語でロレーヌ、ただしこの時代はドイツ王国に属するロートリンゲンである）からやってきた、若い娘を連れた 7 人の小隊が王太子シャルルの兵士徴募係の机の前に立った。娘は王太子に会わせろという。同行していた王太子の厩番士ジャン・コレが身元は保証するという。ジャンヌ・ダルクの歴史と伝説が始まった。

1431 年 バーゼル公会議。フス戦争（ヨハン・フスの異端事件に端を発したチェク人の反乱）の収拾に失敗し、かえって教会会議主義（法王の権威を教会会議の下に置く発想）の先鋭化を招いてしまった。

1435 年 アラスの和約。ブルゴーニュ侯家とフランス王家が和解したという形だが、フィリップ・ル・ボン一代限りの臣従義務からの解除という、いわゆる王家側の譲歩は、話を返せば逆で、主君が臣下の者に対するこれは譲歩にすぎず、さすがにこの和約については、とりわけフランドル以北のネーデルラント諸邦から反対の声があがった。

1449 年 ノルマンディーからイギリス人が撤退した。

1453 年 アキテーヌからイギリス人が撤退した。同年、コンスタンティノープルがオスマン帝国軍に攻撃され、ローマ帝国皇帝コンスタンティノス 15 世は、皇帝の標識をかなぐり捨てて、一兵士として戦い、戦死したと伝えられる。ビザンティン帝国が滅亡した。ローマ帝国のラスト・エンペラーに栄光あれ！

1455 年 セント・オールバンズの戦い。バラ戦争の最初の合戦と目される。ヘンリー 6 世側のランカスター方 2 千と、対立するヨーク方 3 千が 5 月 22 日、ロンドンの北のセント・オールバンズ郊外でぶつかった。ヨーク方が勝利し、王も捕獲した。

1477 年 年の初めの 5 日、ブルゴーニュ侯シャルル・ル・テメレールは、ロートリンゲン侯方の軍勢を、ナンシー前面で迎え撃って、戦死した。シャルルの一人娘マリーアは、義母のマルグリット・ド・ヨークを相談相手に、オーストリア侯家の御曹司マキシミリアンを結婚相手に選択し、フランス王ルイ 11 世の鼻を明かした。ブルゴーニュ - ハプスブルク家がそこに成った。

1485 年 ボズワースの戦い。イングランド島のちょうど真ん中のあたり、レスターシャーのレスターの西、ウォーリックシャーのコヴェントリーの北。バラ戦争の最後の合戦と目される。リチャード 3 世に、ランカスター方の最後の生き残りリッチモンド伯ヘンリー・テューダーが挑んだ戦闘。テューダー家はウェールズの家系であり、ヘンリーの祖父オウェン・テューダーが、ヘンリー 5 世の寡婦カトリーン・ド・フランスと通じて、カトリーンに生ませた 3 人の男子のうちの長子エドマンドがヘンリーの父親である。母親はサマセット侯ジョン・ボーフォートの娘レディー・マーガレット。

1492 年 年の初めに、カスティーリャ女王イサベルとアラゴン王フェルナンドが、手に手を取り合って、グラナダに入城した。地図の上での「レコンキスタ」が完了した。

参考文献一覧

騎士の生活

騎士身分と中世社会

Baldwin, John W. *The Language of Sex: Five Voices from Northern France Around 1200*. Chicago: University of Chicago Press, 1994.

Bisson, Thomas N., ed. *Cultures of Power: Lordship, Status, and Process in Twelfth-Century Europe*. Philadelphia: University of Pennsylvania Press, 1995.

Bouchard, Constance Brittain. "*Every Valley Shall Be Exalted*": *The Discourse of Opposites in Twelfth-Century Thought*. Ithaca: Cornell University Press, 2003.

Bumke, Joachim. *The Concept of Knighthood in the Middle Ages*. Translated by W.T.H. Jackson and Erika Jackson. New York: AMS, 1982.

Evergates, Theodore. *Aristocracy in the County of Champagne, 1100–1300*. Philadelphia: University of Pennsylvania Press, 2007.

———, ed. *Aristocratic Women in Medieval France*. Philadelphia: University of Pennsylvania Press, 1999.

———. *Feudal Society in the Bailliage of Troyes Under the Counts of Champagne, 1152–1284*. Baltimore: Johns Hopkins University Press, 1975.

Hopkins, Andrea. *Knights: The Complete Story of the Age of Chivalry from Historical Fact to Tales of Romance and Poetry*. London: Collins and Brown, 1990.

Jaeger, C. Stephen. *The Origins of Courtliness: Civilizing Trends and the Formation of Courtly Ideals, 939–1210*. Philadelphia: University of Pennsylvania Press, 1985.

Karras, Ruth Mazo. *From Boys to Men: Formations of Masculinity in Late Medieval Europe*. Philadelphia: University of Pennsylvania Press, 2003.

Martindale, Jane. "The French Aristocracy in the Early Middle Ages: A Reappraisal." *Past and Present*, 75 (1977): 5–45.

Reynolds, Susan. *Fiefs and Vassals: The Medieval Evidence Reinterpreted*. Oxford: Oxford University Press, 1994.

Robertson, D.W. "The Concept of Courtly Love as an Impediment to the Understanding of Medieval Texts." In *The Meaning of Courtly Love*, edited by F.X. Newman. Albany: State University of New York Press, 1968.

騎士道

Anglo, Sydney, ed. *Chivalry in the Renaissance*. Woodbridge: Boydell Press, 1990.

Barber, Richard. *The Knight and Chivalry*. Woodbridge: Boydell Press, 1995.

Bouchard, Constance Brittain. "*Strong of Body, Brave and Noble*": *Chivalry and Society in Medieval France*. Ithaca: Cornell University Press, 1998.

Chickering, Howell, and Thomas H. Seiler, eds. *The Study of Chivalry*. Kalamazoo: Medieval Institute, 1988.

Duby, Georges. *The Chivalrous Society*. Translated by Cynthia Postan. Berkeley and Los Angeles: University of California Press, 1977.

Flori, Jean. *L'essor de la chevalerie, XIe–XIIe siècles*. Geneva: Droz, 1986.

Kaeuper, Richard W. *Chivalry and Violence in Medieval Europe*. Oxford: Oxford University Press, 2001.

Keen, Maurice. *Chivalry*. New Haven and London: Yale University Press, 1984.

Painter, Sidney. *French Chivalry*. Baltimore: Johns Hopkins University Press, 1940.

Rudorff, Raymond. *Knights and the Age of Chivalry*. New York: Viking Press, 1974.

Scaglione, Aldo. *Knights at Court: Courtliness, Chivalry, and Courtesy from Ottonian Germany to the Italian Renaissance*. Berkeley and Los Angeles: University of California Press, 1991.

Strickland, Matthew. *War and Chivalry*. Cambridge: Cambridge University Press, 1996.

Trim, D.J.B., ed. *The Chivalric Ethos and the Development of Military Professionalism*. Leiden and Boston: Brill, 2003.

Vale, Malcolm. *War and Chivalry: War and Aristocratic Culture in England, France, and Burgundy at the end of the Middle Ages*. London: Duckworth, 1981.

城

Cruden, S. *The Scottish Castle*. Edinburgh: Nelson, 1960.

Gillingham, John. "An Age of Expansion, c. 1020–1204." In *Medieval Warfare: A History*, edited by Maurice Keen. Oxford: Oxford University Press, 1999.

Jones, R.L.C. "Fortifications and Sieges in Western Europe, c. 800–1450." In *Medieval Warfare: A History*, edited by Maurice Keen. Oxford: Oxford University Press, 1999.

Prestwich, Michael. "English Castles in the Reign of Edward II." *Journal of Medieval History*, 8 (1982): 159–78.

Smail, R.C. *Crusading Warfare, 1097–1193*. Cambridge: Cambridge University Press, 2008.

Taylor, Arnold. *The Welsh Castles of Edward I*. London: Hambledon Continuum, 1984

武具、武器、馬

Ayton, Andrew. *Knights and Warhorses*. Woodbridge: Boydell Press, 1994.

Byam, M. *Eyewitness Arms and Armour*. London: Dorling Kindersley, 2003.

DeVries, Kelly. *Medieval Military Technology*. Peterborough: Broadview Press, 1992.

DeVries, Kelly, and Robert D. Smith. *Medieval Weapons: An Illustrated History of Their Impact*. Santa Barbara: ABC-CLIO, Inc., 2007.

Hyland, Ann. *The Medieval Warhorse*. Conshohocken: Combined Book, 1996.

Oakeshot, Ewart. *Records of the Medieval Sword*. Woodbridge: Boydell Press, 1991.

Talhoffer, Hans. *Medieval Combat: A Fifteenth-Century Illustrated Manual of Swordfighting and Close-Quarter Combat*. Translated and edited by Mark Rector. London: Greenhill Books, 2004.

Windsor, Guy. *The Swordsman's Companion: A Modern Training Manual for the Medieval Longsword*. Texas: The Chivalry Bookshelf, 2004.

戦争

Contamine, Philippe. *War in the Middle Ages*. Translated by Michael Jones. Oxford and New York: Blackwell, 1984.

Delbrück, Hans. *Medieval Warfare*. Translated by Walter Renfroe, Jr. Lincoln: University of Nebraska Press, 1982.

France, John. *Western Warfare in the Age of the Crusades*. Ithaca: Cornell University Press, 1999.

Hale, J.R. *War and Society in Renaissance Europe, 1450–1620*. New York: St. Martin's Press, 1985.

Jones, Terry. *Chaucer's Knight: The Portrait of a Medieval Mercenary*. London: Eyre Methuen, 1980.

Keen, Maurice, ed. *Medieval Warfare: A History*. Oxford: Oxford University Press, 1999.

Mallet, Michael E. "The Art of War." In *Handbook of European History: Late Middle Ages, Renaissance and Reformation*, edited by Thomas A. Brady, Heiko Oberman, and James D. Tracy, 535–62. Grand Rapids: William B. Eerdmans Publishing Company, 1994.

Morillo, Stephen, Jeremy Black, and Paul Lococo. *War in World History: Society, Technology and War from Ancient Times to the Present*, Vol. 1. New York: McGraw Hill, 2009.

Whetham, David. *Just Wars and Moral Victories: Surprise, Deception and the Normative Framework of European War in the Later Middle Ages*. Leiden: Brill, 2009.

紋章学

Beddoe, Alan. *Beddoe's Canadian Heraldry*. Revised by Strome Galloway. Belleville: Mika Publishing, 1981.

Boutell, Charles. *Boutell's Heraldry*. Revised by J. P. Brooke-Little. London: Frederick Warne Publishers,

Ltd, 1983.
Burnett, Charles and Mark D. Dennis. *Scotland's Heraldic Heritage: The Lion Rejoicing*. Edinburgh: Mercat Press, 1997.
Fox-Davies, Arthur Charles. *Complete Guide to Heraldry*. London: 1909; London: Wordsworth Editions, 1996; New York: Skyhorse Publishing, 2007.
Friar, Stephen, and John Ferguson. *Basic Heraldry*. London: A & C Black, 1999.
Friar, Stephen, ed. *A Dictionary of Heraldry*. Sherborne and New York: Harmony Books, 1987.
Innes of Learney, Sir Thomas. *Scots Heraldry*. Revised by Sir Malcolm Innes of Edingight. Edinburgh: Johnston & Bacon, 1978.
Neubecker, Ottfried. *Heraldry: Sources, Symbols, and Meanings*. London: Macdonald and Jane's, 1976.
Von Volborth, Alexander. *Heraldry: Customs, Rules, and Styles*. London: New Orchard Editions, 1991.
Woodcock, Thomas, and John Martin Robinson. *The Oxford Guide to Heraldry*. Oxford: Oxford University Press, 2001.
Zieber, Eugene. *Heraldry in America*. Mineola: Dover Publications, 2006.

十字軍騎士団と教会

Barber, Malcolm. *The New Knighthood: A History of the Order of the Temple*. Cambridge: Cambridge University Press, 1995.
——. *The Trial of the Templars*. Cambridge: Cambridge University Press, 2006.
Barber, Malcolm, and Keith Bate. *The Templars: Selected Sources Translated and Annotated*. Manchester: Manchester University Press, 2002.
Bouchard, Constance Brittain. *Holy Entrepreneurs: Cistercians, Knights, and Economic Exchange in Twelfth-Century Burgundy*. Ithaca: Cornell University Press, 1991.
——. *Sword, Miter, and Cloister: Nobility and the Church in Burgundy, 980–1198*. Ithaca: Cornell University Press, 1987.
Boulton, D'Arcy Jonathan Dacre. *The Knights of the Crown: The Monarchical Orders of Knighthood in Later Medieval Europe, 1325–1520*. Woodbridge: Boydell Press, 2000.
Bradford, Ernle. *The Shield and the Sword: The Knights of St. John in Jerusalem, Rhodes, and Malta*. London: Penguin, 2002.
Marcombe, David. *Leper Knights: The Order of St Lazarus of Jerusalem in England, c. 1150–1544*. Woodbridge: Boydell Press, 2003.
Riley-Smith, Jonathan. *The Knights of St John in Jerusalem and Cyprus 1050–1310*. London: Palgrave Macmillan, 1967.
Rosenwein, Barbara H. *Rhinoceros Bound: Cluny in the Tenth Century*. Philadelphia: University of Pennsylvania Press, 1982.
Seward, Desmond. *The Monks of War*. Revised edition. London: Penguin, 1995.
Sire, H.J.A. *The Knights of Malta*. New Haven and London: Yale University Press, 1994.

アジアの騎士

Bartusis, Mark C. *The Late Byzantine Army. Arms and Society, 1204–1453*. Philadelphia: University of Pennsylvania Press, 1992.
Friday, Karl. *Samurai, Warfare and the State in Early Medieval Japan*. London: Routledge, 2004.
Graff, David A. *Medieval Chinese Warfare, 300–900*. London and New York: Routledge, 2002.
Graff, David A., and Robin Higham, eds. *A Military History of China*. Boulder: Westview, 2001.
Jackson, Peter. *The Delhi Sultanate: A Political and Military History*. Cambridge: Cambridge University Press, 1999.
Kar, H.C. *Military History of India*. Calcutta: Firma KLM, 1980.
Lewis, Mark Edward. *Sanctioned Violence in Early China*. Albany: SUNY University Press, 1992.
Lyons, Malcolm, and D.E.P. Jackson. *Saladin: The Politics of the Holy War*. Cambridge: Cambridge University Press, 1997.
Morgan, David. *The Mongols*. Cambridge: Cambridge University Press, 1990.
Turnbull, Stephen. *The Samurai. A Military History*. London: RoutledgeCurzon, 2002.
Van de Ven, Hans, ed. *Warfare in Chinese History*. Leiden: Brill, 2000.
Varley, Paul. *Warriors of Japan as Portrayed in the War Tales*. Honolulu: Hawaii University Press, 1994.

歴史にみる騎士

騎士のおこり

Bachrach, Bernard S. *Early Carolingian Warfare: Prelude to Empire*. Philadelphia: University of Pennsylvania Press, 2001.
Becher, Matthias. *Charlemagne*. Translated by David S. Backrach. New Haven: Yale University Press, 2003.
Collins, Roger. *Charlemagne*. Toronto: University of Toronto Press, 1998.
Head, Thomas, and Richard Landes, eds. *The Peace of God: Social Violence and Religious Response in France Around the Year 1000*. Ithaca: Cornell University Press, 1992.
McKitterick, Rosamond. *Charlemagne: The Formation of a European Identity*. Cambridge: Cambridge University Press, 2008.

ノルマンの時代

Abels, Richard P., and Bernard S. Bachrach, eds. *The Normans and their Adversaries at War: Essays in Memory of C. Warren Hollister*. Woodbridge: Boydell Press, 2001.
Aird, William M. *Robert Curthose, Duke of Normandy (c. 1050–1134)*. Woodbridge: Boydell Press, 2008.
Corvisier, André, and Philippe Contamine, et al. *Histoire militaire de la France, 1: dès origines à 1715*. Paris: Quadrige/Presses Universitaires de France, 1992.
Crouch, David. *William Marshal: Knighthood, War and Chivalry, 1147–1219*. Edinburgh: Pearson Education, 2002.
Hollister, C. Warren. *The Military Organization of Norman England*. Oxford: Oxford University Press, 1965.
Hunt, Tony. "The Emergence of the Knight in France and England, 1000–1200." *Forum for Modern Language Studies*, 17 (1981): 93–114.
Keen, Maurice. *Nobles, Knights and Men-At-Arms in the Middle Ages*. London: Hambledon Press, 1996.
Morillo, Stephen. *Warfare under the Anglo-Norman Kings, 1066–1135*. Woodbridge: Boydell Press, 1994.
——. *The Battle of Hastings: Sources and Interpretations*. Woodbridge: Boydell Press, 1995.
Musset, Lucien. *The Bayeux Tapestry*. Woodbridge and New York: Boydell Press, 2005.
Prestwich, J.O. *The Place of War in English History, 1066–1214*. Edited by Michael Prestwich. Woodbridge: Boydell Press, 2004.
Prestwich, Michael. *Armies and Warfare in the Middle Ages: The English Experience*. New Haven: Yale University Press, 1996.
Strickland, Matthew. *War and Chivalry: The Conduct and Perception of War in England and Normandy, 1066–1217*. Cambridge: Cambridge University Press, 2005.
——, ed. *Anglo-Norman Warfare*. Woodbridge: Boydell Press, 1992.

十字軍

Christiansen, Eric. *The Northern Crusades*. London: Penguin, 1997.
Crawford, Paul, ed. *The "Templar of Tyre": Part III of the "Deeds of the Cypriots"*. Translated by Paul Crawford. Aldershot: Ashgate, 2003.
France, John. *Victory in the East: A Military History of the First Crusade*. Cambridge: Cambridge University Press, 1997.
——. *Western Warfare in the Age of the Crusades*. Ithaca: Cornell University Press, 1999.
Gabrieli, Francesco. *Arab Historians of the Crusades*. Berkeley: University of California Press, 1984.
Kennedy, Hugh. *Crusader Castles*. Cambridge: Cambridge University Press, 1994.
Madden, Thomas. *A New Concise History of the Crusades*. Lanham: Rowman & Littlefield, 2005.
Peters, Edward, ed. *The First Crusade: "The Chronicler of Fulcher of Chartres" and Other Source Materials*. Philadelphia: University of Pennsylvania Press, 1998.
Riley-Smith, Jonathan. *The Crusades*. New Haven: Yale University Press, 2005.
——. *The First Crusaders, 1095–1131*. Cambridge: Cambridge University Press, 2008.
——. *What Were the Crusades?* London: Macmillan, 2009.
——. "Crusading as an Act of Love." *History* 65 (1980): 177–92.
Setton, Kenneth, ed. *A History of the Crusades*. 6 vols. Madison: University of Wisconsin Press, 1969–89.
Ye'or, Bat. The Dhimmi: *Jews and Christians under Islam*. Madison: Fairleigh Dickinson University Press, 1985.

レコンキスタ

Barton, Simon. *A History of Spain*. Basingstoke: Palgrave Macmillan, 2004.
Fletcher, Richard. *Moorish Spain*. Berkeley: University of California Press, 2006.
Lomax, Derek W. *The Reconquest of Spain*. London and New York: Longman, 1978.
MacKay, Angus. *Spain in the Middle Ages: From Frontier to Empire, 1000–1500*. Basingstoke:

Palgrave Macmillan, 1977.

O'Callaghan, Joseph F. *Reconquest and Crusade in Medieval Spain*. Philadelphia: University of Pennsylvania Press, 2003.

アルビジョワ十字軍

Barber, Malcolm. "The Albigensian Crusades: Wars Like Any Other?" In *Dei gesta per Francos: Crusade Studies in Honour of Jean Richard*, edited by Michel Balard, Benjanim Z. Kedar, and Jonathan Riley-Smith, 45–56. Aldershot: Ashgate, 2001.

Marvin, Laurence W. The *Occitan War: A Military and Political History of the Albigensian Crusade, 1209–1218*. Cambridge: Cambridge University Press, 2008.

Pegg, Mark Gregory. *A Most Holy War: The Albigensian Crusade and the Battle for Christendom*. New York: Oxford University Press, 2007.

Strayer, Joseph R. *The Albigensian Crusades*. With a New Epilogue by Carol Lansing. Ann Arbor: University of Michigan Press, 1992.

Sumption, Jonathan. *The Albigensian Crusade*. London: Faber and Faber, 1978.

Wakefield, Walter L. *Heresy, Crusade and Inquisition in Southern France, 1100–1250*. London: George Allen & Unwin, 1974.

百年戦争

Allmand, Christopher. *The Hundred Years War: England and France at War, c. 1300–c. 1450*. Cambridge: Cambridge University Press, 1989.

Ayton, Andrew and Philip Preston, eds. *The Battle of Crécy, 1346*. Woodbridge: Boydell Press, 2007.

Curry, Anne, ed. *Agincourt 1415*. Stroud: Tempus, 2000.

Hooper, Nicholas, and Matthew Bennett, *Cambridge Illustrated Atlas of Warfare: The Middle Ages*. Cambridge: Cambridge University Press, 1996.

Rogers, Clifford J. *War Cruel and Sharp: English Strategy Under Edward III, 1327–1360*. Woodbridge: Boydell Press, 2000.

Sumption, Jonathan. *The Hundred Years War: Trial by Battle*. London: Faber & Faber, 1990.

———. *The Hundred Years War: Trial by Fire*. London: Faber & Faber, 1999.

騎士道の衰退

Allmand, Christopher. "War." In *The New Cambridge Medieval History VII, c. 1415–c. 1500*, edited by C. Allmand. Cambridge: Cambridge University Press, 1998.

Ferguson, Arthur B. *The Indian Summer of Chivalry: Studies in the Decline and Transformation of Chivalric Idealism*. Durham: Duke University Press, 1960.

Keen, Maurice. "The Changing Scene: Guns, Gunpowder, and Permanent Armies." In *Medieval Warfare: A History*, edited by Maurice Keen. Oxford: Oxford University Press, 1999.

McNeill, William H. *The Pursuit of Power: Technology, Armed Force, and Society Since A.D. 1000*. Chicago: University of Chicago Press, 1982.

O'Neil, Bryan Hugh St. John. *Castles and Cannon: A Study of Early Artillery Fortification in England*. Oxford: Clarendon Press, 1960.

Parker, Geoffrey. *The Military Revolution: Military Innovation and the Rise of the West, 1500–1800*. Cambridge: Cambridge University Press, 1996.

———. "The Gunpowder Revolution, 1300–1500." In *The Cambridge Illustrated History of Warfare*, edited by G. Parker. Cambridge: Cambridge University Press, 1995.

文化遺産

文学にみる騎士

Bumke, Joachim. *Courtly Culture: Literature and Society in the High Middle Ages*. Translated by Thomas Dunlap. Berkeley and Los Angeles: University of California Press, 1991.

Capellanus, Andreas. *The Art of Courtly Love*. Translated by John Jay Parry, edited by W.T.H. Jackson. New York: W.W. Norton, 1969.

Chrétien de Troyes. *Arthurian Romances*. Translated by W.W. Kibler. London: Penguin, 1991.

Cooper, Helen. *The English Romance in Time: Transforming Motifs from Geoffrey of Monmouth to the Death of Shakespeare*. Oxford: Oxford University Press, 2004.

Ferrante, Joan M., trans. *Guillaume d'Orange: Four Twelfth-Century Epics*. New York: Columbia University Press, 2001.

Matarasso, P.M., trans. *The Quest of the Holy Grail*. London: Penguin, 2005.

Owen, D.D.R. *Noble Lovers*. London: Phaidon Press Limited, 1975.

Pearsall, Derek Albert. *Arthurian Romance: A Short Introduction*. Oxford: Blackwell, 2003.

Spiegel, Gabrielle M. *Romancing the Past: The Rise of Vernacular Prose Historiography in Thirteenth-Century France*. Berkeley and Los Angeles: University of California Press, 1993.

Von Eschenbach, Wolfram. *Parzival*. Translated by A.T. Hatto. London: Penguin, 2004.

映画とテレビ

Aberth, John. *A Knight at the Movies: Medieval History on Film*. New York and London: Routledge, 2003.

Aronstein, Susan. *Hollywood Knights: Arthurian Cinema and the Politics of Nostalgia*. Houndmills: Palgrave Macmillan, 2005.

Burt, Richard. *Medieval and Early Modern Film and Media*. Houndmills: Palgrave Macmillan, 2008.

Driver, Martha, and Sidney Ray, eds. *The Medieval Hero on Screen: Representations from Beowulf to Buffy*. Houndmills: Palgrave Macmillan, 2004.

Harty, Kevin J. *The Reel Middle Ages. American, Western and Eastern European, Middle Eastern and Asian Films about Medieval Europe*. Jefferson: McFarland, 1999.

———, ed. *Cinema Arthuriana. Essays on Arthurian Film*. New York: Garland, 1991.

———, ed. *King Arthur on Film. New Essays on Arthurian Cinema*. Jefferson: McFarland, 1999.

Haydock, Nickolas. *Movie Medievalism*. Jefferson: McFarland, 2008.

Knight, Stephen. "A Garland of Robin Hood Films." *Film and History*, 29.3–4 (1999): 34–44.

Nollen, Scott Allen. *Robin Hood: A Cinematic History of the English Outlaw and His Scottish Counterparts*. Jefferson: McFarland, 1999.

Olton, Bert. *Arthurian Legends on Film and Television*. Jefferson: McFarland, 2008.

Ramey, Lynn, and Tison Pugh. *Race, Class and Gender in" Medieval" Cinema*. Houndmills: Palgrave Macmillan, 2007.

Rosenstone, Robert. *Visions of the Past: The Challenge of Film to Our Idea of History*. Cambridge: Harvard University Press, 1995.

Sorlin, Pierre. *The Film in History: Restaging the Past*. Oxford: Blackwell, 1980.

Taves, Brian. *The Romance of Adventure. The Genre of Historical Adventure Movies*. Jackson: University Press of Mississippi, 1993.

戦争ゲーム

Girouard, Mark. *The Return to Camelot: Chivalry and the English Country Gentleman*. New Haven: Yale University Press, 1985.

Marshall, David W., ed. *Mass Market Medieval: Essays on the Middle Ages in Popular Culture*. Jefferson: McFarland and Co., 2007.

Sklar, Elizabeth S. and Donald L. Hoffman, eds. *King Arthur in Popular Culture*. Jefferson: McFarland and Co., 2002.

栄誉称号を授ける騎士団

Bergent, Peter J., and Hubert Chesshyre. *The Most Noble Order of the Garter: 650 Years*. London: Spink & Son, 1999.

Boalt, Gunnar, Robert Ericson, Harry Glück, and Herman Lantz. *The European Orders of Chivalry*. Stockholm: Norstedts, 1971.

Boulton, D'Arcy Jonathan Dacre. *The Knights of the Crown: The Monarchical Orders of Knighthood in Later Medieval Europe 1325–1520*. Woodbridge: Boydell Press, 2000.

Collins, Hugh E.L. *The Order of the Garter 1348–1461: Chivalry and Politics in Late Medieval England*. Oxford: Oxford University Press, 2000.

Galloway, Peter. *The Most Illustrious Order: The Order of Saint Patrick and its Knights*. London: Unicorn Press, 2002.

———. *The Order of the British Empire*. London: Spink & Son, 1996.

Matikkala, Antti. *The Orders of Knighthood and the Formation of the British Honours System, 1660–1760*. Woodbridge: Boydell Press, 2008.

用語解説

〔英語の原語をそのままカタカナ表記した用語を拾った。対応する日本語用語を書き添えて、意義を要約して示す。〕

アームズ：紋章。ラテン語のアルマ。武具をいうのがはじめで、やがて武具につける標識をいうようになった。1170年代の後半に制作されたのではないかと見られているクレティエン・ド・トロワの『ランスロ、あるいは荷車の騎士』に、トーナメントの観覧席で、出場している騎士たちの紋章を、「楯の半分が緑色で、その上にライオンを描き」とか、「楯にキジを二羽」というふうに描写して（これがブレイズン）、今回は観客側にまわっている騎士たちが、レディーたちにガイドする情景が描写されているので、もうその頃には、紋章がだいぶ普及していたのだということが分かる。

エスカッション：紋章楯の上に小さな紋章楯、紋章旗に小さな紋章楯など、組み合わせは様々だが、本来の紋章地面に描かれた小型の紋章楯をこう呼ぶ。フランス語で楯をいう「エスク」の指小辞の「エスソン」の借用である。フランス語としては、13世紀のアドゥネ・ル・ルェの騎士道物語が初出だが、英語としては15世紀末のエドワード4世の財産目録に下る。

オーダー：1. 順序。2. 状態（今年のぶどう酒はあまり良い状態ではない）。3. 身分（だれであれ、親族の身分にしたがって結婚するものだ）。4. 騎士団（我等が許に至るフランス人は、全員、司祭であろうが騎士であろうが、我等は彼等をオルデン・ド・ツェヴァリに編成せしめるであろう）。5. 聖職身分（ツェヴァレ、従者、歌芸人、鷹師、猟師、聖職の者、教会参事会員）。6. 修道院（司祭、雇人、オーダーの者。「オーダーの者」すなわち修道院の者、修道士。「雇人」は修道誓願を立てず、俗人身分のまま、修道院に雇われる労務者）。

カーテン・ウォール：帳壁。城の外壁。もっとも、さらに外側にカーテン・ウォールをまわすこともあり、その場合にはインナーとアウターというふうに区別する。

カパリゾン：馬衣。馬の全身をおおう布地。騎士のタバードや楯に描かれるのと同じ紋章が描かれたり、「エスカッション」が2、3個描かれたりする。

キターン：騎士候補生のチャージ練習用の標的。キターンの語源についてはずいぶんと誤解があるようで、わたし（日本語版監修者）はこれは「アキテーヌ（アキテーヌ）」の接頭辞「ア」が落ちた形だと考えている。

キープ：フランス語でドンジョン。本丸とか、天守とか、日本の城郭用語を当てても、なにかしっくりこない。むしろ「塔」の実態を写す「主塔」の方がよいが、「主塔」をいうのなら「側塔」について案内しなければならず、かえってやっかいだ。「キープ」の用例は、じつは16世紀の末。フィリップ・シドニーの『アルカディア』が初出らしい。その前後の著述に、イタリア語の「テネッツァ」というのが「キープ」だと書いているのがある。「テネッツァ」はいまの辞書には出ていない。保持する、守るという意味もふくむ「テネーレ」という動詞からの派生語である。

クルーセイド：英語でクロス、フランス語でクロワなど、十字架を意味する言葉の類縁語だが、16世紀末が英語としては初出である。十字軍をいう言葉としては、13世紀末の史料に「法王はクロワズリーを聖地へ送った」と出るのが一番古い。「クロワズリー」は「クロワゼ（時代の発音としてはクルェゼ）」の名詞形で、十字を取る、十字軍に参加するなどのことをいう。

ゲートハウス：城の正門、門楼。ミューラル・タワーズ（側塔と城壁が一体化した構造の壁）で側面を囲む。

コイフ：中世高地ドイツ語のクプフェのあたりが語源だろうということになっている。ナイトキャップ状の皮革またはスティールの丸帽。女性のかぶり物や僧侶のフードについていうこともある。どうしてこれが騎士道関係の用語としてここに掲出されているのかというと、どうやらこれが鎖帷子で出来ていて、ヘルメットの下にこれをかぶるのだと誤解されているかららしい。73頁にカンタベリーのトリニティ・チャペルにあるプリンス・オブ・ウェールズ・エドワードのブロンズ造りの寝棺彫像があり、そのキャプションに「チェーン・メイル・コイフ」と見えるが、さて、このエドワードが頭にかぶったように見える鎖帷子を「コイフ」と呼んでよいものかどうか。この寝棺彫像の制作は1376年とされている。だいぶ後だが、シェイクスピアは『ヘンリー4世』第2部第1幕第1場で、ノーサンバーランド伯にこう語らせている。小田島雄志訳。「病人のかぶるこの頭巾も用はない！　勝戦に味をしめた王侯どもが狙い定めたこの首だ。このような女々しいかぶりものなどで守れるか。この額には黒鉄の胄こそふさわしい。」「病人のかぶるこの頭巾」は「シックリ・コイフ」と書いている。

コーサー：馬のタイプ。14世紀の史料から出始める。走るを意味するラテン語からの転と思われる。15世紀末の史料に「騎士は戦うとき、またトーナメントに赴くときは、コーサーにまたがらなければならない」と見える。

コーメス：ラテン語で、もともとローマ帝国皇帝の側近の役人をいった。それがフランク王国の地方役人の職名をいうことになり、王国の解体後、各地のコーメスが自立した。あるいは「強者」がコーメスを僭称した。僭称したといっても、はばかる相手の中央権力が存在しないも同然になってしまったのだから、コーメスのロマンス語形コント（伯）が実権者ということになった。中世ヨーロッパ世界はコントの国際関係である。

コンドッティエーレ：イタリアのコムーネ都市と傭兵隊長とのあいだに結ばれる傭兵契約を「コンドッタ」といい、傭兵隊長を「コンドッティエーロ」と呼ぶ。これは近代語の語形で、中世からルネサンス時代にかけては「コンドッティエーレ」。

ジャウスト：馬上槍試合。フランス語の「ジュスト」から。だから英語の場合でも、「ジャウスト」と読むように書いても、「ジュスト」と発音するのが正式だという意見もある。フランク王国時代のラテン語の「ユクストー」（そばによる、いっしょになる）からの派生語だとする意見がある。「ティルト」と同じ。

シャンソン・ド・ジェスト：武勲詩。「ジェスト」は事績、武勲。12世紀の最初の四半世紀に筆写されたとみられる『ロランの歌』を筆頭に、シャルルマーニュとその周辺の武将たちの武勲を歌うシャンソン、ポンチューとかヴェルマンドウェといったセーヌ川以北の土地どちの家筋の領主たちの事績を語るシャンソン、また、オーヴェルン山中サンジュリアン・ド・ブリウドから、ピレネー山脈北麓のマルトル・トゥールーザンにいたる巡礼街道を行き交うジョグラー（歌芸人）が歌い継いだチャンソ（歌）がつむぐ物語。なにしろ整理して物を言いたがる人が多すぎる。歌の一つ、物語の一篇にでも触れるがよい。

シュヴォシェ：もしむりやり日本語対応語を考えるとしたら「騎馬で行くこと」だが、武装した騎馬隊が敵地を行くことをいい、攻撃が目的ではない。住人を殺傷したり、略奪したりすることもない。ただ、敵に威圧感を与えるだけが狙いのような軍事作戦で、とりわけアキテーヌでイギリス方がよくとった作戦である。そのくせフランス語をつかって物を言っているところがおもしろい。

スクワイヤー：フランス語でエスクェ。楯を意味するエスクからで、どうしてスクワイヤーという形になったかというと、もともとエスクはラテン語のスクートゥムからで、エは接頭辞である。英語の方が古形を残しているということである。騎士の従者ということで、従騎士、騎士の楯を運ぶ役目を担うということで楯持ちと、いろいろ日本語対応語が用意されている。

ダビング：ロマンス語で「衣料」を意味する「ドゥブ」からの派生語で、言葉としては14世紀から出る。しかし、慣行として行なわれるようになった、肩口へ剣の平を当てる儀式は、言葉の中身からは出てこない。

チェーン・メイル：幾千という数の鉄の輪をつなぎ合わせて作ったよろい。これは用語ではない。「ホーバーク」ないし「ホーバージョン」などの用語の説明である。

ツァストラン：「城主」あるいは主君筋から城を預けられて「城代」。近代フランス語で「シャト

ラン」、ラテン語で「カステラヌス」。ツェヴァレと同じことで、発音の同時代性を考えるとツァストラン、カストラン、サストランと時期によって微妙に変化する。参考になるのは、トルバドゥールの歌を再生復元した歌曲を聴くと、「チャンソ」と歌っている。近代フランス語で「シャンソン」である。

デストラー：太く、たくましく、アグレッシーヴで、動作の機敏な軍馬。ラテン語の「デクストラ」からで、これは右側を意味し、従者が右手で手綱をとって馬を導いていることからの命名。14世紀以後の文献に、「ハイ・オース」、「グレート・ホース」などと書かれているのはデストラーを指している。

トルバドゥール：アキテーヌ、オーヴェルニュ、ローヌ川流域、プロヴァンス、トゥールーズから東の地中海沿岸に12世紀から成立したオック語言語文化圏の文学の作家をいう。作家たちの多くが領主身分で、大領主の催す歌会で披露する歌ということで、シルヴァンテスと呼ばれる種別の歌があるが、これは即興歌と訳される。彼らの大頭目がアキテーヌ侯ギレム9世である。ギレムの孫娘がアリエノール・ダキテーヌその人である。

バスティオン・フォート：稜堡要塞。砲火に耐えうるように設計された、低くて、分厚い壁で囲われた要塞。火薬と大砲の普及の結果として、中世末期に増殖した。本体から張り出した、低く、放射状の構造物が「バスティオン（稜堡）」と呼ばれた。

バックラー：小型で円形の楯。クイル・ブーリー（煮た革）で作られた。縁を金属でまき、金属製のボス（楯の表面の中央に突き出ている突起）をつけているので攻撃用の武器にもなった。

バービカン：物見櫓。ゲートハウス（門楼）が要塞化されて、その上に建てられた双塔をいう。「物見櫓」という日本語対応語は、そういうバービカンの構造的特徴をとらえている。

ハルバード：槍と斧を組み合わせた武器。斧部の反対側にスパイクを張り出している。スパイクで引っかけて、騎士を馬から引きずり下ろし、それからおもむろに槍と斧で料理したらしい。用語としては15世紀以降。ヘンリー7世の王令に「ボウズ（弓）、ビルズ（鉤矛）、ホーバーツ」と組み合わせで出る。発音も「ホーバーツ」の方がよいようだ。

パルフレー（パールフレ）：軍馬とくらべて軽量級の馬。巡行馬。女性向けの馬と描かれることも多い。12世紀はじめから史料に用例が出始める。「リッチ・スティード・アンド・パールフレ」というふうに、「スティード」と対比されるが、このばあい「スティード」はふつうの「ウォー・ホース（軍馬）」ではなく、より改良種のそれだと観念されていることを反映している。

ビルニー：ブリニーと同じ。12世紀の史料に「シールド、ヘルメット、ブリニー」とセットで出る。キュイラッスなどと同義で、もともとは革製だったようだが、12世紀以後は「よろい」の意味でふつうに使われた。

フィーフ：封。衣料、食料、金銭、農地など、主従関係を保証する財物の総称。中世世界が発展するにつれて、「封土」の概念が強まる。

フォーコンリ：鷹狩り。「フォーコン」はワシタカ目ハヤブサ科に属する、先端が尖った長翼の猛禽60種ほどの総称。フォーコンリはそのフォーコンを使う狩猟をいうが、また、「ホーキング」とも呼ばれる。これは「ホーク」と分類される、同じワシタカ目で短翼の鳥も含めた場合の呼称である。日本では一般に「タカ」といっているのが、狭義の「ホーク」である。ちなみに猟犬を使う狩猟は「ヴェネリ」と呼ばれる。

ブレイゾン：紋章を、紋章解説の作法に従って描述すること。ヘラルドに欠かせない技能である。もっともこの言葉自体は16世紀末にようやく資料上検出できるもので、中世的世界で、この言葉が軽々と口にされていたわけではない。

ベイリー：城の囲い地。曲輪。モット・アンド・ベイリー形式の城が進化したタイプの石造りの城では「ワード」と呼ばれる。

ヘラルド：伝令使と紋章官を兼ねた役人。フランス語では12世紀のクレティエン・ド・トロワの『ランスロ、あるいは荷車の騎士』に「ヒロー」の形で出る。これが一番古い用例だが、13世紀に入れば、英語資料にも「ヘロウド」などの形で出るようになる。14世紀のチョーサーも「ヘロウド」と書いている。「ヘラルド」の語形と発音は16世紀以降に下る。

ヘラルドリー：ヘラルドの仕事。「紋章学」という日本語対応語が従来からよく使われている。紋章を見分けたり、言葉でいいあらわしたり、紋章を記録して管理したり、紋章についての規則を作って、規則を騎士たちに守らせたり、質問に答えたり、トーナメントを取り仕切ったりする技。用例は16世紀の末から出始める。だからシェイクスピアがけっこう早い例で、『ハムレット』で2か所、ひとつは「紋章の規則」という意味あいで、もうひとつは「紋章のブレイゾン（言葉で書きあらわすこと）」としてこの言葉を使っている。

ヘルムとヘルメット：かぶと。ゲルマン語系で、「ヘルム」の方が歴史が古い。アングロ・サクソン語で8世紀はじめの史料から出る。考古学資料として、7世紀の「サットン・フー船塚」から出土した、すばらしい「ヘルム」がある。81頁にそのすばらしい写真が載っている。「ヘルメット」はその指小辞らしく、15世紀末のマロリーの『アーサー王の死』が初出だという。

ホーバーク：フランス語で「オーベール」。鎖帷子。15世紀の「ヴィヨン遺言詩『形見分けの歌』」に「わが親よ、わがオーベールを売れ、そのかね、あいや全部は惜しやけどその大方をもって、こいつにお店を買ってやっておくれ」と見える。このあたり、『形見分けの歌』は騎士道連節を作っている。

ホーバージョン：オーベルジョン。ホーバークより軽量の、袖無し鎖帷子。

ホミッジ：オマージュ。臣従礼。ラテン語のホモに「アジ」という語尾がついて、人が人に従うという意味あいをあらわしたという理解がある。「ラングェッジ」とか「ヴォイッジ」といった単語を思い浮かべると、なるほどと思ってしまう。人が人の人になる。

マター・オブ・ブリテンとマター・オブ・フランス：アーサー王伝説と物語の素材をマター・オブ・ブリテンといい、シャルルマーニュ伝説と武勲詩の系譜をマター・オブ・フランスと呼ぶ。ブルトン物とフランス物である。こういうふうに整然と仕分けてそれで文化史と文学史が成るかというと、そうはいかない。アキテーヌ物もこれに突き合わせなければ、そこにアリエノール・ダキテーヌの名前が出てこようにもない。アキテーヌ物というのはトルバドゥールの文化と文学のことである。

メレ：トーナメントには2種類あって、ひとつはジャウスト、もうひとつがメレ。ところがメレは17世紀にならなければ英語の文献には登場しない。同じ意味あいのメドレーの方が早いといっても、こちらも15世紀末になる。メレは二手に分かれた集団戦をいうが、それをいうのならトーナメントの方が正体がしっかりしている。フランス語では12世紀の騎士道物語にトゥルネエマンと出てくるし、英語資料では13世紀の20年代のものにトールンメンと、フランス語を借りて登場してくる。13世紀末の資料では、ジャウストとトールンメンと、対語で自己証明してくれている。

モット・アンド・ベイリー：「バイユーのタペストリー」に描かれたような土盛りの上に木造の建物、まわりに濠と垣をめぐらした囲い地。アングロ・サクソン王国に攻め込んだノルマンディーの領主勢が、この城をたくさん建てたというが、もともと9世紀のウェセックス王アルフレッドがこれは工夫したという伝えがある。ノルマン側にばかり手柄を立てさせることはない。もともとアングロ・サクソン方の、これは文化だった。

ロード：初源的な意味では「彼のパンを食べる」家族や従者の長。『ベオウルフ』ですでにドミニオンに支配を及ぼす者の意味が生じ、ラテン語のドミヌスに翻訳されるようになる。主従関係が社会の関節となった12世紀以降、ロードの意味あいは時代によって変わる。

ロマンス：中世ヨーロッパ文学についていえば、ロマンスはエピックではなく、またトルバドゥールではない詩文をいう。エピックは「シャンソン・ド・ジェスト」としてくくられる。「トルバドゥール」についてもその項目を見ていただこう。ロマンスは12世紀後半以降、アングロ・ノルマン語と呼ばれる、ノルマンディーから南イングランドにかけて成立した言語文化圏の文学であり、騎士道と貴婦人崇拝儀礼を主題にとっている。だから「ロマンス・クルトワ・シュヴァルレスク（宮廷風騎士道物語）」が文学史上整理して分類するときのタイトルである。

ロンシン（ロンシー）：ロマンス語の「ルッシ」ないし「ルンシン」の転用で、これは耕すを意味するラテン語の「ルンコー」から来ているという説がある。だから耕馬、馬車馬のイメージが強いが、かならずしも駄馬というわけではない。

索引

ア行

『アイアスとオデュッセイウスの争い』(ジェームズ・シャーリー) 73
『アイヴァンホー』(サー・ウォルター・スコット) 247, 257, 260, 266, 269
『アイオール』(武勲詩) 93
『愛について』(アンドレ・ル・シャプラン) 250
アイユーブ朝 140, 141, 189, 196, 197
アイルランド 70, 160, 179
アイルランド教会 179
『アイルランドのイメージ』(ジョン・デリック) 93
アイルランドのケルト十字架 152
アヴァール王国 153
「アヴァロン・ヒルズ・キングメーカー」(ゲーム, 1974年) 273
アヴィニョン(アヴィニョン) 55, 216, 217, 241
アヴェスタ神学 212
アウグスティヌス(ヒッポ司教) 133
アウグスティヌス会則 133, 134, 135
アウストラシア 153, 161
アヴランシュ聖堂 180
アエティウス(西ローマ帝国のコンスル) 150
アキテーヌ(アクィタニア) 15, 30, 92, 117, 123, 151, 152, 177, 178, 182, 183, 218, 221, 227, 228, 231
アグド 215, 217
アクトン 72, 74
アクバル大帝(ムガール朝皇帝) 144, 145
『アクバル・ナーマ(アクバルの書)』 145
『悪魔のロベール』 242
アーサー王 39, 100, 120, 268
「アーサー王」(映画, 米英アイルランド合作, 2004年) 264
『アーサー王宮廷のコネチカット・ヤンキー』(マーク・トウェイン) 260, 281
アーサー王伝説 43, 89, 95, 252~255
アーサー王と円卓の騎士たち 100, 251, 252, 280
『アーサー王の死』(作者不詳) 39, 89, 95, 102, 104, 107, 108, 109
『アーサー王の死』(トマス・マロリー) 37, 251, 255, 258, 262
アーサー王物語 25, 246
「アーサー・オブ・ザ・ブルトンズ(ブルトン人たちのアーサー王)」(TV, イギリス, 1972~73年) 268
アザンクールの戦い →アジンコートの戦い
足利氏 142
アシュケロン 70
アシュビー・ド・ラ・ズーシュ 74
「アジンコートから帰還したヘンリー5世を歓び迎えるイングランド」(ロバート・アレグザンダー・ヒリュグフォード画) 227
アジンコートの戦い 67, 113, 114, 222, 225, 229, 234
アジンコート紋章官 125
アストゥリアス王国 200
アダム(ブレーメンの) 160
『新しい軍隊を称えて』(ベルナール・ド・クレルヴォー) 135, 137
アダリア 193
アチーブメント(紋章学用語) 130
アーチェリー 234
アッコン 134, 137, 138, 182, 187, 195, 196, 197
アッティラ 150, 249
アッバース朝 202
アドネ・ル・ルェ 29, 129
アドゥベー 36〔→騎士叙任も参照〕
アドリアノーブル(エディルネ) 198
「ア・ナイツ・テール(ある騎士の話)」(邦題「ロック・ユー!」)(映画, アメリカ, 2001年) 263, 266
アナクレトゥス2世(対立法王) 171

アナトリア 185
アニック城 180, 181
アビス騎士団 →エボラ騎士団
アフォンソ1世エンリケ(ポルトガル王) 206
アフォンソ5世(ポルトガル王) 208
アブドゥッラフマーン1世(ウマイヤ朝エミール) 202
アブドゥッラフマーン3世(コルドバのエミール) 203
アブドゥルムウミン(アブド・アルムーミン) 203
鐙(あぶみ) 83, 92, 98, 116, 143, 155
アプリア 64, 171, 215
アーヘン 155, 159
アーミジェリー(紋章学用語) 124, 125
アーミング・スウォード 89
アーミン(紋章学用語) 126
アームズ →紋章
「アーモリアルズ」(紋章集) 126
アラゴン 204, 205, 207, 208, 239
アラゴン連合王国 207
アラスの和議 230
アラマ 211
アラマンニ族 151
アラルコス 201
アーリア人 144
アリエノール・ダキテーヌ 25, 163, 175, 176, 177, 178, 181, 182, 187, 193, 250, 252
アリストクラシー 15~17, 43, 61
アリマタヤのヨセフ 255
『アリマタヤのヨセフ』(ロベール・ド・ボロン) 252
アール 170, 171
アル・カミール(エジプトのスルタン) 197
アルカンタラ修道会(騎士団) 136, 207
アルクィン(ヨークの) 160
アルコス 205
アルジャナ 145
アルスーフの戦い 182
『アルタシャーストラ(実利論)』 145
アル・ナスル(ダマスクスのスルタン) 197
アルヌルフ(メッツ司教) 153, 166
アールパード(マジャール人の族長) 161
アルハンブラ宮殿 210, 211
アルビ 213, 214, 215, 217
アルビジョワ十字軍 31, 187, 212~217
アルフォンソ1世エル・バタラドール(戦闘王)(アラゴン王) 203, 207
アルフォンソ2世(カスティーリャ王) 206
アルフォンソ3世(アストゥリアス王) 200
アルフォンソ4世(アラゴン王) 200
アルフォンソ6世(レオン・カスティーリャ王) 201, 203
アルフォンソ8世(カスティーリャ王) 201, 203, 216, 239
アルフォンソ9世(レオン王) 59
アルフォンソ10世(レオン・カスティーリャ王) 29, 205
アルフォンソ11世(レオン・カスティーリャ王) 139
アルフルール 222, 227
アルフレッド(ウェセックス王) 158, 159, 160
アルフレッド・テニスン 25, 247, 258, 259
アルブレヒト・デューラー 158
アルブレヒト・マグデブルク大司教) 190
『アルベルダ年代記』 201
アルマ授受の儀式 36
アルマナック党 222, 228
アルム →紋章
アルメニア人 192, 193
アルメリア 211
アルモガバールの剣 88
アレキサンドル・デュマ 258
アレクサンデル2世(法王) 186
アレクサンデル3世(法王) 179
アレクサンデル6世(法王) 209, 236
「アレクサンドル・ネフスキー」(映画, ソ連, 1938年) 261, 263
アレクシオス1世(ビザンティン帝国皇帝) 186, 192
アレッサンドリア 82
アレッポ 65, 141, 193

アレマンニア 161
アロウ・スリッツ(矢狭間) 68, 118
アンヴァリッド 284
アンカラ 198
アングル族 151, 158
アングロ・サクソン 95, 158
アングロ・サクソン7王国 151, 158, 159
『アングロ・サクソン年代記』 61, 160
アングロ・ノルマン王国 61, 170
アングロ・ノルマン語 24, 250
アンジェ城 63, 236
アンジュー 67, 70, 177, 182, 183
アンジュー家 57, 66, 92, 173, 176, 207, 218, 219, 252
『アンジュー家の臣従礼』 162
アンジュー帝国 109, 178~181
「アンジュー伯ジェフレー・プランタジュネの肖像」(七宝板絵) 25, 124
アンダルシア 202, 205, 207
アンダルス 200, 201, 202, 204
アンティオキア 192, 193
アンティオキア君主国 193, 194
アントニオ・ロドリーゲス 208
アンドレア・ヴィチェンツィーノ 196
アンドレアス・カペラヌス →アンドレ・ル・シャプラン
「アンドレイ・ルブリョフ」(映画, ソ連, 1966年) 261
アンドレ・ル・シャプラン 250
アンナ・コムネナ(ビザンティン帝国皇女) 117
アンブロジオ・ロレンツェッティ 238
アンリ2世(フランス王) 111
『イーヴァイン』(ハルトマン・フォン・アウエ) 251
『イヴァン、リオンの騎士』(クレティエン・ド・トロワ) 251
イェニチェリ軍団 198
イェルク・ゾイセンホーファー 83
『イギリス人の歴史』(ジェフレー・ガイマー) 103
『イギリス年代記』(ジャン・ド・ウォーリン) 231
イザベラ(エルサレム王国女王) 189, 196
イサベル(カスティーリャ女王) 187, 201, 208, 210, 233, 235
イザベル(ポルトガル王女) 283
イザボー・ド・バヴィエール(フランス王妃) 222
イシドルス(セビーリャの) 204
医術 55
イスタンブール 198
イースト・アングリア 81, 151, 158, 160
イズニク →ニケーア
イスラム教(徒) 55, 75, 138, 139, 152, 171, 184, 186, 193, 198, 200, 201, 202, 203, 204, 239
イタリア 120, 151, 160, 161, 171, 238, 239, 240
異端 48, 212, 213
異端審問所 208
異端審問廷 230
一ノ谷の合戦 143
イノケンティウス2世(法王) 110
イノケンティウス3世(法王) 109, 183, 196, 212, 213
猪 56, 57, 103
イブラヒム・ローディ(デリーのスルタン) 144
イブン・サンマク(詩人, グラナダの宰相) 210
イベリア半島 136, 139, 152, 200, 233, 239
イール・ド・フランス 67, 231
『岩のなかの剣』(テレンス・ホワイト) 260
イングマール・ベルイマン 267
イングランド 67, 71, 120, 151, 160, 171, 178, 180, 183
イングリッド・バーグマン 263
インクリングズ(オックスフォード大学を中心とした文学グループ) 259
『インク・ワールド』シリーズ(コーネリア・フンケ) 259
インダルジェンス(贖宥) 190
インデンチュアー(傭兵契約) 219

インド 33, 140, 144, 145
インド・ヨーロッパ語族 144
インペイルメント(紋章用語) 128
インペラトゥール 159
インペリアル・イーグル(皇帝の鷲)(紋章図案) 88, 115
ヴァイキング 60, 81, 95, 158, 160, 161, 166
ヴァチカン 234, 241
ヴァトリクェ・ド・クーヴィン(ミンストレル) 100
ヴァルナ(四姓) 144
ヴァルナ十字軍 199
ヴァレ地方(スイス) 165
ウァレリウス・マキシムス 35
「ヴァレールの逸話集」 35
ヴァロワ家 66, 218, 228
ヴィキング →ヴァイキング
ヴィクトリア(英国女王) 284
「ウィクリフの著述集」 99
ヴィコント 213, 214, 215, 216
ウィッテンベルク 190
ヴィドゥキント 153
『ヴィヨン遺言詩集』 103, 190
ウィラ 151
ウィリアム1世(スコットランド王) 180, 181
ウィリアム1世征服王 53, 55, 60, 61, 62, 66, 67, 113, 166, 167, 180, 227
ウィリアム1世ロングスウォード(ノルマンディー侯) 166
ウィリアム2世(イングランド王) 171, 172
ウィリアム・アデリン(ヘンリー1世の息子) 172
ウィリアム・ウォルワース(ロンドン市長) 94
ウィリアム・ウォーレス 70
ウィリアム・カクストン 25, 129
ウィリアム・ザ・コンカラー →ウィリアム1世征服王
ウィリアム・シェイクスピア →シェイクスピア, W.
ウィリアム(ノルマンディー侯) 24, 36, 80, 96, 167, 168, 171, 180〔→ウィリアム1世征服王も参照〕
ウィリアム・マーシャル(ペンブルーク伯) 97, 103, 181, 183
ウィリアム・マルミオン 70
ウィリアム・モリス 255
ウィリアム・ラングランド 268
ウィリアム・ルフス →ウィリアム2世(イングランド王)
ウィーン 98, 199
ウィンザー騎士団 283
ヴェクシン領 70
ウェゲティウス 116, 154
ウェストミンスター・ホール 182
ウェストミンスター大聖堂 170, 173
ヴェズレー 46, 195
ヴェズレー修道院付属聖堂 132
ウェセックス 151, 158, 160
ヴェーダ(知識の本) 144
ヴェネツィア 191, 196, 238, 240
ヴェネツィア人 199
『ヴェネツィア』(W・H・マクニール著) 83
ウェールズ 64, 170, 179, 226, 252
ウェールズ辺境領 78, 170, 178
ヴェルダン条約(843年) 160
ヴェンド十字軍 187
ヴォークルール 229
ウォー・ホース(いくさ馬) 85
ウォルター・スコット 247, 257, 260
ヴォルフラム・フォン・エッシェンバッハ 38, 41, 250, 251, 253, 254, 255
ウーグ・ド・パイアン 135
ウジェーヌ・ドラクロワ 164, 224
ウッド(バイユー司教, ケント伯) 96
馬 22, 23, 82, 98, 99, 143, 147
馬の訓練 99
馬の鎧 82, 83
ウマイヤ朝 202
ウルバヌス2世(法王) 186, 192
ウルリッヒ(リヒテンシュタインの) 45, 105
エァルドマン 159
衛生 54
英仏海峡 227
英名三十六合戦 143

『絵入り歴史的聖書』 52
エウゲニウス3世（法王） 136, 175, 193
『エウフラノーア』（エドワード・フィッツジェラルド） 278
エウロギウス（トレド司教） 205
『エーエ・ダヴィノン』（武勲詩） 96
エク・ア・ラ・チェーズ（フランスの金貨） 224
『エキタン』（マリー・ド・フランス） 39
エクスカリバー 89, 255, 281
「エクスカリバー」（映画, 米英合作, 1981年） 260, 264
エーグ・モルト 188
エジプト 55, 138, 141, 184, 187, 189, 194, 196, 197, 199
エスカッション（紋章学用語） 105, 129
エスカレイド作戦 71
エスクリーム（フェンシング） 42
エスツァリボール → エクスカリバー
エストニア 136, 137
エセックス 158
『エセー』（モンテーニュ） 285
エセルレッド2世（イングランド王） 166, 167
エタンプ城 60
エティエン（ブロワ伯）→ スティーブン（イングランド王）
エディンバラ城 69
エデッサ 189, 192
エデッサ伯国 192, 193
『エドウィン詩篇』 15
エドマンド（ケンブリッジ伯） 221
エドマンド・ブレア・レイトン 4, 11, 282, 303
エドモン・ファラル 111
エドモン・ロスタン 131
エドワード・ザ・コンフェッサー（イングランド王） 167
エドワード1世（イングランド王） 64, 65, 70, 118
エドワード2世（イングランド王） 232
エドワード3世（イングランド王） 43, 113, 120, 218, 219, 223, 224, 227, 230, 235, 236, 282
エドワード4世（イングランド王） 129
エドワード7世（英国王） 285
エドワード・オブ・ウッドストック → エドワード, プリンス・オブ・ウェールズ
エドワード黒太子 → エドワード, プリンス・オブ・ウェールズ
エドワード, プリンス・オブ・ウェールズ 55, 73, 117, 120, 122, 123, 220, 221, 223, 224, 225, 283
エドワード・ベイリアル（スコットランドの対立国王） 235
エドワード・ホール 130
エニシダ 40, 57, 92
エノー 222, 228
エブロ川 185
エボラ騎士団（アビス騎士団） 207
エボラ（ポルトガル） 136
エマ（エセルレッド2世妃） 166, 167
エミール（イスラム教徒の地方政権, 太守） 141, 154, 171, 193, 194
エムリー・ド・モンフォール（トゥールーズ伯） 216
エリオット, T. S. 193
エリザベス2世（英国女王） 282, 285
エリントン・トーナメント 278
エルサレム 71, 135, 136, 184, 185, 187, 189, 192, 193, 195, 196, 197
エルサレム王国 70, 184, 187, 193, 194, 195
エルサレムの聖ヨハネ病院騎士団 → ホスピタル騎士団
『エル・サンタール・デ・ミオ・シド（わがシドの歌）』 203, 249
エル・シド 25, 203, 249, 257
「エル・シド」（映画, 伊米英合作, 1961年） 260, 261, 263, 264
エルナンド・デ・タラベーラ（グラナダ大司教） 205
エルベ川 160, 187
『エレック』（クレティエン・ド・トロワ） 111, 251, 254
エロール・フリン 262
宴会 34, 58
エンドレ2世（ハンガリー王） 187, 196
エンブレム（紋章学用語） 124, 130
エンリケ4世（カスティーリャ王） 208
エンリケ・デ・トラスタマラ 122
オイル語 24, 25, 250
オーヴェルニュ 228
オウェン・グリンドゥル（ウェールズの領主） 226
『王の統治』 96
『王の牧歌』（アルフレッド・テニスン） 258, 259
王立カルメル山の聖母修道会 138
大弓, 大弓兵 77, 86, 115
『オーカッサンとニコレット』 110
オーサの船塚 81
オスマン1世 198
オスマン・トルコ 98, 138, 198, 199, 243
オーセベルク（ノルウェー） 81
オック語 24, 31, 249, 250
オックスフォード大学 259
オットー1世（ドイツ王） 161
オットー4世（ドイツ王） 183
オットー4世（ブランデンブルク辺境伯） 32
「オーディナリー」（紋章集） 126
オーディール（神明裁判） 219
『オデュッセイア』 246
斧 95
オノグル 161
オノレ・ボネ 21, 112
オリフラム 175
織物貿易 238
オルドゥル・サンミッシェル（聖ミカエル勲章） 285
オルハン（オスマン帝国スルタン） 198
オルフォード城（サフォーク） 63
オールリック（ミーズ王） 179
オルレアン 212, 228, 229
オーレーの包囲戦 235
女騎士 14
『女たちの都の書』（クリスティーン・ド・ピザン） 256

カ行

『ガイドゥン』（武勲詩） 163
カイロ 189, 193, 197
「ガウェインと緑の騎士」（映画, イギリス, 1973年） 266
『ガウフレドゥス侯伝』（ジャン・ド・マルムーテー） 36
カウンティ 159
火器 77, 233, 235
『垣の騎士』→ ウィリアム・マーシャル
カザーズ（中世末期の異端諸派） 242
ガースィー集団 198
ガスコーニュ 183
カスティオンの戦い 123, 230
カスティーリャ 203, 204, 205, 206, 208, 211, 239
カスティーリャ語 29
『カスティーリャ法典』 155
カスティーリャ・レオン王国 206
カステル・デル・モンテ（アプリア） 64
カステルノーダリー 215
カースト 144
ガース・ド・ラ・ブーイン 59
ガース・モリソン 285
ガーター騎士団 218, 242, 282, 284
刀鍛冶 143
カタラウヌムの戦い 150
カタラン隊（傭兵隊） 240
カタリ派 187, 212, 242
カタロニア 157
カデット 128
カテリーナ（アラゴン女王） 83
カテリーナ（カトリック両王の第4女）→ キャサリン（ヘンリー8世妃）
カーテン・ウォール（帳壁） 62, 68
カトリック両王 205, 209
カトリーヌ・ド・ヴァロワ 227
カーナーヴォン城（ウェールズ） 64, 65, 118
カノン砲（大砲） 119, 199, 224, 233, 234, 235, 236, 241
「カピトゥラリア」（フランク王国法令集） 154
カービー・マックスロー城 236
兜 80, 81
カペー家 67, 174, 175, 218
火砲 71, 107
鎌倉 142
雷 147
『カメオ』 282
火薬 107, 234
ガラアド 255
カラトラバ騎士団 207
カラトラバ修道会 136
カラブリア 171, 215
カラー（紋章学用語） 126
ガラン・ド・モングラス 249
ガリア 151
カリスブルック城 236
『狩の興宴』（ガース・ド・ラ・ブーイン） 59
ガリポリ 141, 198
カール5世（神聖ローマ皇帝） 98, 138, 199, 203, 209
カルカッソンヌ 69, 213, 214, 215, 216, 217
カール → シャルルマーニュ（カール大帝）
『カルタエ・バロスヌ』 176
カルパチア山脈 161
カルプレドゥス侯伝 → 『ガウフレドゥス侯伝』
カルミナ・ブラーナ 272
カルロス1世（スペイン王）→ カール5世（神聖ローマ皇帝）
「カルロス・マグヌス」（アルブレヒト・デューラー画） 158
カルロ・マロケッティ 161
カレー 219, 220, 221, 222, 227, 231
ガレノス（ペルガモンの医師） 54
カロリング家 151, 152, 153
カーン 24, 66, 220, 241
汗血馬 147
感染症 54
カンタベリー 171, 179, 180

『カンタベリー・テールズ』 25, 51, 53, 87, 91, 94, 102, 233
カンタベリー大司教 183
カンタベリー大聖堂 73
『カンティンハス（頌歌集）』（アルフォンソ10世）→『サンタ・マリア頌歌集』
「ガンの祭壇画」（ヤン・ファン・アイク画） 209
韓非子 146
ガンビズン 74
『カンブレーのラウール』（武勲詩） 58
黄色 33
「騎士グイドリッチオ・ダ・フォリアーノの騎行」（シモネ・マルティーニ画） 15
『騎士ジャック・ド・ラランの武勲の書』 104
騎士修道会 → 修道騎士団
騎士叙任 28, 29, 35, 36, 37, 73, 105〔アドゥベー, ダビング, ジ・アコレイド, 帯甲式も参照〕
騎士団 43
『騎士道の時代の剣』（エヴァート・オークショット著） 89
『騎士道の書』（ジェフレ・ド・シャルニー） 122
『騎士道の書』（ラモン・ルル） 43
騎士道物語 24, 58, 122, 250
「騎士とライオン」（フレスコ画） 25
騎士の語源 17
『ギジュマール』（マリー・ド・フランス） 36, 58
徽宗（北宋の皇帝） 146
北アフリカ 184
キターン 30
「狐ルナール物語」 224, 256
絹 33
騎馬民族 143
キープ 52, 62, 63, 118, 171
キープレス・キャッスルズ 63
キプロス島 138, 195, 196, 199
騎兵 168
ギベリン党 97
キャサリン（ヘンリー8世妃） 83, 209
キャメロット 280
『キャメロット』（ミュージカル, 1960年） 258
ギュイゼッペ・サバテッリ 97
宮宰 → マヨール・ドムス
「95か条の論題」（マルティン・ルター） 190
宮廷風恋愛 → コートゥリ・ラヴ
弓馬の道 143
ギュスターヴ・ドレ 257
教会会議（シノッド） 135, 164, 192
『業績録』（ハイメ1世）→『リブレ・デル・フェ』
漁夫王（フィッシャー・キング） 252
キリキア 55
ギリシア十字 283
『キリストにならいて』（トマス・ア・ケンピス） 48
キリストの戦士 → ミレス・クリスティ
キルデリク3世（フランク王） 153
ギルバート・ド・クレア（第6代グロスター伯） 78
「キングダム・オブ・ヘブン（天の王国）」（英西米独合作, 2005年） 261, 262, 263, 264
銀の拍車 96
金融 238
金羊毛騎士団 128, 242, 283
グアディス（グラナダ） 211
クーアラント 139
グィオーム2世（シチリア王） 195

グィオーム9世（アキテーヌ侯）→グィレム9世（アキテーヌ侯）
グィオーム・ド・ポワチエ 24, 168
グィオーム（オランジュの） 249
「グィオーム・ドランジュの詩群」 248
『グィオームの歌』（武勲詩） 84, 249
グィオーム（ノルマンディー侯）→ウィリアム（ノルマンディー侯）
グィオーム（ポワトゥー伯）→グィレム9世（アキテーヌ侯）
グィオーム・マンション 228
『グィジュマー』（マリー・ド・フランス） 93
グィ・ド・ショーリアック（法王庁付医師） 55
グィネヴィア（アーサー王妃） 103, 105, 108, 253
グーイ（ポンチュー伯） 95, 167
グィレム9世（アキテーヌ侯） 25, 163, 177, 250
グィレム（トゥデラ出身の） 31
クイーンパラ城 236
偶像破壊運動 198
クェンティン・マッシース 103
クォータリング（紋章学用語） 128
鎖帷子（ホーバーク、メイル・シャート） 74, 76, 77, 177
クーシー城 236
クシャトリア 141, 144
グスタフ・ヴァッペルス 138
「クックズ・オーディナリー」（紋章鑑） 126
クヌート（デンマーク王兼イングランド王） 166, 168
クネヒト 142
グノーシス派 212
熊 56, 103
鞍 89, 92, 98, 116
クライヴ・S・ルイス 247, 259
クライストチャーチ・カシードラル（カンタベリー大聖堂） 73
クラク・デ・シュヴァレー（シリア） 64, 194, 197
グラストンベリー・トー 253
グラナダ 187, 201, 203, 208, 210, 211
グラン・エスペ 89
グランド・マスター 137, 284
クリーヴス（脛当） 78, 79
『クリジェス』（クレティエン・ド・トロワ） 251
クリスティーヌ・ド・ピザン 123, 256
クリストバル・コロン 209
グリフィス、デイヴィッド・W 262
クリフォード・タワー（ヨークの） 60
グリム兄弟 258
『狂えるオルランド』（ルドヴィーコ・アリオスト） 256
クルド人 141, 194
『クール・ド・リオン（獅子心）』（騎士道物語） 82
クールトレーの戦い 37, 96, 97, 232, 239
クルーニー修道院 25, 132
クルマーラント 136
グレイトバック、W 227
グレゴリウス1世（ローマ法王） 39
グレゴリウス7世（ローマ法王） 185
クレサック・シュール・シャラント 134
クレシーの戦い 115, 120, 122, 219, 223, 232, 234
クレスト（紋章学用語） 130
クレティエン・ド・トロワ 38, 40, 89, 102, 111, 251, 252, 253, 254
クレメンス5世（法王） 139
クレルモン 186, 192
「黒騎士」（TVドラマ他） 260
『クロニカ〔年代記〕』（ハウデンのロジャー） 104
『軍事について』（ウェゲティウス） 116, 154
『君主について』（ユニアーノ・マホ） 42
『君主論』（マキャヴェリ著） 120, 236, 240
啓典の民（アフル・アル・キターブ） 204
「ゲオルギウス（セント・ジョージ）の竜退治」 39
ケスター城 236
決闘裁判 108, 266
ゲートハウス 63, 64, 68

ケニルワース城 67, 69
ゲラルドゥス（福者） 135
ケルト 251, 252, 268
ゲルフ党 97
『ゲルマニア』（タキトゥス） 84, 150
ゲルマン諸部族 150, 151
ゲルマン民族の神話 251
剣 36, 85, 88, 89
ケント 158
剣の同盟騎士団 136, 137
『恋のオルランド』（マッテーオ・ボイアルド） 256
侯 162
ゴーヴァン 255
『ゴーヴァンとグリーン・ナイト』 95
公益同盟戦争 234
公会議（1095年、ピアチェンツァ） 186
公会議（1179年、ラテラン宮殿） 110
公会議（1215年、ラテラン宮殿） 216
公共浴場 54
鉱山業 154
攻城櫓 118
香辛料 59
黒死病 50, 54, 55, 219, 220
コーサー（馬のタイプ） 23, 99
コソヴォの戦い 198
ゴータマ・シッダールタ 145
コタンティン半島 219, 222, 227
国家主義 242
ゴットフリート・フォン・シュトラスブルク 105, 251
ゴーティエ・ド・ブリエーン 240
『五蘊』 146
コートゥジー（宮廷風礼節） 38
コートゥリ・ラヴ（宮廷風恋愛） 20, 44, 45
コート・オブ・アームズ（紋章学用語） 129
コート・ダルム（コータルメ） 129
コート・ドール 132
『ゴドフレー・ド・ブーロン』（武勲詩） 21
ゴドフロワ・ド・ブイオン 189
コナン・ドイル 224, 225
コーネリア・フンケ 259
コバトンガの戦い 200
コミタートゥス 150
コムーネ 238
コメス 60, 151, 158, 159, 161, 162
コーメス・ドゥカートゥス 162
『古来有名な女たち』（ボッカチオ） 181
コルシカ島 184, 207
コルチェスター 118
コルドバ 202, 203, 205, 208
コルトライク →クールトレー
「コルトライクの木箱」 96
ゴルフ 32
『ゴルモンとイザンバール』 248
コローナ・デ・アラゴン（アラゴンの王冠） 207
コロヌス 151
コロンブス →クリストバル・コロン
コンウェイ城 118
コンウェルシ 133
コーンウォール侯 226
コーンウォール半島 160
コンスタンティヌス11世（ビザンティン帝国皇帝） 199
コンスタンティノープル 184, 185, 189, 192, 193, 196
コンスタンティノープル陥落 199
コンデ美術館（シャンティイ） 61
コント 122
コンドッティエーレ（傭兵隊長） 120, 240
コンベルソ 208
コンポステラ 136
コンラート3世（ドイツ王） 175, 187, 189, 193

サ行

サアラ・デ・ロス・アトゥネス 211
西行法師 143
サイファー（紋章学用語） 130, 131
サヴォイ侯 222, 228
『ザ・ウォー・ロード』（映画、アメリカ、1965年） 260, 266

魚釣り王 254
ザカリアス（ローマ法王） 153
ザクセン 157, 158, 190
『ザクセン侯ハインリヒ・デア・レーヴェ（獅子侯）の福音書』 17
ザクセン戦争 153
サクソン族 151
サグラハスの野の会戦 203
サーコート（コート・ダルム） 74, 129
サセックス 151, 158
サットン・フー船塚 81
サドル（鞍） 83
サバトン（鋼板製の靴） 77, 78
サフィタ 197
サフェ城 69
侍 142
サー・フランク・ディクシー 258
サポーター（紋章学用語） 130, 131
『ザ・ミスツ・オブ・アヴァロン（アヴァロンの霧）』（TV、チェコ独米合作、2001年） 268
ザラ 196
「ザラの包囲」（アンドレア・ヴィチェンツィーノ）画 196
サラゴーサ 202, 203, 207, 208
『サラ・デイ・ノーヴェ（執政9人の部屋）』（シエナ市庁舎） 238
サラディン（サラー・フッディーン） 70, 71, 140, 141, 182, 186, 187, 194, 195
サラマンダー 31
サルディニア 184, 207
サレフ渓谷 188
ザ・ロイヤル・ヴィクトリアン・オーダー（ヴィクトリア女王騎士団） 285
『ザ・ロック（岩）』（T. S. エリオット） 193
サン・ヴァースト・ラ・ウーグ 219
サン・ヴァンサン（ドミニコ会修道士） 49
サンザシ 92, 93, 117, 118, 181, 225
『三銃士』 258
30人の戦い 73
サンジミニャーノ 133
サンジュリアン聖堂（ル・マン） 124
サン・ゼノ教会 110
「サン・セバスティアンの殉教」（ルーカ・シニョレルリ画） 53
サンソーヴール大修道院 164
『3代目エルサレム王ボードゥイン・ドゥ・ブール物語』 91
サンタゴスティーノ修道院（サンジミニャーノ） 133
篡奪者ヨハネス →ヨハネス・カンタクゼヌス
『サンタ・マリア頌歌集』（アルフォンソ10世） 205
サンタマリア・デル・フィオーレ（フィレンツェ） 120
サンタ・マリア門（ブルゴス） 203
サンタンジェロ城（ローマ） 241
サンチャゴ修道会（騎士団） 136, 207
サンチョ3世（ナバラ王） 203
サンチョ4世（ナバラ王） 200
サンチョ7世（ナバラ王） 203
サンティッシマ・アヌンシアータ教会 166
サンドゲートの要塞（ケント） 237
サンドニ修道院 83, 115, 175, 216, 230
『サンドニ修道院の修道士の年代記（フランス大年代記）』 41, 72, 121, 139, 192, 213, 216
『サンドニ修道院の大年代記』 →『サンドニ修道院の修道士の年代記』
サントメール 224
サント・ラドゴンド礼拝堂（シノン） 177
サンナゼール聖堂 69
サンピエトロ大聖堂 241
サンピエール聖堂（アキテーヌのアングーレーム） 25, 42
サン・フランチェスコ聖堂（アッシジ） 197, 217

『散文ランスロ三部作』 102
サン・マルタン（騎士） 30
サン・モーリス・ダゴーヌ修道院 165
サンルイ騎士団 283
『サン・ルイ伝』 →『ルイ王の事績』
「サン・ロマーノの戦い」（パオロ・ウッチェロ画） 19, 121
「ジ・アコレイド」（エドマンド・ブレア・レイトン画） 4, 11, 282, 303〔→騎士叙任も参照〕
シーアネス 160
シェイクスピア、W 71, 78, 108, 113, 114, 115, 226, 272
シエナ 238
ジェノヴァ 115, 120, 184, 191, 193, 238, 219, 224
『ジェノヴァ征服』（ジャン・マロ） 82
シェピ島 160, 236
ジェフリー・オブ・モンマス 252
ジェフリー・チョーサー 25, 51, 53, 87, 91, 94, 102
ジェフリー・ラットレル 20
ジェフレード・ド・シャルニー 122
ジェフレー・プランタジュネ（アンジュー伯） 25, 57, 124, 173
ジェフレー（ヘンリー2世の息子） 181
シエラ・ネバダ山脈 211
シエラ・モレナ山脈 156
ジェラルド（ウェールズの） 53
ジェラール・ド・ネルヴァル 125
シェル・キープ・キャッスル 62
シェルブール 231
ジェントルマン 242
ジ・オーダー・オブ・ブリティッシュ・エンパイヤー〔イギリス帝国騎士団〕 285
ジオット 197, 217
鹿 56, 57
ジギスムント・フォン・ルクセンブルク（ハンガリー王） 243
司教区 159
ジークフリート 89, 249
ジグムント（ハンガリー王） 198
始皇帝 146, 147
ジゾール（ノルマンディー） 62, 178
シチリア王国 61, 171, 195, 207
シチリア島 171, 184, 215
「シチリアの夕べの祈り」事件 88, 207, 240
シトー修道会 49, 132, 136, 137, 193
シドン 197
シノド →教会会議
シノーブル（紋章学用語） 95
シノン 177, 228, 229
シノン城 66, 181
ジハード（聖戦） 193
『詩篇』 43
『詩篇抜粋』（ザンクト・ガレン修道院伝来） 155
市民軍 232, 239
シモーネ・マルティーニ 15
シモン・ド・モンフォール 214, 215, 216
シモン・ペニック 32, 200
ジャイナ教 145
ジャウスト（馬上槍試合） 23, 31, 40, 73, 92, 106, 107, 108, 109, 116, 242
ジャズィーラ 141
ジャック・ド・モレー（テンプル騎士団最後の総長） 139
シャトー・ガイヤール 64, 69, 70, 176, 177
シャール 182
シャルトル聖堂 25, 206
『シャルル5世のフランス大年代記』 →『サンドニ修道院の修道士の年代記』
シャルル5世（フランス王） 221
シャルル6世（フランス王） 123, 221, 228
シャルル7世（フランス王） 100, 222, 228, 229, 230, 231
「シャルル7世」（ジャン・フーケ画） 231
シャルル8世（フランス王） 236
シャルル（オルレアン侯）（シャルル・ドルレアン） 67, 228
シャルル・ダンジュー（シチリア王） 89, 207
シャルル単純王（西フランク王） 160, 166
シャルル・ド・ヴァロワ（王太子） →シャルル7世

索引

シャルルマーニュ（カール大帝） 41, 77, 114, 152, 153, 154, 158, 159, 184, 185, 187, 190, 248, 249
シャルル・ル・テメレール（ブルゴーニュ侯） 91, 115, 234
シャルロッテ・メアリー・ヨンジュ 282
ジャン2世（フランス王） 43, 220, 221, 224
「ジャン王の戦い」（ドラクロワ画） 224
ジャン・クレトン 36
ジャン・コロンブ 186
ジャン（サント・モールの領主） 162
ジャン・サン・プール（ブルゴーニュ侯） 222, 228
シャンソン・ド・ジェスト（武勲詩） 24, 29, 58, 84, 92, 93, 163, 248
ジャンティヨム（上流の人，宮廷人） 242
ジャン（ドゥエ伯） 229
ジャン・ド・ジョアンヴィル 55, 59, 197
ジャン・ド・ブイユ 100, 109
ジャン・ド・ブリエーン 189, 196
ジャン・ド・マルムーテー 36
ジャン・ド・マン 116
ジャン・ドミニック・アングル 256
ジャン・ド・リュクサンブール（サンポール伯） 230
ジャンヌ・ダルク 66, 75, 81, 228〜230, 263
ジャンヌ・ダルクに関するアンケート調査 229
ジャンヌ・ダルク博物館 228
シャンパーニュ 220
ジャン・バプティスト・ドゥブレ 284
ジャン・バプティスト・モーゼッス 175
ジャン・フーケ 41
ジャン・ブセル 187
ジャン（ブルゴーニュ侯家の総領息子） 198
ジャン・フロワサール 122, 223, 224
シャンベリー 228
ジャン・マリー・ポワレ 262
ジャン・マロ 82
ジャン・ルノワール 259
シュヴァレ 36
シュヴォシェ 114, 218
十字軍 19, 47, 61, 64, 65, 75, 132〜139, 165, 172, 175, 182, 184〜199, 212, 243, 246
十字軍騎士団 132〜139
十字軍国家 186, 192
十字軍誓約 180
「十字軍地図」（イスラム側からみた） 185
十字軍の行程 188, 189
『十字軍の擁護』（フンベルト・ド・ローマンス） 191
集団騎馬戦 73
修道院解散令 78, 138
修道騎士団 47, 132〜139, 283
修道規則 134
「12のレ」（マリー・ド・フランス） 125
終油の秘蹟 186
出家 145
ジュート族 151
ジュ・ド・ポーム（遊戯） 35
シュードラ・ヴァルナ 145
ジューリオ・クローヴィオ 98
狩猟 31, 56, 57
シュルーズベリーの戦い 226
春秋戦国時代 146
巡礼 185
小アジア 184, 192, 198
城主 162
乗馬 229
贖宥 186
贖宥状 190
ジョージ1世（英国王） 284
「処女の泉」（映画，スェーデン，1960年） 267
女性 21, 104
『女性への奉仕』（リヒテンシュタインのウルリッヒ） 45
ジョフリー・ル・ベイカー（年代記作者） 122
ジョルダン・ファントーム 179
ジョン・R・トールキン →トールキン, ジョン・R

ジョン（イングランド王） 67, 70, 103, 109, 163, 177, 183, 219
ジョン・ウィクリフ 99, 242
ジョン・オブ・ゴーント（ランカスター侯） 220, 221
ジョン・オブ・ソールズベリー 40, 179
ジョン・ギルバート 114
ジョングルール 248
ジョーン（ケント伯） 283
「ジョーン・ザ・ウーマン（ジャンヌ・ダルク）」（映画，アメリカ，1917年） 261, 263
ジョン・スタインベック 251
ジョン・タルボット（シュルーズベリー伯） 123, 230
ジョン・ブールマン 25
ジョン（ベドフォード侯） 228, 230
ジョン・ホークウッド 120, 240
「シラノ・ド・ベルジュラック」（エドモン・ロスタン） 131
シリア 64, 65, 141, 184
城 28, 52, 60〜71, 266
城持ち領主 15, 28
『神学大全』 15
信心会 137
神判 109, 113, 219
「申命記」 119
親鸞 143
森林破壊 157
『水滸伝』 146, 147
スイス 161, 239
スイス人歩兵隊 91, 120, 234, 235
スイス盟約者団 234
スウィンバーン，アルジャーノン・チャールズ 258
スヴェア王 160
スウォード 85
スカンディナビア半島 160
スキューテイジ（軍役代納金） 176
スクワイヤー（楯持ち，従騎士） 17, 35, 125
スコットランド 25, 70, 170, 232, 234, 278
スコットランド辺境領 170, 178
スコールランド城（ヨークシャー） 65
スゼー（サン・ドニ大修道院長） 174
「スター・ウォーズ」（映画，アメリカ，1977年） 266, 270, 271
スタムフォード・ブリッジの戦い 168
スタリオン（馬のタイプ） 23, 99
スターリング城 71
スターリング（スコットランド） 232
スタンダード（長旗） 117
スティード（改良種の馬） 22
スティーブン（イングランド王） 61, 172, 173
スティーブン時代のアナーキー（無政府状態） 172
スティーブン・ラングトン 183
ステファヌス2世（法王） 153
ステュアート王家 25
スピア（槍） 84, 90, 92, 114
スプリンガル（弩砲） 68
スペイン 151, 184
スペイン武勲詩 249
スヘルデ川 160
スポーツ 100
スミスフィールドのトーナメント 266
スラヴ人 161, 187, 198
スルタン 185, 198
スレイマン1世（オスマン・トルコのスルタン） 199
スロイスの海戦 115, 219, 223
聖ジュリアン修道会 136
清浄派 212
聖職叙任権 132, 186
聖堂内の殺人事件 179, 180
聖トマス騎士団 138
聖トマス病院のイングランド人の修道会 136
聖杯 251
「聖杯城外で昏睡状態のランスロット」（バーン＝ジョーンズ画） 24
聖杯城（グレール・キャッスル） 252

聖杯探索 40, 252
「聖杯伝説」 251
「聖杯の探索」 89, 100, 102, 254, 255
「聖フランチェスコ伝」（ジオット画） 197, 217
聖墳墓教会堂 185
聖ベネディクト修道会 136
「聖母の奇跡」 187
聖マリア病院のドイツ人騎士修道会 →ドイツ騎士団
聖務停止令 109, 180
聖モーリス修道会 138
聖ヤコブ修道会 →サンチャゴ修道会
『西洋騎士道事典』（グラント・オーデン著） 36, 224
聖ヨハネ病院騎士団 138, 283, 284
聖ラザロ病院修道会 136, 138
『政略論』（マキャヴェリ著） 236
セイン 22, 159
製鉄 156, 157
セテスダル教会 157
セーヌ川 160, 166, 219, 227, 231
セーラント 222, 228
セルヴィア 161, 198
セルゲイ・エイゼンシュタイン 261
セルジューク・トルコ 185, 186, 193
セルバンテス →ミゲル・デ・セルバンテス
戦国時代（中国の） 146
禅宗 142, 143
『戦術論』（マキャヴェリ著） 236
「セント・オールバンズ修道院年代記」 106
セント・カスバート修道院 160
セント・ジョージ 218, 284
「セント・ジョージと竜」（パオロ・ウッチェロ画） 44
セント・ヘレン教会堂 74
ゼンパッハの戦い 234, 235
腺ペスト 55
センラック 170
象 144
宋江の乱 146
『宋史』 146
双頭の鷲紋様 161
『僧侶の教訓』（ペトルス・アルフォンシ） 35
「ソサエティ・フォー・クリエイティヴ・アナクロニズム（SCA）」 277, 279
ソーヌ（ソーン）川 160
そら豆 59
ソールズベリの戦い 252, 253
ソロモン神殿 135
ソロモン神殿の貧しきキリストの騎士たちの修道会 →テンプル騎士団
ソンム川 223

タ行

大英帝国勲位ないし勲章 284
大宛 147
『大外科学』（グィド・ショーリアック） 55
帯甲式 73〔→騎士叙任も参照〕
「第七の封印」（映画，スェーデン，1957年） 267
ターイファ 203
『太平記』 143
タイユブール城 →テエーブー城
タイン川 168
タヴァン教会堂 25
ダヴィデ王 43
タウルス山脈 188, 195
鷹 57
鷹狩り 56, 151, 177
タキトゥス 150, 160
「ダス・メッチェン・ヨハンナ（むすめジャンヌ）」（映画，ドイツ，1935年） 263
ダーダネルス海峡 198
タッシロ3世（バイエルンの首長） 153
楯 35, 85, 86, 87
楯壁 168
タバード 18, 19, 42, 74, 75, 129, 166
ダビング 16, 20, 36, 37, 73, 285〔→騎士叙任も参照〕
ダブリン 179

ダブリン・ムーアの戦い 234
ダマスクス 189, 193, 194, 202
ダミエッタ 189, 196, 197
ダーム・グランド・クロス 285
ダーム・コマンダー 285
「タワー・ファイトブック」 84
タンクレッド（オートヴィル領主） 171
タンクレッド（シチリア王） 195
短剣術 94
ダンツィヒ 139
ダンテ・アリギエリ 25, 97
ダンテ・ゲイブリエル・ロセッティ 229
ダンリュース城 70
チェイン・メイル →鎖帷子
チェーザレ・ボルジア 236
チェス 32, 33, 35, 267, 272
チェスター伯 226
チェック人 161
築城 62
地中海 160, 184
地中海貿易 238
チボー4世（シャンパーニュ伯） 206
チャージ（騎乗突撃） 23, 114
チャージ（紋章学用語） 124, 126
『チャスティヴォー（不幸な男）』（マリー・ド・フランス） 125
チャートセー 195
チャプターズ・ジェネラル 137
チャールズ・アーネスト・バトラー 246
チャールズ・ザ・シンプル →シャルル単純王
チャンネル諸島 183
中国 33, 140, 146, 147
中世都市 238, 239, 240, 241
中世文学 24
チュートン語 25
チュニジア 187, 197
チュニス 72, 188
ツァストラン →カストラン
ツェヴァレ（騎馬の戦士） 162, 164
ツェミーズ（下着） 81
ディヴァイス（紋章学用語） 130, 131
ティクリート（イラク） 141
「ディ（小話）」（ヴァトリクェ・ド・クーヴィン） 100
蹄鉄 98, 99, 143
ディファレンシング（紋章学用語） 128
ティベリアス 71
ティボー4世（ブロワ伯） 174
ディミディエーション（紋章学用語） 128
ティムール 199
ティルス 197
ティルティング（1対1の馬上槍試合） 73
ティルのタンプレー（ティロスのテンプル騎士） 196
ティレニア海 160, 184, 207
ティンクチャーズ（紋章学用語） 126
ティンシュブレ 172
テエーブー（タイユブール）城 122
テクストゥラ書体 23
デシデリウス（ランゴバルド王） 153
デストラー（馬のタイプ） 23, 99
テッサロニカ 199
鉄砲 235
テナント・イン・チーフ 171
『テーベ物語』 99
テムズ川 160
テュークスベリー修道院 78
デュ・ゲクラン（ドゥ・ゲスクリン），ベルトラン 81, 89, 121
テュルピン（ランス大司教） 97
テル・ドゥイン大修道院 49
テレンス・H・ホワイト 247, 260
テンプル騎士団 74, 134, 135, 136, 139, 180, 197, 207, 239, 257, 285
伝令者 124
デーン人 158, 170
ドイツ王国 228
ドイツ騎士団 135, 136, 137, 138, 139
ドイツ人の東方植民 187
ドーヴァー 176
トゥイード川 70
トゥーク川 222, 227
ドゥ・ゲスクリン →デュ・ゲクラン，ベルト

ラン
『ドゥ・ゲスクリン年代記』 81, 89
道元 143
ドゥックス 162
ドゥニ・ド・モルベック 224
『ドゥームズデイ・ブック』 157, 170, 171
トゥラヴァンカ修道院 48
ドゥランダー（ロラン愛用の剣） 36, 85, 89
トゥール 181, 182
トゥールーズ 217, 228
トゥールーズ伯 216, 249
ドゥルダン城 61
トゥール・ポワチエの戦い 152, 154, 184
トゥーレーヌ伯領 178
徳川幕府 143
都市国家 238, 239
トスカナ地方 25
トーナメント（集団騎馬試合） 20, 73, 92, 100〜111, 114, 116, 178, 181, 242, 243, 266, 278
トネリコ 92
ドブリン修道会 136, 137
トマ（詩人） 107
トマス・アクィナス 15
トマス・ア・ケンピス 48
トマス・エルムハム（修道士） 225
トマス・ベケット 73, 179, 180
トーマス・マロリー 37, 251, 253, 255, 262
ドミニコ修道会 205
ドミニック・ルイ・パペティ 134
ドラゴン 267
『囚われ人』（マリー・ド・フランス） 100
『トリスタンとイゾルデ』（ゴットフリート・フォン・シュトラスブルク） 251
『トリスタン物語』（詩人トマ） 107
『トリスタン物語』（ベルール） 102, 105, 114, 126
トリノ 180
トリポリ 138, 197
トリポリ伯国 193, 194
トリヤー 115
トルヴェール 250
トールキン, ジョン・R 247, 259, 260
トルコ 185
トルバドゥール 24, 25, 176, 250
トールン条約 139
トレド 201, 202, 208
トレブシェ（投石器） 119
トロット（速歩） 23
トロの戦い 208
トロワ 135, 222
トロワ条約 228, 230
『ドン・キホーテ』 25, 73, 131, 246, 257
ドンジョン →キープ
「ドーン・ド・マヤンスのジェスト」 29
ドンレミ 229

ナ行

ナイル川 59, 189
ナヴァロン島 253
長弓（ロングボウ） 114, 115, 234
『なさけつれなき美女』（ジョン・キーツ） 258
ナザレト 197
ナスル朝 203, 205, 208, 210, 211
ナバーラ王国 204, 206
ナヘラの戦い 122, 232
ナポリ王国 207, 236
ナポレオン・ボナパルト 139, 284
『ナルニア国物語』 259
ナンシーの戦い 234
ナント 160, 279
ニクラ（ヴェローナ出身の絵師） 190
ニケーア（トルコ名イズニク） 198
ニケーア帝国 186
ニコポリス 198
ニコメディア 198
ニコポル（ブルガリア） 243
ニコメディア 198
ニコラウス2世（法王） 171
西ゴート族 151
ニッコロ・ダ・トレンティーノ 121
ニッコロ・ダ・ボローニャ 91
ニッコロ・マキャヴェリ 120, 236

「ニーベルングの指輪」 260
「ニーベルンゲンの歌」 249
日本 140, 142, 143
ニーム 215, 217
ニュー・フォレスト 172
ニュルンベルク市参事会 158
ヌアイエ・モーベルテュイ修道院 220
ヌーノ・ゴンサルヴェス 49
ヌレディン（ヌールッディーン）（モスールのエミール） 193, 194
ネウストリア 153, 160, 161, 165
ネーデルラント 192, 222, 228, 238
ネーデルラント画派 209
ネーデルラント継承戦争 229
『年代記』（エドワード・ホール） 130
『年代記』（フロワサール） 219, 223
『年代記』（マテュー・デスクーシー） 230
農奴 151
『農夫ピアズの夢』（ウィリアム・ラングランド） 95, 268
ノーサンバーランド侯家 180
ノーサンブリア 158, 160
ノーズガード（鼻当て） 80, 96
ノートゥンク（ジークフリートの剣） 89
『ノートルダムの軽業師』 256
ノルウェー人 160
ノルハム城 70
ノルマン・コンクエスト 25, 61, 95, 168〜171
ノルマンディー 63, 64, 66, 67, 70, 71, 161, 167, 171, 172, 173, 177, 180, 182, 183, 221, 222, 227, 228, 230, 231, 236
ノルマンディー家 166, 167, 168, 174, 182
『ノルマンディー侯にしてイングランド王ウィリアムの事蹟』（ポワチエのギオーム） 168
『ノルマンディーの歴史』（サン・クェンティンのドゥド） 166
ノルマンの禍 160

ハ行

バイエルン 161, 249
パイク（長槍） 91, 232, 234, 235
パイクマン 117
ハイデルベルク 28
パイバルス（マムルーク朝スルタン） 194
ハイファ 197
「パイプ・ロールズ（財務府記録帳）」 176
肺ペスト 55
ハイメ1世（アラゴン王） 43, 207
バイユーの刺繍帯壁掛（タペストリー） 25, 36, 80, 86, 92, 95, 96, 98, 99, 167, 171
ハインリヒ5世（ドイツ王, 神聖ローマ皇帝） 174
パヴィアの戦い 235
パヴィス（大楯） 86, 87
パウルドラン（肩当） →ポルロン
パオロ・ウッチェロ 19, 44, 120, 121, 242
『バガヴァドギーター』 145
ハキム（エルサレムの支配者） 185
伯 162
白衣団 120, 240
拍車 36, 37, 96
拍車の戦い（クールトレーの戦い） 37, 91
バグス 159
バグダッド 185, 202
パーシィ家 180, 226
パーシヴァル 253, 254
バシネット（金だらい型かぶと） 81
馬上槍試合 73, 108〔→トーナメント, ジャウストも参照〕
バシレイオス1世（ビザンティン皇帝） 87
バス騎士団 282, 284
バス修道院 159
バスティオン（稜堡） 237
ハスティング（ヴァイキングの首長） 160
パックス・デイ（神の平和） 164
バックラー（煮た革でつくられた楯） 86, 87
バッジ（紋章学用語） 130, 131
ハッティンの戦い 194
バード（馬の鎧） 82, 83
ハドリアヌス4世（ローマ法王） 179
パトリキウス 159

バトル・アクス（戦闘斧） 95, 114
バトル（軍の編成単位） 117
バトル修道院 170, 279
バトル村 168, 170
バーニバットの戦い 144
バノックバーンの戦い 71, 95, 232
バービカン（物見櫓） 64
ハプスブルク家 138, 199, 234
ハム城 237
バヤジット（オスマン・トルコのスルタン） 198, 199
バラ・アルモリアル（紋章学用語） 130, 131
パライオロゴス朝 198
バラ（城町） 158
『ばら物語』（ジャン・ド・マン） 14, 45, 116
バラモン教 144
パリ 139, 160, 221, 222, 228, 230, 231
パリ条約（1229年） 217
パリ条約（1259年） 183, 221
バリスタ・フルミナリス（攻城用投石機） 69
ハリソン・フォード 271
パリ大学神学部 230
ハリデン・ヒルの戦い 234
『パリの住人の日記』 67, 231
バルカン半島 198
バルセロナ 207, 208
『パルツィヴァール』（ヴォルフラム・フォン・エッシェンバッハ） 38, 41, 251, 253
ハルツ山地 156
ハルデカヌーテ 168
ハルトマン・フォン・アウエ 100, 251
バルト海 136
バルバストロの戦い 186
ハルバード（斧槍） 99, 115, 186, 232, 234, 235
バルフルール 177
パルフレー（馬のタイプ） 23, 99, 100
パルマ 43, 204
バレアレス諸島 43, 207
パレスチナ 135, 189, 193
パレスチナ十字軍 187
ハーレム 33
パレルモ 61, 171
バレンシア 203, 208
ハロルド2世（イングランド王） →ハロルド・ゴッドウィンサン
ハロルド・ゴッドウィンサン（ウェセックス伯） 95, 167, 168
ハロルド（デーン人の首長） 160
ハロルド・ハールドラーダ（ノルウェー王） 168
バロン 171, 176
ハワード・パイル 25
ハンガリー 155, 161, 196, 199
ハンガリー王国 156, 199
板金鎧（ボディー・アーマー） 74, 77, 79, 233
バーン・ジョーンズ 24
ハンス・タルホファー 94
ハンセン病 136
ハンドガンナー（小銃兵） 117
パンノニア辺境伯領 153
ハンプルク 160
パンプローナ 185
ピアチェンツァ 186
ピエール・アベラール 128, 279
東ゴート族 151
ピサ 138, 184, 191, 238
ビザンティン帝国 171, 184, 189, 196, 198, 199, 238
ヒシャーム2世（エミール） 203
毘沙門天（多聞天） 144
ピーター・ジャクソン 260
ヒッティンの戦い 70, 71
火縄銃 233, 234, 235
『火の娘』（ネルヴァル） 125
ピピン3世（フランク王, シャルルマーニュの父） 152, 153, 158
ピピン（ヘルスタルの）（カール・マルテルの父） 152
ピピン（ランデンの）（メロヴィング家の宮宰） 152

ビベンジー 61
百年戦争 43, 112, 120, 121, 123, 218〜231, 240
ビュティアス騎士団 285
病院 133, 134, 135, 136
ビレネー山脈 184
ヒンドゥー教 144
ファイヴ・バラ 158, 160
ファッション 77, 81, 172
ファーティマ朝 141, 194
ファナ（カスティーリャ王エンリケ4世の娘） 201, 204
ファブリオー（小話） 256
ファミリア・レギス（王の家紋） 51
ファー（紋章学用語） 126
ファランクス（密集陣形） 154, 232
『ファルネーゼの時祷書』（ジューリオ・クローヴィオ画） 98
ファレーズ 62, 63, 65, 166, 227
フアン2世（アラゴン王） 208
ファンタジー文学 259
フィーフ（封） 16
フィリッパ・オブ・エノー 123
フィリップ2世オーグスト（フランス王） 63, 65, 67, 69, 71, 163, 177, 178, 181, 183, 188, 194, 216
フィリップ4世（フランス王） 139
フィリップ6世（フランス王） 218, 222
『フィリップ6世の聖務日課書』 35
フィリップ・ド・ドゥルー（ボーヴェ司教） 97
フィリップ・ド・メゼール 243
フィリップ・ル・アルディ（剛胆なフィリップ）（ブルゴーニュ侯） 224
フィリップ・ル・ボー（ブルゴーニュ侯） 209
フィリップ・ル・ボン（おひとよし）（ブルゴーニュ侯） 222, 228, 229, 230, 283
フィールド（紋章学用語） 124
フィレンツェ 120, 236, 238, 240
フィン族 136
封 162
ブーヴィーヌ 183
ブーヴィーヌの戦い 97
風土病 55
フェーデ 174, 249
『フェヒトブッフ（戦闘の手引き）』（ハンス・タルホファー） 86, 87, 94
フェルガナ 147
フェルディナント（オーストリア侯） 128
フェルディナント1世（ナポリ王） 42
フェルナンド1世（カスティーリャ王） 206
フェルナンド2世（アラゴン王） 187, 201, 210, 233, 235
フェルナンド3世（カスティーリャ・レオン王） 201, 206
フェンシング 42
フォーコンリ →鷹狩り
フォールスタッフ 226
フォルナム包囲線 180
フォレスト 57
フォワ 215
フォワ伯 162, 216
フォントブロー大修道院 176, 182, 250
服装商人組合規約集（ボローニャ） 50
武勲詩 →シャンソン・ド・ジェスト
武士 47, 49, 141, 142, 143
フージェール城 237
武士道 143
負傷 54
武装条例（1181年） 177
豚 59, 103
『ふたりの戦士の戦い』（ドワクロワ画） 164
仏教 145
フーデンダハ（こんにちは） 96, 97, 232
ぶどう酒 159
フード家 205
フューダリズム 16
フラガ包囲陣 207
フラグ 117
ブラザー・エスパーニャ（セビーリャ） 59
ブラザー・チャプラン（司祭修道士） 137
ブラザー・ナイツ（同胞修道士） 137
フラターニティー（兄弟団） 285

索引 301

ブラック・プリンス →エドワード, プリンス・オブ・ウェールズ
ブラット 81
フラバヌス・マウルス 154
ブラバント 192, 228
ブラン・アルヌェ（白い甲冑） 81
フランク王国 151, 153, 158, 160, 248
フランク族 151
フランシスコ・ヒメネス・デ・シスネーロス（トレド大司教） 205
ブランシュ・ド・カスティーユ 217
フランス王国 174, 239
フランス語 24
『フランス大年代記』→『サンドニ修道院の修道士の年代記』
フランス歴史協会 228
フランソワ1世（フランス王） 31, 110
プランタジュネット 57
プランタジュネット家 218
フランチェスコ修道会 205
フランツ・ホーヘンベルフ 111
ブランデンブルク辺境伯 32, 139
ブランデンブルク・プロイセン王国 139
フランドル 91, 96, 192, 227, 228, 232, 238, 239
フランドル伯家 131
ブリアン・ド・ボア・ギルベール 269
フリーセン人 160
ブリタニア 158
『ブリタニア列王伝』 250
フリッツラール大修道院（ヘッセン） 30
フリードリヒ1世バルバロッサ（ドイツ王, 神聖ローマ皇帝） 182, 188, 194
フリードリヒ2世（ドイツ王, 神聖ローマ皇帝） 64, 187, 196, 197
フリードリヒ3世（ドイツ王） 115
フリードリヒ（シチリア王）→フリードリヒ2世
フリードリヒ（シュウァーベン（スワビア）の） 61
フリーメーソン 285
プリンス・オブ・ウェールズ 123, 220, 226
『フルーヴァント』（武勲詩） 163
ブルガリア 161, 198
フルク3世ネッラ（アンジュー伯） 52, 61, 62, 66, 70, 164
ブルグンディア 151, 153
ブルゴス 121, 206, 208
ブルゴーニュ 132, 151, 192, 221
ブルゴーニュ家 128, 222, 228, 283
ブルサ 198
ブールジュ 165, 222, 228
ブールジュの王（王太子シャルル） 228
ブルージュ →ブルッヘ
ブルター二ュ 180, 183, 252
ブルターニュ侯 178, 222, 228
ブルッヘ（ブルージュ） 223, 238
『ブルート物語』（ワアス） 24, 250
ブルニア 154
ブルボン侯家 222
『ブレイゾン・オブ・ジェントリー』（ファーン） 131
ブレイゾン（紋章学用語） 100
「ブレイブハート」（映画, アメリカ, 1995年） 266
フレサール, ジャン →ジャン・フロワサール
ブレティニー条約（1360年） 43, 120, 221, 224
ブレムールの戦い 175
プロイセン王国 139
プロイセン人 136
プロヴァンス 161
ブロワ伯 178
フン族 150, 249
フンベルト（ドミニコ教団第5代総長） 191
『平家物語』 143
ヘイスティングズ 61
ヘイスティングズの戦い 86, 95, 96, 113, 168, 170, 279
ベイリー（城の囲い地） 61, 62
ベイルート 197
『ベオウルフ』 58, 159

ベオグラード 199
ベジエ 213, 214, 215, 216, 217
ページ（近習, 小姓） 35, 117
ベーダ（尊者） 151, 158
ペダニオス・ディオスコリデース 55
ペーター・パウル・ルーベンス 78
ペッツレヘム 197
『ヘット・コルフェンの時祷書』 32
『ベドフォード侯の時祷書』 230
ベドフォード侯家 222
ペトラルカ 55
ペトルス・アルフォンシ 35
ペトルス・クリストゥス 47
ペドロ1世（カスティーリャ王） 122
ペドロ2世（アラゴン王） 203, 214, 215, 216
ペドロ3世（アラゴン王） 207
ペトロニーラ 207
ペニ（銀貨） 168
ペニャローヤ鉱山 156
ベネヴェントの戦い 89
ベネディクト会ボイエルン修道院 272
『ベネディクト戒律』 132
ベネディクト（ヌルシアの） 132
ペラギウス（アルバノ枢機卿） 196
ヘラート 144
ヘラート・ミニアチュール 144, 145
ヘラルド（紋章官, 伝令者） 100, 102, 124
ヘラルドリー →紋章学
ベリー侯 222, 228
『ベリー侯のいとも豪華なる時祷書』 34, 56, 61, 163, 186
ベール（隠者） 192
ベルギカ 151
ペル・コーション（ボーヴェ司教） 230
『ペルスヴァル, または聖杯の物語』（クレティエン・ド・トロワ） 38, 40, 89, 251, 253, 267
『ペルスヴァル』（ロベール・ド・ボロン） 252
ペル・ド・カストノー（マグローン司教座聖堂助祭） 212
ペル・ド・トゥールヌミーン（ブルターニュ領主） 81
ヘールトヘン・トート・シント・ヤーンス 33
ベルトラン・デュ・ゲクラン →デュ・ゲクラン, ベルトラン
ベルトラン・ド・ボルン 162
ベルナール（クレルヴォー修道院長） 49, 135, 137, 187, 193
ペルピナン 216
ベルベル人 202, 203
ヘルム →兜
ヘルメット →兜
ベルール 105, 126
『ヘルレ紋章鑑』 131
ベレンゲーラ・デ・バルセロナ（レオン＝カスティーリャ王アルフォンソ7世妃） 206
ペンダ（マーシア王） 168
ヘント（ガン） 218, 238
ペンプローナ 185
ヘンリー1世（イングランド王） 53, 59, 62, 65, 124, 172, 174
ヘンリー2世（イングランド王） 53, 63, 67, 103, 110, 163, 173, 175, 176, 178, 180, 181, 188, 194
ヘンリー3世（イングランド王） 67, 183
ヘンリー4世（イングランド王） 221, 226, 227
『ヘンリー4世』2部作（シェイクスピア） 226
ヘンリー5世（イングランド王） 55, 71, 113, 114, 221, 222, 225, 226, 228
『ヘンリー5世』（シェイクスピア） 71, 78, 113, 114, 226, 227, 272
『ヘンリー5世の武勲』 226
「ヘンリー5世」（ベンジャミン・バーネル画） 226
ヘンリー6世（イングランド王） 227, 230
ヘンリー7世（イングランド王） 90
ヘンリー8世（イングランド王） 79, 83, 110, 131, 138, 209, 237
ヘンリー（アンジュー伯） →ヘンリー2世
ヘンリー・オブ・ボリングブルック（後のヘンリー4世） 226

ヘンリー・オブ・ランカスター（ノルマンディー侯） 222
ヘンリー, ノルマンディー侯にしてイングランド王（ヘンリー1世） 124
『ヘンリーの事績』 222
ヘンリー（ヘンリー2世の長子） 180, 181
ボアブディル（ナスル朝のアミール） 210
ホイジンガ, ヨーハン →ヨーハン・ホイジンガ
包囲戦 113
「法王ホノリウス3世の前での説教」（ジオット画） 217
砲火器 224
『封建社会』（マルク・ブロック著） 42
北条氏 142
本草学 55
暴力 19
方臘の乱 146
北面の武士 142, 143
ボーケール 216
星の騎士団 218
ホスピタリタス 151
ホスピタル騎士団 65, 134, 135, 138, 139, 194, 199, 207
ホースボーン・ウォリアーズ 154
ボッカチオ 35, 181, 220
ボッケーの戦い 134
ポーツマス 70
ポートカリス（落とし格子） 68, 118
ボードゲーム 273
ボードワン3世（エルサレム王） 189, 194
ボードワン・ド・ブーローニュ 189
ボーニ（女性形でボーネ） 212
ホノリウス3世（法王） 196, 216
ホノリウス8世（法王） 217
ホーバーク →鎖帷子
ホーホストラーテンの画家 210
ボーマリス城 64
ポラックス 91, 114
ホラント 222, 228
ポーランド 137, 161
ポーランド王国 139
『ポリクラティクス』（ジョン・オブ・ソールズベリ） 40
捕虜 47
『ホルクハムの聖書』 233
ボルソ（エステ家の） 20
ポルトガル王国 206
ボルドー大司教 164
ボロン（肩当） 79, 80
ボローニャ 50
ホワイト・タワー 62, 64, 66, 67, 118
ポワチエ 24, 176
ポワチエ城 250
ポワチエの戦い（732年） 152, 154
ポワチエの戦い（1356年） 43, 113, 120, 224, 232, 234, 240
ポワトゥー 163, 177, 183, 228
ポンチュー 167
ボンバード（射石砲） 236

マ行

マウリア帝国 145
マカベー騎士団 285
マーガレット・オブ・デンマーク（スコットランド王ジェームズ3世妃） 172
マキシミリアン1世（ドイツ王, 神聖ローマ皇帝） 78, 83
マギステル 137
マーク・トウェイン 260
「マグナ・カルタ」 183
マグリブ 203
マーシア 158, 160
マーシャリング（紋章学用語） 128
マジャール人 161
「魔術師マーリン」 156, 261
マジョルカ島 43, 204
マース川（ムーズ川） 152, 160
マスムーダ族 203
マソウィア侯 136
マーダー・ホールズ 118
町 53
マチコレーション 68, 118

マチャーシュ・コルウィヌス（ハンガリー王） 31
マッシリアーノ・スフォルツァ（ミラノ侯） 31
マッテーオ・ボイアルド 256
マティルダ（イングランド王ヘンリーの娘） 36, 124, 172, 173
マナー 171
マニ教 212
マヌエル1世（ポルトガル王） 209
『マネッセ写本』 28, 32, 100, 103, 107, 250
マハーヴィーラー 145
『マハーバーラタ』 145
魔法の剣 251
マムルーク 141
マムルーク朝 138, 197, 199
マヨール・ドムス（宮宰） 152
マラガ 211
マラケシュ 203
マラディー・ド・オスト（軍隊病） 55
マリエンブルク（現マルボルク） 137, 139
マリー・シャンピオン・ド・セルネル 152
マリー・ド・シャンパーニュ 152
マリー・ド・フランス 36, 39, 58, 73, 88, 93, 100, 125, 250, 282
『マリー・ド・ブルゴーニュの時祷書』 91
マリー・ド・モンフェラート（エルサレム女王） 222
マリニャーノの戦い 31
マルガレータ（バイエルン侯女） 222
マルク・ブロック 42
マルグリット（フランドル伯女） 222
マルコム3世（スコットランド王） 170
マルシル（サラゴサ王） 114, 249
マルセイユ 62
マルタ騎士団 139
マルタ島 199, 284
マルタ十字 284
マルタ十字紋 284
マルティヌス（トゥール司教）→サン・マルタン
マルティン・ルター 190
マルマンド 216
マンスール（ウマイヤ朝の宰相） 203
マンツィケルト 185
マント 231
マンフレート（シチリア王） 89
ミカエル7世（ビザンティン帝国皇帝） 185
三日月刀 184
ミゲル・デ・セルバンテス 25, 73, 131, 246, 257
『湖のランスロ』 102, 251, 253, 255
緑 95
源義経 143
源頼朝 142
ミニステリアーレス 28
ミラノ侯国 82, 120, 236
ミラマール学院 43
ミリテス・ルスティキ 50
ミル 157
ミルポー 177
『ミールン』（マリー・ド・フランス） 73
ミレス 162
ミレス・クリスティ（キリストの兵士） 46, 49, 132, 134
民衆十字軍 192
ミンストレル 100, 248
ミンネジンガー 25, 100, 250
ムーア人 139, 205
ムガール朝 144
ムクタディール（サラゴサの） 200
ムーズ川 →マース川
ムデーハルの反乱 205
ムハンマド5世（ナスル朝のエミール） 210
ムハンマド・ナースィル 203
村上義光 142
ムラト1世（スルタン） 198
ムラービト朝 203, 204
ムワッヒド朝 203
メソポタミア 141
メタル（紋章学用語） 126
メッシナ 195, 196
メディチ家 236
メートル・フランソワ（挿絵画家） 253
メフメト2世（オスマン・トルコのスルタン）

索引

199
メリダ 202
メルジーヌ（魔女） 163
メールセン条約 160
「メルラン」 251
『メルラン』（ロベール・ド・ボロン） 252
メレ（模擬戦） 84, 106, 108
メロヴィング朝 151, 153
メーン伯領 177, 178
『蒙古襲来絵巻』 141
モーガンスターン 97
モサラベ 204, 207
モスク 204
モスール 193
モット・アンド・ベイリー 52, 61, 118, 171
モット（盛り土） 61, 62
モットー（紋章学用語） 130, 131
モハーチ 199
護良親王 142
モルガルテンの戦い 232, 234
モルターン城 118
モルドヴィタ修道院（ルーマニア） 198
紋章 25, 74, 75
紋章学 124～131
紋章鑑 126, 130
紋章官 100, 102, 103, 105, 124
紋章図案 22, 23, 25, 28, 31, 32, 35, 42, 82, 87, 88, 91, 95, 100, 102, 103, 105, 107, 115, 123, 124, 130, 131, 133, 134, 135, 182, 184, 185, 191, 192, 206, 216, 218, 223, 230, 250
紋章楯 128
モンセギュール城 217
「モンティ・パイソン・アンド・ホーリー・グレイル」（イギリス, 1975 年） 25, 262, 264, 266
モンテ・オリヴェト・マッジオーレ修道院 132
モンテザ修道会 139
モンゴメリー, 第 13 代エリントン伯アーチボルド 278
モントロー 228
モントロー事件 222
モンフォール・ラモーリー領主領 214
モンマウス城 226
モンレリーの戦い 234

ヤ行

冶金 154, 156
ヤッファ 193, 195
ヤツメウナギ 53, 59
流鏑馬 143
ヤムルークの戦い 184
槍 84, 92, 93, 114
ヤン・ファン・アイク 209
遊俠 141, 146
遊牧民 32, 140
ユースフ 1 世（ナスル朝のエミール） 210
ユースフ・ブン・ターシュフィーン（ムラービト朝のエミール） 203
ユダヤ教徒 185
ユダヤ人 208, 209
ユート族 158
ユトランド半島 151, 160
ユニアーノ・マホ 42
ユニコーン（一角獣） 25, 104
『指輪サイクル・オペラ』（ワーグナー） 260
『指輪物語』（トールキン） 259, 260
弓兵 115, 225
ユリ紋 23, 35, 88, 166, 168, 181, 222
ヨアヒム・デ・フィオーレ 216
傭兵 115, 120, 121, 171, 234, 240
羊毛 238
『良き道徳の書』 94
ヨーク 179
ヨーク大司教 179
「ヨネック」（マリー・ド・フランス） 36, 88
ヨハネス 5 世（ビザンティン帝国皇帝） 198
ヨハネス 6 世カンタクゼノス（ビザンティン帝国皇帝） 198
ヨハネス・スキリッチェス（ビザンティン帝国近衛軍団長） 87
『ヨハネ黙示録』 47
ヨハン（盲目のボヘミア王） 122, 123
ヨーハン・ホイジンガ 7, 242
「ヨブ記の教訓」（ローマ司教グレゴリウス） 39
ヨーマン 234
鎧 72, 73, 80

ラ行

『ライオネスのトリスタン』（スウィンバーン） 258
ライオン紋 25, 74, 124, 168, 184, 192, 223
ライク（近代名リエージュ） 213
ライン川 157, 160, 161
ラインラント 161, 192, 239
ラヴォール 215
「ラウダビリテール」（法王教書） 179
ラクタンティウス 84
ラグラン城（ウェールズ） 68, 236
「ラザロのよみがえり」（トート・シント画） 33
『ラ・シュヴァリー・オージェー』（武勲詩） 29
ラス・ナバス・デ・トロサの決戦 201, 203, 216, 239
ラゼス 213, 214, 215
ラ・ツィサ離宮（シチリア島） 61
『ラットレル詩篇』 20, 74
ラテラン宮殿（ローマ） 109, 110, 216
ラテン語 30, 159
ラテン帝国 186, 189, 196
ラトヴィア 136, 137
ラドゴンド（聖女） 177
ラファエル前派 24, 25, 258
ラミーロ 2 世（アラゴン王） 207
ラモン・バランゲー（バルセロナ伯） 207
ラモン・ルル 43, 46
ランカスター−ヴァロワ両王家間の同盟条約 222
ランカスター王家 230
ランカスター侯 226
ラングドック 187, 217, 228
ランゴバルド 153, 171
ランス（軍の編成単位） 117
『ランスのメネストレル』 59
ランス（槍） 84, 92, 93, 114, 220, 241
ランスロ 45, 48, 49, 102, 103, 105, 109, 253
『ランスロ、あるいは荷車の騎士』（クレティエン・ド・トロワ） 102, 103, 124, 251
ランスロット →ランスロ
『ランスロ本伝』 102
ランス大聖堂 221
ランソム 121
ランニミード 183
ランブール兄弟 61
ランベール・ド・パリ 29
ランメルスベルク鉱山 156
リヴォニア 137, 138, 139
リヴォニアのキリスト騎士団 136
リエージュ →ライク
リオ・ティント鉱山 156
リジュー 166
リスト（馬上槍試合の試合場） 104, 108
リスボン 206
リチャード 1 世ザ・ライオンハート（獅子心） 55, 64, 70, 71, 74, 103, 113, 122, 177, 178, 181, 182, 183, 188, 195, 246, 250, 257
リチャード 2 世（イングランド王） 36, 40, 106, 166, 221, 226
リチャード・ゴードン・スミス 142
リチャード・ド・クレア（ペンブローク伯） 179
リチャード・ソープ 260
リッチモンド城（ヨークシャー） 63
リトアニア 137
リトアニア人 136
リヒャルト・ワーグナー 258
「リブレ・デル・フェ（業績録）」（ハイメ 1 世） 207
リュッドラン城 64
「両替商夫妻」（クェンティン・マッシース画） 103
梁山泊 146
リヨン 195, 213
リンカーン 158
リンカーンの戦い 173
リンディスファーン 160
リンブルク 192
リンブルフ兄弟 →ランブール兄弟
ルーアン 166, 173, 231, 241
「ルーアンの異端審問記録」 228
ルーアン城 66, 230
ルイ 6 世ル・グロ（フランス王） 53, 174
ルイ 7 世（フランス王） 175, 177, 180, 187, 189, 193, 250
ルイ 8 世（フランス王） 216, 217
ルイ 9 世（フランス王） 41, 55, 72, 183, 187, 188, 197, 217
ルイ 11 世（フランス王） 234
ルイ 12 世（フランス王） 82
ルイ 14 世（フランス王） 283
ルイ（アンジュー侯）（ルイ・ダンジュー） 43, 224
ルイ（カペー家の） →ルイ 7 世（フランス王）
『ルイ王の事績（サン・ルイ伝）』（ジャン・ド・ジョアンヴィル） 59, 197
ルイス, クライヴ・S →クライヴ・S・ルイス
ルイスのチェス駒 273
ルイ・ドルレアン 229
『ルイの戴冠』（武勲詩） 96
ル・ヴィストル 25
ルーカ・シノレルリ 53
『ルカによる福音書』 190
ルシオン 43, 216
『ル・ジュヴァンセル（若者）』（ジャン・ド・ブュイ） 100, 109
ルーダン 177
ルツェルン 234
ルーテー（傭兵くずれの武装集団） 121
ルドヴィーコ・アリオスト 256
ルドヴィーコ・イル・モーロ 236
ルネ（アンジュー侯） 102, 107, 162
「ルネ・ダンジューのトーナメントの書」 107
「ルノー・ド・モントーバン」（武勲詩） 29, 92
『ルーの物語』（ワース） 108
ル・フェーヴル, ジャン 225
『流布本アーサー王物語』 102, 251, 255
ル・マン 53, 124, 181
ルーム・セルジューク朝 140
ルメリア 198
「レ」 39, 58, 100, 125
礼儀作法 32
レオ 3 世（法王） 158
レオポルト 1 世（オーストリア侯）（ハプスブルク家） 234
レオポルト 3 世（オーストリア侯）（ハプスブルク家） 234
レオポルト（オーストリア侯） 182
レオン王国 136, 204, 206
レコンキスタ 136, 187, 200～211, 233, 239, 249
レ・ザンドリ 70
『レ・ザンファンス・オージェー』（武勲詩） 29
「レ・シャトー・フォール」（ジャン・メスキ著） 69
レジオン・ドヌール勲章 284
レストルメル城 62
レスリング 84
レッヒフェルトの戦い 161
レディ 33, 39, 44, 45, 48, 104, 250, 282, 284
「レディとユニコーン（一角獣）」（タペストリー） 25
『レディ・ナイト』（タモラ・ピアス） 259
「レディーへの奉仕」（リヒテンシュタインのウルリッヒ） 105
レバノン 193
レパントの海戦 199
レーモン 6 世（トゥールーズ伯） 212, 213, 215, 216, 217
レーモン・ロジェ・トランカヴェル 213, 214, 215
「レ・レ」（マリー・ド・フランス） 250
ロイヤリティー（忠誠） 41, 150, 151, 153
『籠城日記』 229
ロクスバラー城 69
ロジェ 2 世（シチリア王） 171
ロジャー（ハウデンの） 104
ロジャー・ムーア 260
ロタリンギア（ロートリンゲン, ロレーヌ） 151, 160, 161
ロタール 160
ロチェスター城 63, 118
「ロック・ユー！」→「ア・ナイツ・テール（ある騎士の話）」
ロッシュ 62
「ロード・オブ・ザ・リング」（映画, 2001～03 年） 260
ロードス騎士団 138
ロードス島 138, 199
ロドリゴ・ディアス・デ・ビハール →エル・シド
ロートリンゲン侯 234
ロートリンゲン →ロタリンギア
ローヌ川 160
ロバート・カートホウズ（ウィリアム 1 世征服王の息子） 171, 172
ロバート（グロスター伯） 172, 173
ロバート・ブルース 70, 71, 232
「ロビンとマリアン」（映画, アメリカ, 1976 年） 264
ロビン・フッド 257, 264, 268
ロビン・フッド伝説 182
「ロビン・フッド, 盗賊の首領」（映画, アメリカ, 1991 年） 261, 263
ロベー・ド・ボーマノウェー 81
ロベール・ギスカール（アプリア侯） 171, 214
ロベルト・ヴァルトゥリオ 116
ロベール・ド・ヴォードリクール 229
ロベール・ド・ボロン 252
ロベール・ブレッソン 264
ローマ 139, 238
ローマ軍団 76, 90, 150
ローマ人の皇帝 158, 159
ローマ帝国 150, 159
ロマーヌス・フランジパーニ（法王特使） 217
ロマネスク 46, 48, 59
ローマ法王 159, 190
ローマ法王領 236
ロマン・クルトゥエ（騎士道物語） 93
「ロマン・クルトゥエ・ド・シュヴァリー（騎士道物語）」 163
ロマンス語 250
ローラーズ 242
『ロランの歌』 19, 25, 36, 41, 85, 87, 89, 93, 9, 108, 114, 125, 154, 155, 190, 243, 248, 249, 257
ロリカ・ハマタ 76
ロリク（デーン人の首長） 160
『ロールズ・オブ・アームズ』（紋章鑑） 126
ロール・プレイングゲーム 274
ロレーヌ →ロタリンギア
ロレンス（ダラムの） 60
ロロ（ノルマンディー家の始祖） 108, 161, 166
ロワール川 24, 70, 160
ロンシー 99
ロンシン（馬のタイプ） 23
ロンスヴォーの戦い 41, 125, 248
ロンダ 211
ロンドン 62, 64, 66, 170, 173, 224, 227
ロンドン塔 67, 171, 220, 229

ワ行

ワース 24, 108, 250, 252
ワイト島 236
『わがシドの歌』 →『エル・サンタール・デ・ミオ・シド』
ワズィール（大臣、宰相） 202
ワット・タイラー 94
ワラキア 198
ワーリー（太守、地方総督） 202
ワルド派 242
ワルヘレン島 160

謝　辞

The Publisher would like to thank Sophia Oravecz and Dannielle Viera for their help during the conceptualization process prior to production, as well as Rochelle Deighton for her help in the early stages of the book's production.

右：「騎士と死と悪魔」。アルブレヒト・デューラーによる銅版画、1513年。

前付けおよび各部の扉の図版解説

1頁：剣を振り上げ、トロットで馬を走らせる騎士。パリ、アルスナール図書館蔵の写本飾り絵。

2頁：ルーカス・クラナッハ（父）の「ドラゴンと戦うセント・ジョージ」。セント・ジョージ伝承は十字軍の機会に東方から入ったと説明されるが、それ以前から、たとえばヘルレ（現在オランダのゲルダーラント）にドラゴン伝説があって、「ヘルレ」という土地の名前自体が、ドラゴンと戦う戦士のかけ声から出たという説があるくらいである。

4〜5頁：ドイツのカルテンブルクで催された「カルテンブルク・トーナメント」の一情景。

6頁：ブルッセルのグラン・プラス（大広場）東側の「ブラバント侯館」の玄関の柱の騎士彫像。足下に「ジャン2世」と見える。13世紀から14世紀にかけてのブラバント侯その人かも知れない。

8頁　上：シャルルマーニュのイメージとされるステンドグラス。ストラスブールの「ウーヴル・ノートルダム美術館」（ストラスブールのノートルダム大聖堂に中世以来寄進された工芸作品を保存展示する美術館）の「ステンドグラス展示室」に展示されている。

中：オーストリア、ドナウ川支流カンプ河畔ツウェットゥルの修道院寄進文書（1137年の年記がある）。

下：イギリスのハウス・オブ・ローズ（上院）が開く年ごとの開会式に際して、その時のイギリスの君主が座る椅子を飾る彫像の一部。

9頁　上：「バイユーのタペストリー」の一場面。まだ海峡を渡る前のエピソードがらみの場面で、一番気になるのは槍を持つ手つきがあいまいなこと。投げるつもりか、腰に構えるつもりか、さっぱり分からない。

中：現代の画家が描いたリチャード獅子心王。おそらくリチャードはこの絵に不満だろう。こんな立派な宝冠や黄金作りの鎖帷子なんか、みんな売り払って十字軍費用を捻出しようとあがいていたのだから。彼は金のかけどころを知っていた。シャトー・ガイヤールの建造に巨万の富を使った。十字軍は彼にとって必要宣伝経費だった。彼は騎士の栄光を高く買おうとした。そんな彼を案外イギリス人は好きだったのだ。いまでも好きなのだ。

下：城の玄関、頑丈な扉、落とし格子。1385年に建造されたサセックスのボディアム城。

11頁：エドマンド・ブレア・レイトンの描いた「ジ・アコレイド」。1901年制作。「日本語版監修者序文」をご覧ください。

12頁：フランク・トプハムの「トーナメントの女王」（1819年制作）は、サー・ウォルター・スコットの『アイヴァンホー』の有名な一シーンを描いている。騎士アイヴァンホーはアシュビー・ドゥ・ラ・ズーシュ城で催されたトーナメントでチャンピオンになり、「トーナメントの女王」を選ぶ権利を得た。アイヴァンホーは騎乗のまま、槍先で宝冠を運び、意中の女性に捧げる。

26頁：13世紀の武勲詩「モージス・デグルモン」の写本飾り絵。この武勲詩は、つい最近、1980年にようやく校訂本がスイスのベルンで出版されたというほどで、武勲詩や騎士道物語のなかではマイナーな扱いを受けてきたが、13世紀に12世紀の武勲詩のうち「ドーン・ド・マイヤンス」詩群の後継作品がいろいろ出回った。それを案内する役目を引き受けたという感じで、当時、流行本だったらしい。

148〜49頁：19世紀の画家メリー・ジョゼフ・ブロンデル（1781〜1853）が描いた「フィリップ・オーグストとリチャード・ライオンハートに明け渡されるプトレマイス」。「プトレマイス」はプトレマイオス朝エジプト王家の命名らしい。それ以前、エジプト新王国の時代の碑文に「アッコ」の名が出ていたという。後代、英語の面積単位「エイカー」と音が通じるところから、そう表記されることがふつうに行なわれている。

244〜45頁：アーサー王伝説にインスピレーションを得て、アーサー・ハッカーが描いた「サー・パーシヴァルの誘惑」（1894年）。イギリスのラファエル前派の著名な作品の一つである。

286〜87頁：アヴィニョンの北東20キロメートルにベルン・レス・フォンテーヌという町がある。町の西側の片隅に、13世紀の建造になる「フェランド塔」がある。この絵はその塔内のフレスコ壁画で、プロヴァンス伯シャルル・ダンジューとシチリア王マンフレートの一騎打ちの様子が描かれている。1266年「ベネヴェントの戦い」を表現的に描いた絵である。

図版クレジット

b = 下、c = 中、l = 左、r = 右、t = トップ
AA = Picture Desk – The Art Archive
CB = Corbis
GI = Getty Images
IMP = Imagestate Media Partners
KC = Picture Desk – The Kobal Collection
PL = photolibrary.com

カバー表1 AKG/Erich Lessing、前後見返し Shutterstock
1 GI, 2 GI, 5 GI, 6 GI, 8b AA, c GI, t GI, 9b GI, c GI, t GI, 11 GI, 12–13 GI, 14b IMP, 15tl PL, tr PL, 16t CB, 17b IMP, 18b AA, 19c PL, t GI, 20b AA, t AA, 21b PL, 22c PL, 23b AA, t AA, 24b GI, 25c AA, t CB, 26–27 GI, 28b CB, 29b AA, t AA, 30b AA, t GI, 31t GI, 32l AA, r IMP, 33b AKG/British Library, 34b PL, 35b AA, t AA, 36b IMP, t AA, 37t AA, 38t GI, 39b AA, 40b AA, t AA, 41t PL, 42b PL, t AA, 43t AA, 44b PL, 45tl AA, tr AA, 46b PL, 47tl AA, tr AA, 48t AA, 49b AA, t AA, 50c AA, 51b AA, t AA, 52b AA, 53t AA, 54t AA, 55b AA, 56bl AA, br AA, 57t AA, 58b AKG/akg-images, 59c AA, t AA, 60b IMP, 61b PL, t IMP, 62t IMP, 63b GI, t PL, 64t PL, 65b PL, t GI, 66b CB, 67t AA, 68t CB, 69b PL, c AA, 70b PL, 71t IMP, 72br IMP, cl AA, 73b CB, 74bl AA, tr IMP, 75t AA, 76b CB, 77t IMP, 78br CB, tl PL, 79r IMP, 80b IMP, t IMP, 81cr IMP, t AA, 82b AKG/Jérôme da Cunha, 83b AKG/Erich Lessing, t IMP, 84c IMP, 85t IMP, 86t AA, 87b AKG/Werner Forman, t IMP, 88b AA, 89b IMP, 90b CB, 91l GI, r CB, 92t IMP, 93b IMP, t AA, 94bl PL, c PL, 95b IMP, t PL, 96b PL, 97c CB, t GI, 98t IMP, 99b IMP, 100c AA, 101c AA, 102b IMP, 103b PL, t IMP, 104t AA, 105t AA, 106t IMP, 107bl PL, br AA, 108b IMP, 109b GI, t AA, 110bl AA, tr IMP, 111b AA, 112l AA, r AA, 113b IMP, 114t GI, 115b IMP, t IMP, 116l AA, r IMP, 117t IMP, 118t IMP, 119b IMP, t IMP, 120–121t PL, 120b PL, 121r AKG/akg-images, 122b AA, 123l IMP, r AA, 124t AA, 125b IMP, t AA, 126l AA, 127 AA, 128b AKG/akg-images, 129b AA, t PL, 130t College of Arms, London, reference: MS. 1 M.5, ff. 18v-19, description: shields from the Hyghalmen Roll, 131b College of Arms, London, reference: Westminster Tournament Roll, description: "Le Roy desarmey", t AA, 132–133b GI, 132l AA, 133t AA, 134l CB, r GI, 135r GI, 136r GI, t AA, 137t CB, 138t PL, 139l GI, t AA, 140l AA, r AA, 141t AA, 142t PL, 143b AKG/akg-images, t AA, 144l AKG/British Library, 145l AKG/akg-images, r IMP, 146b AA, 147l AA, r AKG/François Guenet, 148–149 GI, 150b CB, t PL, 151r AA, 152b AA, t GI, 153t PL, 154t AA, 155b AA, t AA, 156l AA, 157l AA, r AA, 158c GI, 159b PL, t IMP, 160b PL, 161r AKG/akg-images, 162b AA, t IMP, 163l PL, 164t AKG/Erich Lessing, 165l IMP, r AKG/Erich Lessing, 166l PL, r AA, 167b PL, 168b PL, t GI, 169 AA, 170–171t AA, 170b PL, 172b IMP, t IMP, 173r IMP, 174b PL, t PL, 175b AA, 176b CB, t CB, 177b AA, 178t AA, 179b AA, 180b PL, t PL, 181r IMP, 182l PL, 183l AKG/akg-images, t AA, 184b CB, 185b AA, t AA, 186t IMP, 187b AA, t IMP, 189b IMP, 190b AA, 191t CB, 192b PL, t AKG/Erich Lessing, 193t PL, 194–195b GI, l IMP, 195r IMP, 196b GI, 197b IMP, t AA, 198t AA, t AA, 199r AA, 200l AA, 201b AA, t AA, 202–203t IMP, 202b AA, 203r AA, 204b AA, 205l CB, r AA, 206l AA, r AKG/Jean-Paul Dumontier, 207t AA, 208b CB, 209l GI, r AA, 210b AKG/Gilles Mermet, t GI, 211t GI, 212l AKG/Tristan Lafranchis, r AKG/akg-images, 213t IMP, 214b AA, t CB, 215t IMP, 216b AA, t AKG/British Library, 217l AA, 218b IMP, 219l AA, r AA, 220b AA, 221l AA, r AKG/VISIOARS, 222t AA, 223b AA, t AA, 224b AA, t AA, 225l CB, 226–227 PL, 226l PL, 227r AA, 228b AA, 229l CB, r AA, 230b AKG/Jerome da Cunha, 231b IMP, t AA, 232b IMP, 233l AA, r AA, 234b GI, 235l GI, t AKG/akg-images, 236b PL, t GI, 237t GI, 238t IMP, 239b PL, t CB, 240–241 IMP, 240l IMP, 241r IMP, 242b AA, 243l AA, r IMP, 244–245 GI, 246l GI, 246l GI, t GI, 247b PL, t PL, 248b GI, t AA, 249r PL, 250b AKG/Erich Lessing, t AA, 251r AA, 252–253 GI, 252l PL, 253r PL, 254l AA, 255b IMP, t GI, 256l PL, 257r PL, 258b GI, 259b GI, t AA, 260t CB, 261b KC, t KC, 262b KC, 263t KC, 264b KC, t KC, 265 CB, 266–267t KC, 266b KC, 267b KC, tr KC, 268l KC, 269b CB, t KC, 270t KC, 271b KC, t KC, 272l GI, 273b KC, t AKG/akg-images, 274–275 GI, 274t PL, 276b CB, t CB, 277b CB, t GI, 278t IMP, 279b CB, 280b GI, t GI, 281b GI, 282l IMP, r AA, 283t IMP, 284l PL, r AA, 285b GI, 286–287 GI, 288–289 GI, 290t GI, 291t GI, 294t GI, 303t GI.

【監修者】

Constance Brittain Bouchard（コンスタンス・B・ブシャード）
シカゴ大学で Ph D 取得。現在、アメリカ合衆国オハイオ州、アクロン大学の中世史教授。グッゲンハイム財団奨学金受給者、アメリカ中世学会会員。"Strong of Body, Brave and Noble : Chivalry and Society in Medieval France"（1998）や、"Sword, Miter, and Cloister : Nobility and the Church in Burgundy, 980-1198"（1987）など、多数の著書がある。

【執筆者】

D'Arcy Jonathan Dacre Boulton is a graduate of the Universities of Toronto, Pennsylvania (PhD), and Oxford (DPhil). He is currently Professor of Medieval Studies at the University of Notre Dame, Indiana, United States, and a Fellow of the Royal Heraldry Society of Canada, the International Heraldic Academy, and the Society of Antiquaries of London.

Lesley Coote is a lecturer in the departments of English and Film Studies at the University of Hull in the United Kingdom. Her main interests are prophesy, chivalric romance, and modern cinematic and television medievalisms.

David Cornell spent several years researching the Anglo-Scottish wars of the fourteenth century at the University of Durham, England, and his PhD thesis focused on English castle garrisons of that period and how the English Crown sought to use the castle as an instrument of war.

Paul F. Crawford is Assistant Professor of Ancient and Medieval History at California University of Pennsylvania, United States. He is a specialist in the history of the crusades and the military orders (especially the Templars and Hospitallers).

Stephanie Hathaway obtained her PhD at the University of Sydney, Australia, and has lectured there in French, Germanic, and Medieval Studies since 2005. She specializes in the chansons de geste, Saracens, monastic rules, and chivalry.

Stephanie Hollis is Professor in English and Director of the Centre for Medieval and Early Modern European Studies at the University of Auckland, New Zealand. She completed a PhD at the Australian National University, and has for many years taught Old and Middle English literature and Old Icelandic.

John D. Hosler is Assistant Professor of History at Morgan State University in Baltimore, Maryland, United States. He holds a PhD in medieval European history from the University of Delaware and is a specialist on warfare in the British Isles and France during the eleventh and twelfth centuries.

Steven Isaac is Associate Professor of History at Longwood University in Virginia, United States. He began his doctoral studies in medieval military history under Randall Rogers, a renowned expert on Crusade-era siegecraft.

Des McNicholas is an Australian-based freelance writer and editor, with an extensive publication history in areas such as military history, technology, training, and management. Des holds master's degrees in arts and defense studies and he is a graduate of the Royal Military College of Science at Shrivenham in the United Kingdom.

Stephen Morillo is the Jane and Frederic M. Hadley Chair in History at Wabash College, Indiana, United States, where he teaches world and European history. He did his undergraduate degree in medieval history at Harvard University and obtained his DPhil at the University of Oxford, specializing in Anglo-Norman military and administrative history.

Richard Scott Nokes is Associate Professor of Medieval Literature at Troy University, Alabama, United States. His research has focused on medievalism in popular culture, the use of new technologies in medieval studies, and Anglo-Saxon magic and medicine.

Mark Gregory Pegg is Professor of History at Washington University in St. Louis, United States. He studied at the University of Sydney and Princeton University.

William J. Purkis has a BA and MA from Lancaster University and a PhD from the University of Cambridge, and is Lecturer in Medieval History at the University of Birmingham, England. His research interests lie in the history of crusading, pilgrimage, and monasticism, and in the social and cultural history of the Iberian Peninsula.

Jarbel Rodriguez is Associate Professor of Medieval History at San Francisco State University, United States, specializing in Spain, Christian–Muslim relations, and captivity and slavery.

Deborah Vess is Professor of History at Georgia College and State University, United States. She holds a PhD in history from the University of North Texas, and her areas of expertise are Church history and medieval monasticism.

David Whetham obtained his PhD at the University of London and joined the Defence Studies Department of King's College London in 2003. Based at the UK Joint Services Command and Staff College, David focuses on the ethical, legal, and moral dimensions of conflict while retaining a keen interest in medieval warfare.

KNIGHTS in History and Legend
Chief Consultant : Constance Brittain Bouchard

This Publication and arrangement © Global Book Publishing Pty Ltd. 2009
Text © Global Book Publishing Pty Ltd. 2009
Maps © Global Book Publishing Pty Ltd. 2009

Japanese translation published by arrangement with Global Book Publishing Pty Ltd. through The English Agency (Japan) Ltd.

Printed in China

〔日本語版監修者略歴〕
堀越孝一（ほりこし・こういち）
1933年、東京生まれ。1956年、東京大学文学部卒業、1966年、同大学大学院人文科学研究科博士課程満期退学、専門はヨーロッパ中世史。茨城大学、学習院大学をはじめ、多くの大学で教鞭をとる。学習院大学名誉教授。日本大学文理学部大学院講師。著書に『中世ヨーロッパの歴史』、『中世の秋の画家たち』、『いま、中世の秋』、『わがヴィヨン』、『ヴィヨン遺言詩注釈Ⅰ～Ⅳ』、『わが梁塵秘抄』、『飛ぶ鳥の静物画』など。翻訳書にホイジンガ『中世の秋』、『朝の影のなかに』など。

騎士道百科図鑑

2011年1月22日

監　修　者	コンスタンス・B・ブシャード（Constance Brittain Bouchard）
日本語版監修	堀越孝一（ほりこし・こういち）
装　　　幀	桂川　潤
発　行　者	長岡正博
発　行　所	悠書館

〒113-0033　東京都文京区本郷2-35-21-302
TEL 03-3812-6504　FAX 03-3812-7504
http://www.yushokan.co.jp/

Japanese Text © 2010 KOICHI HORIKOSHI
2010 Printed in China
ISBN978-4-903487-43-4